解脫煩惱的秘密

真蓮行者 著

敬師
重法
實修

僅以出版此書之功德迴向給

根本傳承上師蓮生活佛。

請佛住世，大轉法輪！

以及生我、育我的父親和母親！

推薦序

真蓮行者是我弟弟，國立清華大學工學博士，是系統工程、全面品質管理與問題解決方法論的專家。舍弟生性慈悲，看到衆生任由業力宰割，煩惱不斷，痛苦不止，因而心生憐憫。雖然深知佛法是一劑救苦良藥，但是有感於佛法浩瀚龐大，法門繁多，甚至深奧難懂，實在不知道該從何下手？因此潛心研究佛法數十年，想要搞懂佛陀到底是怎樣解脫煩惱的？並且，善用他個人在「方法論」方面的專長，發願爲衆生整理出解脫煩惱的些許心得，讓自己和有緣的衆生在修行路上可以有所依循。本書《解脫煩惱的祕密》是舍弟寫的第三本佛書，與前二本佛書《解脫煩惱的方法——八正道》以及《解脫煩惱的智慧》是同一個系列。第一本佛書談「方法」，主要是論述「八正道」，包括：正見、正志（正思惟）、正語、正業、正命、正方便（正精進）、正念與正定，直探佛陀本懷，樸實而生活化。須知「八正道」教我們學會做佛之前，先學會如何做人；學會如何做人之後，繼續教我們如何邁向解脫之道，是一切佛法的歸宿。第二本佛書談「智慧」，包括：生命的智慧、人生的智慧、生活的智慧以及解脫的智慧。須知解脫煩惱的智慧以「八正道」爲基礎，以「四聖諦」爲總綱，以「緣起法」爲核心，以「三法印」爲正法。有了智慧就可以現世得解脫，當下得清淨。第三本佛書談「祕密」，包括：法相的祕密、法性的祕密、心識的祕密、緣起的祕密、無明的祕密、智慧的祕密、慈悲的祕密、法力的祕密等。從此揭開宇宙人生的真相與真理。只要看懂真相，領悟真理，善用「智慧」、「慈悲」與「法力」，就可以幫助我們改變命運，解脫生死，乃至於究竟成佛。這三本佛書的共同特色都是實實在在地根據佛教經典加以論述。今天再度爲舍弟寫推薦序，身爲兄長的我，仍然感到非常的高興與榮幸。因爲能夠再一次向社會大衆推薦一本值得你我閱讀與珍藏的好書。

舍弟用心歸納「原始佛教」、「大乘佛教」以及「大乘密教」的發展歷程，融合「現象界」與「本體界」的觀點，來共同探索宇宙人生的奧密；並將「法相」、「法性」、「心識」、「緣起」、「無明」、「智慧」相互之間的關係，串聯起來，可謂是一大突破。其中，「法相」緣起如幻，涵蓋有情世間與器世間等；「法性」空寂無生，涵蓋真如、本性、佛性、法身等；「心識」真妄不二，涵蓋真心與妄識；「緣起」緣生緣滅，涵蓋流轉與還滅；「無明」是外來的，涵蓋累世習性的「無始無明」以及遇境生心的「一念無明」。「智慧」是本有的；以無我爲核心，亦卽中道不二的「般若空慧」。須知由性而有心，由心而有相。一切外顯諸相，皆因無明心動、緣起幻生所現。由此可知，因爲心動所以緣起，因爲緣起所以幻生。須知「法性」本來不動，卻因爲「一心開二門」，隨「妄識」而流轉，隨「真心」而還滅；因「流轉」而幻化「法相」，因「還滅」而回歸「本性」。法性一如，空寂無生；唯心所現，唯識所變；心動緣起，緣起幻生；法相如幻，萬有假名。其實都是我們那一顆「心」隨緣妄動變現出來的，但是究其本性卻都是畢竟空的。故知本性清淨，無性隨緣；隨妄入染，隨真返淨，全看智慧開了沒？智慧如果開了，心就不會亂動：無住生心，生出「無我」的清淨心。智慧如果沒開，心就會亂動：遇境生心，生出「有我」的雜染心。只要一念有我，「無明」覆蔽，「妄識」做主，「法性」則依「緣起」而有「法相」；只要一念無我，「淨智」現前，「真心」做主，「法相」則依「緣起」而入「法性」。法相隨緣，法性不變，唯是一心。其實「法相」、「法性」、「心識」、「緣起」四者不一不異。法界本是一體，法體本自清淨。一念妄動則有「六凡界」，一念清淨則有「四聖界」，無住無念則入「一真法界」。想要進一步了解這些解脫煩惱的祕密嗎？包括世俗的「人天道」，原始佛教的「解脫道」，大乘佛教的「菩薩道」，以及大乘密教的「卽身成佛」之道，這本書都有了。

總而言之，相由心生，心由性起，性是無性，起是緣起。一切法緣起幻有，一切法自性本空；生非實生，滅非實滅；緣起就是性空，性空就是緣起，依此「二諦」而顯中道。所以說，相是幻的，心是妄的，性是空的，緣起爲用，關鍵則在於我們那一顆「心」。相信只要有一顆漂亮的心，必有漂亮的一生。不過，更準確的說：應該是「心本無生因境有，境無好壞全由心。」由此可知，修行其實就是在「修心」：一修念頭，二修習性。「修念頭」包括：護念、轉念、正念、無念。「修習性」包括：去除累世的無明，顯現本有的智慧，淨化雜染的習性，回歸本來的自性。須知心淨成佛，心妄成魔。因此，我們要外離幻相，內寂其心，修正習性，正觀緣起。平日多聞善法，每日維持一修，早日開悟覺醒，就可以解脫煩惱，乃至於證果成聖。懂得看破紅塵，一切都無所求，就不會貪；懂得放下得失，一切都無所謂，就不會瞋；懂得顯露真心，一切都無所住，就不會癡；懂得回歸本性，一切都無所得，就不會妄想、分別、執著！並且，在日常生活當中善用「智慧」、「慈悲」與「法力」，努力實踐所謂的「生活佛教」，讓佛法成爲生活的一部分，甚至成爲生活的依靠。然後，從「智慧」中射出光芒，從此沒有煩惱，有如「燈塔」於闇冥中指引方向；從「慈悲」中生出清淨，從此沒有敵人，有如「蓮花」出淤泥而不染；從「法力」中顯出勇猛，從此沒有畏懼，有如「雪山」於酷寒中屹立不搖。不僅自度，而且度人，就可以擁有幸福美滿的人生。不但身心自由，而且任運自在，進而生死自主，甚至來去自如。最後，再一次誠摯地向各位讀者大衆鄭重地推薦這一本好書。祝各位修行有成，煩惱解脫，法喜充滿。

前明新科技大學校長　林啟瑞

二〇二三年秋

自序

我是真蓮行者，也就是真佛宗的蓮花行者，乃皈依紅冠聖冕金剛上師蓮生聖尊的俗家弟子，這是我寫的第三本佛書《解脫煩惱的祕密》。既然稱之爲祕密，就表示知道的人還不是很多。然而，一旦知道這個祕密，並加以實踐，你的人生將會發生天翻地覆的改變。想要平安順利嗎？想要幸福快樂嗎？想要解脫自在嗎？這個祕密都可以幫你實現！反觀一下我們現在的處境，總是覺得活得好累，過得好苦！這個也不順利，那個也不如意；日子過得一點都不開心，人生活得一點都不快樂！爲什麼會這樣呢？其實都是因爲還沒有搞懂解脫煩惱的祕密，所以才會深陷煩惱與痛苦之中。就像密勒日巴祖師所說：「世間歡樂如泡影，人生一切似夢幻；於此夢幻虛渺世，執以爲實深可憫。」本書就是要來爲可憐的芸芸衆生揭露解脫煩惱的祕密，完全按照佛教的經典與論疏，逐步掀開宇宙人生的神祕面紗，讓生命有所歸宿，生活有所倚靠，人生有所遵循。這個祕密不但告訴我們宇宙人生的真相與真理；也告訴我們出離生死的方法與究竟成佛之道。如果能夠懂得宇宙人生的真相，就不會被表相所迷惑；如果能夠懂得宇宙人生的真理，就不會被命運耍得團團轉。甚至，如果能夠懂得出離生死的方法，就能夠自覺，從此掙脫六道輪迴的束縛；如果能夠懂得究竟成佛之道，就能夠覺他，從此悲智雙運，福慧雙修。一旦能夠自覺覺他，做到覺行圓滿，就可以成佛了！其中，所謂「覺」者「覺悟」也！「覺」乃「知見緣起」之意；亦卽徹底了知世間的一切都是緣起如幻。「悟」乃「領悟我心」之意；亦卽深刻體悟世間的一切都是自心所幻化。因此，一旦覺悟，就可以了解：原來世間的一切都是唯心所現，唯識所變；亦卽意識所創造，因緣所和合；所以世間的一切都是假的，有如夢幻泡影；都是虛幻的，有如空花水月；從此不再執著與貪染，當下得清淨，現世得解脫。

回顧一下佛教演進的過程，從「原始佛教」追求個人的當世解脫，演化到「大乘顯教」普度衆生的菩薩行持，最終進展到「大乘密教」神變加持的卽身成佛。其中，出世解脫要靠「智慧」，入世度衆要靠「慈悲」，悲智雙運要靠「法力」。因此，爲了自覺覺他，「智慧、慈悲、法力」三者缺一不可。缺乏「智慧」，「慈悲」只是世間福德，「法力」反而增長我慢。缺乏「慈悲」，「智慧」容易偏執頑空，「法力」反而淪爲魔用。缺乏「法力」，「智慧」難以取信於人，「慈悲」無法契機度衆。解脫煩惱的祕密正是「智慧、慈悲、法力」三者的完美結合；以「智慧」爲基礎，以「慈悲」爲動力，以「法力」爲妙用。尊貴的蓮生聖尊慈悲開示：「慈悲是一種方便救度衆生，度衆生成佛要靠智慧，救度衆生要有方法，需要法力。所有佛法不離慈悲、智慧、法力，我們要學的也是慈悲、智慧、法力。」然而，真正的「智慧」是出離的智慧，真正的「慈悲」是令衆生出離，真正的「法力」是令衆生覺悟要出離。由此可知，不管是「智慧」、「慈悲」或「法力」，其實都是爲了度衆生出苦輪啊！所以說，佛教除了燒香祈福、行善布施、出世解脫、念佛往生之外，若能夠兼具「智慧、慈悲、法力」，並將之融入到我們的日常生活之中，旣修福又修慧，旣出世又入世，旣自度又度人，那就更加圓滿了。具足「智慧」，就可以煩惱解脫；具足「慈悲」，就可以心懷衆生；具足「法力」，就可以方便度衆。

因此，本書共分爲三篇十二章，包括「智慧篇」、「慈悲篇」與「法力篇」；分別爲讀者揭開解脫煩惱的三大祕密：「智慧」、「慈悲」與「法力」。並將延續前二本佛書《解脫煩惱的方法——八正道》以及《解脫煩惱的智慧》引經據典的寫作風格，以原始佛教《四阿含經》加上大乘佛教等相關法門的大乘經典及其論疏爲根據，並大部分附有原文經典或出處，供讀者驗證。另外，也參照尊貴的蓮生聖尊的豐富著作與法語開示，進行論述。尤其是「法力篇」，爲了尊重密教傳承，幾乎完全是根據尊貴的蓮生聖尊的實修經驗與說法來論述。想要改變命運嗎？想要出離三界嗎？想要證悟菩提嗎？在「智慧篇」裡，我們將帶領讀者一探生命增上、出離生死、證悟菩提的祕密。想要知道什麼是真正的慈悲嗎？想要知道如何發菩提心嗎？想要知道如何行菩薩道嗎？在「慈悲篇」裡，我們將帶領讀者一探慈悲心、菩提心、菩薩道的祕密。想要三密清淨，與本尊相應，實現接引成佛嗎？想要擁有法力，與護法相應，實現羯摩濟世嗎？想要虹光化身，與自性相應，實現卽身成佛嗎？在「法力篇」裡，我們將帶領讀者一探密教生起次第、密宗羯摩法、密教圓滿次第的祕密。

一旦懂得這些祕密之後，就可以善用「智慧、慈悲、法力」來面對我們的生命、生活與人生，不斷壯大自己、豐富自己、提昇自己。須知花若盛開，蝴蝶自來！蝴蝶不來，花照樣開！你看那些佛、菩薩、護法、空行那一個不是智慧充滿、慈悲無量、神通廣大嗎？不然怎麼自度度人呢？有了「智慧」就能夠看懂原來人生本來就是一場戲，都是假的，內心就不會那麼執著。有了「慈悲」就能夠淡化我執，泯除自私，懂得行善布施，積功累德，發菩提心，福慧雙修。有了「法力」就能夠悲智雙運，善巧方便，救度衆生，神通濟世。須知出世解脫在前，入世度衆在後，最終既非出世，也非入世，圓成佛果。人生本來就是一場修行，生活就是我們修行的平台。缺乏修行，生命就會任由業力宰割，嚐遍各種酸甜苦辣；修行有成，生命就可以擺脫業力的糾纏，最終趨向寂靜涅槃。由此可知，佛法絕對不是消極的避世，佛法反而是積極的入世。星雲大師說：「有佛法，就有辦法。」我們要善用佛法來管理好我們的人生，也要善用佛法來過好我們的生活，更要善用佛法來提昇我們的生命層次，要不然就白白來走這一遭了。因此，我們要好好修行，好好學佛，好好生活，學會如何把佛法正確地應用在日常生活當中。把自己照顧好，把家人照顧好，把衆生照顧好。須知佛法不離世間，更離不開衆生。如何在世俗的生活當中，融入佛法、善用佛法，具足「智慧、慈悲、法力」，讓自己與衆生都受益；實現當下卽是天堂，此刻卽是極樂；在生卽得涅槃，無須等到往生；當世卽可解脫，此身卽可成佛；解脫卽是自度，成佛卽是度衆；這才是修行學佛的本懷。

最後，感謝賢內助燕飛在寫作期間的支持和建議，不忘提醒筆者內容務必盡量寫得淺顯易懂。並且在完稿後，屢屢要求筆者刪除冗長重覆的篇章或改寫艱澀難懂的文句，使本書的可讀性大大地提高，最終讓本書得以順利出版。同時感謝我的一對雙胞胎兒女對他老爸在寫作上的鼓勵。更要感謝身為前明新科技大學校長的大哥啟瑞在百忙中爲本書寫序。並感謝尊貴的蓮生聖尊賜給弟子無比的信心和力量，使本書得以順利完成。但願這本書的出版能夠對苦難的有緣衆生，在解脫人生煩惱與痛苦的修行路上有所助益。須知佛法有八萬四千法門，筆者才疏學淺，若有疏漏之處，尚請各位先進大德不吝指正。加上自己也還正走在修行的路上，但願藉由這本學佛心得，提供自己與有緣的衆生修行參考。

真蓮行者

二〇二三年秋

目錄

雪山之歌

密勒日巴祖師

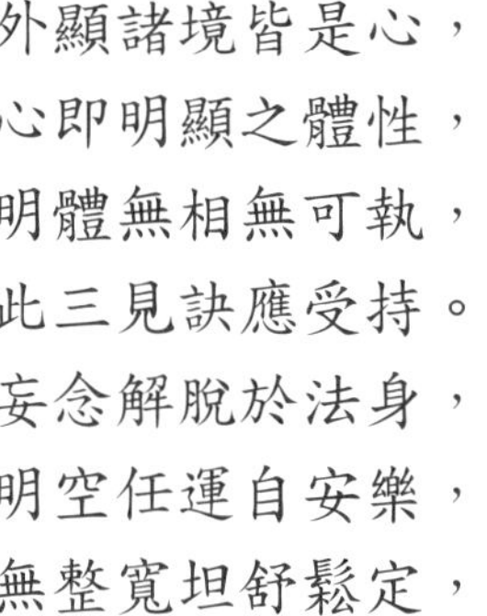

外顯諸境皆是心，
心即明顯之體性，
明體無相無可執，
此三見訣應受持。
妄念解脫於法身，
明空任運自安樂，
無整寬坦舒鬆定，
此三修訣應受持。

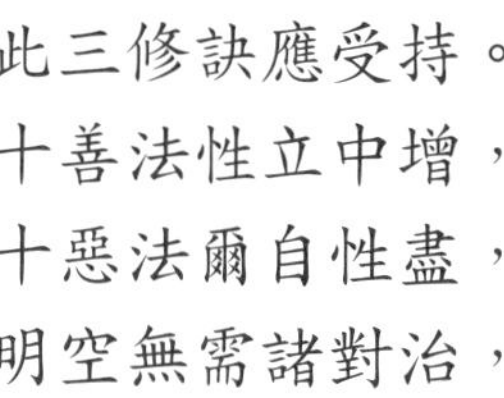

十善法性立中增，
十惡法爾自性盡，
明空無需諸對治，
此三行訣應受持。
無有輪迴之可斷，

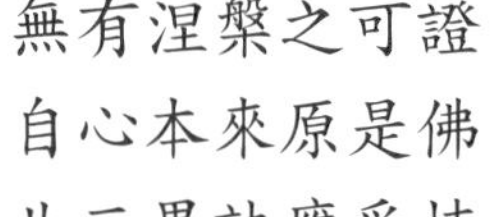

無有涅槃之可證，
自心本來原是佛，
此三果訣應受持。

第一章　簡介

智慧沒有煩惱，
慈悲沒有敵人，
法力沒有畏懼。

一般來說，「祕密」是不爲人所共知的，隱晦難明的，甚至有見不得人、不可告人的意思。但是，這裡所要探討的「祕密」卻不是這個意思，而是跟「解脫」有關的「祕密」。根據松長有慶《東方智慧的崛起——密教》的說法：所謂「祕密」有二種含意，一爲衆生祕密，二爲如來祕密。前者是指衆生以無明妄想覆藏本性真覺，故曰「衆生祕密」。後者是指如來自證的境界，非語言文字所能形容，也非衆生所能想像，因此隱而不表，祕而不宣；只有親證自悟，才能明白，故曰「如來祕密」。綜合而言，衆生不明白佛說的法以至於不能夠澈悟宇宙人生的真相與真理，進而無從解脫；一方面是衆生爲無明妄想所覆，一方面是如來的境界不可思議。因此，揭開祕密，破除無明，實修親證，無疑是修行的一大要務。一旦掌握解脫煩惱的「祕密」，並加以實踐，就可以大大地減少我們的煩惱與痛苦，乃至於成爲解脫煩惱的聖者。然而，到底該怎麼做呢？要具備什麼樣的資格才可以成爲解脫的聖者呢？爲了揭開這個祕密，我們且從示現真實人間的一些聖者的啟示談起。

第一節 聖者的啟示

何謂聖者呢？從佛教的觀點來看，應該是指解脫煩惱的聖者，甚至是指解脫生死的聖者。從此解脫自在，離苦得樂；從此出離三界，寂靜涅槃。例如，經由自覺、覺他、覺行圓滿的佛陀；或是經由四聖諦、八正道，自知、自覺、自證的阿羅漢；或是經由十二因緣，無師自悟的辟支佛；或是經由般若行、菩薩道，證得不退轉地的菩薩等。然而，誰有資格可以成爲解脫的聖者呢？看到佛法如此深奧，人心如此複雜，世間如此險惡，修行如此艱難，想要成爲解脫的聖者，簡直就是難如登天。不禁要問：像我們一般的凡夫俗子可以成爲解脫的聖者嗎？答案是肯定的。須知佛法之前，人人平等。佛陀時代成就阿羅漢的聖者，大智慧的如舍利弗，大神通的如目犍連，最愚笨的如周利槃陀伽，最凶殘的如鴦掘魔，最邪淫的如蓮花色，最年老的如一百二十歲的外道須跋陀羅，最年輕的如七歲的沙彌均頭等。由此可知，解脫的聖者其實是不受男女、老少、貧富、貴賤、智愚、德高望重或是惡貫滿盈的條件所限制的。所以說，人人皆可以成爲解脫的聖者！

我們從印度佛教史、漢傳佛教史、乃至於藏傳佛教史當中，搜尋一些聖者的故事，特別是一些較爲典型的例子，來突顯我們也可以成爲聖者的可能性。因爲這些聖者在獲得成就以前，其實跟我們沒什麼兩樣，甚至比我們的處境更加不堪。然而，他們可以獲得成就，我們當然也可以。例如愚笨至極的周利槃陀伽尊者，雖然我們不是很聰明，但也不至於像周利槃陀伽尊者那麼笨，竟然笨到連「掃帚」二個字都背不起來，卻照樣可以證阿羅漢（增壹阿含經 卷一一 善知識品 一七三）。例如邪淫亂倫的蓮花色比丘尼，雖然我們不是清淨梵行，但也不至於像蓮花色比丘尼那麼淫亂，竟然與自己的親生兒子發生亂倫，卻照樣可以證阿羅漢（根本说一切有部毗奈耶 卷四十九）。例如殺人如麻的鴦掘摩尊者，雖然我們不是全無殺心，但也不至於像鴦掘摩尊者那麼凶殘，竟然殺害了九百九十九人，卻照樣可以證阿羅漢（增壹阿含經 卷三十一 力品第三十八之一三三八）。例如聰明絕頂的龍樹菩薩，雖然我們不是平庸之輩，但也不至於像龍樹菩薩那麼高傲自負，竟然以隱身術淫亂後宮；就算悔過出家之後，卻自以爲無人可以超越而想要分裂僧團，造五逆罪，卻照樣可以成爲八宗之祖（鳩摩羅什譯著 龍樹菩薩傳）。例如貧子棄兒的寒山、拾得，雖然我們不是家財萬貫，但也不至於像寒山、拾得那麼淒苦，竟然一無所有，了無希望，爲人所輕，爲人所鄙，卻照樣可以成爲一代詩僧（嚴振非著 寒山子身世考）。例如文盲柴夫的六祖惠能，雖然我們不是博學多聞，但也不至於像六祖惠能那樣沒有受過教育，竟然連大字一個都不認識，卻照樣可以成爲禪宗祖師（六祖壇經）。例如雪山苦行的密勒日巴祖師，雖然我們不是罪業深重，但也不至於像密勒日巴祖師那樣爲了報仇雪恨而用咒術殺害無數親友，卻照樣可以成爲藏密白教祖師（張澄基譯著 密勒日巴尊者傳）。例如羅漢降世的濟公，雖然我們不是正經八百，但也不至於像濟公那樣瘋顛癡狂，竟然嗜酒吃肉，還進出妓院，卻照樣可以成爲人人敬仰的活佛（天花藏主人著 濟顛大師醉菩提全傳）。所以說，我們應該好好珍惜今生今世「生而爲人」的機會，雖然我們的條件不是很好，但也不是很差，更不是很壞。然而，這些聖者都可以有所成就，我們既然沒有比他們差，只要肯精進努力，當然也可以有所成就。

不過，這幾位聖者有幾個共同點：其一、這些聖者都遇到了明師指點。例如，周立槃陀伽尊者、蓮花色比丘尼、鴦掘摩尊者遇到了釋迦牟尼佛，龍樹菩薩遇到了大龍菩薩，寒山、拾得遇到了豐干禪師，六祖惠能遇到了五祖弘忍，密勒日巴祖師遇到了馬爾巴上師，濟公活佛遇到了慧遠禪師等。沒有這些明師的扶持或指點，想要有所成就是不大可能的。其二、這些聖者的明師本身都具有通曉三世因緣的神通法力，並且兼具慈悲與智慧，能夠在適當的時機給予適當的點化與教導。因此，如果我們得以遇到具足「智慧」、「慈悲」與「法力」的明師，一定要懂得珍惜啊！其三、這些聖者本身在證悟成就之前，都經歷了一段刻苦銘心的人生遭遇，而這些遭遇多半與其前世因緣有關，或是跟久遠劫前所造的業有關，或是跟久遠劫前所發的願有關。其四、這些聖者在證悟解脫之後，吃飯照樣吃飯，睡覺照樣睡覺，但是心境卻大不相同。獨處時，內心灑脫，逍遙自在；度衆時，慈悲爲懷，隨緣自在；圓寂時，來去自如，生死自在。對世間的一切都無所求，對他人的眼光都無所謂，對自己的處境都無所住，對最終的結果都無所得。生也自在，死也自在。簡而言之，解脫的境界，「自在」二字而已。最後，這些聖者之所以受人敬仰，我覺得最重要的就是帶給今生後世的人們重大且正面的影響，幫助苦難的衆生，發掘生命的價值，解決生活的困難，找到人生的方向，甚至走向解脫之道。從迷失自我、找到自我、肯定自我、到超越自我，進而做到無我。只要做到無我，就可以解脫自在；進而利他，就可以成爲解脫的聖者。

第二節　殘酷的世間

何謂世間呢？須知世間包含「時間」和「空間」的概念。前者「世」說明過去、現在、未來等三世之時間；亦卽無限時間的延伸，乃因果之相續。後者「間」說明東西南北上下等十方之空間；亦卽無限空間的延伸，乃虛空之呈現。綜合起來，「世間」說明在宇宙之中，一切「人情事物」彼此之間發生的關係和演變，乃因果的不可思議現象。所以說，在佛教裡，宇宙和人生統名之爲「世間」。其中，衆生生存所依靠的國土叫做「器世間」，亦卽衆生所居住的山河大地。衆生由惑造業所招感的色身叫做「有情世間」，亦卽「衆生世間」。因此更完整地說，「世間」的概念包括：有情生命的個體，有情生活的環境，以及有情人生的歷程。然而，爲什麼說世間是殘酷的呢？《八大人覺經》云：世間無常，國土危脆。意思是說，世間有如夢幻泡影，是無常變化的；國土既不安穩也不實在，是危險脆弱的。面對這樣的處境，有情衆生如何會心安？如何得自在？而且，從生命個體來到世間開始，爲了存活與延續，必須辛苦拚博，沒有一天是輕鬆過的。然後隨著命運的操控，嚐遍人生的酸甜苦辣，搞到遍體鱗傷，最後還不是難免一死，甚至含恨而終，的確是有點殘酷。爲什麼會這樣呢？以下我們從三個方面來探討：

一、從生命的個體來看：生命是無盡的延續，有前世、有今生、有來世。並且以各種生命的形態，包括有形的、無形的，在三界、五趣、六道中存在著。聖嚴法師《心的經典》認爲：「生命是衆生維繫身體生存的現象，是衆生在時間過程中繼續存在的事實。」然而，不管是那一道的衆生，只要還沒有解脫生死，業力不斷，就必須在六道輪迴裡團團轉，生生死死，死死生生，無有了期。而且，沒有一個生命是完美的，甚至可以說是殘缺的，必須委曲，才能求全。看看自己，想想衆生，不禁要問：爲什麼出身這麼卑微？爲什麼身材這麼短小？爲什麼長相這麼醜陋？爲什麼身體這麼孱弱？爲什麼把我生成這樣：或眼盲、或耳聾、或暗啞、或面殘、或肢障、或智障？爲什麼個性這麼孤僻？爲什麼頭腦這麼笨拙？爲什麼脾氣這麼暴躁？爲什麼？爲什麼？爲什麼？唉！有太多爲什麼了！問都問不完！最後不禁要問蒼天：爲什麼要把我生出來呢？這樣惡劣的身家條件，教我如何有勇氣生存下去呢？此時心中不免生起了一個念頭：我不想再來了！生命實在是太苦啦！

二、從生活的環境來看：自從生命來到這個世間，馬上面臨現實而殘酷的問題，那就是如何面對每天的生活？聖嚴法師《心的經典》認爲：「生活是衆生以活動來維持生命的現象；是生命在空間的環境中，求生存的活動方式。」然而，生活背後的涵意，其實隱藏著殘酷而激烈的生存競爭，因爲資源是有限的，機會是偶然的，利益是衝突的；大家都想要，我有你就沒有，糾紛在所難免。所以說，生活的本質就是造業的舞台。看看自己所處的環境，不禁要問：爲什麼處境這麼艱難？爲什麼日子這麼難熬？爲什麼競爭這麼激烈？爲什麼沒有人肯幫我？爲什麼要搶走我的所愛？爲什麼活得這麼孤獨？爲什麼活得這麼辛酸？爲什麼？爲什麼？爲什麼？生活上的問題，更是多到問不完。這樣艱難的生活環境，教我如何有勇氣活下去呢？此時心中不免生起了一個念頭：我不想再活了！生活實在是太苦啦！

三、從人生的歷程來看：生命一旦來到這個世間，就要面對無情而未知的命運，迎接人生的各種挑戰。聖嚴法師《心的經典》認為：「人生是人類在時空中生存的現象，是人類從出生到死亡的全部過程。」然而，人生這條路走起來卻不好走，不但坎坎坷坷、起起伏伏，而且酸甜苦辣，五味雜陳。回顧人的一生，不禁要問：為什麼老天爺要折磨我？為什麼功名這麼難求？為什麼情路這麼難走？為什麼錢財這麼難賺？為什麼有志這麼難伸？為什麼病症這麼難好？為什麼人心這麼複雜？為什麼我這麼努力，卻還是失敗？為什麼真心換來的是絕情？為什麼要這樣對我？為什麼？為什麼？為什麼？人生有太多的為什麼？實在不是那麼容易解釋。這樣沒有安全感的人生，教我如何有勇氣去面對呢？此時心中不免生起了一個念頭：我不想再過了！人生實在是太苦啦！

由此可知，一個生命來到這個世間，面對現實的生活，經歷漫漫的人生，其實就是一個「苦」字。拖著疲憊的身子，懷著孤獨的心情，卑微地生存在這個殘酷的世間裡；現實的生活在背後鞭笞著，步履蹣跚地緩緩向前走；無情的命運在前面帶領著，誠惶誠恐地探索未知的旅程。生命為了存活而苟延殘喘，前途布滿荊棘瓦礫，周遭充滿虎豹豺狼。就像動物世界一般，一個不留神，就會被生吞活剝。法華經（卷二）譬喻品第三云：三界無安，猶如火宅；衆苦充滿，甚可怖畏。意思是說，三界無有安穩，就像發生大火的宅院一樣，充滿著各種苦毒辛酸，令人覺得非常恐怖畏懼。因此，內心不禁要問：為什麼要把我生出來？為什麼生活這麼難？為什麼人生這麼苦？來到這個世間到底是為了什麼？所以說，處在殘酷的世間，生命太難了！生活太難了！人生太難了！須知「太難了」這幾個字蘊含著多少辛酸、無奈、困苦、艱難在裡頭啊！

第三節　可怕的人間

其實，從六道輪迴的立場來看，除了天堂之外，每一道都很可怕。地獄道的淒慘刑罰，難道不可怕嗎？餓鬼道的長年飢渴，難道不可怕嗎？畜生道的生吞活剝，難道不可怕嗎？阿修羅道的嫉恨鬥爭，難道不可怕嗎？爲什麼獨獨拿人間道出來講呢？那是因爲我們就親身處在人間道之中。須知這是一個人吃人的世界，時時危機四伏，處處挖坑坑你，虎豹豺狼環伺四周，一不小心就會被吞噬，屍骨無存。而且，人間道是六道輪迴的十字路口，昇天由他，墮落由他，解脫也由他；有時真，有時假；有時善，有時惡；有時美，有時醜；讓人看不懂，也猜不透，窮於應付，疲於奔命，這就是它可怕的地方。如果你沒搞懂，就會無所適從，甚至被折磨得死去活來。接下來，讓我們來看看可怕的人間，到底可怕在那裡？

一、人性好可怕：人性爲什麼可怕呢？試問世人，誰不想維護自我呢？須知生命的本能卽是存活與延續。處在殘酷的世間，生在可怕的人間，想要存活與延續下去，就要懂得維護與發展自我。正因爲生命以自我爲中心，所以每個人都想要追求自我利益的極大化。一旦利益產生衝突，自我就會被放大，糾紛在所難免。所以說，有人的地方，就有糾紛。六祖惠能說：「有我罪卽生！」對待任何事情，只要心中有個「我」，就比較容易引發自私自利的想法。甚至還會耍些手段，搞些小動作；嚴重一點的，還會算計別人，陷害別人；乃至於直接豪取強奪了。此時，人性的醜陋面就會顯現出來。然而，何謂醜陋呢？醜陋含有虛僞的、邪惡的、難看的、陰暗的意思。且看那些曾經被人性狠狠修理過的人，對人性從此敬鬼神而遠之。然而，什麼是醜陋的人性呢？例如：佛教提到的七毒：貪、瞋、癡、慢、疑、嫉、害，以及天主教提到的七宗罪：傲慢、嫉妒、憤怒、懶惰、貪婪、暴食、淫欲。邵道生《醜陋的人性》還歸納出六十種醜陋的人性，包括：嫉妒、猜疑、偏見、造謠、報復、算計、勢利、凶狠、黑心、貪婪、奸詐、奢侈、霸道、野蠻、陰險、諂媚、驕狂等。當然我們也不反對人性有其光輝的一面；揭露醜陋的人性，無非是要提醒人們：害人之心不可有，防人之心不可無！有時候目睹一些悲慘的社會案件，如詐騙、綁架、傷害、性侵等，不禁感嘆：壞人怎麼這麼壞呢？所謂「人心隔肚皮！」我們永遠不知道對方心裡在想什麼？尤其碰到利益衝突的時候，如果傻傻地以爲人性本善，到時候怎麼死的都不知道。你說人性可不可怕？而且，這些醜陋的人性通常也是造成我們煩惱與痛苦的原因。若進一步歸根究底，其實就是因爲執著有我，貪戀我所，因而變得非常自我。想要滿足這個「我」，就會有無窮的欲望；想要滿足這些欲望，什麼手段都使得出來。可是有時候又不能直接蠻幹，怕吃相難看，只好僞裝自己，表面上冠冕堂皇，實際上臭不可言，是爲「醜陋」！一個人不背叛，不是因爲他道德高尚，而是因爲背叛的籌碼還不夠大；一旦利益的誘惑大到一定程度，人性的陰暗面很可能就會被觸發起來，是爲「醜陋」！特別是在沒人看見的時候，以爲沒人知道，面對各種財誘、色誘、名誘、利誘，乃至於權位的誘惑時，試問又有誰能夠不動心而不失身、不失德呢？是爲「醜陋」！而且，千萬不要輕易考驗人性，尤其是涉及利害得失的時候，結果絕對會讓你瞠目結舌。所謂「路遙知馬力，日久見人心！」一旦經不起時間的考驗，在利益面前，一切都將一文不值，人性就會原形畢露，赤裸裸地顯現出自私自利的嘴臉，甚至進一步採取危害他人的行爲，是爲「醜陋」！所以說，不要以爲你不傷害別人，別人就不會傷害你。世間的本質就是你爭我鬥、你死我活的生死鬥爭啊！一本深刻描繪小人行徑的寶典：來俊成《羅織經》云：人皆有敵也。敵者，利害相衡，死生弗容。意思是說，只要是人，就一定會有敵人。所謂「敵人」就是利害互相衝突，導致雙方非你死，便我亡，互不相容，是爲醜陋的人性。所以說，人性真的好可怕啊！

二、金錢好可怕：金錢爲什麼可怕呢？試問世人，誰不愛錢呢？有錢多好！有錢可以買這個，可以買那個；而且想要買什麼，就可以買什麼。有錢之後，身分、地位、權勢、情愛（女人）都會跟著來。沒錢多可憐，要什麼沒什麼，吃不飽、穿不暖、住不好，一副窮酸樣，連鬼看了都怕，親朋好友怕你來借錢，都躲得遠遠的。不僅被人瞧不起，而且沒有半點身分地位，根本就抬不起頭來，沒錢真的是很痛苦的一件事。因此想要有錢，因此努力掙錢，因此拼命賺錢，甚至想辦法撈錢。在掙錢、賺錢、撈錢的路途上，人性的醜陋面一不小心就會浮現出來，偷拐搶騙，貪污舞弊，陰謀算計，謀財害命，樣樣都來，是不是覺得金錢好可怕啊？而且，錢永遠都賺不夠的，有了百萬就想要千萬，有了千萬就想要億萬。整天忙忙碌碌，體力消耗殆盡，沒有停歇的一天。結果身體搞壞了，時間搞沒了，家庭沒經營好，兒女沒管教好，夫妻感情沒維繫好，雖然擁有了錢，卻失去了一切。所以說，有錢看起來很好，其實一點都不好，因爲貪心不足。而且，最可怕的是有了錢之後，還會亂來；不但趾高氣昂，目中無人，而且奢侈浪費，沉迷酒色；甚至還會頤氣指使，仗勢欺人，以爲可以用錢買通一切，一身銅臭味，造業無窮。加上有了錢之後，如果還不知收斂，到處炫耀，殊不知大禍即將臨頭；或者富可敵國，威脅到當權者，小心被抄家滅族；或者怕被人家搶，怕被壞人盯上，進行恐嚇綁架，搞到家破人亡，反而活在恐懼之中；或者下一代嬌生慣養，不愁吃穿，不求上進，甚至橫行霸道，最終自取滅亡。所謂「富不過三代！」所以說，金錢真的好可怕啊！

三、情色（情愛）好可怕：情色（情愛）爲什麼可怕呢？試問世人，那個人不爲情色（情愛）所迷呢？當一個人愛上了伊人之後，心裡面想的都是伊人，爲伊人牽腸掛肚，爲伊人神魂顛到；茶不思，飯不想。不但做事提不起勁，而且精神也無法集中，內心糾結的不得了。爲了伊人，什麼都可以拋棄，什麼都可以犧牲；很容易失去理性，做出錯誤的判斷，並且越陷越深，越理越亂，一不小心，還會身敗名裂；乃至於爲了伊人，丟了性命。自古以來，因爲情色（情愛）而斷送美好前程的所在多有，甚至因而國破家亡，改朝換代。你說情色（情愛）可不可怕？然而，情色（情愛）究竟有什麼魔力，可以把一個人迷得團團轉呢？除了互相吸引之外，伊人的柔情似水，伊人的千嬌百媚，實在是深深地吸引著你。其中，還有一個非常關鍵的因素，那就是「性愛」。當你看到嫵媚的伊人，很難不想入非非。連至聖孔子都承認：「食、色，性也！」換句話說，對性愛或淫欲的渴望，根本就是人類的原始需求，是生理的自然反應，實在是很難避免，而且很難斷根。試問世人，又有誰能夠掙脫情色（情愛）的魔掌呢？到底要怎麼過情色（情愛）這一關呢？實在是太難了！情色（情愛）真的好可怕啊！而且，爲了滿足個人的淫欲，爲了追求心愛的伊人，一旦愛上了卻又得不到，或者愛上了不該愛的人，或者心愛的人跟別人跑了，不曉得還要惹出多大的禍端呢？所謂「萬惡淫爲首！」多少號稱正人君子、英雄豪傑，都紛紛不幸栽在情色（情愛）的手上。所以說，情色（情愛）真的好可怕啊！

四、名利好可怕：名利爲什麼可怕呢？試問世人，誰不愛名？誰不愛利呢？有名多好！有名之後，可以吸引衆人的目光，可以贏得衆人的喝采，會受到許多人的關注，會得到許多崇拜者的追隨。而且，「名」的背後就是「利」，各種利益、好處、財富、地位、特權等，都會跟隨而來。沒有名多可憐，無名小子一個，默默無聞，沒人重視，人家看不上，說話沒人聽；空有滿腹經綸，徒有一身才藝，卻沒人搭理，也沒人在意，更沒機會展現，一個「慘」字了得。因此想要出名，想要成角，想要揚名立萬，除了本身的努力、奮鬥、汗水、淚水之外，最欠缺的無非就是機會，就看老天爺給不給？偏偏命運作弄人，老是遇不到貴人，自己又沉不住氣，加上虛榮心作祟，只好低聲下氣，到處攀緣，甚至阿諛奉承，私下賄絡，迎合小人，無所不用其極，一不小心就會露出人性醜陋的一面，是不是覺得名利好可怕啊？不過，也不要以爲出了名就一定是好事。雖然「名」的表面上看起來是「利」，但是背後實際上卻很可能是災難啊！所謂「棒打出頭鳥！」一旦出了名，會有多少人嫉妒你、看不慣你，會有多少人想要挖你的瘡疤，想要把你拉下來，想要把你抹黑、抹臭，想要把你鬥臭、鬥垮。所謂「人怕出名，豬怕肥！」不出名還好，一出名之後，祖宗八代都給你挖出來，個人的隱私全部曝光，個人的一切全被攤開在陽光下檢視，既沒辦法隱瞞，也沒辦法遮掩。不但令個人名譽受損，而且使祖先蒙羞，妻兒受驚，家人不安。一旦被人抓到一點把柄，挖出一點醜聞，然後加油添醋，放大渲染，小事也會變大事，好事也會變壞事。而且，從此行蹤被鎖定，人身失去自由，甚至無法在社會上立足，試問這樣出名好嗎？所以說，名利真的好可怕啊！

五、權位好可怕：權位爲什麼可怕呢？試問世人，誰不愛權力？誰不愛地位呢？而且，通常權力會伴隨著地位，地位會伴隨著權力。有權位多好！有了權位之後，可以掌握資源、發號司令、實現抱負、發展建設、受人尊敬。有私心的，甚至進一步還可以占據地盤、擁兵自重、結黨營私、貪污舞弊。沒權、沒地位多不好，缺乏資源，沒兵沒將，沒權沒勢，有志難伸，報效無門，人微言輕，被人鄙視。因此想要有權力，想要有地位，想要獲得升遷。除了憑藉著個人的努力和實力，逐漸累積戰功之外，還得依靠人脈關係，特別是長官的賞識和提拔，或是有力人士的幫忙和舉薦，才得以逐步晉升，爬上高位，獲得權力。不過，一牽扯到人脈關係，問題就會變得非常複雜和詭譎。若是正人君子還好，行事光明磊落，做人循規蹈矩，凡事依序而上，合則來，不合則去，不會耍小動作。若是陰險小人那還得了，爲了權力，爲了升官，爲了卡位，就會想盡一切辦法，包括：投靠權貴，逢迎巴結，賄絡金錢，拉幫結派。甚至爲了打擊對手，還會採用一些下三濫的手法，包括：造謠抹黑，設計陷害，暗箭傷人，不一而足；醜陋的人性就會一一浮現出來，這都是爲了爭奪權位所產生的副作用。不過，也不要以爲有了權位就一定是好事，因爲權力會使人腐化，地位會使人傲慢，從此得了「大頭症」，從此忘了我是誰。再也聽不進他人的建言，再也不把他人看在眼裡，甚至自我膨脹，驕矜放縱，目空一切，引人側目，進而功高震主。一旦引起同僚的敵視，甚至引起主管的疑心，很可能大禍就會臨頭。所謂「爬的越高，摔得越重！」曾經叱吒風雲，轉眼樓起樓塌，最後落得個階下囚，甚至死無葬身之地。而且，權力越大，地位越高，很可能闖的禍也越大，造的業也越多，傷害的人也越廣。所以說，權位真的好可怕啊！

六、欲望好可怕：欲望爲什麼可怕呢？試問世人，誰沒有欲望呢？只要是人，都會有欲望。有什麼欲望呢？從馬斯洛需求層級理論來看，包括：「生理需求」、「安全需求」、「歸屬（社會）需求」、「尊重（自尊）需求」以及「自我實現需求」等。從佛教的觀點來看，例如「四食」的欲望，包括：「摶食」滋養色身，使溫飽；「觸食」撫慰身心，使快樂；「意思食」實現希望，使激勵；「識食」成就自我，使發展。例如「五欲」的欲望，包括：財（金錢財富）、色（情愛女色）、名（名聞利養）、食（生活飲食）、睡（安逸享受）。例如「六塵」的欲望，包括：色（美色）、聲（妙音）、香（芳香）、味（美味）、觸（體觸）、法（妙法）。簡而言之，就是爲了滿足五蘊身心（色、受、想、行、識）的自我，而不斷向外攀緣「四食、五欲、六塵」的欲望。這些欲望涵蓋：物質的欲望與精神的欲望；也涵蓋：生理的欲望與心理的欲望。要滿足這麼多的欲望，得要費盡多少心機、耗盡多少力氣啊？是不是覺得欲望好可怕啊！而且，這個也要，那個也要，什麼都想要，卻偏偏要不到，甚至要到了還會失去。所謂「欲爲苦本！」當欲望不能夠被滿足時，真的是好痛苦啊！爲了滿足私欲，違背良心的事情都敢做。你說欲望可不可怕？須知「害念」的背後就是「瞋念」，「瞋念」的背後就是「貪念」，「貪念」的背後就是「欲望」。佛陀告誡我們：欲望就像「毒蛇」：不能碰啊！欲望就像「火坑」：熾熱滾燙啊！欲望就像「刀口蜜」：舔之傷舌啊！，欲望就像「海水」：越飲越渴啊！由此可知，欲望最可怕的地方就在於：沒有的時候，日思夜想，禁不住誘惑，因爲真的很想要啊！有了之後，卻又貪得無厭，得隴還會望蜀，因爲慾壑難填啊！失去的時候，還會戀戀不捨，痛苦萬分，因爲真的捨不得啊！而且，欲望的背後還潛藏著災難與禍患，無窮的欲望很可能會讓一個人喪心病狂。一個人一旦被欲望所吞食，肯定會惹禍上身啊！所謂「財、色、名、食、睡，是地獄的五條根！」所以說，欲望真的好可怕啊！

七、小人好可怕：小人爲什麼可怕呢？試問世人，誰不怕小人呢？然而，何謂小人呢？小人就是心胸狹小、陰險狡詐之人。小人言行不一，口蜜腹劍，笑裡藏刀，暗箭傷人，心懷仇恨，挾怨報復。爲了自我的利益，什麼好事、壞事都幹得出來，而且不擇手段，心狠手辣，更喜歡來陰的。這種人最麻煩，表面上冠冕堂皇，像個人；實際上卻骯髒齷齪，像個鬼，令人防不勝防。你說小人可不可怕？小人心中只有自己，眼裡只有利益，沒有半點情義，罔顧人倫道德，毫無信用可言。有利用價值的時候，百般討好；沒有利用價值的時候，一腳踢開。當面捧你，背後捅你，陰謀算計，手段殘忍，集所有醜陋的人性於一身。你要是得罪了他，擋了他的財路，搶了他的風采，占了他的位置，違背了他的意思，你就會被他盯上；不但會收集你的把柄，記錄你的話柄，還會設下圈套，挖坑坑你；想方設法，把你抹黑抹臭，把你鬥臭鬥垮，置你於死地，甚至搞得你家破人亡，直到把你除掉爲止。你說小人可不可怕？所以說，小人不可信，小人不可欺，小人不可近。遇到小人，千萬不要去招惹他。不過，小人有時候實在是很難分辨。有些人長得人模人樣，卻爲了維護或爭取自己的利益，照樣出賣朋友，照樣背叛良心。這也可以說明其實我們身邊到處充滿了小人，只是你跟他暫時還沒有產生利益上的衝突而已。一旦有了利益上的衝突，小人的嘴臉說不定就會顯現出來。甚至我們自己本身就是個小人，端視那個利益是不是足夠大，以及能不能夠控制住自己醜陋的人性而已。一旦控制不住，小人的形貌就會悄然上身，醜陋的人性就會一覽無遺，不管是「你」、是「我」、還是「他」。在利益面前，原來人人都有可能是小人！這樣也就可以解釋爲什麼背叛出賣我們的經常是我們至親、最愛、最熟悉的人。所以說，小人真的好可怕啊！

綜合而言，人間真的好可怕啊！生而爲人，誰不維護自我？誰不喜歡金錢？誰不喜歡情色（情愛）？誰不喜歡名利？誰不喜歡權位？誰沒有需求？誰沒有欲望？誰不怕小人？當你走在人生的路途上，想要得到肯定，想要得到發展，卻又困難重重的時候，是不是覺得很煩惱啊？當你喜歡得不得了，卻又得不到的時候，是不是覺得很痛苦啊？當你得不到卻又很想得到的時候，是不是就會產生許多邪惡的念頭啊？醜陋的人性是不是就蠢蠢欲動啊？就算你得到了，是不是覺得還不夠啊？是不是還想要得到更多、更好啊？而且，已經處於高位了，是不是還想要爬到更高的位子？擁有更大的權力啊？或是害怕失去，害怕招來禍患，害怕小人覬覦，害怕壞人搶奪等，是不是活得疑神疑鬼、心驚膽跳啊？當巨大的利益或誘惑擺在你面前的時候，或是對方碰觸到你個人容忍底線的時候，是不是覺得醜陋的人性就快要爆發出來了啊？又是貪吝，又是瞋恨，又是愚癡，又是傲慢，又是猜疑，又是嫉妒，又是害念等。而且，這些誘人的身外之物，每一樣東西的背後都潛藏著巨大的陷阱與災患啊！更可怕的是：通常人一旦有錢就會作怪，一旦有權就會亂搞，一旦居高位就會驕縱，一旦有名就會招忌。從一開始沒有、到追求的過程、到擁有的後果，一路上危機四伏，驚險萬分，只要其中一個環節沒有管控好，就會造下許多罪業，掉入欲望的火坑，帶來無窮無盡的煩惱與痛苦。怎麼辦呢？人生難道就只能任由這些世俗的欲望所擺布嗎？「沒有」會煩惱、會痛苦，「有」也會煩惱、也會痛苦，甚至更加煩惱、更加痛苦。到底該怎麼做才能夠徹底解脫人生的煩惱與痛苦呢？

第四節　解脫煩惱的秘密

從聖者的啟示當中我們可以領悟到：每一個人都可以成爲聖者，但是必須經過「修行」的過程，在明師的指引下，以及個人的努力下，最終修證無我，熄滅煩惱，止息痛苦，解脫自在，進而慈悲度衆，爲世人留下正面且深遠的影響。就像密勒日巴祖師的故事一樣，如果他沒有走向修持正法的道路，完完全全就是個普通人，甚至還是個罪人，爲命運所折磨，陷入爭奪家產的痛苦漩渦當中。而且，爲了了卻母親心中報仇雪恨的願望，只好去拜師學習咒術以誅殺仇敵，造下極大罪業。本應墮入三惡道輪迴受苦，幸好及時悔悟，遇見馬爾巴上師，給予極大的磨練，淨化其罪業，建立其信心。進而澈悟人生無常，珍惜人身難得，捨棄世間八法，擺脫世俗煩惱，一心奉行上師囑咐，終生住山修行。真正做到：什麼都不要，什麼都不求，既沒有廣蓋寺廟，也沒有累積財富，捨到一無所有，捨到乾乾淨淨。然後在「厭離心」的基礎之上，發上求下化的「菩提心」，祈請上師加持，常住雪山苦行，精進修持密法，努力實修實證，最終圓滿成就，當世卽身成佛。並且用美妙的歌聲，唱出優美的道歌，廣度衆生，轉大法輪，成爲藏密白教祖師，普受世人景仰，更是筆者最崇拜的大成就者。所以說，面對殘酷的世間，處在可怕的人間，千萬不要再怨天尤人了，更不要心思報復；如果這樣做，只會讓自己的命運更加悲慘而已，根本就於事無補，反而造下更多罪業。還不如把這些逆境當作修行的逆增上緣，視爲上天安排讓你生出厭離世間的心，進而走上解脫之道啊！沒有山窮水盡，那來柳暗花明；沒有萬念俱焚，那來絕處逢生！

須知命運的主宰是「業力」，業力是來自於「身、口、意」行爲，行爲則是由「心念」所主導，心念則受「習性」所指揮。只要心念一動，就會觸發緣起；只要觸發緣起，就會產生業力。然後，再由這些累世業緣所形成的「命運」，主導著每個人的人生走向與所處的環境，牽引著我們去接觸不同的「人情事物」，上演人生悲喜劇。所以說，修行的重點包括：「改造」今生的坎坷命運，圓滿人生；「淨化」當下的起心動念，清淨生活；「修正」累世的無明習性，提昇生命。面對乖舛命運，我們要誠心懺悔，改過向善，消除業障，慈悲濟世，行善積德，精進修行，改變命運，學會管理自己的人生。面對雜染生活，我們要守護六根，善護心念，善護身行，清淨「身、口、意」，建立正確的生活態度，止息妄心，顯露真心。面對無明習性，我們要聽聞佛法，培養正見，長養智慧，建立正確的人生觀與價值觀，修正習性，回歸本性。人生本來就是一場修行，生活就是我們修行的平台。缺乏修行，生命就會任由業力宰割，嚐遍各種酸甜苦辣；修行有成，生命就可以擺脫業力的糾纏，趨向寂靜涅槃。然後，不僅自度，而且度人，與眾生共成佛道。其中，出世解脫要靠「智慧」，入世度眾要靠「慈悲」，悲智雙運要靠「法力」。想要解脫嗎？想要成佛嗎？想要度眾嗎？趕快依止明師，精進修行，學習佛法吧！尊貴的蓮生聖尊慈悲開示：「所有佛法不離慈悲、智慧、法力，我們要學的也是慈悲、智慧、法力。」所以說，解脫煩惱的祕密正是「智慧、慈悲、法力」三者的完美結合。須知有「智慧」就沒有煩惱，有「慈悲」就沒有敵人，有「法力」就沒有畏懼；三者缺一不可。本書就是要來揭開解脫煩惱的三大祕密：「智慧」、「慈悲」與「法力」，幫助苦難的眾生，了解並運用此三大祕密，讓生命得以提昇，生活得以清淨，人生得以圓滿，進而解脫煩惱與痛苦。

在智慧的祕密方面：須知「智慧」就是要幫助我們搞懂宇宙人生的真相與真理。基本上可以分爲三個層次：其一、「下士道」追求生命的增上：涵蓋深信因果，斷惡修善。其二、「中士道」追求生死的出離：涵蓋四聖諦、八正道、緣起法、三法印。其三、「上士道」追求菩提的佛果：涵蓋緣起性空、性空唯名、虛妄唯識、真常唯心、佛性本有、中道不二等。懂得觀一切法緣起幻有——「俗諦」，一切法自性本空——

「真諦」；緣起與性空交融無礙，依此「二諦」而顯中道，是爲真正的「智慧」。在慈悲的祕密方面：須知「慈悲」就是要幫助我們圓滿究竟成佛之道。基本上可以分爲三個方面：其一、慈悲心：廣度上涵蓋「慈悲喜捨」，深度上涵蓋「衆生緣慈、法緣慈、無緣慈」。其二、菩提心：上求菩提，下化衆生。包括：「願菩提心」、「行菩提心」、「勝義菩提心」。其三、菩薩道：以「菩薩三心」爲綱領，勤修「六度四攝」，以「四無礙智」爲衆生說法，並效法「普賢行」，但以「般若波羅蜜」貫徹一切行門。懂得爲衆生說法，喚醒衆生自性本有的「般若空慧」，令衆生離苦得樂，是爲真正的「慈悲」。在法力的祕密方面：須知「法力」就是要幫助我們實踐慈悲度衆、卽身成佛的祕密。基本上可以分爲三個部分：其一、密教生起次第：涵蓋四加行法、上師相應法、本尊法、羯摩法。其二、密宗羯摩法：涵蓋息災法、增益法、敬愛法（攝召法）、降伏法。一者濟世救人，二者積累善功；不僅自度，而且度人。其三、密教圓滿次第：涵蓋二灌：修氣的「九節佛風」、「金剛誦」、「寶瓶氣」；通中脈的「無漏法」、「拙火法」、「明點法」；開五輪的「燃滴作用」、「淨光境界」、「子母光明會」；三灌：無上密的「金剛法」、「樂空雙運」、「四喜四空」；大手印的「樂空不二」、「四瑜伽」、「六成就法」；四灌：大圓滿的「澈切」、「脫噶」等。只要懂得法界緣起的「法界力」，進而借助上師、本尊、護法等「加持力」的「他力」，加上運用自己「功德力」的「自力」，實修密法，就可以成就三密相應、卽身成佛，是爲真正的「法力」。

第五節　結語

總而言之，解脫煩惱的三大祕密包括：「智慧」、「慈悲」與「法力」。其中，「智慧」是屬於「理智」方面的，了知世間本空，寂滅最樂；「慈悲」是屬於「情感」方面的，看見世間幻有，不忍衆生苦；「法力」是屬於「方便」方面的，乃是具足「大智」與「大悲」之後才有的方便行，進而悲智雙運，利益衆生。也就是說，出世解脫在前，入世度衆在後，最終既非出世，也非入世，圓成佛果。其中，出世解脫要靠「智慧」，入世度衆要靠「慈悲」，悲智雙運要靠「法力」。因此，我們應該兼顧「智慧」、「慈悲」與「法力」，才能夠實現當世解脫，福慧雙修，悲智雙運，即身成佛。所以說，有了「智慧」就能夠看懂原來人生本來就是一場戲，都是假的，內心就不會那麼執著。面對人生各種悲慘的遭遇時，就當作遊戲打怪過關昇級的磨練，反而能夠增長我們的「智慧」。有了「慈悲」就能夠淡化我執，泯除自私，懂得行善布施，積功累德，發菩提心，福慧雙修。面對衆生的各種苦難與責難時，就當作是自己的父母或兒女，反而能夠增長我們的「慈悲」。有了「法力」就能夠悲智雙運，善巧方便，救度衆生，神通濟世。面對使用各種世俗的方法都無法解決自己或衆生的人生問題時，特別是「因果病」，何妨試試神奇的「法力」。這不就是煩惱即菩提嗎？原來人生是來學習的！學習什麼？學習無所求、無所謂、無所住、無所得！學習看得破、拿得起、放得下！學習把「我」拿掉、把「你」放在心中、把「他」化爲修行的動力！學習淨化心靈，回歸本性！學習明心見性，見性成佛！須知天生我材必有用！天底下沒有一個人是廢材，都是有使命在身的！沒有煩惱，何來成長？沒有痛苦，何須解脫？沒有衆生，何由成佛？原來我們遇到的每一位衆生，碰到的每一件事情，其實都是來成就我們的。所以說，爲了你、爲了我、爲了他；爲了自己，也爲了衆生，立志修行，發願成佛！因爲只有究竟成佛，具足圓滿的「智慧」、平等的「慈悲」與神妙的「法力」，才能夠成辦這一切。

因此，本書共分爲三篇十二章，包括「智慧篇」、「慈悲篇」與「法力篇」。並將延續前二本書《解脫煩惱的方法——八正道》以及《解脫煩惱的智慧》引經據典的寫作風格，以原始佛教《四阿含經》加上大乘佛教等各種法門的大乘經典及其注疏爲根據，並大部分附有原文經典或出處，供讀者驗證。另外，也參照尊貴的蓮生聖尊的豐富著作和法語開示，進行論述。尤其是「法力篇」，爲了尊重密教傳承，幾乎完全是根據尊貴的蓮生聖尊的實修經驗與說法來論述。想要改變命運嗎？想要出離三界嗎？想要證悟菩提嗎？在「智慧篇」裡，我們將帶領讀者一探生命增上、出離生死、證悟菩提的祕密。想要知道什麼是真正的慈悲嗎？想要知道如何發菩提心嗎？想要知道如何行菩薩道嗎？在「慈悲篇」裡，我們將帶領讀者一探慈悲心、菩提心、菩薩道的祕密。想要三密清淨，與本尊相應，實現接引成佛嗎？想要擁有法力，與護法相應，實現羯摩濟世嗎？想要虹光化身，與自性相應，實現即身成佛嗎？在「法力篇」裡，我們將帶領讀者一探密教生起次第、密宗羯摩法、密教圓滿次第的祕密。一旦懂得這些祕密之後，就可以善用「智慧」、「慈悲」與「法力」來提昇我們的生命，清淨我們的生活，以及圓滿我們的人生；進而不斷壯大自己、豐富自己、提昇自己。須知花若盛開，蝴蝶自來！那一尊佛、菩薩、護法、空行，或是前文提及的每一位解脫的聖者，不都是智慧充滿、慈悲無量、神通廣大嗎？不然怎麼自度度人呢？只要圓滿具足「智慧」、「慈悲」與「法力」，屆時煩惱自然消除，快樂自然顯現，也才能夠吸引芸芸衆生膜拜敬仰，效仿學習，共同成就，解脫自在！接下來，就讓我們開始一起向佛陀學習「解脫煩惱的祕密」吧！

第二章

生命增上的智慧

造命者天，立命者我，
深信因果，敬畏神明，
斷惡修善，廣積陰德，
謙卑忍讓，低調做人。

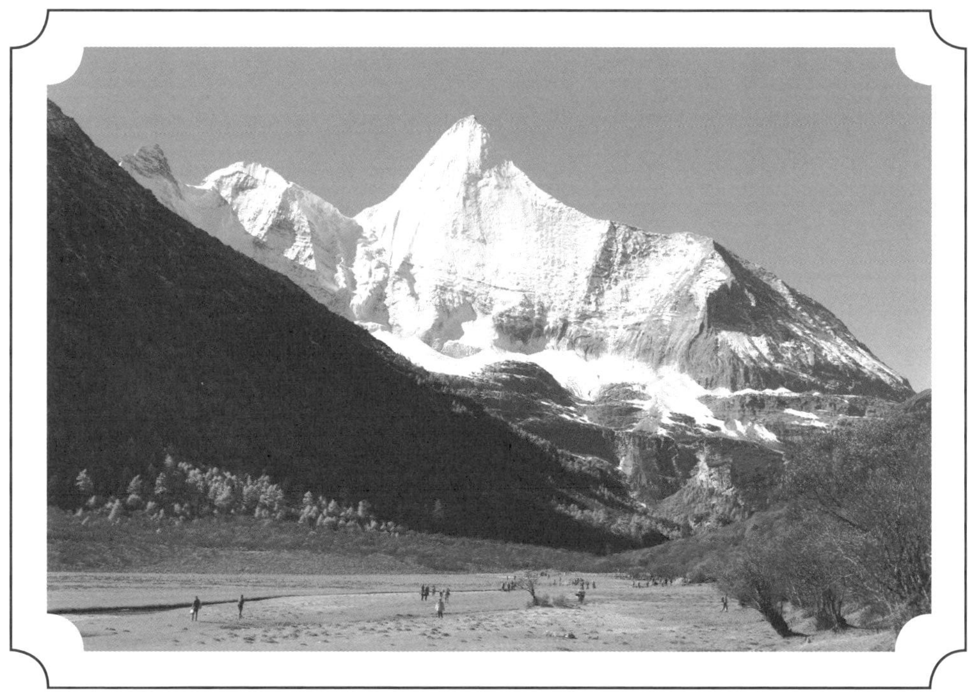

第一節　前言

爲什麼要發增上心呢？當我們親眼目睹，甚至親身體驗到生命的缺憾，生活的艱難，以及人生的苦痛時，因而想要改善現況，扭轉命運，甚至放眼未來，希冀來世，所以發增上心。何謂增上心呢？所謂「增上心」就是指希望改善現世的心，或者希望來世比現世好的心，甚至希望生生世世都能夠持續增上的心。然而，什麼叫做「好」呢？包括有更好的福德因緣；有更好的快樂果報；有更好的生活條件；有更好的人生運途；有更好的生命形態等。什麼叫做「增上」呢？包括在「身、心、靈」各方面的層次，可以不斷地向上提昇，達到轉禍爲福，轉苦爲樂，轉染成淨的境界。所以說，發增上心一方面希望現世可以過好一點的世俗生活，一輩子幸福美滿；另一方面則希望來世可以再得人身，享受榮華富貴；或者昇天成仙，享受無窮快樂。不過，增上心並不完全等於追求世俗的心，一味地貪圖享樂。追求世俗的心是一顆貪欒的心，永遠也沒有滿足的一天，雜染不已，只會帶來更多的煩惱與痛苦。增上心是修行學佛的基礎，是一顆歡喜修善的心，是一顆深信因果的心，是一顆洞察輪迴的心，可以幫助我們斷惡修善、趨吉避凶、知足常樂，逐漸遠離煩惱與痛苦。因此，具有一顆想要減少煩惱，過清淨生活，嚮往圓滿人生，甚至提昇生命層次的心，才稱得上是「增上心」。

然而，如何發增上心呢？從反面來看，如果不發增上心，反而生起墮落心，又當如何？那就會造業墮落，沉淪業海，受無量苦。不曉得生命的無常，人身的可貴，將生命耗費在「四食、五欲、六塵」的追逐；緊抓著「四大、五蘊、六根」不放；貪求「財、色、名、食、睡」。從此以後，人身變成造業的工具，生活變成造業的舞台，人生變成痛苦的聚集。愚癡無聞凡夫只顧眼前的好處與維護自身的利益，與衆生結惡緣，與天地做對抗，造諸惡業，受諸苦報。不了解因果業報的可怕，不清楚吉凶禍福的由來，不相信舉頭三尺有神明，不曉得「財、色、名、食、睡」是地獄的五條根。很可能在追求世俗、功成名就的背後，說不定用盡了心機，耍盡了手段，幹盡了壞事，甚至沾滿了血腥。表面上光鮮亮麗，實際上惡貫滿盈。不但不能達到生命增上的效果，反而促成生命墮落的因緣，然後過了一世又一世，業上加業，罪上加罪，苦上加苦。所以說，發增上心必須在充分認識因果業報的基礎之上，確信善有善報、惡有惡報；懂得反省自己，誠心幡然悔悟，命運才有改變的可能性；須知人身難得，生命可貴，佛法難聞；從而珍惜此生，精進修行，學習佛法。因此，「理」上：要深信因果，培養因果業報的智慧；「事」上：要斷惡修善，實修「三皈、五戒、十善」。其中，人乘以「三皈、五戒」爲主；天乘則以「十善」爲要。想知道減少煩惱、轉禍爲福、改變命運的祕密嗎？接下來我們針對生命增上的智慧，包括：「因果業報的智慧」、「三皈、五戒、十善的智慧」、「改變命運的方法」進行論述。

第二節　因果業報的智慧

何謂因果業報呢？須知有因就有果，有業就有報；果是從因來，報乃由業成。俗話說：「善有善報，惡有惡報，不是不報，時候未到。」也有人說：「冤有頭，債有主，善惡到頭終有報。」根據中阿含經（卷二十七）林品 達梵行經（一一一）的說法：一個人的行爲造作，包括惡業或善業，會引發看不見也摸不著卻實際存在的「業力」。然後，在因緣具足的時候，招感其應得的苦報或樂報。中阿含經（卷三）業相應品鹽喻經（一一）云：隨人所作業，則受其報。意思是說，每個人都會隨著他所造作的善惡業，招感一切的果報，而且是自做自受，所謂「個人造業個人擔」，這就是「因果業報」的智慧。如果進一步分析，可以發現：「因果業報」的背後其實隱藏著「善惡系統」、「業力法則」、「萬有因果律」以及「五趣流轉」等宇宙人生的真相。以下我們根據原始佛教《四阿含經》等原始聖典，詳細說明如下：

善惡系統的智慧

了解「善惡系統」，幫助我們建立待人處世的「價值觀」，包括自我良知良能的「道德觀」以及人我互動的「倫理觀」。傅佩榮教授《自我的意義》提到：「道德」是個人自我要求的價值；「倫理」則是社會性的價值。「道德」傾向於主體的自覺；「倫理」則偏向社會行爲的互相規範。「道德」存在於個人的行爲；「倫理」存在於家庭、社會乃至於國家。但不管是「道德」還是「倫理」，這些行爲的前提必須都是自由的。也就是透過自己的自由意志所做的選擇，才會有自主性，但也必須爲其後果負責。任何行爲的好壞，若非出於自由意志，就談不上道德問題。在自由意志的基礎之上，我們要很清楚何謂是非善惡？何謂清淨雜染？何謂利他損人？有了這些認知之後，就會慢慢地形成我們價值判斷的基準，我們才能從「知的世界」進入到「行的世界」，實踐「道德」與「倫理」的行爲，並爲自己的行爲負責。

然而，何謂善？何謂惡呢？印順導師《成佛之道》說：「心淨是善的，如或不淨，那就是不善的。」也就是說，從一個人的「內心意念」來看：「心淨是善，心不淨是惡」。根據雜阿含經（卷一〇四四經／二六七經）的說法：有情眾生會感到惱怒或清淨，全由我們那一顆「心」決定。何謂心淨呢？簡而言之，即內心清淨，不起任何雜染煩惱。何謂雜染煩惱呢？卽令人感到雜亂染污，憂悲惱苦的惡念。引起內心的不安定，不和諧與不自在，甚至由此煩惱而造種種業，受種種苦。此外，印順導師《成佛之道》說：「有利於他的，是善；如或有損於他的，是不善。」也就是說，從一個人的「外顯行爲」來看：「利他是善，損人是惡」。何謂利他呢？簡而言之，卽因爲個人的行爲，而使他人間接或直接受益。若人能行一事而利他，卽名爲「善」。但要注意，「利他」的行爲，必須發自內心的至誠，而且動機單純，不要有故意造作的心念。何謂損人呢？很明顯地，卽是因爲個人的行爲，而使他人間接或直接受害。若人因行一事而損人，卽名爲「惡」。損人的行爲不管是有心或無心，實質上都已經造成傷害。因此，我們必須非常小心。

此外，佛陀也教導我們：十善業是善，十惡業是惡。根據中阿含經（卷三）業相應品 思經（一五）說法：作十不善業跡，當墮惡趣。行十善業跡者，當生善趣。十不善業包括：殺生、偷盜、邪淫、妄言、惡口、兩舌、綺語、貪、恚、邪見。多行十不善業就會墮入惡趣，受無量苦。十善業包括離殺生、離偷盜、離邪淫、乃至於離邪見。多行十善業就可以生在善趣，享無量福。其實，十不善業或十善業涵蓋一個人所有「身、口、意」的行爲。當我們的行爲親近十善業、利他的行爲卽名爲「善」；造作十惡業、損人的行爲卽名爲「惡」。佛陀教導我們：當捨十惡業，親近十善業，成就「身、口、意」淨業。

綜合而言，一個正確的人生觀，實在仰賴於對「是非善惡」標準有正確的認識。從以上的說明可以了解到：心淨謂之善，心不淨謂之惡；利他謂之善，損人謂之惡；行十善業謂之善，行十惡業謂之惡。故心淨利他謂之至善；心不淨損人謂之至惡；這就是所謂「善惡」的智慧。尊貴的蓮生聖尊《粒粒珍珠》認爲：「身、口、意清淨了就是善。」另外，《甘露法味》也提到：「心安能止就是善；你違背你的心，心裡不安寧就是惡。」我們要以至善之心處世，心懷慈悲，面帶笑容，言語柔軟，舉止從容。並協助別人建立正確的見解，然後依照佛陀的教誨待人處世，進而趨入解脫道。

業力法則的智慧

何謂「業」呢？所謂「業」就是指「行爲」、「造作」等身心活動的意思，是我們過去行爲的軌跡與記錄。這些行爲會延續、累積起來形成一種力量叫做「業力」。「業力」是招感痛苦、快樂、雜染、清淨等果報的原因，也是有情生命不斷輪迴轉世的動力。然而，何謂業力法則呢？根據中阿含經（卷二十七）林品達梵行經（一一一）的說法：一切果報必然是由於業力所招感。不同的業，會引發不同的果報；不同的果報，必來自不同的業力所牽引。依個人所造業力，或生地獄，或生畜生，或生餓鬼，或生人間，或生天上。生死輪迴源於業力，成佛入聖也離不開業力。平安、順利又快樂是因爲業力，病痛、坎坷又煩惱也是因爲業力。含笑往生是因爲業力，橫死命終也是因爲業力，這就是所謂的「業力法則」。因爲業力法則，才使得善惡的標準有存在的價值。所謂「卽使千百劫，所作業不亡；因緣會遇時，果報還自受。」業力的力量，如此深遠，能不謹愼乎？

三世因果其實俱由「業力法則」而來，五趣流轉也是由「業力法則」而來，貧富貴賤也是由「業力法則」而來，賢愚美醜更是由「業力法則」而來。業力除了善惡有報，自作自受，歷久不衰之外，尙有以下幾點特性：（一）勿以惡小而爲之：星星之火，可以燎原，水滴雖微，漸盈大器。顧名思義，微小的業力，可以經由累積的效果，而逐漸轉換成巨大的業力。（二）有故作業，必受其報：佛陀認爲：若造作的行爲是有意的，是故意的，則未來必將承受其所對應的業報。（三）引業或滿業：「引業」是指能夠引發我們感報六道輪迴中的任一報體，或天上，或人間，或阿修羅，或餓鬼，或畜生，或地獄（中阿含經 卷二十七 林品 達梵行經 一一一）。「滿業」則是指經由引業感報爲某一道的衆生，能決定該報身是否圓滿的業力。例如報身爲人時，六根是否具足，容貌是否端正等種種差別卽是由滿業所影響。（四）罪業可懺悔：根據增壹阿含經（卷五十一）大愛道般涅槃分品（四七一）的說法：卽使犯下滔天大罪，若能夠發自內心的懺悔，痛下決心改正，加上持續不斷行善，進而修行，則造作惡業的種子，自然會逐漸萎縮凋零，而無緣發作。積極面則更應該修身、修戒、修心、修慧，時日一久，惡行罪業就會逐漸轉薄，甚至完全消滅。

綜合而言，生命增上與墮落的主宰是「業力」，生命圓滿與缺憾的關鍵也是「業力」。由於過去世造了種種的善業及惡業，現在世便受種種的樂報及苦報。佛陀認爲：人的任何一個起心動念、外顯行爲，乃至於所說的任何一句話，只要是有意造業，都將留下影響力。不只影響當下相關的「人情事物」，甚至還會影響今生後世的「善惡果報」。《太上感應篇》指微章云：夫心起於善，善雖未爲，而吉神已隨之；或心起於惡，惡雖未爲，而凶神已隨之。意思是說，善念一起，卽使尚未造作善行，但是已經獲得吉神的擁護；惡念一起，卽使尚未造作惡行，但是已經遭到凶神的跟隨。所謂「舉頭三尺有神明」、「凡事天必知」，就是在提醒我們，業力的法則無所不在，業力的影響如影隨形；須知我們的一舉一動、一言一語、一思一念，或淨或染，或善或惡，吉凶禍福，隨伺在後，能不愼乎？

萬有因果律的智慧

所謂「萬有因果律」就是「種如是因，得如是果；欲得如是果，必種如是因」、「種瓜得瓜，種豆得豆」、「種善因，得善果；種惡因，得惡果」一旦因緣具足，則果報現前。若從「三世因果」來看：欲知前世因，今生受者是；欲知來世果，今生做者是。也就是說，要相信有三世存在，相信有三世的相續關係，相信有前世、有今生、有來世。而且要用多世的思惟方式來面對人生。想要知道過去世造了那些因，且看今世現時的遭遇。是出生富貴人家，還是貧窮人家；是快樂享福，還是痛苦度日。同樣地，下半生或來生想要過得好一點，想要獲得健康、平安、順利、幸福、快樂，甚至能在修行上有所成就，全看你現在或這一世的所做所為是否合乎善行？是否走在正道上？尊貴的蓮生聖尊《玻璃缸裡的金魚》說：「凡事都不是巧合，凡事全在因緣果報之中。」

根據中阿含經（卷四十四）根本分別品 鸚鵡經（一七〇）的說法：眾生因為自己的行為所造作的業力，招感應得的果報。依據業力法則，有情眾生隨業、依業受報，因而決定其所在的處境：妙或不妙，好或不好。根據佛陀的說法，短壽是因為心腸狠毒，殺生取命，毫無慈悲之心，連昆蟲也不放過；多病是因為動不動就拳打腳踢，觸怒、擾亂眾生；醜陋是因為沒耐性，壞脾氣，到處與人結怨；沒有威德是因為愛計較，愛嫉妒，見不得別人好；卑賤是因為內心傲慢，沒有禮貌，不懂得尊重別人；貧窮是因為吝嗇小氣，不肯布施，不懂得供養三寶；愚笨是因為不懂得虛心學習，自以為什麼都會，不懂得向善知識請教是非善惡、因果業報的道理。反之亦同。因此，消極上要止惡防非，諸惡莫作；積極上則要行善積德，眾善奉行。而且除了斷惡修善之外，還要懂得自淨其意。由此可知，因果報應，履試不爽，自作自受，貫穿三世。

所以說，不管是「業力法則」，或是「萬有因果律」，在在證明一件事：命由己造，相由心生；佛法之前，人人平等。《太上感應篇》明義章云：禍福無門，惟人自召；善惡之報，如影隨形。因為「業力法則」的無所不在，因為「因果報應」的履試不爽，任何人不論貧富貴賤，男女老幼，賢愚美醜，皆不能例外。

「業力」是招感一切痛苦、快樂的原因。有情眾生以「煩惱」爲因，以「業力」爲緣，進而招感痛苦輪迴的果報。也就是說，隨著個人的所作所爲，因而造下的善業或惡業，會在未來受到業力的牽引，招感應得的果報。爲善則可以享受人天善趣的福報樂果；爲惡則將會沉淪惡趣遭受惡報苦果。這就是所謂「因果業報」的智慧。

綜合而言，一切有情眾生被自己所造的「業」繫縛，隨著業力輪轉五趣不已。因爲有情眾生的心念，飄忽不定，時而思善，時而思惡，策動我們的「身、口、意」做出善惡的行爲。這些「身、口、意」的活動不只影響當下相關的「人情事物」，也將形成習慣與性格，儲藏在自己的潛意識當中，凝聚成一種引發未來生命的力量，甚至會影響到今後的善惡報應。有情眾生藉著業力，依據一定的因果法則，造就有情眾生的命運。由於業力有善有惡，故人的命運有好有壞。不了解命運的由來就會怨天尤人。真正了解命運的人，會相信「三世因果」的存在。命運的產生，其實是「三世因果」的現象。懂得因果，就掌握了改變命運的原理。

五趣流轉的智慧

了解「五趣流轉」的智慧，幫助我們建立生死流轉的「輪迴觀」。人、天是善趣；地獄、畜生、餓鬼是惡趣。做惡多端、心腸狠毒就會墮入三惡趣受苦；止惡防非、趨善避惡就可以避免墮入三惡趣。守五戒可以得人身，方便修行；行十善可以昇天堂，享受福報。然而，是什麼原因令有情眾生不由自主地在五趣中流轉，輪迴不已，不得出離呢？是因爲「業」。有情眾生依「業」而有生命，一期的生命或有結束的時候，有情的肉體身軀或有敗壞分散的時候，但是有情眾生的「業」是不會隨著色身的消滅而消失的，甚至成爲牽引眾生死後，投胎轉世的主要力量。有情眾生因不斷造業，才會有不斷的生死。想終止這樣的生死流轉，最基本的要求，就是不要再造業，最起碼不要造惡業。想辦法保有人身，才有修行解脫的機會，須知人身難得啊！雖然有時候會覺得做人好苦，經常會碰到一些麻煩的人與煩心的事，可是也正因爲如此，才會激發我們想要出離，追求解脫之道。

由於「業力法則」的普遍存在性，而有「三世因果」的業報現象。個人會因爲自己的行爲造作，而招感各種業報，並且貫穿三世。根據雜阿含經（卷十七 四六〇經／四六一經）的說法：所謂「五趣」卽是指地獄、畜生、餓鬼、人、天各趣，若再加上天人中有福無德、瞋心特別重的「阿修羅」，則合稱「六道」。有情眾生在修證解脫之前，會不斷地在五趣中流轉，在六道裡輪迴；一會兒沉淪地獄、畜生、餓鬼三惡趣；一會兒上昇人、天二善趣，最終又免不了墮入惡趣。長世累劫以來，生死相續，輪轉不已，難以出離。針對「五趣」的詳細說明，有興趣的讀者可以進一步參考拙作《解脫煩惱的方法——八正道》一書。

由此可知，有情眾生從無始久遠以來，卽因業力的牽引，而不斷地在五趣中流轉，在三界苦海中沉淪。心腸狠毒的就到地獄去，貪心吝嗇的就做餓鬼去，愚癡無知的就做畜生去，謹守五戒的就保有人身，有福無德、瞋心特重的就當阿修羅去，廣行十善的就昇天當神仙去，離欲清淨的就到色界去，慈悲喜捨甚至連色身也捨的或是證入空境的就到無色界去。令人覺得不可思議的是：三界火宅的層次與結構竟然完全和有情眾生的心念與行爲相互對應。而且以人道爲樞紐，時而爲善則升，時而爲惡則沉，升沉不定，流轉未已。有爲惡受苦的「三惡道」，有欲望雜染的「欲界」，有享樂不盡的「天堂」，有光明遍照的「光界」，有離欲清淨的「淨界」，有慈悲喜捨的「捨界」，有證入空境的「空界」。業緣不同，境界不同，果報也就不同。眾生造業，隨業感報，生死輪迴，苦海浮沉，不得自在，永無了時。只有修證解脫，證果成聖，才能擺脫這毫無意義的生死輪迴。

總而言之，了解「因果業報」的智慧，幫助我們建立三世因果的「人生觀」。須知所有的行爲都隱含著「道德」的成分，因爲任何行爲都是以「自由意志」出發。有善的意志，就有善的行爲；有惡的意志，就有惡的行爲。道德實踐的「善惡系統」，其背後的運作原理就是「因果業報」。根據「業力法則」與「萬有因果律」，有因就有果，有業就有報。有情衆生行爲造業卽是種前因，只待因緣成熟，業報卽會現前，而得後果；這就是所謂的「因果業報」。而其可貴、可敬亦可畏之處，在於受到「善惡系統」的嚴密監控，任何人都逃不過。老子《道德經》云：「天網恢恢，疏而不漏」。種善因，得善果，享福報；種惡因，得惡果，受苦報，而且貫穿三世。更積極的意義則是：你希望別人怎麼待你，就看自己如何待人；想要別人關愛你，就要先懂得去關愛別人。你的內在意念與外在行爲如何放射出去，將來就會如何反射回來；須知因果是分分秒秒都在發生的。而且，不管你信或不信，因果業報是確確實實存在的，必然會以實際的報應來回報你任何的起心動念與身行口說。

第三節　三皈、五戒、十善的智慧

在了解因果業報的祕密之後，就要心生警惕，謹言愼行，千萬不要以身試法，逆天而行，爲非做歹，造業墮落。佛陀要我們「以戒爲師」，約束我們此身的外顯行爲，符合戒律的要求。透過對於佛陀戒律的遵守與承諾，勉強成習慣，習慣成自然。一些壞習氣，壞毛病，可藉著戒律的約束，逐漸消失於無形之中。根據雜阿含經（卷二十四 六五一經／六三七經）的說法：修行的基礎在於持戒，佛陀並鼓勵我們，特別是出家人，應該遠離塵囂，住於靜處，以戒爲師，持戒清淨，修行方能有成。即使是細微之罪，也要心生恐怖與畏懼，不可因惡小而爲之。而且，應當樂於受戒，樂於學戒，樂於持戒。遠離殺生，斷除殺生，不樂於殺生，乃至於遠離、斷除、不樂於其他十惡業。發增上心，從「三皈戒」做起，進而守五戒，行十善，以免造業墮落，受苦無窮。

所謂「三皈戒」是指皈依三寶之後自然該守的戒律。「皈」是回轉、歸投之意；「依」是依靠、信賴之意。皈依三寶包括皈依佛、皈依法、皈依僧，可以產生無量的功德。六祖《壇經》懺悔品云：佛者，覺也；法者，正也；僧者，淨也。意思是說，「佛」是覺者，是自覺、覺他，福慧具足的大覺者；釋迦牟尼佛以及十方三世一切諸佛便是佛寶。「法」是正法，是三藏教典，是一切智慧的寶藏；釋迦牟尼佛所宣說的佛法如四聖諦、八正道、緣起法等便是法寶。「僧」是和合衆，是傳授清淨之道的人天師表；在佛前出家的凡聖弟子、比丘、比丘尼，便是僧寶。三寶之中以佛寶最爲尊貴，法寶最爲高勝，僧寶最爲重要。佛陀在世時，以佛寶爲中心；佛陀入滅後，則以僧寶爲重心。不過佛陀入滅前殷殷囑咐仍必須「依法不依人」，必須以戒爲師。皈依三寶是信佛學佛的入門，「三皈戒」是一切戒律的根本。然而，皈依三寶的真正的涵意則是「覺、正、淨」。透過「皈依佛」來保持心中的覺性，發掘內在本有的佛性，以「覺」爲依歸。透過「皈依法」令身心棄邪從正，入於正道，以「正」爲依歸。透過「皈依僧」在理合、事合的基礎下，做到身心清淨，以「淨」爲依歸。能夠保有內心的「覺、正、淨」，才是真正的皈依「佛、法、僧」。

所謂「五戒」是指不殺生、不偷盜、不邪淫、不妄語、不飲酒。也就是說，一戒殺生：不可以有害心，要以慈心對待一切衆生。二戒偷盜：不可以有盜心，要懂得行善布施。三戒邪淫：不可以有邪淫心，無有邪念，恆修梵行，身體香潔。四戒妄語：不可以有欺心，用一顆真誠的心對待一切眾生。五戒飲酒：不可以酗酒，心意不亂，持佛禁戒，無所觸犯（雜阿含經 卷四十三 一一五〇經／九一經；增壹阿含經 卷十六 高幢品 二二〇）。尊貴的蓮生聖尊《輪迴的祕密》認爲：（一）不殺生：凡飛禽走獸，皆當愛護，不得殺害。（二）不偷盜：即如一草一花，未經人同意，不得私竊或強取，廉潔自愛。（三）不邪淫：一夫一婦，若違反禮法者，縱欲行姦，皆是邪淫。（四）不妄語：以有爲無，以是爲非，以非爲是，這些都叫做妄語。（五）不飲酒：酒若爲藥引，這是無所謂的；但酒若醉人，則成了眾罪之首，所以不飲酒爲宜，免得成了罪惡的引子。其中飲酒戒屬於五戒之中唯一的「遮戒」。飲酒雖然不是罪，但是酒後容易亂性，醜態百出，令人興奮、衝動、盲目而失去理智，甚至導致嚴重的後果，是故要戒飲酒。「五戒」是一切佛戒的基礎，不僅涵蓋人類，也可以擴及一切有情眾生。持五戒的功德可以來世保有人身。只要人人受持五戒，就可以減少許多不必要的糾紛。

所謂「十善戒」是指不殺生、不偷盜、不邪淫、不妄語、不惡口、不兩舌、不綺語、不貪、不瞋、不邪見。這十種善業與惡業都是由我們的「身、口、意」三行所造作。其中身體的行爲有三種：若是殺生取命，盜人財物，淫人妻女，謂之「身惡行」。言語的行爲有四種：若是妄語欺人，兩舌離間，粗言惡語，綺語不實，謂之「口惡行」。意念的行爲有三種：若是貪伺多求，意懷憎嫉，邪見顛倒，謂之「意惡行」。根據雜阿含經（卷二十 五四七經／五四八經）與中阿含經（卷三）業相應品 思經（一五）的說法：作十不善業跡，當墮惡趣；行十善業跡者，當生善趣。因此，我們應當捨身不善業，修身善業：不殺、不盜、不邪淫。捨口不善業，修口善業：不妄語、不兩舌、不惡口、不綺語。捨意不善業，修意善業：不貪伺、不恚害、不興邪見。若有人行此十善業，便生天上（增壹阿含經 卷四十三 善惡品 四一九）。

總而言之，「三皈戒」教我們「皈依三寶」，「五戒」教我們「諸惡莫作」，「十善戒」教我們「衆善奉行」。根據《印光大師文鈔》卷四的說法：「三皈、五戒、十善」是一切修行的基礎。「三皈戒」可以令我們遠離邪魔外道，以三寶爲依怙，讓我們的人生有所依靠，進而轉邪爲正。「五戒」可以令我們遠離諸惡不善法，以戒爲師，讓我們的行爲有所依循，進而轉惡爲善。「十善戒」可以令我們遠離身惡行、口惡行、意惡行，清淨我們的「身、口、意」，讓我們的身行、口說、意念有所遵循，進而轉禍爲福。若能夠轉邪爲正，就不會邪見走歪路；若能夠轉惡爲善，就不會造極重罪業；若能夠轉禍爲福，就不會落入悲慘的命運。不僅現世得利益，圓滿人生；而且來世得樂果，昇天享福。並進一步以此爲基礎，精進修行，轉迷爲悟；學習佛法，轉凡爲聖。

第四節 改變命運的方法

有人聽從命運的安排，隨波逐流，卻每況愈下；有人勇於挑戰命運，敢於突破，卻一樣遍體鱗傷。到底該怎麼做才對呢？關鍵在於因果！懂得「因果」的人就掌握了改變命運的方法。所以說，改變命運的下手處，其實就是從「深信因果，斷惡修善」開始。因此，民國初年一代高僧印光大師極力倡印、流布、宏傳《了凡四訓》、《太上感應篇》以及《文昌帝君陰騭文》這三本善書，幫助我們認識：種善因決定得善果，造惡業肯定有惡報，勉勵我們「斷惡修善」。接下來，我們就根據這三本善書，以及個人的研究心得，逐步說明改變命運的方法。分述如下：

首先，要相信命運就掌握在自己手裡；也就是要懂得「立命之學」。有人說：「萬般皆是命，半點不由人。」也有人說：「造命者天，立命者我。」到底命運可不可以被改變呢？命運其實包括兩方面的涵義：一是命；二是運。「命」是與生俱來的，由上天主宰；「運」是後天發展的，由個人創造。所以說，命運雖然是上天注定，但是只要肯努力，終究還是可以打破既有的命定軌跡。《易經》上說：「積善之家，必有餘慶；積不善之家，必有餘殃。」如果命運不能被改變，又如何能夠趨吉避凶呢？所以說，先天命可算，後天運可改。須知掌握命運的不是別人，而是自己。命運雖天定，操之卻在我。因此，所謂「立命」就是自我創造命運，而不是被命運來束縛自我。須知命運的主宰是「業力」，業力是來自於「身、口、意」行爲，行爲則是由「心念」所主導，心念則受「習性」所指揮。雖然人生的命運已經由累世的業緣所決定，但是未來命運的好壞仍然會隨著此生的心念、習性以及行爲而不斷改變。古德有言：「天作孽，猶可違；自作孽，不可活。」因此，一個人若願意誠心懺悔業障，改過遷善；努力精進修行，讀聖賢書，改變行爲；慈悲利他，勤耕福田，廣積陰德；在「誠、善、信」的基礎之上，皈依三寶，謹守五戒，廣行十善；敬畏神明，恭敬供養，禮拜祈求佛、菩薩的庇佑；加上念佛、持咒、誦經的不可思議功德，並修法超度迴向給有緣的護法鬼神衆或冤親債主，就有機會改變命運，獲得重生。

其次，要深信因果，諸惡莫做；也就是要懂得「改過之法」。包括改正「惡心念」，調整「惡習性」，以及修正「惡行爲」。試想如果不知道要改過，就像漏了底的容器，即使行善也收不到效果。然而，那些是「惡心念」呢？就是當下生起不淸淨的邪惡念頭，與「貪、瞋、癡、慢、疑、嫉、害」等相關。那些是「惡習性」呢？就是累生累劫形成雜染有我的不良習慣，與「無明習性」等相關。那些是「惡行爲」呢？就是透過我們的五蘊身心表達出來不淸淨的外顯邪惡行爲，與「身惡行、口惡行、意惡行」等相關。該如何改過呢？《了凡四訓》教導我們改過三要素：首先要發恥心，其次要發畏心，然後要發勇心。對於惡業罪過，完成「不可以做」、「不敢去做」、「永不再做」的心理建設，接著還要在外顯行為上加以落實。根據《了凡四訓》的說法，落實改過的方式有三種：（一）從「事」上改者：等同於「持戒」；只要遵守佛陀的戒律，犯罪造業的機會自然就比較小。（二）從「理」上改者：等同於「對治」；只要看懂事相背後的道理，就知道該怎麼做了。（三）從「心」上改者：等同於「淨心」；只要能夠淨化自己的內心，一心向善，正念現前，不為外境所動，邪念惡業自然不能奈我何。所以《了凡四訓》認為：善於改過的人，最高層次是治心。只要保持一顆清淨心，隨時警覺，罪過自然不起。其次，則要深信因果，明白其中的道理；道理懂了，自然改過遷善。再其次，則要從事相上約束，以戒為師，禁止造作惡業。所以說，改過之法以先發「恥心」、「畏心」、「勇心」為基礎，然後在實踐的過程中，「事」上要持戒，「理」上要明理，「心」上要淨心，三者並進，內外兼治，理事圓融，過可改矣！

然後，要眾善奉行，廣積陰德；也就是要懂得「積善之方」。若只有奉行「改過之法」還不夠，因為止惡只能防非。若想要扭轉乖舛的命運，則要進一步行善積德，才能夠創造正面向上的力量。多行善可以積陰德；多積陰德一方面可以累積福分；一方面可以消除業障。福分增加了，業障減輕了，命運就會越來越好。多行善包括「存善念」、「結善緣」以及「行善事」。然而，如何「存善念」呢？就是隨時隨地保持清淨的心念，與「慈悲喜捨」等相關。如何「結善緣」呢？就是處處為眾生著想，與眾生廣結善緣。與「因地播種」等相關。如何「行善事」呢？就是為眾生做出實際貢獻，與「利益眾生」等相關。所以說，改變命運的祕訣就是行善積德，但是重點是積陰德而不是積陽善。參考丞捷《最大的銀行：探索生命黑箱》的說法，以及個人的體會：行善積陰德可以增加福分，像存款。存款存多了，就可以享福。不過，享福像提款消費，存款提光了，福報就用盡了，小心樂極生悲，記得再造新福。行善積陰德也可以消業障，像進帳還債。債還清了，就不會再受苦。不過，受苦其實也像是在還債，債還清了，苦盡甘來，記得莫再造新殃。行惡損陰德可以累禍增業障，像提款抵債，存款提光了，就會欠債。一旦欠債，冤親債主就會來討報，然後運途就會開始不順，人生就會開始受苦。由此可知，行善會積陰德，積陰德就會增加福分或減少業障；行惡會損陰德，損陰德就會增加業障或減少福分。福分多，就可以享樂報；業障多，就會受苦報；或者隨著因緣成熟與否決定受苦或受樂。這些福分與業障就存在個人專屬的「法界銀行」帳戶裡，而且貫穿三世。一個人命運的好壞與起落就是由這些貫穿三世的福分與業障所決定；而福分與業障又是由個人的行爲所決定；端看這些行爲是善還是惡？是積陰德還是損陰德？想要改變命運嗎？想要福蔭子孫嗎？讓我們善用這個「法界銀行」吧！

最後，要謙卑爲懷，低調作人；也就是要懂得「謙德之效」。因爲一旦懂得「立命之學」、「改過之法」與「積善之方」之後，福報就會越來越多，運途就會越來越順，但是問題來了！有人得意就會忘形，發達就會驕傲。從此目中無人，傲慢無禮，忘了我是誰。命運由不好變好，很慢！要一步一步來。命運由好變不好，很快！一瞬間就毀了。所謂「富不過三代！」而其中的關鍵就是「謙卑」。古德有言：「謙受益，滿招損。」意思是說，謙卑的人有福了，會受到很多益處；自滿的人小心了，會遭到各種損失。因此，修善積德務必謙卑忍讓，利益眾生務必心存恭敬。謙卑忍讓始能感動天地，心存恭敬方能感動鬼神，天地鬼神才願意護持保佑。否則態度輕浮，心高氣傲，雜染有我，內心不清淨，少許付出就妄求諸多回報，縱使行善亦不能積德。然而，何謂謙卑呢？所謂「謙卑」就是謙虛加上卑微。有人認爲：「謙虛有如廣大的天空，卑微有如無邊的大地。」謙虛的天空不會因爲遮蔽而瞋恨，卑微的大地不會因爲踐踏而委屈。當一個人被遮蔽與踐踏時，永遠都不會生起瞋恨，也不會感到委屈，才是真正的謙卑。不過，謙卑不是沒有真才實學，謙卑是以低姿態，真實力，做實事，但是功成不居。不敢搶先他人，凡事恭敬順承；不但受侮不答，而且聞謗不辯；逆來順受，心平氣和；虛己斂容，小心謹愼。做到所謂「以退爲進，智莫大焉；上善若水，莫與能爭。」這是聖哲老子《道德經》教導我們「以柔克剛」的大智慧啊！能夠有這樣的氣度，天地鬼神才會護祐之。說實話：謙卑比慈悲更難。「慈悲」是把衆生當成自己的子女，「謙卑」是把衆生當成自己的父母。有謙卑的心才會有柔軟的心，有柔軟的心才談得上心懷慈悲。印光大師說：「看人人都是菩薩，只有我是凡夫。」懂得低調做人，才能明哲保身。

綜合而言，命運是可以被改變的，而且就掌握在自己手裡。《了凡四訓》認爲：雖然「命」是上天註定的，但是「運」卻是自己決定的。只要我們努力行善，廣積陰德，有什麼福報是不能祈求的呢？要相信舉頭三尺有神明，絕對不可以做虧心事；要知道吉凶禍福操之在我，就懂得如何趨吉避凶。此外，除了存善心、制惡行之外，還要敬畏神明，絕對不可以得罪天地鬼神。而且要虛心受教，委曲求全，這樣就可以使天地鬼神時時刻刻憐憫自己，也才能夠具備接受福報的根基。其次，《太上感應篇》悔過章認爲：就算曾經做過壞事，但是只要懂得懺悔改過，然後奉行佛陀的教誨；久而久之，必然收穫吉祥喜慶，此卽所謂的「轉禍爲福」。此外，《文昌帝君陰騭文》也提到：諸惡莫作，衆善奉行；永無惡曜加臨，常有吉神擁護；近報則在自己，遠報則在兒孫。所以說，只要我們掌握改變命運的方法，相信命由己造，深信因果報應，敬畏天地鬼神，進而心懷慚愧，懺悔業障，知過能改，心存善念，身離惡行，斷惡修善，廣積陰德，謙卑忍讓，低調做人；久久行之，持之以恆，就可以獲得善神擁護，進而逢凶化吉，轉病爲健，轉危爲安，轉禍爲福；不僅個人永保安康，而且福蔭子子孫孫。而最重要的就是我們那一顆「心」，首先包括：是非之心，敬畏之心，慚愧之心，懺悔之心等，幫助我們止惡防非；其次包括：感恩之心，慈悲之心，利他之心，謙卑之心等，幫助我們行善積德。綜合起來，就像日本「經營之聖」稻盛和夫畢生所提倡的一句座右銘：「敬天愛人！」其中，所謂「敬天」就是敬畏上天，依循自然之理、人間之正道——天道，與人爲善。所謂「愛人」就是摒棄私欲，體恤他人，持利他之心。須知善事陰功皆由心造，常存此心，功德無量。尊貴的蓮生聖尊《密教大守護》說：「唯一能改變命運的，是自己的心。先改變了心，命運才能改變，這是立命之學。」

第五節 結語

總而言之，影響命運的因子，主要就是「業力」。這些貫穿三世的業力是由過去世所造諸業而形成的。在「業力法則」與「萬有因果律」的操控之下，爲惡就會形成惡的業力，稱之爲「惡業」；爲善就會形成善的業力，稱之爲「善業」。惡業就會形成業障，善業就會形成福分。業障現前時，我們就會受苦報；福分累積夠了，我們就會享樂報。這些業障與福分，就存在個人專屬、貫穿三世的「法界銀行」帳戶裡。由過去累世所造諸業而形成的業障與福分，決定此生的色身、習性與命運。在命運的安排下接觸各種不同的「人情事物」，並在累世「無明習性」的影響之下，引發我們當下的「起心動念」：或淨、或染，以及當下的「行爲表現」：或善、或惡。動機雜染有我的邪惡行爲就會形成業障，並存入法界銀行；動機清淨利他的善良行爲就會形成福分，一樣存入法界銀行。須知因果是分分秒秒都在發生的，天地鬼神是隨時隨地都在監控的。我們的命運就會隨著法界銀行裡面的業障或福分的多寡而起起落落。須知業障就像負債，福分就像存款。想要增加福分，減少業障，就要廣積陰德；反之亦同，如果有損陰德就會減少福分，增加業障。陰德積多了，福分就多，吉神就會擁護，命運就會好一點；陰德損多了，業障就多，甚至形成負債，凶神就會發威；或者冤親債主就會來討報，命運就慘了。

由此可知，命運的好壞其實都是決定在自己的手裡。只要把自己「法界銀行」的專屬帳戶管理好，就可以擁有屬於自己的美麗人生。生命增上的智慧其實就是在教導我們如何廣積陰德。陰德積得越多，福分就會越厚，「法界銀行」的個人專屬帳戶裡面的存款就會越富有，坎坷的命運就可以逐漸獲得改善，生命的層次就可以不斷增上。因此，首先要相信命由己造，相由心生，我命由我不由天。其次要明辨是非，清楚善惡。接著要深信因果，敬畏神明，心懷慚愧，懺悔業障。然後要斷一切惡，修一切善。從三皈依、守五戒、行十善做起；同時改正惡心念，調整惡習性，修正惡行為；並且心存善念，廣結善緣，力行善事。不僅多為苦難的眾生著想，還要多做利益眾生的事。但絕對不能只是做表面功夫，一定要發自內心的真誠。做到「布施不求功德，行善不欲人知，付出不求回報」，才是真實有效的陰德。除此之外，還要持之以恆，長期給他做下去，千萬不能中斷。並且秉持著一顆「謙卑」之心，虛心受教；否則傲慢心一生，自以為了不起，就會前功盡棄。所以《了凡四訓》教導我們改變命運的方法：始於「立命之學」，經由「改過之法」、「積善之方」，終於「謙德之效」。而且，諄諄告誡我們「謙卑忍讓」的必要性，殷殷囑咐我們「低調做人」的重要性。懂得把表面的風光讓給別人，但是最後風光還是會返照自己。須知一分退讓，就有一分收益；吃一分虧，就增一分福。存一分驕慢，就多一分羞辱；占一分便宜，就招一分災禍。清代名士鄭板橋說：「利人就是利己，虧人就是虧己，讓人就是讓己，害人就是害己。」許多時候，得與失，福與禍，都是相倚相伴的。表面上是禍，其實是福；表面上是福，其實是禍；端看你應對的態度而定。所謂「塞翁失馬，焉知非福！」低調的人，常保安康。

第三章

出離生死的智慧

流轉門：諸行無常（集諦），
諸受是苦（苦諦）；
還滅門：諸法無我（道諦），
寂靜涅槃（滅諦）。

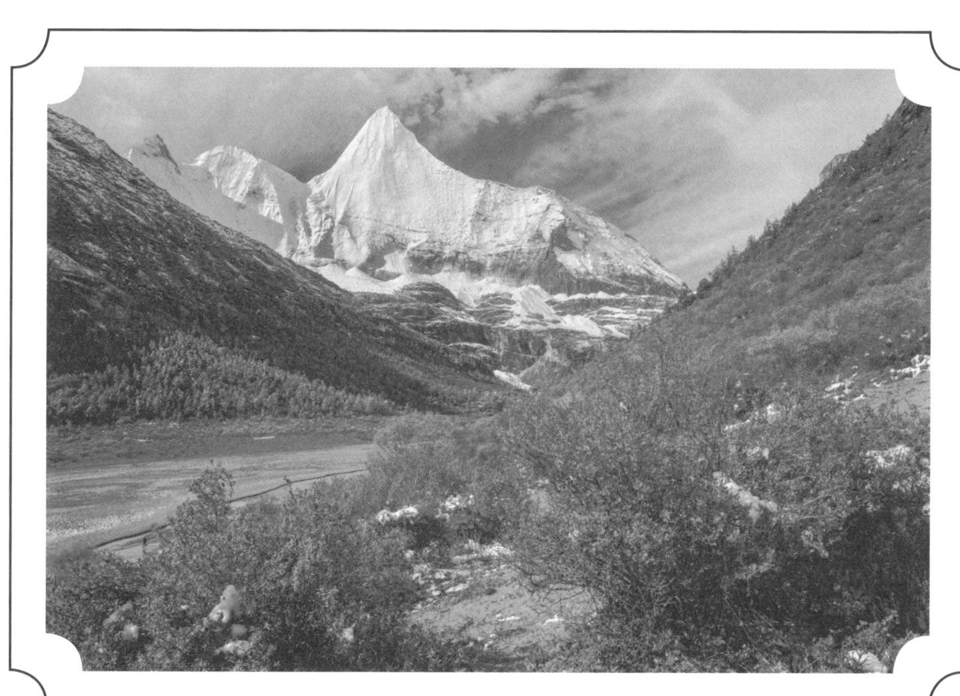

第一節 前言

爲什麼要發出離心呢？有情生命在修證解脫之前會不斷地在五趣中流轉，在六道裡輪迴，煩惱不盡，痛苦不止，生死相續，無有盡期。如果只是發增上心，建立生命增上的智慧，固然可以消災解厄，趨吉避凶，增加福分，享受福報；可惜一旦福報享盡，終究還是要墮落。因此，只要還沒有出離三界，跳脫輪迴，有情生命就會在這個輪迴系統裡面循環不已，永無了時。所以說，除了發增上心，建立生命增上的智慧，改變乖舛的命運，讓明天會更好之外，進一步還要發出離心，捨棄此生的執著，斷除世間的八法，建立出離生死的智慧，方能永斷生死，出離三界，終結毫無意義的生死輪迴。根據雜阿含經（卷三十四 九四八經／九五六經）的說法：因爲世間的一切都是無常的，沒有永恆、安穩的，是生住異滅、無常變易之法。因此，佛陀要求弟子們要依照「厭」、「離欲」、「解脫」的順序來修證解脫。

何謂出離生死呢？所謂「出離生死」就是徹底斬斷生死的業因業緣，解除惑業之繫縛，脫離三界之苦果，不爲塵世所累，不爲生死所縛，達到任運自在、生死自主的境界。想要出離生死，首先，要生起厭離心；生起厭離心之後，才會尋求解脫之道。修行上的「厭離」其實是指「心靈淨化」的過程，對於無常的禍患、世間的苦難有正確的認知，產生厭患世間、出離三界之心，因而決定遠離諸欲惡不善法，停止造作惡業，止息「貪、瞋、癡」煩惱。根據雜阿含經（卷一 一經／一經）的說法：一旦生起「厭離心」，從此對世俗的一切再也沒有興趣和欲望，不再執著五蘊身心與貪戀世間塵境，永斷喜貪，進而解脫。須知「無常」與「死亡」是任何人都無法逃避的。再幸福、再快樂、再有福報的人，最終也都免不了要面對無常的變化與死亡的逼迫。雜阿含經（卷二十五 佚失／六四一經）認爲：凡盛必有衰，以衰爲究竟。領悟世間的一切終將歸於寂滅，因而心生厭離。所謂「出離」就是不再執著、不再貪戀。須知有多少執著，就有多少煩惱；有多少貪戀，就有多少痛苦。所以說，「出離心」就是不再執著、停止貪戀、離欲清淨、滅盡煩惱、出離輪迴、離苦得樂之心。聖嚴法師《禪的體驗、禪的開示》說：「有出離心才能出三界，才能在生死之中自在，才能不被五欲勾引，不受塵境動搖。」

可是，心生厭離並非叫我們隱居避世，逃避現實；更不能用「自殺」來結束一切，因爲「自殺」根本就不能解脫。自殺不但不能解決問題，反而衍生更多問題。尊貴的蓮生聖尊《湖境別有天》提到：「有了厭離心，不是要去自盡，而是要修道。出世俗的家，入佛門的家。這無窮的六道輪迴，不值得世人去折磨殆盡啊！」而且也不能「同流合污」，捲入永無止境的生存鬥爭。更不能「自甘墮落」，或酗酒、或吸毒，來麻醉自己，反而陷入不可自拔的惡性循環。而是應該珍惜生爲人身的寶貴機會，學習解脫煩惱的方法與智慧。學會自己面對「生命」的無常，學會獨立面對「生活」的壓力，學會勇於面對「人生」的挑戰；勇敢堅強、獨立自主地活下去。因爲活著除了酬業、還願之外，更積極地是不斷地學習與修行，建立出離生死的智慧，趨向寂靜涅槃。

然而，如何出離生死呢？佛陀告訴我們：若有人對於生老病死的現象能生起厭離之心，遠離欲望貪愛，修滅盡之法，就可以不起一切煩惱，得心解脫（雜阿含經 卷十五 三六四經／三六五經）。因此，我們要厭離娑婆，欣向涅槃；進而擺脫無常，解脫生死；出離輪迴之苦，終止生死流轉。爲了出離三界，佛陀教導我們要以戒斷惡，以善修福，以止修定，以觀修慧，以慧生明；明則厭，厭則離欲，離欲則滅盡，滅盡則解脫。也就是說，想要解脫自在，就要證悟涅槃；想要證悟涅槃，就要滅盡煩惱。想要滅盡煩惱，就要離欲清淨；想要離欲清淨，就要證悟無我；想要證悟無我，就要心生厭離；想要心生厭離，就要生慧生明。生慧生明的基礎就是認識「四聖諦」，明白「緣起法」，以及實踐「三法印」。「四聖諦」——苦、集、滅、道是佛陀證果成聖、初轉法輪的原始教義。「緣起法」——十二因緣、流轉還滅是佛陀在菩提樹下，夜睹明星而開悟證得的宇宙真理。「三法印」——無常、無我、涅槃是佛陀傳給後代最寶貴的正法正律。其中，聲聞乘以「四聖諦」爲主；緣覺乘以「緣起法」爲要。想知道解脫煩惱、轉凡成聖、出離生死的祕密嗎？接下來我們針對出離生死的智慧：「四聖諦」、「緣起法」、「三法印」的重點摘要如下。其詳細內容，有興趣的讀者可以參考拙作《解脫煩惱的智慧》一書。

第二節　四聖諦的智慧

「四聖諦」是佛陀證道後，最初在鹿野苑爲五比丘所宣說的教義，包括苦聖諦、苦集聖諦、苦滅聖諦、苦滅道跡聖諦；簡稱苦諦、集諦、滅諦與道諦。「苦聖諦」描述苦迫的現象；「苦集聖諦」描述痛苦集起的原因；「苦滅聖諦」描述痛苦熄滅的境界；「苦滅道跡聖諦」描述滅苦的方法。佛陀認爲：於四聖諦若不知不見，就會長夜驅馳生死，不得休止（雜阿含經 卷十五 四〇二經／四〇三經）。是故於苦聖諦當知當解，於苦集聖諦當知當斷，於苦滅聖諦當知當證，於苦滅道跡聖諦當知當修（雜阿含經 卷十五 三八一經／三八二經）。若於苦集滅道已解已斷，已證已修，卽斷愛欲，離諸煩惱，證阿羅漢，究竟苦邊（雜阿含經 卷十五 三八二經／三八三經）。甚至佛陀認爲：若能夠於四聖諦徹底覺悟，名爲如來、應、等正覺，亦卽修證成果的意思（雜阿含經 卷十五 四〇一經／四〇二經）。其中，「苦諦與集諦」是世間的因果。「世間」就是時間加上空間的生活環境，有生滅、會變易、是無常、有老死。「苦諦」談生死，是集的結果；「集諦」談惑業，是苦的原因。「滅諦與道諦」是出世間的因果。「出世間」就是內心已經離苦得樂，解脫自在。雖然身還處在世間，但是心已不受任何時空環境的變化所動搖、困擾。「滅諦」談涅槃，是修行的目標；「道諦」談方法，是修證的工具。簡而言之，「苦諦」告訴我們：一切都是苦的；「集諦」告訴我們：一切都是有原因的；「滅諦」告訴我們：一切終歸寂滅，寂滅最樂；「道諦」告訴我們：一切苦都有消滅的方法，就是指「八正道」。「四聖諦」是佛陀教化眾生趨向解脫道，出離生死，到達涅槃彼岸的珍貴佛法。根據中阿含經（卷七）舍梨子相應品 象跡喻經（三〇）的說法：所有的一切佛法都可以含攝在四聖諦裡面，四聖諦是所有佛法當中最殊勝，也是最重要的佛法。尊貴的蓮生聖尊《清風小語》提到：「四聖諦是真實不虛的真理啊！」由此可知四聖諦的重要性。簡述如下：

一、苦諦的智慧：苦諦的「苦」是苦難相。世間的一切都是有爲變化的，終歸寂滅。有情衆生不能做主，故苦；有情衆生不能自在，故苦；福報享盡時，痛苦隨後而至，故苦。人生真實苦，世間真實苦，無有安樂；若是安樂，何須出離？若是安穩，何求解脫？若不能真實思惟苦聖諦，深刻洞察世間的痛苦真相，厭離心無由生起。有情衆生身心不能自主，卻又不得不感受各種苦楚，故苦。不論是自我的身心、所處的環境，還是面對各種「人情事物」等，都不是自我所能掌控，故苦。人生什麼最苦？佛陀認爲：有此身最苦！所以說，五蘊本身就是一種苦。爲了滿足五蘊身心，促使我們不斷地向外追求。須知有求皆苦，無求爲樂。所求不能滿足，則生貪念；求之不可得，則生瞋念；不知爲何而求，人家求跟著求，則生癡念。不知足就是苦。

二、集諦的智慧：集諦的「集」是生起相。集諦是由煩惱的惑，造生死的業，再招致無常的苦。因此生死的根本乃是「惑、業、苦」的循環。惑有思惑、見惑之別，包含「貪、瞋、癡、慢、疑、惡見」等煩惱。因惑而妄動，因妄動而造作，因造作而結業，因結業而受報。過去的舊業加上現在的煩惱，再造新業，於因緣成熟時，引發果報。所以說，痛苦是因爲造業，造業是因爲「貪、瞋、癡」煩惱，「貪、瞋、癡」煩惱是因爲執著五蘊爲我，執著五蘊爲我是因爲無明。也就是說，主觀上因爲無明導致對自己五蘊身心的執著與貪愛，甚至抓住牢牢不放，以及對「四食、五欲、六塵」的苦苦追求，攀緣不捨，在根身、器界接觸時，產生六識之我執，成種種行，造種種業，受種種苦。加上客觀上的一切現象均是無常，不能持續恆久，永遠在變化之中。在變化的過程裡，不斷地有不同的因緣發生，就會產生不同的結果。好的也會變成壞的，壞的也會變成好的，但最終歸於寂滅。內心求其恆常、安穩不可得而引發諸苦。所以說，受苦享樂都有其原因，但多半原因並非只是這一世，而是無量世以來所造的種種業，累積到這一生，得到這樣的果報。了解這個道理之後，遇到如意的順境，就不會得意忘形；遇到不如意的逆境，也不會失望埋怨，這不就是「解脫」嗎？此外，既然知道客觀的世間是緣起、無常、變易的，是我們所無法掌控的；所以必須就主觀的心靈層面來做修正，也就是淨化我們的內心，這不就是「修行」嗎？

三、滅諦的智慧：滅諦的「滅」是寂靜相。滅諦就是滅除「惑、業、苦」循環，熄滅「貪、瞋、癡」煩惱，斷除愛染與無明，不再有造作之心，不再有妄動之行，心慧解脫，寂靜涅槃。對於根身的「四大、五蘊、六根」不再執取，對於器界的「四食、五欲、六塵」不再貪染；苦因不生，苦果永盡。世間的一切都是因緣和合，緣生緣滅，沒有永恆，都會變化的。但是由於內心再也沒有執著與貪染，從此寂滅清涼。須知「寂」爲煩惱不動，「滅」爲煩惱不起。清涼者內心不爲外境所動，不爲苦樂所牽，不爲情感所惑，不爲財物所迷，不爲威勢所嚇。隨著內心淨化的程度，逐步提昇我們的心靈境界。因斷除諸惡而脫離三惡道，遠離諸苦；因持守五戒而得人身，方便修行；因多修善因而昇天享福，享受五欲大樂；因「離欲」而上昇色界，清淨光明；因「慈悲喜捨」而上昇無色界，真空化無；因「緣起無生」而修證解脫，不生不滅。根據雜阿含經（卷十三 三三二經／二九三經）的說法：當我們不再有所執取，不再有所貪愛，不再癡心妄想，就可以滅盡一切煩惱與痛苦，慢慢地趨向涅槃。可見得涅槃就是熄滅煩惱，滅除痛苦，究竟苦邊，而且永不復發，真正達到所謂「了生脫死，出離三界，終止流轉，跳出輪迴，解脫自在，不生不滅，寂靜妙離，常樂我淨」的境界。

四、道諦的智慧：道諦的「道」是出離相。道諦是出世間的因，解脫痛苦的方法，通往涅槃之路，其實就是指「八正道」；包括：正見、正志（正思惟）、正語、正業、正命、正方便（正精進）、正念、正定。「八正道」是修行學佛者所應遵守的生活標準，用來淨化有情眾生的身心，邁向解脫之道。如果不修「八正道」，煩惱永遠在；煩惱在就會持續造業，持續造業就會招感生死不斷的苦果。「八正道」內容非常豐富而實用，教我們在學會如何做佛之前，先學會如何做人；學會如何做人之後，繼續教我們如何邁向解脫之道。「八正道」是不苦不樂的中道行，以正見爲前導，統合爲「戒、定、慧」。其實就是在告訴我們「諸惡莫做，眾善奉行，自淨其意，是諸佛教」的道理。訓練我們在「六根」接觸「六塵」之處，不起心、不動念、不分別、不執著。須知紅塵是道場，生活是考驗；要歷事練心，要在「人情世故」裡鍛練成。走在離苦的「八正道」上，不斷地淨化我們的內心，才能夠有所成就。

實修四聖諦

世間之所以要有醫生，是因爲有病人；人間之所以有佛陀，是因爲有衆生。因爲衆生有苦，所以佛陀才爲衆生開示離苦之道。四聖諦的「諦」就是真實不虛，如來親證的意思。若能見四諦，則能斷生死。一切法皆因四聖諦而有，若無四聖諦則一切法皆不成。佛陀以四聖諦引導衆生脫離苦海。斷「集」則離「苦」，修「道」則證「滅」。因苦相而厭離，知業因而斷集；因涅槃相而欣羨，知樂果而修道。另外，我們發現，四聖諦存在著「兩重因果」：「苦集」是世間因果；「滅道」是出世間因果。四聖諦也是「生死流轉」與「生死還滅」的指導原則。一切世間生死流轉的因果皆攝于「苦集」二諦之中，要「知苦斷集」；一切出世間出離生死的因果皆攝于「滅道」二諦之中，要「證滅修道」。這是世間與出世間的淨染兩重因果。佛法以四聖諦爲總綱，世間的一切遷流不息，無有恆常。一切都是因果，一切都是緣起。

總而言之，「四聖諦」教導我們以苦集滅道的思惟方式，思惟人我世間的種種。「苦諦當知」：人生是苦；身也苦，心也苦；有也苦，沒有也苦；得也苦，失也苦；愛也苦，恨也苦；五盛陰苦，諸受是苦。因爲知「苦」，故生起「出離心」；因爲不忍「衆生苦」，故生起「菩提心」。「集諦當斷」：生死的根本，痛苦的根源是無明所覆，愛結所繫；由惑造業，由業感苦。因爲知「苦因」，故當停止造業，離欲清淨。「滅諦當證」：把苦滅盡無餘，永不復發。熄滅「貪、瞋、癡」，不起一切煩惱。心慧解脫，寂靜涅槃，愛盡無欲，得大自在。因爲知「苦滅」之境界，故當親近佛法，精進修行，每日實修，欣求解脫。「道諦當修」：卽所謂的「八正道」。以明爲前導，建立正見，生起正志、正語、正業及正命，得身心清淨。並依正方便爲精進動力，依正念修習禪思，依正定生起無漏智慧，最終漏盡解脫。因爲知「滅苦」之法，故當依佛陀教誡，勤修「八正道」，精進斷煩惱，趨向涅槃彼岸。

第三節　緣起法的智慧

「緣起法」乃佛陀在菩提樹下思惟宇宙人生的真相，夜睹明星而開悟證得的真理，並因此證得無上正等正覺（雜阿含經 卷十五 三六八經／三六九經）。而且，根據雜阿含經（卷十二 三三七經／二九九經）的說法，佛陀說：「緣起法者非我所作，亦非餘人作，然彼如來出世及未出世，法界常住。」意思是說，緣起法是宇宙中常存的真理，不管有佛出世與否，都一直存在著。另外，根據中阿含經（卷十一）王相應品 頻裨娑邏王迎佛經（六二）的說法：原來世間的一切都是「因緣和合」而生，「因緣離散」而滅。因為緣起而生滅，因為生滅而變易，因為變易而無常，因為無常而生諸苦。若不是因緣所生，則不會變易無常，自然就不會有苦，是謂「緣起法」。空海（惟傳）法師《阿含解脫道次第 解說講稿》認為：「緣起法是歸納現象界萬事萬物生滅的總原則。現象界的一切，都是有生有滅，剎那生滅變易。」所以說，緣起法可以闡釋世間的一切現象，任何「人情事物」都脫離不了「緣起法」的約束，具有普遍的特性。萬法因緣生，萬法因緣滅；因緣條件的聚與散，決定一切「人情事物」的存在與消失。因為緣起，所以人有「生老病死」，物有「生住異滅」，世間有「成住壞空」，甚至包括我們的心念與情感也都是時時刻刻在變化的。同時，也說明了凡夫愚癡、流轉五趣、受苦無窮是因為緣起；聖哲聰慧、解脫自在、寂靜涅槃也是因為緣起。因為緣起，所以世間的一切才有改變的可能性：愚癡可以變成聰慧，雜染可以變成清淨；流轉五趣可以變成解脫自在，煩惱痛苦可以變成寂靜涅槃。「緣起法」證明了人世間的無常苦迫性，卻也架起了凡夫與聖人，流轉與還滅，痛苦與涅槃的橋樑。

由此可知，「緣起」就是「依緣而起」。「依緣」就是藉著條件，「起」就是生起；其法則爲「此有故彼有，此生故彼生；此無故彼無，此滅故彼滅」。因此，「緣起」就是藉著種種條件而產生各種現象的原理。須知世間的一切現象，生滅變易，無常轉換，無非都是因緣和合而成，因緣離散而滅；隨緣而生，隨緣而滅，緣生緣滅，故知一切都是緣起。所以說，「緣起」涵蓋宇宙人生的二大方向：一爲相依相生的「流轉門」，二爲相依相滅的「還滅門」。「流轉門」即因生則果生；說明生滅不已的「現象界」：六道輪迴。「還滅門」即因滅則果滅；說明不生不滅的「本體界」：寂靜涅槃。而且貫穿三世，遍滿十方。體認依緣起的「此、故、彼」而流轉的「生死事相」是無常生滅；體認依緣起的「此、故、彼」而還滅的「涅槃實相」是不生不滅。生起就是有，滅去即是無；有即潛在，生即實現；生了之後歸於有，滅了之後歸於無。世間的一切，最終都是歸於寂滅。只要滅而不起，就是涅槃。不生就不再生起，不再生起也就無所謂滅去。但並非有一個實在的不生不滅的境界可得，而是在生滅法中證悟不生不滅的真相，證入涅槃無爲的空境。簡述如下：

緣起中道的智慧

根據雜阿含經（卷一二三九經／二六二經）的說法：如來離於二邊，說於中道：所謂「此有故彼有，此生故彼生」；從緣無明有行，到緣生有老死、憂悲惱苦。所謂「此無故彼無，此滅故彼滅」；從無明滅則行滅，到生滅則老死、憂悲惱苦滅。因此，比較正確認識世間的看法，卽是要建立「緣起中道」的思想，不會偏執地以爲絕對的「有」或絕對的「無」。或有或無，決定於因緣條件的成熟與否。而且，隨著因緣的變化，有會變成無，無會變成有。世間的一切，都將由於「因緣」而存在，也將由於「因緣」而消失。凡夫衆生於諸境界心生染著，執有或執無，煩惱與痛苦於焉產生。多聞聖弟子則不然，正見世間緣起，苦生時則生，苦滅時則滅，既不執取，也不染著，心中自有緣起正見，不執不惑。若能夠遠離有無兩邊之理，自然不落苦樂兩邊之行，契入中道。須知「無常苦迫」是緣起法造就而成的宇宙人生真相；「寂靜涅槃」也是緣起法開啟給芸芸衆生渡過生死苦海的人生歸宿。因此，佛陀說：「如實正觀世間集者，則不生世間無見；如實正觀世間滅者，則不生世間有見」。就是告訴我們世間的一切都是因緣所生法，非有非無，非常非斷。正觀世間集起，就不會偏執地以爲死後一切斷滅是無。此「無」其實是另一個「有」的開始；只要無明與貪愛還在，就會有無盡的生死輪迴，故不生「無」見。從此了悟生死流轉，生滅相續。正觀世間還滅，就不會偏執地以爲死後相續不斷是有。此「有」其實是幻有，是不得自在的「有」；只要斷除無明與貪愛，就有還滅的可能性，故不生「有」見。從此體認寂靜涅槃，不生不滅。所以說，「有無常斷」兩邊都不可以執著，應該建立如實正觀世間集起消滅的「緣起中道」智慧。生滅由他，好壞皆緣，不再貪愛，莫要染著，自然不會有苦。

緣起流轉的智慧

「緣起流轉」的智慧是在闡述「生死流轉」的過程，告訴我們生死流轉的原理。根據雜阿含經（卷二三九經／二六二經）的說法：緣起流轉就是所謂的「此有故彼有，此生故彼生。」因爲「無明」，所以有「行」；因爲有「行」，所以有「識」；因爲有「識」，所以有「名色」；因爲有「名色」，所以有「六入處」；因爲有「六入處」，所以有「觸」；因爲有「觸」，所以有「受」；因爲有「受」，所以有「愛」；因爲有「愛」，所以有「取」；因爲有「取」，所以有「有」；因爲有「有」，所以有「生」；因爲有「生」，所以有「老死」憂悲惱苦，純大苦所聚集的世間因而形成。原來生死的根本卽在於「無明」。因爲「無明」，所以造業。造作的這些「業行」並不會因爲生命的結束而消逝，而是會累積成一股「業能」，在因緣成熟的時候，受到業力的牽引，寄託在「業識」裡面，然後入於「名色」，形成一期生命的開始。有了「識」，有了「名色」，就會想要向外攀緣來滿足自我，因而就會有「六入處」的發展，並透過「六入處」來接收外界的訊息。有了「六入處」，就會有「觸」。當六根接觸六塵，因爲識的了別，而有所感受。合意的就產生「樂受」；不合意的就產生「苦受」；無關緊要的就產生「不苦不樂受」。「樂受」令人喜愛，「苦受」令人憎恨，同樣都教人難分難捨，是謂「愛染」。進而貪愛五蘊身心、五欲六塵、妻財子祿。一旦有所貪愛，就會採取行動，「執取」以爲己有，滿足個人私欲。執取「四大、五蘊、六根」爲我，執取「四食、五欲、六塵」爲我所有。因爲有所「執取」，就會有所「擁有」，擁有欲界、色界或無色界眾生的習性。只要感染到「三界」中任何一界的「有」或「習性」，未來就有可能在「三界」中的某一界受生。或胎生、或卵生、或濕生、或化生。一旦受生，就要面臨生活上種種的挑戰與苦迫，最後還是免不了老死。這就是「緣起十二支」，說明生死流轉的無奈。

緣起還滅的智慧

「緣起還滅」的智慧是在闡述「生死還滅」的過程，告訴我們如何終止生死的流轉。根據雜阿含經（卷二三九經／二六二經）的說法：緣起還滅就是所謂的「此無故彼無，此滅故彼滅。」「無明」滅所以「行」滅，「行」滅所以「識」滅，「識」滅所以「名色」滅，「名色」滅所以「六入處」滅，「六入處」滅所以「觸」滅，「觸」滅所以「受」滅，「受」滅所以「愛」滅，「愛」滅所以「取」滅，「取」滅所以「有」滅，「有」滅所以「生」滅，「生」滅所以「老死」滅，純大苦所聚集的世間因而滅除了。所以說，緣起十二支當中，無明是生死流轉最根本的原因。想要終止生死的流轉，而趨於還滅，從根本無明斷起是最直接而有效的。只是無明是有情衆生無始以來長期累積形成的，根深蒂固，而且貫穿三世。各支皆與無明有所關連，一時難以斷除。需要時時用功，處處留心，多聞善法，實修佛法，培養正見智慧，因爲最後解脫的關鍵，還是在於斬斷無明。除此之外，緣起十二支當中，我們比較容易控制與斷除的，是「觸、愛、取」這三支。所以首先針對「觸」學習控制「輸入」的部分：守護六根，儘量遠離諸惡不善法。遠離是非之地，遠離是非之人，遠離是非之物；遠離「四食、五欲、六塵」的誘惑，能避免接觸就儘量避免接觸，或者儘量接觸善良與美好的一面。其次針對「愛」學習控制「處理」的部分：要善護心念，淨化內心，合意的不著迷，不合意的不憎惡。令我們這一顆心不再掛念，不被繫縛，不再染著，從此愛滅。貪愛不生，諸苦便滅。所謂「百花叢裡過，片葉不沾身」，就是這個境界。然後針對「取」學習控制「輸出」的部分：持戒清淨，不要因爲內心有所貪愛，而採取不當的措施。不要去執取也就不會有所擁有，沒有擁有自然也就無所謂得失，痛苦自然就消滅了。所以只要「六根輸入」的部分守護得宜，「內心處理」的部分小心謹愼，再加上「行爲輸出」的部分謹守戒律，相信離解脫的目標就不遠了。這也證明了緣起十二支還滅的可能性。

實修緣起法

世間包括「有情世間」與「器世間」。前者是有情生命「由惑造業、由業感苦」所招感生死相續的生命個體，亦即所謂的「五蘊身心」。後者是有情生命所居住的物質環境，亦即所謂的「世界」。有情世間的「五蘊」以及器世間的「世界」皆是因緣和合，並且會隨著因緣的生滅而變化無常。兩種世間都是由不同的元素，依照某種關係組合而成。不同的因緣、不同的組成與不同的關係就會造就出不同的功能，外相、名稱也會跟著不同。面對緣起生滅、變易無常的「有情世間」與「器世間」，我們都不應該加以執著。一切都只是暫時的存在，否則求其恆常而不可得，焉有不苦之理。因爲再圓滿、再幸福的人生，終有消逝的一天。尊貴的蓮生聖尊《靜聽心中的絮語》提到：「一切都會過去的！一切都會沒有的！一切都會空的！」須知世間的一切都是緣起假相，如幻如化；若有所執著，一旦無常到來，就會感到痛苦。明白了這個道理，我們就比較能夠體會人生的高低與起伏，困境與逆境。得意時，宜淡然，因爲盛極必衰；失意時，宜坦然，因爲否極泰來。想要成功，就要積極創造成功的條件；不想失敗，就要避免導致失敗的因緣。成功之後，記得成果要共享；若是失敗，卻是反省的最佳時機。贏了不要全拿，輸了要有風度。不管成功或失敗，世界上沒有永遠的成功，也沒有永遠的失敗，一切都會隨著因緣條件的變遷而產生變化。尊貴的蓮生聖尊《背後的明王》說：「一切都是因緣，一切在於緣起。」好的會變成不好的，不好的也會變成好的。一切都會變化的，一切都會過去的，一切都會消失的，最終歸於寂滅。

所以說，「緣起法」的智慧告訴我們：不論屬於那一類有情衆生，都一定會面臨老死，因爲有生必有死，沒有人可以迴避。但是死並非代表結束，而是另外一個生命週期的開始。「緣起十二支」教導我們認識人生就是一個「惑、業、苦」的無限循環，生死流轉，生死相續，無始無終。不僅告訴我們生死流轉的前因後果，也提醒我們生死還滅的涅槃彼岸。佛陀教導我們可以先見緣起流轉生死之因，是謂「法住智」；次證緣起還滅涅槃之果，是謂「涅槃智」（雜阿含經 卷十四 三四六經／三四七經）。以「先知法住，後知涅槃」的知見，依「苦集滅道」，念念轉趨涅槃。其中的「無明」與「愛染」是兩大關鍵。只要斷除「無明」與「愛染」，無窮無盡的生死沉淪就可以終止。不過，在生活中最實際的下手處就在「觸、愛、取」這三支，這也正好呼應如何管控有情生命的「輸入部分」、「處理部分」與「輸出部分」，包括守護六根、善護心念與持戒清淨。懂了這些道理之後，還當實修。在「守護六根」方面：要時時刻刻善於守護自己的六根，不要拼命地向外攀緣去追求「四食、五欲、六塵」。要用「六律儀」對治，有如「守株待兔」，嚴加看管我們的六根，做到「身受心不受」。在「善護心念」方面：要隨時隨地善於守護自己的心念，不要妄想紛飛，欲望橫流，更不要起瞋恨心，橫生邪念。藉著默唸佛號，讓「心」有所依止。一有惡念產生，卽刻令斷。發揮「貓捉老鼠」的精神，時時警覺，處處留意，而且念念分明。在「持戒清淨」方面：要隨時隨地善於控制自己的外顯行爲。明善惡、信因果、守五戒、行十善。「心」不要胡思亂想，「口」不要胡言亂語，「身」不要胡作非爲。嚴格要求自己「身、口、意」的行爲符合佛陀的戒律。懂得以戒爲師，身心自然清淨，解脫自然有望。

第四節　三法印的智慧

所謂「三法印」就是指「諸行無常」、「諸法無我」、「寂靜涅槃」，是當今公認的佛陀正法。雜阿含經（卷二三九經／二六二經）云：一切行無常，一切法無我，涅槃寂滅。意思是說，世間一切的現象都是無常的，世間一切的法都是無我的，只要做到不執不惑，就可以證入寂靜涅槃的境界。「無常」是宇宙人生的真相，「無我」是淨化心靈的智慧，「寂靜涅槃」是解脫自在的境界。根據雜阿含經（卷二一四七經／二七○經）的說法：如果能夠建立「諸行無常」的正見，就能夠建立「諸法無我」的正見，我們這一顆傲慢的心就可以慢慢地遠離貢高我慢的想法與習性，並幫助我們向「寂靜涅槃」的目標邁進。另外，「三法印」若再加上「諸受是苦」，則稱之為「四法本末」（增壹阿含經 卷十八 四意斷品 二三三）。意思是說，因為諸行無常，所以諸受是苦；因為諸受是苦，所以諸法無我；因為諸法無我，所以寂靜涅槃。這「四法本末」同樣支持這些法義之間的先後邏輯關係。先是「無常」，而後談「苦」，接著是「無我」，最後是「涅槃」。「諸行無常」是痛苦的原因，「諸受是苦」是痛苦的事實，「諸法無我」是滅苦的方法，「寂靜涅槃」是苦滅的境界。從生滅相續中領悟「諸行無常」，從無常變易中體認「諸受是苦」，從因緣和合中修持「諸法無我」，從無為空寂中實證「寂靜涅槃」。完全符合佛陀一再強調的「四聖諦」——苦集滅道的出世間智慧。所以，想要證入寂靜涅槃，就必須建立諸行無常、諸受是苦、諸法無我的智慧，而這「三法印」或「四法本末」則是佛陀傳給後代學佛者寶貴的正法正律，值得大家珍惜。簡述如下：

一、正觀諸行無常：須知世間的一切都是無常的。四大無常，色身無常，心識無常，五蘊無常，六根無常，十二處無常，十八界無常，世間無常，人生無常。過去、現在、未來都是無常。有生就有死，有壯就有老，有盛就有衰，未嘗有一事，不被無常所吞沒，所以說「無常故苦」。透過觀照無常，發起厭離心，就可以破除我們對於自我身心的執取，以及對於世間的貪愛，進而邁向解脫。雖然無常，但不爲無常所遷，而灰心喪志。無常其實就是不斷地變遷轉化，沒有好壞的價值包袱。好的會過去，不好的也會過去。無常不離因緣，是自然的法則。無常變易才是常態，問題在於如何徹底認清無常並坦然接受無常。因此，無常是中性的，好也等於不好，不好也等於好。若能夠這樣看待，無常反而是一種轉機，就不會一味地趨吉避凶，而是一種覺醒。所以要把握因緣，活在當下，精進修行。因爲無常，才有希望；因爲無常，才是機會；因爲無常，才能改善；因爲無常，才可覺悟。正觀無常，心則不妄不執；正觀無常，心則息緣離欲；正觀無常，心則無我無相；正觀無常，心則空寂無生；正觀無常，心則清淨無爲；正觀無常，心則解脫自在。

二、正觀諸受是苦：須知人生是大苦的聚集，五蘊本身就是苦。一者因色身而有苦，稱爲「身苦」；二者因煩憂而有苦，稱爲「心苦」。歸納起來就是對於五蘊身心的執著所生起的苦。所以佛陀要我們正觀諸受，不爲苦樂所遷，要身受心不受。進一步正觀五蘊無常、苦、空、無我，來破除執取。其實，苦並非完全不好，若沒有苦，就不會想要出離世間，進而忘卻修行。所以說，「苦」反而是一種功德。包括：（一）苦能令我們生起「出離心」：知苦才能離苦，離苦方能無苦。生起離苦之心，方能踏上修行之路，驅使我們邁向解脫之道。（二）苦能令我們生起「謙卑心」：若是一切順遂，就容易生起憍慢心。若是還未離苦，則能警覺自身條件之不足，懂得謙卑，比較不會生起貢高我慢之心。（三）苦能令我們生起「慚愧心」。有「慚愧心」就曉得不能做傷天害理、違背良心的事。須知人生其實就是來酬業、還願與學習的。（四）苦能令我們生起「求安樂之心」：想要離苦，必先斷惡；想要得樂，則應修善。要求安樂，必修善因。除了身清淨、口清淨、意清淨之外，還要懂得行善利他，布施貧病。（五）苦能令我們生起「菩提心」：將心比心，推己及人；不忍衆生苦，不忍聖教衰；所以發悲願，感同身受，上求佛果，下化衆生，想要幫助苦難的衆生一起遠離痛苦。所以說，苦的功德始於「出離心」，但終於「菩提心」。

三、正觀諸法無我：「無我」是指沒有一個恆常不變，能夠自己主宰，自由自在的「我」存在。只要證悟無我，就可以現法愛斷、離欲、滅盡、涅槃（雜阿含經卷五 一〇七經／一〇五經）。然而，無常易懂，諸苦難耐，無我難知。其實，無我的深義就在於「緣起」。在業力因緣所形成的生死輪迴之中，一切遵循著緣起法則。雖有業報，相續不失，但其中並無一個恆常不變的作者與受者。無我不是否定自己、斷滅消失，更不是沒有作用，而是超越對於自我的執著，達到解脫自在的境界。無我的「無」是「不執著」的意思。由於緣起，「我」只是五蘊因緣和合的假我，只是暫時的我，因緣的我，並非有個永恆不變的我。隨緣而來，隨緣而去；無所從來，無所從去；甚至是無有來去，無有生死，這才是「諸法無我」的深義。若是完全否定自我，那誰在起惑？誰在造業？誰在受苦？誰在六道輪迴呢？無我不是否認生命的存在，只是說明世間的一切皆是緣起幻有。所以「我」不是永恆的常見，亦非永滅的斷見。因緣聚集不可否認暫時存在的我，所以不生「無見」；因緣離散不可否認暫時消失的我，所以不生「我見」。不落斷常有無二邊，才是「緣起中道」之正見。

四、正觀寂靜涅槃：「涅槃」不是死亡，而是滅度、無生之義。滅度又叫做入滅：是滅煩惱、度生死的意思。因爲諸行無常，所以諸受是苦；因爲諸受是苦，所以諸法無我；因爲諸法無我，所以五蘊皆空，寂靜涅槃。以「緣起法」爲基礎，從「無常」悟入「無我」的境界，從「無我」悟入「無生」的境界，超越生死，不生不滅。「無常」是人生真實的現象，「無我」是生命真實的作用，「無生」是諸法真實的體性。印順導師《中觀今論》提到：從緣起的生滅相續而說「諸行無常」；從緣起的因緣和合而說「諸法無我」；從無我、無我所而悟入無生無滅的「涅槃空境」。從生滅相續的無常相中，了悟「常性」的空寂。從因緣和合的無我相中，了悟「我性」的空寂。「空寂」無常變易，卻又終歸寂滅。生非實生，滅非實滅；正因爲性本空寂，諸法本不生，隨緣而起，隨緣而滅。須知世間的一切終將歸於寂滅，一切都無所得。從諸行無常中，體悟「常性」本空而不生不滅。從諸法無我中，體悟「我性」本空而不生不滅。萬法緣起，世間本空，「空」卽是無生的涅槃。因爲性本空寂，清淨無爲，所以本來什麼都沒有；念本無念，心本無生，無生也就無滅。有心妄動，就是生；無心不動，就是無生；「無生」其實是無生無不生。所以說，只要不執著，生也可以，不生也可以，甚至根本就無所謂生不生，是謂「無生」。這種自由灑脫，自主生死，不生不滅，來去自如，任運自在的境界就是「寂靜涅槃」。

實修三法印

佛教發展的過程，初期重視「無常行」，中期重視「無我行」，後期重視「無生行」，其實三者不可偏廢。「無常」教我們厭離；「無我」教我們離欲；「無生」教我們滅盡。厭則離欲，離欲則滅盡，滅盡則解脫，解脫則寂靜涅槃。「無常」、「無我」、「無生」也就是「三法印」的核心觀念。而整個「三法印」的基礎就是「緣起法」。由於緣起，所以生滅；由於生滅，所以變易；由於變易，所以無常；由於無常，所以是苦、不自在；由於苦、不自在，所以無我；由於無我，所以無我所；由於無我、無我所，所以一切皆空，無有一物可得。既然一切都無所得，所以證入涅槃空境，了悟無生。懂了這些道理之後，還當實修，在日常生活中實修，實踐所謂的「生活佛教」。

面對諸行無常，我們要學習看破；看破什麼？看破紅塵，不再貪戀，厭離五欲，不再攀緣，一切都無所求！「無所求」就是不起心，不動念，不貪戀，不攀緣。然而，要怎麼做才能夠無所求呢？因爲「有所求」就會有苦，有苦就不能安心、安穩。「無所求」就可以止息欲貪，就會安然自在。想要擺脫因爲貪求所帶來的各種苦惱與逼迫，當觀知足。知足之法，即是安穩之處。所謂「無所求，得自來；有所求，心不快。」若真要求，則應該求出世間的清淨善法，而不是求世間的雜染惡法；要向內求，而不是向外求；要爲眾生求，而不是爲自己求。用清淨無爲、無所求的心，做利益眾生的事，而且不計較半點功德。須知無爲而爲是真爲，無求而求是真求，成敗得失都不放在心上，是謂「無所求」。

面對諸受是苦，我們要學習放下；放下什麼？放下得失，不再執取，與世無爭，不再計較，一切都無所謂！「無所謂」就是把一切「人情事物」都置之度外，得失都不放在心上。然而，要怎麼做才能夠無所謂呢？只有「無我」，才能夠「無所謂」。有了「我」，就會「有所謂」。所以，重點就在「無我」。面對不合理的對待，要懂得用三世思惟：前世造業，今生還債；債還清了，業障自消。還要懂得忍辱，實修忍辱。因爲真正的忍辱就是心裡沒有執著忍辱，甚至沒有感覺到在忍辱，這樣的境界才可稱之爲「無所謂」。不過，真正的成就者，不是把六根關閉，與世隔絕，而是身處世俗紅塵的雜染是非之中，內心卻仍然如如不動，修出定力，與世無爭，是謂「無所謂」。

面對諸法無我，我們要止息妄心，顯露真心；內證無我，無取無著，外證無相，無貪無染，一切都無所住！「無所住」就是不在意或不在乎。不在意自己的利害得失，不在乎別人的嬉笑怒罵。然而，要怎麼做才能夠無所住呢？若是「有所住」，就會處處生起妄心；妄心雜染有我。若是「無所住」，才能時時生起真心；真心清淨無我。須知一切都是緣起，一切平等無差別。不因順緣而喜不自禁，亦不因逆緣而憂不成眠。

好也等於不好，不好也等於好，一切都是很好，其實無所謂好不好。懂得經營人生的人，不在「果」上做比較，知道要在「因」上勤努力。做就對了，不管得失！「因地」努力過了，「果地」就無須過於在意。一切隨緣，隨緣自在。不住好壞，不住生死，不住涅槃，無住生心，是謂「無所住」。

面對寂靜涅槃，我們要修正習性，回歸本性；念本無念，心本無生，性本空寂，清淨無爲，一切都無所得！然而，要怎麼做才能夠無所得呢？內空五蘊，外離四相，不著空有，正觀世間萬法，本性空寂，一無所得，遠離空有斷常二邊，契入中道。爲什麼一切都無所得呢？因爲「心本無生」。由緣起所形成的現象，就是「無生」。「無生」是本自不生，本來就沒有。無所謂生不生、得不得。若能體會「無生」，自然一切放空；心內無念，心外無相，心無所住，清淨無爲，心不移動，是謂「無所得」。

尊貴的蓮生聖尊《一日一小語》提到：「諸行無常是指一切世間法，無時不在生住異滅之中。諸法無我是指一切有爲法，無有我的實體。涅槃寂靜是指滅除一切生死痛苦，無爲安樂妙覺的境界。」另外，在《清風小語》也提到：一切都會過去的，每一個生命都會寂滅，諸有轉頭空。如果註解這三句話：第一句是「無常」，第二句是「無我」，第三句是「空」。這就是「諸行無常、諸法無我、涅槃寂靜」三法印。是的，沒有錯！看懂了這些道理之後，人生還有什麼好貪求的？還有什麼好計較的？還有什麼好生氣的？還有什麼好羨慕的？還有什麼好嫉妒的？還有什麼好驕傲的？還有什麼好罣礙的呢？慢慢地，紅塵就看破了！自我就放下了！顯現真心！回歸本性！自然地，一切都無所求，不貪！一切都無所謂，不瞋！一切都無所住，不癡！一切都無所得，無生！

第五節　結語

總而言之，佛法基本上是以有情生命為本而立論的，闡述有情生命生死流轉、生滅相續的真相，以及終止流轉、解脫生死的方法。從生死流轉來看：客觀上無常與苦迫所逼，主觀上無明與愛染所繫。須知業由惑起，欲為苦本。人生根本就是一個「惑、業、苦」的無限循環，生死相續，貫穿三世。從生死還滅來看：看破紅塵，不再貪戀；放下自我，不再執取；永斷喜貪，心解脫；永斷無明，慧解脫；心慧解脫就可以成為解脫的聖者。所以說，出離生死的智慧不外乎在教導我們：看懂明瞭生死流轉的真相與原因，實修實證生死還滅的涅槃與方法。看破是真智慧，放下是真功夫。深入了解之後，你會發現：原來四聖諦、緣起法、三法印是相通的。「苦集」二諦等同於緣起「流轉門」；「滅道」二諦等同於緣起「還滅門」。一切都是因果，一切都是緣起；萬法緣生，萬法緣滅，緣生緣滅，沒有永恆；都會變化的，最終歸於寂滅。所以說，緣起故無常，無常故苦，苦故無我，無我故涅槃。其中「諸行無常」是苦因；「諸受是苦」是苦果；「諸法無我」是滅苦之道；「寂靜涅槃」是苦滅的境界。也就是要確實領悟苦因的集起：諸行無常；才能夠體會苦的真相：諸受是苦；進而實踐滅苦之法：諸法無我；才能夠徹底解脫煩腦與痛苦，證入苦滅：寂靜涅槃；完全符合「三法印」的精神。此外，人生在世，誰無煩腦？誰無痛苦？重點在於用什麼「心態」去面對這些人生的煩惱與痛苦。處在相同的境界，心態不同，結果與感受自然也就不同。只要我們不要被煩惱所繫縛，痛苦所羈絆，一樣可以活得快樂自在。然而，什麼樣的「心態」才能夠讓我們免於煩惱與痛苦的折磨呢？綜觀整個佛法的精髓，其實就是「無我」。尊貴的蓮生聖尊認為：佛陀所宣說的佛法，以「無我法」為第一。因為有「我」就會有煩惱，有「我」就會有糾紛。只要執著有個「我」，就會千般計較，萬分不捨；只要執著有個

「我」，就會想的都是自己，怨的都是別人。只有修證「無我」，才能放下自我，摒除個人的自私自利，懷抱慈悲喜捨，遠離諸惡不善法，離欲清淨，滅盡「貪、瞋、癡」，出離生死，解脫自在。不過，出離生死的智慧不僅可以幫助我們出離三界，而且最重要的是現世就能夠得到利益，並非等到死後才能夠解脫。佛陀當年教給我們的這一套方法，就是要我們在當生當世就能夠靠著「自力實修」解脫人生的煩惱與痛苦，這正是出離生死的智慧積極正向的意義。一旦開啟出離生死的智慧，你、我、他就可以生死自主，來去自如。

第四章 證悟菩提的智慧（上）

緣起性空，
性空唯名，
虛妄唯識，
真常唯心。

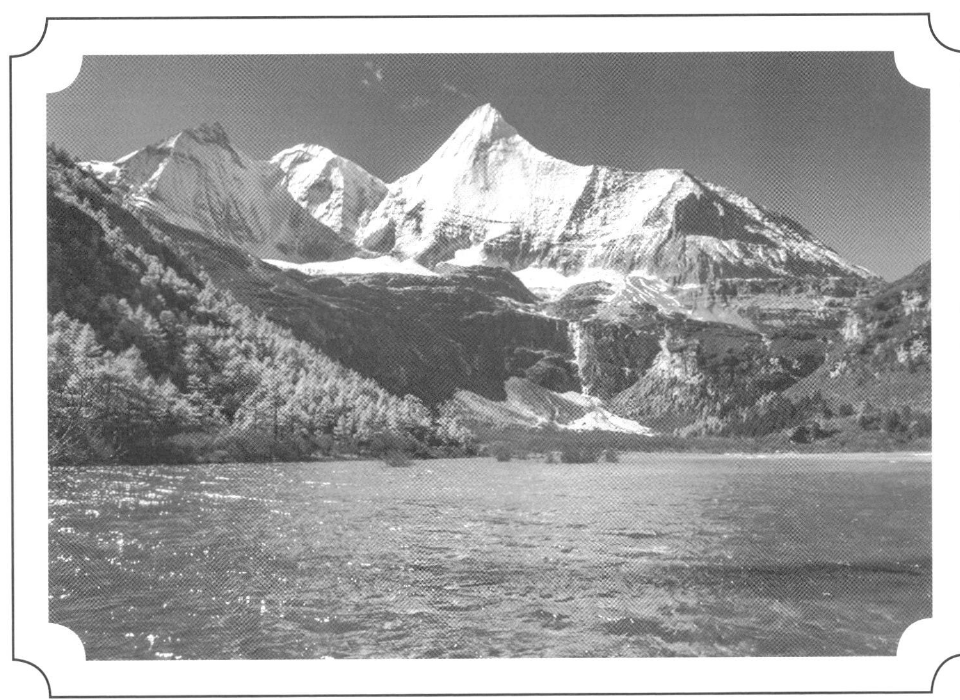

第一節　前言

爲什麼要發菩提心呢？因爲世間無常、人生是苦；不但自己苦，也看到衆生苦；因此發菩提心，想要救度衆生出離苦輪，超脫三界。甚至視衆生如己出，乃至於視衆生如父母。並且，爲了利益衆生，與樂拔苦，進而發起一種無上菩提的真誠意願和行持。然而，什麼是菩提心呢？其實就是一顆覺悟的心；一顆轉迷爲悟、改邪歸正、去染成淨的心；一顆上求佛道，下化衆生的心；一顆自利利他、自度度人的心。其中，「自利」就是要成佛，「利他」就是要度衆生。「成佛」要依智慧；「度衆」要依慈悲。而且，成佛度衆必須依靠衆生來成就；離開衆生，無佛可成，無衆可度。簡而言之，菩提心就是一顆有智慧的慈悲心。須知發菩提心是證悟菩提的根本基礎。

然而，爲什麼要證悟菩提呢？因爲要成佛！爲什麼要成佛呢？因爲修行學佛的宗旨就是要成佛廣度衆生，否則學佛做什麼！就像學醫的宗旨就是要行醫濟世救人，否則學醫做什麼！什麼是佛呢？佛就是「佛陀」，梵文爲Buddha，意爲覺者或智者，就是覺悟宇宙人生的真相與真理之人。從此滅除一切業行，開顯無漏智慧，應修已修，應斷已斷，遠離各種煩惱，止息各種痛苦。而且除了自己覺悟之外，還能夠平等普遍地覺悟他人，覺行圓滿，因此被稱爲「佛」（雜阿含經 卷四十三 一一五九經／一〇〇經）。所以說，佛是兼具智慧與慈悲的大覺者。覺悟世間本空的智慧，成就入世度衆的慈悲。既要看得破，又要提得起，還要放得下。看得破是真智慧，提得起是真慈悲，放得下是真功夫。願斷一切惡，願修一切善，誓度一切衆；觀五蘊無我，悟世間本空，證清淨無爲；修四無量心，待衆生無私，行善巧方便。由此可知，想要成佛必須累積福德資糧與智慧資糧，悲智雙運，福慧雙修；而這兩種資糧的基礎都是「菩提心」。可見得菩提心是成佛的種子。古德有云：「修行不發菩提心，猶如耕田不下種。」簡而言之，發願並決心「慈悲救度」六道輪迴當中的苦難衆生，並協助苦難衆生證悟「般若空慧」成佛，就是所謂的「發菩提心」。

然而，如何證悟菩提呢？這真是一個大哉問！千百年來多少佛教學者、論師、祖師都在說法論述，或者立宗，或者創派，號稱八萬四千法門。有顯教密教之分，有空宗有宗之別，有難行易行之論；有重智慧的般若、有重慈悲的六度、有重信願的唸佛；或主張漸修，或強調頓悟等。傳入西藏之後的藏傳佛教更有紅教、白教、黃教、花教之不同傳承。傳入漢地之後的漢傳佛教更有超過十種宗派被發展出來，各領一時風騷。至今仍然蓬勃發展的尚有禪宗、淨土宗以及密宗等。另外，法相唯識宗也頗受近代佛教學者的重視，復興並談論者頗多。這些大乘法門歸納起來，總結成爲所謂的「大乘三系」。根據印順導師的說法，大乘三系包括以討論「般若空」爲主的「性空唯名」，以討論「唯識有」爲主的「虛妄唯識」，以及以討論「如來藏」爲主的「真常唯心」。此外，中道正觀的「中觀法門」，不可思議境界的「不二法門」，重重無盡的「法界緣起」，圓滿覺悟的「圓覺法門」，萬經之首的「法華一乘道」，屬於易行道的「淨土法門」，都將帶領我們一窺證悟菩提的奧密。由於篇章分量頗多，因此將證悟菩提的智慧分爲上下兩部分：「上篇」介紹大乘三系，其餘則留待「下篇」介紹。至於密教的部分則安排在「法力篇」再作詳論。

第二節　性空唯名的智慧

大乘三系首先登場的是「性空唯名」，但是性空不離緣起，緣起不離性空。因爲緣起性空，所以一切都是假名施設，一切都是以假有的方式存在，幻生、幻有、幻滅，無有自性，假名而已，故謂之「性空唯名」。因此，我們從「萬法緣起」、「緣起性空」談起。這是從個體出發的「自性論」而言。屬於從「萬法緣起」推演出「自性本空」的「因果系」。印順導師《中觀今論》提到：「緣起，所以是無自性的；無自性，所以是空的；空，所以是寂滅的。」詳細說明如下：

萬法緣起

何謂萬法呢？先談什麼是法？狹義的法，首先會想到的是六塵中「色、聲、香、味、觸、法」的「法塵」。就是指「意根」所緣的一切境界，亦即內心所緣的對象；泛指抽象且無形的外境，包括各種訊息與想法。廣義的法，則宇宙萬事萬物無一不是法，包括事相和理相。「事相」就是指「物理世界」，屬於具體的物質，亦即萬物種種的變化現象。「理相」就是指「心理世界」，屬於抽象的精神，亦即萬事種種的變化原理。「法」也可以包括有情眾生自我的五蘊身心（我），以及與有情眾生相對的世間萬有（我所），都叫做「法」。簡而言之，「法」就是代表宇宙人生的一切現象，是一切「人情事物」的總稱；包括生理的與心理的，自我的與我所的，有形的與無形的，具體的與抽象的。萬法的「萬」不是單指數字而已，而是形容極多、無量之義。所以說，「萬法」就是指一切法。何謂一切法呢？狹義來講，根據雜阿含經（卷十二二九九經／三二一經）的說法：「一切法」就是指有情生命的「六根」與外境的「六塵」相接觸，因爲「六識」的了別所產生的各種感受，或苦、或樂、或不苦不樂。甚至可以說：「根、塵、識」以及「根、塵、識」三事和合觸所產生的「受、想、思」，即名爲「一切法」；包括能緣的「我」與所緣的「我所」，涵蓋有情生命一生當中所有的身心活動。

了解「萬法」的意義之後，接著要來說明「緣起」。根據印順導師《成佛之道》、《中觀論頌講記》、智諭法師《緣起法泛談》的精闢看法，以及個人的研究心得：「緣起」卽相依相緣而起。原來世間的一切都是因緣所生法，非有非無，非常非斷；因此「有無常斷」兩邊都不可以執著，應該建立如實正觀世間集起消滅的「緣起中道」智慧。「因」是主因，「緣」是助緣；「因」顯體性，「緣」明作用；其原則是「此、故、彼」。「此」與「彼」卽是泛指「因」與「果」，彼此之間卽構成「因果關係」；所謂「此有故彼有，此生故彼生；此無故彼無，此滅故彼滅」。凡是從緣「能起」的因，說爲「緣起」；凡是從緣「所生」的果，說爲「緣生」。亦卽「緣起」是能生的因，「緣生」是所生的果。因果關係之間的必然理性卽是緣起。所以說，有因就有果，有果就有報；因緣成熟，業力具足，果報就會現前。而且善有善報，惡有惡報。「業」是指「因」中的造作性，與心念動機有關；「報」是指「果」中的善惡性，與倫理道德有關。綜合而言，在業力法則、萬有因果律與善惡系統的監控下，形成所謂的「因果業報」，主宰世間的一切。凡是存在的因果事理，一切都是緣起的存在；離卻緣起，一切無從安立。故知「緣起法」是法界本體運轉的法則，不管有佛無佛出世，法界常住。而且，不管世間法、出世間法，有爲法、無爲法，有漏法、無漏法，皆是因緣所生法，故說「萬法緣起」。

緣起性空

「緣起」意謂著隨緣而起，隨緣而滅，世間的一切法都是因緣所生法：緣起緣滅。然而，到底是什麼原因，令一切法皆是緣起呢？根據大般若經（卷二八八）著不著相品第三十六之二的說法：世間的一切法唯有一性，而且都是以無性爲性；無性則無有造作，隨緣而起，依緣而生。其次，根據大般若經（卷三七九）無雜法義品第六十七之二的說法：因爲無性方能隨緣，隨緣乃成萬法；無性隨緣卽是萬法，萬法任緣卽是無性；萬法之自性悉爲無性，萬法以無性爲其自性。此外，大般若經（卷三七九）諸功德相品第六十八之一也提到：一切法如響、如像、如光影、如陽焰、如幻事、如尋香城、如變化事，都無自性。意思是說，一切法有如電光谷響，瞬間消逝。緣起幻相，虛而不實；法隨緣成，性依無性，故說「法無自性」。因此，凡是世間的一切法無非緣起，無非無性；無性就是無自性，無自性就是無性。故知凡是「緣起」的卽不能不是「無自性」的，所謂「法不孤起，因緣而起」。根據大般若經（卷二八八）著不著相品第三十六之二的說法：一切法因緣所生，一切法無性爲性，一切法無有自性；這就是一切法的真相。

然而，何謂無性呢？大般若經（卷三〇三）魔事品第四十之一認爲：因爲一切法的自性皆無所有不可得，就是所謂的「無性」。其次，大般若經（卷五七六）那伽室利分也提到：一切法皆以無性爲性，無性之法卽不可得。由於諸法皆不可得的原故，所以說自性本空。因此，龍樹菩薩《大智度論》（卷三十七）釋習相應品第三之三認爲：只要是因緣所生法，就是無自性；只要是無自性，就是空。也就是說，由於一切法因緣有，實是幻生假有，緣起無性不可得的原故，所以說當體卽空。另外，根據大般若經（卷三九七）無動法性品第七十六的說法：衆緣和合，隨緣變化；看似存在，以爲實有，其實是妄有；若離衆緣，還歸寂滅，其性不可得，故曰「一切皆空」。須知法無自性，方能隨緣，進而成立一切法；法隨緣成，故而性空。然而，何謂性空呢？根據龍樹菩薩《大智度論》（卷三十一）釋初品中十八空的說法：一切有爲法都是因緣所生法。只要是因緣所生法，都是造作生滅之法，是謂「作法」，有生住異滅，具無常性，了不可得，其性本空。若不是因緣所生法，就不是造作生滅之法，是謂「無法」，無生住異滅，具寂滅性，亦不可得，其性本空。故知一切法之法性皆了不可得，其性本空，是爲「性空」。所以說，諸法緣起，緣起無性，無性爲性，無有自性，自性不可得，其性本空，故曰「性空」。當知緣起無自性則空，空無自性卽是緣起。一切法以無性爲自性是名「空義」，故說一切法「自性本空」。以無自性故，則空是不礙有之空；既不礙有，當知空卽不空，否則是斷滅空。一切法悉由緣起，緣起無性，無性則空，空則諸法非爲實有，其相如幻。因此，從「事相」來看，統歸於緣起；事相隨緣起，必無自性。從「理體」來看，其實是性空；以性空故，乃隨緣而起；以無自性，故曰「性空」。

由此可知，一切法無性爲性，一切法無有自性，一切法自性本空；因爲一切法的本性是空的，所以一切法緣起幻有。反之亦同，一切法是緣起的存在，虛而不實，如幻如化，所以不可能是自有的、獨存的、常在的。故知「緣起、相有、性空」：隨緣而起、相是幻有、自性本空。諸法緣起，幻現假相，以假相故，世人乃得以見之。萬法隨緣，隨緣無性；無性卽空，空卽無性。此法二而不二，不二而二；二卽隨緣，不二卽空。意思是說，「緣起」與「性空」其實是一不是二；緣起必然性空，性空必然緣起。從「現象界」來看是隨緣而起，從「本體界」來看是自性本空。「緣起」是有，「有」是無自性之有；無自性不礙其有，故知「有」是成空之有；「有」雖然謂之生，但是生非實生。「性空」是無，「無」是無自性之無；無自性是可以有的，故知「無」是成有之無；「無」雖然謂之滅，但是滅非實滅。因此，無不礙有，有不礙無，是故亦有亦無，有無皆不可得。既然皆不可得，都無所有，故不可謂一切法有性，亦不可謂一切法無性。一切法有性、無性皆不可得，以不可得故，都無所有，名之曰「空」。有不可得，則不礙「性空」；無不可得，則不礙「緣起」；不可得亦不可得，則不礙「緣起性空」。說緣起時，性空則隱，緣起則顯；說性空時，緣起則隱，性空則顯。實際上是顯者非生，生是妄生；隱者非滅，滅非實滅。總而言之，緣起爲相，性空爲性；相是幻有，假而非實；有相是假，無相是實，故曰「實相無相無不相」。因爲性空，所以離有相、離無相、離非有相非無相。所謂「法相如幻，法性湛然」，故說「緣起性空」。

性空假名

須知「無自性」是緣起性空的關鍵心要。離開諸緣卽不存在是謂「無自性」。因爲緣起，所以無自性；因爲無自性，所以自性本空。就是因爲一切法無自性，在時間上「無常」：隨緣生滅；在空間上「無我」：和合假有；在本質上「涅槃」：自性本空。世間萬有皆從緣而起，故曰「緣起」；尋求其自性而不可得，故曰「性空」。「緣起」是事物的現象，「性空」是事物的本質；「緣起」是事，「性空」是理；從「緣起」之事上暗藏「性空」之理，在「性空」之理上顯現「緣起」之事。雖然隨緣而起，無有自性，自性本空，卻仍然不失其作用。故知性空並非完全否定萬法的存在與作用，而是在訴說世間的一切緣起幻有都只是假名安立。須知緣起不礙性空，性空不礙假名，假名來自緣起。緣起假名的本義就是「假施設」，意卽不依自性、自相而有，而是依因緣而有，是如幻如化的「假有」。所謂「施設」就是爲了讓世人有共同的認識，所以安立一個名稱，讓語言有稱說相同的對象，其實只是「假名」而已。因此，「性空」就是因緣和合所生起的假有；其相是有，本性是空；有是假有，空是真空。故知一切法都是「假名有」；「假名有」非實有，都只是暫時的存在，但以名字故說。雖空而假名幻相宛然，雖假名幻相宛然而空。一切法都無實有，但有假名，故說「性空假名」。

大般若經（卷四七一）善達品第七十七之一提到：世間的一切法都是假名安立，並非實有；爲令眾生識得其義，故施設諸名。愚癡凡夫卻反而妄執名相，不肯捨離，引發諸苦。須知名無實際，虛名而已；一切都是幻生、幻有、幻滅，終歸寂滅，因爲自性本空。因此切勿執著世間的一切施設假名，應當遠離。其次，大般若經（卷六十六）無所得品第十八之六提到：世間的一切法或一切名，都是假名有、自性空的。一切法中不可以執著名相，名相之中也不可以執著一切法；緣生緣滅，和合假有；離法無名，離名無法，一切都是施設假有。爲什麼這樣說呢？因爲不管是法或是名，都是自性本空；因爲自性本空，所以不管是法或是名，都是無所有、不可得的呀！此外，大般若經（卷十一）教誡教授品第七之一也提到：一切法緣生緣滅，性本空寂；這種從因緣和合所成之法都是無自性的，一切法無自性，無所有、不可得。故知自性不可得的一切法都只是世俗的「施設有」、「假名有」，謂之「假法」。

根據大般若經(卷五三八)妙行品第一之二以及大般若經(卷三八四)諸法平等品第六十九之二的說法：一切名都是爲表諸義而假立的，都是因緣和合而有的，都是妄想分別所起的，都是爲客塵所施設的假名，無有真實，都無自性，自性本空，畢竟不生，因此不應該執著。因爲一切因緣和合所成之法都只是假名，假名都是無自性的；無自性就是空，了不可得；連不可得亦不可得。就是因爲無自性，自性不可得，所以是假名有。須知緣起無性，無性爲性，法無自性，自性本空，性空假名，假名安立，假施設有，假名假有。不過，儘管「現象界」是幻化生滅，屬於生滅動相；其實「本體界」是不生不滅，屬於寂滅靜相。一切法緣起性空，空無自性，假生假滅，實無生滅，空寂無生，超越有無，是謂「性空假名」。

另外，根據鳩摩羅什所譯的《摩訶般若波羅蜜經》、龍樹菩薩的《大智度論》的說法，以及個人的研究心得：「假施設」原語波羅聶提，亦可譯爲「假名」。依種種因緣、種種關係而成立的就叫做「假名」。

「假名」又可以涵蓋「名假施設」、「受假施設」以及「法假施設」，簡稱爲「名假」、「受假」以及「法假」。「名」是世間名相之義，「受」是取而聚合之義，「法」是法無自性之義。所謂「假」是世俗假施設的假名存在，都不是真的。這是爲了破除以名指實的立場，以免執取世間名言爲實有。根據龍樹菩薩《大智度論》（卷四十一）釋三假品第七的說法，進一步說明如下：

一、名假：所謂「名假」是指外在的名相是假；這是從「宏觀」的角度來看待世間的一切。「現象面」普遍形成的一種共相或共名，方便衆生認識。並可依此來了解對象，依世間名言假立，有世俗之用。然而名稱與義理卻經常不一致，故稱之爲「名假」；據以破除以名言爲實體的執著。印順導師《中觀今論》說：「凡吾人所覺爲如此如此的概念，或是說爲什麼的名字，都是名假。」

二、受假：所謂「受假」或稱爲「取假」是指和合的個體是假；這是從「個體」的角度來看待世間的一切。「功能面」都是因緣和合，是種種因緣攝取而成的「一合相」，方便與其他單一個體區別。凡是因緣聚合的複合體，皆是受假或取假。若是離開相關的組成就沒有實在體了，故稱之爲「受假」；據以破除以複合物爲實體的執著。印順導師《中觀今論》說：「凡以某些法爲材質而和合爲所成的他法，皆是取假。」

三、法假：所謂「法假」是指內在的組成是假；這是從「微觀」的角度來看待世間的一切。「本體面」都是無自性的，自性不可得的，方便衆生破除對於世間名言的執取。須知組成複合體的一切諸法，並非離因緣而存在，皆無自性，故稱之爲「法假」；據以破除自性本有的執著。印順導師《中觀今論》說：「此精神、物質的五法（指地、水、火、風、識）可作爲萬有的基礎。但此五者，也是假施設的，卽是法假。」

所以說，「世間名言」只是提供我們認識的工具，虛名而已，並不蘊含名言背後的存在與實有。事實上，只要是因緣和合積聚而成的，都可稱之爲「假」。因爲一切法都是無自性的，所以一切法都是假施設的；就是因爲一切法都是假施設的，所以一切法都是假名。也就是說，因爲法假，所以受假；因爲受假，所以名假。三種假法其實都是因緣和合的，都是無自性的，都是以緣起法爲基礎的。根據龍樹菩薩《大智度論》（卷四十一）釋三假品第七的說法：就像五蘊因緣和合名爲我，其實是假我；真實的我，了不可得。所以說，包括「蘊、處、界」的五蘊、十二處、十八界等一切法，其實都是因緣和合、假名假有的假法。故知世間的一切法都是假法，都是假名安立，沒有實在性，了不可得，其性本空。愚癡凡夫不知不解世間的一切都是假施設的，所以迷著實有，妄執取相，成立生死。菩薩以「般若空慧」先破名假至受假，後破受假至法假，最終破法假至實相，成立涅槃。因此，在面對世間的假相時，千萬不可以當真啊！不過，要小心的是：不要以爲世間的一切既然都是假的，就什麼事也不做了，反正都是假的，那就大錯特錯了。反而要精進修行，借假修真，破除自性妄執，趨向涅槃，方是正途，是謂「性空假名」。

我空、法空、空空

了解「萬法緣起」、「緣起性空」、「性空假名」的原理之後，接下來我們要把這些原理實際應用在生活上或修行上，幫助我們去除自性妄執，實證我空、法空以及空空。「自性妄執」是對於世間的一切法執著有一個自性存在；認爲一切法皆具有實有性、獨一性、自主性以及不變性。但事實不然，一旦執著因緣所生法爲實有的自性存在卽是無明；然後以自性妄執的無明爲首，進而引發一切煩惱；由煩惱而造業，由造業而感苦，故有生死流轉。若能破除自性自有，悟解諸法性空，卽可無明不生；無明不生則煩惱不起，煩惱不起則無由造業，無由造業則不再感苦，卽可生死解脫。佛陀要我們依緣起法觀空，於一切法中尋求自性不可得爲空。「觀空」的意義其實就是在了悟一切法無自性，進而破除自性妄執。龍樹菩薩《中論》（卷一）觀因緣品第一云：未曾有一法，不從因緣生；是故一切法，無不是空者。由此可知，只要是因緣所生法，皆無自性；若法有自性，則不待衆緣而有；若不待衆緣，則無法可以生起；故無有不空法。然而，何謂我空、法空、空空呢？分述如下：

一、我空：「我空觀」是以「受假」爲主，就是由五蘊身心和合而成爲個體的衆生，屬於「受假施設」的假名存在。根據印順導師《成佛之道》，「我」有二義：一爲「補特伽羅我」，二爲「薩迦耶我」。前者意爲「數取趣」，是不斷在生死中受生的意思；愚癡凡夫誤以爲有個輪迴的主體存在，謂之「補特伽羅我」。後者意爲「積聚」，於五蘊見我，生起薩迦耶見；愚癡凡夫對於自己的五蘊和合身心，生起自我的感覺，與「我見、我愛、我慢、我癡」的特性相應，謂之「薩迦耶我」。一般而言，愚癡凡夫對他人會執著「補特伽羅我」，對自己則會執著「補特伽羅我」與「薩迦耶我」。不知不見這些「我」其實都是「受假」，誤以爲有個常存的實我存在，並因而產生「我見」。須知「我見」是生死的根本；有「我見」才會生起一切法的自性見。如何破除我見呢？修證「無我」是破除「我見」的唯一之路。如何修證無我呢？原始佛教時期的《四阿含經》對「無我」有非常好的詮釋，基本上是透過觀察「五蘊」來說明的。簡而言之，「無我」的深義其實就是「緣起」。因爲緣起，所以生滅；因爲生滅，所以變易；因爲變易，所以無常；因爲無常，所以是苦、不自在；因爲苦、不自在，所以無我；因爲無我，所以無我所；因爲無我、無我所，所以是空，寂靜涅槃。須知不了悟緣起就很難理解緣起的「無常性」、「無我性」以及「寂滅性」。不了悟緣起的「無常性」就會落入常見、斷見；不了悟緣起的「無我性」就會落入我見、我所見；不了悟緣起的「寂滅性」就會落入有見、無見。其實宇宙人生的真相是非常非斷、非我非我所、非有非無。綜合而言，五蘊是因緣和合而成爲我的。我與五蘊都是無自性不可得的，破除愚癡凡夫對作用主體的我與作用對象的五蘊所執取的自性見。二者既然都是無自性，所以都是自性本空。「我」不過是依身心和合相續暫時存在，假名施設而已，故說「我空」。

二、法空：法空觀是以「法假」爲主，同時攝得「受假」以及「名假」。「法假」是說一切法皆從因緣生，都是無自性不可得的，是謂空；只是世俗的施設有、假名有。因爲是因緣生的假名有，所以是無自性空的；因爲是無自性空的，所以是假名有的。因此，無自性的「法假」是空的，由「法假」所組成的「受假」是空的，由「受假」所形成的「名假」也是空的。所以說，一切法決非自性所生；故知自性生、自性有是不成立的。然而，愚癡凡夫卻執著有自性的因緣生，以爲一切法都是有自性的，是常存實有的。須知「自性有」與「因緣生」是不可能同時存在的！如何證明呢？其實，只要能夠證明具有自性的卻無法生起，就足以證明一切法是非自性有的，進而破除對自性的妄執，而證「法空」。根據龍樹菩薩《中論》（卷一）觀因緣品的說法：諸法不自生，亦不從他生，不共不無因，是故知無生。其中，所謂「不自生」就是萬物皆非從自體生起，必待衆緣；一切法是無自性的，故說「不自生」。所謂「不他生」就是不但不會由自己的自性個體生起，而且也不會由其他的自性個體生起，故說「不他生」。所謂「不共生」就是非由自生與他生所共同生起的，也就是不可能由有自性的自他所共生，故說「不共生」。所謂「不無因生」就是現實世間都是有因有緣的；如果說無因無緣，那麼世間的一切法都無從成立了，甚至連善惡、正邪也都無從成立了，故說「不無因生」。因此一切法決非由自性所生；由於自性生、自性有不成立，所以知道一切法皆是因緣所生。亦卽一切法都是無自性隨緣生起的，是如幻如化的緣生。緣生就是無生，屬假施設有，只是假名存在；在種種關係條件的因緣和合下，才有此假相。觀察法空卽在一切法的相續和合中，觀察自性了不可得，並且不再生起自性見，從此遠離一切自性妄執而自證「法空」。須知一切法以無性爲性，無性方可以隨緣，通達一切法本來不生，一切法自性本空，一切法唯有假名，是謂「法空」。

三、空空：根據大般若經（卷五十一）辨大乘品第十五之一的說法：所謂「空」就是諸法皆空。這是由於空本來就是空的呀！爲什麼這樣說呢？因爲空的本性就是如此啊！既不是落在「常」的常見，不可說有；也不是落在「壞」的斷見，不可說無；非常非斷，非有非無，非空非不空，不落兩邊；既不可以執著有，也不可以執著無；不可以執著不空，也不可以執著空，是謂「空空」。所以說，我空、法空是破「有」的執著，空空是破「空」的執著。我空、法空、空空，自性空故，其性自爾，無所差別，都不可以執著，一執著就會有痛苦。佛陀教導我們：先破有，再破空，有無的執著都破了，就可以證入「般若空慧」。另外，根據金剛經（第六品）正信希有分的說法：「無我相」是指遠離我相的執著，而得「我空」；「無法相」是指遠離諸法的自性妄執，而得「法空」；「無非法相」是指遠離我法二空的空相，而得「空空」；我相、法相、非法相，三相並寂。須知有我相就會自然產生人相、衆生相、壽者相。我相、人相、衆生相、壽者相等四相合爲我相。若有所取相，不管是我相、法相或非法相，就是肯定還有我相、人相、衆生相、壽者相等四相存在。也就是說，若還是執著「四大、五蘊、六根」爲「我」，分別「你、我、他」，在無盡的歲月長流當中存在著；或者還是執著「我所有」的一切，尋求占有世間的「四食、五欲、六塵」或「財、色、名、食、睡」等，不肯捨離；或者雖然不再執著「我」或「我所」，卻反而執著「空」，落入頑空、斷滅空；那就表示尚未遠離我相、人相、衆生相、壽者相。亦卽只要有一絲絲的執著存在，或執著我、或執著我所、或執著空；或執著我相、或執著法相、或執著非法相；或執著世間的有、或執著出世間的無，都是執著。無我相、無法相是在教導我們破「有」，無非法相則是在教導我們破「無」。法與非法，一併不取。淨空法師說：

「捨法是捨其著有之病，捨非法是捨其著空之病。」若心取相，無論取法、取非法皆著我相、人相、眾生相、壽者相等四相。因此，佛陀告訴我們不應取法，不應取非法。心地清淨，一塵不染，是「離法相」；廣度眾生，一絲不掛，是「離非法相」。

其中，所謂「我相」與「法相」是指世間的「有相」，所謂「非法相」則是指出世間的「空相」。但見諸相卽著有；但見非相卽著空；若能見諸相非相，離二邊，卽無相、無不相；也就是既不著有，也不著空的意思。無「我相」，證我空；無「法相」，證法空；無「非法相」，證空空。「無我相」、「無法相」就是教導我們不可以執著世間的「有相」，以免落入世俗無盡的追求；「無非法相」就是教導我們不可以執著出世間的「空相」，以免落入厭世無救的空病。不僅「有」不可以執著，連「空」也不可以執著，必須加以破除，謂之「空空」，又名「俱空」；空亦復空之意。印順導師《般若經講記》認爲：執我是「我見」，執法、非法是「我所見」；執有我相、有法相是「有見」，執非法相是「無見」。意思是說，有情眾生最容易執著我見與我所見、有見與無見，時時妄想、刻刻分別、處處執著。須知自己感覺到的「我」是不離外境的，所以內執自我，外執我所。原始佛教時期，以無我、無我所爲正觀；觀察內而身心，外而世界，一切都是無我、無我所的。根據龍樹菩薩《中論》（卷三）觀法品第十八的說法：若能夠了達眾生無有我，那裡還有我所呢？一切法都是無自性的，自性本空。

般若空慧

不管我空、法空或空空，都是沒有分別的，都是自性本空的。執著「我相」就不能悟「我空」，執著

「法相」就不能悟「法空」，執著「非法相」就不能悟「空空」。其實，不管執著什麼，都是執著；只是執著的對象不同而已，皆屬「自性妄執」。須知世間的一切法都是無自性的，其體性畢竟空寂，不可以執著。根據龍樹菩薩《大智度論》（卷八十一）釋六度相攝品第六十八之下的說法：由於因緣和合乃有一切法，無一法不是因緣和合而有。因此，只要是因緣所生法，都是無自性的。因爲一切法以無性爲性，無性故無一切法，無一切法故無一切分別。無分別是無自性分別，亦即不應起自性有的分別，須知自性不可得。因爲隨緣無性、無性爲性、無有自性、不可分別、自性不可得，所以一切法畢竟空；因爲畢竟空，所以一切法都無所執著，謂之「般若波羅蜜」。何謂畢竟空呢？根據大般若經（卷五十一）辨大乘品第十五之一的說法：所謂「畢竟」就是諸法究竟不可得。這是由於「畢竟」本來就是「畢竟空」的意思呀！爲什麼這樣說呢？因爲畢竟空的本性就是如此啊！既不是落在「常」的常見，也不是落在「壞」的斷見，非常非斷，是謂「畢竟空」。龍樹菩薩《大智度論》（卷三十一）釋初品中十八空云：一切法畢竟不可得故，名畢竟空。也是在說，世間的一切法畢竟都了不可得，名爲「畢竟空」。佛陀慈悲，因爲眾生執著一切法的世俗假有而說「空」；又擔心眾生執著諸法皆空而說「空不可得」。事實上是非空非有、卽空卽有的中道；可憐眾生又執著中道，佛陀只好又說「中道亦不可得」。其實，佛陀說「畢竟空」就是在提醒我們「空、有、中道」皆不可以執著。龍樹菩薩《中論》（卷四）觀四諦品第二十四云：眾因緣生法，我說卽是空，亦爲是假名，亦是中道義。也是在說，眾因緣和合所生之法，都是無自性的，都是自性本空的，但以假名暫時存在；無性不可說有，假有不可說無，遠離空有二邊，故名「中道」。

所以說，在尋求覺悟、廣度眾生的過程當中，世間的一切法都是不可得的呀！爲什麼不可得呢？因爲一切法都是緣起的，都是無常的，都是苦的，都是無我的，無性爲性，皆無自性，不可分別，所以都不可得。此外，根據大般若經（卷四一七）出住品第十九之二的說法：由於畢竟清淨，所以說一切法無所有、不可得。爲什麼畢竟清淨呢？根據大般若經（卷三二三）真如品第四十七之六的說法：因爲一切法畢竟空，所以一切法畢竟清淨；因爲諸法皆空，所以不管增減都無所有、不可得。另外，根據大般若經（卷五三一）妙相品第二十八之四的說法：世間所有的一切法，包括有情以及有情的一切施設假名有，都是不可得的呀！因爲一切法都不可得，所以一切法都無所有。因爲一切法都無所有，所以一切法都畢竟空。由此可知，「畢竟空」等同於「畢竟清淨」，「畢竟清淨」等同於「不可得」，「不可得」等同於「畢竟空」！也就是說，一切法因緣和合而成，因緣和合則無定性，無定性卽是空。此空卽是指無自性的畢竟空；從緣起法的因果說而知法無自性；因爲法無自性而知一切法畢竟空。然而，無所有、不可得又當如何？根據大般若經（卷六十七）無所得品第十八之七的說法：五蘊都是無所有、不可得的，那裡還會有實在的生起呢？若生也只是幻生幻有而已，實際上是「無生」。另外，根據大般若經（卷五三八）妙行品第一之一的說法：世間的一切法自性皆不可執取，亦不可由自性生起；若法以無性爲性，亦不可由自性生起。這些都是無生法，亦不可由自性生起。須知生者緣生，無有自性；生無自性，卽是無生。所以說，「現象界」緣起幻生：有生有滅；「本體界」空寂無生：不生不滅。

總而言之，萬法緣起、緣起性空、性空假名、假名假有；內空、外空、內外空；我空、法空、空空；一切法無所有，一切法不可得，一切法畢竟空，一切法畢竟清淨。換句話說，法從緣起，因緣和合，無常無我；隨緣無性，無性爲性，無有自性，不可分別，自性本空，空無所有，了不可得，謂畢竟空；空寂無生，不生不滅，生是幻生，滅非實滅；幻有假名，謂假名有，名假受假，法亦是假；我我所假，名相是假，所依是假，所緣是假，所有是假；非空非有，卽空卽有，空有不二，契入中道。須知世間的一切法如幻如化，都是相依相待的，唯有空無自性，才能安立世間的一切緣起因果、假名假有。印順導師《中觀論頌講記》提到：「緣生而無自性，所以離常邊、有邊；性空而有假名，所以離斷邊、無邊；雙離二邊，合於佛法的中道。」也就是說，領悟緣起的性空，就不會落於常邊、有邊，須知幻有是假；領悟性空的緣起，就不會落於斷邊、無邊，須知真空不空；遠離常斷有無二邊，行於中道，是名「般若中道」。不落對待的「般若中道」，卽入「不二法門」。雜阿含經（卷十三 三三一經／三三五經）提到：表面上看到有因有果的「緣起幻生」，實際上卻是無作無受的「空寂無生」。生無所從來，滅亦無所至；一切都是緣起性空，性空假名；表面上幻生幻滅，實際上不生不滅；生非實生，滅非實滅。佛陀就是要弟子們在緣起的來去生滅中，領悟出不來不去、不生不滅的「般若中道」。

最後，總結一下「緣起性空」的心要。淨空法師說：「般若心經是六百卷大般若經的總結，兩百六十個字。這兩百六十個字再把它總結，總結成一句話，十二個字：一切法、無所有、畢竟空、不可得。你還有什麼妄想、分別、執著。你要真正了解這個事實真相，妄想、分別、執著自然放下了。連你的妄想，分別，執著也是無所有，也是畢竟空，也是不可得。」所以說，「緣起性空」的心要其實就是：一切法、無所有、畢竟空、不可得。釋智諭《緣起法泛談》提到：此法畢竟不可得，而不可得亦不可得；不可得則體性空寂，不可得亦不可得則萬法繁興。是故萬法常起而常寂，體性常寂而常興。前者一法不立顯「真諦」，後者一法不捨是「俗諦」；真俗不二，亦真亦俗，非真非俗。如此一法不立，一法不捨，故「畢竟空」。意思是說，不僅「現象界」不可得，緣起無常；「本體界」也不可得，性本空寂。「現象界」隨緣生起，「本體界」空寂無生。有是假有，空是真空；有可以變成無，空可以生出有。「緣起」是俗諦，不捨一切法，是故「萬法繁興」；「性空」是真諦，不取一切法，是故「體性常寂」；不取不捨，是故「畢竟空」；卽真卽俗，真俗不二。故知緣起即是性空，性空即是緣起；畢竟空，宛然有；宛然有，畢竟空。

第三節　虛妄唯識的智慧

大乘三系接著登場的是「虛妄唯識」。也就是說，一切現象的存在，都是我們自己的心識所顯現出來的表象而已，並沒有實在的外界對象物體存在。其中，又以阿賴耶識爲總樞紐，因爲阿賴耶識攝持一切種子，等待因緣生起現行。一切法生起時，又薰習成種，潛藏在阿賴耶識裡。然而，阿賴耶識是有漏的虛妄分別識，一切法皆依此虛妄分別識而顯現。所以說，心外之法是虛妄的，外境純粹是唯識所變，故謂之「虛妄唯識」。因此，我們從「萬法唯識」、「唯識所變」談起。這是從主體出發的「認識論」而言，屬於從「萬法唯識」所推演出「唯識所變」的「能所系」。印順導師《印度之佛教》認爲：「以生滅之虛妄分別心爲本，詳於薰種感果而建立者，爲虛妄唯識也。」詳細說明如下：

萬法唯識

在此我們要從「唯識學」的角度來談萬法。所謂「萬法」就是指萬事萬物之法，涵蓋「物質面」與「精神面」的所有現象。物質現象稱之爲「色法」，精神現象稱之爲「心法」。包括「內在」的自我與「外在」的塵境，甚至包括所謂的「蘊、處、界」三科，也就是「五蘊」、「十二處」、「十八界」等一切法，都是由「色法」與「心法」所組成。歸納起來則有所謂的「五位百法」，含攝世間的一切法；共五大類、百種法。根據世親菩薩《百法明門論》，並參考繼程法師《百法明門論講錄》的精闢看法，以及個人的研究心得，簡要說明如下：

一、心王法：共有八種，就是指「八識心王」；是心識的八種功能，包括前五識：眼識、耳識、鼻識、舌識、身識；第六識：意識；第七識：末那識；以及第八識：阿賴耶識。八識心王是緣取外境的精神主體，以及認知的根本，是主觀的精神作用，能夠緣取「總相」。以「心、意、識」爲主，前五識爲輔。

二、心所法：共有五十一種，就是指「心王」所有的心理作用。亦即「心所有法」，與「心王」相應而生起的種種作用。心若生起，必有心所；心若不生，心所亦無。所謂「恆依心起，與心相應，繫屬於心」。心所法不但能夠緣取「總相」，而且能夠緣取「別相」。總共包括六位心所：（一）遍一切心法且時時處處都可以普遍生起的「遍行位」，如觸、作意、受、想、思等五法；（二）專對某種塵境而個別生起的「別境位」，如欲、勝解、念、定、慧等五法；（三）與善相應並可對治惡心且有益人我的「善位」，如信、精進等十一法；（四）與惡相應但會煩惱擾亂有情身心屬根本煩惱的「煩惱位」，如貪、瞋、癡、慢、疑、不正見等六法；（五）與惡相應並且跟隨根本煩惱生起作用的「隨煩惱位」，如忿、恨、惱等二十法；（六）善惡不定但通善、惡、無記三性的「不定位」，如悔、睡眠、尋、伺等四法。

三、色法：共有十一種，就是指「心識」所攀緣或認識的對象。亦即一切有質礙、能示現、會變壞的「物質現象」，包括五根、五境以及法處所攝色。亦即能緣取的眼根等五種感覺器官，以及所緣取的色塵等五種物質外境。另外，所謂「法處所攝色」是指意識所緣，但非前五根所能領納的無質色境，如微細難見的化學分子；只能夠用意識來領略的物質對象。

四、不相應行法：共有二十四種，如命根、無常、流轉等，非屬心法，亦非屬色法，爲「行蘊」所攝。這是由心王法、心所法以及色法等三法的和合作用所假立的名稱。因爲沒有緣慮的作用，故不與「心法」相應；因爲沒有質礙，故不與「色法」相應；因爲具有生滅變遷的特性，故不與「無爲法」相應。「不相應行法」乃心王法、心所法以及色法等三法所共同和合變現的結果或果報；屬第六識所緣的境界。

五、無爲法：共有六種，就是指一切法的本體。「無爲法」不生不滅，非一非異；亦卽法性真如的理體，乃是有爲法所依之實有本體。包括：離一切障礙的「虛空無爲」、斷滅煩惱的「擇滅無爲」、自性清淨的「非擇滅無爲」、滅除一切苦樂受的「不動無爲」、滅除一切想受定的「想受滅無爲」、徹底遠離我法二執的「真如無爲」等六種無爲。其中，前五種無爲其實都是「真如無爲」的化身。

唯識的「唯」是獨一、決定之意；就是唯獨依靠「識」才能夠實現的意思。唯識的「識」是了別之意；就是認知之後，加以分別的意思。「唯識」二字卽「一切法不離識」之意；就是一切法皆因「識」而有的意思。也就是說，唯識學者認爲宇宙間的一切現象，卽所謂的「法相」，都是由個人的心識自體變現而來，亦卽由所謂的「阿賴耶識」中所含藏的種子所生。所謂「種子」就是指「阿賴耶識」能生起一切法的功能。此功能在未生起現行之前，不稱爲「識」，而稱爲「種子」；種子在生起現行之時，不稱爲「種子」，而稱爲「識」。「種子」是潛在的功能，「識」是潛在功能發生作用而生起的現行。印順導師《攝大乘論講記》說：「唯識學說一切皆是自心的影像，它的認識都從定中的經驗得來。」我們可以從《解深密經》得到證實。解深密經（分別瑜伽品）第六云：善男子，我說識所緣，唯識所現故。參考談錫永《解深密經密意》的精闢看法：意思是說，當我們在修習止觀的時候，觀修時所出現的影像與心識是無異的。這是因爲「能緣」的心識與「所緣」的識境，都是唯識所現。所謂「境相卽識」、「唯識無境」。不但所緣的境相（相分）是唯識所現，而且能緣的心識（見分）也是唯識所現。其中，所謂「見分」代表心識中能取（能分別）對象的作用；所謂「相分」代表被能取作用所取（所分別）的表象。依「見分」施設「我相」；依「相分」施設「法相」。「見分」與「相分」都是以潛在的狀態（種子）儲存於「阿賴耶識」當中；一旦因緣成熟，潛藏的種子立即發生現行，而成爲認知活動；這種認知活動其實都只是心識自體的顯現而已。印順導師《攝大乘論講記》說：「這相見皆是識，所以叫相識見識。一般人以爲相爲外境，見是內心，實際上兩種都是識。」亦即認識的主觀作用與被認識的客觀境相其實都是心識自體的顯現。既然境是影像，是識的顯現，一旦離開心識，境相自然就不存在了。

參考慧廣法師《從無我、空到達解脫》的精闢看法，以及個人的研究心得：上述的五位百法中，「第八阿賴耶識」集起諸法種子，生起諸法，名之爲「心」。「第七末那識」恆審思量，執著有我，名之爲「意」。前六識了別個別粗顯之境，名之爲「識」。其中，「第八阿賴耶識」是根本識，前七識都是依它而有；內變根身，外變器界，是宇宙人生的本體。接著依第八識而有「第七末那識」，該識妄執第八識的見分爲實我；依我而生起「我癡、我見、我愛、我慢」，是爲染污識。然後再依第七識變現「第六意識」和「前五識」；並由「第六意識」變現一切心所法。例如爲了維護自我，就會產生觸、作意、受、想、思等「五遍行」的心理作用；亦即透過六根接觸六塵，因爲六識的了別，以自我爲中心而引起注意，並產生各種感受、想法以及決定。在第六意識變現「五遍行」的心所法之後，進而引生了別「別境五法」的欲、勝解、念、定、慧等心所法。也就是說，「根、塵、識」三事和合觸之後，先看合不合意。有益於我、合意的，就產生接納之欲；有害於我、不合意的，就產生排斥之欲。然後由「欲」產生「勝解」，決意印可與否。並將這樣的經驗記錄下來，成爲「心念」，存到記憶，不再忘失。若心念能夠達到專一，即是「定」。須知念以定爲所依，定依念而起，慧依定而生。內心止息清淨了，智慧就會生起。在「遍行五法」當中，善惡還未成立；到了「別境五法」，善惡才會成立。其中，共有十一種善的心所法、二十六種惡的心所法，以及四種善惡不定的心所法。我們許多的心理作用如苦樂、情緒、煩惱、善惡、欲望、念頭、意志、行爲等皆是由此「五十一心所法」所產生，而且都是由「第六意識」所變現。另外，「色法」也是由八識心王所產生。所謂「色法」包括「內色」的根身與「外色」的塵境。「色法」先由「第八識」所變現，變現之後，再透過「第七識」執著內色根身爲我，然後向外去見取外色塵境，內外相對而產生色法的感覺。並透過「第六識」去分別，以及透過「前五根」與「前五識」緣取色法，才有色法的存在。可知色法之所以有，乃是依著「識」才有的。其次，再由心王、心所法和色法的和合與差別作用，產生二十四種「不相應行法」，上演貫穿三世的人生悲喜劇。例如，其中的「命根」是由心法與色法共同作用而有，其實就是指由業行招感而來並維持一期生命之功能。有生、有住、有老、有滅，在宇宙時空之中，無常變易，生滅相續。隨著因緣果報，流轉相應，緣起緣滅；屬於「行蘊」的一種。但不像心所法的「思心所」，隨著心法生滅而生滅，是心法與色法綜合作用的結果。最後，「無爲法」則是依心王法、心所法、色法、不相應行法等有爲法而顯現，是萬法的本源。依此有爲法，才有無爲法；有爲法的盡處，就是無爲法。

總而言之，「阿賴耶識」攝持一切種子，變現七轉識，形成八識心王。心所法是八識所變現的，色法也是八識所變現的；不相應行法則是依心王法、心所法、色法和合而有，既然三者都是八識所變現的，所以不相應行法也是依「識」才有的。而無爲法是依心法、心所有法、色法、不相應行法而顯現，既然全部都是依「識」才存在，因此無爲法也是依「識」而有的。所以說，「五位百法」全部都是因爲「識」的變現而存在。故知宇宙萬法皆依「識」而有，都是「識」所變現，非離「識」而存在「有」。也就是說，一切法不論有形、無形，有為、無為，都只是個人心識的作用所顯現。「萬法」是虛妄的，「心識」才是真實的。若個人的心識不起作用，對個人而言，萬法卽不存在，故說「萬法唯識」。

「蘊、處、界」三科

除了從「五位百法」的分類來了解宇宙萬法之外，也可以從「蘊、處、界」三科來認識，包括自我的組成、自我的環境以及自我的行為模式。「蘊、處、界」三科就是指「五蘊」、「十二處」、「十八界」。以下我們從「唯識學」的角度，根據世親菩薩《大乘五蘊論》、安慧菩薩《大乘廣五蘊論》，並參考淨海法師《唯識第一課：大乘廣五蘊論略解》的精闢看法，以及個人的研究心得，說明如下：

一、五蘊：包括「色蘊」、「受蘊」、「想蘊」、「行蘊」、「識蘊」，是組成一切有情生命的基本要素。「蘊」是積聚之義。其中，「色蘊」原本是指由「地、水、火、風」四大所組成的色身，亦卽我們的肉體；並泛指一切物質及物質的特性。「受蘊」相當於遍行心所的「受心所」，就是指當我們色身的六根接觸到外界的六塵，所生起的一種感受，代表一種感覺上或情緒上的作用。「想蘊」相當於遍行心所的「想心所」，就是指當我們的色身六根與外境六塵接觸之後，所生起的一種認知與想像的作用。「行蘊」就是指除了受想二蘊之外的一切心所如「思心所」以及「不相應行法」。當我們的身心與外境互動之後，經過客觀的知覺與主觀的想像，在完成「知性」事實面的認知之後，透過「理性」因果面的思考，加上「感性」價值面的衡量，最終所起的一種意志上的判斷、抉擇以及決定，而引發出來的行為，有造業的能力或形成業果。「識蘊」就是指六根接觸六塵所產生的六識，稱為「了別境識」。有情生命一切身心的活動，都是以「意識」爲基礎，因爲「意識」而有所了解、識別與分別，進而產生各種感受、想像與決定，形成有情生命個體的行爲。廣義的意識，甚至涵蓋「心、意、識」三者的概念；「心」能集起，「意」能思量，「識」能了別。總合起來就等同於唯識學者所提出的「八識心王」，是一切精神活動與心理作用的根本。由此可知，「五蘊」充分反映出一個有情生命的組成，可以攝盡「五位百法」。

二、十二處：包括「六內入處」與「六外入處」，涵蓋世間的「一切」。「處」是諸識生長門之義，因爲它是心法、心所法產生和成長的處所。有情生命就是透過「六內入處」與「六外入處」進行溝通接觸。「六內入處」其實就是指我們色身的「六根」，是有情生命與外界接觸的六種管道。「六外入處」其實就是指我們的「六根」所對應的「六塵」，是有情生命所能經驗的六種外在塵境的範圍。前五根各有各的功能，各自負責屬於自己的塵境，彼此不能互相替代。然而，五根的功能若要發揮作用，都必須依於意根。「意根」是認識作用的根源，能遍緣一切諸法，不像其他五根只能緣特定對象。「六塵」是有情生命所處的身外世界，可區分爲有形或無形的、實體或抽象的外境。包括（一）「實體且有形」的外境：如色塵。（二）「實體但無形」的外境：如聲塵、香塵、味塵、觸塵。（三）「抽象且無形」的外境：如法塵。從「唯識學」的角度來看，「六根」是心法和心所法之所依，「六塵」是心法和心所法之所緣。由此可知，「十二處」充分反映出一個有情生命與其所處環境的互動模式，一樣可以攝盡「五位百法」。

三、十八界：包括「六根」、「六塵」以及「六識」。有情生命的組成是「五蘊」；五蘊靠六根來接觸六塵。但是六根本身不能攀緣六塵，除非有「心識」的作用，亦即眼識、耳識、鼻識、舌識、身識以及意識等六識。「界」有任持和種子二義。「任持」是指能夠維持自己的自相；「種子」是指具有產生各種事物的功能。其中，「六根」與「六塵」就是前述的十二處。「六識」是指依眼根等，緣取色境等，以了別爲自性。所以說，「六識」的生起要有「六根」爲因，「六塵」爲緣；根爲主體，塵爲客體；根、塵相觸而生識。例如，眼識是當眼根接觸到色塵時，同步產生眼識與意識以便了解、識別、分別色塵。耳、鼻、舌、身、意亦復如是。其中，「第六識」是分別識，「前五識」本身沒有分別作用，只是單純面對外境，收集資訊，必須依於第六識才能發揮作用。前五識對外而言是依於五根，對內而言則是依於第六識。第六識則是依意根而起，能緣一切法，作用很廣。可以與前五識同時生起，也可與前五識中的某一個識一併生起，或者不需前五識而單獨生起。因此，感受、想像、造業必依第六識。由此可知，「十八界」充分反映出一個有情生命完整的生活體驗，一樣可以攝盡「五位百法」。

綜合而言，透過「蘊、處、界」三科的說明，我們可以了解到：有情生命的組成是「五蘊」，有六種接收外界信息的管道「六根」，與外界的環境「六塵」進行接觸，透過「六識」的了別與認知，進而產生了各種感受，或樂受、或苦受、或不苦不樂受，進而生起「我愛」，引發「愛諍」。或是產生了各種概念上的想像、觀念上的聯想以及妄念上的妄想，進而生起「我見」，引發「見諍」。接著，在「知性」上，完成事實方面——客觀資訊的收集與認知；「理性」上，完成邏輯方面——因果關係的分析、推演以及歸納；加上「感性」上，完成價值方面——個人主觀的偏好與取捨；最終在「意志」上，決策方面——綜合主觀與客觀，知性的認知、理性的分析以及感性的偏好，做出判斷與選擇，並形成一種動機，造作行爲，或意行、或口行、或身行；這就是有情生命的行爲模式。

萬法唯識，唯識所變；離識無境，離境無識。須知宇宙一切萬有的存在，都是「識轉變」的結果。何謂識轉變呢？「識轉變」就是由「識」轉化、變現的意思；「變」是識體變現出認知的形相之義。根據玄奘法師《成唯識論》（卷一）的說法，並參考徐典正《唯識思想要義》的精闢看法，以及個人的研究心得：八識心王與各個相應心所都能夠從識的自體變現出相見二分的境界。此「相見」二分都是從識體的「自證分」轉變出來的。依相分、見分而施設「我法」。依「見分」施設我相，依「相分」施設法相。若離開了「相見」二分，「我法」也就無所依存了。其中，所謂「相分」是指被認識的客體，一種類似外境的影像，亦即所緣慮的境相。所謂「見分」是指認識的主體，一種能緣的作用，亦即能緣慮的作用。所以說，我們所認識的對象，其實都是識體所變現出來的「相分」。這些「相分」都是我們識體所變現出來爲「見分」所緣的影像，亦即將外界的影像顯現於自己的內心。所謂「自證分」是指識的自體；這是對主觀的認識（見分）加以證知的作用。若再加上護法論師所提出的「證自證分」就成爲所謂的「識體四分」。所謂「證自證分」也是指識的自體；只是對「自證分」再度證知的一種作用。其中，「相分」是所量，「見分」是能量，「自證分」是量果，「證自證分」則是再次自證的量果。「識體四分」的關係就是見分緣相分，自證分緣見分，證自證分緣自證分，而自證分又復反緣證自證分。可以看出「自證分」和「證自證分」二者是互緣互證。由此可知，所緣的「相分」是識體所變現，能緣的「見分」也是識體所變現；認識的作用其實就是自己證知自己而已，「能緣」和「所緣」都是從識體所變現。因此，所謂「識轉變」就是由內識的識體，轉變出似有而實無的心外虛妄境界；可見得「外境」乃是依「內識」而有。所以說，識外無法，離識無境；外境並非實有，全是內識所變現的。

既然世間的一切「人情事物」都是由心識所變現出來的虛妄形相，因此所謂「識」不過是一種「能變」

的功能而已。須知能變之識在識的自體方面，包括「八個識」；在轉變過程方面，則包括「三能變」。根據世親菩薩《唯識三十頌》的說法，並參考于凌波《唯識三十頌講記》的精闢看法，以及個人的研究心得：世間的一切萬象都是我們的心識所變現出來的。心識在轉變的時候，有所謂的「三能變」，包括初能變、二能變以及三能變。「初能變識」又稱爲「異熟能變識」，亦卽「第八阿賴耶識」的轉變。「第二能變識」又稱爲「思量能變識」，亦卽「第七末那識」的轉變。「第三能變識」又稱爲「了別能變識」，亦卽「前六識」的轉變。詳述如下：

一、**異熟能變識**：此識就是指「阿賴耶識」，乃有情酬業、受報、輪迴的主體（總報主），或單稱「異熟」。根據世親菩薩《唯識三十頌》的說法，並參考于凌波《唯識三十頌講記》的精闢看法，以及個人的研究心得：針對「初能變識」，「阿賴耶識」是此識的「自相」，「異熟」是此識的「果相」，「一切種」是此識的「因相」。首先，所謂「賴耶自相」就是指「藏識」。有三種含義，包括：能藏、所藏以及執藏。說明如下：（一）能藏：阿賴耶識具有含藏有漏雜染種子的功能，包括善、惡、無記等三性，而且歷劫不壞；只要因緣具足，就會招感果報，故說此識是「能藏」。（二）所藏：爲有漏雜染法所依、所藏之處，亦卽種子遇緣生起現行，受七轉識薰習，受薰的新種子再藏入此識，故說此識是「所藏」。（三）執藏：第七識妄執第八識見分爲我，愛之不捨；就第七識執持此識來說，此識是「執藏」。其次，所謂「賴耶果相」就是指「異熟識」，舊譯「果報識」。此識是善惡之業所引生的異熟果報；也就是由前世所造的業因，成爲今世異熟的果報。這果報是由不同時、不同類的業因所成熟的，故稱爲「異熟」。最後，所謂「賴耶因相」就是指「一切種」。此識攝持諸法種子，又名「一切種識」。諸種子生起現行，種子是現行之因，故稱爲「一切種」。其中，「自相」是「因相」與「果相」的總和。也就是說，阿賴耶識含藏種子，能生萬法，引生果報，貫穿三世。

由此可知，「阿賴耶識」攝持萬法種子，有生起一切法的力用，此力用卽爲「種子」。種子生種子，種子起現行，現行薰種子；一切變現，皆是種子的功能。也就是說，種子具有生果的功能，寄存於第八識的自體中；前念生後念，念念相續，毫無間斷。種子一旦與衆緣和合，卽可生起現行，生起各自的果法。現行的諸法受緣於七轉識後，復薰第八識自體的種子，而其受薰的種子復生滅相續，一俟衆緣和合時，再起現行。所以說，「能生」的是第八識中的種子，「所生」的是七轉識，再變現相見二分，產生各種認知與行爲，現起萬法；所造的業行又復存入阿賴耶識當中。故知本識是體，種子是用；種子是因，現行是果。所謂「現行」卽是從種子生起色心諸法等個別不同現象的作用，其實就是指我們「身、口、意」所表現出來的行爲。當種子生起現行之際，現行有強盛的勢用，刹那間薰習生起現行的種子，而成爲新種子。所謂「薰習」就是我們表現出來的行爲或思想，所形成的經驗留存於阿賴耶識中，潛在影響一個人未來的習性和行爲，如香之薰習。也就是說，我們所經歷的每一次經驗，都會在阿賴耶識當中留下印象。阿賴耶識能夠將這些經驗的痕跡保存下來的作用，就是「薰習」。故知「能薰」是現行，「所薰」是種子。因此，種子的由來有「本有」與「新薰」之分。「本有種子」是先天的，本能俱有的；這是無始以來就在阿賴耶識的自體中具足，有生起萬法的功能。「新薰種子」是後天的，學習而來的；這不是阿賴耶識中本有的，而是互相薰習而來的。諸法的產生，除了無漏智是從本有種子生起之外，其餘一切法都是由「本有」與「新薰」二類種子和合而生。

若從性質來看，參考楊白衣《唯識要義》的精闢看法：種子又可以分爲「有漏種子」與「無漏種子」兩類。其中，「有漏種子」又包括「名言種子」與「業種子」。「名言種子」是指由「七轉識」所薰習的種子；並遵守「善、惡、無記」的因果原則。負責生起或轉化出整個「我法」的萬象世界，是現實存在的根源。主要是與「想心所」相應，亦卽「想」的內容都是「名言種子」在活動。「業種子」是指使其發生果報的善惡業種子，或是指被善惡業所薰習的種子。主要是與「思心所」相應，亦卽由「思心所」發動具有善惡性的「身業、語業、意業」所薰生，並儲存在我們的阿賴耶識裡，進而對未來阿賴耶識中的「名言種子」產生影響。人生會各有不同的命運就是因爲受到「業種子」所牽引。所以說，在一個人「身、口、意」行爲的過程當中，會不斷地累積各種「名言種子」，形成我們心中的潛意識；然後在真實世界中遇緣顯化現行，創造出所謂的「自我」和「命運」來！最後，「無漏種子」是指於見道、修道時，乃至阿羅漢、佛果位所引發的出世無漏智的種子；包括我空無漏、法空無漏以及二空無漏。由此可知，因果業報的原理就在「阿賴耶識」中的種子；種子染淨與否，全靠薰習。薰習善法，就會令善種子增長；薰習惡法，就會令惡種子增長。善種子日增，有漏善種就可以引生無漏善種，進而轉染爲淨，轉凡爲聖。故知向上由善，退墮由惡，爲善爲惡，全在種子的薰習。

二、思量能變識：此識恆常執持第八識見分爲我而思量計度，亦卽「末那識」，是「我執」的原因。根據世親菩薩《唯識三十頌》說法，並參考于凌波《唯識三十頌講記》的精闢看法：「第二能變識」就是末那識，乃意識之所依。末那識的特點就是「執我」與「思量」。須知識在緣境的時候，只要有所了別，卽有思量。其實有情的八個識都有思量的作用，惟第七識是恆審思量，不斷地計較有我，爲自己打算，形成自私自利的心理。「第七識」自無始以來，恆與「第八識」俱起相續，且思量計度妄執「第八識」的見分爲實我，因此同時具有恆審二義。有情眾生就是因爲「第七識」，才自無始以來始終迷戀自我，無法轉迷爲悟，難以脫離苦海。而且，「第七識」會與「我癡、我見、我慢、我愛」等四煩惱相應不離。其中，所謂「我癡」就是「無明」的別名，不明白「無我」的真理，迷於自心所變的「我相」爲真實，是一切煩惱的根本。特別是與「第七識」相應的「恆行不共無明」，無始以來真正恆行且障礙真智，故曰「我癡」。所謂「我見」就是「身見」或「薩迦耶見」。妄執五蘊和合之身爲實我，故又稱爲「我執」。所謂「我慢」就是因爲「我執」而生起驕傲自滿的心理。覺得自己最厲害，聽不進別人的建議與批評；經常引發鬥爭，生活無有寧日。所謂「我愛」就是因爲「我執」而生起貪愛的心理，無一時捨離。事實上，就是因爲這四個根本煩惱，在內糾纏「第七識」，在外擾亂「第六識」，執著我與我所不放，進而沉淪生死苦海不已。所以說，第七識是我執的根本，也是生死的關鍵。衆生之所以在六道中輪迴生死不得出離，其癥結就在於第七識的「執我」上面。更令人頭痛的是：第七識隨其所緣境的第八識見分，執著爲實我；卻不知「我執」是一種嚴重的錯誤認知，只要第七識的「我執」一天不打破，生死相續的問題卽一天不能解決。

三、了別能變識：前六識各自了別各自的粗顯外境，名「了別境識」，是認知與造業的根本。包括眼、耳、鼻、舌、身、意等六種「識」，了別色、聲、香、味、觸、法等六種「境」。根據世親菩薩《唯識三十頌》的說法，並參考于凌波《唯識三十頌講記》、楊白衣《唯識要義》的精闢看法：「第三能變識」就是集合前五識與第六識所合成。雖然有六種差別，但都是以了解分別外境爲其作用。此六識之生起皆以第八識爲依止。先說「前五識」：眼、耳、鼻、舌、身等前五識皆以眼、耳、鼻、舌、身等前五根爲所依，以色、聲、香、味、觸等五塵爲所緣，共成五事。五事就是（一）依同一色根；（二）緣同一色境；（三）共緣現在境；（四）皆只有現量；（五）皆有間斷。意思是說，前五識是透過前五根接觸前五塵而產生，各識只能了別各自負責的對象。而且就在接觸的當下產生，不是靠想像出來的，故只能分別現在的塵境。而現前當下所作正確的量知，謂之「現量」。此外，前五識會隨著因緣而生滅不已，故有間斷。以上五事，前五識皆相同。另外，根據玄奘法師《八識規矩頌》的說法，並參考聖嚴法師《探索識界：八識規矩頌講記》的精闢看法：前五識通達善性、不善性以及無記性。與善心所相應，謂之「善性」；與惡心所相應，謂之「惡性」；既不與善法相應，也不與不善法相應，謂之「無記性」。由於前五識是任運而起，其善、惡、無記均由第六識所引導，若第六識善，則此識亦善；若第六識惡，則此識亦惡。除此之外，五識可以同時生起，也可以單獨或伴隨其他識一起生起，端視因緣而定。但都必須與第六識同時生起，同緣外境，才能生起分別作用。

次說「第六識」：第六識以第七識爲所依，第七識以現行第八識爲所依。第六識所緣的塵境是法境。事實上，第六識可以遍緣有爲、無爲等一切諸法，生起了別、認知、思惟的作用。當第六識發生作用時，與善心所相應，就是善性；與惡心所相應就是惡性；與無記心所相應，就是無記性，故說第六識是通於善、惡、無記的。另外，根據玄奘法師《八識規矩頌》的說法，並參考聖嚴法師《探索識界：八識規矩頌講記》的精闢看法：第六識以造業招果爲其業用。須知與第六識相應之「思心所」爲業之自體，以造作爲性，以第六識爲依；恆與心起，繫屬於心，遇緣則發動身語諸業。須知我們的起心動念、語言行動，皆成業種。身體行爲是身業，言語口說是口業，起心動念是意業。在「惑、業、苦」的循環之下，因緣會合時，造作的業種就會招感應得的苦果。由此可知，「第六識」是有情衆生生死輪迴之「造業主」，一切諸業無一不是依此第六識爲根本。「前五識」的作用在幫助了別外境，卻不能直接發動造業。「第七識」的作用在於執我，維護自我，也不能造業，卻暗助第六識造業。「第八識」的作用在於執持種子，會把第六識造業的結果存入第八識裡，並形成習氣。所以說，八識當中唯有第六識會在第八識的累世習氣影響下，第七識我執的操縱下，以及前五識的幫忙下，透過「身、口、意」造作業行，或善、或惡、或無記，然後令第八識於彼「三界、五趣、六道」中輾轉輪迴，或上昇，或下墮，不能自主，受苦無窮；故知造業必依「第六識」。

綜合而言，唯識宗是以「八識系統」來洞察宇宙人生的真相。參考霍韜晦《唯識五義》的精闢看法，以及個人的研究心得：「第八識」是宇宙萬法的本源，世間的一切色法與心法皆由「第八識」所變現，在一期的生命當中稱之爲「阿賴耶識」。「阿賴耶識」的構造是一個「種子識」，攝持一切種子。種子生現行，現行薰種子，如此循環不已，變現宇宙萬法。須知我們所認識到的一切境相，其實都是由「自心」所變現的影子而已。「種子」一方面是未來諸法生起的依據，一方面是過去經驗活動薰生的結果。無論過去、現在、未來都是以「第八阿賴耶識」爲集散轉運之處。所以說，阿賴耶識既是因，又是果。面對未來，阿賴耶識儲藏的種子只要因緣具足，卽可化爲現行，此爲「因相」。面對過去，阿賴耶識可以儲存經驗軌跡，保存善惡業力不失，此爲「果相」。「因相」名「種子識」，可變現別業的「根身」以及共業的「器界」；「果相」名「異熟識」，將累世的善惡業，化爲現實的存在，成爲輪迴的主體，貫穿三世；由此可以圓滿解釋生命個體的相續不斷。然後再由「阿賴耶識」變現出「七轉識」，形成一個生命個體的行爲模式。透過「第七末那識」這個染污識「執我」與「思量」的特性，來解釋有情生命爲什麼會這麼自私自利、貪得無厭、瞋恨忿怒、心高氣傲、固執己見等；也藉此可以糾正有情生命對於自我的執著，認同原始佛教的「無我論」。並透過「前六識」解決經驗對象的問題。其中，「前五識」負責五種不同感官資訊的擷取與處理，並與「第六意識」合作進行了別與認知。最後由「第六意識」決定「身、口、意」行爲的輸出，造作業行，形成業力，並又再回存至「第八阿賴耶識」當中。如此由惑造業，由業感苦，「惑、業、苦」循環不已，造就永不停歇的前世今生。以「業種子」解釋業報思想與生命相續，以「名言種子」解釋世間萬法之變現。經由這個「八識系統」，我們終於可以了解到：「第八阿賴耶識」是萬有存在的根源，也是生命輪迴的主體，更是生起萬法的中心；「第七末那識」則是有情生命執著有我的原因，是自我意識的中心；「第六意識」則是有情生命造業的元凶，是心理活動的中心；「前五識」則是有情生命接收與處理外界資訊的管道，是造業的幫凶。「種子學說」不但可以交代「業力相續」的問題，也可以說明「無明習性」的由來。須知這一切都是由「識」所變現出來的，亦即所謂的「三能變」。包括：「異熟能變」、「思量能變」、「了別能變」；透過這三能變，變現出虛妄不實的宇宙萬象與雜染人生，故說「唯識所變」。

三自性

由此可知，一切外境都是由心識所變現出來的，再經過心識的分別才能夠成立。如果沒有心識的變現與分別，外境就無法成立。所以說，萬法唯識，唯識所變。所謂「決無離心之境，定有內識之心」。然而，只要是心識所變現的表象，都是虛妄不實的。愚癡凡夫對這些虛妄的表象若還加以妄想、分別、執著，甚至攀緣、取捨、造業，跟隨而來的肯定是無窮無盡的煩惱與痛苦。如何擺脫虛妄的表象所帶來的錯誤認知與雜染業行呢？除了「明唯識境」之外，接下來就是要「修唯識行」，以便「證唯識果」。然而，如何修唯識行呢？必須對這些虛妄表象背後的「自性」有所認識與掌握。唯識宗依據《解深密經》總括諸法之自性為三性。所謂「三性」或「三自性」包括：「遍計所執性」、「依他起性」、「圓成實性」。根據解深密經（一切法相品）第四的說法，並參考于凌波《唯識學綱要》、楊白衣《唯識要義》的精闢看法，以及個人的研究心得，說明如下：

一、遍計所執性：「遍計」就是周遍計度之意，「所執」就是有情因虛妄分別，執著心外境相為實有。整體來講，就是「能遍計之心」與「所遍計之境」，其實都是「依他起」；愚癡凡夫於心緣境之時，妄執為實我、實法。殊不知世間的一切法都是假名安立，無有實在，是「體相都無」。愚癡凡夫卻隨名執實，或執著於「名言」，或執著於「義理」。殊不知名言義理，自性差別，其實都是妄情施設所起的「情有理無」之虛妄相。根據世親菩薩《唯識三十頌》的說法，並參考玄奘法師《成唯識論》（卷八）的解釋：「能遍計」是第六識的作用，「所遍計」是「蘊、處、界」等因緣所生法。由「能遍計」的心識之見分，針對「所遍計」的依他起之相分，虛妄分別，生起妄情計較的迷執。殊不知這些遍計所執的對象，其實都是無自性的，都是無所有的。「遍計所執性」是「有情界」誤認爲心外有實法，一種雜染的主觀認知。

二、依他起性：「依」是隨的意思，「他」是衆緣的意思，「起」是生起的意思。整體來講，就是指世間的一切法都是仗因託緣而生起的，都是因緣和合而成；絕無自性有，也絕非無因生，故一切的存在都是依他起性。根據世親菩薩《唯識三十頌》的說法，並參考玄奘法師《成唯識論》（卷八）的解釋：世間的萬事萬物都是依他而起，我們的心識也是依他而起；包括心王、心所以及相見二分等；甚至不管是有漏法或無漏法，都是依他而起。「分別」二字其實就是指我們的心識。所以說，一切心識都是衆緣所生法。根據玄奘法師《成唯識論》（卷八）的說法：等待衆緣生起的虛妄心識，變現出如夢似幻的假象，事實上不存在的東西，卻讓人誤以爲實有。猶如魔術幻事、海市蜃樓、夢中幻境、鏡中之像、光中之影、谷中之響、水中之月等，一切無實，都是假的。「依他起性」是「現象界」中一切法的總稱，一種緣起的客觀存在。

三、圓成實性：「圓」者圓滿，「成」者成就，「實」者真實。整體來講，就是圓滿成就的真實體性。根據世親菩薩《唯識三十頌》的說法，並參考玄奘法師《成唯識論》（卷八）的解釋：世間的一切法都是依他起的，是因緣所生法。一旦證入我法二空之後，即可顯現出圓滿成就的真實體性。所以說，圓成實性是依他起諸法的本體自性，常一切時遠離遍計所執，從此不再妄計有我；其實就是無爲法的「真如」。「真如」是色心一切法的實性，理有情無，湛然寂滅。「圓成實」就是在形容「真如」遍一切處、不生不滅、清淨無垢。須知一切我法諸相都是由內識所變現出來的形相，似有而實無。如果能夠了悟親證這種道理，並在「依他起性」的基礎上，恆常脫離「遍計所執性」，就是「圓成實性」。「圓成實性」是「本體界」的「真如理」，一種絕對的真實體性。

以上三自性，遍計所執性是「妄有性」；因爲妄執有我，所產生的虛妄相；屬於迷妄的自我，謂之「妄我」。依他起性是「假有性」；因爲萬有是因緣和合而有，所產生的假相；屬於緣起的自我，謂之「假我」。圓成實性是「真有性」；因爲如實了知依他起的自我與世界，進而契入諸法實相，不執不惑；屬於真實的自我，謂之「真我」。在三自性之中，以「依他起性」爲中心。有情衆生若是對因緣和合的假法生起執著計較，便是「遍計所執性」；若能夠了知諸法緣起，隨緣生滅，無有自性，從此不再執著計較，便是「圓成實性」。一切客體的存在都是「依他起性」，當我們生起認識作用時，才有「遍計所執性」和「圓成實性」之別。可見得所謂「遍計所執」和「圓成實」的差別，其實就是對「依他起」諸法的迷或悟、染或淨而已。首先，一般愚癡凡夫，妄識當道，執迷不悟，邪而不正，染而不淨，所以妄執妄我，是「遍計所執性」。其次，明唯識境，修唯識行，了知「我」是因緣所生的假我，「法」是因緣所生的假法，是「依他起性」。最後，破我法二執，證我法二空，顯現真我，契入實相，證唯識果，是「圓成實性」。

不過，換個角度來看，「三自性」其實也可以說是「三無性」。所謂「三無性」包括相無性、生無性、勝義無性。其中，無性就是「無自性」的意思。根據解深密經（無自性相品）第五的說法：三無性是爲了開顯一切諸法，皆無自性，無生無滅，本來寂靜，自性涅槃而闡述的密意。「相無性」就像「空花」一樣。類似人有眼疾，卻誤以爲虛空中有花存在；其實虛空中根本就沒有花存在，是謂「相無性」。「生無性」就類似「幻像」一樣。因爲諸法都是因緣所生法，隨緣生滅，無有自性，都只是暫時的存在，有如夢幻泡影，是謂「生無性」。「勝義無性」就像「虛空」一樣。因爲諸法都是無自性的，周遍一切，不僅人無我，法也無我，是謂「勝義無性」。

佛陀闡述「三自性」與「三無性」的密意，就是要告訴大家：一切法皆無自性。根據解深密經（無自性相品）第五的說法：在「無自性」的基礎上，佛陀從兩個方面來說明：首先，「現象界」從「法相」來看：須知萬法唯識，唯識所變，離識無境，離境無識；所有表相都只是名言、概念、言說等施設所引起的「識境」而已。其中，「法相」隨緣而起，虛妄不實，無有自性，皆無所有。如果法的自相都無所有則無有生，如果無有生則無有滅，如果無生無滅則本來寂靜，如果本來寂靜則自性涅槃。其次，「本體界」從「法性」來看：須知萬法緣起，無性爲性，法無自性，故法性無我。面對諸法而不執著有我，自然內心不隨境遷，內心寂然不動，顯現勝義無性；於恆常時，諸法法性安住無爲。其中，「法性」就是真如本性，不與一切雜染相應，無有生滅，本來寂靜，自性涅槃。何謂真如呢？玄奘法師《成唯識論》（卷九）云：真謂真實，顯非虛妄；如謂如常，表無變易。謂此真實於一切位，常如其性，故曰真如。意思是說，真如真實如常，無有變易，是一切事物真實不妄、常住不變的本性，遍布於宇宙之間的法界本體，是萬事萬物的真實相狀與性質；而且清淨無染，平等不二，不生不滅，寂靜涅槃。所以說，不管是「法相」，或是「法性」，其實都是「無自性」。如何從虛妄的「法相」過渡到無爲的「法性」，其關鍵就是：（一）對外境要了知一切法都是「依他起性」：法相無相；（二）對內心要證悟無我的真理：法性無我；自然可以遣除「遍計所執性」，而證入「圓成實性」。

所以說，「無自性」就是一切法的真相，「無自性」其實就是無我；「無我」包括人無我、法無我。「人無我」就是我空，「法無我」就是法空。一切衆生以「妄心」於因緣所生法，周遍計度有我的「我相」

與「法相」，因而產生了「我執」與「法執」。就是因爲我法二執，產生煩惱、所知二障，而有「遍計所執性」，進而流轉生死。殊不知世間的一切法都是心識所變，也就是「相無性」，皆是「虛妄」；執著虛妄的東西，一旦沉迷其中，焉有不苦之理。想要解脫無盡的生死，從「現像界」的「依他起性」進行觀察是個切入點；不僅「人我」是緣起，「法我」也是緣起，「我法」皆是緣起；這是因爲「我法」都是無自性的，也就是「生無性」，故隨緣而起，皆是「假法」。執著假而不實之法，一旦無常現前，焉有不苦之理。所以說，不僅如「空花水月」的虛妄之相，不可以執著；而且如「夢幻泡影」的假有之相，也不可以執著，甚至如「虛空無爲」的真有，也不可以執著。只要有所執著，不管你執著的是「妄有」，或是「假有」，甚至是「真有」，都是執著；一旦有所執著，就是流浪生死。根據解深密經（無自性相品）第五的說法：由於薰習的緣故，我們依照名言、概念或言說，對於「依他起性」與「圓成實性」生起「遍計所執性」的執著；一落遍計，卽由此因緣而有雜染，形成「惑、業、苦」的雜染循環，從此輪迴不已。因此，我們要破除心識面的「遍計所執性」，遠離名言、概念、言說；洞察「現象界」的「依他起性」，內破我執，外破法執；內證我空，外證法空；內息煩惱障，外斷所知障；遠離妄想、分別、執著，證入「本體界」的「圓成實性」；破除妄我，遠離假我，顯現真我。須知法相虛妄，法性無我；外離一切相，內息一切心；一切法無自性，一切法畢竟空，亦卽勝義無性，是諸法的本質，體證真如本性。所以說，一切諸法是「識境」，自性涅槃是「本性」，一切諸法依於「本性」而有「識境」之顯現；「本性」無形無相，無從顯現，但無性爲性，隨緣顯現爲「識境」；其實諸法自性是遠離識境的名言句義而恆常涅槃。故說「一切諸法，皆無自性，無生無滅，本來寂靜，自性涅槃」。然而，何謂二執與二障呢？參考釋文修《成唯識論中煩惱障與所知障之研究》的精闢看法，以及個人的研究心得，說明如下：

二執與二障

根據玄奘法師《成唯識論》（卷八）的說法：愚癡凡夫由於「無明」的原故，生起「貪、瞋、癡」等煩惱諸惑；由於煩惱諸惑與「思心所」的作用，透過「身、口、意」的外顯行爲，造作善惡等業；然後由這些善惡等業，薰習阿賴耶識中的無記名言種子；進而招感未來的苦樂果報，形成「惑、業、苦」的循環。其中，「惑」就是有情衆生的執迷之心，誤認能識的「見分」爲實我，所識的「相分」爲實法；不知虛妄唯識，唯識所變，由此而生起妄執。其中，妄執有兩種：一種是我執，一種是法執。「我執」是執著有「實我」的妄見，「法執」是執著有「實法」的妄見。「我執」是從身上起執著，「法執」是從法上起執著。「我執」又包括「分別我執」與「俱生我執」。前者謂之「見惑」，後者謂之「思惑」。「見惑」與「思惑」合起來謂之「煩惱障」。「煩惱障」能障涅槃，令有情衆生落入分段生死。「分段生死」是愚癡凡夫在「三界、五趣、六道」輪迴之生死。「法執」又包括「分別法執」與「俱生法執」。前者謂之「塵沙惑」，後者謂之「無明惑」。「塵沙惑」與「無明惑」合起來謂之「所知障」。「所知障」能障菩提，令有情衆生落入變易生死。「變易生死」是三界外三乘聖人之生死，已無身分形相可見，只是在心念上生滅不已，是精神上心念之生死。所以說，所謂「二執」就是「我執」與「法執」，所謂「二障」就是「煩惱障」與「所知障」。針對二障，根據玄奘法師《成唯識論》（卷九）的說法，分述如下：

一、煩惱障：所謂「煩惱障」就是執著五蘊色身爲實我，以「薩迦耶見」爲本，生起根本煩惱以及相關的隨煩惱，擾亂惹惱有情衆生的身心，使其不斷地在三界五趣之中生死流轉，導致障礙涅槃的證得，稱之爲「煩惱障」。其中，「薩迦耶見」或譯爲「身見」，包括我見與我所見。「我見」是執著有實我的見解，

「我所見」是執著一切是我所有的見解。所以說，「薩迦耶見」涵蓋「蘊、處、界」分別的我見、我所見；狹者指五蘊根身，廣者指宇宙萬法。須知根本煩惱有十種：貪、瞋、癡、慢、疑、薩迦耶見、邊見、見取見、邪見、戒禁取見；但有「見所斷」與「修所斷」之別。「見所斷」是透過研究正當理論，實際推測而得以斷除之惑，內容以「見惑」爲主，涵蓋所有「根本煩惱」。「修所斷」是透過種種對治的方法，而得以斷除之惑，內容以「思惑」爲主，涵蓋「貪、瞋、無明、慢、薩迦耶見、邊見」。因此，「煩惱障」就是障礙有情出離「分段生死」的煩惱，障礙有情解脫生死輪迴；亦卽一念無明，包括「見惑」與「思惑」。斷了煩惱障，就可以證阿羅漢果。

二、所知障：所謂「所知障」就是執著一切法爲實法，以「薩迦耶見」爲本，生起「貪、瞋、癡、慢、疑、惡見」等煩惱，障礙「所知之境」而不使現，障礙「能知之智」而不使生，導致障礙菩提的證得，稱之爲「所知障」。其中，「薩迦耶見」是導致所知障的根本，令有情衆生執取一切法不放。「所知境」是指有爲、無爲的「無顚倒性」；此「無顚倒性」其實就是指「眞如之理」。由於此障覆蓋眞如之理，令智不能生起。因此，「所知障」就是障礙菩薩出離「變易生死」的不正見，障礙菩薩精神心念之生死；亦卽無始無明，包括「塵沙惑」與「無明惑」。斷了所知障，就可以證佛果。

由以上可知，煩惱、所知二障都是以「薩迦耶見」爲上首，以「根本煩惱」與「隨煩惱」爲體。由「我執」而生煩惱障，由「法執」而生所知障。「我執」包括分別我執的「見惑」以及俱生我執的「思惑」，兩者合稱爲「煩惱障」。「法執」包括分別法執的「塵沙惑」以及俱生法執的「無明惑」，兩者合稱爲「所知障」。「煩惱障」是生死的根本；正由於此障，才使得有情衆生永遠在「三界、五趣、六道」中輪迴，無法證得涅槃。「所知障」是迷妄的根源；正由於此障，才使得有情衆生迷於諸法的眞理，無法證得菩提。綜合而言，迷於理之惑，稱爲「見惑」；這是由於迷於因果之理，不了解四聖諦之法，受邪師、邪教、邪思惟等影響而生起的煩惱，故又稱爲「分別起之惑」。身見、邊見、邪見、見取見、戒禁取見及疑見等六見，唯迷於理，故屬於「見惑」。其次，迷於事之惑，稱爲「思惑」；這是由於迷於事相而生起的煩惱，如飲食男女之欲望，是與生俱有的，故又稱爲「俱生起之惑」。「貪、瞋、癡、慢」等四種煩惱，唯迷於事，故屬於「思惑」。又因爲此惑不易斷除，須藉漸次加行之力，故又稱爲「修惑」。分別法執的「塵沙惑」是度生之惑，不識如塵沙之無量法門以度衆生，因此障於化導。俱生法執的「無明惑」是對法界實相無知，不能了知事物的真相，由迷真心，逐妄而起。淨空法師認爲：無明煩惱卽「妄想」，塵沙煩惱卽「分別」，見思煩惱卽「執著」。愚癡凡夫有妄想、分別、執著，障礙自性本具的般若智慧，障礙正知正見，使其不能現前。有情衆生因爲執著而有「煩惱障」，因爲妄想、分別而有「所知障」。

綜合而言，不管是「我執」或「法執」，其實都是一種執著。一種是對於「我」的執著，一種是對於「法」的執著。前者謂之「煩惱障」，後者謂之「所知障」。玄奘法師《成唯識論》（卷一）序云：由我法執，二障具生；若證二空，彼障隨斷；斷障爲得二勝果故。由斷續生煩惱障，故證真解脫；由斷礙解所知障，故得大菩提。意思是說，因爲我法二執，而生起煩惱、所知二障。「煩惱障」是對「能執之心」的執著，以五蘊身心爲主；「所知障」是對「所執之境」的執著，以宇宙萬法爲主；兩者都含攝「我」與「我所」。因爲「一念無明」，執著五蘊爲實我，處處以我爲中心，而有見思惑，形成「煩惱障」，此障能障涅槃，令有情衆生入分段生死。須知「我」非常一主宰，「我所」亦同，故人無我，證我空，破我執，得真正解脫之大涅槃。另外，因爲「無始無明」，妄想、分別世間萬法，執著爲實法，不能了達一切事物，隨緣變化，而有無明惑、塵沙惑，形成「所知障」，此障能障菩提，令有情衆生入變易生死。須知法無自性，皆不可得，萬萬不可以執著，故法無我，證法空，破法執，得無上智慧之大菩提。

轉識成智

既然知道「二執」與「二障」是障礙我們不入涅槃與不證菩提的兩大因素，因此在修唯識行的時候，一方面要「斷惑」以伏斷二障煩惱，另一方面要修「五重唯識觀」以證入圓成實性，最後經歷「五位十地」以「轉識成智」，證得究竟佛果。然而，如何斷惑？如何修五重唯識觀？何謂五位十地？如何轉識成智呢？參考于凌波《唯識學綱要》、楊白衣《唯識要義》、周叔迦《唯識研究》的精闢看法，說明如下：

一、斷惑的方法：斷惑就是斷除惑障，趨向悟道之意。其方法有三：（一）自性斷：就是在無漏智生起時，徹底斷除染污法的煩惱種子。（二）離縛斷：就是離斷繫縛身心一切有漏的雜染煩惱，包括善、惡、無記諸法。若斷其「能縛」的雜染煩惱，則其「所縛」的有漏自然不生。（三）不生斷：分爲二種：一爲「因亡果隨亡」，例如斷除諸惡趣之因的惑業，則其總報惡趣之果自然不生。二爲「果斷因隨斷」，例如總報的惡趣之果既然不生，則其別報的果法也就自斷了。凡是修唯識行的行者，都必須經歷上述三斷，方能斷盡一切有漏雜染法，證得無漏清淨法。此外，在漸修的過程當中，必先制伏其「現行」，其次斷除其「種子」，然後捨除其「習氣」，謂之「伏現行、斷種子、捨習氣」。一般而言，我們通常先「伏、斷、捨」比較容易的雜染煩惱，然後才是比較困難的雜染煩惱。其難易程度依序爲「現行」，其次是「種子」，最後是「習氣」。「現行」有如我們的外顯行爲，須以「戒」除之，如三皈、五戒、十善等善戒；「種子」近似我們的起心動念，須以「定」息之，如安般、念佛、慈心等法門；「習氣」有如我們的無明習性，須以「慧」

薰之，如聞慧、思慧、修慧等薰習。簡而言之，就是修「戒、定、慧」三無漏學。另外，「分別起」的煩惱障（見惑）與所知障（塵沙惑）是由外緣所生起的，所以只與第六識相應，其體相比較粗顯而易斷。「俱生起」的煩惱障（思惑）與所知障（無明惑）則是無始以來薰習而有的，同時又與第六識、第七識相應，其體相就比較微細而難斷了。故知先斷「現行」，而後「種子」，最終「習氣」；先斷第六識，然後斷第七識；先斷「分別起」，然後斷「俱生起」。

二、五重唯識觀：根據玄奘法師《成唯識論》（卷八）的說法：須知唯識三自性，都不曾離開過我們的心識。遍計所執性，唯「虛妄識」；依他起性，唯「世俗識」；圓成實性，唯「勝義識」。所以說，諸法皆不離心識。觀此唯識三性理，自粗至細，共有五重觀法，是曰「五重唯識觀」。也就是說，「心識面」是虛妄的，「現象面」是依他起的，「本體面」是圓成實的。如何看懂心識的虛妄？看破世間的緣起？看透本體的真如呢？我們可以依照「五重唯識觀」，由淺而深，由粗而細，逐步起觀，包括：（一）遣遍計，存依圓；事相是空，理性是有，屬於「空有相對」。（二）針對相分、見分、自證分、證自證分等，捨除相分，留後三分；境無心有，屬於「心境相對」。（三）攝相見二分，歸自證分；見相二分是用，自證分是體，屬於「體用相對」。（四）隱劣心所，顯勝心王；心所是能依，心王是所依，屬於「王所相對」。（五）遣依他事相，證真如理性；捨事相，修性體，屬於「事理相對」。綜合而言，前四重觀是爲了捨遍計所執性，進而歸於依他起性之觀法，謂之「相唯識」。第五重觀是爲了捨依他起性，進而證得圓成實性之觀法，謂之「性唯識」。由此可知，修「五重唯識觀」是由外而內，由妄而真，由境而心，由用而體，由雜而純，由事而理，由相而性。所以說，修唯識觀的下手處，卽在於觀萬法皆是「依他起性」，洞察世間一切諸法都是因緣和合，虛妄如空花水月，緣起如夢幻泡影，性空如真如理體。既不偏於空，也不偏於有，而是空中生妙有，妙有顯真空，契入「唯識中道」。若能久久如是觀照，便能遠離「遍計所執性」，進而證入「圓成實性」。

三、五位十地：不管是修「戒、定、慧」三無漏學以斷惑，還是修「五重唯識觀」以證圓成實性，都是爲了滅除煩惱障與所知障，轉凡成聖，成就佛果。然而，從凡夫的地位，修到佛果的地位，必須經過所謂「唯識五位」等五個階段。然而，什麼叫做唯識五位呢？根據玄奘法師《成唯識論》（卷九）的說法：唯識五位包括：資糧位、加行位、通達位、修習位、究竟位。若再細分則包含菩薩行四十一位階，亦即十住（攝十信）、十行、十迴向、十地、妙覺。分述如下：

（一）「資糧位」是趨入菩薩道的初位。就是發菩提心爲衆生求解脫的意思。亦即信解唯識之理，廣集福慧資糧，爲修唯識之行作準備。「資糧位」重在發心、信願和福德。並包括四十一位階的十住（攝十信）、十行、十迴向等三十心。「資糧位」基本上是福德重於智慧。其核心概念就是大悲與大智。懺悔一切罪過，除去一切業障，悲憫一切衆生，濟拔苦難衆生；上供諸佛菩薩，下施六道衆生，莊嚴佛國淨土，成就正念正智。須知菩薩於「資糧位」漸伏「分別起」的煩惱障與所知障現行。

（二）「加行位」是爲了見道而加緊修行的位階，基本上是智慧重於福德。就是以大乘菩提心隨順真如境界，生起抉擇的智慧。在此位，首先要證悟「境空識有」，明瞭「遍計所執性」；其次要證悟「境識皆無」，明瞭「依他起性」與「圓成實性」。一旦對於「識」的見性、相性，以及「識」所顯現的種種相，並且對於一切法之「名」（名言）、「義」（體義）、「自性」（體性）、「差別」（作用）的種種分別都加以降伏，澈見一切平等，證「無分別智」，卽可入「見道位」。須知菩薩於「加行位」頓伏「分別起」的煩惱障與所知障現行；漸伏「俱生起」的煩惱障與所知障現行。

（三）「通達位」就是「見道位」，通達真如實相，發「無漏智」，從此進入「十地」的初地——歡喜地，是由凡入聖的轉捩點。此無漏智與真如平等無差別，謂之「無分別智」。不但了悟「所取之境」是空，「能取之心」是空，而且「能觀之智」亦空，能緣所緣皆空不可得。須知「無分別智」不是智卻又是智；是智卻又無分別；一切法本來是無分別，所分別既沒有，能分別也沒有，無分別智也沒有。雖然無所分別，卻又了然於胸，一切都無所執著。「無分別智」又包括「根本智」和「後得智」。「根本智」能所俱空，無有一切名言相狀；故只有見分，沒有相分；因爲沒有相分，所以沒有分別，證我（生）空、法空，與真如平等不相離。「後得智」不但有相分，也有見分；此智所觀察的是真如顯發的形相，並非真如潛藏的本性。所以說，以「根本智」悟入「唯識性」，以「後得智」悟入「唯識相」。

（四）「修習位」就是「修道位」；菩薩於此位歷經十地，修十波羅蜜，斷十重障，證十種真如。所謂「十地」就是譬喻菩薩的修行所「經歷」的過程，總攝有爲、無爲的功德，有如大地能生長萬物，是一切行的依持；包括：第一地：「歡喜地」以修行「布施波羅蜜」爲主，見證二空，成就自利利他的功德，生大歡喜；此地能遍知法界中一切法無不是空。第二地：「離垢地」以修行「持戒波羅蜜」爲主，戒行圓滿，遠離一切過惡；此地能知一切法以空理最妙最勝。第三地：「發光地」以修行「忍辱波羅蜜」爲主，成就勝定，發無邊妙慧，生出智光；此地能由空理生出一切教法。第四地：「燄慧地」以修行「精進波羅蜜」爲主，以智慧火，燒煩惱薪；此地能斷一切法愛，無有自他計著。第五地：「極難勝地」以修行「禪定波羅蜜」爲主，和合根本智與後得智等真俗二智；此地能知一切有情雖然生死相續，卻無有差別。第六地：「現前地」以修行「般若波羅蜜」爲主，明瞭十二因緣甚深之理，澈悟緣起卽是性空，性空卽是緣起，令無分別智現前；此地能知一切法不垢不淨。第七地：「遠行地」以修行「方便波羅蜜」爲主，住於無相；所作善法，迴向菩提；種種方便，濟拔衆生，有此悲智二種方便；此地能知一切法都無差別。第八地：「不動地」以修行「願波羅蜜」爲主，無分別智任運相續，不爲一切煩惱、塵境所動；此地能知一切法不增不減。第九地：「善慧地」以修行「力波羅蜜」爲主，以思擇、修習二力，令六度現行，得四無礙智（義無礙、法無礙、辭無礙、樂說無礙）；此地能恆常說法，廣度無量衆生。第十地：「法雲地」以修行「智波羅蜜」爲主，「身、口、意」業無不自在，如雲在虛空任運；此地之智能含一切法門。須知菩薩於「修習位」永伏第七識「俱生起」的煩惱障現行，頓斷前六識與第七識「俱生起」的煩惱障種子。斷捨前六識與第七識「俱生起」的所知障現行、種子。只剩下前六識與第七識「俱生起」的煩惱障與所知障習氣尚未斷捨而已。

（五）「究竟位」就是妙覺「佛果位」；永斷二障種子，永捨有漏、無漏諸法，永離生滅、變易二相，永脫分段、變易二種生死；轉捨煩惱障得大涅槃，轉捨所知障得大菩提；具足無邊功德，成就圓滿果位。其中，「涅槃」即解脫，是所證之果；亦即斷除煩惱，度脫生死，遠離一切繫縛，成就寂靜涅槃。「菩提」即覺悟，是能證之智；包括斷「煩惱障」的一切智，以及斷「所知障」的一切種智，遠離一切執迷，成就無上正等正覺。其中，「涅槃」是真如的理體，其自性本來清淨無垢，但爲二障客塵所覆蔽，使真如無法彰顯；必待二障斷盡，真如方顯，所以叫做「所顯得」。其次，「菩提」的本體是無漏的八識，是斷「所知障」所得的；也就是從第八識本有的無漏種子開發而生起現行的，所以叫做「所生得」。於此位，有漏的「識用」減弱，無漏的「智用」增強，甚至轉「八識」成「四智」。何謂四智呢？其一、大圓鏡智：這是轉有漏的「第八識」所得的智慧。此智含藏無漏種子，遇緣薰習自覺，變現佛果妙境，其變現猶如圓鏡映現萬物。此智能明察三世一切諸法，遠離「我、我所」、「能取、所取」、「有、無」等分別；性相清淨，離諸雜染；一切境相不妄不愚，有如大圓鏡之光明，遍映萬象之事理；雖纖毫而不遺，雖微細而不失。其二、平等性智：這是轉有漏的「第七識」所得的智慧。此智內證一切諸法平等之理性，斷我法二執，悟自他平等，無有差別，與大慈大悲恆共相應，平等普度一切衆生。其三、妙觀察智：這是轉有漏的「第六識」所得的智慧。此智善能觀察一切法的自相（微觀）與共相（宏觀），無礙自在；並且巧轉法輪，教化衆生，自在說法，斷諸疑惑，利樂有情，令不退轉。其四、成所作智：這是轉有漏的「前五識」所得的智慧。此智爲了利樂地前的菩薩、二乘和凡夫，所以遍十方法界示現三業變化之事，度化衆生，成就本願力所應作之事。具足此四智卽可達於佛果。須知佛於「究竟位」永捨前六識與第七識「俱生起」的二障習氣。一旦修到究竟位，進入妙覺，便是證得佛果，圓滿成就三身。

然而，何謂三身呢？在「性宗」：三身就是法身、報身、化身。在「相宗」：三身則是自性身、受用身、變化身。首先，「法身」是「理法」的聚集，就是真如理體；不生不滅，寂靜涅槃；亦卽空相之體，常住湛然之身。「報身」是「智法」的聚集，就是自受法樂；酬報廣行功德而顯現相好莊嚴之身。「化身」是「功德法」的聚集，就是隨類應化；順應所度衆生之性而顯現之身。六祖《壇經》機緣品第七云：三身者，清淨法身，汝之性也。圓滿報身，汝之智也。千百億化身，汝之行也。意思是說，六祖惠能以「性、智、行」來說明三身；「清淨法身」是我們的本性，「圓滿報身」是我們的智慧，「千百億化身」是我們的神通應化。其次，「自性身」等同「法身」，清淨無染，自在無礙，無二無別，遍在常住，不可思議；在衆生叫做「如來藏」，有如純金。「受用身」又包括自受用身與他受用身。「自受用身」是自修功德智慧所證之身，亦卽「報身」，有如莊嚴金具。「他受用身」是爲十地菩薩說法而變現之身，亦卽「應身」。「變化身」是隨衆生根機示現，是變化的幻相，亦卽「化身」。其實三身等同一身；「法身」清淨，周遍十方法界；「報身」圓滿，成就清淨國土；「化身」幻變，隨類度化衆生。

四、轉識成智：從「唯識學」的觀點來看，「識」是萬法的根源。須知世間一切法皆唯識所變，唯識所現，離識無境，離境無識。因此「我法」都是由內識所變現，都是虛妄的，都是依他起的；卻由於分別、俱生我法二執而加以遍計所執，進而產生二障迷惑，如此虛妄執迷卽是煩惱的根源。若能夠去除虛妄分別，斷捨遍計所執，成就無分別智，卽可證悟圓成實，到達妙覺佛果；所以我們要「轉識成智」。參考吳汝鈞《唯識哲學：關於轉識成智理論問題之研究》的精闢看法：所謂「轉」在唯識學來講就是「轉依」。「轉依」有二義：一是轉染成淨，成就涅槃；二是轉識成智，成就菩提。「轉識成智」就是轉虛妄染污的「染識」成爲真實清淨的「淨智」。心若作虛妄染污的活動，則表現爲「識」；心若作真實清淨的活動，則表現爲「智」。轉識之前，識是虛妄，其了別亦是虛妄；轉識之後，染識轉爲淨智，則一切清淨。然而，如何從「染」的活動對待諸法，轉成由「淨」的活動對待諸法？所謂「對待」卽是對「依他起」的諸法，如其爲「依他起」而證知之，無有任何雜染。也就是說，「依他起」若是搭配「遍計所執」而起，則是「染污依他」，爲「染識」所妄執；「依他起」若是搭配「圓成實」而起，則是「清淨依他」，爲「淨智」所證知。「轉識成智」的關鍵就是將「心」如何由「卽依他卽遍計、卽遍計卽依他」的染污活動，轉爲「卽依他卽圓成、卽圓成卽依他」的清淨活動。換句話說，「轉識成智」就是在「依他起性」上，去掉「遍計所執性」，而證悟「圓成實性」。若從「能轉」的無漏種子來看，卽是從有漏現行的滅除以及有漏種子的伏斷，轉爲無漏種子的增長以及無漏現行的現起。有漏種子若現起，則心卽是識；無漏種子若現起，則心卽是智。

然而，該如何做才能夠讓無漏種子現起？進而轉識成智呢？在實踐方面，則是「五位修持」，入住唯識的功夫。在「資糧位」：明「唯識境」，漸伏「分別起」二障現行；廣積一切福德資糧，廣修一切佛陀正法，包括：四聖諦、八正道、十二因緣、三十七道品、四無量心、六度、四攝等，發心學佛。在「加行位」：修「唯識觀」，頓伏「分別起」二障現行；證悟「離識無境」與「離境無識」、「所取既無」與「能取亦空」。在「見道位」，證悟「無分別智」；以「根本智」悟入「唯識性」，以「後得智」悟入「唯識相」，斷捨「分別起」二障種子、習氣；證悟我法俱空，皆無所得。在「修道位」：修「唯識行」，斷捨「俱生起」二障現行、種子；依十地修十波羅蜜，證悟真如。在「究竟位」：證「唯識果」，斷捨「俱生起」二障習氣，轉染成淨，轉識成智，轉得涅槃與菩提，轉凡成聖，成就佛果三身。

第四節 真常唯心的智慧

大乘三系接著登場的是「真常唯心」。「性空唯名系」認爲萬法是假名施設的；「虛妄唯識系」認爲萬法是唯識所變現的；「真常唯心系」認爲萬法是自心所顯現的。須知世間的一切都是「自心現量」的結果；不但有形的物質世界是自心所現，無形的精神世界是自心所現；甚至包括法界本體的運轉法則——緣起法也是自心所現。然而，何謂自心呢？所謂「自心」就是衆生本有的如來藏自性清淨心。只要把「阿賴耶識」的妄識濾除掉，轉識成智，自然就可以還原本來面目。反過來說，只要生起雜染妄識，就會落入緣起法的漩渦，自然就會在三界浮沉。故知「如來藏」爲三界輪迴之根本，也是涅槃解脫之依據；遇染緣則現六道，遇淨緣則出四聖。印順導師《如來藏之研究》認爲：「如來藏法身遍滿，真如無別，佛性實有；故說一切衆生皆有如來藏。」其實，如來藏等同於圓滿究竟的佛性，含攝如來一切清淨功德，卻被煩惱客塵所覆藏而無法顯現。一旦遠離煩惱覆藏，即可顯露常住真心，回歸真如本性。所以說，不管在凡在聖，佛性本有，真心常住。須知法界爲因，法身爲果，真如爲性，緣起爲法。若自心妄想，則入凡夫地；若自覺聖智，則入如來地。由此可知，真妄不二，唯是一心，故謂之「真常唯心」。詳細說明如下：

三界唯心

何謂三界呢？根據雜阿含經（卷十七 四六一經／四六二經）的說法：有三種有情衆生賴以存有的世間，謂之「三界」；包括「欲界」、「色界」以及「無色界」。三界諸天合計起來共有二十八天。隨著層次的提昇，情欲逐漸淡薄，福德逐漸增多，境界越顯清淨。心善行善，昇人天善趣，享受樂報；心惡行惡，墮三惡趣，遭受苦報。一切全由我們這一顆「心」所決定，故說「三界唯心」。另外，根據宋譯本楞伽經（卷二）一切佛語心品之二的說法：須知三界中的色塵都是由四大所成。然而，四大本自不生，若能夠觀察到四大無生，就可以體認到世間萬有，其實都只是名相和妄想分別的境界而已；根本就是無自性，所以說是無生。其次，一旦具備四大所成之色與虛空，再加上內心的妄想，就會促成五蘊根身（有情世間）的形成，以及四大所成的器世間。如果有情的心識再妄加執著，並且貪戀世間的種種境界，就會形成一股業力，牽動有情流浪諸趣，相續不已。而且，四大與四大所造之色塵，皆是四大因緣和合而生。不過，若是從自性來看，能生四大種的，其實並非四大種本身的因緣和合。爲什麼這樣說呢？因爲一切萬法皆無自性，雖然形成了萬物萬象，但那都只是隨緣無性，並非單一大種所能造就；大種本來不生，其實都是妄想所生。也就是因爲妄想，才招惹「緣起法」生出四大種，並把四大種湊合在一起。否則，有情的組成也不會是由「五蘊」所組成。須知「五蘊」包括：「色、受、想、行、識」。其中，除了「色蘊」之外，其餘各蘊皆與我們的「心識」有關。解脫自在的聖者，經由「轉識成智」證悟到「五蘊」都是由「自心妄想」所顯現的幻相。所以，佛陀要我們滅除妄想、分別、執著，證得寂滅自性。由此可知，「四大、五蘊、世間」雖然都是無自性，也都是因緣和合所生，但深究之，其實都是「自心妄想」所成的幻境。一旦自心妄想、分別、執著，就會生出萬法，不但「身」不得自主，「心」也不得自在；進而落入「緣起法」的漩渦，落入因緣果報，從此生滅不已。一旦自心清淨，不再妄想、分別、執著，就不會遇境生心，甚至可以自在神通變化；也不會落入「緣起法」的漩渦，不再緣起緣滅，從此不生不滅。由此可知，原來客觀的「緣起法」是法界常住之法，主宰世間一切有形或無形的變化；但是會牽動因緣的，卻是我們主觀的那一顆「心」啊！故說「三界唯心」。

另外，根據楞嚴經（卷八、卷九）的說法：有情眾生在虛妄的三界之中，隨著個人所造業力，沉淪於七趣（五趣再加上阿修羅與仙人二趣）之中；並各依自己當時的補特伽羅我之取著境界層次，受生於相應的諸趣，輪迴生死。而且，有什麼樣的妄想行爲，就會招感到相對應「三界、六道、七趣」的因緣果報。例如，地獄中的鐵牀銅柱之刑是專門侍候淫欲心重的，刀山劍樹之刑是專門侍候瞋恨心重的，融銅灌呑之刑是專門侍候傲慢心重的；沸屎黑沙之刑是專門侍候欺誑心重的；諸如此類，不勝枚舉。由此證明，一切因果都是眾生妄想隨業、妄想受生、妄想輪迴。心腸狠毒的就到地獄去，貪心吝嗇的就做餓鬼去，愚癡無知的就做畜生去，謹守五戒的就保有人身，有福無德、瞋心特重的就當阿修羅去，廣行十善的就昇天當神仙去，離欲清淨的就離開欲界到色界去，慈悲喜捨甚至連色身也捨的或是證入空境的就到無色界去。令人覺得不可思議的是：三界火宅的層次與結構竟然完全和有情眾生的心念與行爲相互對應。而且以人道爲樞紐，時而爲善則升，時而爲惡則沉，升沉不定，流轉未已。有爲惡受苦的「三惡道」，有欲望雜染的「欲界」，有享樂不盡的「天堂」，有光明遍照的「光界」，有離欲清淨的「淨界」，有慈悲喜捨的「捨界」，有證入空境的「空界」。心識不同，習性不同，業緣不同，境界各有不同，果報也就不同。眾生造業，隨業感報，生死輪迴，三界浮沉，不得自在，永無了時，故說「三界唯心」。

八十華嚴經（卷二十五）十地品第二十二之三云：三界虛妄，但是心作；十二緣分，是皆依心。更是直接點明有情眾生賴以生存的三界，其實都是「自心妄想」所成的幻境。三界因貪心而有，或貪「欲有」而有，或貪「色有」而有，或貪「無色有」而有。甚至連造成有情眾生生死流轉的十二因緣，也是因爲我們這一顆「心」的無明與愛染而牽動不已。「心識」既是三界客體的根源，也是有情輪迴的主體；既可以變現萬法，也可以識別萬法；既會我癡、我見，也會我慢、我愛；既可以緣起流轉，也可以緣起還滅。所以說，馬鳴菩薩造、真諦法師譯《大乘起信論》解釋分提到：心生則種種法生，心滅則種種法滅。由此可知，生死流轉，但從心起；心若得滅，生死亦盡，故說「三界唯心」。

唯心所造

三界唯心，唯心所造，心生法生，心滅法滅。不僅萬般皆由心，一切唯心造；而且塵境無好壞，好壞起於心。佛陀認爲：會讓我們覺得煩惱的是這一顆「心」，會讓我們覺得清淨的也是這一顆「心」。「心」可以讓我們痛苦，也可以讓我們快樂；「心」可以讓我上天堂，也可以讓我們下地獄（雜阿含經 卷二一四四經／二六七經）。尊貴的蓮生聖尊《佛王之王》提到：「一切善惡，皆出自心，自心修善，令身安樂；自心造惡，令身受苦。心能做天堂，心能作地獄；心正成佛，心邪成魔；心慈是天人心，心惡是羅剎。」可見得我們這一顆「心」的重要性。所謂「心本無生因境有，境無好壞全由心」。面對同樣的塵境，心境不同，感受自然也就不同。所以我們要學會轉念，其實轉個念，就沒事了。佛法以「心」爲根本，八萬四千法門不離這一顆「心」。八十華嚴經（卷十九）夜摩宮中偈讚品第二十之中有一首「覺林菩薩偈」對「唯心所造」有非常好的詮釋：

譬如工畫師，分布諸彩色；虛妄取異相，大種無差別。
大種中無色，色中無大種；亦不離大種，而有色可得。
心中無彩畫，彩畫中無心；然不離於心，有彩畫可得。
彼心恒不住，無量難思議；示現一切色，各各不相知。
譬如工畫師，不能知自心；而由心故畫，諸法性如是。
心如工畫師，能畫諸世間；五蘊悉從生，無法而不造。
如心佛亦爾，如佛眾生然；應知佛與心，體性皆無盡。
若人知心行，普造諸世間；是人則見佛，了佛真實性。
心不住於身，身亦不住心；而能作佛事，自在未曾有。
若人欲了知，三世一切佛；應觀法界性，一切唯心造。

意思是說，我們這一顆「心」就像善於彩繪的畫家一樣，將各種不同的顏料加以調配，然後在畫布上作畫，畫出種種的圖樣與色彩。須知這些布局都是透過畫家內心的巧思與想像，決定這一幅畫要如何呈現，然後進行揮灑。不過由於是用虛妄分別的心，取捨種種不同的形相，所以一切都是假相。對顏料本身而言，要用什麼顏色、畫什麼圖樣都是無有差別的，全看畫家內心怎麼安排而已。而構成世間色塵的「地、水、火、風」等四大種，就像彩畫的顏料一樣，本身也是沒有差別的，真正會加以分別取捨的其實是我們這一顆「心」。若不是因爲「心」，各種顏料根本就不可能造就出色彩繽紛的圖畫；畫布上原本也沒有任何的色彩與顏料。就像「地、水、火、風」等四大種之中，原本也沒有各種色相的形成；但「心」卻可以隨緣而起，然後隨緣成相。並且，在各種色相之中，也看不出有四大種的顯現；因爲其性不可得，一切畢竟空。但是也不能說離開四大種卻可以成立色相。就像畫家作畫一樣，心中一開始根本也沒有什麼彩畫的樣子；彩畫完成之後，也找不到畫家那一顆「心」。但是也不能說離開畫家那一顆「心」卻可以完成彩畫。從中體會出畫是相，心是體；畫相是妄境，心體是本性。須知我們這一顆「心」，永遠也沒有固定的想法，不但念念不住，剎那變化，甚至千奇百怪的想法多到令人覺得不可思議。因而顯現出來的色相，彼此之間根本就無法互相得知。就像畫家一樣，並不完全時時了知與掌握自己的內心在想些什麼，但是卻憑著自己的內心來作畫。心裡面想到什麼，就會隨緣畫出什麼。世間一切法的性質，也都像畫家作畫一般，皆是由我們這一顆「心」來主導世間的一切。由此可知，我們的「心」就像畫家一樣，能夠畫出世間各種不同的圖樣與色彩。同樣地，我們的五蘊身心也是由這一顆「心」所變現出來的，甚至可以說世間萬法無一不是由這一顆「心」所造就而成；故說「唯心所造」。

若能夠體會這樣的道理，就可以了解到：佛與衆生也是由「心」所生成的。是「心」可以作佛；是「心」亦可以爲衆生；「心、佛、衆生」三者平等無差別，心悟成佛，心迷成衆生。須知「佛」與「心」的體性，都是無量無邊，無窮無盡。如果有人可以知道這一顆「心」的真實作用，知道這一顆「心」具有不可思議的力量，不但普遍常在，而且能夠創造出世間的一切，那麼我們就可以說這個人「親見佛性」，從此了解到什麼才是佛的真實本性。不過，須知「心」並非常住在色身之中，色身亦並非常住在「心」之中；一切都是因爲這一顆「心」而隨緣幻現，幻生幻滅，虛妄不實。雖然如此，只要不再妄想、分別、執著身心的一切，就可以像佛一般，進行佛的度衆事業，自覺覺他，覺行圓滿；從此心無罣礙，獲得未曾有過的自由與自在。因此，若有人想要了知三世一切諸佛的境界，就應該深入觀察法界的體性，然後就會發現世間的萬事萬物，一切都是「唯心所造」。

其次，根據楞嚴經（卷二）的說法：世間一切虛浮不實的塵境，各種幻化的境相，其實都是生無所從來，滅亦無所去，稱之爲「幻化虛妄相」。這樣的世間幻相，乃至於五蘊、六根、十二處、十八界，就其「相」而言，都是隨著因緣和合而生，隨著因緣離散而滅，虛妄而不實。就其「性」而言，殊不知這些世間幻相的生滅去來，其實都是由常住不變、寂然常照的如來藏自性清淨心所隨緣影現。而「如來藏」其實就是如如不動、周遍法界、圓融無礙、妙不可言的真如本性。由此可知，性是真，相是妄，所謂「性真相妄」；妄依真而起，真依妄而顯，所謂「依真起妄，以妄顯真」。不過，性相是一非二，所謂「性相一如」。而且，殊不知一切有情衆生之色身，乃至於一切山河大地，全是「妙明真心」所化現之物。然而，我們卻死抱這個色身不放。

此外，根據楞嚴經（卷三）的說法：世間所有的一切事物，都是菩提自性妙明真心所化現出來的。須知此「妙明真心」可以含攝十方世界裡所有的一切，有如「心包太虛」。另外，根據楞嚴經（卷二）的說法：無始以來，有情衆生誤以爲自身是屬於物質性的，不知道內心的神祕力量，從而失去了本心，因而被一切外物現象所迷惑、引誘、控制，進而造業；因此只會計較世俗的有無大小，從此落入六道輪迴；這是「妄心作祟」。佛陀告訴我們：「若能轉物，則同如來。」只要我們不再被外物的現象所迷惑、引誘、控制而去造業，也不再隨境起舞，做到對境無心，甚至心能轉境，就等同於如來的境界；這是「真心作主」。由此可知，原來「心」的力量竟然是如此廣大，無所不包，無所不在，無時不有，無物不是。須知此「心」非實體心、非攀緣心、非識心、非生滅心，其實是法界的大心，是宇宙的意識，遍滿虛空，縱橫三際，有不生不滅的特性存在，不可以指稱，只能以妄顯真，是謂「常住真心」。因此，天堂是心造的，地獄也是心造的；山河大地是心造的，世間萬象也是心造的；緣起流轉是心造的，緣起還滅也是心造的；心隨善業則善趣現，心隨惡業則惡趣生；心淨可以成佛，心染則成衆生。世間的一切，包括有形的、無形的，善良的、邪惡的，美麗的、醜陋的，快樂的、痛苦的，出離三界的、流轉五趣的，成佛作祖的、沉淪苦海的，其實都是「唯心所造」。

所以說，十法界不離一念心，一念心不離十法界。一切唯心造，更無別物，心爲萬物之本體。「十法界」包括「六凡界」與「四聖界」，都是一念心所成。「六凡界」包括地獄、畜生、餓鬼、人間、阿修羅、天人；等同「三界」裡的有情衆生；這些衆生「分段生死」未了，直到證果。「四聖界」包括聲聞、緣覺、菩薩、佛；是解脫自在的聖者；這些聖者「分段生死」已了，但尚有「變易生死」，直到成佛。「六凡界」與聲聞、緣覺、菩薩合稱爲「三界九地」。「六凡界」是雜染因果，「四聖界」是清淨因果。「雜染因果」是由心起業，由業感果，落入萬有因果律所形成的緣起法則，由此而有別業的「四大、五蘊、六根」，以及共業的「三界、五趣、六道」。然而，此心是「妄心」，乃「妄識」所成。「清淨因果」是破除無明，熄滅煩惱，轉識成智，轉染成淨，轉凡成聖，由此而有四聖法界，趨向解脫。此心是「真心」，乃「淨智」所成。妄識所成的妄心就是「阿賴耶識」；宇宙萬法皆是由阿賴耶識所變現，故說「唯識所變」。淨智所成的真心就是「真如本性」；也就是「如來藏自性清淨心」，是阿賴耶識的識體。只是這樣的「自性清淨心」無始以來爲無明煩惱所覆蔽，不得顯現。故知「三界」是建立在無明煩惱之上，無明煩惱是建立在阿賴耶識之上，阿賴耶識是建立在如來藏自性清淨心之上，故說「唯心所造」。

根據楞嚴經（卷二）的說法：有情衆生誤將六識攀緣心的「生滅妄心」當做是真心本性，因而有生死輪迴；遺棄了無始以來本具的菩提自性，亦卽不染煩惱、不涉生死、自性清淨的如來藏「常住真心」。隨緣生起妄想、分別、執著，迷失真心本性，導致有情衆生就算終日修行，也始終不能覺悟；不自覺地枉入諸趣，輪迴生死，不得解脫。換句話說，其實「心」只有一個，自性本體，清淨本然，寂然不動，並且可以提供完整萬有的功能，因此能生萬法；不因根塵變化而功能消失，但是一念不覺，無明妄動，而生出妄心，妄心妄爲，而有世間虛妄之相。須知回歸真心就可以出離三界，濫用妄心就會墮落輪迴；但是真心妄心本是一體所生，唯是一心。這樣的說法有如馬鳴菩薩造、真諦法師譯《大乘起信論》所提倡的「一心開二門」。馬鳴菩薩造、真諦法師譯《大乘起信論》解釋分云：依一心法有二種門，云何爲二？一者心真如門，二者心生滅門。意思是說，這一念心就是指「衆生心」，是一切法的根源。一切法包括世間法，卽現實世界；以及出世間法，卽理想世界。「二門」就是指兩種不同的境界；一爲心真如門，一爲心生滅門。「心真如門」是指「衆生心」的本體，其實就是指「如來藏」，屬出世間法，導引衆生趨向理想世界，又稱爲「不生不滅門」。「心生滅門」是指「衆生心」所變現的事物現象，其實就是指「阿賴耶識」，屬世間法，導引衆生趨向現實世界，又稱爲「緣起門」。由此可知，「心」若向下，就會因爲貪染的力量而成爲有情；「心」若向上，就會因爲覺悟的力量而成爲菩薩。最終，「心」若寂然不動，則會成爲清淨佛心。所以說，「三界唯心，唯心所造」是「衆生心」的功德妙用。透過「真諦」的理體，顯現「俗諦」的事相。其中，「如來藏」是超越的主體，通向理想世界，爲成佛鋪路；「阿賴耶識」是經驗的主體，通向現實世界，是萬法本源。根據楞嚴經（卷一）的說法：當知一切有情眾生從無始以來，生生死死，相續不斷，都是因爲不能了知我們有一顆常住不變的真心，其性清淨，其體空明；反而運用妄心，生諸妄想。須知這些妄想都不是真實的，因而形成六道輪迴的幻相，故說「唯心所造」。然而，何謂真心與妄心呢？

真心與妄心

根據馬鳴菩薩造、真諦法師譯《大乘起信論》解釋分的說法，並參考韓廷傑《新譯大乘起信論》的精闢看法，以及個人的研究心得：真心就是指「心真如門」，妄心就指「心生滅門」。首先，說明「心真如門」：須知「真如」是獨一無二的法界本體，是世間萬有產生的原因，也是一切事物的清淨自體。其實就是指心的本性，性本清淨，不生不滅。世間的一切現象，都是依於妄念而有；因爲虛妄分別，進而產生種種差別。若能夠於當下離念，不再妄想、分別、執著，則一切境界的種種差別自然消失殆盡。所以說，世間的一切法原本就是遠離言說、文字、思慮的表相，其自性都是畢竟平等，無有變異，不可破壞。歸根究底，其實就是指我們這一顆「如來藏自性清淨心」，或稱之爲「真如」。其次，若進一步以方便施設的言說來解釋，真如其實包含兩種含義，那兩種呢？一是「如實空」，因爲真如能夠最終顯示出自體的真實性。二是「如實不空」，因爲真如能夠自體具足無漏清淨功德。也就是說，因爲沒有虛妄的心念，不與雜染法相應，離一切法差別之相，故說「空」。另外，因爲顯現法界本體，空而不妄；亦即不但空無自性，而且不再虛妄分別，此即是真心，恆常不變，淨法滿足，故說「不空」。須知世間的一切法皆是因緣所生法，雖然事相虛幻不實，但是理體空寂明淨，進而由真空生出妙有。故說真如既是空，也是不空。

所以說，所謂「真心」就是指本來具足的「如來藏自性清淨心」，是心的真實本性，恆常不變，是成佛的根本。真淨明妙，靈明覺知，離虛妄想，故曰「真心」。「真心」又叫「真如本性」。諸法之體性，離虛妄而真實，故曰「真」；常住而不變，故曰「如」。包括真誠心、平常心、慈悲心、空心、平等心、清淨心等，是不變易的，如如不動。是衆生的本來面目，無形無相，不生不滅，空寂圓明，心量廣大；人人具有，遍及法界，包含宇宙，彌滿六合，是法界本體，是宇宙意識。「真心」不逐種種境，因此不起種種念；無知而知，不起分別，不生愛憎。佛在覺中，一片「真心」，如朗朗晴空，大日放光。衆生在迷中，「真心」被「妄心」遮掩，如烏雲蔽日，隱沒光明。雖被遮掩，但「真心」依舊完美無缺。「真心」居「有無」而不落有無，常處「中道」。身處「萬境」而不染萬境，常處「寂靜」。雖分別而不起分別相，雖往來而無往來相，雖無知而無所不知，雖無爲而無所不爲。「真心」裡面沒有喜怒哀樂，沒有自私自利，沒有人我是非，沒有「貪、瞋、癡」，沒有妄想雜念。

其次，說明「心生滅門」：須知「生滅」是依止於如來藏，而有雜染的生滅心。也就是說，「心生滅門」是虛妄的識心依止於「如來藏」而現起生滅的一切法。不生不滅與生滅和合不離，二者既不是相同，也不是相異，而這個虛妄的識心就是所謂的「阿賴耶識」。其次，此識有二種含義，不但能夠含攝染淨一切法，而且也能夠生起染淨一切法。那兩種呢？一是覺義，二是不覺義。所謂「覺義」就是心體離念。也就是心性本體出離妄念之相，等同虛空，無有障礙，卻周遍常在，無所不包。或稱爲「法界」，須知世間萬法皆源自法界；或稱爲「法身」，有情衆生皆本具清淨法身；或稱爲「真如」，有情衆生真如本性無二無別。然後，依此法身說名「本覺」，亦即有情衆生先天本有之覺性。所謂「不覺義」就是不如實知真如法一故，不覺心起而有其念。也就是不如實知真如法界本體之平等一相。一旦生起不覺之心，就會連帶生起生滅之妄心；妄心一起，名爲「無明」。當知「無明」能生起一切染法，因爲一切染法皆是「不覺」之相。其中，「本覺」之義是相對「始覺」之義而說的；其實「始覺」等同於「本覺」。「始覺」是何義呢？由「本覺」而有「不覺」，亦卽「本覺」被無明覆蓋，使「本覺」無法顯露，是爲「不覺」。由「不覺」而有「始覺」，亦卽經過修行之後，漸除無始以來的妄染無明，「本覺」開始顯現，是爲「始覺」。而且，「始覺」又可以進一步分爲四位，包括：不覺、相似覺、隨分覺和究竟覺。「不覺」是指凡夫雖然覺知惡因會招感惡果而遠離惡業，卻尚未生起斷惑之智。「相似覺」是指二乘聖人或初發心菩薩雖然已經斷除「我執」，但是尚未斷除「法執」，發類似真實的智慧。「隨分覺」是指登地菩薩雖然已經遠離「法執」，了知一切法唯心所現，分證法身，但是尚未圓滿的智慧。「究竟覺」是指十地菩薩完成因行，究竟成佛，澈見心性，最終與「本覺」契合爲一的智慧。所以說，「本覺」就是衆生本有的「如來藏自性清淨心」，「始覺」就是經過修行，逐漸破除無明，從不覺、相似覺、隨分覺到究竟覺，達到圓滿，卽可與「本覺」合而爲一。由此可知，心若覺悟，則不生不滅；心若不覺，則生生滅滅；故知「阿賴耶識」的識體是「如來藏」。

因此，所謂「妄心」就是指「阿賴耶識」，隨緣薰習，遇境生心。生什麼心？生起雜染有我的染污心，包括欲貪心、瞋恨心、愚癡心、我慢心、懷疑心、嫉妒心、得失心等都是妄心。也就是愚癡凡夫在現實生活當中所生起的「虛妄分別心」，分別人我四相、親疏喜厭、利害得失。透過妄心，妄執「四大、五蘊、六根」身心爲我，形成以自我爲中心的思惟模式，自私自利。然後，爲了滿足自我，不斷攀緣外境，貪染「四食、五欲、六塵」，於境上起雜染煩惱。時而思善，時而思惡，時而無知。或貪、或瞋、或怒、或害、或怨、或嫉、或慢，一時失察，一念之差，一發不可收拾。當內心抵擋不住外界的誘惑，心隨境轉，內心就會生起變化，導致妄念紛飛，念念不息，蠢蠢欲動，這就是「妄心」。妄心逐種種境，起種種念，念念分別，念念有我，念念不實，念念染著，隨境起舞，隨境生滅，故曰「妄心」。須知只要還有雜染的「我」存在，還沒有證到「無我」，一切眾生的起心動念，皆是妄想、分別、執著，全是生滅心，全是妄心。只有止息妄心，顯露真心，這些可怕的災難才會停止，解脫煩惱才有希望。

由此可知，「心真如門」是本體界，屬於理體，不生不滅；「心生滅門」是現象界，屬於事相，隨緣生滅。若沒有「心真如門」，則墮入什麼都沒有的過失；若沒有「心生滅門」，則落入唯真不生，單妄不成的難題。因為有「阿賴耶識」，所以能夠交待生死；因為有「如來藏」，所以能夠防止落入斷滅。一旦我愛執藏的現行不起時，第八識便不再叫做阿賴耶識，就等同清淨的如來藏。從這裡也可以看出，「萬法唯識」是從有情個體的主觀角度觀察，著重在解釋「世間法」的虛妄性，印順導師稱之為「虛妄唯識」。「三界唯心」是從法界本體的宏觀角度觀察，著重在說明「出世間法」的真實性，印順導師稱之為「真常唯心」。須知虛妄外境皆依「七轉識」而生，七轉識皆依「阿賴耶識」而有，阿賴耶識又依「如來藏」而立。由此可見，「如來藏」並非直接緣起而造成生死流轉，直接緣起而造成生死流轉的是「阿賴耶識」；剛好呼應「一心開二門」的說法，開展出真常唯心的「如來藏」，以及虛妄唯識的「阿賴耶識」。然而，如來藏自性本來清淨，又為何會開展出阿賴耶識呢？根據馬鳴菩薩造、真諦法師譯《大乘起信論》解釋分的說法：世間一切諸法本來就是唯心所造，沒有妄念。由於妄心不覺而起妄念，妄念一起就會見著種種境界，這正是所謂的「無明」。其中，由淨而染，或者轉染成淨，與四種要素有關，包括：（一）真如：也就是如來藏，本性是清淨的。（二）無明：是一切雜染之因。（三）業識：是虛妄分別的妄心，也是輪迴主體的阿賴耶識。（四）虛妄的境界，是六塵外境。所以說，如來藏本來自性清淨，卻因為一念無明，妄心一動，而為無明所蒙蔽，由阿賴耶識變現出虛妄境界，進而著種種念，染種種境，造種種業，受種種苦。就像風一樣，只有在水的襯託之下，才能夠顯現動相。一旦風滅了，動相隨滅，但並非是水滅。無明也是一樣，只有在心體的襯託之下，才能夠顯現動相。唯有愚癡無明的習性滅了，妄想、分別、執著的染心才會跟著滅，但並非是如來藏滅。

所以說，不管是「心真如門」或是「心生滅門」，其實都是來自「一心」；然後由「一心」開展出「二門」。當然，也可以再由「二門」回歸於「一心」。其中，「一心」是指「如來藏自性清淨心」；「開展」是使眾生由淨入染、衍生世間萬法的過程；「回歸」是使眾生由染入淨、達到解脫自在的過程。由此可知，「心真如門」和「心生滅門」不過是從「本體」和「相用」上對「一心」的開展，實際上「二門」是須臾不離的。「二門」雖有差異，卻又內在同一，是不二而二。須知不變的「真如」完全不礙「隨緣」的生滅，「世俗」的變化根本就是來自「本體」的功用。從「心真如門」來說，在「緣起」的基礎上，諸法無自性，其性本空。從「心生滅門」來說，在「性空」的基礎上，建立種種因緣和合諸法。「心真如門」總攝一切法之真如，「心生滅門」總攝一切法之生滅，而「二門不相離」。所以一切生滅法之當下卽是不生不滅。不變是「真諦」，生滅是「俗諦」，真俗本來也是不二而二。故知生滅卽真如，真如卽生滅。根據華嚴宗五祖宗密法師《禪源諸詮集都序》卷上之一的說法：本體面常住不變的是本性，現象面隨緣幻生的是表相。表相依本性而隨緣生起，表相最終寂滅而回歸本性。本性與表相相融無礙，統歸於如來藏自性清淨的真心。所以說，真心妄心本是一；性相一如，真妄不二。迷了真心成妄心，止息妄心現真心。一念迷，就是眾生；染著塵境，就是煩惱；一念悟，就是佛；遠離塵境，卽是菩提。楞嚴經（卷十一）云：狂性自歇，歇卽菩提。故知煩惱與菩提皆源自同一顆心。因此，只要心海起波浪，真心就會起妄心。心海爲何起波浪？因爲觸境生心。心動了，就會生出妄心。完全覺悟，沒有迷惑，謂之「真心」。一念不覺，無明妄動，起惑造業，由業感苦，謂之「妄心」。真心是心的本體，妄心是心的盲動。有妄想、分別、執著就是妄心；沒有妄想、分別、執著就是真心。真心就像水，妄心就像水波，無明就像風。須知風生水起，水起生波。一旦起心動念，就隨妄心去，妄心妄爲，心海生波。若能夠心開念息，則真心顯露，真心做主，心海無波。而且心量越小，心海波動就越大，妄想、分別、執著就會越嚴重。心量越大，心海波動就越小，妄想、分別、執著就會比較輕微。當下正覺，妄卽是真；一念癡迷，真卽是妄。離妄無真，離真無妄；妄卽是真，真卽是妄。真心與妄心，迷悟染淨之別而已。故知有情衆生的「心」本來都是一樣的，都是「如來藏自性清淨心」。然而，何謂如來藏自性清淨心呢？

如來藏自性清淨心

何謂如來藏呢？根據劉宋譯本勝鬘經顚倒真實章第十二的說法：如來藏是指一切有情衆生本來具有的清淨本性，遠離無常變易之有爲相，具有「真實性」和「如如性」等特性。「真實性」是真實不虛，體性清淨，具有不可思議功德，能生萬法。「如如性」是如如不動，常住不變，遠離見聞覺知，安住於如，不動於心。以如來藏爲根本因，緣起世間萬法；故說如來藏是依止、是住持、是建立。而且，萬法有生有滅，如來藏卻不生不滅。因此，如來藏有包涵、隱覆、胎藏之意；就好像把世界想成是由一個胚胎開始發展，在胚胎中原本就蘊藏了世界的一切。所以說，如來藏是清淨在胎，可惜無始以來被煩惱所覆蔽。然而，卽使被煩惱所覆蔽，但是清淨的功德並沒有消失。只要去除煩惱，就可以顯現出清淨光明的如來智慧。

因此，如來藏可以說是從本以來性自滿足，處染不垢，修治不淨，故說「自性清淨」。根據劉宋譯本勝鬘經自性清淨章第十三以及澄觀法師《華嚴經疏》（卷四十）的說法：「自性清淨心」到底染或不染，實在是難可了知。但是不管如何，應該都不難明瞭本性其實是清淨的。性淨不染，隨緣而染，通向現實世俗；此不染而染之事，謂之「生滅門」。隨緣而染，而本性不染，回歸真實清淨；此染而不染之理，謂之「真如門」。雖淨而染，卻不妨礙真諦恆由俗諦來顯現；雖染而淨，亦不破壞俗諦恆爲真諦所生起。這樣的論點與《大乘起信論》「一心開二門」的說法幾乎完全呼應。由此可知，「如來藏」因爲被無明煩惱所覆蔽，始稱爲「識」；就好像水因風激而生動盪，名曰波浪。水與波浪，是一非一，說二非二。另外，印順導師《勝鬘經講記》也提到：「凡真常唯心論的自性清淨心，是有空寂、覺了、淨法功能三義的。」意思是說，凡是從「真常唯心」的角度來談如來藏自性清淨心，通常會具有「空寂無生」、「覺悟明了」以及「清淨本性」等三種含義。不但有寂滅之心，也有覺悟之智，還有清淨之性。也就是說，我們的浮燥妄心終於寂滅了，從此顯露真心；我們的愚癡無明終於覺醒了，從此證悟空慧；我們的雜染習性終於清淨了，從此回歸本性。並且在「卽寂、卽覺、卽淨」的心性當中，攝得無漏功德法，誕生如來。須知被隱覆的如來藏，因爲含有如來清淨的本性，所以能夠生出如來，故稱爲「如來藏」。由此可知，「如來藏」爲三界輪迴之根本，也是涅槃解脫之依據；是生滅事相背後的本然、必然以及普遍的理則。三世一切解脫的諸佛與流轉的衆生都是「如來藏」的造作。不過，造作衆生的「心」與造作諸佛的「心」，其實都是一樣的。緣起雖然有染淨之別，但是「心」的本體都是相同的，故知「心、佛、衆生」三無差別。不但自性清淨，本來自在，本來解脫，而且人人具足，甚至與佛無異，故說「如來藏中藏如來」。

由此可知，透過「阿賴耶識」可以交代生死根源，成爲三界輪迴主體；透過「如來藏」可以交代成佛依據，隱喻衆生皆有佛性。另外，堅慧菩薩《魏譯本寶性論》（卷三）一切衆生有如來藏品第五云：問曰：云何得知一切衆生有如來藏？答曰：偈言：

一切衆生界，不離諸佛智。
以彼淨無垢，性體不二故。
依一切諸佛，平等法性身。
知一切衆生，皆有如來藏。

意思是說，如何得知一切衆生皆有如來藏呢？這是因爲法界的一切衆生，其實都並未遠離諸佛之智啊！而且衆生的真如本性都是清淨無垢的，與佛的性體是相同的，根本就沒有差別。須知諸佛之所依，都是平等不二的法身，普遍常在。另外，根據宋譯本楞伽經（卷二）一切佛語心品之二的說法：一切衆生皆有本具的如來藏，而且自性清淨。印順導師從中歸納出「如來藏」的三種含義，包括：（一）法界藏：亦即法身遍滿義；一切衆生不離法身，強調一切法皆爲如來藏所攝。（二）法身如來藏：亦即真如無差別義；一切衆生本性無有差別，強調如來藏究竟平等。（三）自性清淨藏：亦即佛種性義；一切衆生皆有佛性，強調如來藏不但自性清淨，而且能夠生起種種功德。因此，可以體會出如來藏「法身遍滿，真如無別，佛性實有」。華嚴宗稱「心」爲能造者，佛與衆生爲所造者；悟者爲佛，迷者爲衆生。生死與涅槃最大的共通處就是「如來藏」。根據劉宋譯本勝鬘經顛倒真實章第十二的說法：就是因爲有如來藏，內在具有真實的功德，才會讓有情衆生生起想要厭離生死，欣求涅槃的動機。衆生是不覺的有情，所以流轉生死；佛是覺悟的有情，所以涅槃解脫。有衆生的地方就有佛的法身與之同在，而且一切衆生內在具足真如本性，與佛無二。因此，只要具足成佛之因，皆可修證成佛之果。生死凡夫與涅槃之佛雖二，但真如本性與佛無二無別。由此可知，「如來藏」爲一切衆生各個獨有之本體，從而提出衆生都可以成佛的依據。所以說，「如來藏」是成佛的保證，也是生滅法之所依。衆生與佛只是迷與悟、染與淨的不同而已，全都是因爲自己的那一顆「心」，故說「心卽是佛」。而且，一切衆生皆有佛性，一切衆生皆可成佛。然而，何謂佛性呢？

佛性本有

由以上論述，我們可以看出：從「阿賴耶識思想」推演出「如來藏思想」，再從「如來藏思想」推演出「佛性思想」。此意謂著有情衆生可以從凡夫轉變成聖人，從生死轉變爲涅槃，從染識轉變爲淨智，其實都是因爲有情衆生本來就具有清淨的佛性，但爲客塵煩惱所覆蔽。根據八十華嚴經（卷五十一）如來出現品第三十七之二的說法：如來智慧其實是無處不有啊！爲什麼這樣說呢？因爲世界上沒有一個衆生不具有如來智慧啊！這些如來智慧都是衆生本有的啊！不須外求！但是卻被顛倒的妄想、分別、執著所蒙蔽而不能證得。另外，根據八十華嚴經（卷三十五）寶王如來性起品第三十二之三的說法：甚爲奇特啊！爲什麼有情衆生自身有本具的如來智慧卻不知不見呢？佛陀發大慈悲心教導衆生，覺悟聖道，令有情衆生永離顛倒的妄想、分別、執著，不再被垢染所繫縛，具體見證衆生自身本具並且與佛無異的如來智慧。此外，根據東晉譯本如來藏經的說法：佛陀以「佛眼」觀察一切有情衆生，雖然被「貪、瞋、癡」等煩惱所圍繞，但是佛陀所看到的卻是衆生本來就是具備如來智慧德相的佛，結加趺坐，寂然不動。諸君須知，一切衆生雖然在各趣煩惱受苦，但是其實皆有如來藏在其身中，常住不變，無有污染；功德法相，完備具足，就跟佛陀一樣，無二無別。最後，根據北本大般涅槃經（卷二十七）獅子吼菩薩品第十一之一的說法：一切衆生悉有佛性，皆有如來之身，常住不變。凡夫因爲煩惱覆蔽而無法顯現；只要斷了煩惱，佛性卽可顯現。

「佛性」就是佛的體性，也就是覺性，是靈明妙覺的菩提自性。把「阿賴耶識」的妄識濾除，轉識成智，就可以顯露出「如來藏自性清淨心」。「佛性」是「如來藏」的同義辭；是如來的母胎，象徵如來的因性；或者是如來的胚胎，象徵如來的果性。亦卽佛性是因，成佛是果。根據世親菩薩《佛性論》（卷一）緣起分第一的說法：所謂「佛性」就是破除了「我執」與「法執」，證悟了「我空」與「法空」之後，所顯現出來的真如本性；既離有，也離無，契合中道。佛性雖然本有，卻是超越本體的有或無，是成佛的一種潛能。「無自性、真實空、畢竟淨、不變易」才是佛的真實體性。關於佛性，北本大般涅槃經（卷二十七）獅子吼菩薩品有很精彩的闡述，說明如下：所謂「佛性」就是「第一義空」，又名「智慧」。有智慧的人既看到「空」，也看到「不空」。「空」是指一切生死之法，「不空」是指大涅槃法。「生死法」：無常、無樂、無我、無淨；「涅槃法」：常、樂、我、淨。也就是說，有爲虛妄的「惑、業、苦」因果循環是空的；無爲真實的「如來涅槃解脫」是不空的。見到空與不空才是中道；若只見到空，而沒有見到不空，就不是中道。沒有中道，就看不到佛性；契入中道之法，方可名爲「佛性」。因此，所謂「佛性」就是指一切諸佛的阿耨多羅三藐三菩提的中道種子，這個「中道種子」就是觀照「十二因緣」的智慧。須知「無常無斷」乃名「中道」；「無常無斷」卽是觀照「十二因緣」的智慧，是謂「觀智」；如是「觀智」是名「佛性」。所以說，「十二因緣」也可名爲「佛性」。佛陀認爲：一方面「佛性」是成佛之因，「涅槃」是成佛之果。一方面「十二因緣」所生之法既是因又是果；而「佛性」常恆無有變易，既非因也非果，故說「緣起甚深」。因此，佛陀認爲：一切衆生不知不見自身佛性本具，而被十二因緣的因緣所生法耍得團團轉，生死業報，不常不斷，既無始也無終，無有了期。菩薩惟見其終，不見其始；佛則既見始又見終，這是因爲三世諸佛能夠非常清楚地見證佛性。因此，佛陀認爲：若能夠見證「十二因緣」，就能夠見證法界的運轉法則——緣起法的奧妙。若能夠見證緣起法，就能夠親自見佛；其中，佛就是指「佛性」。最後，佛陀總結說：「十二因緣名爲佛性，佛性者卽第一義空，第一義空名爲中道，中道者卽名爲佛，佛者名爲涅槃。」由此可知，佛性、緣起、空、般若、中道、佛、涅槃其實是一不是二，都是一樣的啊！

另外，根據世親菩薩《佛性論》（卷二）顯體分三性品第二的說法：佛性也可以爲唯識「三性」所攝。如同依他性（依他起性），若不達空理，則成染境，是謂「染濁依他」；有情衆生若對因緣和合的假法生起執著計較，便是分別性（遍計所執性）。若證入空理，則成淨境，是謂「清淨依他」；有情衆生若能了知諸法緣起，隨緣生滅，無有自性，從此不再執著計較，便是真實性（圓成實性）。不過，不管在染或在淨，都不影響本來清淨的佛性。唯識三性說的中心就是「依他性」，是其它二性的依持與樞紐。所謂「他」其實就是指一切法皆依心識而存在，所以一切法存於「一心」之中。須知佛性與魔性、永恆與生滅、快樂與痛苦，其實都是歸於「一心」。一切淨染都在一念之間，一念向上卽是佛土，一念向下便成地獄。因此，佛性並非靜態定性的本體，而是動態積極的修行歷程。「法界」爲因，「法身」爲果，「真如」爲性，「緣起」爲法。說明如下：其一、「法界」涵蓋衆生界與佛界：衆生界與佛界是同一法界；佛性本有，是成佛之因。其二、「法身」遍滿，具足五相：「無爲相」顯法身常住；「無一異相」顯真俗不二；「離二邊相」顯中道聖智；「離障相」顯遠離二障；「法界清淨相」顯常樂我淨。其三、「真如」無別，具三特性：性無變易是「自性如」，功德無窮是「功德如」，清淨無二是「清淨如」。其四、「緣起」中道，空且不空：不生不滅、不常不斷、非一非二、不去不來、非因非果。故知「佛性」既不是虛妄斷滅，也不是不變神我，而是中道之法；經過修持，自我轉化，證悟無我，止息妄心，見證佛性，圓滿佛果。其次，根據北本大般涅槃經（卷十）如來性品第四之七的說法：只要滅除一切煩惱，三乘聖人都能夠成就同一佛性。猶如冶煉金礦一樣，去除一切雜質，即可獲得純金。所以說，一切眾生同一佛性，無有差別。然後，根據世親菩薩《佛性論》（卷一）緣起分第一的說法：一旦懂得一切眾生皆有佛性，就可以令眾生滅除五種過失，圓滿五種功德。什麼是五種過失與五種功德呢？說明如下：

一、遠離下劣心，生起正勤心：本來覺得佛道難行，心生退怯；一旦知道自身本具佛性，就能夠生起信心，精進不退了。

二、遠離傲慢心，生起恭敬心：以爲自己是佛，容易輕慢諸眾生；一旦知道佛性是眾生同具，就會禮敬一切眾生。

三、遠離虛妄執著，生起般若空慧：爲了幫助眾生遠離妄想、分別、執著，澈悟能緣之心與所緣之境皆是虛妄，因而宣說佛性，人法二空，回歸真如。

四、避免誹謗正法，懂得護持正法：以爲成佛非常稀有，不相信眾生皆有佛性；一旦知道佛性是一切眾生平等共有，就不會毀謗如來藏真實佛法了。

五、遠離我執分別心，生起平等大悲心：爲了幫助眾生斷除我執，也爲了避免眾生執著有個「神我」，斷除愚癡凡夫害怕「無我」，開導接引執著「有我」的各種外道，因而慈悲宣說佛性。

須知「你、我、他」都是佛，有情眾生都是未來佛，而且未來都可以成佛。不必因爲現在處境惡劣而過於自卑，畢竟眾生皆有佛性；也不要以爲自己是未來佛而過於自傲，畢竟現在尚未成佛；但要生起智慧與慈悲，平等看待一切眾生；須知眾生與佛平等不二，不要有分別心，成佛才有希望。根據世親菩薩《佛性論》（卷一）緣起分第一以及龔雋釋譯《佛性論》的精闢看法：透過般若空慧，滅除對自我的貪愛；透過大慈悲心，產生對他人的關愛。透過般若空慧，捨棄凡夫的我執；透過大慈悲心，捨棄二乘的法執。透過般若空慧，爲證佛性，契入涅槃；透過大慈悲心，爲度衆生，不畏生死。透過般若空慧，上求菩提；透過大慈悲心，下化衆生。透過悲智雙運，福慧雙修，心無所住，自在無礙。從此不再退轉，迅速證悟無上菩提。不僅滅除五種過失，同時生起五種功德。所以佛說：「一切衆生皆有佛性。」

此外，根據北本大般涅槃經（卷二十七）獅子吼菩薩品第十一之一的說法：如果菩薩具足二種莊嚴，一爲智慧莊嚴，二爲福德莊嚴，就算了知「佛性」。因此，若想要知見佛性，就必須同時具備「智慧資糧」與「福德資糧」；不但自度，還要度他。所以說，知道一切衆生皆有佛性之後，還要進一步見證清淨佛性，才能夠證悟無上菩提智慧，圓滿一切功德，成就菩提事業。然而，要怎樣才能夠見證佛性呢？須知佛性並非五蘊、十二處、十八界，也並非本來沒有現在才有，也不是現在有後來變成沒有；其實是從善的因緣而來，衆生才得以見證佛性。當一切衆生的煩惱火焰熄滅之後，自然就能夠見證佛性。然而，如何熄滅煩惱，見證佛性呢？《楞伽經》提到的「如來禪」或許是一個解決之道。

如來禪

「佛性說」告訴我們：如來藏自性清淨，一切衆生悉有佛性，一切衆生佛性本有，一切衆生皆可成佛。這樣的「佛性說」後來成爲漢地禪宗「卽心是佛」與藏地密宗「卽身成佛」的重要理論根據。印順導師《如來藏之研究》認爲：如來藏、佛性法門受到漢地佛教高度的讚揚，再經過漢地佛教學者的融會發揮，幾乎成爲漢地佛教的主流。印順導師甚至說：「禪宗是從如來禪來的。」然而，何謂如來禪呢？在談「如來禪」之前，一定要先談到艱澀難懂的《楞伽經》。談到《楞伽經》一定會談到「五法、八識、三自性、二無我」等佛法大要。而且，《楞伽經》以「五法」融攝一切佛法大要；其中的「八識」、「三自性」傳承自「大乘有宗」的思想；「二無我」則屬於「大乘空宗」的思想。《楞伽經》巧妙地融合了大乘佛教的空有二宗，也融合了唯識系與如來藏系的思想，並且融攝了性相二宗；因爲《楞伽經》不僅是唯識宗依據的主要經典，也是禪宗初祖達摩祖師傳付二祖慧可的印心經典。然而，何謂五法呢？根據宋譯本楞伽經（卷四）一切佛語心品之四的說法：「五法」包括相、名、妄想（分別）、正智、如如。我們根據南懷瑾《楞伽大義》的精闢看法，以及個人的研究心得，說明如下：

一、相：什麼叫做相呢？「相」者色相也。其實就是指世間一切有形或無形的現象；亦即森羅萬象的事物，包括有情世間與無情世間，其形相各有不同。若從個體來看，也就是我們的六根（眼、耳、鼻、舌、身、意）所接觸的六塵（色、聲、香、味、觸、法），透過六識（眼識、耳識、鼻識、舌識、身識、意識）所認知了別的一切表相。須知這些現象或表相都是緣起的，都是因緣所生法，其性本空，空無自性；都是生滅的有爲法，有如夢幻泡影。

二、名：什麼叫做名呢？「名」者假名也。其實就是指這些現象或表相的名稱。例如有一個像瓶子形狀的東西，可以拿來插花當作擺飾，爲了方便區別與認識，所以就取名爲花瓶。因此，有了種種表相之後，就會依相立名，以作表詮。蓋相爲「所詮」，而名爲「能詮」。須知這些名稱都是施設假名，假名假有。不僅名假——外在的名相是假，而且受假——和合的個體是假，甚至法假——內在的組成也是假。因爲世間的一切法都是無自性的，都是自性本空，性空假名，假名安立，假有存在。

三、妄想：什麼叫做妄想呢？「妄想」者虛妄分別之念。其實就是指我們的「八識」以及八識所衍生的一切「心法」與「心所法」。也就是我們所有的心理作用，涵蓋累世的「無明習性」，雜染的「我法二執」，以及當下的「起心動念」。等同我們那一顆妄心，時時刻刻妄想、分別、執著、攀緣、造業。有情眾生透過根塵接觸，針對一切表相，進行認識區別，而有種種名稱；雖然方便歸納分類，卻因爲妄想分別，而有愛染執著；執著幻相假名爲我、我所。不過，妄想其實有很多種，根據宋譯本楞伽經（卷二）一切佛語心品之二的說法：所謂「妄想」就是針對世間的一切名相，產生貪愛不捨的心理，並且加以執著。例如執著所說的話，執著所說的事物，執著外表形相，執著利害得失，執著自性恆有，執著因緣所生，執著主觀成見，執著圓成實性，執著依他起性，執著相續不斷，執著被縛不得自在或是無縛解脫自在。只要是有所執著，都是妄想。須知萬法唯識，唯識所變，離識無境，離境無識；一切都是妄想所生，虛妄不實，畢竟不可得。甚至連法界的運轉法則「緣起法」也是妄想所生。宋譯本楞伽經（卷二）一切佛語心品之二云：

一切都無生，亦無因緣滅；於彼生滅中，而起因緣想。
非遮滅復生，相續因緣起；唯為斷凡愚，癡惑妄想緣。
有無緣起法，是悉無有生；習氣所迷轉，從是三有現。
真實無生緣，亦復無有滅；觀一切有為，猶如虛空花。
攝受及所攝，捨離惑亂見；非已生當生，亦復無因緣。
一切無所有，斯皆是言說。

意思是說，世間的一切，若從「現象界」來看，都是因緣所生法，有生有滅。世間的一切，都是透過「因緣」的和合所形成的假相。若從「本體界」來看，根本是無生的；都是雖生而無生，雖滅而無滅，其實是不生不滅。會有因緣生滅的現象，其實都是我們內心的妄想所生起的。須知妄想的生滅作用並非前滅後生，而是相續流注不斷，互爲因果。爲了斷除愚癡無聞凡夫的妄想因緣，對於或有或無的緣起法，指出世間的一切「本自無生」的真理。然而，「現象界」會生起妄有，是因爲無始以來的習氣所迷轉，進而形成了「欲有、色有、無色有」等三界。真實的情況是根本就沒有生滅的因緣，既然沒有生，也就沒有滅。深入觀察世間的一切有爲法，真相其實就像虛空之花一樣，真正來說是一個幻相而已。其中既沒有一個能攝受的主體，也沒有一個被攝受的對象。一旦捨離迷惑雜亂的妄想，就可以體會到不但沒有已生的過去，也沒有未生的未來，甚至也沒有所謂的「因緣所生法」。也就是說，連「緣起法」都是妄想所生，世間的一切本來都是「無所有」的啊！一切都不過只是言語口說而已，萬萬不可以執著有無啊！這樣的說法在《楞嚴經》裡也可以得到證明。根據楞嚴經（卷三）以及（卷十）的說法：世間無知之人，因迷惑而誤以爲世間的一切都是因緣和合而生，或誤以爲都是自然界的性能，其實真正的真相是：這一切皆爲有情衆生的識心妄想分別計度的結果啊！然而，妄想到底從何而生呢？根據宋譯本楞伽經（卷三）一切佛語心品之三的說法：世間種種不實的妄想，因爲不如實了知「能取」和「所取」的作用，所以都是「自心現量」的結果。何謂現量呢？根據宗密法師《禪源諸詮集都序》卷上之一的說法：「現量」的意思，就是親自當下的見證，並非透過假想推度得知，而是自然肯定其是正確無誤的。所以說，「自心現量」就是自心當下的證量，也就是自心當下證知唯心所現的境界；並非是從推度而得知的「比量」，更非從錯誤想像所得知的「非量」，而是親證無謬，無有虛假的「現量」。根據宋譯本楞伽經（卷一）一切佛語心品之一的說法：愚癡無聞凡夫妄想有無，不善於觀察覺知「自心現量」，難以成就聖賢果位。須知內外一切法，無非都是「自心現量」的境界。其實就是在說，世間的一切都是自心所化現的。因爲不識「自心現量」，所以就墮在有無二邊的妄見之中，進而增長妄想的習氣，然後從妄想中更生出妄想，並對我與我所產生執著。所以佛陀認爲：妄想乃是從種種虛妄不實的塵境計較執著而來。

四、正智：什麼叫做正智呢？「正智」者出世間之無分別智也。了知名相二法如幻如化；因爲相無當名之實，由於名無得相之功；觀其自性，了不可得；從此識心不起分別，不墮斷常二邊，如理而知，契於中道。其實，就是指「轉識成智」，轉虛妄的妄識成爲真實的淨智。然而，「轉識成智」的成敗關鍵就在於雜染意識分別作用的消滅，成就「無分別智」。從此遠離虛名表相與妄想分別，並且隨順入處，普爲衆生，如實演說。從「外在」來看，須知虛名表相猶如往來過客，生滅不已，無有真實可得。從「內在」來看，須知癡心妄想，妄想無性；無奈妄識分別，變現妄境，竟又執著妄境，雜染不已，一樣了不可得。根據宋譯本楞伽經（卷三）一切佛語心品之三的說法：智有三種：世間智、出世間智、出世間上上智。所謂「世間智」就是指外道凡夫執著世間的一切，或有或無，因種種分別、執著而不能出離世間。所謂「出世間智」就是指聲聞、緣覺執著希求出離世間之相。所謂「出世間上上智」就是佛菩薩觀察世間的一切都無所有，就算是有也只是幻有。須知萬法從本以來就是不生不滅，離有離無，入於如來果地。不但人無我，而且法無我，甚至本來就是自性清淨，不假修證。所以說，「正智」就是無漏心、心所，證悟自性清淨的智慧，無有垢染，遠離虛妄分別；諸識不生，不落有無；妄想不起，自覺聖智。何謂自覺聖智呢？根據宋譯本楞伽經（卷二）一切佛語心品之二的說法：所謂「自覺聖智」就是自知、自覺、自證「妄想無性」，遠離分別虛妄惡習，證入如來藏自性清淨心，從此妄想清淨。爲三世聖賢所共證，輾轉互相傳授。通常是透過獨一靜處，自我覺醒以及觀察證得；屬於「自心現量」，非從心外或他人求得，而是遠離一切妄想之見。依照次第，不斷昇華，最終證入聖者的境界——如來果地。由此可知，「正智」是超越有無之相，不會長養有漏習氣；了知有爲生滅、生命自相、法界共相、不生不滅之智；無有罣礙，無事無心，自性無生，一切都無所得，是自覺內證之法，從此證入「自覺聖智」的境界；不出不入，不來不去；無所從來，亦無所去，契合真如之智慧。

五、如如：什麼叫做如如呢？「如如」者無有變易，真如之理也。理因智明，智因理發，以智如理，以理如智，是爲「如如」。若能夠依照正智觀察名相，就能夠洞悉名相緣起如幻，從此不再執著名相的有無，並且捨離人法二見，了知名相本自不生，證得真如境界。須知名相的根本，畢竟是不可得的。若能夠對於名相始終沒有覺受，世間諸法就再也不會輾轉纏繞，從此遠離不實的妄想，是名「如如」。這種真實不虛，絕諸對待，諸法自性了不可得，心境一如，湛然寂滅，便是「如如」的境界，也就是涅槃的境界，也就是佛的知覺境界。然而，什麼是涅槃的境界呢？宋譯本楞伽經（卷二）一切佛語心品之二云：妄想識滅，名爲涅槃。意思是說，佛法所證得的涅槃，並非另外有一個涅槃的境界可得，而是只要自心妄想的妄識滅除了，就是「涅槃」。什麼是佛的知覺境界呢？根據宋譯本楞伽經（卷三）一切佛語心品之三的說法：只要證悟「人無我」和「法無我」，斷除「煩惱障」和「所知障」，遠離「分段生死」和「變易生死」，斷滅「貪、瞋、癡」等「根本煩惱」和「忿、恨、覆」等「隨煩惱」，就名爲佛的知覺境界。另外，根據宋譯本楞伽經（卷四）一切佛語心品之四的說法：一切法都是無自性的，但也不是絕對的沒有；其實是超有無、離生滅的。須知世間的一切都是自心妄想分別所生，凡夫執著自心妄想分別所生的境界，所以生死輪轉；殊不知有和無都是自心妄想所生的境界。若能覺知「自心現量」，妄想無性，無有自性，非有非無，便知一切法本來無生，從此一切妄想不生；既然妄想不生，就不會再受到塵境的污染。然後就可以徹底達到安穩快樂，因爲世俗的一切煩惱都已經永遠熄滅了。

綜合而言，我們將「楞伽五法」的重點摘要如下：（一）相：萬法緣起，緣起幻相；（二）名：性空假名，假名假有；（三）識（妄想）：虛妄唯識，唯識所變；（四）智：人法無我，轉識成智；（五）如：真常唯心，回歸真如。由此可知，幾乎所有的佛法大要都可以歸納於此「五法」之中。根據宋譯本楞伽經（卷四）一切佛語心品之四的說法：唯識有宗的三自性和八識，以及般若空宗的二無我，完全都可以用「五法」來涵蓋。其中的「三自性」在《楞伽經》的說法是指妄想自性、緣起自性、成自性。「妄想自性」就是對名相與事相所生起的執著，等同「遍計所執性」。「緣起自性」就是依因緣所生法而生起的名相與事相，等同「依他起性」。「成自性」就是遠離名相、事相等妄想，依於正智，證二無我，而且是自覺聖智的境界，等同「圓成實性」或「如來藏自性清淨心」。其中的「八識」在《楞伽經》的說法一樣是指阿賴耶識、末那識、意識以及前五識。其中的「二無我」在《楞伽經》的說法是指人無我與法無我。「人無我」是指遠離我與我所。須知五蘊、十二處、十八界所形成的身心世界，若從「現象界」來看，都是由於無始以來的無明、愛染、業緣所生。透過眼根接觸色塵，生起眼識的作用，而有種種覺受；其餘諸根，亦復如是，皆緣起如幻。殊不知有情世間與器世間，甚至阿賴耶識，都是「自心現量」的結果。一切法都是由自心妄想所變現，而有種種施設顯示，皆虛妄不實。若能夠如此了知，是謂「人無我」。「法無我」是指覺悟五蘊、十二處、十八界所形成的身心世界，若從「本體界」來看，皆是無自性的，了不可得，本來就遠離我與我所。然而，會有這些身心世界，純粹是因爲被業愛繩索所縛，輾轉相纏，緣生諸相。而且，本體其實是無有動搖的，不但遠離自相共相，而且遠離有無二邊，無有實法可得。若能如此了知，是謂「法無我」。總而言之，「相者」是自心所現妄法之相；「名者」是自心所現妄法之名；「識者」是自心妄識對名相所起的虛妄分別；

「智者」是轉識成智，識心不起分別；「如者」是以正智觀名相，自性不可得；從此諸識不生，妄想不起；真實不虛，如如不動。前二法是所變境，第三法是能變心自緣其所變境，前三法皆屬有漏法。第四法是就法相正觀其法性，第五法是心境一如，湛然寂滅，後二法皆屬無漏法。所以說，「楞伽五法」是四聖「自覺聖智」的相續次第，一切佛法都完全涵蓋在其中了。

有了「五法」的基本概念之後，接下來就可以討論「如來禪」了。所謂「如來」就是如其本來；指心的體性，如如不動，不去不來；其實就是指清淨的佛性。所謂「禪」就是靜慮，亦即思惟修、清淨修；也就是透過思惟，觀照所成就的智慧。所謂「如來禪」就是把心的狀態恢復到如其本來的真心——如來藏自性清淨心；讓「心」回到本來的面目，還原本有「佛性」。因此，「如來禪」又名「如來清淨禪」；也就是「如來藏禪」。根據宋譯本楞伽經（卷二）一切佛語心品之二的說法：有四種禪，云何爲四？謂愚夫所行禪、觀察義禪、攀緣如禪、如來禪。分述如下：

一、愚夫所行禪：就是指觀察「人無我」的道理。亦卽觀察自他五蘊身心的組合，皆是無常、苦、空、不淨。若是加以執著，將成爲痛苦的淵藪。因爲了知五蘊皆緣起無性，無有自性，自性本空，了不可得，不起我執，證人無我——我空。如是觀察執著不捨，由此漸漸增進至滅除一切心法，乃至於無想無念之境界，是名「愚夫所行禪」。

二、觀察義禪：就是指觀察「法無我」的道理。其中，義者境也。亦卽在自他五蘊皆空、人無我的基礎之上，觀察世間一切諸法，特別是五蘊身心所處的外境。因爲了知外境諸法皆緣起無性，無有自性，自性本空，了不可得，不起法執，證法無我——法空。於法無我，隨順觀察，漸次增進，是名「觀察義禪」。

三、攀緣如禪：就是指觀察「人法本無」的道理。其中，如者真如也。斷我法二執，親證如體，是謂緣如。然而，如果尚存有二無我理爲所證境的念頭，仍是妄想分別。若是以「自心現量」之「無分別智」觀察二無我，則可證入「人法本無」之境界——空空。若能夠如是了知二無我也是虛妄之念，不令生起，契合如來藏心，進而親證寂滅真境，是名「攀緣如禪」。

四、如來禪：就是指觀察「如來清淨」的道理。亦卽透過禪修，真實證入如來境地，見證佛性，自覺聖智，遠離一切「心、意、識」所分別的自性相，回歸「如來藏自性清淨心」。並受用「自覺聖智」的三種法樂，包括禪定樂、菩提樂、涅槃樂。須知「自覺聖智」的境界就是佛的境界，就是自知、自覺、自證如來智慧的境界。從此內心寂滅，轉識成智，法身清淨，成就佛果，神通自在；同時又能夠爲一切衆生成辦許多不可思議功德，是名「如來禪」。

由此可知，修「如來禪」的行者必須按部就班，一個位階、一個位階地修上去，依次逐級提昇。從「人無我」觀起，其次是「法無我」，然後是「人法本無」，最後是「自覺聖智」。可以看出來，《楞伽經》巧妙地將「性空假名系」的「般若空慧」、「虛妄唯識系」的「阿賴耶識」以及「真常唯心系」的「如來藏心」整合起來，以具備「自覺聖智」的「如來禪」作爲止觀的最高層次。「如來禪」非常強調義理的圓融與修證的次第，所以其實從未離開過文字，甚至還要如實知解，只是不可爲文字所縛。而且，特別注重坐禪觀心，實修實證。當然也不排斥頓悟；畢竟理可頓悟，但事要漸修。肯定人人自心本來清淨，佛性本具，煩惱本無。只要真心作主，佛性自顯，而且自心與佛畢竟無異，故說「卽心是佛」。有情衆生透過禪修，追求成佛的境界。一旦頓悟自心清淨，見證佛性，卽可見性成佛。然而，該如何觀心實修呢？佛陀在《楞伽經》教導了我們四種方便之法。包括：善分別自心現、觀外性非性、離生住滅見、得自覺聖智善樂（宋譯本楞伽經卷二一切佛語心品之二）。分述如下：

一、善分別自心現：就是善於分別萬法，都是「自心現量」的結果。佛陀教導我們認識「內心」的力量。須知萬法唯識，唯識所變；三界唯心，唯心所造。一切都是因爲無始以來，受到虛僞的習氣所薰習，加上被三界裡的種種物質活動所繫縛。若能夠懂得世間的一切都是自心所造，卻還會加以執著，有如作繭自縛，是名「善分別自心現」。

二、觀外性非性：就是佛陀教導我們認識「外境」的真相。因爲無有自性，所以隨緣生起；因爲隨緣生起，所以無常變易，謂之「緣起無性」。須知世間萬有就像陽燄、夢幻一般，都只是暫時的存在，了不可得。不但如此，這些外境其實都是無始以來的虛僞妄想薰習而生，虛妄不實，都是假的。若能夠懂得世間的一切都是「緣起無性」，而且是「自心所現」，是名「觀外性非性」。

三、離生住滅見：就是遠離面對外境生起、存在以及消滅的妄想，認清一切都是自心所現。佛陀教導我們不要心隨境轉，而要心境一如。只要看透世間的虛幻無常、毀譽得失、有無來去而不爲所動，甚至對境無心。一旦證得「無生法忍」，就會遠離「生、住、滅」的妄見；從此遠離自性妄執，妄想不生，轉識成智，是名「善離生住滅見」。

四、得自覺聖智善樂：就是證得自心本淨，佛性本有，真如無別，法身清淨。自覺聖智，妄執永離，諸惑永息，生死永斷，進入如來之地，得禪定樂、菩提樂、涅槃樂。只要觀緣起，悟性空，了唯識，覺唯心，捨妄識，用真心，依聖智，離妄想，非有無，離能所，依無我，入中道，得無分別智，證平等不二，見本具佛性，成清淨法身，受用如來境界法樂，是名「得自覺聖智善樂」。

綜合而言，「如來禪」是既重視「理悟」也重視「實修」的法門。循序漸進，按部就班，爲頓悟作準備。其中一大特色就是直接把握修持的源頭，也就是我們的這一顆「心」，故亦稱爲「心地法門」。先觀心：自心現量；後觀境：緣起無性；而後心境一如：無生法忍；最終自覺聖智：見證佛性。須知意識創造一切，三界唯心所造；心外無境，境外無心；心生法生，心滅法滅。不僅所取的「外境」是空，能取的「內心」也是空，甚至心境俱空，能所俱泯，澈知一切心境平等無有差別，證「無分別智」。衆生經過禪修，若體證自心本來清淨，自顯佛性，就可以頓悟成佛；須知衆生與佛平等不二。這樣的「心地法門」後來在漢地逐漸發揚光大，成爲禪宗一派，人才輩出，大放異彩。而且，經過時代的變遷，也不斷融入漢地本有文化，並發展成爲強調「教外別傳，不立文字，以心傳心，直指人心，明心見性，見性成佛」的「祖師禪」。主張順其自然，隨緣任運；無修而修，修而無修；言語道斷，思慮斷絕；自心顯用，當下頓悟；宣說「一悟卽至佛地，西方卽在眼前」，講究「平常心是道，生活就是禪」；強調現實生命就是佛性的真實體現；而且流傳至今，影響深遠。不過，不管是「如來禪」或是「祖師禪」，還是後來一花開五葉，甚至其他宗派法門，無非都是要幫助行者止息妄想、斷除分別、放下執著。所教的、所解的、所悟的、所行的，完全不離開「無分別智」。然而，何謂無分別智呢？

無分別智

爲什麼需要無分別智呢？因爲「無分別智」可以幫助我們消除由於「分別」所帶來的困擾與紛爭。世間人面對世間事，都一直不斷地在分別。分別什麼呢？分別你我，分別自他，分別親疏，分別對錯，分別好壞，分別美醜，分別輸贏，分別異同，分別有無等。有了分別就會起分別心，有了分別心就會有不同的對待。種種比較，種種計較，嫉妒心、傲慢心、貪婪心、得失心、鬥爭心都會因此而生起。須知有妄想就會有分別，有分別就會有執著，有執著就會有攀緣，有攀緣就會有造業，有造業就會有因果，有因果就會有生死。生死的根源竟然就在於妄想、分別、執著。所以更積極地說，「無分別智」其實就是在幫助我們出離生死，轉凡成聖。然而，何謂無分別智呢？根據無著菩薩《攝大乘論》以及彌勒菩薩《辨法法性論》的說法，所謂「無分別智」就是現證般若。捨離「主觀之心」與「客觀之相」，達到平等不二的真實智慧，斷離「能取」與「所取」的差別。並且針對煩惱的生起與妄執，經過如理思惟，澈觀煩惱無有自性；於順逆境中，不於當中生起愛憎喜厭之心。所謂「如理思惟」就是指對世間諸法的如實觀察，明白諸法皆空，空無自性。所以說，「無分別智」就是從根境相觸當中，洞澈「無生」的般若而證得。從此放下攀緣識心，對境不起覺知與分別。「無分別智」主要包括「根本無分別智」與「後得無分別智」。所謂「根本無分別智」就是從「無分別」的差別而建立的，從深定、觀慧、到見性，境界越顯殊勝，簡稱「根本智」。世親菩薩《佛性論》稱之爲「如理智」，就是指佛菩薩照見「無爲真理」之正智。認識人法本來二空，了解人法本來寂靜，契入真如本來智慧。一切現象從本體層面來觀照，都是清淨無染，離有離無的。若能夠體悟「本體界」的真常唯心，即可不爲「現象界」的生滅所困擾。所謂「後得無分別智」就是菩薩在定中證悟真如以後所生起的「無漏分別心」，簡稱「後得智」。世親菩薩《佛性論》稱之爲「如量智」，就是指在證得「如理智」之後，照見了知「有爲萬法」的俗智。從此能夠隨物體認，分別其相，卻不爲所動；究竟窮知一切境界，順應諸法事相，然後隨機應化。須知菩薩是在證悟真如之後，才能夠真正體會到世間的一切法都是如幻如化的。綜合而言，「根本無分別智」是「平等智」，悟入「唯識性」；「後得無分別智」是「差別智」，悟入「唯識相」。佛、菩薩不但依「平等智」通達平等真如法性；也依「差別智」善巧分別世俗法相。雖分別而無分別，雖無分別而分別。換句話說，先以「根本無分別智」證入一切法畢竟空，次以「後得無分別智」通達一切有如幻化。證入「無分別智」，等同於證得「般若」，能夠遍破一切妄執，斷息一切戲論。由此可知，「般若」其實就是「根本無分別智」，證得一切法性；不起一切虛妄分別，證得無上涅槃，遠離煩惱、所知二障。然後從「般若」起「方便」，再起「後得無分別智」；進而做莊嚴淨土、成熟有情、利益眾生等事業，最後通達無盡一切法的「佛智」。

綜合而言，「無分別智」就是在幫助我們看清宇宙人生的真相，包括「法相」與「法性」。「法相」是我們要永斷的世間法，「法性」是我們所應證的出世間法。「永斷」是生死法，「應證」是涅槃法。「生死界」所有的一切都名為「法相」，「涅槃界」所有的一切都名為「法性」。「法相」顯示有情生死，「法性」顯示三乘涅槃。故知「法相」與「法性」統攝生死涅槃的一切。另外，根據彌勒菩薩《辨法法性論》的說法：無而現，現而無；有從無來，還歸無去；「法相」與「法性」根本就是不一不異。「法相」是虛妄分別而現起，「法性」是真如平等為無性。然而，「無」即不可得，平等一如；「現」即現幻有，萬象森然，所以說「不一」。反之，凡是現有的皆無自性；但也並非離現有之外，另有無性；「有」與「無」是有差別而又無差別的，所以說「不異」。故知「法相」的事與「法性」的理是不一不異的。因此我們對於妄識所現起的能取與所取，心與境，都不應該執著為實有。須知我們所了知的一切法都是唯識所變，唯心所現，心境皆不可得，但其實是無二無別，而且本來如此。一切法都「無所得」，就是「般若」，也就是「無分別智」。若以妄識虛妄分別，沒有「無分別智」通達法性無有分別，就會妄現分別相，受虛妄分別所支配，不得自在。若能夠現證「無分別智」，悟入法性無有分別，一切平等不二，沒有分別相，就可以從此不受繫縛，解脫自在。最後，根據北本大般涅槃經（卷二十五）光明遍照高貴德王菩薩品第十之五的說法：只要證悟「無分別智」，就是見證「佛性」；只要見證「佛性」，就是證入「常樂我淨」的「大涅槃境界」。須知

「涅槃」是學佛的究竟歸宿，也是一切智者的歸趣，屬最上法，依法性而顯出。

第五節　結語

總而言之，原始佛教《四阿含經》告訴我們宇宙人生的真相是諸行無常，諸受是苦，諸法無我，寂靜涅槃；宇宙人生的真理是緣起法。也就是說，因爲緣起，所以無常；因爲無常，所以是苦、不自在；因爲苦、不自在，所以無我；因爲無我，所以無我所；因爲無我、無我所，所以世間本空、寂靜涅槃。接著，在「緣起無常」的基礎之上，「性空唯名系」繼續探究緣起背後的原理，認爲世間的一切法都是無自性的，其性本空，了不可得，但有假名，無有實在，藉此來破除自性妄執。不僅「現象界」是空，而且「本體界」也是空；不僅我空、法空，而且空空，一切法、無所有、畢竟空、不可得。但此「空」卻具有無限的可能性，「真空」可以生出「妙有」，「妙有」可以顯現「真空」，其實空有不二。其次，在「法無自性」的基礎之上，「虛妄唯識系」繼續探究萬法的本源，認爲世間的一切法都是唯識所變；這個識就是指「阿賴耶識」。所緣的外境都是妄識隨緣影現，全屬虛妄，無有真實，甚至能緣的心識也是虛妄的。須知「能緣的心」與「所緣的境」全都是「阿賴耶識」所變現出來的。但此「識」卻貯藏色心萬法的種子，根本能所俱妄。既然都是虛妄的，如何能夠加以執著爲我與我所呢？故當轉識成智，破除二執，斬斷二障，成就妙覺佛果。然後，在「虛妄唯識」的基礎之上，「真常唯心系」繼續探究妄識的本體，認爲有情衆生自性清淨，真心常住，佛性本有，只是被外來的客塵煩惱所覆蔽，不得顯露。一旦濾除掉虛妄的阿賴耶識，轉妄識成淨智，如來藏自性清淨心自然就可以顯現出來。所以說，如來藏自性清淨心就是阿賴耶識的識體，就是眾生本來的佛性。心妄就會成識，衍生世間萬法；心淨就會成智，回歸真如本性。但此「心」卻能夠一心開二門，原來真妄不二。所以說，「心」造就了「五蘊」，形成了「三界」，牽動了「輪迴」，甚至連「緣起法」也是「心」的產物。而且，只要一念妄想，就會落入「緣起法」的制裁範圍，原來「心」是萬法之源。雖然我們很難與法界本體的「緣起法」對抗，但是我們卻可以學習掌控自己的「心」。須知善惡苦樂、上昇墮落、迷悟染淨、超凡入聖，都是可以由我們自己的「心」來決定的。別忘了眾生皆有佛性，「你、我、他」皆是未來佛。

第五章

證悟菩提的智慧（下）

法相緣起，緣起如幻，
法性空寂，空寂無生，
真妄不二，唯是一心，
心淨成智，心妄成識。

第一節 前言

在前一章證悟菩提的智慧（上篇）中，我們已經介紹完大乘三系，包括「性空唯名系」、「虛妄唯識系」以及「真常唯心系」。在本章證悟菩提的智慧（下篇）中，我們要繼續介紹幾個非常精彩的大乘法門，引領有緣的眾生徹底領悟宇宙人生的真相與真理。首先，介紹破邪顯正的「中觀法門」。其次，介紹超越一切分別之相，達到絕對平等之理的「不二法門」。然後，介紹包含理法界、事法界、理事無礙法界以及事事無礙法界的「法界緣起」。接著，介紹知幻卽離，離幻卽覺，覺卽幻滅的「圓覺法門」。然後，介紹集其大成的圓教法門「法華一乘道」。最後，介紹發願往生、迴向淨土、一心念佛、蒙佛接引的「淨土法門」。分別說明如下：

第二節 中觀法門的智慧

「中觀法門」是研究客觀世界最爲徹底的法門。何謂中觀呢？尊貴的蓮生聖尊《佛王之王》認爲：中觀就是中道正觀。所以說，「中觀法門」就是中道正觀的法門。先談中道：何謂中道呢？根據原始佛教《四阿含經》的說法：「中道」卽八正道。須知八正道以「正見」爲諸行的先導，既不是絕對縱我的樂行，也不是絕對克己的苦行，而是不苦不樂、以智爲本的中道行。因爲縱我的樂行與克己的苦行，二者都是根源於情識的妄執；只有實踐從正見出發的八正道，才不會落於以情爲本的苦樂二邊。然而，到底正見什麼呢？正見緣起，正見一切法皆是因緣所生，自然遠離有無常斷等二邊的戲論，這是中道的根本義。根據龍樹菩薩《大智度論》（卷三十七）釋習相應品第三之三的說法：世間的一切法都是因緣所生法，隨緣而起，故無自性。因爲無自性，所以自性本空。因爲自性本空，所以寂滅。故知「法相」是緣起生滅，「法性」是性空不生不滅；從緣起無自性悟得「生滅」卽是「不生不滅」。所以說，緣起與空相應，其中「無自性」是橋梁。緣起性空，則不落於常邊；性空緣起，則不落於斷邊。就是因爲「緣起、無自性、空」，所以才是中道。根據龍樹菩薩《大智度論》（卷四十三）釋集散品第九之餘的說法：只有離開有無常斷二邊，行於中道，才是渡向彼岸的般若空慧。印順導師《中觀今論》認爲：中道依空而開顯，空依緣起而成立；依緣起無自性明空，無自性卽是緣起，從空無自性洞達緣起，就是正見緣起中道。

次談正觀：何謂正觀呢？所謂「正觀」就是正確的觀察。「觀察」包括能觀的主體——觀慧，以及所觀的客體——活動。關於主體的觀慧，印順導師《中觀論頌講記》認爲：觀慧有三：聽聞讀誦聖典文義而得的「聞所成慧」，思惟抉擇法義而生的「思所成慧」，以及定心相應觀察修習而得的「修所成慧」。關於客體的活動，亦卽觀慧所觀的活動，其實就是觀察緣起正法，通達緣起性空。正觀「法相」因爲緣起而生滅無常，最終歸於寂滅；正觀「法性」因爲空無自性，所以隨緣生起一切。根據《大般若經》的說法：因爲無性，所以隨緣；因爲隨緣，所以無性；無性就是空，隨緣就是緣起。離了法性本空，卽不能理解無性緣起。所以說，一切法自性本空，一切法緣起幻有。一切法「現象界」雖然有生有滅，一切法「本體界」實則不生不滅；能夠遠離生滅二邊，方爲中道之理。龍樹菩薩《中論》揭示「八不中道」，遮止生滅、斷常、一異、來去等，不著名相與對待，縱貫性相與空有，不偏二邊，契入中道，滅除世間的一切戲論而歸於寂滅，是「中觀法門」的核心思想。須知八不就是緣起，緣起就是中道，中道就是般若，般若就是畢竟空，超越一切有無生滅。必須理解一切法畢竟空，方能建立如幻的緣生。故說一切法，因緣生，無自性，畢竟空，不可得。尊貴的蓮生聖尊《佛王之王》說：「一切法無自性空是中觀。」所以執著有自性為顛倒，當如實正觀「緣起、無自性、空」為中道。然而，何謂八不中道呢？

八不中道

根據大般若經（卷三八四）諸法平等品第六十九之二的說法：在修行般若空慧渡向涅槃彼岸的過程當中，如實知世間的一切法都是因緣所生法；只要是存在的，一定是虛妄的；而且隨緣生滅，皆無自性，其性本空。所以從本性來看其實是不生不滅，不斷不常，不一不異，不來不去，遠離各種有名無實的戲論，體認真正本性是空寂無生。因此，所謂「八不中道」就是以「不生不滅、不斷不常、不一不異、不來不去」等八事四對來說明「緣起性空」的道理，破除生滅、常斷、一異、來去等實有自性的妄執；否定自性，建立緣起，遠離二邊，契入中道。所以說，「八不中道」就是在協助破除眾生因為自性妄見所產生的自性妄執。由於眾生愚癡無明，不知不見諸法緣起如幻，無有自性，了不可得。無法知見世間的一切都是虛妄的，都是空的，都只是暫時的存在，終歸寂滅；卻以為有恆常不變的實我、實法可得，因而妄加執著，妄求我所。須知此「自性妄見」是眾生迷失的根本，顛倒的主因，也是輪迴的關鍵；因而在「法體」上有生滅之見，在「時間」上有常斷之見，在「空間」上有一異之見，在時空的「運動」上有來去之見；故知「生滅、常斷，一異，來去」等戲論皆源於自性妄執。因此，龍樹菩薩用「八不」來遮遣世俗的八種邪執，以彰顯無得中道之實義；以緣起性空、自性不可得遍破一切自性生滅有無的執著。根據龍樹菩薩《中論》（卷一）觀因緣品第一的說法，並參考印順導師《中觀今論》、《中觀論頌講記》以及智諭法師《中論講記》的精闢看法，以及個人的研究心得：萬物不以自性生，不以自性滅，生滅皆不可偏執，實際上是不生不滅。常斷、一異、來去亦復如是。須知諸法隨緣起而有，所以空無自性；但不能否定緣起假有，故說緣起性空。因空而知有，因有而顯空。以「八不緣起」破除一切戲論，包括種種煩惱的戲論以及不合理的自性謬論，證得諸法實相，寂靜涅槃。

由此可知，「八不中道」即是「八不緣起」。須知佛法的根本正見是「中道」，中道的正觀就是「中觀」，中觀以龍樹菩薩的《中論》為核心，《中論》的主軸即是「八不緣起」。也就是說，《中論》基本上是以原始佛教《四阿含經》的「緣起思想」為藍本，以大乘佛教《大般若經》的「性空思想」為骨幹；從緣起法的因果說，依緣起而知無自性，因無自性而知一切法畢竟空。透過「緣起、無自性、空」的體悟，破除眾生因為「自性見」所產生的「自性妄執」。印順導師《中觀論頌講記》說：「這自性見，在一一法上轉，就叫法我見；在一一有情上轉，就叫人我見。」進而妄執「人我」與「法我」。因此，《中論》以「八不中道」所彰顯的「緣起性空」來破除八種邪執。以「我空」破除「人我見」，以「法空」破除「法我見」，以「空空」破除「我法二見」，契入中道實相。何謂實相呢？根據龍樹菩薩《大智度論》（卷三十四）釋初品中信持的說法：諸法實相就是佛陀告訴我們宇宙萬物的本來真相，也就是世間一切法的真實體相。約性而說名為實，性不是相，故無相；性能顯相，故無不相。所以說，實相無相無不相。諸法是有，實相是空；實相就在諸法之中，諸法就在實相之中。緣起而性空，性空而緣起；中道即實相，實相即中道，其實就是不二之相。從此不取一切相，不動一切心；不著一切境，不依蘊處界；不生「貪、瞋、癡」，不起妄想、分別、執著。一切法、無所有、畢竟空、不可得，當下就是空寂無生的涅槃相。其中，「八不」以不生不滅為本，其餘不常不斷等六不，共明不生不滅之義。

龍樹菩薩《中論》的八不中道從「法相」的生滅、常斷、一異、來去，揉合出「緣起、無自性、空」的中觀思想，廣破一切戲論，證入「法性」的不生不滅、不常不斷、不一不異、不來不去；幫助我們破除一切自性妄執。所以說，就是因爲「緣起、無自性、空」，所以「現象界」有生有滅，有常有斷，有一有異，有來有去。但也就是因爲「緣起、無自性、空」，所以「本體界」不生不滅，不常不斷，不一不異，不來不去。原來生滅就是不生不滅；常斷就是不常不斷；一異就是不一不異；來去就是不來不去。須知世間的一切法無非因緣所生，謂之「緣起」；既然法屬因緣，便無自性，謂之「性空」。根據龍樹菩薩《中論》（卷四）觀四諦品第二十四的說法：凡是從因緣生的，都是無自性的；凡是無自性的，都是自性本空。所以說，先得「法住智」：無一法不是緣起；後得「涅槃智」：無一法不是性空。依緣起而悟入性空，觀性空而澈見緣起。緣起與性空交融無礙，依此「二諦」而顯中道。須知萬法本來無性，無性方能隨緣；無性隨緣而現萬法，萬法隨緣而無性。隨緣幻生幻有是假有，無性空寂無生是真空；緣起卽是性空，性空卽是緣起。無性則無生滅，無性隨緣則無生滅而生滅；隨緣則有生滅，隨緣無性生滅而無生滅。隨緣是法相，無性是法性；法相是俗諦，法性是真諦。無性隨緣則有，隨緣無性則無；偏於無相謂之偏空，偏於有相謂之著有；既不偏空，也不著有，契入中道，是爲「二諦」。故知法相繁興不礙法性空寂，法性空寂不礙法相繁興。法性真諦隨緣便成法相俗諦，法相俗諦無性便成法性真諦。因爲「緣起、無自性、空」，故知「法相」與「法性」是一不是二，是謂「真俗不二」。真諦爲體，俗諦爲用；由體起用，用不離體。透過真諦現俗諦，透過俗諦顯真諦；真俗二諦，相卽相成；故知「八不」卽是「二諦」，八不、二諦都是中道。能夠掌握二諦中道的原理，看懂真實的「法性」，就不會被虛幻的「法相」要著團團轉，令我們這一顆「心」七上八下。然而，何謂二諦呢？

真俗二諦

「諦」就是正確真實的意思。或者說，真實不虛謂之「諦」。因此，諦就是真理。「二諦」就是二種真理：包括「俗諦」與「真諦」，或者稱爲「世俗諦」與「第一義諦」。前者是有爲，後者是無爲；有爲是法相，無爲是法性。法相不能獨立，因法性而立，分別而無分別。法性不可以見，因法相而見，無分別而分別。佛法雖廣，不出二諦。二諦者一切法也，一切法者無非佛法也。根據龍樹菩薩《中論》（卷四）觀四諦品第二十四的說法：諸佛以「二諦」爲衆生說法，一以世俗諦，一以第一義諦。前者透過「世俗諦」，令衆生了解「世間」法相緣起、生滅無常的假相；欲度一切衆生出生死故。後者透過「第一義諦」，令衆生了解「出世間」法性本空、無有自性的實相；欲令一切衆生成佛道故。所以說，世俗諦者無性隨緣起萬法；第一義諦者萬法無性爲性空。由此可知，「緣起」是世俗諦，「性空」是第一義諦。緣起無自性不礙性空，空無自性不礙緣起。法性隨緣生起卽是法相，法相緣起無性卽是法性。法相者世俗諦攝，法性者第一義諦攝。佛依二諦說法，於凡說有是因緣有，於聖說無是因緣無。二諦中雖然說有說無，不過有是因緣有，非定性有；無是因緣無，非定性無。因緣有是無有之有，因緣無是非無之無。無有之有，有而非有，非有而有，謂之「妙有」；非無之無，無而非無，非無而無，謂之「眞空」。眞空卽是妙有，妙有卽是眞空。所以說，「空」是約法性而說，「有」是約法相而說。故知諸法緣起是「世俗諦」，實相性空是「第一義諦」。諸法實相，世俗諦卽第一義諦；實相諸法，第一義諦卽世俗諦。所以說，一切世間法與出世間法，無非二諦。

根據龍樹菩薩《中論》（卷四）觀四諦品第二十四的說法：佛說世俗諦是方便，為的就是令眾生入第一義諦。諸法隨緣而有幻相，實相空寂卻是無相；以無有定相的原故，所以能夠隨緣顯現一切相，故曰實相無相無不相。實相無相，體本不二；實相無不相，用應萬方。不見一切法有，不見一切法空，中道不二，即見實相。無相湛然即是諸相宛然，諸相宛然即是無相湛然。所以說，「世俗」是指如幻緣起的一切因果法，沒有自性而現出自性相。「第一義」是指幻性本空，寂然不可得的實相，亦名「勝義」。佛依二諦說法，說一切法不可得。諸法緣起如幻不可得是「世俗諦」，諸法自性本空不可得是「第一義諦」。解脫生死在通達第一義諦，第一義諦就是畢竟空。須知第一義諦乃依世俗諦而開顯；若不依世俗諦開顯，就不能夠證得第一義諦。若不能夠證得第一義諦，就不能夠證得涅槃。若不能夠證得涅槃，就不能夠解脫生死。不僅修行觀察要依世俗諦，言說顯示也要依世俗諦。一切都要透過緣起的假相，破除自性見，悟入性空的真相，才能夠解脫自在。亦即透過無自性緣起的世俗假有，才能夠與緣起無自性的勝義真空無礙；入畢竟空，證得涅槃。「畢竟空」本來寂靜是生死法的實相；「涅槃」是體證法性空寂而得的解脫；從此「心」不為煩惱所累，「身」不為生死所苦。諸法畢竟空即是一切法的本來涅槃，既不是實無斷滅的空，也不是實有自性的不空，非空非不空，故知「涅槃」就是第一義諦的實證。

另外，根據龍樹菩薩《中論》（卷四）觀涅槃品第二十五的說法：生死是無自性的，涅槃也是無自性的，都是自性本空的；因此沒有來去動相，也沒有得失可言。須知一切有為法無不是因緣生，假名有，無自性，畢竟空。本來就沒有煩惱可斷，本來也沒有生死可滅。既沒有一法可斷，也沒有一法是常，故曰不斷亦不常。既不見一法實生，也不見一法實滅，生滅的幻相宛然而寂然，故曰不生又不滅，是名為涅槃。其次，從緣起性空的立場來看，涅槃並非實有，也並非實無。若是執著實有或實無，就會落入有為的生滅法；但涅槃是無爲的不生不滅法，本來就沒有實法可得，空寂無生，故曰非有亦非無。而且，世間一切的存在都是緣起的，凡是緣起都是幻化的。生死如幻，涅槃也是如幻。從涅槃看世間：空寂無生的涅槃與緣起幻生的世間其實是沒什麼差別的；從世間看涅槃：緣起幻生的世間與空寂無生的涅槃也是沒什麼差別的。所以說，了生死，求解脫，並非離開生死，有涅槃可求；也並非離開世間，有涅槃可得。須知生死與涅槃都是不可得的，世間與涅槃都是緣起如幻如化的，皆無自性，畢竟性空，遠離一切戲論。由此可知，生死所在，就是涅槃所在，二者無有差別。所以說，「二諦」就是在告訴我們，「世俗諦」是從「第一義諦」來的，「第一義諦」是由「世俗諦」顯的。從「緣起、無自性、空」的觀點來看，「世俗諦」其實就等於「第一義諦」，世間其實就等於涅槃。法相紛然，不礙法性空寂；法性空寂，不礙法相紛然。但是重點在於我們那一顆「心」，只要不執著「世俗諦」的法相有，就可以悟入「第一義諦」的法性空；但是切記「空有」都不可以執著，才能夠契入中道，究竟涅槃，成就菩提。

綜合而言，從「世俗諦」來看：因緣聚合則生，因緣離散則滅。生滅依據因緣，所以沒有真實的生滅，故曰「不生不滅」。因緣所生法是因壞果生，因壞故不常，果生故不斷，故曰「不常不斷」。因果不同，不能說是一；沒有異體，不能說是異，故曰「不一不異」。來無所從，所以說不來；去無所至，所以說不去，故曰「不來不去」。從「第一義諦」來看：性相常住，不起不出，故言不生；永無終盡，故言不滅。性空理體非定有，故言不常；非定無，故言不斷。法相一相無相，故言不一；法性無性無差別，故言不異。前際無始空，故言不來；後際也空，故言不去。所以說，不管是從「世俗諦」，還是從「第一義諦」，只要符合「緣起、無自性、空」的原則，最終都可以獲得「八不中道」的結論。總而言之，從「二諦」來看「八不」，我們領悟到：雖見有生滅，實則不生不滅；雖不生不滅，無妨見有生滅；生滅之處而無生滅，無生滅之處而有生滅。由此可知，雖現有生滅而未嘗生滅，未嘗生滅而現有生滅。有生有滅者，事相也；不生不滅者，理體也。理事從來不二，性相始終一如。儘管不生不滅，不礙有生有滅；儘管有生有滅，其實不生不滅。生滅要在不生不滅上體認，不生不滅應在生滅上顯現。不常不斷、不一不異、不來不去，亦復如是。其中，最關鍵的重點就是「心」，不可以取相，不可以執著，不可以分別，不可以動念，遠離生滅、常斷、一異、來去二邊，平等不二，契入中道。其實，只要心不執著——無心，什麼事也沒有——無事！尊貴的蓮生聖尊《佛王之王》認為：「無心」才能明心見性，「無事」就是煩惱解脫。另外，在八不緣起、二諦中道的基礎上，漢傳佛教天台宗進一步發展出「三諦圓融」的思想，為漢傳佛教開創出燦爛輝煌的一頁。說明如下：

三諦圓融

「三諦圓融」是漢傳佛教天台宗的核心思想。「三諦」是從龍樹菩薩《中論》觀四諦品中的「四句偈」發展出來的；「四句偈」則是從「二諦」思想衍生而來的。何謂四句偈呢？龍樹菩薩《中論》（卷四）觀四諦品第二十四云：眾因緣生法，我說卽是空，亦為是假名，亦是中道義。意思是說，凡是藉由因緣所生的一切法，都是無自性的；一切法無有自性，所以是自性空的；既然是空的，所以也是假名有的；自性空不礙假名有，假名有不礙自性空，亦卽二諦無礙的中道。所以說，從世俗諦看，緣起假名有；從第一義諦看，無性畢竟空。一切法空寂無性，所以是空；一切法假名存在，所以是有。然而，此有非真有，是緣起幻有；此空非斷滅空，是緣起性空。緣起而無自性空，無自性空而緣起，緣起與性空交融無礙，遠離空有二邊，故稱之爲「中道」。北齊慧文禪師依此「四句偈」領悟出「三諦妙理」。慧文傳授南嶽慧思，慧思傳授天台智者，並由智者大師發揚光大。何謂三諦呢？「三諦」是對三種真理的自覺；包括空諦、假諦與中諦。根據智者大師《摩訶止觀》（卷一下）的說法：所謂「空諦」就是世間的一切事物都是因緣所生，沒有永恒不變的實體。亦卽諸法空無自性，其體了不可得。所謂「假諦」就是雖然沒有永恒不變的實體，但是卻有如幻如化的假相。亦卽諸法宛然而有，其相施設假立。所謂「中諦」就是世間的一切事物都不出法性，真空可以生出妙有。亦卽諸法本來不離二邊，不卽二邊，雙遮雙照，互融無礙。所以說，「空」指法性的全體，「假」指法相的全體，「中」指諸法空相之用的全體。由此可知，有無相生，難易相成。有卽是假，無卽是空，相成卽是中。宇宙的本體是空，其現象爲假，其妙用是中。

至於三諦之間的關係，或說爲「次第三諦」，或說爲「圓融三諦」。首先，次第三諦者，前真、次俗、後中。真卽空諦，俗卽假諦，中卽中諦。空諦爲體、假諦爲相、中諦爲用。「空諦」幫助我們看破世俗，了解本體，破除實有自性的偏執。「假諦」幫助我們看出空中生出妙有的轉機，認清假相，破除落入虛無的偏執。「中諦」幫助我們依空諦否定存在，卻又不落於虛無；依假諦生出妙用，卻又不落於世俗；開顯任運自在的智慧。因此，首先以「空諦」遠離世俗執著，不但看得破，而且放得下；但又恐落於斷滅虛無，故以「假諦」調和空有，體悟有從空來，空從有現，空不離有，有不離空；最後以「中諦」顯揚中道，遠離空有二邊，真空妙有，空假不二，是謂「次第三諦」。也就是說，「空」以破執，「假」以安立，「中」以立破不二。世間的一切，如幻似真，愚癡凡夫執幻爲有，認假爲真，以至於沉淪苦海，輪迴六道。若能夠體悟世間的一切都是「緣起、無自性、空」，就可以從假有的世間出離，斷除妄執；但又不能落入頑空或斷滅空，變成槁木死灰。所以還要安立假法，隨順自然，身處世俗而心不染，慈悲入世而度衆生。智慧與慈悲，出世與入世，緣起與性空，真空與妙有，圓融不二，妙用無窮，卽是中道。

其次，圓融三諦者，舉一卽三，全三是一。一諦卽三諦，名「圓」；三諦卽一諦，名「融」。等同諸法實相，其理體唯一，其德用則分「空、假、中」三諦。基於緣起無性的道理，無性之理，能融萬法；無性之法，平等一如。空諦無性，不礙假諦；假諦無性，不礙空諦；於空假二諦立中諦，故中諦亦無性。空無性則不礙假中，假無性則不礙空中，中無性則不礙空假。故說空時，中假皆空；說假時，中空皆假；說中時，空假皆中。故知空不離假中，假不離空中，中不離空假。因此，空非偏空、假非偏假、中非空假之外的中。由是而空之當處，卽假卽中；假之當處，卽空卽中；中之當處，卽空卽假。根據智者大師《摩訶止觀》（卷一下）的說法：空就是假，假就是中；三諦就是一諦，一諦就是三諦，三諦圓融，無所妨礙。若三者皆空，則言語道斷，不可言說。若三者皆假，則但有名字，唯是假相。若三種皆中，則諸法實相，了不可得。一切都是空，一切都是假，一切都是中。一念心起，就是卽空、卽假、卽中。須知主體與客體的存在，皆是同一整體的存在；不能夠分開說明，也不能夠加以分割，否則卽非實相。須知一空一切空、一假一切假、一中一切中。所謂「一空一切空」就是空當處假中，全假中而爲空；亦卽空中已含攝假中二諦，非離假中而爲空，無中無假而不空，故知三諦俱亡泯而無相也。所謂「一假一切假」就是假當處空中，全空中而爲假；亦卽假中已含攝空中二諦，非離空中而爲假，無中無空而不假，故知三諦並建立而宛然也。所謂「一中一切中」就是中當處空假，全空假而爲中；亦卽中中已含攝空假二諦，非離空假而爲中，無空無假而不中，故知三諦皆統理而絕待也。所以說，三諦而一諦，一諦而三諦，相卽相入，圓融無礙，渾然一體，同時存在。所以說，空徹底空，有中亦空；假徹底假，空中亦假；中徹底中，有空亦中；是爲「三諦圓融」。接著，在「三諦圓融」的基礎之上，智者大師開出「一心三觀」的禪觀法門。說明如下：

一心三觀

所謂「一心三觀」就是於一念心中能夠同時圓觀三諦。亦即觀一念心畢竟無有，淨若虛空，稱爲「空觀」。能觀之心，所觀之境，皆歷歷分明，稱爲「假觀」。雖歷歷分明，然性常自空，但空不定於空，假不定於假，空假不可分離，非空非假，稱爲「中觀」。即三而一，即一而三，是爲「一心三觀」。這是智者大師依據《菩薩瓔珞本業經》（卷上）賢聖學觀品第三中所說的「從假入空二諦觀」、「從空入假平等觀」、「中道第一義諦觀」所創立的。根據智者大師《摩訶止觀》（卷三上）的說法，詳述如下：

一、從假入空觀：凡夫著有，認爲世間的一切都是實有，誤把假的當成是真的；特別是執著有一個實我存在，進而執著一切我所。也就是因爲執著我與我所等世俗有，所以捲入六道輪迴。須知世間的一切都是因緣和合而有的假相，一切法因緣生，一切法因緣滅，求其我性、實性而不可得。故知宇宙萬法皆無自性，須藉由種種因緣的組合而生成，但也會隨著種種因緣的離散而消滅，最終歸於寂滅，故說諸法無我，世間本空。所以說，須先看透虛妄的假相，方得以體會真空；了知世間如幻，假有不實，終歸於空，方能不落情執。因此，智者大師告訴我們「假有」是悟入「真空」的詮釋，「真空」由詮釋「假有」而領會，「能觀」之心與「所觀」之境合起來論，故言「二諦觀」。領會真空之時，非但見證真空，亦復識別假相。所破的是世俗，所用的是真空。若從所破，應言「俗諦觀」；若從所用，應言「真諦觀」；「破假」與「用空」合起來論，故言「二諦觀」。也就是說，此觀就是從萬象紛然的假有境界，進入平等一如的真空境界；須知世間的一切都是相依相待的緣起關係，沒有獨立的自性，故爲性空。若能夠如是理解，就不會再執著種種假法，知其自性本空，進而契入本體，是謂「從假入空觀」。由於所觀包含「假」與「空」二個層面，故也稱爲

「二諦觀」。

二、從空入假觀：空觀雖好，然而千萬不可以空過了頭，否則變成槁木死灰，死氣沉沉就不好了。能夠看清世間的一切都是假的，所以不執著假相，可惜若沉空守寂，執著涅槃，反而無法生起任何作用。因此出了世俗的束縛之後，還必須不住於空，並且能夠入於假相的世間，與一切眾生和光同塵，從事度眾的事業。外在與一般凡夫無異，內在則清淨無染；不但自己受用，還要利益眾生。就好像一個良醫知一切病，識一切藥，對應何病，授予何藥，令其服藥療病，恢復健康。按照智者大師的說法，若是悟入真空，尚無真空可言，則有何假可入？當知此觀是菩薩不住於真空的境界，而是返回世俗的境界，以度化眾生。須知入假度眾因緣有五：或慈悲心重，或憶本誓願，或智慧猛利，或善巧方便，或大利精進。知真非真，方便出假，故言「從空」；分別醫藥疾病，對症下藥，無有差錯，故言「入假」。前觀破假病，但用真法，所謂「破假用空」；後觀破空病，還用假法，所謂「破空用假」。一方面破，一方面用，破用均等，異時相望，故言「平等觀」。也就是說，先以空否定假，然後進一步否定空，成爲「空空」。如此連空也空，最終反而變成有。由此建立現象有的幻化世界，不過此有仍是假有，千萬不可以執著，因爲就其本性而言仍然是空，是謂「從空入假觀」。以空觀假，然後以假觀空；以空破假，復又以假破空；破假後是空，破空後是假，故也稱爲「平等觀」。

三、中道第一義諦觀：須知空觀與假觀都不可以執著；中道第一義諦觀是通過否定空假的偏執來顯現。一方面否定對於「世間」生死世界的執著，是爲「生死空」；一方面否定對於「出世間」涅槃世界的執著，是爲「涅槃空」。「生死空」與「涅槃空」綜合起來爲二空觀，是爲「雙遮」，做到二邊不取。另外，「二諦觀」以「空」來否定現實世界的自性，而還歸於寂滅的涅槃世界，其實是在肯定「空」。「平等觀」以

「空空」來否定真空的涅槃世界，而顯現於假有的現實世界，其實是在肯定「假」。「真空」與「假有」，是爲「雙照」，做到二邊不捨。雙遮雙照，不取不捨，是爲超越任何偏執的第一義諦觀。按照智者大師的說法，中道第一義諦觀者，前觀「假空」是「空生死」，後觀「空空」是「空涅槃」。「空生死」斷見思煩惱，「空涅槃」斷塵沙煩惱。此二之「空」是爲「雙遮」之方便，亦卽空有二邊同時都必須遠離；此二之「用」是爲「雙照」之方便，亦卽空有二邊同時都可以生起作用。這就是所謂的「不卽不離」，是爲「用中」，也就是空與有都要懂得加以遠離與運用。旣不住於假相，也不住於真空；否則用空而不用有，就會住於頑空而畏懼生死；或者用有而不知空，就會住於世俗而沉淪生死。菩薩不但空有二邊不住，而且空有二邊都用。初觀用空，後觀用假，是爲雙存方便；事相上與凡夫無有差別，從未離開世間；實際上內心清淨，沒有任何執著。不著有，不著空，空有不二；二邊不執著，二邊也都用，成就圓滿的般若智慧，是名二空觀爲方便道，得會中道。

綜合而言，這三種觀法都是「一心」的表現，雙遮雙照，不取不捨，不涉次第。「雙遮」顯現性空寂滅的相貌，「雙照」顯現種種行類的相貌。「雙遮」不起作用，清淨寂滅，般若無知；「雙照」生起作用，般若之用，無所不知；須知「雙遮」與「雙照」是同時的。根據智者大師《摩訶止觀》（卷一下）的說法：只一觀而三觀，觀一諦而三諦。「空、假、中」本來是一體圓融的；分開說三諦，只爲施設方便，原來是一體真實的道理，而且都是由一心所生出的萬法。就緣起來看，是假有；就無自性來看，是真空；就無自性的呈現爲一心所作來看，是中道。此中道不離「空、假、中」，亦空、亦假、亦中，圓融無礙。因此，一念卽空、卽假、卽中；一切法、無所有、畢竟空、不可得，契入諸法實相。也就是說，「空、假、中」三觀三諦皆離不開一心；一卽三，三卽一，其實就是一心「體、相、用」的整體呈現。說理體一定伴隨事相、作用；

說事相一定伴隨理體、作用；說作用一定伴隨理體、事相。離開其中一個，其它二個都不成立。所以說，都是從「一心」來的。一心就是一切法的本體，一切法的本體就是一心。一心就是真心，真心就是一心；修行就是修真心，真心就是如來藏自性清淨心。清淨心裡面沒有妄想、分別、執著。只要內心清淨，三觀卽成；一諦裡面，具足三諦。體是空的，相是有的，用是中的；空是真空，有是假有，中是用中。既不偏空，也不偏有，空有二邊都不執著，生起的作用就可以圓融自在。若只知用假，就會患得患失；若只知用空，就會落入頑空。若懂得用中，就可以受用圓滿，任運自在。「一心」之中沒有喜怒哀樂，「一心」之中沒有貪瞋癡慢。圓滿的佛法就在於由假入空，再由空入假，然後空假不二。先出世，再入世，最後非出世、非入世；不住生死，不住涅槃，了無一心可得。所以說，空卽是假，假卽是空，萬事萬相，皆在顯示中道的作用，皆是「三諦圓融」的顯現，故說「一心三觀」。

一心三智

天台宗認爲修三觀，可得三智。既然三觀融於一心，三智亦可於一心中得。三智卽一切智、道種智以及一切種智。根據龍樹菩薩《大智度論》（卷二十七）釋初品中大慈大悲當習行般若波羅蜜，以及《大智度論》（卷八十四）釋三慧品第七十之下的綜合說法，以及個人的研究心得，分述如下：

一、一切智：「一切智」就是了知世間諸法的總相之智，能照「空」。「總相」卽本體空寂之相，亦卽能夠知道萬法總相的智慧。萬法總相代表萬事萬物的總原則；萬法的總原則就是指世間萬法皆是因緣所生法，空無自性，了不可得。或者說，宇宙人生的真相就是「緣起、無自性、空」。因此，「一切智」就是指能夠覺悟「緣起性空」的智慧，一切卽一，以空破假，從假入空，出離世間，寂靜涅槃。所以說，得一切智，能夠懂「空」的道理，就可以了解法界本體空寂無生的本質，進而照見諸法實相之智。或稱爲「真智」，是觀照「真諦」的空理一體之智。屬於聲聞、緣覺「什麼都不要」的智慧，成就「離欲滅盡」。有如四弘願中的「煩惱無盡誓願斷」，學習「斷煩惱」的智慧。

二、道種智：「道種智」就是了知世間諸法的別相之智，能照「假」。「別相」卽種種差別之相，亦卽能夠知道萬法別相的智慧。「道」是種種道法，「種」是種種別相，是萬法各個差別的現象。或者說，「道」就是邁向解脫之道的各種法門，「種」就是各種衆生的習氣與根性；一方面要學習許多法門，一方面要了解衆生的習氣與根性；然後針對不同的習氣與根性，運用各種法門給予不同的教導與度化。因此，「道種智」就是指能夠覺悟「性空緣起」的智慧，一卽一切，以假破空，從空入假，不畏生死，入世度衆。得了道種智，能夠懂「有」的道理，就可以通達世間萬物妙有之本質，進而照見般若方便之智。或稱爲「俗智」，是觀照「假諦」的萬有差別之智。屬於菩薩「什麼都無怨無悔」的智慧，成就「慈悲喜捨」。有如四弘願中的「衆生無邊誓願度，法門無量誓願學」，學習「度衆生」的智慧。

三、一切種智：「一切種智」卽通達世間諸法的總相與別相之智，能照「空、假、中」。若一切智與道種智都徹底開顯，便得一切種智，亦卽佛智。或者說，能夠通達總相與別相，也就是萬法的總原則與個別的現象都完全通達了。因此，「一切種智」就是指能夠覺悟「空有不二」的智慧，非一非一切，二邊不住，契入中道，非出世、非入世。得了一切種智，能夠懂「中」的道理，就可以通達第一義諦的本質，進而照見中道實相之智。或稱爲「中道智」，是觀照「中諦」的空有不二之智，不偏真俗，不卽不離，雙遮雙照，不取不捨。屬於佛「什麼都知道」的智慧，成就「正遍知」。有如四弘願中的「佛道無上誓願成」，學習「成佛道」的智慧。

凡夫迷而不悟，不知是空，不知是假，不知是中，被煩惱縛，沉淪生死苦海。聖人覺悟出迷，空觀出世，假觀入世，中觀爲用，任運自在，廣度無量衆生。根據智者大師《摩訶止觀》與湛然大師《始終心要》的說法：由於見解與思想的不正確，阻礙了對空寂無生的認知；不知道如來的無量法藥，也不知道衆生的無量根性，有如塵沙般的無知，障礙了度化衆生、應病與藥以及隨機化導的機會；而無明乃業識的種子與煩惱的根本，覆蓋了本來清淨的法性。因此必須覺悟，依循三止，修行三觀，破除三惑，證得三智，開啟三眼，圓滿三德，才能夠究竟成佛。詳細來說，就是依循「體真止」、「隨緣方便止」、「息二邊止」等三止，修行「空觀」、「假觀」、「中觀」等三觀，破除「見思惑」、「塵沙惑」、「無明惑」等三惑，證得「一切智」、「道種智」、「一切種智」等三智，開啟「慧眼」、「法眼」、「佛眼」等三眼，圓滿「般若德」、「解脫德」、「法身德」等三德，是爲成佛的始末。

其中，針對三止：「體真止」卽體認無明顚倒的世俗其實就是來自真空的實相。因爲世間的一切法都是緣起性空；以空破假，從假入空，出離世間，證入本體，空卽是真，卽可止息，故言「體真止」。「隨緣方便止」卽隨緣歷境，安心不動。分別藥病，故言隨緣；知空非空，故言方便；心安俗諦，故名爲「止」；以假破空，從空入假，入世度衆，正應行用，卽可止息，故言「隨緣方便止」。「息二邊止」卽分別止息生死與涅槃。知俗非俗，俗邊寂然；知空非空，空邊寂然。既不著世俗，也不落頑空。由於生死與涅槃皆是偏行偏用，不會中道；因此必須不畏生死，不住涅槃；進而廣度無量衆生，實無衆生可度；空有不二，契入中道，不卽不離，雙遮雙照，卽可止息，故言「息二邊止」。其次，針對三觀：「空觀」了知諸法無性，不著一切法；「假觀」了知諸法隨緣，不捨一切法；「中觀」了知諸法非有性非無性，不生不滅，圓融無礙，不著亦不捨，不捨亦不著。接著，針對三惑，「見思惑」的「見惑」是迷於推度三世道理的煩惱，而有身見、邊見、見取見、邪見、戒禁取見等五不正見；「見思惑」的「思惑」是迷於現在事理的煩惱，而有「貪、瞋、癡」等三毒；由於見思惑而招感三界生死，故稱爲「界內之惑」。「塵沙惑」迷於界內外恆河塵沙般的萬法所引起的惑障，妨礙菩薩出假利生，度化有情。「無明惑」迷於中道第一義諦的煩惱；此根本無明障礙中道實相之理，無明若未斷盡則無法成佛，故稱爲「界外之惑」。

然後，針對三智：「一切智」是修空觀所成，了達總相：了不可得；「道種智」是修假觀所成，了達別相：無量緣起；「一切種智」是修中觀所成，了達總相與別相：究竟圓滿。其次，針對三眼：「慧眼」照見諸法皆空，滅盡一切異相，捨離一切執著，不受一切諸法。「法眼」洞察度化衆生種種差別之方便法門，能知能行，令修令證。「佛眼」無所不聞，無所不見，無所不知，而無所思惟；須知一切法中，佛眼常照。最後，針對三德：「般若德」指證悟空理的智慧；通觀，屬慧門，從能緣之智得名。「解脫德」指脫離煩惱的束縛；通止，屬定門，從所離之境得名。「法身德」指本來具足的法性；通非止非觀，屬理門，從理體之性得名。也就是說，觀卽是智，智通般若；止卽是斷，斷通解脫；止觀等者，名爲捨相，捨相卽通於法身。所以說，照明爲般若，解縛爲解脫，清淨爲法身。

修行的目的就是要「開三眼」、「成三德」；想要「開三眼」、「成三德」，就必須要「證三智」。想要「證三智」，就必須「依三止」、「修三觀」，才可以「破三惑」。「三惑」破了，就可以「證三智」；有了「三智」，「三眼」與「三德」自然成就。所以說，想要解脫生死煩惱，成就菩提涅槃，智者大師教導我們要「依三止」、「修三觀」、「破三惑」、「證三智」、「開三眼」、「成三德」。也就是說，（一）依體真止，修空觀，破見思惑，證一切智，開慧眼，成般若德。（二）依方便隨緣止，修假觀，破塵沙惑，證道種智，開法眼，成解脫德。（三）依息二邊止，修中觀，破無明惑，證一切種智，開佛眼，成法身德。「三智」是能觀之心，卽觀照的主體；「三諦」是所觀之理，卽觀照的對象。主觀上是「一心三觀」，客觀上是「一境三諦」，現實生命中有「三惑」。因此「依三止」、「修三觀」、「破三惑」，然後得成「三智」、「三眼」與「三德」。若論「分別相貌」，三智可以依「別相三觀」得：先修空觀，得一切智；次修假觀，得道種智；後修中觀，得一切種智。三智依循次第而修，是爲「別相三智」。若論「三諦圓融」，三智可以於「一心」中得：三諦俱足，只在一心，卽空、卽假、卽中。三智不離當下一念，是爲「一心三智」。不過，次第是基礎，圓融是究竟；雖然「頓悟」在一剎那間，但是「漸修」的功夫還是需要的。

根據智者大師《摩訶止觀》（卷六下）的說法：一念無明是因爲這一顆「心」，三諦圓融也是因爲這一顆「心」，能夠理解「一心三諦」是非常難得的。就是因爲這一顆「心」，所以一念無明，進而有因緣所生的一切法。也就是因爲這一顆「心」，所以諸法皆空，並且從空出假。最終也是因爲這一顆「心」，非空非假，契入中道，所以才能夠回歸法界。須知三諦祇在一心，但可以依「空、假、中」的次第分別解說。所以說，一心中可以有「三觀」，一境中可以有「三諦」，一心中可以有「三智」。故知各種理（空諦、假諦、中諦）可於一心中得，各種惑（見思惑、塵沙惑、無明惑）可於一心中破，各種智（一切智、道種智、一切種智）可於一心中證，各種眼（慧眼、法眼、佛眼）可於一心中開，各種德（般若德、解脫德、法身德）可於一心中成。所以說，本來空寂是「空觀」；更起大悲度有情是「假觀」；實無衆生可度是「中觀」。「三諦圓融」成就「一心三觀」，「一心三觀」成就「一心三智」，「一心三智」成就「一心三德」。「三諦」、「三觀」、「三智」、「三德」，其實都可以在「一心」中得。實現念念與本體相應，念念不染六塵，念念空假不住；念念上求佛道，念念下化衆生，念念淸淨無爲。

總而言之，「中觀法門」告訴我們：「現象界」緣起、生滅、無常，不可以執著，否則會落入生死。「本體界」無自性、不可得、空，也不可以執著，否則會落入頑空。從「世間」到「出世間」之後，記得還要從「出世間」到「世間」；然後發大悲心，廣度無量眾生，卻不可以執著在度眾生。因此離邊不住中，便契中道，成佛有望。會有法相萬千的「現象界」，是因爲有法性一如的「本體界」；有法性一如的「本體界」，才會有法相萬千的「現象界」。一卽是多，多卽是一，一多無礙。須知「現象界」是「事」，屬世俗諦；「本體界」是「理」，屬第一義諦。「理」則不生不滅，「事」則有生有滅。隨緣生滅而實無生滅，實無生滅而隨緣生滅，理事無礙是謂一實諦。實諦者，乃「卽一切」也：諸法實相。然而，諸法因緣和合，無自性不可得，故知諸法以無性爲性，諸法無性是謂無諦。無諦者，乃「離一切」也：諸法空相。諸法畢竟空，無生亦無滅。所以說，諸法實相其實就是諸法空相。其性是真空，其相是假有。一切法緣生無性，虛妄無實，如化、如夢、如響、如幻，故知一切法無所有不可得；因此不可謂一切法有性，亦不可謂一切法無性。一切法有性無性，皆不可得，故知當體卽是無上菩提，名「究竟涅槃」，亦名「中道實相」，是名「般若波羅蜜多」。緣起則應現十方，性空則法身不動。有又好像沒有，看得到卻又把握不到：緣起生滅；沒有又好像有，看不到卻又感覺得到：真空妙有。性空緣起，由體起用；一諦而有二諦、三諦。緣起性空，用歸全體；三諦、二諦全是一諦。故知唯有一諦；一諦不可得，故說無諦；隨緣方便而有二諦、三諦。然而，不管無諦、一諦、二諦、三諦，皆是般若；不管有佛、無佛，法爾常住。

第三節　不二法門的智慧

「不二法門」是最高境界，爲第一法門。何謂不二呢？「不二」是超越一切分別之相，達到絕對平等之理。根據宋譯本楞伽經（卷一）一切佛語心品之一的說法，並參考南懷瑾《愣伽大義今釋》的精闢看法，以及個人的研究心得：什麼是不二呢？從「現象界」看一切法，往往是相互對待的二法；例如冷熱、長短、黑白等，其法相各有不同。然而，從「本體界」看一切法，其法性卻是不二的。就好像並非於涅槃之外，另有一個生死的作用；也並非於生死之外，另有一個涅槃的境界。生死與涅槃本是一體，其法相雖有所不同，但其法性卻是不二的。不但生死涅槃如此，一切法的自性本體皆爲不二。也就是說，世界上的萬事萬物，從「現象界」來看，都是千差萬別的；但是從「本體界」來看，卻都是沒有分別的。所以說，「二」是「現象界」的代稱，因爲分別而執爲二，於是有大小、長短、好壞、美醜、是非、善惡、貧富、貴賤等分別意識，進而產生好惡取捨，苦樂煩惱因而產生。這種對立分別取捨便是所謂的「二」。「不二」則是「本體界」的代稱，既「非此非彼」又「卽此卽彼」。也就是說，從法相來看，此彼相異；從法性來看，此彼不異。進而領悟自他平等、衆生平等、心佛平等。從此自在無礙、和諧寧靜、光明喜樂、平等一如。這種衆相本體平等無有差別，沒有一切人我是非等分別對待，便是所謂的「不二」。

事實上，我們經常是從「二」開始理解這個現實世界，包括主體與客體、自我與他人、好與壞、善與惡、苦與樂，從而衍生出許多對立、矛盾與鬥爭等。故知「二」是關於現實世界、煩惱世界、輪迴世界、相對世界的描述。「不二」的意義則在於了知法性是一，因此才能夠徹底遠離對於法相的分別與執取，從而達到無差別、無矛盾、無對立的中道。故知「不二」是關於本體世界、解脫世界、涅槃世界、絕對世界的描述。所以說，「不二」是指「二」的消解或超越。然而，如何才能夠做到身處「現象界」的「二」之中，心卻可以達到「本體界」的「不二」呢？從主體上，去除分別之心；從客體上，消除對差異性的執著；達到主客無分別取捨的狀態，便是本體實相的境界。也就是說，透過「現象界」的「二」——緣起，反映「本體界」的「不二」——性空。從相對走入絕對，看清本體真相之後，再從絕對返回相對，然後檢視原先的「二」，最終消融於「不二」之中。故表面上雖然有「二」的外相，但是實質上都是「二」而「不二」。簡而言之，「二」與「不二」的區別，就是「現象界」與「本體界」的不同，也就是「迷」與「悟」的差異。迷了就是「二」，就有煩惱；悟了就是「不二」，一切清淨。「不二」就是雖有差別相，卻無分別心，如如不動，平等對待。離開世間卻又不捨世間，不住生死涅槃，亦不離生死涅槃；雙捨雙邊，也捨不二邊，契入中道，稱爲「入不二法門」。能夠「入不二法門」，才不會執著名相，才能夠除妄證真，才得以回歸本性。「入」是從「現象界」走入「本體界」的橋樑。然而，該如何入呢？詳細說明如下：

維摩詰示疾

談「不二法門」不得不談到出自《維摩詰所說經》裡「維摩詰示疾」的典故。根據維摩詰所說經（卷上）方便品第二的記載：維摩詰居士是佛世時，住在印度恆河北邊毘耶離城中的一位大長者。無量劫來，供養無量諸佛，聽聞無量法門，深植無量善本；並已證得無生法忍，辯才無礙，稱性說法，遊戲自在，神通變化，也獲得種種陀羅尼，具足無邊法力。從此無所怖畏，降伏各種魔考，不爲塵勞怨恨所亂。入緣起甚深不二法門，善於以智慧度化人，通達各種善巧方便，成就上求菩提、下化眾生之大願。雖居世俗家庭之中，而且娶妻生子，但是卻經常潛修淸淨梵行，廣行六度，對於三界不生半點染著，是「居士佛教」的先驅。同時，維摩詰居士爲了度化衆生，無處不可以說法；可以在正當的場所如大衆議論處或啟蒙學堂裡宣說佛法，也可以在不正當的場所如賭場、淫舍或酒肆中應機攝化。度化的對象包括梵天、帝釋、天魔、天女、外道、王公、貴族、居士、庶民、兒童、賭徒、妓女、酒客等。不著外相，不染其心，以無量方便，饒益無量衆生。有一次維摩詰居士稱病在家，引發社會名流、各階層人士、甚至佛陀弟子，都前往探病問疾。維摩詰居士剛好藉機說法，引發大家生起生老病死無常之感，厭患無常不淨之色身。並且，以示病爲由，與文殊師利菩薩對唱，開展出無量法門，道出衆生的病因源頭，透過折伏、攝受等方便，以中道空有不二爲橋樑，引導衆生從煩惱邪見中解脫出來。然而，維摩詰居士到底生了什麼病呢？

根據維摩詰所說經（卷中）文殊師利問疾品第五的說法，並參考演培法師《維摩詰所說經講記》的精闢看法，以及個人的研究心得：由於愚癡無明而有貪愛染著，有貪愛染著就會有生死輪迴，所謂「無明爲父，愛染爲母」，生死輪迴大病因此而來。因爲衆生時時身陷生死大病之中，不可自拔，菩薩不忍衆生苦而生起大悲心，故示現生死而有生死之大病。若一切衆生不再有生死大病，則菩薩的生死大病也會隨之消滅。所以衆生有病，菩薩也跟著有病；要一直等到衆生病癒，菩薩的病才會解除。然而，衆生的生死大病到底是怎麼一回事呢？其實不惟凡夫有病，二乘、菩薩也都有病。怎麼說呢？

一、凡夫的病：簡單的講就是執著「有」的病。執著有「我」與「我所」。「我」是指五蘊根身，「我所」是指我的所有；合起來就是指一般世俗的追求。凡夫執著「四大、五蘊、六根」爲我；執著「四食、五欲、六塵」爲我所。因爲執著有我，所以貪求我所；因爲貪求我所，所以無法忘我。爲了滿足「自我」，因而不斷追求「我所」，進而引發「貪、瞋、癡」等煩惱。尊貴的蓮生聖尊《虹光大成就：真佛密語一》說：

「凡夫就是有貪、瞋、癡才叫凡夫。那麼貪、瞋、癡就是凡夫的病。」根據維摩詰所說經（卷中）文殊師利問疾品第五的說法：我們現世所有的病，都是從前世妄想顛倒的煩惱所生。換句話說，「病」是從根身來的，「根身」乃過去業力所招感，「業力」是由妄想顛倒的煩惱所形成，「煩惱」是從執著有我、我所而產生。須知有我就會有煩惱，無我就沒有煩惱。因爲執著有我、我所，就會不斷地對外攀緣；因爲對外有所攀緣，三界生死就會接踵而來。故知煩惱是病源，執著是病源，攀緣是病源，我是病源，我所是病源，根身是病源。凡夫一味地執著五蘊根身，乃至於世間的一切幻有，因此有病。

二、聲聞的病：簡單的講就是執著「空」的病。「空」原本是用來幫助我們破除「有病」，結果「空」過了頭，反而變成了「空病」。根據維摩詰所說經（卷上）弟子品第三的記載：維摩詰居士就曾經訓斥佛陀的十大弟子不可執著偏空。例如，呵斥「智慧第一」的舍利弗禪坐並非一定要到樹林裡，離群索居，身心不動，才叫禪坐。真正的禪坐是身心不爲三界繫縛，動靜一如，不住內外，解惑平等，不捨生死，不入涅槃；行住坐臥，皆不離禪。從這些典故，就可以了解到聲聞弟子觀察到法相的生滅，體悟到法性的空寂，因而厭離娑婆之苦，心羨涅槃之樂；可惜執著有生死可斷，有涅槃可證。雖然已經不執著「有」，卻依然執著「空」，形成有此、有彼、有對待，想要從此岸到彼岸；甚至已經到了彼岸，卻還把空筏背在身上。須知諸法實相，一切法畢竟空，法法平等，無有分別，生死與涅槃不二，煩惱與菩提不二，當下卽是清淨，理事無礙，真俗圓融。所以說，以「空」去「有」之後，千萬不可停滯於「空」，要空有不二，否則就會得「空病」。

三、菩薩的病：簡單的講就是執著「度眾生」的病。菩薩是發菩提心的，一心想要度眾生出苦輪。但是，如果執著自己在度眾生，或者執著有眾生可度，一樣屬於偏執；不但不能成佛，反而成魔都有可能。根據維摩詰所說經（卷上）菩薩品第四的記載：維摩詰居士就曾經開導過四位菩薩內心絕對不可以執著。例如，開導初發心的在家菩薩光嚴童子不要以爲只有修行或弘法的地方才叫做道場，其實無處不是道場。包括「發心」是道場，例如直心、深心、菩提心、四無量心是道場；「身行」是道場，例如發起加行、多聞、六度、四攝、方便、神通、禪定解脫、伏心是道場；「一切法」是道場，例如三十七道品、四諦、緣起、煩惱、衆生是道場；「成道」是道場，例如降魔、三界佛土、獅子吼、十力、四無所畏、十八不共法、三明、一切種智是道場。從這些典故，可以了解到菩薩不但「心」要發菩提心，而且「身」要行菩薩行；不但普修一切正法，而且廣度一切衆生。但是絕對不能執著我在度衆生的念頭；而是以無爲的心，做有爲的事；否則不但無法成佛，反而會變成魔；因爲一旦執著，就會有病。

總而言之，只要有執著就會有病。凡夫執著世間的有，因而得「有病」；二乘執著出世間的空，因而得「空病」；菩薩執著度衆生，因而得「衆生病」。須知這些病其實都非真非有，「非真」即假有如幻，「非有」即病性本空。「空」是用來幫助我們遠離一切執著的，悟得平等法性謂之「空」。空去我執是爲「我空」，空去法執是爲「法空」，空亦復空是爲「空空」。證此三空即可對治生死大病，解脫人生的煩惱與痛苦。但千萬不能夠以通達此三空爲滿足，自利而已；尚須發菩提心，以此調治衆生，使衆生也能夠離苦得樂，是爲利他。根據維摩詰所說經（卷上）佛國品第一的說法：衆生是菩薩修淨土的依處；有淨土才能夠化導衆生。沒有衆生，那來菩薩的淨土？菩薩莊嚴淨土就是爲了成熟衆生。而且，一定要度衆生成佛，或令衆生斷盡煩惱，或令衆生有個安穩的歸宿，才算度衆生。因此，想要了生死，度衆生，成佛道，就要以此清淨之心，藉此幻化之身，在三界生死中，以幻身度幻人，成就如幻功德，莊嚴如幻淨土。身雖在娑婆，心卻在淨土；不僅自利，而且利他；以無爲的心，做有爲的事；既不住涅槃，也不住生死；須知生死與涅槃不二。

從此不再執著世間的有，去除「有病」；也不再執著出世間的空，去除「空病」；更不再執著爲了成佛而度衆生，去除「衆生病」。然而，菩薩到底該如何做，才能夠真的一切都不執著呢？不可思議的「入不二法門」是一條解決之道。說明如下：

入不二法門

「現實世界」或者「現象界」呈現出來的「法相」就是二，屬於相對；須知有「二」就有分別，有分別就會有對立，就會有好壞取捨，煩惱與痛苦於焉產生。所以說，「二」就是病。「理想世界」或者「本體界」隱而不顯的「法性」就是不二，屬於絕對；須知「不二」就是平等，無有差異，沒有對立，無二無別，清淨光明，如如不動。所以說，「不二」就是淨。「入不二法門」就是歸納與演繹世間「萬物表象」與「法界本體」的關係，然後引領我們從「現象界」走入「本體界」，從對立分別走向和諧平等。然而，宇宙真相卻是「現象界」與「本體界」不二。現實世界有相，有相就有執，執著有相，就會落在「現象界」。理想世界無相，無相就無執，捨離相執，便可契會「本體界」。由現實世界進入理想世界的過程卽稱之爲「入」。所以說，「入」就是離開「現象界」，證入「本體界」，然後再回到「現象界」，卻再也不會被「現象界」所迷惑。其實從頭到尾都沒有離開過，本來如此，性相一如。不但要悟入法相緣起，而且要證入法性空寂。須知緣起幻相，性空唯名，虛妄唯識，真常唯心，佛性本有，破除無明，轉識成智，回歸真心，佛性自顯，一切皆如。先透過二，進入不二；進而消融二，從此不二而二；然後再回到二，從此二而不二。也就是說，妄識所成的「現象界」乃法相緣起是二，真心所成的「本體界」乃法性空寂是不二。法性可以生出法相乃性空緣起是不二而二：真空生出妙有；法相來自法性乃緣起性空是二而不二：妙有來自真空。「現象界」緣起、無常、苦、空、無我、不淨；「本體界」其性本空、空無自性、空寂無生、畢竟清淨、了不可得。須知一切法皆心想生，法界本是一體，連緣起法也是心識所成。只要一念妄動，法性就會生出法相；只要無念無住，法相就會回歸法性。「現象界」所有的一切對立，都可透過不二法門來化解，不二法門其實就是心地法門。不要妄想，就不會有分別；不要分別，就不會有執著；不要執著，就可以解脫自在。因此，「入不二法門」就是悟入不二法門之理，證入不二法門之事。有點像唯識學派無分別根本智的「如理智」與無分別後得智的「如量智」。懂了之後，還要把它用出來，並且發菩提心，自覺覺他，才是圓滿。所謂「知諸法空，不捨衆生」。具足智慧與慈悲，才是真正的菩薩。

看懂這些基本原理之後，就可以開始說明維摩詰所說經（卷中）入不二法門品第九中，總共有三十三位大菩薩分別提出所悟的「入不二法門」。原則上，其基本結構爲先說明「現象界」的二，次說明「本體界」的不二，最終說明「入不二法門」。舉例而言，法自在菩薩曰：「生滅爲二，法本不生，今則無滅，得此無生法忍，是爲入不二法門。」意思是說：從「現象界」來看，從無而有謂之生，從有而無謂之滅，如是生滅是爲二法；若執著實有生滅，生則喜，滅則憂，心隨之起伏，則不得自在。從「本體界」來看，一切法本是不生不滅。生是因緣和合而生，滅是因緣離散而滅。離開因緣，何來生滅？緣起如幻，其性本空，無有自性，無自性卽不生不滅。無性隨緣，隨緣無性；所以生滅的本性卽是不生不滅。不執著生與滅，無喜也無憂；因爲生就是滅，滅就是生；最終歸於寂滅，其實本無生滅。了悟空寂無生，得此無生法忍，是爲「入不二法門」。再舉一例說明，善守菩薩曰：「我、我所爲二，因有我故便有我所，若無有我則無我所，是爲入不二法門。」意思是說，從「現象界」來看，我是指五蘊根身，我所是指身外我所有的一切，如是我、我所是爲二法。若執著有我，就會執著有我所，因而處處貪著，不得自在。從「本體界」來看，我是五蘊和合所成，乃因緣假合，自性本空，空無所有；我所是因我而立，我尚且沒有，何來我所？因此，不執著我，不生起我見，自然就不會執著我所，於一切法而得自在，是爲「入不二法門」。其餘的大菩薩所提出的見解，歸納起來，大部分都像法自在菩薩所提出的「生、滅」兩個項目且屬於對立的關係，例如「垢、淨」、「善、不善」、「罪、福」、「有漏、無漏」、「有爲、無爲」、「世間、出世間」、「生死、涅槃」、「我、無我」、「明、無明」、「正道、邪道」等。小部分像善守菩薩所提出的「我、我所」兩個項目但屬於從屬或對等的關係，例如「動、念」、「一相、無相」等。簡而言之，觀察「現象界」是二，領悟「本體界」是不二，搞懂「現象界」與「本體界」的關係，不再執著，就是「入不二法門」。

維摩一默響如雷

在前面三十一位大菩薩都提出了自己的看法之後，文殊師利菩薩緊接著說：「如我意者，於一切法無言、無說、無示、無識，離諸問答，是爲入不二法門。」意思是說，「不二法門」根本就無法用文字語言來說明。因爲只要一起心、一動念，就是虛妄之相，何況言說？所謂「動念生是非，開口落二三」，故無言無說。而且，既無法示教他人，也無法從見聞覺知中有所認識，故無示無識。問是白問，答是多餘。凡有言說，皆無實義；不起分別，卽是不二。因此，唯有親證，方能了知；離諸問答，不可言傳。而且，還要發菩提心，行菩薩道，平等對待，一切都是爲了衆生，共成佛道，才是真正的「入不二法門」。最後，輪到維摩詰居士講的時候，維摩詰居士卻默然無言。這時，文殊師利菩薩說：「善哉！善哉！乃至無有文字語言，是真入不二法門。」這就是舉世聞名的「維摩一默響如雷」，以默然不說表示不可說。雖然不說，卻一切盡在不言中。語卽默，默卽語，語默不二；說了就不是本來的東西。「現象界」是二，二是對立；「本體界」是不二，不二是究竟。法相紛然，法性空寂；真心作主，真我出現；二而不二，不二而二；其實都是我們那一顆心在作祟而已。只要不執著，得失好壞都不能干擾，當下就是解脫，如如不動。由此可知，文殊師利菩薩表明「不二」是不可說的；留言對法，卽是其二；亡言絕對，方是不二。透過統攝言與不言，化除二法。然而，維摩詰居士默然無言，無一切文字言說分別；須知「現象界」可言，「本體界」無言。透過統攝言與默，化除二法。也就是說，先以言說顯其道，次以言說顯不可說，後以默然顯不可說。

綜合而言，「不二法門」超越一切分別之相，達到絕對平等之理。世間的一切法從「現象界」來看的確是二，但是從「本體界」來看卻是不二。凡夫只看見現象，不知緣起幻有，一旦無常變化，就會心生狂亂；聖人看透本體，了知性本空寂，一切法皆不可得，自然如如不動。究竟是現象與本體不二，非有非空，不落二邊。若以爲是二，就容易加以執著；若悟入不二，就可以破除執著。「現象界」容易理解，「本體界」則須從「現象界」深入觀察，體認世間的一切都是因緣和合，緣起無性，如幻如化，其性本空，空無自性，畢竟空寂，空寂無生，了不可得。而且，不僅外在是空的，內在也是空的；不僅客觀的物質是空的，主觀的精神也是空的。因此，不論主體或客體、精神或物質、能識或所識、能知或所知、能作或所作，都是空無自性的。簡而言之，就是以「般若空慧」通達一切法緣起如幻，無有自性，法性空寂，平等無二，自然而然破除一切妄想、分別、執著。因此，《維摩詰所說經》又被稱作《淨名經》。「淨」是性空，「名」是緣起：緣起性空；「淨」爲般若智，「名」爲悲濟行：悲智雙運；「淨」是慧，「名」是福：福慧雙修；「淨」是真諦，「名」是俗諦；真俗圓融；「淨」是應無所住，「名」是而生其心：自利利他；「淨」者本體也，

「名」者跡用也：體用不二。故知「淨名」卽自性清淨心也，「不二法門」卽汝本心也。

所以說，關鍵就在於我們那一顆「心」。煩惱與痛苦的總開關就是「二」，有二就有分別，有二就有對立，有二就有病，一切病其實都是心病。維摩詰所說經（卷上）佛國品第一云：隨其心淨，則佛土淨。意思是說，隨其內心清淨，則無處不是淨土。生死就是涅槃，煩惱就是菩提。所謂「內心清淨」就是要捨棄我法二執，通達我法二空，並且無條件付出，爲利樂衆生而努力，廣度衆生出苦輪。故知八萬四千法門不出「一心」，能夠悟入一實平等之理，則無一切分別。雖無一切分別，卻能了知一切法。一卽是多，多卽是一，一多不二。說一，法性是一；說不一，法相不一；真正是性相不二。若能夠做到心淨國土淨，則法不能拘，境不能擾。況且，不入煩惱大海，焉得一切智寶；無有煩惱塵垢，焉得菩提佛果。一旦契入「不二法門」，就可以實現在欲而行禪、處垢而不染。就像維摩詰所說經（卷中）觀衆生品第七所提到的「天女散花」之典故。只要心不執著，無所分別，「天女散花」又能奈我何！一切五欲無能爲也，生滅有無不能動也。能夠契入「不二法門」，才不會執著名相，進而轉識成智，最終回歸真如。另外，根據維摩詰所說經（卷上）佛國品第一的說法：一方面針對「現象界」能夠善巧分別無邊諸法萬象，一方面針對「本體界」能夠知道諸法緣成，空無自性，於第一義而寂滅不動。儘管一切法「法相」千差萬別，但是一切法「法性」平等無二。原來世俗諦與第一義諦，無有分別，真不礙俗，俗不礙真，真俗不二。對外雖然能夠生起善巧分別的作用，但是內心卻能夠無所分別而不爲所動。簡而言之，於外雖有分別相，於內卻無分別心。不住生死，不住涅槃；空而不空，不空而空；其大無外，其小無內；直心是道場，真妄本是一；不可言說，不可思慮；言語道斷，心行處滅，成就不可思議解脫。所以說，「入不二法門」不但可以令我們由此門進去，證得實相理體；也可以令我們由此門出來，進而弘法利生。故知八萬四千法門以「不二法門」爲最高境界，入得此門，就可以超越生死，當下解脫；而且隨順機宜，善巧方便，自度度人，共成佛道。

第四節　法界緣起的智慧

「法界緣起」是直探法界本體運作原理的不可思議法門。談「法界緣起」不得不談到《華嚴經》；談《華嚴經》不得不談到「華嚴宗」。《華嚴經》提倡「法界緣起」、「三界唯心」的宇宙觀。以法界為體，以虛空為用，開展出浩瀚圓滿的教理。漢地華嚴宗正是以《華嚴經》為基礎，進而發展出圓融無礙，無盡緣起的法界觀。「法界緣起」正是華嚴宗的主要教理，認為法界乃是一大緣起；宇宙萬法相互融通，宇宙萬象互為緣起；此一物為他萬物所緣，他萬物亦為此一物所緣；以一法成一切法，以一切法起一法；相待相資，相即相入，重重無盡，圓融無礙。其實，依照佛法的演進，緣起可以歸納出四種緣起，包括業感緣起、賴耶緣起、如來藏緣起、法界緣起等。並由此而開出精彩的四法界、性起法門等學說，詳細說明如下：

四法界

談「四法界」之前，先談何謂法界？所謂「法界」泛指意識所緣之境。其實遍於虛空森羅萬象的一切境界，只要是受到因果業報所支配的範圍，皆屬法界。根據澄觀法師《華嚴法界玄鏡》（卷上）的說法：「法界」之義有二，一就事，一就理。就事而言：法界就是「法相」，亦即世間萬象；此界乃「分界」之義，謂隨事分別故也；所以世間有無盡差別之現象。就理而言：法界就是「法性」，亦卽真如本性；此界乃「本性」之義，謂法性不變異故也；所以世間無盡的事法皆同一本性。因爲理不礙事，事不礙理，所以理事無礙的「法界」同時具有「性分」二義。故知緣起差別之「法相」爲事，所以諸法不同相；真如平等之「法性」爲理，所以諸法同一性。從「現象界」來看，法界呈現出法相萬千，各有不同。從「本體界」來看，法界可依之而生諸聖道，而且也是諸法所依之性。所以說，「法界」既包含「事」，也包含「理」；既有「法相」，也有「法性」；既有「所生」，也有「能生」；既是「現象界」，也是「本體界」。

因此，綜合理事的觀點，澄觀法師進一步慨括理事以及二者之間的相互關係，最終提出「四法界」的學說。何謂四法界呢？根據澄觀法師《華嚴法界玄鏡》（卷上）的說法：若從現象與本體的角度觀之，可以細分爲四法界。分別是事法界、理法界、理事無礙法界、事事無礙法界。分述如下：

一、事法界：就是諸法之事相，亦卽「現象界」。諸法差別事相，各有分齊，譬如器從金出，萬有不同。也就是說，宇宙之間一切森羅萬象的事物，不過是由色心（物質與精神）、依正（依報與正報）、境智（塵境與聖智）、相用（表相與妙用）所彰顯的情景，爲諸識所緣所知，一一不同，各有分際，因此構成千差萬別的「現象界」。一切衆生色心諸法，萬法皆殊，卽是法相萬千的現象世界。這些都是屬於有生滅差別的事物現象；無論是精神的，還是物質的；無論是心理的，還是生理的；無論是主觀的，還是客觀的，全都統攝於「事法界」。

二、理法界：就是諸法之理體，亦卽「本體界」。諸法的現象雖多，其背後其實有一個共同的本質或是萬事萬物的真實體性。此真實體性常住不變，平等一如，有如金器雖異，但是同出於金。也就是說，一切事法界皆是同一理體所顯；其相雖異，其體則一；超越語言文字，爲寂然聖境之智，是無差別性的宇宙真理。

一切衆生色心諸法，雖然法相差別，但是法性爲一，同屬一理，所謂「無盡法相，同一法性」。此法性自性本空，空寂無生；其實就是真如、佛性、實相、如來藏自性清淨心；不生不滅，不垢不淨，不增不減；生佛平等，無二無別，能生萬法，是爲「理法界」。

三、理事無礙法界：就是所有「現象界」與「本體界」具有一體不二之關係。亦卽「現象界」與「本體界」無二無別，理遍於事，事遍於理。開始是以理成事，最後是以事融理；使得理事二而不二，不二而二，成就現象世界與本體世界的統一性。所以說，事攬理成，理由事顯，法爾圓融，有如金卽器，器卽金，互融互攝而無礙。也就是說，萬法之相，得理而成；實相之理，由事而顯。如是理事交融，不一不異；差別之事物，卽平等之理體；平等之理體，卽差別之事物；真如卽萬法，萬法卽真如。理事圓融無礙是爲一卽一切，一切卽一。同一本體，顯現爲紛然雜陳的各種事物，是爲「一卽一切」；千差萬別的各種事物，歸結爲同一本體，是爲「一切卽一」。例如水是理體，波是事相，水不異波，波不離水，理事無礙。故知事法界有差別性，理法界無差別性；有差別性的事，是假的幻影；無差別性的理，是真的實相；緣起性空，假卽是真；性空緣起，真卽是假；相卽相入，圓融無礙，不可互離，是爲「理事無礙法界」。

四、事事無礙法界：就是一切現象互爲作用，一切現象互相融攝。何以如此？「事」本相互質礙，大小等殊；「理」則包遍一切，如空無礙。須知萬法皆從理體生，既然理事無礙，所以事事也無礙。亦卽由理體所緣起的任何一個事物，空無自性，自然與其他事物也都能夠圓融無礙。宇宙萬象均由法性的理體所彰顯，經由理體所彰顯的一切法相，無一不融通無礙；以理融事，全事如理。有如水面生波，一波才動，萬波相隨；有如因陀羅網，珠珠相攝；有如明鏡互照，光光輝映；重重無盡，事事無礙。也就是說，「理」爲諸法之體，「事」爲一體之用；「理」是事物的總相，「事」是事物的別相；「理」是全體，簡稱「一」；

「事」是全體的組成部分，簡稱「多」。從表面上看，雖然有差別，法相萬千；從本質上看，則性質為一，法性一如。因此能夠稱性融通，一多相卽，大小互融。由於諸事融合一理，所以萬有之間就構成了「相卽相入」的關係。若從一期生滅來看，則是生滅相濟；若從整體宇宙來看，則是生生之德。說明宇宙萬物並行而不悖，一一稱性而融通；事事圓融，無窮無盡，是為「事事無礙法界」。

綜合而言，「四法界」告訴我們宇宙人生的真相。根據宗密法師《注華嚴法界觀門》的說法：我們直接面對的是「法相萬千」的「現象界」，沒想到「現象界」的背後有個「法性圓融」的「本體界」。更沒想到「現象界」與「本體界」是理事交融，性相一如，二而不二，不二而二。但是運作的過程卻是「現象界」與「現象界」直接交互影響，相卽相入，並且重重無盡，事事無礙。因此，就事而言，法界具有「分義」；就理而言，法界具有「性義」；就理事而言，法界具有「性分義」；就事事而言，法界具有「無盡緣起義」。所以說，「法界」同時包含「現象界」與「本體界」；既講「法相」，也講「法性」；既是萬象緣起之意，也是萬象本源之意。法界外在法相萬千，法界內在法性寂然。而且，其最大特色是涵蓋有情、無情的「共說」；其他緣起如「業感緣起」等則只是從有情為本的「個說」而已。每一個事相的背後皆有其原理，但是緣起因果卻可以直接透過「現象界」與「現象界」之間的互相影響而成立並發展，而且重重無盡，有如今人所說的「蝴蝶效應」。然而，何謂法界緣起呢？

法界緣起

華嚴宗透過「法界緣起」來闡釋宇宙萬物世間、出世間的圓融無礙，並認為《華嚴經》卽是在說明「法界緣起」。「法界」是圓滿全攝理事之本體，「緣起」是從本體自然呈現之妙用。「法界緣起」是指世間和出世間的一切現象，都是由真如本性隨緣生起的結果。各種現象相依相資，互為因果，相即相入，圓融無礙，完全處於重重無盡的關係當中。因此，法界緣起又名「無盡緣起」。「緣起」是佛法的根本原理，是佛陀證道成佛之時，所領悟出來的不共世間外道之法門。而且，「緣起」涵蓋宇宙人生的二大方向：一為「流轉門」，二為「還滅門」。「流轉門」即因生則果生；說明生滅不已的「現象界」：六道輪迴。「還滅門」即因滅則果滅；說明不生不滅的「本體界」：寂靜涅槃。而且貫穿三世，遍滿十方。其實整個佛教思想的演進，無非就是緣起理論與實踐方法的不同解說，各宗各派也均是在緣起的原理之下，發展出各自獨特的思想系統。包括：原始佛教的「十二因緣」、部派佛教的「業感緣起」、大乘佛教的「賴耶緣起」、「如來藏緣起」以及「法界緣起」。除了「十二因緣」請參考筆者的第一本拙作《解脫煩惱的方法——八正道》之外，其他分述如下：

一、業感緣起：「業感緣起」就是以「業力」來說明宇宙萬法之生起。亦即世間的一切現象以及有情眾生的生死流轉都是由「業力」所招感。有情眾生時時刻刻以「身、語、意」的行為造作善惡諸事。這些造作的痕跡會形成看不見的業力，其力用不會無故消失，而是會於現在世或未來世當因緣成熟的時候招感相應的果報。在「業力法則」的規範下，善業招感樂果，惡業招感苦果，如此因果相依而循環不已，是為「業感緣起」。有情眾生的果報有正報和依報之分；「正報」有賢愚美醜等差別，「依報」有山川草木等差別。此等果報之好壞，皆由「業力」所招感。感得不同的身心是「不共業所感」，感得相同的世界是「共業所感」。就是因為各類業力之複雜關係，遂形成世間千差萬別之現象。須知造作之因稱為「惑」，造作之事稱為「業」，招感之果稱為「果」。惑有見惑、思惑之分；業有身業、口業、意業之別；果有苦、樂或有漏、無漏之異。惑為心之病，以心之病為緣，而造身之惡；再以身之惡為因，招感生死輪迴之苦果。形成由惑造業，由業感苦，由苦又起惑的「惑、業、苦」無限循環。有漏是煩惱之義，無漏是煩惱斷盡之義。造有漏因，受有漏果，因此不斷地在六道輪迴，是為「流轉門」；造無漏因，受無漏果，因此證果成聖，出離三界，是為「還滅門」。了解「業感緣起」的目的就是要通過修行，修證四聖諦、八正道、三法印等，斷盡煩惱，不再造作有漏之業，斬斷「惑、業、苦」的循環，從此出離三界，寂靜涅槃。然而，「惑、業、苦」到底從何而來呢？若再追究下去，業力其實是來自於有情眾生「阿賴耶識」中所執持的種子，而且貫穿三世。於是接下來我們要介紹「賴耶緣起」。

二、賴耶緣起：「賴耶緣起」就是以「阿賴耶識」來說明宇宙萬法之生起。阿賴耶意譯為「藏」，乃種子之義。所謂「種子」就是阿賴耶識能生「色、心」諸法的功能。阿賴耶識或稱為「藏識」，有能藏、所藏、執藏之義。含藏一切萬法的種子，故曰「能藏」；受前七轉識所薰、所依，故曰「所藏」；被第七識執著為我，故曰「執藏」。阿賴耶識具有生起一切萬法的潛在能力，一切萬法皆由阿賴耶識所變現。阿賴耶識中所執持的本有種子，遇緣會生起現行之萬法，稱為「種子生現行」。於此同時，彼種子所現行之萬法，又於藏識中新薰其種子，稱為「現行薰種子」。種子受薰，成為新種子，藏入阿賴耶識，而後更遇緣則自種子再生現行，現行又反過來再薰種子。如是由本有種子、現行、新薰種子等三法之輾轉相生，互為因果，無窮無盡，是為「賴耶緣起」。其中，所謂「緣」者事實上就是阿賴耶識生起現行的諸法。以現行諸法為緣，進而鼓動種子生惑、造業、招果、感苦。所以說，三世因果的「惑、業、苦」無限循環都是阿賴耶識的作用。世界萬有的差別現象都是由阿賴耶識所展開，宇宙萬物的森羅萬象也是由阿賴耶識所變現，阿賴耶識是世間所有事物的根本原因，是為「流轉門」。若能夠轉識成智，轉染成淨，即可解脫，是為「還滅門」。了解

「賴耶緣起」的目的就是要體悟所謂「萬法唯識，唯識所變；離識無境，離境無識」的道理；修唯識行，悟唯識性，知唯識相，證唯識果；去我執，斷煩惱障，得大涅槃；去法執，斷所知障，得大菩提；最終究竟佛果。然而，阿賴耶識這個妄識到底從何而來呢？若再追究下去，妄識其實是從真心來的。這顆真心就是「真如本性」，或稱爲「如來藏」。於是接下來我們要介紹「如來藏緣起」。

三、如來藏緣起：「如來藏緣起」就是以「如來藏」來說明宇宙萬法之生起。如來藏不但是一切世間雜染法生起之因，也是一切出世間清淨法生起之因。前述的「阿賴耶識」僅爲一切有漏諸法之緣起，但不爲一切無漏諸法之緣起。雖說阿賴耶識是發動宇宙一切現象之本源，然而若深入探究其根源則實爲含藏「真如」的如來藏自性清淨心。「真如」是宇宙萬有的本體；就其真實常住來說是爲「真如」，就其體性來說則爲「法性」，就其諸法實相之義來說就是「實相」，與「如來藏」實屬同體異名。因此，「如來藏緣起」又稱爲「真如緣起」。如來藏爲有情眾生本有的自性清淨心，亦即眾生本具之佛性或法身。由於一念不覺，無明妄動，虛妄薰習，竟演變成阿賴耶識；再由阿賴耶識衍生出七轉識，進而變現生起世間的一切虛妄之法，故知阿賴耶識乃依止於如來藏。所以說，如來藏有常住不變而如如不動之一面，同時亦有隨緣生起而變現萬有之一面。如來藏爲體，阿賴耶識爲相，唯以染淨迷悟而有心真如門、心生滅門二義。就「心真如門」而論，如來藏爲一味平等、性無差別之體；乃一真法界所呈現的全體法界之大總相。就「心生滅門」而論，如來藏隨染淨之緣而生起十法界之別相；依染緣而現六道，依淨緣而出四聖，是爲「如來藏緣起」。然而，無論是「心真如門」或是「心生滅門」，其實都是來自於「一心」；「一心」就是指「如來藏自性清淨心」。然後由「一心」開展出「二門」；當然也可以再由「二門」回歸於「一心」。其中，「開展」是使眾生由淨入染、衍生世間萬法的過程，是爲「流轉門」；「回歸」是使眾生由染入淨、達到解脫自在的過程，是爲

「還滅門」。蓋以真如之體爲因，因緣之用爲緣，而有生滅之相。而且，「心真如門」和「心生滅門」不過是從「本體」和「相用」上對「一心」的開展；實際上「二門」須臾不離，不一不異，無有別體。在「衆生位」，如來藏爲阿賴耶識所攝，故言阿賴耶識，不言如來藏。在「菩薩位」，阿賴耶識攝於如來藏，故言如來藏，不言阿賴耶識。在「佛位」則言法身、法界等，而不言阿賴耶識和如來藏。綜合而言，依如來藏，有生死故；依如來藏，捨生死故；依如來藏，得解脫故；依如來藏，得阿耨多羅三藐三菩提不退轉故。透過「如來藏緣起」我們終於了解到：生死流轉是因爲如來藏，生死還滅也是因爲如來藏。世間的一切有爲、無爲諸法，皆出自如來藏。如是諸法，離如來藏，皆不可得，故知如來藏爲諸法緣起。可惜如來藏緣起尚未能有效說明事物與事物之間的無礙性，乃至一多相卽的圓融無礙境界。事實上一切萬法互相融通，沉浸在相卽相入的關係當中，而成爲一個法界大緣起。於是接下來我們要介紹「法界緣起」。

四、法界緣起：「法界緣起」就是以「法界」來說明宇宙萬法之生起。法界緣起比如來藏緣起多出圓融無礙的觀念。強調事與理、事與事之間互相含攝的圓融性和無礙性。須知緣起差別之相爲事，真如平等之性爲理。如來藏緣起著重在萬法根源的衍生義，認爲諸法染淨皆從「一心」所流出。法界緣起同樣也是認爲世間和出世間的一切事物都是由「一心」所生起，離了「一心」就沒有東西存在。但是，由「一心」生起的所有現象，無不處在多重普遍的關係當中，彼此既互相區別，又互爲存在。其中任何一種現象發生變化，都會影響到其他個別現象和整體現象；所謂「牽一髮而動全身」，就是因爲如此，天底下沒有什麼不可能的事。就算只是小小的變化，也會引起大大的衝擊，所謂「萬有緣於萬有而起」，故又稱爲「無盡緣起」。諸法之間的關係是彼此平等互攝，卻又圓融無礙。故知「法界緣起」是指法界的一切事法，有爲無爲，色心依正，過去未來，相互融通，盡成一大緣起，更無單獨成立者。因此，以一法成一切法，以一切法起一法；也就是一卽一切：一關係著宇宙之一切；一切卽一：宇宙之一切亦含攝於一之中。如是法界之一與一切互爲主從，主伴俱足，相卽相入，並存無礙，重重無盡，是爲「法界緣起」，全稱則爲「圓融法界無盡緣起」。此外，「法界緣起」又可分爲染淨二方面來說。參考智儼法師《華嚴經探玄記》（卷十三）的說法，法界緣起的建立，通常具備三種條件，其一爲染法緣起，其二爲淨法緣起，其三爲染淨合說。「染法緣起」是指真如從「本體界」流轉「現象界」的作用；說明「迷界」之緣起，乃真如無力而無明有力之狀況，是爲「流轉門」。「淨法緣起」則是真如從「現象界」回歸「本體界」的過程；說明「悟界」之緣起，卽真如有力而無明無力之狀況，是爲「還滅門」。因此，真如含有絕對淨與相對染淨二面。真如在本體上所顯現的是「絕對淨」，而在作用上所顯現的則是「相對染淨」。不過，真如的絕對淨含攝相對染淨在其中，不管相對染淨如何變遷流轉，都不會影響真如的絕對淨。所以說，本體上顯現絕對淨，作用上顯現相對染淨，二者其實不一不異，體用相卽，是爲「染淨合說」。由此可知，「法界緣起」可以完整地說明宇宙萬有，有情、無情，世間、出世間，互爲緣起，圓融無礙；有如因陀羅網，光光相攝，重重無盡，甚深緣起。

綜合而言，「十二因緣」是一切緣起理論的基礎，揭示宇宙人生的真相。在緣起流轉與還滅的基礎上，由業感緣起而賴耶緣起，由賴耶緣起而如來藏緣起，由如來藏緣起而法界緣起。業感緣起明「有漏果」勝，賴耶緣起明「有漏因」勝，如來藏緣起明「無爲理」勝，法界緣起明「無漏果」勝。「業感緣起」但說人空，少說法空；依「業力法則」成立三世因果與六道輪迴，是爲「六凡法界」。「賴耶緣起」廣說法相，少說法性；依「阿賴耶識」生起萬法，建立生死因與涅槃因，是爲「緣起法界」。「如來藏緣起」少說法相，多說法性；依「如來藏」一心開二門，二門歸一心，真妄不二，平等一性，是爲「性起法界」。「法界緣起」強調理事無礙，事事無礙；依「法界本體」生起染淨萬法，性海圓融，緣起無礙，相卽相入，重重無盡，是爲「無盡法界」。反過來說，「法界緣起」重視諸法之間彼此平等互攝、圓融無礙的關係；「如來藏緣起」重視染淨諸法都是從一心所流出；「賴耶緣起」重視宇宙萬有都是由阿賴耶識所變現；「業感緣起」重視三世因果都是由業力所形成。所以說，緣起就是依緣而起；表面上是業力所遷，實際上是我們那一顆「心」在主導，特別是「妄識」在作怪。十法界不離一念心；每起一念，卽落一道。心生則種種法生，心滅則種種法滅。世間和出世間的一切法，都是由「一心」所生起。「一心」就是如來藏自性清淨心，就是真如本性，就是法界本體，就是一真法界。然而，雖說法相萬千的「現象界」是由法性一如的「本體界」所形成：理事無礙；但是整個法界的變化，其實是在「現象界」直接的相互影響之下，悄悄地在進行：事事無礙。彼此交絡牽連，緣起甚深難測。悟者爲聖，迷者爲凡。覺悟的聖者懂得在「本體界」控制自己的心，回歸真如本性；迷失的凡夫卻任由「現象界」耍得團團轉，深陷不可自拔。

一真法界

根據宗密法師《注華嚴法界觀門》的說法：宇宙萬有係統一於一真法界，一真法界就是一心，一心涵蓋宇宙萬有。若從現象與本體觀察，則可分爲四種層次：事法界、理法界、理事無礙法界、事事無礙法界。也就是說，法界是「一心」的異名，就心的本體而言爲「理」，就心的作用而言爲「事」。法界乃諸法所依之性，並且可依法界而生諸聖道，故「法界」爲一切萬有之真體，萬行之本源，萬德之果海。法界種類雖多，然四法界盡爲「一心」所含攝，最終歸於「一真法界」。無盡法界不離「一心」，「一心」卽是「一真法界」。在「一心」的作用下，本體的「理」與現象的「事」，以及「事」與「事」，無不處在圓融無礙、重重無盡的關係當中。由一真法界而有四法界，雖有四法界卻又歸於一真法界。一真法界是玄妙之體，乃一切諸法所依而起的性體。宇宙萬法皆是「一心」的變現，「一心」顯現理與事，緣起則在理事之間往行。法界隨緣化現萬有，萬有本性常寂；常寂之性卽是「一真法界」之體，故法界與萬有圓融無礙，成爲一個無礙清淨法界。然而，何謂一真法界呢？

「一」卽不二，「真」卽不妄。也就是說，諸佛平等法身，從本以來，不生不滅，非空非有，離名離相，無內無外，唯一真實，不可思議，是爲「一真法界」。傳燈和尙《淨土生無生論》認爲：「一真法界，卽衆生本有心性。」並且認爲其體性堅凝而不動，淸淨而不染，常住而不壞，不生亦不滅。其次，此本有心性豎窮於過去、現在、未來等三際，橫遍於上下、四面、八方等十方。非有邊際可盡，亦非有數量可量，實乃無盡無量。而且，此本有心性具足十法界，包括四聖界與六凡界，此乃「衆生假名世間」。甚至，也具足衆生的「正報」：五陰和「依報」：國土。所以說，「一真法界」就是指唯一無二、絕對平等的真如理體，乃千差萬別的事物所依據的平等同一之法界本體。尊貴的蓮生聖尊《淸涼的一念》提到：傳燈和尙寫的「一真法界」，也正是「佛性」。十方一切法界本是一真法界，卻因爲衆生妄想、分別、執著而成爲五濁惡世。故知「一真法界」就是宇宙森羅萬象的真實本體，其實就是人人本具的淸淨佛性。然後再由此法界本體隨緣生起作用；唯心所現，唯識所變；一念生起，海印頓現，剎那生滅，當處出生，隨處滅盡。所有十方三世一切有爲諸法，都只是在各自的時空點上，剎那之間，緣具而現。由此可知，「一心」卽是一真法界，進而由「一真法界」開顯出無量法界。每一法界皆具足十法界，十十相乘，乃成無量。在無量法界中，卻又不離一真法界之真如本性，所以一真法界卽是「佛性」。

由此可知，「一真法界」就是如來清淨法界，體同一味，清淨無染，故「不垢不淨」。緣生萬法，法界本體不減；諸緣離散，法界本體不增，故「不增不減」。隨緣無性，無性隨緣，生卽不生，滅卽不滅，故「不生不滅」。法界本體恆常寂滅，無有變易成壞，故常住不懷。法界雖非空非色，但法界能空能色，故無相無不相，是爲「中道第一義諦」。須知「法」卽用，「性」卽體；「用」有相，「體」無相；「法相」由「法性」所生起；「法性」由「法相」所顯現；「法性」就是「一心」，「一心」就是「緣起」。性體隨緣卽成萬用，萬用無性卽歸法性。在「一真法界」裡，沒有妄想、沒有分別、沒有執著；沒有時間、沒有空間；不生不滅、不垢不淨、不增不減；不來不去、不動不靜；因果不二，因果同時。住一真法界，入不二法門，唯有一乘法。所以說，「一真法界」就是真如，就是如來藏，就是實相，就是佛性，就是法性，就是一心，就是緣起；是不可思議的境界，屬法性土；法爾如是，唯證乃知。由此可知，在「一真法界」裡，既沒有妄想，也沒有分別，更沒有執著。三個都有，就是六凡；去除執著，就是羅漢；不再分別，就是菩薩；止息妄想，就是佛。十法界不離一念心，一念心起卽落六道。現在的心境，就是將來的歸宿；將來的歸宿，全由這一顆「心」所決定。因此，「一真法界」只有真心，沒有妄識；離開「心、意、識」，沒有起心動念；遠離妄想、分別、執著。言語道斷，心行處滅，自性現前，清淨心現前；其性本來空寂，但有隨緣之用。前者謂之「性起」，後者謂之「緣起」；「緣起」是用，「性起」是體。性起使緣起可能，緣起令性起發揮。

然而，何謂性起呢？

華嚴性起

根據宗密法師《華嚴經普賢行願品別行疏鈔》（卷一）的說法：法界一心是諸法的根本，共有二門，包括性起門與緣起門。依性而起稱爲「性起門」，依緣而起稱爲「緣起門」。也就是說，「一真法界」具有「緣起」和「性起」二種功能。「緣起」側重於從「現象界」討論萬物如何形成，具有緣起萬法的功能；世間無有一法不是由「一真法界」所生起。「性起」側重於從「本體界」說明法界與萬法的體用關係；法界爲宇宙萬法之體，稱性而起，造就宇宙萬法之用，卻不礙自性空寂。法界緣起的塵塵剎剎之所以相卽相入，全都歸結爲「一真法界」之性起本有功能。也就是說，當宇宙萬法現起時，若從「佛因位」之立場而言，稱爲「緣起」。描述「現象界」重重無盡的因果關係，是「現象界」的因果定律，乃趣向究竟佛果爲因。若從「佛果位」的立場而言，則稱爲「性起」。描述緣起所以成爲可能的基礎，是「本體界」的假設定律，以其由悟界之本性產生。所以說，「緣起」就是在講因果現象，「性起」就是在講法界本體。「緣起」是生滅，「性起」是一真。「緣起」講法相，「性起」講法性；法相萬千，法性寂然。「法界」既是萬眾緣起之意，也是萬眾本源之意。此外，法藏法師《華嚴一乘教義分齊章》（卷一）根據「緣起因分」和「性海果分」來闡明世間和出世間的實相。「緣起因分」是無盡圓融的普賢境界。認爲宇宙萬物互爲因果，是不可思議的境界；一物爲因，萬物爲果；萬物爲因，一物爲果；一卽一切，一切卽一；相卽相入，重重無盡。「性海果分」是不可言說的諸佛境界。認爲真如法性廣博無涯，深奧莫測，恆亙十方，豎窮三際，包羅萬有。此乃佛陀內證的佛海境界，離一切名，去一切相，無法用言語來形容，只好以深廣無涯的大海來譬喻，故名「性海果分」。須知「緣起因分」可說：由此頓演出種種義門，衍生無量教法。「性海果分」不可說：此乃佛陀內證的果海境界，離一切妄念而心傳。「可說」是爲衆生而修因，「不可說」是爲舉果以勸修，最終趣向菩提佛果。「可說」與「不可說」互不相礙。

另外，根據法藏法師《華嚴經問答》（下卷）的說法：所謂「性起」就是指自性本有的存在，並不會隨著因緣而或有或無。所謂「緣起」就是指諸法隨緣生起，卻無有自性。其實，「性起」等同於法性，「緣起」等同於法相。性起是以無起爲其本性，以不起爲起；雖不起卻早已存在，功能具足。聖嚴法師《華嚴性起思想》認爲：性起者卽其法性，一切法性就是以無起爲性。此處所稱的法性，卽諸法之實性。實性沒有分別執著，而現前於菩提心中，故名爲「起」。諸法本具法性，法性雖無起動之相，但自然具足，便名爲「起」。所以說，性起之起，非起動之起，而是以實際的存在爲起。此種存在並非是「現象界」的「法相」，而是「本體界」的「法性」。法相之「起」乃是相對幻現的存在，法性之「起」方是絕對永恆的存在。故不存於緣起的「現象界」，而實存於不動的「本體界」。

所以說，性起之「性」，卽真如理體；性起之「起」，卽依體所現。故知「性起」就是平等法性的「真如理體」，具有隨緣現起萬法的功能。其自性本有，但性本無性，遇緣乃發。無性之理，能融萬法；無性之法，平等一如。就真如理體而言，起實無有起，滅實無有滅，其實根本就沒有所謂的「起」與「滅」；而且緣合不有，緣散不無，不起爲起，起爲不起。根據澄觀法師《華嚴經普賢行願品疏序》的說法：「真如法界」實在是不可思議啊！世間萬法皆依之而起。既含空，也含有；既無形，也無相。藉由言教名相以明其性，卻無有踪跡可尋。不可執著名言之相，方可悟入「真如本性」。因此，必須遠離名字相、言說相、心緣相。所以說，妙有不是真的有，其實是幻有；真空不是真的空，其實是不空；須知真空可以生出妙有，妙有其實出自真空。雖然「現象界」生滅不已，但是「本體界」真常不變。迷之乃現「緣起」，悟之則見「性起」；一切法本質上皆是「性起」，盡虛空遍法界；大如宇宙，小如微塵，其性如一，圓融無礙，互相包容，交相輝映。另外，根據宗密法師《華嚴經普賢行願品別行疏鈔》（卷一）的說法：「真界」就是指「真如法界」，並且可以依緣而生起萬法。法界種類雖多，但統一來看，終歸「一真法界」。此「一真法界」其實就是指諸佛眾生本有的「如來藏自性清淨心」。因此，宇宙萬法無有一法不是由「一心」所現，無有一法不是由「真如法界」所起，無有一法比法界更早存在。宇宙萬法都是假借「真如法界」而得以初始生起。而且，由「一心」而緣起萬法事象，叫做「性起」。在「一真法界」中，一心起萬法，萬法歸一心。無有心外法，能與心作緣，所以甚深緣起卽是「性起」。「一真法界」本無形貌，卻可森羅萬象；遍滿虛空，且能含融萬有。故知法界是一切衆生的本體，從本以來妙明覺澈，量周沙界。由此可知，性起者，「性」卽真界，「起」卽萬法。透過法界本體的本有自性緣起一切諸法；世間、出世間一切諸法全是「性起」；「性起」之外，更無別法。然而，此「性起」不待他緣而生起，而是直接由其自性本具的性德生起。所以說，「華嚴性起」就是由「一心」而緣起萬法的事相，由自性本具的性德生起一切諸法的妙用，超越空有，全性卽用，全用在性。以「不起而起」爲性，故「法性」乃萬法所依之本體；以「起而不起」爲用，故「法相」乃依本體而生起之妙用；雖現萬法，卻不離「一心」而現故。

另外，根據澄觀法師《華嚴經隨疏演義鈔》（卷七十九）的說法，「性起」有二義，卽「從緣無性」和「法性隨緣」。「從緣無性」是指法性緣生，但法性相融。何以這樣說呢？雖然萬法因緣所生，其性本來互相融合，所以性相便可以融攝無礙，因爲同出於法界本體之原故。「法性隨緣」是指法性無性，但隨緣而生。雖然緣生卻實際無生，因此能夠無生而生。所以說，性起之「性」，乃「從緣無性」，以無自性空爲因；性起之「起」，乃「法性隨緣」，以有力、無力爲緣。也就是說，由於淨心與無明、有力與無力之因緣，形成染淨二種緣起，進而有流轉與還滅的現象。須知染淨全由無自性的「性起」所顯；淨心無力而無明有力，故有「流轉」；淨心有力而無明無力，故有「還滅」。由此可知，性起為淨，緣起通染。所謂「淨」者，是指如來大悲菩薩之萬行；所謂「染」者，是指有情眾生之惑業。若以染奪淨，則屬眾生，故唯「緣起」。若以淨奪染，則屬諸佛，故名「性起」。法界本體乃非相對性之二分法，而是絕對性的性體。故知真如法性無有染淨之別，是真淨之境；無住為本，湛然常寂，乃不卽不離，不一不異之絕對中道境界。因此，就惟淨來說，妄雖違真，但妄不離真，而真本無妄，故妄體本真，真妄不二。所以說，「性起」就是依性而起；「性」乃真如本性，「起」乃無起而起。其性本有，待緣生起。也就是說，性雖本有，但要生起作用，仍須待緣，或染緣以流轉，或淨緣以還滅，其實不生不滅。而且，「從緣無性」卽是性空，「法性隨緣」卽是緣起；寂然是全萬法之寂然，萬法是全寂然之萬法；性空當下卽是緣起，緣起當下卽是性空，此名「一乘緣起」。根據宗密法師《華嚴經普賢行願品別行疏鈔》（卷一）的說法：萬法之寂然卽寂然之萬法，因為法界本來如此。就法界體性而言，性卽相，相卽性，性相不二，緣起性空一如；一乘緣起卽是性起，唯有性起方顯緣起真義。

故知「性起」非指「三乘緣起」，而是指華嚴性海的「一乘緣起」。智諭法師《性緣問題之申述》認為：「三乘緣起」者，緣聚則有，緣散則無，有不同無，無不同有。「一乘緣起」則不然，緣聚非有，緣散非無。非有而有，有而非有；非無而無，無而非無。也就是說，一切色緣生故空，無有自性；相上差別萬殊，但仍一性空之色也，有別於「三乘緣起」之緣生緣滅。就「華嚴一乘緣起」來說，乃以無自性空之理為因，以有力、無力為緣，進而形成重重無盡之緣起。因此，「一乘緣起」卽是法性，乃諸法之實性，本就一味，法爾寂然。雖隨緣而起，然實無有起；雖隨緣而滅，然實無有滅；就好像海水起波浪。一般人總以為波浪乃由風吹而起，此是「緣起」觀念。其實波浪乃由海水而起，若無水則風焉能起浪？離水則無浪故，此是「性起」觀念。須知無水不成浪，無浪不見水。水「無性隨緣」而成浪，浪「隨緣無性」而爲水。一水而起萬層波浪，萬層波浪皆是一水。一卽是多，多卽是一，互攝互入，重重無盡。依水成浪，由浪顯水，水與浪不一不異，無礙自在。水就像理，無性是理；浪就像事，隨緣成事。無性隨緣，理不礙事；隨緣無性，事不礙理。於理雖是一真法界，於事不礙十種法界。故性起者，卽法界緣起也；理事無礙，事事無礙。因此，「一乘緣起」之「無自性」其實反而是說事物本身是具足真實本性的；其性本有，性屬無性；非隨緣而有所增減，但能顯現自在之妙用。性起無性，起而不起。就相上說，無有一物；就性上說，無有自性。從緣無性，法性隨緣；緣聚非有，緣散非無；超越相對，是絕對不二的「一真法界」之性起境界。由此可知，因爲「性起」，其性相融，所以諸佛與衆生交徹，淨土與穢土融通，此岸與彼岸相卽，此法與彼法互收，相卽相入，圓融無礙，進而顯現出重重無盡的「華藏世界」。

華藏世界或稱爲「華藏世界海」、「華藏莊嚴世界海」，全名則爲「蓮華藏莊嚴世界海」。「華藏世界」是圓融無礙的表徵，遍一切虛空，含藏一切清淨與染污的世界；其實就是彰顯「一真法界」的究竟解脫妙境。根據八十華嚴經（卷八、卷九、卷十）華藏世界品第五的說法：「一真法界」爲諸佛證悟之法身，是一切世界的源頭，化現出重重無盡的世界海。「十方世界海」就在「一真法界」之中；「華藏世界海」則位於「十方世界海」中央的「普光摩尼莊嚴香水海」的「種種光明蕊香幢大蓮花」的中央。「無邊妙華光香水海」則位於「華藏世界海」的中央。該香水海之上有一大蓮花，名爲「一切香摩尼王莊嚴大蓮花」。該大蓮花之上承載著一個包含二十重世界的世界種，名爲「普照十方熾然寶光明世界種」。「娑婆世界」則位於該世界種的第十三重，屬於「毘盧遮那佛」教化的國土，包含多個「三千大千世界」。我們現在就處於「娑婆世界」之中日月照耀之下的「南贍部洲」，屬於「華藏世界海」無量微塵世界中的一個。

然而，是什麼因緣造就如此莊嚴無盡的華藏世界呢？根據八十華嚴經（卷七）世界成就品第四的說法：一切剎土盡是佛土。其成就之因緣，有如世界海微塵數一般，無量無邊，說之不盡啊！然而，即使有許許多多的因緣成就此世界，但總結來說，卻不外乎二大要素：一爲性起，二爲緣起。「性起」是如來本性，「緣起」是隨緣而起。前者以性爲體，屬理法界；後者以心爲用，屬事法界。不過，心性是一，體用一如，理事無礙，事事無礙。另外，根據六十華嚴（卷三十三）寶王如來性起品第三十二之一的說法：如來性起正法是由一切如來平等無分別的佛智放大光明所現起。須知一切如來的智慧皆同一法味，無有差別，並可據以生出無量無邊的功德。也就是說，「如來性起」意謂著從如來本性而生起諸法。如者性也，來者起也，故名「如來性起」。所以說，性起即是如來，如來即是性起；宇宙萬有即是如來的展相，故知性起即是「法身」。寂然法身遍一切處，不礙萬法；繁興萬法隨緣而現，不障法身；此法身即是「毘盧遮那佛」。其實，整個華嚴世界都是「毘盧遮那佛」的顯現。然而，「毘盧遮那佛」是指「自性佛」，也就是「自性覺」，亦即自性本具的般若智慧，乃自性之本能。此自性在有情曰「佛性」，在無情曰「法性」；「佛性」與「法性」是同一性。故知「毘盧遮那佛」無處不有，無時不在，等同於「時空」或「宇宙」，亦即「法界本體」。須知「法界本體」包含一切，是萬有的根源；其體本一，其性皆同。然而，法性雖同，法相卻千差萬別。何以如此？根據八十華嚴經（卷十）華藏世界品第五之三以及澄觀法師《華嚴經疏》（卷十一）華藏世界品第五的說法：華藏世界海含藏各種相狀的穢土與淨土，前者正是由眾生的「業力」所造成，不可思議；後者正是由佛、菩薩的「願力」所造成，也是不可思議。由此可知，世界的緣起，基本上可以歸納爲佛、菩薩的「願力」以及眾生的「業力」。佛、菩薩的願力不同，故有不同的淨土；眾生的業力不同，故有不同的穢土。不過，不管願力或業力，此不可思議的華藏世界海全是「一心」所作。

根據八十華嚴經（卷七）世界成就品第四的說法：一切剎海國土皆隨業力而生，業力則隨心念而起。心若染污，則一切剎海國土就會變成染污；心若慢慢地由染污轉爲清淨，則一切剎海國土就會同時並存染污與清淨；若能夠深信勝解，發菩提心，則一切剎海國土就會恆久保持清淨。在華藏世界海中，所含攝的衆生，也因爲心有染淨之別，所以處境各異。因此，剎海國土有淨土、穢土之分。可見得一切剎海國土的清淨或染污，皆由「一心」所決定。須知心淨卽處處皆是莊嚴之華藏，心染卽處處皆爲五濁之惡世。然而，要從業力過渡到願力，要從穢土提昇至淨土，還要經過重重的修行，包括發心懺悔、積集善根、轉識成智、嚴淨國土、證不退轉、清淨勝解、修普賢行等。甚至從初發菩提心到修行圓滿，還要經過所謂的「五十二個位階」，包括：十信、十住、十行、十迴向、十地、等覺、妙覺等位階，才能夠成就佛果。其實，最重要的是從根本修。根本在那裡呢？根本在「心」。因爲只要隨其心淨則國土淨，要懂得用「清淨心」來莊嚴佛國淨土。所以說，從「性起」開展「緣起」是爲「流轉門」，從「緣起」回歸「性起」是爲「還滅門」。八十華嚴經（卷十九）夜摩宮中偈讚品第二十云：應觀法界性，一切唯心造。也是在說，性起從性，是真如門；緣起從心，是生滅門。不過，真心就是本性，本性就是真心；心性本是一，有如水與波。根據澄觀法師《華嚴經疏》（卷一）世主妙嚴品第一的說法：萬法皆從法界來，無不還歸到法界去。原來大家都一樣，衆生本來就平等；只因一念無明，而流浪生死。古德有云：「三世一切佛，共同一法身。」須知遍虛空法界萬事萬物都是自心變現出來的，跟自己完全是一體的。一旦明白了這些道理，就不會那麼執著自我了。所以說，只要明白真心，見證本性，就可以回歸法界本體。一旦破了無明，不再起心動念，就可以證得法身。雖然最終歸於寂滅，但是隨緣生起妙用；般若無知，無所不知；法性寂然，法相繁興。雖然來去，其實無有來去；雖然生滅，其實無有生滅。所依之本體，以「一真法界」爲依歸；所現之萬象，以「華藏世界」爲莊嚴。世間萬事萬物莫不相攝相入，主伴俱足，圓融無礙。最後，根據八十華嚴經（卷八）華藏世界品第五之一的說法：華藏世界每一粒微塵裡面，都可以見到圓滿的法界；粒粒微塵無不是法界，遍布整個虛空。因此，微塵裡面有世界，世界裡面有微塵，微塵裡面還有世界；一粒微塵具足無量緣起而有無量世界。所以說，每一樣事物都含容著一切事物，其他任何一樣事物所含容的一切事物也都各自含容著一切事物。故知宇宙萬法，相互融通；以一法成一切法，以一切法成一法；主伴俱足，重重無盡。

總而言之，「法界緣起」的中心思想就是在告訴我們：「萬物一體」與「萬物相關」的智慧。前者卽是「性起」：法性一如；後者卽是「緣起」：法相萬千。既然「萬物同體」，則有如水與波，互相收攝，彼卽是此，此卽是彼，是爲「相卽」。既然「萬物相關」，則有如二鏡，互相映照，彼依此有，此依彼有，是爲「相入」。宇宙萬象就是由自性本有、其性本空的法性理體無性隨緣所生起；具有一多無礙、大小相融的特性。此乃佛陀海印三昧大定的境界；一卽一切，一切卽一；相卽相入，圓融自在；事無礙，理無礙，理事無礙，事事無礙；一微塵可映世界，一瞬間同含永遠；達到「無盡緣起」的究竟內涵。所以說，「華藏世界」就是佛陀所證悟的境界。佛陀依海印三昧，一切萬有無不印現。諸法實相，如如之境，微妙不可思義；故知「性起」其實就是在描述印現在佛陀心海中的莊嚴法界。其中，「海印三昧」是用來譬喻毘盧遮那佛大覺的內容，乃物我一如、性相不二的圓融境界。其實，整個華藏世界就是毘盧遮那佛的化現，以「海」的深廣烘托整個宇宙，以「蓮華」代表清淨性德，以「世界種」顯示差別業力，形成一個重重無盡的法界。也就是說，由自性本有的清淨佛慧顯現出無窮的世界海，海中有清淨蓮花，蓮花中包含著世界種。在無窮的世界種裡面，又各有二十重世界；而其中某一個世界種的第十三重世界就是我們所居住的娑婆世界。不過，須知這一切都是從「一真法界」的真如空中，由「一心」所顯現出來的。因為「心」的作用不同，隨緣感得的境界也就不同。依淨緣而有四聖界，依染緣而有六凡界；須知十法界不離一念心。所以說，在海印三昧中，看見華藏世界海，重重無盡，皆是性起，由一心出，緣起萬法，是為「流轉門」。一旦轉識成智，明白清淨真心，見證真如本性，不再妄想、分別、執著，就可以回歸一真法界，是為「還滅門」。所以說，法界既是始點，也是終點；既是果分，也是因分；始終如一，因果同時。我們原本從法界來，最終也要回到法界去，其實根本無來無去。

第五節　圓覺法門的智慧

「圓覺法門」是頓悟心性的無上法門。何謂圓覺呢？根據圓瑛大師《大方廣圓覺經講義》的精闢看法，以及個人的研究心得，說明如下：圓覺乃「圓滿覺性」之義；亦即眾生本具之「佛性」。或者說，圓即「圓滿」，覺即「菩提」，圓覺就是「圓滿菩提」，也就是指「佛果」的意思。由此可知，「圓覺」即諸佛之本源，眾生之心地，實相之般若，十法界所依之本體。其實就是指人人本有的真心，而非意識上的妄想心，更非生理上的肉團心，而是如來藏自性清淨心。圓滿究竟，覺性充滿；本來清淨，空寂無生；真實不妄，如如不動；隨緣不變，不變隨緣，故又稱為「圓覺真心」。「圓覺真心」能生一切法，能攝一切法，一切法不離圓覺。所以說，「圓覺真心」乃諸法所依之體，諸法乃「圓覺真心」之用。「圓覺」即一心之別名，就是真如本性。在有情中，名為「佛性」；在無情中，名為「法性」；於佛正報，是為法身；於佛依報，是為淨土。此性本有，其性本空，性乃無性，故能隨緣。隨迷悟之緣，緣起十法界。隨迷緣而成六凡法界，隨悟緣而成四聖法界。雖爲迷悟所依，但不爲迷悟所變；圓滿覺性，平等不動。在聖人位，不曾增一分；在凡夫位，未嘗減一毫。卻因爲無明蒙蔽的原故，執迷虛妄幻有，未能認知真如本性，所以不得清淨煩惱，枉受輪迴之苦。「圓覺法門」卽是佛陀以清淨覺相爲核心，以圓覺爲總持，教導衆生通過圓覺三觀，包括修止、修觀、修禪等，知幻卽離，離幻卽覺，斷除無明，通達佛果，詳細說明如下：

知幻卽離

談「圓覺法門」一定會談到《圓覺經》，而整部《圓覺經》的重點就在一個「離」字。離什麼呢？離幻而已！「離」乃遠離之意；更完整地說則是「不執著」的意思。「幻」乃虛幻之意；更完整地說則是「虛妄幻化」的意思。所以說，「離幻」就是遠離虛幻之意。然而，什麼是虛幻呢？根據《圓覺經》的說法：世間所有的一切衆生，包括物質的身體以及精神的心靈都有如幻化。須知身體乃四大所和合的假相，心靈乃根塵相觸所生起的作用，都是因緣所生法。一旦「地、水、風、火」四大體性各自分離，還能夠找到一個和合的我嗎？尊貴的蓮生聖尊《大笑三聲》認爲：人生如幻、如夢、如戲。身子是成住壞空的，是生滅死絕的；老死不可避免，所以身子如幻。心是找不到的，無形無相，無味無聲，所以心亦如幻。存在的世界，從古至今一直不停地變，亦無止盡的變幻，一切器世間均在變化之中，所以世界如幻。所以說，身是幻、心是幻、塵也是幻；「身、心、塵」皆是幻。而且，不僅「身、心、塵」是幻，人生是幻，世界也是幻。然而，爲什麼是幻呢？我們從三個角度來分析：

一、緣起幻相：世間的一切法都是緣起法。因爲緣起，所以生滅；因爲生滅，所以無常；最終歸於寂滅。金剛經（第五品）如理實見分云：凡所有相，皆是虛妄。意思是說，世間的各種事相都是千變萬化的，非恆非久，所以都是虛妄的假相。故知世間的一切，凡是有相的，皆是虛妄。金剛經（第三十二品）應化非真分云：一切有爲法，如夢幻泡影，如露亦如電，應作如是觀。意思是說，一切因緣所生的世間有爲法，都是緣起幻相，幻生幻滅，有如夢幻泡影一般，虛而不實；也像朝露閃電一般，迅速而短暫；都是一時的，實在是無有一法可得；佛陀要我們應當如是看待世間的一切現象。故知世間的一切都只是暫時存在的假相，瞬間卽滅。大般若經（卷三）學觀品第二之一云：若菩薩摩訶薩欲通達一切法，如幻、如夢、如響、如像、如光影、如陽焰、如空花、如尋香城、如變化事，唯心所現，性相俱空，應學般若波羅蜜多。意思是說，若想通達一切法，契入般若空慧，可以透過種種虛幻的比喻，如夢幻谷響等，來體悟現前生命境界的不實在。須知一切法都是唯心所現，法性與法相俱空；更完整地體現出「緣起幻相」的內涵。

二、唯識幻境：世間的一切法都是唯識所變；此識乃指第八識——阿賴耶識。「阿賴耶識」是宇宙萬法的本源；世間的一切色法與心法皆是由「阿賴耶識」所變現出來的。解深密經（分別瑜伽品）第六云：善男子，我說識所緣，唯識所現故。意思是說，我們心識所緣的外境，其實都是由心識所變現的。不但所緣的「相分」是唯識所現，而且能緣的「見分」也是唯識所現。其中，見分是指「能了別」的作用；相分是指「所了別」的色境。「相見二分」出現之後，自我（心）與世界（境）就會出現。所以說，我們所看到的外境，其實都不是真實的；都只是將識外的形相，反映到相分上所顯現的影像，而不是形相本身。一切外境都是由心識所變現出來的，再經過心識的分別才得以成立。如果沒有心識的變現與分別，外境就無法成立。所以說，離識無境，離境無識。我們所看到的一切境相，其實都只是「唯識幻境」的影子而已。

三、唯心幻現：世間的一切法都是唯心所現；此心乃指「自心」。一切法則包括「世間法」——現實世界；以及「出世間法」——理想世界。「自心妄想」就會流浪生死，通向現實世界；「自心清淨」就會趨向涅槃，通向理想世界；剛好呼應「一心開二門」的說法。「一心」是指「如來藏自性清淨心」，等同於圓滿究竟的「佛性」；二門是指「心生滅門」與「心真如門」。前者是指一心執迷，妄識當道，由淨入染，佛成眾生，於是法身輪轉六道；後者是指一心覺悟，真心做主，由染入淨，眾生是佛，於是六道常自法身。由此可知，十法界不離一念心。心造就了「五蘊」，形成了「三界」，甚至連「緣起法」也是心的產物（宋譯本楞伽經 卷二一切佛語心品之二）。心生法生，心滅法滅；一切唯心造，更無別物；真妄不二，唯是一心。由此可知，一切幻境不離自心，幻境背後的本質是真心。根據《圓覺經》的說法：一切眾生種種幻化，非實有體，非實無性，皆生於如來圓覺妙心。圓覺妙心無性隨緣，能現一切事相，便成種種幻化。外境實無，悉由心現。心無定體，無性為性。無性法性就好像虛空，緣起法相就好像空花。虛空本來無花，法性幻有法相，就好像幻化的空花從虛空中無而忽有。法相幻現，法性本空；空花雖滅，虛空不動。所以說，世間的一切，其實都是「唯心幻現」的夢幻而已。

綜合而言，一切幻境，不離自心；只要起心動念，一定是緣起的；只要是緣起的，一定是虛幻的；包括業緣牽引的、妄識變現的以及真心起用的；並且涵蓋業力所形成的穢土以及願力所實現的淨土。所以說，世間的一切都是虛幻的，人生本來就是一場夢幻。而且，不僅五蘊身心是幻，山河大地也是幻；不僅五濁惡世是幻，佛國淨土也是幻；不僅六道眾生是幻，諸佛菩薩也是幻。此幻不只是因緣和合所形成的幻相，也不只是唯識所變的幻境，更不只是唯心所現的幻覺，而是根本就沒有的空花水月。須知空中本來就沒有花，水中本來就沒有月。那為什麼還會妄見空中有花，水中有月呢？那是因為眾生愚癡無明啊！何謂無明呢？根據

《圓覺經》的說法：一切衆生，從無始久遠以來，一念不覺，無明妄動，對於世間的一切現象，有種種的顚倒妄想。不相信有三世因果，不相信有六道輪迴；誤以爲有我，執著有個我。殊不知有我就會有我相、人相、衆生相、壽者相；一旦有此四相，就會分別有你、有我、有他、有壽命長短；進而種種比較，樣樣計較。然後什麼都想要，卻往往要不到，產生許多無謂的煩惱與痛苦。不但誤認四大和合的色身爲「自身相」，執著「四大色身」爲實有；而且誤認能夠分別種種唯識所變的六塵影像的感覺爲「自心相」，執著「六塵緣影」爲實有。沒有辦法看清實相無相，妄執一切幻相爲實有，是爲無明。就好像眼睛有病，產生錯覺，竟然看見空中有花。須知虛空本來就沒有花，因爲眼睛有病的人，看見虛空有花，以爲是真實見，進而妄執空中有花。不但執迷虛空有自性，而且執迷空花有真實的生起之處。就是由於這樣的顚倒妄想，因而導致生死輪轉。須知法無實體，當是無生。如今執迷法有實體，於是虛妄起惑，虛妄造業，虛妄受苦；明明無生，卻枉入生死，故名「無明」。

不過，根據《圓覺經》的說法：其實無明本身也是幻，並非有實體可言。就好像做夢的人一樣，做夢的時候，感覺好像真的一樣，等到夢醒的時候，什麼都沒有，一切了無所得。再恐怖的夢，醒來就沒事了；再美麗的夢，醒來也沒有了。就好像虛空中的花，一旦眼病好了，自然消滅於虛空之中。然而，卻不可以說虛空之中的花有消滅之處。爲什麼這樣說呢？因爲虛空本來就沒有花，是由於眼睛有病，才誤見有花；所以花根本就沒有出處，當然也就沒有滅處。花的出生與消滅，根本就是不存在的。愚癡無明的衆生，不如實知虛空根本無生，於無生中妄見生滅。由於無明妄見的原故，因而輪轉生死。而且，如來在本起因地修行圓滿覺性的時候，皆依圓覺自心之智照，還照清淨本然之覺相；並且早就如實知一切法緣生如幻，猶如空花；如此了知便不會落入生死輪轉，自然也就沒有身心去枉受生死之苦。所以說，事實的真相是並非需要經過刻意的造作，最終才得以脫離生死輪轉；而是本來就像虛空一樣，什麼都沒有；既無生，也無滅。由此可知，「知幻卽離」就是一旦如實知「緣起如幻」與「幻由心生」，就再也不會執著世間的一切，並且加以遠離；當下看破，卽刻放下；心無所住，隨順覺性。其中，「知」就是正見，「幻」就是虛幻，「卽」就是當下，「離」就是遠離。不僅如實知「身心是幻」，而且如實知「圓覺無生」。智諭法師《大方廣圓覺修多羅了義經述要》說：「破乎定有，則知幻有；知諸法幻有，則入圓覺。」意思是說，一旦破除定有的謬見，就會知道一切都是緣起幻有；一旦知道一切都是緣起幻有，就可以悟入自性本來清淨的圓滿覺性。所以說，知幻卽離，離幻卽覺。談完「知幻卽離」，接著我們要來談「離幻卽覺」，說明如下：

離幻卽覺

既然知道一切都是虛幻，當下就要加以遠離，如何遠離呢？根據《圓覺經》的說法，並參考宗密法師《圓覺經略疏》（卷上二）的說法，以及個人的研究心得：「遠離」二字有輾轉四重的深義：第一重：離妄，乃指「離」諸幻境；亦卽遠離一切虛妄幻化的境界；簡稱「遠離妄境」。第二重：離覺，乃指「離」離幻之心；亦卽遠離想要遠離諸幻的心；簡稱「遠離幻心」。第三重：遣離，乃指「遣」離幻之離；亦卽「遠離」本身也是幻，是爲幻智，也是一種執著，必須加以遣離；簡稱「遠離幻智」。第四重：遣遣，乃指「遣」離離之離；亦卽想要遠離幻智之離，也是空花相，需要加以撥遣；簡稱「遠離幻空」。其實就是在告誡學佛的弟子們，首先要儘量遠離一切不如法的塵境，有如「滅境」；其次要儘量遠離一些不如法的「心念」，有如「滅心」；然後把想要「滅境」與「滅心」的念頭也滅掉，有如「滅滅」；最後連「滅滅」的想法都沒有，隨順覺性，有如「滅空」。也就是說，首先要避免接觸，不著一切染塵；其次就算接觸了，則要學會轉念，不起一切染心；然後做到不爲染淨所動；最後做到離而未離，融入自然，隨順一切染淨。既無所謂「染」，也無所謂「淨」，染淨不二，心境一如；這就是「遠離」的四重深義。一旦做到離無所離，也就是沒什麼好遠離的；無生死可離，無涅槃可求；無煩惱可滅，無菩提可證；這樣也好，那樣也好，一切都是很好，其實無所謂好不好，一切平等，就可以斷除各種虛幻，清淨自在。

根據《圓覺經》的說法：修行就好比鑽木取火一般。以木鑽木，摩擦生熱，一旦條件成熟，就可以生出火來。火出之後，還燒二木，皆成灰燼，直到灰飛煙滅，但火已經生起。修行也是一樣，以幻修幻，亦即以「幻身」、「幻心」修「幻法」求「幻智」。就像鑽木取火一般，身心有如二木，幻法有如鑽木，幻智有如火出。未得火時，須鑽木而求；幻智既現，有如火出，則知一切皆幻，當下幻滅。也就是說，以幻心離幻境；以幻智離幻心；以幻空離幻智；以幻滅離幻空。最終，既不住幻，亦不住非幻，一切都無所住，即證圓覺。不過，諸幻雖已滅盡，但是幻盡覺顯，卻不入斷滅，隨緣生出妙用。而且，一旦如實知緣起如幻，當下即可遠離；立刻止息，不須方便。一旦遠離諸幻，當下即可覺醒；直接頓悟，不須漸修。前者重在「知幻」，後者重在「離幻」，共同特點都是「當下成就」，不須拐彎抹角。一切菩薩及末世衆生，若能依此修行，就可以永離諸幻。就像夢中得瘡之人，在夢中痛苦萬分；一旦夢醒，覓瘡了不可得，根本無須施藥，亦無須漸次求癒，當下成就；因爲夢醒就沒事了，而且本來就沒有生瘡這回事發生。

此乃上上根器之人頓悟、頓斷、頓修、頓證之法。頓悟什麼呢？頓悟圓覺自性。何謂圓覺自性呢？根據《圓覺經》的說法：圓覺自性，無性爲性；無性方能隨緣，隨緣而現諸有。依性而起，是爲性起。有如海水因風起浪，浪是水相，水是浪性；萬重波浪，無非假相，水性不動，方爲實相，故說循諸性起。法身性起，隨緣流轉五道，誰爲能取所取？誰爲能證所證？故說無取無證。須知圓覺性本空寂，清淨本然，無有分別；於清淨實相之理中，實無菩薩與諸衆生，菩薩、衆生同歸圓覺。爲什麼這樣說呢？因爲菩薩、衆生不過是假名，皆爲幻化，幻化滅除，故無取證者。所以說，其實我們都是來自於清淨法界，同歸圓覺，平等一如，佛性本具，隨緣幻化。須知我們生理上的知覺，以及心理上的感受，都是此圓覺自性透過六根與六塵所產生出來的現象。其次，往昔迷而不知，如今修行有成，悟後方知，一切衆生本來成佛。既知衆生本來成佛，返觀從前，六凡之輪迴生死，四聖之取證涅槃，皆屬無明夢中之事，故說生死涅槃，彷佛昨夜之夢。既見生死涅槃，猶如昨夢，今無明夢醒，終究了知夢體本空；夢中一切本來沒有，求於去來、迷悟、生死，了不可得，故說無起無滅、無來無去。而且，一切如來圓覺妙心的境界，本來就沒有菩提與涅槃，也沒有成佛與不成佛，更沒有虛妄的輪迴與非輪迴。也就是說，圓覺自性，絕諸對待，本無生死涅槃之相；所以根本就不需要轉煩惱成菩提，也不需要轉生死證涅槃。

根據《圓覺經》的說法：一切如來，所證圓覺，就是衆生本具佛性。清淨本然，一真獨立，諸惑不染，不假修習，故說本無修習及修習者。其次，當知身心皆是虛幻，無有實體，是爲垢染。圓覺本來清淨，無身心等相，故無垢染。由此可知，「圓覺法門」的核心思想就是：知幻卽離，離幻卽覺，覺卽幻滅，滅卽清淨，淨卽自在。永滅一切幻垢之相，包括幻身、幻心、幻塵等；從此十方法界，普皆清淨。並且提到：心清淨了，六根就清淨；六根清淨了，六塵就清淨；六塵清淨了，六識就清淨；六識清淨了，十二入、十八界就清淨；十二入、十八界清淨了，二十五有、國土就清淨；二十五有、國土清淨了，一切就清淨。一切清淨了，則如虛空。須知虛空無生無滅、無染無淨故清淨。而且，覺性有如虛空，無性爲性，空寂無生；虛空平等不動，所以覺性也平等不動。若以虛空比喻圓覺自性，以空花比喻生死涅槃。迷見生死，似眼有翳而見花起；悟得涅槃，似眼離翳而見花滅；執則成有，不執成無。然而虛空本來無花，起無起處，滅何所滅？當知虛空不會因爲有花翳而暫無，亦不會因爲離花翳而暫有。既然虛空非暫有無，因此覺性何關迷悟？所以說，就好像虛空不會因爲空花的起滅而暫有暫無，更何況如來圓覺自性有如虛空平等本性一般，豈會隨著生死涅槃而起起滅滅？不過，雖說覺性平等不動，卻會隨順圓覺自性，成立虛空與一切法。隨順層次不一樣，境界也會不一樣。如何隨順呢？說明如下：

隨順覺性

「隨順覺性」就是指跟清淨的圓滿覺性相應契合的程度；也就是覺性的隨順程度。須知覺性寂滅不二，清淨平等，無形無相，卻具足萬法。理雖頓悟，事要漸修。若不隨順覺性，就會妄想、分別、執著，進而從佛性降格成爲神性，或是人性，甚至墮落成爲獸性，或是鬼性。從佛的圓覺體性來看，世間的一切都是幻化不實的。衆生本來成佛，根本就沒有生死與涅槃。現象隨緣生滅，本具的圓滿覺性，不隨現象生滅。若能如是了知，衆生生死煩惱的色身，當下就是諸佛清淨平等的法身。所以說，在佛的境界，一切萬法都是沒有差別的，根本就是「無修無證」。不過，從衆生的雜染根性來看，執著世間的一切都是實有的。心性本是清淨無染的覺性，可惜被無明煩惱所遮覆，佛心就會變成衆生心。所以說，在衆生的境界，一切萬法都是有差別的，就會變成「有修有證」。因此，從「有修有證」到「無修無證」，需要經過一段「隨順覺性」的過程，最常聽聞的就是菩薩的五十二個位階，包括：十信、十住、十行、十迴向、十地、等覺、妙覺等位階。「圓覺法門」將之歸納爲四種位階，包括：信位、賢位、聖位、果位。「信位」等同於十信的「凡夫位」，「賢位」等同於十住、十行、十迴向的「三賢位」，「聖位」等同於十地的「菩薩位」，「果位」等同於佛果的「如來位」。也就是說，從凡夫開始修行，到聲聞、緣覺，乃至於凡夫菩薩、賢位菩薩、登地菩薩、等覺菩薩、妙覺菩薩，到最後究竟成佛。每個階段的智慧、定力、心境，都依覺性的隨順程度不同而有所不同。因此，可以概分爲凡夫隨順覺性、賢位菩薩隨順覺性、地上菩薩隨順覺性、如來隨順覺性等四種層次。根據《圓覺經》的說法，分述如下：

一、凡夫隨順覺性：一切衆生從一念不覺，無明妄動以來，就會執著「我」與「我所」，產生「我執」與「法執」；然後在「我見」的基礎上，生起「煩惱障」與「所知障」，進而有「妄想我」與「愛我」。殊不知「妄想我」與「愛我」其實都是自己生滅不已的妄識所形成的，因而生起憎愛二心，耽著五欲塵境，自尋煩惱與痛苦，這就是典型的凡夫境界。其次，如果能夠遇到善知識開示「無我」的教誨，入二諦法，觀一切法無性隨緣，隨緣無性，令其開悟清淨的圓滿覺性，體認衆生本具佛性，平等不動，能生萬法，就會明瞭一切事相的起滅始終，皆是緣起幻相，猶如空花而無有實體。須知生滅本來無性，自性本來清淨，一切都是自己的妄識疲勞思慮所生起，實屬庸人自擾；其實煩惱即是菩提，猶如水與波。如果能夠熄滅妄識，當下即是清淨的圓滿覺性。須知疲勞思慮就是緣起，法界清淨就是性空；緣起性空本來不二，皆無所有、不可得。本無煩惱可斷，亦無法界可證。如果有人以爲永遠斷除自我妄識的疲勞思慮，就可以證得法界清淨；或者說，如果有人以爲有煩惱可斷，有生死可了，有菩提可證，有涅槃可得；就會落入法執，貪戀寂靜，有著世間與出世間的分別，是爲有所得心，反而自我障礙，無法證得圓滿覺性，依然不得自在，是爲「凡夫隨順覺性」。

二、賢位菩薩隨順覺性：信位凡夫雖然知道要斷除煩惱，才能夠證得清淨，卻執著在這個清淨的境界上，以有所得心，反而不得自在。所以，接下來賢位菩薩要進一步斷除對於這個清淨境界的執著。須知一切菩薩若以爲有清淨的解脫可得，有清淨的覺性可見，這樣反而會成爲障礙，故說見解爲礙。須知實相無相無不相，非有煩惱可斷，亦非有菩提可證；非是生死以外另有涅槃，亦非是涅槃以外另有生死；其實生死即是涅槃，涅槃即是生死。地前的賢位菩薩雖然斷除見解之礙，不再執著清淨的境界，卻依然住著於有見有覺。換句話說，所斷之見解雖亡，能斷之觀智猶住，名爲「見覺」。須知「覺」本身也是無自性的；因爲「覺」無自性，所以隨緣能知一切法。如果「覺」有自性，則自性不能隨緣；若不能隨緣，則無法分別一切。既然「覺」無自性，云何有「覺」可見？所以說，此能見之見覺未亡，反成障礙，則「覺」亦成障礙，故爲「覺礙」。也就是說，未入地的賢位菩薩雖不執著外境是否清淨，並且完全斷除喜歡出世智慧以及厭棄世間煩惱的分別觀，但還是執著有個覺性存在。因此，住著於淨覺心，以爲有個能覺可得，反而成爲罣礙而不自在，是爲「賢位菩薩隨順覺性」。

三、地上菩薩隨順覺性：賢位菩薩雖然不再執著所斷的境界，但是仍然執著能斷的觀智，依然不得自在。所以，接下來地上菩薩要進一步做到能所雙泯。須知信位凡夫中的「照」是所照之境，以爲有清淨的解脫可求是爲障礙；賢位菩薩中的「覺」是能觀之智，以爲有能見的覺性可得是爲障礙。所以說，有照有覺都是障礙。因此，地上菩薩常覺不住。「常覺」就是無分別智；「不住」就是離二取相。菩薩不但離能覺，而且離所覺；不但無所覺，而且無所不覺，故說「常覺不住」。所照者與能照者，同時寂滅。就好像有誓死之人，以刀自斷其首。首未斷時，則首爲所斷，人爲能斷。首已斷時，則所斷之首已落，能斷之人亦亡，故無能斷者。其中，用「人」來比喻能斷之智；用「首」來比喻所斷之境。也就是說，以礙心自滅諸礙。前者即覺礙之覺，後者即所覺之礙。一旦礙已斷滅，則亦無滅礙者，做到觀智俱泯，能所雙亡。而且，佛所說的一切經典，就好像是標月之指。想要見月，須藉指端；想要悟心，須假佛教。一旦見月，就不應該再執著標月之指；一旦悟心，就不應該再執著文字言教。一切如來種種言說開示，皆有如標月之指。今既明一心，見證本性，則能所俱泯，是爲「地上菩薩隨順覺性」。

四、如來隨順覺性：地上菩薩雖然做到能所俱泯，但是尚未完全證入一真法界，依然不得自在。所以，接下來果位如來要進一步做到能所不二，沒有對立，沒有差別，回歸清淨的圓滿覺性。須知佛的境界真的是不可思議啊！不可「思」是心行處滅，不可「議」是言語道斷。實在是無法想像，無話可說！爲什麼「戒、定、慧」與「淫、怒、癡」俱是清淨梵行呢？真是令人匪夷所思啊！原來，這是因爲果位如來證無分別智，雖分別一切法，卻不作分別想，入二諦中道。因爲一切法都是以無性爲性，所以世間萬法都是平等而無差別的。無性隨緣，隨緣無性；性空緣起，緣起性空，性相本來不二，入不二法門。須知法法同屬無性，法法皆爲實相，法法都是畢竟空，法法無二無別。因爲在一真法界當中，法體清淨，平等不動，無形無相，沒有差別。所以說，在佛的境界裡是沒有對立的，也沒有好壞之分的；這樣也好，那樣也好，一切都是很好的；沒有妄想，沒有分別，沒有執著。衆生本具佛性，自性本來清淨，同屬一真法界；不取於相，如如不動。佛以海印三昧之法界大圓覺海的智慧觀照一切諸法實相，畢竟空寂，顯一切法。雖然顯一切法，卻無法可顯，因爲無性，湛然不動，猶如虛空。若是一水起萬重浪，則爲「海印三昧」，全理成事；若是萬重浪皆歸一水，則爲「華嚴三昧」，全事歸理。理無礙，事無礙，理事無礙，事事無礙。徹底了解真如隨緣起妄想，妄想無性是真如；萬法緣起，緣起如幻。一旦了知一切法虛妄不真，則無明煩惱從此不起。真正做到諸幻離盡，覺性不動，是爲「如來隨順覺性」。

綜合而言，不管是凡夫隨順覺性、賢位菩薩隨順覺性、地上菩薩隨順覺性、還是如來隨順覺性，都要事先了知眾生佛性本具，覺性圓滿，然後悟後起修，這是「圓覺法門」的一大特色。「凡夫隨順覺性」是藉由「能覺心」而欣向涅槃。在善知識的開導下，凡夫知道要遠離勞慮境界，追求清淨境界；實現六根清淨，修到法喜充滿。雖然安住在清淨的心念上，卻執著在清淨的境界中。「賢位菩薩」是藉由「映照心」而離開覺相。有能有所，能覺所覺，能照所照。覺者覺察妄想；照者照破妄想。雖然堅持正念，做到自心作主，卻執著有覺有照。「地上菩薩」是藉由「無住心」而契入中道。能所俱泯，心境一如，了了分明，不離當念；沒有能覺所覺，也沒有能照所照，任其本心自覺自照。「如來隨順覺性」是藉由「圓覺心」永斷無明。能所不二，畢竟空寂，同一法性，清淨平等；超越相對的境界，一切煩惱得以究竟解脫，一切境界皆爲清淨佛土。由此可知，一旦契入如來隨順覺性，就可以在三界當中自由來去。想來就來，想去就去，出也可以，入也可以，那不就是「無所從來，亦無所去」的如來境界嗎？然而，如何成就呢？佛陀教導我們「圓覺三觀」的方法，詳細說明如下：

圓覺三觀

「圓覺三觀」就是可以幫助我們隨順圓覺妙心的三種法門。那三種法門呢？根據《圓覺經》的說法，並參考宗密法師《圓覺經略疏》以及憨山大師《圓覺經直解》的綜合說法：覺性遍滿一切諸法，法法皆爲入證之門；故知方便眾生隨順覺性的法門，其數乃有無量。然而，若將無量法門歸納起來，依循眾生根性的差別，以及證入的深淺，則可以歸納爲三種；包括奢摩他、三摩缽提以及禪那。分述如下：

一、奢摩他：就是「止」的意思，能夠於染淨等境，心不妄緣，等同於「體真止」；以「寂靜」爲相，義當「空觀」，亦即「隨緣無性」。如果諸菩薩能夠領悟清淨的圓滿覺性，佛性本有，然後悟後起修；並以此清淨的圓覺妙心，發起觀照，於一切法都無所住；不取於相，如如不動，雖分別而無所分別；心不隨境轉，但能轉境；以靜爲首，不起妄想，不生煩惱，隨順覺性而行。經由澄清各種妄念，靜到極處，妄想消歇，證得清淨覺相，體悟自心是佛。進而一念不生般若生，覺察識心煩動，但圓覺妙心不動。然後，由靜而生定，由定而發慧，由慧而起用。了知身心所起的客塵煩惱都是虛妄的生滅相，就不會妄加執著。久久觀察，自心光明，忽然發現；心光一發，頓見身心幻妄，本來什麼都沒有。從生滅幻化會入法性無性，從法性無性會入一真法界，看見諸法實相；頓破無明，頓證無生。由於如實知一切法如幻如化，身心客塵永滅，便能夠由內心真正生起「寂靜輕安」的覺受。然後，由於寂靜的原故，十方諸如來心，便能夠在寂靜覺照的心中顯現。須知佛心即是我心，我心即是佛心；唯有一心，沒有二心，都是如來藏自性清淨心。猶如明鏡照映諸像，皎然清淨，了了分明；而且影來不拒，影去不留，此方便法是爲「奢摩他」。

二、三摩鉢提：就是「觀」的意思，能夠隨緣歷境，安心不動，等同於「方便隨緣止」；以「幻」爲相，義當「假觀」，亦即「無性隨緣」。如果諸菩薩能夠領悟清淨的圓滿覺性，佛性本有，然後悟後起修；並以此清淨的圓覺妙心，智慧覺照六識、六根以及六塵皆無自性，都是自心所現，皆屬緣起幻化，雖有而性常自空。須知眾生本覺，妄起無明；一念不覺，執幻爲實，進而爲幻所苦。於是生起幻智「始覺」，欲除無明「不覺」；「始覺」以後，「究竟覺」以前，皆是以幻除幻。依如幻「始覺」智力，頓破如幻「不覺」無明。然後隨機應化，廣說利生幻法，開示如幻眾生。由於生起如幻的智慧，觀一切如幻眾生原來與我本來同體。然而，我今已悟、已覺，而眾生未悟、未覺，於是生起同體大悲之心；我當廣度眾生，卻不取度生之相，便能夠由內心真正生起「大悲輕安」的覺受。須知一切菩薩都是從這裡開始起觀修行，發菩提心，隨順覺性，從淺至深，漸次增進；從信位、賢位、聖位到果位。但是要注意的是：由於對待未忘，先遣所觀之境，猶存能觀之智；故說「能觀」之幻智與「所觀」之幻境是不相同的。但是，所觀既忘，能觀亦泯；幻法既無，幻智何有？若存幻智，猶未離幻。因此，「能觀」與「所觀」其實都是幻；要做到能所雙亡，境智俱泯，唯一真心，從此幻相永離。所以說，諸菩薩所修的圓滿妙行，就好像播種入土，依土長苗，樹苗漸漸茁壯，最後開花結果；待結實收成時，則苗土俱可捨之。其中，種子就像覺心，泥土就像幻法，樹苗就像幻智。依幻法而生起幻智，依幻智而證入圓覺，從此能所不二，成就佛果，此方便法是爲「三摩缽提」。

三、禪那：就是「靜慮」的意思，能夠不分別生死、涅槃，止息有無等二邊之相，等同於「息二邊止」；以「寂滅」爲相，義當「中觀」，亦即「隨緣無性不二」。如果諸菩薩能夠領悟清淨的圓滿覺性，佛性本有，然後悟後起修；並以此清淨的圓覺妙心，外忘其境，不取著幻化的有邊，領悟「緣起」的道理；內忘其智，不取著寂靜的空邊，領悟「性空」的道理；進而雙離二邊，直觀中道，境智俱忘，身心寂滅。既不住著緣起的假相，也不住著性空的實相；都是無性能隨一切緣，隨緣能成一切法；領悟「緣起就是性空，性空就是緣起」的道理。了知生理的「身」與心理的「心」都是造成我們無法解脫的障礙；因爲身是四大假合，心是六塵緣影，不但身心如幻如化，一切「根、塵、識」都是如幻如化。眾生愚癡無明，妄執身心爲我，產生我執與法執，而有種種罣礙。須知根本無明與圓覺之明，都不是依循身心而有。須知法身本來就沒有身心相，也沒有生滅相，真正超越一切相對性。做到「離境」就可以超越有礙，做到「離智」就可以超越無礙；並且永遠超越有相、無相等各種障礙的境界。有礙指事，無礙講理；不取事法界，不取理法界，理事無礙，事事無礙。超礙離智，境智俱空，能所不立，無有對待，畢竟寂滅，同一法界。懂了這些道理，就可以受用依報的世界與正報的身心，生死自主，身心自在，而且不會被它們所束縛，導致痛苦萬分。也就是說，身雖處塵勞之境，卻不被塵勞之境所侷限。就好像器中之鍠，所發洪鐘之聲，並不會被鐘器所限制，聲音依然可以遠播，以此隱喻法身可以出礙。所以說，法身與相用二者的關係，就像鐘體與鐘聲一樣，兩不相礙；一是性空，一是緣起；二者是一不是二。煩惱與涅槃的關係也是如此，空不礙相，相不礙空。因此，超越有爲，則煩惱不能留，是爲「寂」；超越無爲，則涅槃不能礙，是爲「滅」；二邊不著，一切妄想、分別、執著都不存在。不管是煩惱還是涅槃，皆屬無性，都不會形成障礙；便能夠由內心真正生起「寂滅輕安」的覺受。契合妙圓覺性，隨順寂滅境界。而且，無處不寂滅，無處不清淨；無時不寂滅，無時不清淨。身心之相沒有了，我法二執破除了，甚至連衆生相與壽者相也消失了；從此遠離四相，不再起心動念，不再分別執著，入不二法門，此方便法是爲「禪那」。

綜合而言，修「奢摩他」，取於靜相；依止修定，一心出世，以寂靜爲目標，生起「寂靜輕安」，悟入性空。修「三摩缽提」，取於幻化；依觀修慧，一心入世，以度生爲目標，生起「大悲輕安」，悟入緣起。修「禪那」，既不取諸靜相，也不取諸幻化；依慧生明，一心不亂，以寂滅爲目標，生起「寂滅輕安」，悟入緣起性空不二。尊貴的蓮生聖尊《清淨的圓鏡》認爲：奢摩他是用「寂靜」的方法去修；停止一切，使自己澄清。三摩缽提是用「幻觀」的方法去修；以清淨的想念來替代妄念，以幻除幻。禪那是用「超越」的方法去修；不取淨法，也不取幻法，直接超越，沒有分別心，什麼都好，就是大圓滿。簡而言之，就是止掉你的妄念，觀一切都是幻，超越過去就是禪。若能夠知幻卽離，離幻卽覺，就可以圓滿證悟。若能夠圓滿證悟，離盡諸幻，妙契法身，卽成圓覺之佛。其中關鍵就在我們那一顆「心」！心若清淨，以淨覺心，隨順覺性，離能離所，圓顯實相。心若妄動，以分別心，有能有所，執著取相。取什麼相？取著我相！有我相就會有人相、衆生相以及壽者相。我相就是「我」，就是「心」，就是「能」；人相、衆生相以及壽者相就是

「我所」，就是「境」，就是「所」。一旦妄取四相，有我、我所，心境對立，能所對待，就會愛恨交織，進而造業輪迴。因此，我們要遠離四相。如何遠離，說明如下：

遠離四相

根據《圓覺經》的說法：一切眾生從無始以來，一念不覺，無明妄動，妄執四大爲我身相，六塵緣影爲我心相。於是妄執身心而有我相，是爲「我」。有我相就會分別人相、眾生相、壽者相，是爲「我所」。須知一真法界中，本無分別；「我、人、眾生、壽者」等四相，皆爲虛妄幻化之相。無明眾生虛妄分別，誤認此四相爲實體之我，是爲「四顛倒」。進而「起惑」、「造業」、「受報」。爲了想要掙脫「惑、業、苦」的循環，厭離生死流轉，於是發心修道，息緣斷惑。雖然遠離世俗之我，卻以爲有生死可斷，有涅槃可得，導致沉空滯寂，虛妄見有偏真涅槃之果，說穿了其實也是由於執著有我的原故。所以說，動念息念皆歸迷悶；因爲一念妄動而入生死，或者息生死念而取涅槃；前者起惑造業，後者沉空滯寂，俱屬染污真性。不知生死涅槃皆虛妄而無實體，法無實體，云何可息？然而，何謂四相呢？根據《圓覺經》的說法，分述如下：

一、我相：須知心所證者就是我相。由於眾生執著有我，妄起分別，分別能證所證。眾生心以爲有能證的我，有所證的法。不管能證、所證，都是我心所起。我心是什麼心呢？有所得心。一切法本不可得；凡有所得，皆是我相。如果一念證性未亡，就表示無明未破，我相猶在。眾生心執著證於無上菩提或究竟涅槃，皆是我相。總而言之，我相者「我能」也。若人執著「我」，便是「我相」。

二、人相：須知心悟證者就是人相。此心是眾生心，總認爲有個能悟，有個所悟；有個能證，有個所證，是爲人相。若有所悟證，卽是分別。能分別是我相，所分別是人相。衆生心自以爲澈悟涅槃，皆是我能我所。只要心中稍微有一點取著所悟之境，或者自以爲完全備盡所證之理，就是「人相」。總而言之，人相者「我所」也。若人執著「我所」，便是「人相」。

三、衆生相：須知衆生心能證是我相，衆生心所悟是人相。我相是「我」，人相是「我所」，皆屬「人我執」。「我」、「我所」所不能及者是法相。法相是衆生相，是五蘊和合之相，屬「法我執」。我相是能，人相是所；前者破能，後者破所，衆生相是能所雙破。須知能所皆不可得，無能、無所就是一真法界，一真法界不分「你、我、他」。於我相、人相以外，既非我相，亦非人相；但是如果仍然存在有所了別的，亦卽我執以外的法執，就是「衆生相」。總而言之，衆生相者「法相」也。若人執著「法我」，便是「衆生相」。

四、壽者相：須知命根就是我相，然後由我相而有生滅不已的壽者相。一般人追求世俗的短暫快樂，執著有個我存在；爲了滿足自我，反而落入生滅不已的壽者相。修行人追求出世的永恆寂滅，執著有個永恆寂滅可以追求；爲了常住寂滅，一樣落入生滅不已的壽者相。因爲不管心中是想要常保快樂，或者是永恆寂滅，只要跟時間、生滅有關，那個壽者相都還在。須知圓覺本來清淨，無能所分別，無能照、所照。總而言之，壽者相者「生滅相」也。若人執著「生滅相」，便是「壽者相」。

綜合而言，衆生心「能證」是「我相」，衆生心「所悟」是「人相」，衆生心「了別」是「衆生相」，衆生心「覺照」是「壽者相」。有「我相」就有煩惱與痛苦，有「人相」就有比較與計較，有「衆生相」就有關係與牽連，有「壽者相」就有宇宙與三世。卽使是修行人，只要還有能所之別，就會落入有法；一旦落入有法，就一定存有四相。其中，我相、人相是「人我相」，屬「人我執」；衆生相、壽者相是「法我相」，屬「法我執」。根據《圓覺經》的說法：如果想要證入清淨的圓滿覺性，就必須知道我法皆空。如果知道「我」緣生無性，則知「我空」；如果知道一切「法」緣生無性，則知「法空」；如果知道我法二空，則證入「無生」；如果證入無生，就可以證入清淨的圓滿覺性。所以說，我法皆空，則讚毀亦空；自然不見有毀我者，亦不見有讚我者。如果尚覺得有我在說法，有我在度衆生，正是我相未斷。我相一旦未斷，則隨之而有人相、衆生相、壽者相；一旦四相俱全，就有能所二法，就是分別心；一旦有分別心，就會有所執著，就不能證入清淨的圓滿覺性。尊貴的蓮生聖尊《清淨的圓鏡》提到：有分別就是執著。心不住相，就可以超然。

然而，該如何遠離四相呢？智諭法師《大方廣圓覺修多羅了義經修學記》說：「末世衆生爲什麼不能成道？簡單講，就是迷理與著事。」迷理就是看不破，著事就是放不下。尊貴的蓮生聖尊《清淨的圓鏡》教導弟子們要不執不惑。「不執」就是不要執著；盡力去做而已，至於將來怎麼樣，無所謂！學習放下。「不惑」就是不要迷惑；因爲迷什麼，就會被綁什麼！學習看破。然而，不要執著什麼呢？不要執著我相、人相、衆生相、壽者相；因爲有執著就會有煩惱與痛苦。不要迷惑什麼呢？不要迷惑世間、出世間的幻相；因爲有迷惑就會有顚倒與夢想。有顚倒夢想就會執著四相，執著四相就會不得自在。全部不執不惑，就會達到清淨。「圓覺法門」教導我們：遠離諸幻，以幻除幻，到最後無幻可離，無所成就，隨順如來覺性。從此遠離四相，通達無我，不起貪著，平等無住。知幻卽離，離幻卽覺，覺卽幻滅，滅卽清淨，淨卽自在。須知假我幻妄，法身常住；法相繁興，法性平等。一切都不離二諦法，性相一如，理事無礙，真俗不二，二諦其實是一諦，一諦其實是無諦。沒有我，沒有你，也沒有他；沒有空間，也沒有時間；一真法界，法體清淨。要悟常住法身，圓滿覺性，就要日用現前，一則身行要戒，二則心行要定，三則智慧要開，做到不執不惑；六根門頭，起心動念，執著我處，當下照破，本來無我。無我則無人，無人則無衆生；衆生既空，則生死根絕；生死既脫，則無壽命；四相既除，則證無分別智，能所不二，無住生心，不畏生死，不住涅槃，自度度人，任運自在。根據金剛經（第二十三品）淨心行善分的說法：遠離四相，不住著有，修慧也；修一切善，不住著空，修福也。以無所得心，福慧雙修，二邊不著，契入中道，究竟涅槃；圓證無上菩提，體證平等法身，見證圓滿覺性，是爲無上正等正覺。不過，修此圓覺法門，尚須避免四種禪病，那四種禪病呢？說明如下：

遠離四病

解脫的境界不可思議！成佛的境界不可思議！不是愚癡無明的凡夫可以想像得出來的。佛陀告訴我們：衆生佛性本具，衆生皆有佛性，衆生本來是佛。佛性就是清淨的圓滿覺性，人人本有，在凡不減，在聖不增。只因無明蒙蔽，未審世間如幻，因而妄想執著，進而造業輪迴。在追求解脫的過程當中，只要我相未除，能所未泯，就很容易產生四種禪病。包括：我要精進修行，我要隨順自然，我要止息妄想，我要永恆寂滅。這些本來都是好事，爲什麼反而說是病呢？根據《圓覺經》的說法：修此圓覺妙法，應該遠離四種禪病，那四種禪病呢？一是作病，二是任病，三是止病，四是滅病。分述如下：

一、作病：「作病」就是造作之病；也就是起心造作的意思。如果有人說，以我本來之心，造作種種之行，欲求圓覺之性。然而，這是不可能的啊！爲什麼這樣說呢？因爲圓覺之性，天然本具，自性本有，非造作可得。如果不懂得隨順自然，過於執著得失成敗，過於強調有我證悟圓覺，就會變成造作。如果造作得太過，就是得了作病。也就是說，如果以有所得心，想要悟入圓覺之性，雖然精進修行，無異緣木求魚，因此說名爲病。

二、任病：「任病」就是放任之病；也就是放任隨性的意思。如果有人說，不用斷生死，因爲生死本空，何須斷除？也不需求涅槃，因爲涅槃本寂，何須尋求？涅槃與生死，既不欣也不厭；無涅槃之念起，無生死之念滅；進而放任彼一切，隨順諸法性，欲求圓覺之性。然而，這是不可能的啊！爲什麼這樣說呢？因爲衆生從無始以來，皆在虛妄幻化之病中；若不除此幻病，不會自然成佛。若欲除此幻病，則當修學佛道，而不是放任隨性。因此，若想要悟入圓覺之性，雖無修而修，不應除法，但須除病，豈可放任隨性而得以悟入？因此說名爲病。

三、止病：「止病」就是止息之病；也就是止息妄念的意思。如果有人說，只要永遠熄滅心中的各種妄念，就可以證得一切法性寂然平等，進而欲求圓覺之性。然而，這是不可能的呀！爲什麼這樣說呢？因爲世間諸法，緣起性空，性空緣起；諸念隨緣而起，緣起無性，無性本空，焉可止息？因此，若興起止息妄念之想，此想亦是妄念。如果以爲把妄念壓抑停止，就可以不起分別之心，看見自他平等，體證物我一如，進而生出圓滿覺性，這是從未有過的事，因此說名爲病。

四、滅病：「滅病」就是寂滅之病；也就是滅除心境的意思。如果有人說，若能夠永遠斷除一切煩惱，從此不再起惑造業，身心何有？是謂畢竟空、無所有。身心既空，根塵安在？一切都是虛妄境界。一旦心境俱泯，就可以證得一切法永遠寂滅，進而欲求圓覺之性。然而，這是不可能的呀！爲什麼這樣說呢？因爲一切法緣起無性故空，此「空」是能生出妙有的真空，不落斷邊；空無自性隨緣而有，此「有」是由真空所生出的妙有，不落常邊。離於二邊，契乎中道，方是諸法實相。因此，若一味地認爲永遠的寂滅才是真正的究竟涅槃，就會落入沉空滯寂，因此說名爲病。

綜合而言，行者修學「圓覺法門」，不能過於執著造作，也不能完全地放任隨性，更不能用壓抑的方式來止息妄念，也不能落入死氣沉沉的斷滅空。尊貴的蓮生聖尊《清淨的圓鏡》說：「守戒得太過，就得了作病；隨順得太過，就得了任病；你壓抑得太過，就得了止病；你認爲一切都是死滅的，就得了滅病。」根據《圓覺經》的說法：如果能夠遠離這四種禪病——作病、任病、止病、滅病，以無住心契合無相法，就可以知道圓覺自性本來清淨，不假修證。最後，《圓覺經》認爲：衆生若想要會入圓滿覺性，應當發廣大的菩提心，並如此宣示：「盡於虛空之內，所有一切衆生，怨親平等；我皆令其發心修行，同入究竟圓覺而成就佛果。」在圓滿覺性之中，衆生本來無性，有情同一法身。離一切相，即是法性；沒有能取證者，也沒有所覺悟者。所以說，雖滅度衆生，卻不見度生之相，故能以平常心廣度無量衆生。並發願去除「我、人、衆生、壽者」等四相以及自他不平等的顛倒心，做到不取於相，如如不動。度盡一切衆生而不取一切相者，乃是以悲導智；不取一切相而不捨一切衆生者，乃是以智導悲。若能夠如是發心，悲智雙運，理事不礙，就不會墮入邪見。須知身心的覺受，都是圓滿覺性透過「根、塵、識」所產生的現象。一切妄念都在現象中生滅不已，猶如幻相。無明妄念雖如幻相生滅，圓滿覺性卻如虛空不動。「圓覺法門」教導我們的就是：有相皆幻，知幻即離，離幻即覺，覺即幻滅，滅即清淨，淨即自在。其中最關鍵的心法就是：圓覺三觀，遠離四相，不執不惑，隨順覺性，能所不二。若再濃縮成精華中的精華，那就是「無我」二字。「無我」真的很自在！

第六節　法華一乘道的智慧

「法華一乘道」是經中之王——《法華經》所宣說的圓教法門。何謂一乘道呢？在原始佛教時期，「一乘道」特別是指「四念處」。到了大乘佛教時期，「一乘道」乃是指「一佛乘」。根據法華經（卷二）方便品第二的說法：佛陀爲了因應衆生根機之不等，於是先說三乘方便之法。「三乘」包括聲聞乘、緣覺乘以及菩薩乘。然後會三乘之小行，歸廣大之一乘。須知三世一切諸佛，皆說一乘成佛之法。因此，「一乘道」就是最終引導衆生走上成佛之道。只有成佛，才是最究竟的真實之法，其他都只能算是方便權宜之法。所以說，所謂「一乘道」就是成佛的唯一之道。「法華一乘道」致力開顯一佛乘之理，會三歸一，開權顯實，開跡顯本，說十如是，一念三千，皆當成佛，引領衆生入佛慧，成就無上佛道。其中，所謂「會三歸一」就是佛陀初說三乘之法，引導衆生，其實只是一種權巧方便，最終還是以大乘之法來度脫衆生。亦即以三乘爲方便，一佛乘爲真實，會三乘而歸一乘也。因此，法華經（卷二）方便品第二認爲：只有一乘法而已，二乘、三乘都只是方便說，方便接引相應的衆生進來，最終還是要引導衆生繼續前進，直到最究竟的佛乘。其次，所謂「開權顯實」就是開方便而顯真實。開方便者，開三乘教之方便；顯真實者，顯一乘教之真實。「權法」指的是善巧方便之法，代表佛陀所有的一切言說；「實法」指的是中道實相之法，代表諸法寂滅之不可言說。「開權顯實」就是藉由權巧方便令衆生悟入諸法實相。此外，所謂「開跡顯本」就是開垂迹之近佛，顯本地之遠佛。垂迹者，應現化身；本地者，法報二身。須知佛永遠與我們長相左右；只要衆生有需要，緣分到了，佛就再一次垂迹示現，爲一大事因緣而出現於世；緣分盡了，就示現涅槃，回歸一真法界；來去自如，是謂如來。甚至可以說：衆生不生不滅的法身就是本，三世輪迴的幻身就是迹。然後，所謂「十如是」

就是從十個面向來呈現諸法的如實之相，幫助我們看清楚每一個存在的「人情事物」。包括：如是相：指諸法外在可見之相貌或形相，亦即法相；如是性：指諸法內在不可見之本性或心性，亦即法性；如是體：指諸法相性包括五蘊、十二處、十八界等所依之心法與色法，亦即理體；如是力：指諸法之體潛在所具備的功能力用，亦即能力；如是作：指依功能力用所造作之業，亦即所作；如是因：指能夠產生十法界之果的直接原因，亦即習因；如是緣：指助因感果的間接條件，亦即助緣；如是果：指依習因與助緣所生成之果，亦即習果；如是報：指為了酬因所招感的未來業報，亦即報應；如是本末究竟等：指初以如是相為本，終以如是報為末，都是因緣所成，彼此相關，始終一貫，究其極致，法性畢竟空寂，實相平等一如。我們一生當中，都是在「十如是」裡面起惑、造業、感果、受報，循環不已。若能夠學習從「十如是」來面對世間，看待諸法，即能夠契入佛的智慧。

另外，所謂「一念三千」就是指日常一念心具備世間所有一切可能的法相，進而體現出法界全體。例如，雖然我們在人間，但是只要瞋念一起，就現地獄相；貪念一起，就現餓鬼相；癡念一起，就現畜生相；善念一起或是進入禪定，就現不同層次的天人相，觀四聖諦、悟十二因緣、發四弘願、見證本性，就現四聖界。在當前的一念心中，就可以展現出十法界、三千世間的形形色色。一旦有心念生起，必定具足三千世間。所以說，生命的每一瞬間，無不具足三千諸法，三千諸法就在一念心之中。不但具足宇宙的森羅萬象，同時也貫穿布滿整個宇宙。甚至每一界的眾生，都因為「一念三千」而有通往其他九界的可能性，成佛也因此成為可能。最後，所謂「皆當成佛」就是主張人人都可以成佛。為什麼呢？因為一切眾生本具佛性。須知諸佛世尊以一大事因緣，出現於世，其心願就是令眾生開示悟入佛之知見，亦即取得跟佛一模一樣的知見，徹底了知一切法的中道實相，令得清淨，趣入一佛乘，最終皆當成佛。「法華一乘道」告訴我們：其實我們都一直走在邁向成佛的路途中。沒有三惡道的淬鍊，如何知曉天道人間以及出離世間的可貴呢？沒有經過愛與恨的洗禮，如何體會愛與恨的可怕呢？沒有來人間走一趟，如何了解人生原來是一場夢幻呢？須知恩怨的人生太苦了！無知的輪迴太難熬了！無明柱與愛染繩，造就無形的業力，牽繫著芸芸眾生在六道裡團團轉，難以超脫，無有了時。不僅看到自己苦，也看到眾生苦。只要看不破、放不下，焉有不苦之理。須知什麼都想要，真的會瘋掉！什麼都不要，真的沒煩惱！什麼都不求，真的很自由！什麼都看開，真的很自在！就算只要一些，也會困在三界！就算只求一點，也會痛苦萬千！所以說，來人間走這一遭，消極來講，是來酬業、報恩的；積極來講，則是來還願、學習的。學習什麼呢？學習看清宇宙人生的真相，學習看懂宇宙人生的真理。其實就是學習如何親證諸法實相！學習如何邁向成佛之道！所以說，「法華一乘道」是非常珍貴的大法，教導我們要以「成佛」為唯一目標。因為十方三世一切諸佛，同樣都是宣說「法華一乘道」。須知諸佛語無異，唯有「一佛乘」，無有二乘法；因為學佛就是要成佛，涅槃只是中途化城！

第七節　淨土法門的智慧

想要成佛，就要悲智雙運，福慧雙修。不僅要做到身心清淨，還要做到世界清淨；不僅要成就眾生，也要莊嚴淨土。所以說，修證成佛可得二種圓滿：一是法身圓滿，二是淨土圓滿。從此出離三界，任運自在，自受法樂，常樂我淨。然而，「法身圓滿」並非只為了自身清淨，而是為了眾生清淨；「淨土圓滿」並非只為了安頓自身，而是為了攝受眾生。所以說，學佛就是為了成佛，成佛就是為了度眾。其中，成佛就可以證得如來清淨「法身」，回歸法界本體——常寂光土，永斷生死。度衆就要發大悲願，圓滿「報身」，成就佛國淨土——實報莊嚴土，攝受衆生。同時，也會應衆生的種種需要，千處祈求千處現，就像觀世音菩薩一樣，隨類「化身」出現在衆生所需之處——方便有餘土或凡聖同居土，滿衆生之願；這也就是所謂的「三身四土」。然而，根據唯識學家的說法，大乘菩薩以「自力修行」爲主，以大智開導有情、以大悲利益衆生，捨身捨心，爲人爲法，如此修證成佛卻要歷經三大阿僧祇劫，需時甚久，是爲「難行道」。甚至學佛一世，來生享福卻造業，甚至墜入三塗，反成學佛人的「三世冤」，就像南宋時期的大奸臣秦檜一樣：前世修行學佛，爲雁蕩山僧；今世貴爲宰相，卻冤斬岳飛；後世墮入地獄，且遺臭萬年，何其不值！因此，仗佛願力，帶業往生的「易行道」——淨土法門乃應運而生。所謂「淨土」就是清淨的佛土，亦卽透過諸佛本願，爲了攝受衆生，所建立的理想世界。目前大家普遍認知的「淨土法門」就是求生「但受諸樂、無有衆苦」之清淨莊嚴國土——西方極樂世界。淨土法門，十方共讚，三根普被，利鈍全收，最爲殊勝。只要信心堅定，發願往生，迴向淨土；並發菩提心，專注念佛，持之以恆，一心不亂，與佛相應，就可以在臨命終時，蒙佛接引，帶業往生，蓮花化生，花開見佛，永不退轉，一世成佛。一旦能夠往生清淨的佛國淨土，就可以獲得無邊的清淨與永恆的安樂，從此再也沒有憂悲惱苦與恐怖迫害。不但身心清淨，生活清淨，業障清淨；而且還可以聽聞佛法，安穩修行，不再輪迴，直到成佛。

然而，西方極樂世界到底是何樣貌呢？依照淨空法師《認識西方極樂世界的真善美》的說法，並參考尊貴的蓮生聖尊《九品蓮花生》及其親身遊歷西方極樂世界的神奇之旅，綜合說明如下：西方極樂世界既沒有險惡的地形，也沒有受苦的三惡道；超勝三界，清淨無染。黃金爲地，平整柔軟，所觸皆妙；能享樂受，能增道心，能生法喜。而且光明無限，無有晝夜之分。任何物品都是七寶所成，光明耀眼，閃閃發亮，賞心悅目。水中有流泉寶花，地上有亭台樓閣，空中有羅網交絡。還有七重欄楯、七重羅網、七重行樹，都是四寶所成，周匝圍繞。又有七寶所成的水池，池中充滿八功德水，清澈涼快。池中的蓮花大如車輪，青黃赤白，美侖美奐，各朵蓮花，微妙香潔。不僅天花飄散，而且香氣四溢；甚至有種種奇妙雜色之鳥，出和雅天音。須知十方世界的衆生往生西方極樂世界的時候都是透過蓮花化生的，所以極樂世界也稱爲「蓮花世界」。此處的衆生依照發心、持戒、善惡的程度，分成九品，從上品上生到下品下生。其中，只要慈心不殺，具諸戒行，讀誦大乘經典，修行六念，迴向發願，願生彼國，必得上品上生。或者就算有衆生造不善業，應墮惡道，經歷多劫，受苦無窮，臨命終時，遇善知識，教令念佛，如是至心，稱念「南無阿彌陀佛」，具足十念，卽得往生，是爲下品下生。不過，雖然有九品之分，但是極樂世界各品的衆生，生處是一樣的，住處是一樣的，蒙佛教化的機緣也是一樣的，一切平等無有差別。從此煩惱沒有了，痛苦也沒有了，再也不需要爲日常三餐或生活煩心擔憂。甚至在佛力的加持之下，各品之中的衆生長得都一模一樣，六根完整不缺，面貌莊嚴端正。不但能知宿命，具五神通；而且無有男女之別，因爲皆平等一相故。從此不再有淫欲，勤修清淨梵行。而且，隨著品別的上昇，身形也會隨之增大，層次也會不斷提高。甚至壽命無量，光明無量，聲聞無量，緣覺無量，菩薩無量。最重要的是能夠安居樂業，不愁吃也不愁穿。想吃東西的時候，食物器皿自然化現；吃完之後，自然消失。想穿什麼樣的衣服，也是自然化現。真正實現「思食得食，思衣得衣」；一切受用，隨心所欲。從此離苦得樂，故名「極樂」。而且，不管什麼人，包括：凡夫、二乘、菩薩、根缺、女人、善人、惡人，只要發願往生極樂世界，都可以獲得不退轉位。然後在阿彌陀佛的教導下，以及觀世音菩薩和大勢至菩薩，乃至於無數菩薩的幫忙下，安心修行，而且必定能夠在一生當中圓滿成佛。淨空法師說：「所以極樂世界純粹是所學校，那裡只有老師與學生這兩種人。老師是阿彌陀佛，學生就是十方世界往生到極樂世界的衆生。」因此，西方極樂世界真的就像一所學校一樣，一所專門提供佛法學習的學校，沒有任何的旁鶩與干擾，專心學習就對了，而且還是成佛保證班。

然而，這麼殊勝的一所佛法學校，到底要如何報考呢？根據《阿彌陀經》的說法：若有善根深厚的男女信衆，一旦聽聞阿彌陀佛，一心稱念「阿彌陀佛」聖號，最少一日，乃至七日，無有間斷，念至一心不亂，臨命終時，阿彌陀佛就會率領聖衆前來接引。只要臨終之時，不要心慌意亂，也不要顛倒妄想，就可以順利往生西方極樂世界，這就是殊勝的「念佛法門」。不過，念佛並非只是稱名而已，主要是以「信、願、行」爲三要，但以持唸「阿彌陀佛」聖號爲其特色。須知「信、願、行」是修行淨土法門的三大資糧，如鼎之三足。非信不足以啟願，非願不足以導行，非行不足以滿所願、證所信。「信、願、行」若成，必得往生淨土。其中，「念佛法門」包括：持名念佛、觀像念佛、觀想念佛以及實相念佛。所謂「持名念佛」就是依名起念，稱誦「阿彌陀佛」聖號。所謂「觀像念佛」就是依相起念，觀佛相好。所謂「觀想念佛」就是依觀起念，例如可以依照《觀無量壽佛經》的「十六觀」進行觀想。所謂「實相念佛」就是用真性專念自性本具天真之佛；依般若慧，離一切相，遠離妄心，老實念佛，淨念相繼，自得心開，實相現前。可惜衆生心妄，妄念生滅，心粗而散，觀想不易，遑論實相，故多以「持名念佛」爲對機。總而言之，「淨土法門」是以衆生厭離娑婆並深切信仰阿彌陀佛本願攝受功德爲基礎，以阿彌陀佛本願的加持爲根本，以發願往生、迴向淨土、一心念佛、蒙佛接引爲方便。若能夠至誠恭敬，老實念佛，則人人必可往生淨土。奉勸諸位，趕快念佛吧！只要還有一口氣在，一切都來得及！南無阿彌陀佛！

第八節　結語

人活在這個世間，面對命運的作弄，經常是無語問蒼天。多少人感嘆，人生這條路，爲什麼這麼難走！如果不了解宇宙人生的真相與真理，就會被無形的業力牽著團團轉，遍嚐人生的酸甜苦辣，根本就無力出脫苦輪，更遑論成佛。其中，了解宇宙人生的真相就是看清「現象界」，了解宇宙人生的真理就是證悟「本體界」。看懂「本體界」的原理，就知道「現象界」該怎麼操作，就不會隨著「現象界」的生滅起伏而心驚膽跳。其中，「現象界」就是法相；「本體界」就是法性；約法相而說是「有」，約法性而說是「空」。法相就是俗諦，或稱世俗諦；法性就是真諦，或稱第一義諦，二者合稱二諦。佛法雖廣，不出二諦。故知諸法緣起是世俗諦，實相性空是第一義諦。佛依二諦說法，令我們依世俗諦悟入第一義諦。所有證悟菩提的智慧都沒有離開二諦的範圍，各種大乘法門也都嘗試努力揭開二諦的真相與原理。

須知凡夫愚癡無明，一心執迷，妄識當道，心隨境轉，則入六道；聖人自覺聖智，一心覺悟，真心做主，心能轉境，則同如來。迷者迷什麼？執迷「世俗諦」的法相有！悟者悟什麼？覺悟「第一義諦」的法性空！只要不執著「世俗諦」的法相有，就可以悟入「第一義諦」的法性空。其中，心若契入真空本體則有「空智」，或稱爲「一切智」；屬於聲聞、緣覺「什麼都不要」的智慧；有「空智」就可以出離生死，出世寂滅。心若契入假有萬象則有「俗智」，或稱爲「道種智」；屬於菩薩「什麼都無怨無悔」的智慧；有「俗智」就可以不畏生死，入世度衆。心若契入中道正見則有「中道智」，或稱爲「一切種智」；屬於佛「什麼都知道」的智慧；有「中道智」就可以自主生死，自在成佛。如何證得三智？其中，「止觀」扮演非常重要的角色。不管是「一心三觀」或是「圓覺三觀」，都是在教導我們透過「空觀」證得「一切智」；透過「假觀」證得「道種智」；透過「中觀」證得「一切種智」。然而，必須切記「空有」都不可以執著，遠離二邊，且不住中。若執著法相有，就會落入生死；若執著法性空，就會落入頑空；而且連不執著也不可以執著。不但不住生死，而且不住涅槃，甚至連不住也不住；如此方得以契入中道實相，回歸真如本性，究竟寂靜涅槃，成就無上菩提。

綜觀一切法門無非都是在教導我們如何契入「中道實相」；包括：八正道是中道，緣起是中道，般若是中道，唯識是中道，如來藏是中道，八不是中道，二諦是中道，不二是中道，實相是中道，佛性是中道，圓覺是中道，一佛乘是中道等。須知一切法「現象界」雖然有生有滅，一切法「本體界」實則不生不滅；能夠遠離生滅二邊，方爲中道之理。也就是說，一切法緣起幻有，一切法自性本空；緣起與性空交融無礙，依此「二諦」而顯中道。所有「現象界」與「本體界」具有一體不二之關係，稱性融通，一多相卽，理事無礙。但是整個法界變化的運作過程卻是「現象界」與「現象界」直接交互影響，相卽相入，重重無盡，事事無礙。「本體界」之法性真諦隨緣便成「現象界」之法相俗諦，「現象界」之法相俗諦無性便成「本體界」之法性真諦。儘管一切法「法相」千差萬別，但是一切法「法性」平等無二。原來世俗諦與第一義諦，無有分別，真不礙俗，俗不礙真，故知「法相」與「法性」是一不是二，是謂「真俗不二」。所以說，「法相」乃依「法性」而有，「法性」乃依「法相」而顯。事從理成，理從事顯；理事從來不二，性相始終一如。因此，不但要悟入法相緣起，而且要證入法性空寂。

總而言之，衆生佛性本具，覺性圓滿；卻因無明覆藏，妄入輪迴；只要隨順如來覺性，便可回歸法界本體。此性雖有，卻屬無性，無性可以隨緣，隨緣生起萬法。因此，世間諸法都是隨著衆生心、依著緣起法而現有生滅；須知緣起生滅的法相，其背後其實是空寂無生的法性。只要一念妄動，法性真諦就會生出法相俗諦；只要無念無住，法相俗諦就會回歸法性真諦。因此，心若不動，則入第一義諦；心若妄動，則入世俗諦；其實無所謂動不動，根本就是「無心」，根本就是「無事」。因為世間的一切法都是虛幻的；佛陀要我們內寂其心，外息其緣；遠離四相，不為外境所動；去除三心，不為煩惱所亂。定慧等持，不執不惑；應無所住，而生其心。心內無念，心外無相，心無所住，清淨無為，心不移動，一切都無所得。而一心成妄識或者一心歸真心的關鍵就在於本有「智慧」的開顯。須知明白一切事相為「智」，了解一切事理為「慧」；前者就是看懂宇宙人生的真相，後者就是證悟宇宙人生的真理。不僅外在是空的，內在也是空的；一切法，無所有，畢竟空，不可得。「形容詞的空」告訴我們法相「無常苦空」；「名詞的空」告訴我們法性「無生唯空」；「動詞的空」告訴我們心要「無我放空」。由此可知，法相是空（形容詞），法性是空（名詞），心識也是空（動詞）。若能夠通達一切法緣起如幻，無有自性，法性空寂，平等無二，自然而然破除一切妄想、分別、執著。此外，佛陀還告訴我們：知幻卽離，離幻卽覺，覺卽幻滅，滅卽清淨，淨卽自在。諸佛世尊以一大事因緣出現於世，就是為了令衆生開示悟入佛之知見，證一切種智，徹底明白宇宙人生的真相與真理，徹底了知宇宙萬法的中道實相，令得清淨，成就佛道。然而，我們來人間走一遭，嚐這麼麼多苦，受這麼多難，其實就是來學習如何親證諸法實相！學習如何邁向成佛之道！學佛本來就是為了要成佛，成佛終究就是為了度衆生。人生、五趣、六道、三界、十法界都是我們學習的道場；沒有煩惱何來菩提？沒有衆生何以成佛？若不懂得宇宙人生的真相與真理，就會歷經漫漫長夜而且毫無意義的無盡輪迴，因此生死沉淪；若能夠參透宇宙人生的真相與真理，苦澀難熬的生死流轉反而變成修行成佛的最佳道場，因此稱願再來。然而，在明空智慧尚未圓滿，度衆功夫尚未純熟之前，又沒把握確保生生世世走在佛陀的正法上，一不小心反而落入了修行人的「三世冤」。因此，不妨發菩提心，一心念佛，祈求佛力加持，往生極樂淨土，比較安全妥當；等到實力夠了，就可以再度造訪娑婆，廣度無量衆生。

第六章 慈悲心

無緣大慈，大慈無悔；
同體大悲，大悲無怨；
隨緣大喜，大喜無憂；
平等大捨，大捨無求。

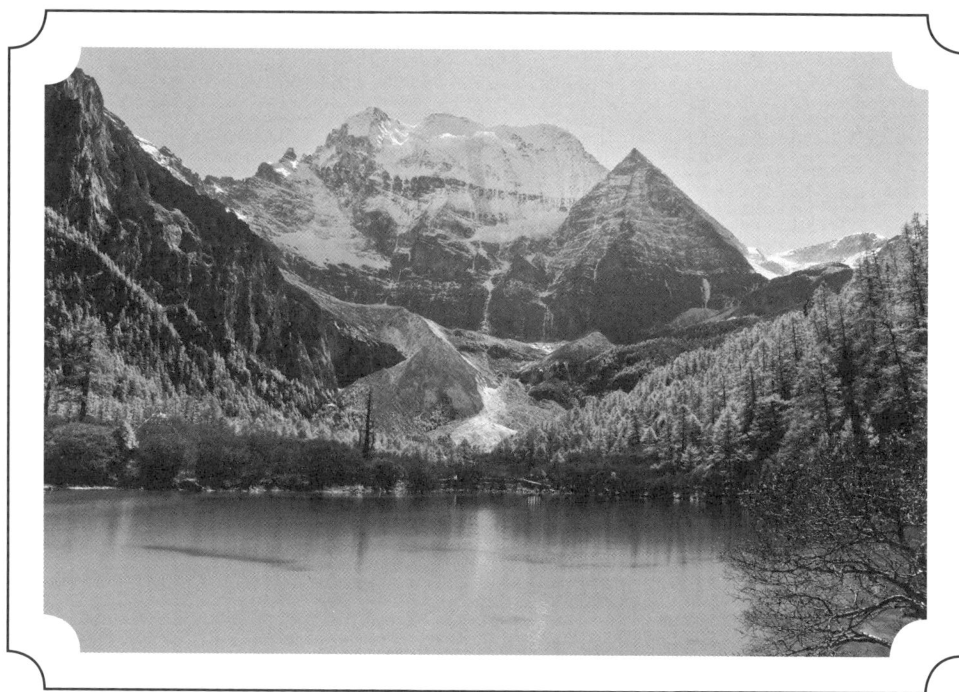

第一節　前言

解脫煩惱的智慧告訴我們宇宙人生的真相與原理：法相緣起無常，法性空寂無生，法界性相一如。其中，苦樂、昇沉、生死、染淨、凡聖的關鍵就在於我們那一顆「心」。須知一切法從心想生；心隨境轉，則爲凡夫；心能轉境，則同如來。妄識當道則現六凡界，淨智現前則爲四聖界。因此，我們要勤修「戒、定、慧」，精進斷煩惱；然後以無爲的心，做有爲的事；廣度無量衆生，實無衆生可度。看破紅塵，一切都無所求；放下得失，一切都無所謂；顯露真心，一切都無所住；回歸本性，一切都無所得。「無所求」就不會貪，「無所謂」就不會瞋，「無所住」就不會癡，「無所得」就不會妄想、分別、執著。沒有「貪、瞋、癡」就可以得涅槃，沒有「妄想、分別、執著」就可以證菩提。其實，這一顆「心」就是我們當下面對宇宙人生的態度。什麼樣的態度既可以幫助我們正確地面對世間，清淨生活，圓滿人生；又可以幫助我們順利地邁向出世間，提昇生命，解脫煩惱呢？進而做到無所求、無所謂、無所住、無所得，最終成就佛果呢？沒錯！就是慈悲！爲什麼是慈悲呢？因爲「慈悲」是人類共同的普世價值。須知「生命增上」的智慧之重點在於發增上心、懺悔業障、相信因果、止惡防非、行善積德。懂得慈悲，就比較容易做到關懷包容，植德積福，進而改變命運。「出離生死」的智慧之重點在於發出離心、厭離生死、離欲清淨、滅盡煩惱、解脫生死。懂得慈悲，就比較容易對治「貪、瞋、癡」，圓滿「戒、定、慧」，進而出離三界。「證悟菩提」的智慧之重點在於發菩提心、行菩薩道、慈悲度衆、平等不二、自性清淨。懂得慈悲，就比較容易做到無怨無悔、永不退轉，進而成就佛果。由此可知，不管是「下士道」追求生命的增上，「中士道」追求生死的出離，還是「上士道」追求菩提的佛果，「慈悲」都扮演著極爲重要的角色。

然而，何謂慈悲呢？慈悲是萬善之基，衆德之藏；是一種對生命的尊重。星雲大師《佛教的慈悲主義》說：「慈悲是淨化的愛、昇華的愛，是無私而充滿智慧的服務濟助，是不求回報的布施奉獻，是成就對方的一種願心。」須知世間的愛多半是有條件的、求回報的、雜染的、會變化的。慈悲則是無條件的、不求回報的、清淨的、永遠不變的。有一點像父母對子女無私奉獻的愛，只是對象是普及於一切衆生而已。簡單來說，慈悲就是真心地對他人好，而且不爲什麼。也是我們對待他人的一種態度，同時是誠懇的、仁慈的、善良的、平等的、清淨的。亦卽始終爲他人著想的一種生活態度。廣義來說，則可以分成四個面向：慈悲喜捨。「慈悲喜捨」就是以慈心爲本的「四無量心」，或稱爲「四無量足」、「無量心三昧」、「無量心解脫」。其中，「慈」是與樂，祈願衆生得到安樂。「悲」是拔苦，祈願衆生遠離苦惱。「喜」是歡喜，祈願衆生離苦得樂而心生歡喜。「捨」是平等，不論親疏遠近，一律平等無差別。換句話說，「慈心」就是永遠只對他人好，不對他人不好；而且是無條件、無所求地對他人好。不管他人對我們好不好，我們都要對他人好，而且是不求回報的好。「悲心」就是永遠將心比心，易地而處；只要看到衆生在受苦，就會心生悲憐而想要出手相助，並且願意承擔，甚至代爲受苦，因爲實在是無法看見他人受苦而無動於衷。「喜心」就是永遠無條件地正面取向，永遠無所求地正面對待。不管他人對我們好或不好，不管面對的處境是好是壞，一切都是很好；而且這樣也好，那樣也好，沒有什麼不好的；因爲否極可以泰來，絕處可以逢生；最壞不過如此，谷底就要回昇；看到他人好，真心替他人高興，絕不會見不得他人好，而心生嫉妒，內心充滿無限歡喜。「捨心」就是永遠平等看待一切，包括有情衆生與無情塵境；不分你我，無有內外；無諍無對，無怨無悔；進則承擔，退則安住；觸境如鏡，事過境遷；既不留下半點痕跡，也不帶走一片雲彩；捨去過猶不及的激情，捨去能所有無的執著，一切皆捨，連捨也捨；其實本來什麼都沒有，何來有捨？由此可見，若能夠圓滿成就「慈悲喜捨」，距離解脫的境界已經不遠了。所以說，「慈悲喜捨」是「世間法」通向「出世間法」的橋樑。接下來，要爲各位讀者揭開解脫煩惱的第二個祕密——慈悲。

第二節 為什麼要慈悲？

俗話說：「有人的地方，就有糾紛。」人與人之間的相處之道，真的是一門大學問，到底該不該用慈悲來面對呢？在現實生活中，不是我們不慈悲，而是經常看到人性的醜陋面，甚至是親身經歷被人性蹂躪的慘痛教訓，不禁感嘆「人」真的好可怕啊！「人」真的是太壞了！古今中外皆然。甚至可以說：「人根本就是具有高等聰明智商的野獸啊！」碰上了，就很麻煩。爲了滿足私慾，什麼好事、壞事都幹得出來，而且無所不用其極。明的、暗的、騙的、偷的、搶的，什麼爛招數都有，讓你防不甚防，讓你擔心受怕；就算你不去招惹他，他也會來招惹你。能慈悲嗎？所謂「人善被人欺，馬善被人騎」，爲什麼做冤大頭的總是我！就算試著想要慈悲看看，結果不是熱臉貼冷屁股，就是付出沒有回報，甚至是真心換來絕情的悲慘下場！好不容易決定用慈悲的態度待人處世了，現實的世間回報給我們的反而是冷酷無情。怎麼會這樣子呢？就像現代賴樹明博士《報應看得見：壞蛋別逃》中記載了許多人性醜惡以及血淚斑斑的真實案例。唉！人爲什麼要活得這麼辛苦、這麼無奈呢？可是，不慈悲，難道要以暴制暴、以牙還牙嗎？以暴制暴、以牙還牙真的就可以解決問題了嗎？憤怒、仇恨、報復只會把事情搞得更糟而已！如此冤冤相報何時休啊！到底該怎麼辦呢？其實，仔細想想，這都是因爲我們只是用世俗現實的思維模式，而非用三世因果的思維模式來看待世間的一切，當然看不清楚事情的真相。加上我們對慈悲的正確認識不夠，以爲慈悲就是一味地對他好，不斷地給他好處，忽略了動機的純正性以及手段的適當性，反而變成世俗的寵愛與溺愛了。或者是一味地退讓，無奈地被人欺負，忽略了生命的尊嚴性，反而變成世俗的軟弱與退縮了。甚至是抱著「有所得」的心來行慈悲，缺乏般若智慧的引導，一旦付出不等於回報，或是退讓越過了底線，當然就會發出世間冷暖、上天不公的感嘆了。所以說，慈悲還要搭配智慧，才能夠拿捏得恰到好處。也就是說，自己要先堅強起來，豐富起來，具足智慧、慈悲和法力，才有資格談解脫、當菩薩、度衆生。該用棒棒糖的時候，就要用棒棒糖；該用斧頭砍的時候，就要用斧頭砍。後來藏地密宗發展出「息災、增益、敬愛、降伏」等方便法門，不也是同樣的道理嗎？幫助或不幫助都是慈悲；甚至救護與誅殺都是慈悲。須知慈悲爲本，方便爲門；爲的就是幫助衆生離苦得樂，但內心都是清淨的，了知一切都是緣起。其實，試著看看自己的長相，是不是長得一副「業障臉」啊？摸摸自己的良心，是不是常常在那邊天人交戰啊？所謂「相由心生，命由己造」，就會了解這些遭遇根本就是自己招惹的呀！從「緣起」的觀點來看，什麼樣的心，決定你長成什麼樣子，遇到什麼樣的人，招感什麼樣的命運！怪來怪去，怨來怨去，最後的癥結還是自己。能不慈悲嗎？須知對他人好，其實就是對自己好；對他人慈悲，其實就是對自己慈悲。因爲你用慈悲的態度待人處世，從三世因果的思維模式來看，他人回報給你的也一定是慈悲的態度；然後以個人的命運曲線在今生來世呈現出來。

根據增壹阿含經（卷四十一）馬王品（四〇五）的說法：佛陀以自己爲例，說明過去曾經於累世當中，恆修慈心。而且，只要恆修慈心，不管有佛或無佛出世，皆可修證解脫。並提到自己披著慈仁的戰袍，降伏衆魔官屬，坐在菩提樹下，成就無上之道。因此，佛陀不禁讚嘆：慈最第一，慈者最勝之法；行慈心者其德如是，不可稱計。所以說，慈悲不僅有益於當世，也有益於來世，更有益於解脫，是佛陀認定最爲殊勝、第一無上之法。其次，須知對人慈悲的最大受益者其實就是自己。想要別人對你好，那麼你就得先對別人好。「慈悲喜捨」真的可以帶來很多好處。根據增壹阿含經（卷四十七）放牛品（四四三）的說法：如果有人修習「慈心解脫」，廣爲宣布「慈悲喜捨」之涵義，並且爲人演說，可以獲得十一種果報好處，包括：睡眠安穩，不做惡夢，情緒安詳平和；而且受到天神護祐，與人相處融洽，人見人愛；更不會受人陷害、傷害和毒害；也不會受到戰爭、水患、火災、盜賊的侵擾。身壞命終時，還可以往生梵天善趣，光明清淨，這是何等的殊勝。想要平安過日子，免於恐懼，身體健康，諸事順利，所求如願，心想事成，進而滿心歡喜，幸福快樂嗎？佛陀教導大家一個非常殊勝的法門，那就是「慈心解脫」。因此，我們要慈悲！

此外，根據增壹阿含經（卷七）安般品（一三〇）的說法：「慈悲喜捨」或稱爲「慈悲喜護」，可以有效地對治我們的煩惱結使。這是佛陀開導羅雲比丘，在修行「安般法」以去除愁憂，修行「不淨觀」以去除欲貪之後，應當修行「慈悲喜捨」以去除瞋心、害心、嫉心、慢心等諸煩惱。因此，我們要慈悲！而且，根據中阿含經（卷三）業相應品 伽藍經（一六）的說法：「慈悲喜捨」可以幫助我們輕鬆地做到十善業，讓我們的「身、口、意」得到清淨；包括：慈心不殺、慈心不盜、慈心不邪淫、慈心不欺、慈心不兩舌、慈心不惡口、慈心不綺語、慈心不貪、慈心不瞋、慈心不邪見。因此，我們要慈悲！另外，根據中阿含經（卷六）舍梨子相應品 梵志陀然經（二七）的說法：身行慈、口行慈、意行慈，真心地想要對所有的衆生好。從遍滿一方開始，然後再依序遍滿各方，直到充滿四維上下等一切世間。心極廣大，無邊無量，善加修習。修習多修習，可以幫助我們斷除欲貪，捨離欲念，身壞命終的時候，上生清淨最勝的梵天。因此，我們要慈悲！然後，根據雜阿含經（卷二十一 五六六／五六七）的說法：修習「慈悲喜捨」可以幫助我們進入深沉的禪定境界，是進一步邁向解脫的基礎；甚至與「空三昧、無相三昧、無所有三昧」等「三三昧」或「三解脫門」有著同等的地位。因此，我們要慈悲！另外，根據雜阿含經（卷二十一 五六六／五六七）的說法：「貪、瞋、癡」煩惱是依緣而起的；「無諍」是依「慈悲喜捨」而成就的，與「三解脫門」——空、無相、無所有均等，同樣是空於貪、瞋、癡、常見、我見、我所見的。由此可知，「無諍」的「四無量心」與「三解脫門」相應。雖然就修行法門來看，是有不同的說法、不同的法味；但是就修行成果來看，其實是同一法義；都可以止息「貪、瞋、癡」等煩惱的生起，從此與人無諍，斷一切煩惱，得入寂靜涅槃。因此，我們要慈悲！

其次，根據中阿含經（卷十五）雙品 牛角娑羅林經（一八五）的說法：只要依照「四禪」、「慈悲喜捨」、「四無色定」的順序，修習禪定，進而引發六神通，就可以心慧解脫，最終出離生死。顯而易見，「四無量心」在原始佛教時期基本上是被定位在「禪定」的層次，並以對治「瞋、害、嫉、慢」等煩惱爲主。若能夠透過修習「四無量心」而成就「四禪」乃至於「四無色定」之殊勝定境，就可以再依「定增上」轉進「慧觀」，然後依「智增上」起修，進入解脫聖道之流，畢竟解脫的關鍵在於本有無漏智慧的開顯。所以說，除了「行慈」襄助「禪定」之外，還需要進一步「慧觀」；亦即如實知「四聖諦」、「緣起法」，並依照「八正道」實修實證，正觀五蘊無常、苦、無我、空，徹底斷除「貪、瞋、癡」等煩惱，直到諸漏已盡，才是最勝究竟。因此，我們要慈悲！最後，根據龍樹菩薩《大智度論》（卷二十）釋初品中三三昧四禪四無量心四無色定的說法：大悲是諸佛菩薩功德之母，也是般若波羅蜜之母，更是諸佛的祖母。爲什麼這樣說呢？因爲菩薩以大悲心成就般若波羅蜜，進而成就佛果，故說「大悲」是諸佛之祖母。也就是說，大乘菩薩廣行六度可證佛果，六度以般若爲本，般若以大悲爲本，大悲以衆生爲本。大乘菩薩依般若空慧住「四無量心」，以大悲愍念一切衆生。將「慈悲喜捨」遍滿十方法界，圓滿具足六波羅蜜，趣向一乘成佛。唯有大乘菩薩以大悲大智的方便力，了知一切法空，不捨一切衆生，才能夠成辦菩提事業。於無量劫中廣修悲智，終日度生而實無一眾生可度。所以說，大乘菩薩的特徵就在「慈悲」，不但不畏懼眾生之難度，也不害怕佛道之長遠。須知離了眾生就沒有慈悲，離了慈悲就沒有六度，離了六度就沒有般若，離了般若就沒有菩薩，離了菩薩就沒有諸佛。因此，我們要慈悲！須知「解脫」與「成佛」最大的差別就在於「解脫」只是自覺，「成佛」則不僅要自覺，還要覺他，直到覺行圓滿。換句話說，修行不能停在自覺而已，自覺只是讓自己學會了一套解脫煩惱的方法，確保可以正確無誤地渡向彼岸，寂靜涅槃；還要繼續努力向前邁進，將無常、苦的出離心向外輻射擴散，更願一切有情眾生悉皆出離。看到眾生輪迴之苦，有的爲業力所苦，有的爲身心所苦，有的爲執著所苦，既無明又愛染，不斷造業而不自知，心中不禁生起大悲，於是大乘菩薩乃應運而生。大乘菩薩以救濟一切眾生爲己任，以廣度一切眾生爲宏願，並以成就佛果爲最高目標。面對如此難行深遠之路，若沒有大悲心做基礎，將會很容易退墮。因此，我們要慈悲！

綜合而言，人與人之間的接觸是不可避免的，在人性還沒有完全淨化之前，人與人之間的糾紛與衝突就會頻頻發生，人生的煩惱與痛苦就不會停止，生死輪迴就會繼續上演。在處理人際關係的眾多法門中，佛陀盛讚「慈悲」最爲第一。不僅可以利益自己，對治煩惱；也可以持戒清淨，上生梵天；更可以襄助禪定，與人無諍；甚至可以證無漏慧、解脫自在；進而廣行六度、成就佛果。由此可知，「慈悲」其實與「戒、定、慧」三無漏學是相通的，並且更是「六波羅蜜」的根基。不管是世間法，還是出世間法；不管是解脫道，還是菩提道，甚至是究竟成佛，沒有不需要慈悲的。無量法門皆以慈悲爲本，尤其是大乘菩提道。從原始佛教的觀點來看，慈悲基本上被定位爲禪定法門；從大乘佛教的觀點來看，慈悲則演變成諸佛之祖母。須知「四無量心」早在佛教於印度興起之前，就已經爲婆羅門教所推崇；一直到佛教興起並且宏傳至今，是一個歷久不衰、普遍接受的修行法門。龍樹菩薩《大智度論》（卷二十七）釋初品中大慈大悲當習行般若波羅蜜云：

慈悲是佛道之根本。更是一語道出佛教的精隨就是慈悲；今日社會大眾也都普遍認知佛教是以慈悲爲懷。「慈悲」二字幾乎與佛教畫上了等號，甚至超越了「智慧」在佛教中的地位。

第三節 慈悲的深意

我們從二個方面來探討慈悲的深意，一方面是慈悲的廣度，一方面是慈悲的深度。首先，來談慈悲的廣度：衆所周知，慈悲涵蓋「慈悲喜捨」四個面向。根據龍樹菩薩《大智度論》（卷二十）釋初品中三三昧四禪四無量心四無色定的說法：修習慈心是爲了去除衆生瞋恚的情緒，並且做到仁慈與樂；修習悲心是爲了去除衆生惱害的情緒，並且做到悲憫拔苦；修習喜心是爲了去除衆生嫉妒的情緒，並且做到隨喜讚他；修習捨心是爲了去除衆生愛憎的情緒，並且做到有無皆捨。這是繼承原始佛教對「慈悲喜捨」的基本認識，用來對治「瞋害嫉慢」等煩惱，讓我們的身心清淨。另外，根據維摩詰所說經（卷上）菩薩品第四的說法：上求菩提是起於慈心，下化衆生是起於悲心，護持正法是起於喜心，攝召智慧是行於捨心。也就是說，除了對治煩惱之外，「慈悲喜捨」也可以幫助我們發菩提心，救度衆生；並且隨時隨地法喜充滿，開顯本有平等的無漏智慧。由此可知，慈心成就，可以打破自他分別的想法，令瞋心煩惱不再妄動。悲心成就，可以打開忍辱包容的胸襟，令害心煩惱不再生起。喜心成就，可以隨喜一切善法功德，遠離嫉妒等不善法。捨心成就，可以一切皆捨，不再執著有我、我所，根本就是無我，與般若空慧相應。盡除貪、瞋、癡、嫉、慢、疑等煩惱；如此才能平等行捨，護念一切衆生，成就無量三昧。

其次，根據大般若經（卷四一二）六到彼岸品第十三之二的說法：在追求無上菩提的過程當中，以大悲爲本願，勤修「四無量心」——慈悲喜捨。然而，什麼是「慈悲喜捨」呢？其一、修慈心定時，作如是觀想：我當積極賑濟一切有情，使他們都能夠得到快樂。其二、修悲心定時，作如是觀想：我當主動救拔一切有情，使他們都能夠遠離痛苦。其三、修喜心定時，作如是觀想：我當讚美勉勵一切有情，使他們都能夠歡喜解脫。其四、修捨心定時，作如是觀想：我當平等利益一切有情，使他們都能夠盡捨諸漏。換句話說，菩薩修行「慈悲喜捨」的前提就是念念不忘眾生；並且以「智」上求菩提，用「悲」下化眾生。所以說，除了對治煩惱，成就無量三昧之外，「慈悲喜捨」不再只是強調個人的解脫而已，而是提醒我們要時時刻刻惦記著有情眾生，想要令一切有情眾生離苦得樂。須知沒有眾生的解脫，就沒有個人的真正解脫。能不能讓眾生永遠離苦得樂，必須做出來才算是真正的「慈悲喜捨」。

綜合而言，「慈」是與樂：就是給人快樂，並且幫助他人增長善事，可以用來對治瞋心。須知「慈心」是一顆漂亮的心，就像父母心，真誠地對待，希望對方好，無條件付出，不求回報。證嚴法師《回歸清淨本性》說：「大慈無悔愛無量。」只要懂得用「無緣大慈」的心去付出，心中自然無悔，愛心自然無量；並且希望人人幸福，家家和睦，社會祥和，天下無災無難。「悲」是拔苦：給人安慰，並且幫助他人遠離痛苦，可以用來對治害心。須知「悲心」是一顆同情心、悲憫心、救苦救難的心、願意替眾生受苦的心，而且沒有時空的限制。證嚴法師《回歸清淨本性》說：「大悲無怨願無量。」只要懂得用「同體大悲」的心去付出，心中自然無怨，願力自然無量；並且心甘情願，毫無怨尤，問心無愧，不辭辛勞。「喜」是歡喜：給人歡喜，並且隨喜他人的善事，可以用來對治嫉心。須知「喜心」是一顆歡喜心，隨時隨地都歡喜，充分感到滿足；看到別人成就，就像自己成就；協助成就他人，等同成就自己。證嚴法師《回歸清淨本性》說：「大喜無憂樂無量。」只要懂得用「隨緣大喜」的心去付出，心中自然無憂，快樂自然無量；並且歡喜做，甘願受，無有得失，不起煩憂。「捨」是平等無差別：給人尊重，並且幫助他人去除分別，可以用來對治慢心。須知「捨心」是一顆平等心，平等看待一切衆生，平等對待一切事物。離開二元對立，沒有差別好壞。好也等於不好，不好也等於好，一切都是很好，其實無所謂好不好。證嚴法師《回歸清淨本性》說：「大捨無求恩無量。」只要懂得用「平等大捨」的心去付出，心中自然無求，恩惠自然無量；並且感恩有付出與成長的因緣。

其次，來談慈悲的深度：由於不同的人對宇宙人生的真相認識的深度不同，所以對慈悲的看法，深度也會有所不同。根據龍樹菩薩《大智度論》（卷四十）釋往生品第四之三的說法：慈悲心有三種，包括：衆生緣、法緣和無緣。須知一般的凡夫是衆生緣，二乘與菩薩，最初是衆生緣，而後是法緣。諸佛獨有的是無緣，分述如下：

一、衆生緣慈：根據北本大般涅槃經（卷十五）梵行品第八之二的說法：透過緣一切衆生所生起的慈悲，例如緣與自己最親的父母、妻子或親屬，稱之爲衆生緣。另外，根據龍樹菩薩《大智度論》（卷二十）釋初品中三三昧四禪四無量心四無色定的說法：所謂「衆生緣」是指面對十方世界的五趣衆生，都是用同一種仁慈之心來看待，如同自己的父母、兄弟、姊妹、子姪、同學等，而且經常想要使他們獲得利益和安穩。像這樣的愛心普遍充滿於十方世界的衆生之中，此類慈心就叫做「衆生緣慈」。須知這種慈心多發生在一般凡夫的行爲處境上，或者是尚未滅盡煩惱的有學之人。或者說，因爲親自見聞有情衆生正在受苦受難，因而引發的慈悲；有點像儒家亞聖孟子所說的「惻隱之心，人皆有之」。一旦碰到合適的對象，便會發生作用。其實就是透過緣「衆生相」而生起的慈悲，其本質乃是對衆生生命的關懷與憐惜，而且涵蓋一切生物。可惜這種慈悲通常是有條件的，有限的，需要取相，也就是依賴一個親密的相狀（例如母親）來生起慈悲，進而以眾生相來帶動慈悲，所以名爲「眾生緣慈」；屬於凡夫的慈悲，故又稱爲「小悲」。

二、法緣慈：根據北本大般涅槃經（卷十五）梵行品第八之二的說法：透過緣一切法所生起的慈悲，不再是從父母、妻子、親屬的關係去看，而是看透其本質，了知萬法緣生，稱之爲法緣。另外，根據龍樹菩薩《大智度論》（卷二十）釋初品中三三昧四禪四無量心四無色定的說法：所謂「法緣」是指滅盡諸漏的阿羅漢、辟支佛，乃至於諸佛等聖者，透過破除有我之相，滅除一異之相，所生起的慈悲。因爲觀察到所有的欲望都是因緣和合相續所生，欲望是空的；同時也了解到眾生也都是因緣和合相續所生，五蘊是空的；一切都是空的，所以慈悲掛念眾生不知不見諸法皆空，妄起欲念；一心想要攀緣五欲之樂，不可自拔，因而陷入痛苦的循環。聖人看到處於煩惱苦海中的眾生，心生悲憫，因此想要使眾生了解到五蘊皆空的道理，方得解脫自在，進而隨意得樂，隨遇而安，這種慈心就叫做「法緣慈」。須知這種慈心多發生在煩惱已經滅盡的無學阿羅漢之二乘聖人，以及初地以上的菩薩。因爲二乘聖人但見世間的一切法都是因緣所生法；起由法起，滅由法滅；眾生只是由五蘊和合而有之假名，不會加以執著。可憐眾生愚癡無知，於此執我、我所，枉受輪迴之苦。二乘聖人明瞭萬法緣起、諸法無我、五蘊皆空之理，因而生起平等無差別之慈悲心來度眾生，想要從煩惱的苦海中把眾生解救出來。然而，內心還是有個所緣的對象——眾生，只是了解到眾生乃是依法假名安立而已，所以名爲「法緣慈」；屬於二乘聖人的慈悲，故又稱爲「中悲」。

三、無緣慈：根據北本大般涅槃經（卷十五）梵行品第八之二的說法：所謂「無緣」既不住著於涅槃相，非空寂，故非「法緣慈」；也不住著於眾生相，非愛見，故非「眾生緣」；離空有二邊，與諸法實相同體，無能緣、無所緣，稱之爲「無緣」。另外，根據龍樹菩薩《大智度論》（卷二十）釋初品中三三昧四禪四無量心四無色定的說法：無緣慈只有諸佛才有。為什麼這樣說呢？因為諸佛的心既不住著於有為，也不住著於無為，更不依止於過去世、現在世和未來世。諸佛了知各種因緣所生法都是不實在的、顛倒的、虛誑的，因此佛心並無所緣。眾生剛好相反，不知不見諸法實相，因而沉淪五趣，內心取著世間諸法，並且妄加分別取捨，煩惱於焉產生。諸佛以其無緣佛心，愍念眾生，幫助眾生證得諸法實相的智慧，共成佛道，這種慈心就叫做「無緣慈」。須知這種慈心係佛所獨具，非凡夫、二乘等所能發起；而且是從佛心自然流露出來的，並非從欲望或情感所顯現想要救度眾生的慈悲。也就是說，得到佛果後，顯現本有性德，雖不起度眾之心，卻自然度眾；任運自在，不假造作；渾然天成，不須刻意；就像千江有水千江月。這是佛的慈悲，是真實平等的慈悲，既是無條件的、無所求的「無緣大慈」，也是萬物同體、無時空限制的「同體大悲」，所以名為「無緣慈」；屬於佛的慈悲，故又稱為「大悲」。

綜合而言，「眾生緣慈」是針對「法相」的「現象界」，看見世間無常，眾生受苦，而生起的慈悲心。慈悲的對象，逐漸由親、而疏、而怨，可惜會退轉。「法緣慈」是針對「法性」的「本體界」，看見萬法緣起，其性本空，但悲憫眾生執迷不悟，而生起的慈悲心。想要以無我智，為眾生說法，度眾生出離，可惜只強調出世解脫。「無緣慈」是針對「性相一如」的「法界」，看見中道實相，實相無相無不相，而自然流露的慈悲心。以無為的心，做有為的事；明知是幻化，卻勉力度眾。平等對待並引導無量眾生趨向圓滿佛果，而且永不退轉。不過，以上三種「慈」都有一個共同的目標，那就是幫助自己和眾生離苦得樂。須知「離苦得樂」的前提就是解脫，「解脫」的前提就是「滅盡」，滅盡的前提就是「離欲」，離欲的前提就是「厭離」，厭離的前提就是「明」。明就是明白宇宙人生的「真相」與「真理」。「真相」就是世間無常，「真理」就是緣起性空。緣起、無常、苦、無我故空。面對一切皆空的世間，如果不看破：就會苦；如果不放下；也會苦；如果不自在；更會苦。怎樣才能夠不苦呢？告訴你一個解脫煩惱的祕密，那就是「慈悲」！因爲諸行無常，所以看到衆生苦，因而內心生起慈悲；因爲諸法無我，所以不再執著，因而慈悲隨順衆生；因爲寂靜涅槃，所以空寂無生，因而自然慈悲度衆。所以說，慈悲就會看破，慈悲就會放下，慈悲就會自在。看破無常是空，做到「自性不迷」，屬「衆生緣慈」；須知此空乃「形容詞」的空。放下無我是空，做到「自性不縛」，屬「法緣慈」；須知此空乃「動詞」的空。自在涅槃是空，做到「自性平等」，屬「無緣慈」；須知此空乃「名詞」的空。原來慈悲是不得不爾的結果，否則很難看破世間，很難放下無我，更難完成解脫。由此可知，慈悲既是動機，也是過程，更是結果。

總而言之，真正的慈悲是爲衆生說法，幫助衆生離苦得樂，是卽出世而入世的，又是卽入世而出世的。其中最大的特色就是「清淨」二字，而「清淨」的背後就是「無我」的「般若空慧」。須知「慈悲」必須跟「智慧」結合，才能產生「清淨」的慈悲，然後運用在度化衆生上。根據法華經（卷三）化城喻品第七的說法：願意發大慈大悲之心，廣爲宣說各種離苦得樂的甘露法門，轉動趨向無上菩提的法輪。所以說，爲大衆說教傳法才是真慈悲。而這一切的一切都是爲了救度苦難的衆生，離苦得樂，最終共成佛道。因此，慈悲的後盾是智慧，智慧的前提是慈悲；悲智本來是一體。有多少慈悲，就有多少智慧；有多少智慧，就有多少慈悲。缺乏智慧的慈悲，不是真慈悲！缺乏慈悲的智慧，不是真智慧！須知菩薩的悲心當中充滿著智慧，智慧當中充滿著慈悲，謂之「悲智交融」；因此我們要「悲智雙運」。尊貴的蓮生聖尊《真佛法語》說：「有了悲智雙運，才能轉法輪。」然而，何謂悲智雙運呢？說明如下：

第四節　悲智雙運

欲成佛道必須悲智雙運。所謂「悲智雙運」就是同時運用「慈悲」與「智慧」來度化衆生。沒有智慧做指導的慈悲，不能算是真慈悲；只有對衆生慈悲的人，才能算是真智慧。所以說，悲智是平等的；慈悲而又能夠體驗真理，智慧而又能夠救護衆生。須知度化衆生是一件高難度的工作，吃力又不討好；如果本事不夠，反而會被衆生吞噬掉。由於每一個衆生的因緣都不一樣，要能夠做到契機契理，做到恰到好處，才有辦法令對方心悅誠服，同入佛道。因此，光有慈悲或光有智慧都不足以成事，甚至還會壞事。一方面，缺乏智慧的慈悲，容易流於膚淺或誤導，有時反而弄巧成拙。慈悲若應用不當，還會變成濫慈悲。古德有言：「慈悲出禍害，方便出下流。」意思是說，如果沒有智慧，以爲慈悲就是儘量滿足對方，順從對方，結果反而姑息養奸，甚至助紂爲虐，反成了禍害。如果沒有智慧，以爲方便就是不拘泥於形式，處處見機行事，變成沒有標準可言，結果反而方便變隨便，甚至毀戒犯罪，反成了下流。另一方面，缺乏慈悲的智慧，容易變成狂慧，甘做魔王的眷屬。根據八十華嚴經（卷五十八）離世間品第三十八之六的說法：如果忘卻了上求菩提、下化衆生的菩提心，就算修習各種善法，長養各種善根，也只能獲得人天果報，所以都只能夠算是魔業，因爲尚未脫離欲界天魔王的掌控。尊貴的蓮生聖尊《真佛法語》說：「如果單單有大慈悲，而無大智慧，自然無法隨機而教。但若只有大智慧，而無大慈悲，會著魔走邪，這樣也不能救度衆生。」所以說，慈悲的實踐必須以智慧爲基礎，智慧的種子必須用慈悲來滋潤。否則，該慈悲卻不慈悲，不該慈悲卻慈悲。導致慈悲亂了套，好心沒好報；方便過了頭，就會變下流。在在說明，慈悲要講究方法，不能做爛好人。必須要以智慧來指導，懂得善巧方便，用到恰到好處，才能算是真正的悲智雙運，才能真正地幫助衆生離苦得樂。

尊貴的蓮生聖尊《真佛法語》說：「要令眾生離苦得樂，是需要大悲大智同時具足，如此功德才能圓滿。」「大悲」就是無緣大慈，同體大悲：伏治眾生諸病，撫卹眾生諸苦。「大智」就是般若空慧：一切法畢竟空。「悲智雙運」就是如來同時運用大智（如）與大悲（來），以無所得爲方便，普度眾生。根據龍樹菩薩大智度論（卷五十三）釋無生品第二十六的說法：菩薩修行不應該離開慈悲與智慧。慈悲以大悲爲本，智慧以畢竟空爲究竟。透過畢竟空，破除對世間的執著，遠離各種煩惱，示現寂靜涅槃。然後還要藉著大悲心的引導，由出世而入世，慈悲行善，利益眾生。須知空觀是慈悲實踐的基礎，體得了諸法無我，五蘊皆空，自私就會消除，慈悲就會顯現。一旦具有無我的智慧，才會有平等的慈悲；才能夠真正的斷除煩惱，進而廣度眾生。唯有先對一切法畢竟空的立場有了自覺，慈悲的覺他才會變成是純粹的，也才有機會完成覺行圓滿。而且，無緣大慈、同體大悲也必須要有深厚的「般若空慧」作基礎才能夠真正體現。更遑論普度眾生的方便，若沒有智慧的調配，如何拿捏方便度眾的輕重呢？根據龍樹菩薩《大智度論》（卷七十一）釋譬喻品第五十一的說法：「般若空慧」能夠幫助我們滅除各種邪見、煩惱和戲論，將我們引導至畢竟空的境界，從此解脫自在。「善巧方便」能夠幫助我們巧妙地運用各種智慧來廣度眾生，將我們引導出畢竟空的境界，勇敢擁抱眾生。此卽所謂「般若將入畢竟空，絕諸戲論；方便將出畢竟空，嚴土熟生」。所以說，菩薩修行以「成佛度眾」爲最終目標，凡是朝此目標所修自覺、覺他的一切方法，都可稱之爲「方便」。因此，有時候看起來不是慈悲的，反而是慈悲；有時候看起來是慈悲的，反而不是慈悲；端看你有沒有智慧。菩薩綜合了智行與悲行，以無所得的「悲智雙運」爲方便行，爲眾生說法。

由此可知，「智慧」是屬於理智方面的，了知世間本空，寂滅最樂；「慈悲」是屬於情感方面的，看見世間幻有，不忍眾生苦；「悲智雙運」是同時運用「大悲心」與「大智慧」來利益眾生，行於中道，空有不二。所謂「智不住三有，悲不住寂滅」，意思是說，有智慧的人不會流連三有，有慈悲的人不會常住寂滅；悲智雙運的人則二邊不住，既不住涅槃，也不住生死；從無量的慈悲當中引發無邊的智慧妙用，然後以「無所得心」，善巧方便，廣度無量衆生。所以說，菩薩心裡面想的都是衆生，一心想要讓衆生離苦得樂。偏偏衆生又那麼複雜且可怕，菩薩若沒有兩把刷子，很快就會倒地不起。根據摩訶般若波羅蜜經（卷十九）度空品第六十五的說法：大菩薩一旦成就二法，即可令魔衆莫可奈何，無法破壞。那二種法呢？一個就是「大智」：觀一切法畢竟空；一個就是「大悲」：不捨一切衆生。因此，首先要強化自己，豐富自己，讓自己堅強起來，培養自己正確看待衆生的真實智慧，才能夠生起真實的慈悲；然後悲智雙運，爲衆生說真實的佛法，契機應理，共成佛道。也就是說，觀一切法空是「真實慧」，然後以慈悲爲本，爲人說「真實法」，如是說法是「真實慈」。然而，何謂真實慧、真實慈和真實法呢？進一步闡釋如下：

一、觀真實慧：所謂「真實慧」就是正確觀照衆生的「大智行」。根據維摩詰所說經（卷下）觀衆生品第七的說法：菩薩該如何正確地觀照衆生呢？菩薩一心想要度衆生，既然要度衆生，就要正確地認識衆生，才能如法救度衆生。然而，何謂衆生呢？一般而言，「衆生」泛指具有精神作用的生命個體，包括「三界、五趣、六道」所有的衆生。若從生命的組成來看，「衆生」則是由「五蘊」因緣和合所生；或者說是由衆緣所生，所以名爲「衆生」。既然是衆緣所生，所以是「緣起、無自性、空」；亦即緣起幻有，沒有實在的自性，其性本空。因此，所謂「觀衆生」就是運用「真實慧」看透衆生的緣起如幻、無自性、畢竟空。就好像幻師看待他施行幻術所幻化出來的幻人一般，似有實無；幻師完全了解幻人的虛幻不實，所以絕對不會執爲實有。菩薩觀衆生也像這樣，觀衆生如幻；了解衆生原來都是空無自性，一切都是如幻如化。然後，就像有大智慧的智者看到水中的月亮一般，知道那只是月亮的倒影，不是真的月亮。菩薩見水月非月，就像菩薩見眾生非眾生，求其實體了不可得，不會執爲實有。另外，包括鏡中映照的影像、天熱蒸發的陽燄、山谷呼喊的回音、天空飄浮的白雲、流水聚集的白沫、雨水滴下的水泡、空心不實的芭蕉、瞬間即逝的閃電等，都是在隱喻眾生虛幻不實、空無所有、似有實無、不可久住、了不可得，怎麼可以執爲實有呢？菩薩觀眾生也像這樣，根本就沒有眾生這回事，都是顛倒的分別，妄想的產物。如果能夠以「真實慧」予以觀照，這些顛倒妄想都是不成立的。唯有如是正觀眾生如幻，方能通達眾生了不可得，也才能夠毫無厭倦地利導眾生。這樣的「如幻非有觀」與漢地天台宗一心三觀的「從假入空觀」其實是相通的；亦即世間的一切都是因緣和合而有的假相，不可妄執爲實有；當觀此假相爲空，以遣其妄執。幻師隱喻眾生自心，幻人隱喻變造諸相；雖有業用，但知空寂，都無所有，了不可得，是爲「真實慧」。

二、行真實慈：所謂「真實慈」就是正確地爲眾生說法的「大悲行」。維摩詰所說經（卷下）觀眾生品第七提到：怎樣才叫做行慈呢？我當爲眾生說一切眾生皆因緣和合、無我如幻之法，令不執我，始能真正與慈心相應。菩薩明知沒有真實的眾生可度，眾生也沒有真實的生死可了，但仍然在如幻的生死當中度化如幻的眾生，像這樣的慈心才是所謂的「真實慈」。根據維摩詰所說經（卷下）觀眾生品第七的說法，在「真實慧」的基礎之上，總共提出了二十九種行慈的方式，例如：（一）行寂滅慈，無所生故：因爲諸法寂滅，本自不生，不生就不滅；觀一切法不生不滅，實無所起，所以行寂滅慈。（二）行清淨慈，諸法性淨故：因爲法體究竟清淨，不爲染法所染；諸法無性，是名爲淨，無有一法可得，所以行清淨慈。（三）行阿羅漢慈，破結賊故：因爲阿羅漢已經殺盡所有煩惱賊，再也沒有煩惱，心境自然平和，所以行解脫煩惱的阿羅漢慈。（四）行菩薩慈，安眾生故：因爲菩薩一心想要利益安樂眾生，念念爲眾生，所以行安眾生的菩薩慈。（五）行如來慈，得如相故：因爲如來已經證得真如實相，法體清淨，如如不動，所以行證得如相的如來慈。（六）行佛之慈，覺眾生故：因為覺悟的佛不僅自覺，而且覺他，進而覺行圓滿，所以行覺悟眾生的佛慈。（七）行大悲慈，導以大乘故：因為佛以大悲行慈，引導眾生趣入大乘，所以行大乘導向的大悲慈。（八）行智慧慈，無不知時故：因為度眾生必須要有高度善巧的智慧，既要知道時機的因緣，又要知道眾生的根性，所以行巧逗機宜的智慧慈。（九）行方便慈，一切示現故：因為度眾生必須要能夠示現不同的應化身，以適應不同眾生的種種需求，或息災、或增益、或敬愛、或降伏，所以行善巧方便的方便慈。（十）行安樂慈，令得佛樂故：因為真正的無緣大慈，是要讓眾生得到究竟佛果的菩提之樂，這也才是真正永久的安樂，所以行究竟佛果的安樂慈。以上種種菩薩行慈的方式，其實都是在具足「真實慧」的基礎之上，通達一切眾生如幻，法性究竟空寂；不為自身求解脫，但為眾生得離苦；卻無能教的菩薩，也無所化的眾生；這樣行慈才是「真實慈」。

除了針對「行慈」做了完整的說明之外，「悲、喜、捨」也是類似的概念。因為若能夠明白「慈」，就能夠明白「悲、喜、捨」。根據維摩詰所說經（卷下）觀眾生品第七的說法：怎樣才叫做菩薩之悲呢？菩薩所作的一切功德，都不是為了自己，而是為了眾生，願意與一切眾生共同分享，這樣的功德反而更大。若只是為了自己積累功德而去做，這樣的功德反而變小了。懂得將功德迴向給眾生，才是真功德，這樣才是菩薩所行之悲。其次，怎樣才叫做菩薩之喜呢？菩薩所作的一切事情，皆是饒益一切眾生，想讓眾生得到好處，想幫助眾生成就，令眾生心生歡喜。而且不只眾生歡喜，自己內心也非常歡喜，不會有半點的懊悔或嫉恨產生，這樣才是菩薩所行之喜。然後，怎樣才叫做菩薩之捨呢？菩薩為眾生所作的一切福佑善事，都是無所求的，都是無條件的，都是平等的；從來都不會希望從對方收到任何回報，做完就忘記了；從來都不會放在心上，做到三輪體空；心量廣大，這樣才是菩薩所行之捨。須知「慈悲」與「愛」的最大差別就在這裡；一個為公（眾生），一個為私（自己）。一個在盡力付出之後，結果如何根本就無所謂；一個在稍微付出之後，就滿心期待對方的回應。這樣的「大慈悲喜捨觀」與漢地天台宗一心三觀的「從空入假觀」是相通的；亦即從世俗走向真空之後，絕對不可以沉空守寂，還必須入於假相的世間，與一切眾生和光同塵，從事慈悲度眾的事業。菩薩為了救度眾生而發心成佛，然後以度生大行做為成佛資糧。透過利他的慈悲行，完成自我的淨化；因為救人卽是自救，度他卽是度己。須知慈悲已經超越了善惡；善、不善皆等行於慈；目的是不善法不生，善法不滅；最終善法、不善法皆捨。所以說，菩薩的一切所作所為，都是為了眾生；一心想要告訴眾生如何解脫？一心想要幫助眾生離苦得樂。因此，菩薩以「真實慧」為眾生說「真實法」，令眾生得「真實利」，是為「真實慈」。

三、修真實法：所謂「真實法」就是正確通達佛道的「方便行」。維摩詰所說經（卷下）佛道品第八提到：菩薩應該怎麼做才能算是通達成佛之道呢？須知菩薩一心想要度眾生；因此除了行於正道之外，也要行於非道，這樣才能夠稱為通達佛道。「正道」就是可以令我們身心清淨、煩惱解脫、智慧開顯的正確解脫之道，包括四聖諦、八正道、緣起法、三十七道品、六度四攝等。教導我們遠離十惡業、親近十善業、皈依三寶、守護六根、善護其心、持戒清淨、禪定思維、增長智慧、出離生死、成就佛果等。「非道」就是與「正道」相反的邪道；遠離十善業、造作十惡業、與眾生結怨、身心不清淨；起惑、造業、感苦；導致不斷地在「三界、五趣、六道」裡輪迴，生死沉淪不已。一般凡夫自當遠離非道。但是，既然違反正道，菩薩怎麼還可以走在非道上呢？這樣豈不是離解脫越來越遠呢？遑論成佛？原來菩薩行於非道是為了眾生通達佛道而行。也就是說，菩薩走在非道上純粹是為了眾生而走的。雖然示現非道，但是動機卻是純正的；因為一心想要救度眾生出苦輪、登彼岸。就像地藏王菩薩所發的大願：地獄不空，誓不成佛；眾生度盡，方證菩提（地藏菩薩本願經閻浮衆生業感品第四）。爲了救度衆生，連地獄都敢闖。所以說，一切正道、非道無非方便，法法皆通達佛道，無一不可以利益衆生。若是執著於正道，豈不是置非道上的衆生於不顧。因此，不管正道、非道，都要無住。根據維摩詰所說經（卷下）觀衆生品第七的說法：無住是一切法的根本。因爲一切法無性爲性，其性本空，隨緣而起，根本就是如幻如化，無有住相，甚至連無住亦無，方是究竟空寂。若有所住，就會顚倒妄想而虛妄分別，進而生起一切染法。因此，絕對不可以執著。其中，有所謂「天女散花」的典故，也是在提醒我們不可以執著。須知一切法緣起如幻，無有定相，無在無不在，一切都無所得；所以要隨機適應教化。其次，爲了順利度化衆生，必須觀察衆生機宜，該示現聲聞身以四聖諦度衆就示現聲聞身，該示現辟支佛身以十二因緣度衆就示現辟支佛身，該示現菩薩身以大悲六度萬行度衆就示現菩薩身，應機而教，無有定法。所以說，度衆生的菩薩，不但行於正道，也要行於非道；只是菩薩的一切所作所爲，其動機都是爲了度衆生而示現的，豈可執著於一端。然而，菩薩當如何行於非道呢？根據維摩詰所說經（卷下）佛道品第八的說法，在「真實慧」與「真實慈」的基礎之上，從多個面向提出行於非道的方便法，分述如下：

（一）示現行五無間與諸趣之非道方便行：菩薩爲了救度衆生，連極惡的五無間罪都敢犯！五無間罪是弒父、弒母、弒阿羅漢、出佛身血、破和合僧。犯了五無間罪是要下無間地獄的；無間地獄所受的苦是無時間間斷的。但是行此非道的菩薩，內心卻沒有半點苦惱與瞋恚，因爲菩薩所做的一切都是爲了衆生。雖入地獄卻不受地獄之苦，也沒有地獄的罪垢；甚至在地獄以大悲願力方便度生。此外，雖然示現爲畜生卻沒有畜生的無明、憍慢等過患，並以畜生之身度化同是畜生的衆生。雖然示現爲餓鬼卻具足種種功德，並以餓鬼之身度化同是餓鬼的衆生。雖然行於色界或無色界卻不會自以爲尊貴、殊勝、清淨，並以色界或無色界之身度化同是色界或無色界的衆生。也就是說，菩薩道是以人道爲本，在人間行菩薩道是爲正道；在人道之外行菩薩道皆屬非道。而且，在三惡道行菩薩道卻不以爲苦，在天道行菩薩道卻不以爲樂。

（二）示現「貪、瞋、癡」之非道方便行：菩薩爲了救度衆生，貪是爲了衆生而貪，瞋是爲了衆生而瞋，癡是爲了衆生而癡，然而內心卻不爲所染。表面上看起來很貪，實際上卻拿來布施，無有半點染著。表面上看起來很兇，實際上卻沒有動氣，無有半點罣礙。表面上看起來很笨，實際上卻充滿智慧，善於調伏其心。該貪而不貪是虛僞做作，該瞋而不瞋是姑息養奸，該癡而不癡是假聰假慧；起不了度衆的效果，自命清高而已。不過，前提是要有真材實料，以真實慧的「大智」以及真實慈的「大悲」做基礎才可以。

（三）示現十波羅蜜之非道方便行：根據維摩詰所說經（卷下）佛道品第八的說法：爲了度化慳吝之人，表面上看起來慳貪吝嗇，實際上碰到機緣的時候，爲了救度衆生，內捨己身，外捨財物，甚至不惜犧牲自己的生命，這才是真正的布施波羅蜜。爲了度化犯戒之人，表面上看起來毀禁破戒，例如維摩詰居士出入酒肆、淫舍等，實際上是爲了度衆而安住淨戒，甚至連微小的罪過都懷著巨大的恐懼，一點都不敢違犯，這才是真正的持戒波羅蜜。爲了度化不能忍辱之人，表面上看起來衝動易怒，實際上卻常行慈忍。就像廣欽老和尚，罵你其實是爲了成就你，這才是真正的忍辱波羅蜜。爲了度化懈怠之人，表面上看起來懶懶散散，對世間功名一點都不在乎，實際上卻爲了度衆而精進不已，遇到有緣的衆生就出手相救，這才是真正的精進波羅蜜。爲了度化散亂之人，表面上看起來心猿意馬，實際上卻爲了度衆而常行正念，引導衆生安住禪定，這才是真正的禪定波羅蜜。爲了度化愚癡之人，表面上看起來傻呼呼的，實際上卻通達世間與出世間的智慧，因爲示現愚癡容易讓人卸下戒心，易於親近，再藉機度化，這才是真正的智慧波羅蜜。爲了度化有緣難度之人，表面上看起來諂媚虛僞，實際上卻爲了度衆而善巧方便但合乎經義。因爲善巧方便，所以不是諂媚；因爲心依法義，所以不是虛僞；想辦法討好對方，親近對方，因爲關係建立了，自然容易引入佛道，這才是真正的方便波羅蜜。爲了度化憍慢之人，表面上看起來貢高我慢，實際上卻爲了度衆而甘做衆生橋樑，令衆生踐踏自己的身體，從生死到涅槃，這才是真正的大願波羅蜜。爲了度化沒有自制力之人，表面上看起來煩惱重重，瞋害嫉恨，無一不缺，實際上卻爲了度衆而心常清淨，具足功德法力，不爲煩惱所染污，這才是真正的大力波羅蜜。爲了度化入魔之人，表面上看起來入於魔道，擾亂行人，實際上卻爲了教化群魔而順從佛的圓滿智慧，並不會隨之起舞。因爲沒有魔考，那來佛果？這才是真正的大智波羅蜜。以上十項正是所謂的「十波羅蜜」，十種度衆生到彼岸的方便之道，都是高難度的非道方便行，一樣需要有「大智」與「大悲」做基礎才不會出差錯，否則就會變成禍害與下流了。

（四）示現二乘之非道方便行：菩薩爲了度化聲聞衆生，表面上先讓自己成爲聲聞，再度聲聞；並爲聲聞宣說聞所未聞的大乘佛法，令聲聞迴小向大，共同走上佛道。爲了度化辟支佛衆生，表面上先讓自己成爲辟支佛，再度辟支佛；令辟支佛也能成就大悲心，不再只是做個獨覺漢，應該發揮菩薩精神，教化衆生。也就是說，修行不能以個人的解脫爲究竟，而應該以成佛爲最終目標；在這樣的訴求下，連二乘所作的一切也被視爲非道了。須知唯有一乘道，無二亦無三。

（五）示現外相之非道方便行：誰說貧窮、形殘、下賤、醜陋、老病就不能成佛呢？那些都只是外相而已，絕對不可以貌取人；世間到處都有大菩薩存在，以各種身形、身分化現，度化有緣衆生，自己錯過了都不知道。就像唐代的寒山、拾得二位得道聖僧，不就是以貧賤之身化現於世嗎？須知人弱心不弱，人貧道不貧。表面上示現貧窮，其實擁有點石成金之寶手，具足無量功德之法財。表面上示現身形殘缺，其實身殘心不殘，更能夠體現生命的光輝。表面上示現下賤種族，其實衆生皆是佛種，具足佛的種種功德，平等無有差別。表面上示現羸劣醜陋，其實真身是金剛力士之身，端正殊勝，威猛有力。由此可知，成佛與否，和外相好壞實在沒有絕對的關連性，菩薩爲了度化外相有瑕疵的衆生，反而慈悲示現同樣有瑕疵的外相，方便度衆，就看你有沒有眼光與緣分來親近這些走在非道上的大菩薩。

（六）示現不住生死與涅槃之非道方便行：菩薩爲了方便度衆生，示現在六道中隨波逐流，其實早已斷除了輪迴六道的因緣，進入究竟的無餘涅槃。那爲什麼還在生死沉淪呢？那是因爲菩薩心裡想的都是衆生啊！於生死中不著生死，於涅槃中不著涅槃。也就是說，可憐的衆生，不斷地在六道中輪迴，求出無期；慈悲的菩薩，也不斷地在六道中輪迴，卻度衆無量。

綜合而言，如果要求解脫，就要走正道；如果要度衆生，就要走非道。菩薩爲了度衆生，不會執著於正道或非道，只要能夠通達佛道都可以；衆生需要什麼就化現什麼，就走什麼道，完全站在衆生的立場著想。根據維摩詰所說經（卷下）佛道品第八的說法：菩薩隨順衆生的需要，無條件付出，令衆生得入成佛之道。並且以各種善巧方便之力，甚至遊戲神通，令衆生皆能圓滿如意，走向佛道。只要是有利於衆生的，菩薩都會無怨無悔地去做，而且無有定法；甚至先以欲鈎牽，後令入佛道。這是菩薩的不可思議法門，是大菩薩的境界。先以五欲甚至淫慾吸引衆生，再以佛法化之，令入佛的智慧。其實，菩薩很會抓住衆生的心理，也就是「我要」跟「我怕」這二種心理，來度化衆生；或威懾之，或攝召之。所以說，只要能夠令其發心，發上求菩提、下化衆生的心，無一不是佛法。後來藏傳密宗發展出來的各種攝召衆生的密法，不就是這個道理跟方便嗎？根據維摩詰所說經（卷下）佛道品第八的說法：「智度」就是般若空慧，是一切菩薩之母；「方便」就是從大悲生起的種種善巧，是一切菩薩之父。十方三世一切諸佛導師，無非是從「般若」與「方便」出生。菩薩之所以成爲菩薩，不但要有「智慧」，還要有「方便」。一方面要有體悟法性空寂的般若空慧，是爲「般若道」；一方面要有以大悲願力生起的善巧方便，是爲「方便道」。由此可知，「悲智雙運」必須是在具足「大智」與「大悲」之後才有的方便行。有大智的「真實慧」，才有大悲的「真實慈」，然後才有方便的「真實法」。也就是說，出世解脫在前，入世度衆在後，最終既非出世，也非入世。就連偉大的佛陀也是在開智慧，澈悟之後，才慈悲度衆。這樣的說法與漢地天台宗的「一心三觀」相通：由假入空觀，智慧出世，證一切智，是般若德；由空入假觀，慈悲入世，證道種智，是解脫德；中道第一義諦觀，悲智雙運非入出世，證一切種智，是法身德。由此可知，慈悲與智慧平等交融，既不偏於世俗，也不偏於出世；而是卽入世而出世，卽出世而入世的菩薩道。因此，菩薩度衆生，要懂得「悲智雙運」；只要能夠通達成佛之道，不管正道、非道，皆爲「真實法」。

第五節　慈悲心的實踐

在了解「慈悲」的深意與「悲智雙運」的內涵之後，接著我們要開始採取行動，並將「慈悲」融入我們的日常生活當中，否則一切都將流於空談。須知如果慈悲不付諸行動，就不是真正的慈悲。雖然我們都還只是凡夫，尚未證得般若空慧，但是我們仍然可以秉持著「無我」的精神，按照佛陀的教誨，一步一腳印地進行慈悲的實踐。根據中阿含經（卷三）業相應品 伽藍經（一六）的說法：成就清淨的身業，不再胡作非爲；成就清淨的口業，不再胡言亂語；成就清淨的意業，不再胡思亂想；遠離瞋恚與諍論，戒除睡眠與放逸，不再掉舉與傲慢，於「佛、法、僧、戒」堅信不移，具足正念正智，不爲愚癡所覆。內心充滿無限的慈悲喜捨，從一方成就、二方成就到四方成就，甚至四維上下，普遍周全，涵蓋一切。也就是說，慈悲的實踐可以從點、而線、而面、到整個虛空，將無私的愛心推廣到我們身旁周遭的一切「人情事物」，從自己、家人、親友、怨敵到全人類，以及六道眾生，甚至包括無情的植物，山河大地等。一旦內心充滿無限的慈悲喜捨，就再也沒有煩惱與怨懟，再也沒有瞋恚與諍論，範圍非常的廣，對象非常的全，功德非常的大，無量無邊地善加修習，就可以普遍充滿地成就遨遊於一切世間。

其次，根據龍樹菩薩《大智度論》（卷二十）釋初品中三三昧四禪四無量心四無色定的說法：行者若想要學習「四無量心」——慈悲喜捨，記得要先發願：願一切眾生離苦得樂，願一切眾生歡喜平等。其次，修慈心時，觀想眾生得一切樂；修悲心時，觀想眾生離一切苦；修喜心時，觀想眾生歡喜無憂；修捨心時，觀想眾生苦樂俱捨。然後以「慈悲喜捨」之心進入禪定，並且讓這樣的觀想逐漸增廣，就可以看見一切眾生離苦得樂，歡喜平等。就好像鑽木取火一樣，剛開始的時候，先鋪以乾草、乾牛屎助燃，等到火起之後，火勢漸漸轉大；一旦火夠大了，就算溼透的大木頭，照樣可以燃燒起來。「慈心三昧」也是一樣，剛發願時，慈心的範圍唯有針對與自己比較親近的族群、同修等；一旦慈心轉廣轉盛，就可以實現怨親同等，自他不二；一旦修習成就，就能夠看見一切眾生得一切樂。其他如悲心三昧、喜心三昧、捨心三昧也是一樣，一旦修習成就，最終也能夠看見一切眾生離一切苦、歡喜無憂、苦樂俱捨等。

另外，根據與北傳佛教《四阿含經》相呼應的南傳佛教《巴利藏五部》小部的說法：有一部關於「慈悲」的經典世界聞名，名為《慈經》，值得我們學習。此是佛陀對一切眾生無限慈悲的開示，頗受一般大眾的喜愛，甚至被製作成佛教歌曲而流行於世。而且在很多修法儀式中，都會念誦這部經。我們根據現代黃慧音大德唱頌的巴利文翻譯版本，收錄如下：

願我無敵意、無危險。願我無精神的痛苦，願我無身體的痛苦，願我保持快樂。

願我的父母親，我的導師、親戚和朋友，我的同修，無敵意、無危險。無精神的痛苦，無身體的痛苦，願他們保持快樂。

願在這寺廟的所有修行者，無敵意、無危險。無精神的痛苦，無身體的痛苦，願他們保持快樂。

願在這寺廟的比丘、沙彌，男教徒、女教徒，無敵意、無危險。無精神的痛苦，無身體的痛苦，願他們保持快樂。

願我們四資具（衣、食、住、藥）的布施主，無敵意、無危險。無精神的痛苦，無身體的痛苦，願他們保持快樂。

願我們的護法神：在這寺廟的、在這住所的、在這範圍的，願所有的護法神，無敵意、無危險。無精神的痛苦，無身體的痛苦，願他們保持快樂。

願一切眾生：一切活著的眾生、一切有形體的眾生，一切有名相的眾生、一切有身軀的眾生，所有雌性的、所有雄性的，所有聖者、所有非聖者，所有天神、所有人類、所有苦道中的眾生，無敵意、無危險。無精神的痛苦，無身體的痛苦，願他們保持快樂。

願一切眾生脫離痛苦。願他們不失去以正當途徑所獲取的一切，願他們依據個人所造的因果而受生。

在東方的，在西方的，在北方的，在南方的，在東南方的，在西北方的，在東北方的，在西南方的，在下方的，在上方的，願一切眾生：一切活著的眾生、一切有形體的眾生，一切有名相的眾生、一切有身軀的眾生，所有雌性的、所有雄性的，所有聖者、所有非聖者，所有天神、所有人類、所有苦道中的眾生，無敵意、無危險。無精神的痛苦，無身體的痛苦，願他們保持快樂。

願一切眾生脫離痛苦。願他們不失去以正當途徑所獲取的一切，願他們依據個人所造的因果而受生。

上至最高的天眾，下至苦道中的眾生；在三界的眾生，所有在陸地上生存的眾生，願他們無精神的痛苦、無敵意。願他們無身體的痛苦、無危險。

上至最高的天眾，下至苦道中的眾生；在三界的眾生，所有在水中生存的眾生，願他們無精神的痛苦、無敵意。願他們無身體的痛苦、無危險。

上至最高的天眾，下至苦道中的眾生；在三界的眾生，所有在空中生存的眾生，願他們無精神的痛苦、無敵意。願他們無身體的痛苦、無危險。

此經的意思淺顯易懂，非常受用。而且就從個人開始，非常符合人性；不但希望自己好，也希望眾生好；然後將慈悲心逐漸擴展到身邊周遭的人，包括自己的護法神，乃至於一切眾生；從此不再有敵對的狀態，不再有危險的威脅，也不再有身體上、心靈上的痛苦，永遠保持健康、平安、順利又快樂。而且，只要一切如法，所求皆得如願；並且祝福一切衆生，按照自己所造的因果，獲得自己所屬的歸處。長期來看，你對他人慈悲，他人必然也會對你慈悲；你釋出善意給他人，他人回報給你的必然也會是善意。換句話說，你想要成功，就要想辦法幫助他人成功；他人的成功就等於你的成功，然後最終你也會成功。所以說，你的人生缺憾「什麼」，你就去幫助眾生「什麼」，那麼你就會得到「什麼」。例如，你若想要發財，那麼你就要懂得布施貧病。因爲有捨才會有得，而且是大捨大得，小捨小得，不捨不得。這就是慈悲的根源，一切都在緣起法的掌控之下。因此，佛陀教導我們要時時慈悲、處處慈悲、人人慈悲，隨時隨地把我們那一顆「心」安住在慈悲。然後藉著慈悲的力量，安定我們的內心，對治我們的習性，開顯本有的智慧，熄滅累世的煩惱，出離生死的束縛，完成「解脫道」的修行。然後，在「解脫道」的基礎之上，繼續邁向「菩提道」。一發無上菩提願，二以大悲為上首，三以無所得為方便，進而慈悲入世度眾，以「真實慧」，說「真實法」，行「真實慈」，得「真實利」，悲智雙運，善巧方便，共成佛道，是為慈悲的實踐。

第六節 結語

總而言之，不管你是想要過一個煩惱比較少的日子，還是想要提昇生命的層次，抑或是解脫生死輪迴，甚至是圓滿究竟成佛，慈悲都可以幫你實現。慈悲是佛陀認定最為殊勝、第一無上之法。須知「慈悲」是破除我見、斷除身見、泯除自私、實現「無我」的最佳良藥。而「無我」的深意，其實就是「緣起」。印順導師認為：「緣起是慈悲的根源。」若能夠洞察緣起，必然能夠慈悲。對人慈悲，就得到慈悲；對人殘酷，就得到殘酷。世俗生活如此，出世解脫也是如此。簡而言之，慈悲就是真心地對他人好，而且不為什麼。對他人好，其實就是對自己好；對他人慈悲，其實就是對自己慈悲。因為你用慈悲待人處世，他人回報給你的也一定是慈悲。因此，想要別人對你好，那麼你就得先對別人好。不過，從原始佛教的觀點來看，慈悲基本上被定位為禪定法門；從大乘佛教的觀點來看，慈悲則演變成諸佛之祖母。因為「慈悲」不僅可以利益自己，對治煩惱；也可以持戒清淨，上生梵天；更可以襄助禪定，與人無諍；甚至可以證無漏慧、解脫自在；進而廣行六度、成就佛果。由此可知，「慈悲」其實與「戒、定、慧」三無漏學是相通的，並且是「六波羅蜜」的根基。不管是世間法，還是出世間法；不管是解脫道，還是菩提道，甚至是究竟成佛，沒有不需要慈悲的。無量法門皆以慈悲爲本，尤其是大乘菩提道。

「慈悲」廣度上涵蓋「慈悲喜捨」，深度上涵蓋「眾生緣慈」、「法緣慈」、「無緣慈」。其實就是以出世的「大智」：觀眾生如幻；以及入世的「大悲」：爲眾生說法爲基礎；然後以出世的心行入世的「悲智雙運」：懂得善巧方便，行於非常之道，廣度無量眾生，實無眾生可度。一般人對慈悲的認識，以爲行善利他就是佛教倡導的慈悲。其實如果缺乏智慧，修福而已。佛陀證道當年也並非選擇做「慈善家」的角色，反而比較像「教育家」。此外，二乘聖人雖然教導眾生出離生死，但也僅止於出世解脫，未能引導眾生進一步邁向成佛之道。佛菩薩則是發自內心自然本有的大慈大悲，念念爲眾生，一心想要引領眾生走向成佛之道。因此，「慈悲」不只是要幫助個人解脫而已，而是要與眾生共成佛道。由此可知，慈悲既通於無漏解脫的「解脫道」，也通於成佛度眾的「菩提道」。一般而言，如果要無漏解脫，就要走「正道」；如果要成佛度眾，就要走「非道」。所以說，不管正道、非道，只要能夠成就佛果，都算通達佛道。這樣看起來，慈悲其實已經等同於智慧，智慧其實已經等同於慈悲；悲智其實是不二。因爲唯有悲智雙運，懂得善巧方便，才能夠隨機應化，調適各種眾生，通達成佛之道。須知法無定法，無有高下；只要能夠令其發心，無一不是佛法。如果能夠這樣認知，慈悲就不會生禍害，方便就不會變下流了。因此，真正的慈悲是以「真實慧」爲眾生說「真實法」，讓眾生「真實解脫」，才是「真功德」，也才是「真實慈」。由此可知，看透世間無常的真相，明白萬法緣起的真理，實證苦、空、無我的智慧，發菩提心爲眾生說成佛之法，行菩薩道廣行六度四攝，悲智雙運，救人慧命，出離三界，永絕諸苦，成就佛果，才是真正的「慈悲」；這就是「慈悲」的祕密。

第七章 菩提心

菩提心為因，大悲為根本，方便為究竟。

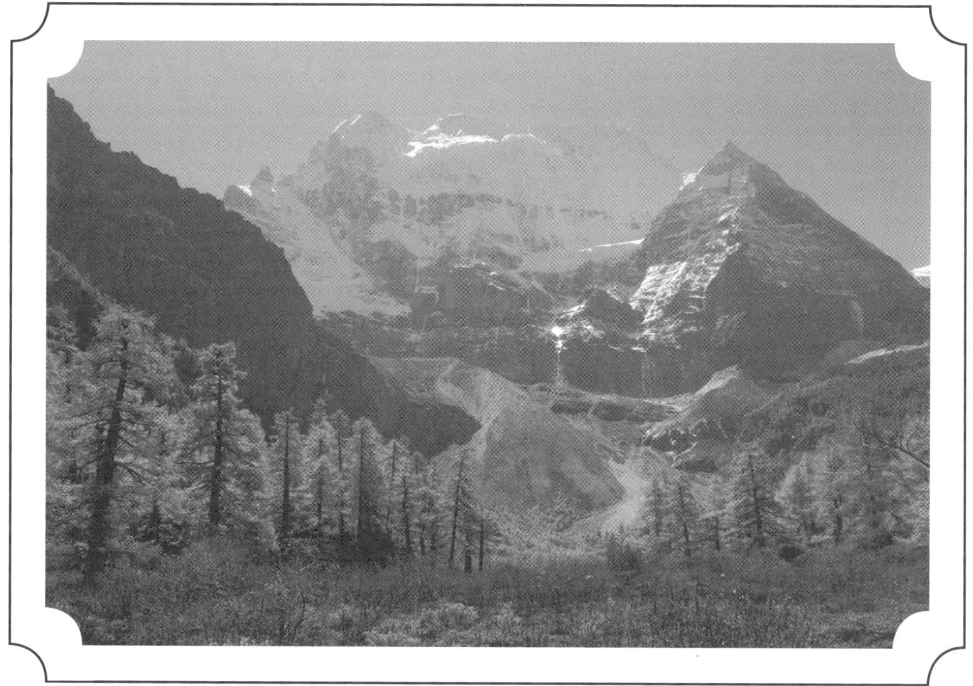

第一節 前言

有了慈悲心難道還不夠嗎？爲什麼還需要菩提心呢？慈悲心跟菩提心到底有什麼不一樣呢？有人認爲「慈悲心」每個人都可以發，是稀鬆平常的；但是「菩提心」卻不是每個人都可以發的，是稀有難得的。「慈悲心」是爲了利益衆生，而適時伸出援手；「菩提心」是爲了度化衆生，而發願成就佛道。利益衆生可以是世俗的，成就佛道卻是究竟的。二者的目的雖然都是要令衆生離苦得樂，但是前者可能只是短暫的世俗之樂，而且會退轉；後者則是永恆的寂滅之樂，而且不會退轉。其間的最大差別就在於爲了成佛度衆而不斷增長的智慧。智慧每多一分，慈悲心就會越靠近菩提心一分。隨著智慧的增長，在廣度上，慈悲從「與樂拔苦」，提昇到「歡喜平等」；在深度上，慈悲從世俗的「衆生緣慈」，進展到出世的「法緣慈」，最終到究竟的「無緣慈」。也就是說，原本的慈悲喜捨，在加入智慧的成分之後，逐漸昇華爲無緣大慈、同體大悲、隨緣大喜、平等大捨；然後悲智雙運，善巧方便，度化衆生，共成佛道。從最終的結果來看，慈悲心已經等同於菩提心；從修行的過程來看，慈悲心則是菩提心的根本。所以說，在慈悲心的基礎之上，菩薩發心行菩薩道，必須具備二種條件，才能算是菩提心：其一是想要廣度一切衆生出離生死苦海，其二是想要成就無上菩提佛果。若只想利他，不求佛果，只是大悲心；若但求解脫，不爲利他，只是出離心；二者都不能算是菩提心。必須要二者兼具，才能算是菩提心。

根據龍樹菩薩《大智度論》（卷四一）釋勸學品第八的說法：菩薩爲了衆生，立下誓願，行菩薩道，其最初發心的動機，就是要透過無上菩提之道，成就無上菩提之果；進而覺悟成佛，廣度無量衆生，這樣的發心是爲「菩提心」。所以說，「菩提心」就是上求菩提，下化衆生。「上求菩提」乃是自覺以求智慧，「下化衆生」乃是覺他以修福德。而且，二者互爲因果；「上求菩提」就是爲了「下化衆生」，離苦得樂；「下化衆生」就是爲了「上求菩提」，圓滿佛果。其中，最大的特色就是「成佛度衆」，絕對不以「個人解脫」爲滿足；兼顧「解脫道」與「菩提道」。須知「解脫道」是「菩提道」的前提，「菩提道」是「解脫道」的完成。若沒有「般若空慧」爲基礎的「解脫道」，何來「六度四攝」爲實踐的「菩提道」？若沒有「六度四攝」爲實踐的「菩提道」，何來圓滿究竟的「佛道」？大日經（卷一）入眞言門住心品第一云：佛言菩提心爲因，悲爲根本，方便爲究竟。意思是說，佛陀告訴我們：以菩提心爲成佛之原因，以大悲心爲度衆之根本，以方便爲成佛度衆之究竟。亦卽發菩提心，修菩薩行，成如來果。須知沒有衆生，就沒有菩薩；沒有菩薩，就沒有佛。另外，根據四十華嚴經（卷四十）普賢菩薩行願品的說法：三世諸佛都是以大悲心爲本質，因爲不忍衆生苦而生起大悲心，因爲大悲心而生起菩提心，因爲發菩提心才能夠成就無上正等正覺。而且，就是爲了以大悲的甘露水饒益衆生，才能夠成就諸佛菩薩的般若慧，也才有資格廣度無量衆生。因此，有了大悲心還不夠，還要發菩提心，並且還要有智慧，成佛才有希望。所以說，一切都是爲了衆生，一切都是爲了成佛。因此不但要發菩提願，還要有大悲心，並且要懂得善巧方便的智慧，然後悲智雙運，福慧雙修，共成佛道。其中，大悲心、菩提心、般若慧正是所謂的「菩薩三心」。

根據大般若經（卷四一二）六到彼岸品第十三之二的說法，以及印順導師《學佛三要》的精闢看法：「一切智智相應作意，大悲爲上首，無所得爲方便」其實就是「菩薩三心」——菩提願、大悲心、般若慧；或簡稱「信願、慈悲、智慧」。其一、須知一切智智就是佛智，是佛的無上智慧；一切智智相應作意就是以追求佛的無上智慧進而成佛爲最高目標，其實就是發菩提願。其二、須知菩薩但從大悲生，不從餘善生。在一切智智的基礎之上，通達世間、出世間的智慧，不忘以大悲本願爲出發點，在世間實踐菩薩行。其三、須知無所得就是無我、無自性、一切法空的般若空慧。上述的菩提心、大悲心一定要與無我的空慧相應，才能夠心無所著，隨緣度眾。菩薩以此爲方便，轉如來正法，度一切眾生。若能夠涵蓋這三方面的意義，才比較能夠完整地說明「菩提心」。所以說，菩提心全稱爲「阿耨多羅三藐三菩提心」，或稱爲「無上菩提心」。何謂菩提呢？根據龍樹菩薩《大智度論》（卷四）釋初品中菩薩釋論第八的說法：「菩提」即是諸佛所證正覺之道。能證是覺，所證是道；乃斷絕世間煩惱而成就涅槃之智慧；故知佛之菩提爲無上正等正覺。以正覺之心，勤求佛所證之道，自利利他，自度度人，終必成佛，是爲「菩提心」。

第二節 為什麼要發菩提心

古德有言：「修行不發菩提心，猶如耕田不下種。」意思是說，如果不依菩提心而修，所修善業，只能算是人天果報。就像農夫耕田一樣，若不播種，是不可能會有結果的。根據八十華嚴（卷七十八）入法界品第三十九之十九的說法：善根深厚的行者啊！菩提心就像種子一般，能夠生出一切佛法啊！菩提心就像良田一般，能夠增長眾生潔白清淨的善業啊！就是因爲有菩提心，才能夠生出一切菩薩行。而且，十方三世一切諸佛，都是從菩提心出生的啊！此外，根據省庵大師《勸發菩提心文》的說法：若想進入大乘佛道的關鍵大門，首要乃爲發菩提心：亦卽發「上求菩提、下化眾生」的菩提心。修行最爲緊急的要務，就是率先立下誓願：眾生無邊誓願度、煩惱無盡誓願斷、法門無量誓願學、佛道無上誓願成。一旦立下誓願，就可以廣度一切眾生；一旦發菩提心，方得以成就無上佛道。須知有了願心，才會有願行；有了願行，才會有結果。

另外，根據八十華嚴（卷五十三）離世間品第三十八之一的說法：菩薩摩訶薩有十種發菩提心的因緣，並可歸爲二大類：（一）因衆生而發菩提心：包括爲了教化調伏一切衆生，爲了滅除一切衆生的痛苦，爲了讓一切衆生具足安樂，爲了斷除一切衆生的愚癡，爲了給予一切衆生佛的智慧，所以要發菩提心。（二）因佛而發菩提心：包括爲了供養一切諸佛，爲了追隨如來之教，令一切諸佛歡喜，爲了見到一切諸佛色身相好，爲了證入一切諸佛廣大的智慧，爲了顯現一切諸佛十力、四無所畏的法力，所以要發菩提心。簡而言之，發菩提心就是發「上求菩提，下化衆生」的成佛度衆之心。

綜合而言，修行就是修正行爲，學佛就是想要成佛。修正行爲才有解脫的可能，想要成佛才能成就佛果。解脫需要「戒、定、慧」，成佛需要「發菩提心」。「戒、定、慧」是「解脫道」的基礎，「發菩提心」是「菩提道」的源頭。「菩提道」以「解脫道」爲前提，「解脫道」以「菩提道」爲圓滿。沒有「解脫道」，何來「菩提道」？拿什麼度衆生？沒有「菩提道」，算什麼「解脫道」？自覺之外，還要覺他，才算覺行圓滿，才能成佛。「解脫道」與「菩提道」二者的共同交集就是「無我」，也就是「般若空慧」。「般若空慧」的最大障礙就是「我」；有我就有煩惱，有我就有痛苦，表現出來的就是自私自利，一旦自私自利，就會到處樹立敵人，時時與人諍論，談何解脫？遑論成佛？而消除「自私自利」的最佳良藥就是「慈悲」，從慈悲利他中學習消除自我，實現無我。須知「發菩提心」就是「慈悲」加上「智慧」，也就是「大悲」與「般若」的完美結合；上求菩提，下化衆生，內而清淨，外而慈悲，悲智雙運，福慧雙修。既有助於「解脫道」，也有助於「菩提道」；既可以成聖，也可以作佛。然後，以無所得爲方便，廣度無量衆生。所以說，修行學佛，當發菩提心。不管出家人或在家人，都沒有例外。若只求解脫，而沒有發菩提心，在修證解脫之前，雖然精進用功，境界非凡，卻會讓人覺得像個只求自了的自了漢。若想要成佛，卻不知解脫之道，看不起聲聞、緣覺二乘之法，以爲發菩提心了，雖然慈悲濟世，布施行善，其實只是人天果報的世俗福德而已，毫無功德可言，妄求作佛。須知所謂「功德」必須要能夠幫助個人以及衆生解脫生死，出離三界，離苦得樂，才是真功德。根據世親菩薩《發菩提心經論》（卷上）發心品第二的說法：菩薩看到衆生愚癡無明，不斷造業，無盡輪迴，長夜受苦，捨離佛陀正法，迷失方向，不知道出路在那裡？因此，發大慈大悲之心，決心追求無上菩提之智，成就無上菩提之果。就好像爲了拯救頭上著火的心情一樣，想要救拔濟助世間一切苦難的衆生，令他們都能夠出離苦海，進入無餘涅槃，達到永恆的安樂。由此可知，發菩提心就是爲了衆生的利益，發起追求無上菩提的心願，建立趣向無上菩提的意志；念念都是爲了衆生，並且勤修六度，廣行四攝，善巧方便，廣度衆生，志取佛果，得一切種智。如此以大悲心，發菩提願，行菩薩道，證菩提智，成菩提果，才是真正的發菩提心。

第三節 菩提心的類別

所以說，「菩提心」卽是成佛度衆的心。宗喀巴大師《菩提道次第廣論》（卷十）云：菩提心者，謂世俗、勝義二菩提心。意思是說，在上求下化的過程當中，菩提心又可以分爲世俗菩提心與勝義菩提心。「世俗菩提心」是指出於悲心，立誓拔濟一切有情，並且發願成佛。又包含「願菩提心」與「行菩提心」。「願菩提心」是指爲了度化利益一切衆生，發誓修持成佛。「行菩提心」是指發心後，爲了早日圓成佛道，以實際行動，精進聞思修行；以六度萬行，恆常利益衆生。所謂「行願」就是應當發願並實踐利益安樂一切有情，觀想十方一切含識眾生，猶如己身。發起這種欲求無上正等菩提意向的最初心，是爲「世俗菩提心」；主要著重在遮障的對治法。「勝義菩提心」是指體悟性空，證悟法性的菩提心。超越世間，遠離一切戲論；顯露自性，證入光明覺性，是勝義行境。所謂「勝義」就是觀一切法無自性。而且必須與法性相應，有了證量以後所發的菩提心，是爲「勝義菩提心」；主要著重在自性的顯發上。須知「菩提心」的長養是建立在「出離心」之上，發願廣度一切有情，脫離三界火宅爲目標。必須先生起「世俗菩提心」，成爲菩薩，然後累積福慧資糧，成爲聖者時，才能生起「勝義菩提心」。此時的「勝義菩提心」就是不生不滅的菩提自性，就是無我的般若空慧，就是本有的佛智。佛的種種功德都是「勝義菩提心」所顯現的，是真正的佛母。因此，發起「世俗菩提心」之後，應當爲了生起「勝義菩提心」而努力。須知「世俗菩提心」著重悲願，「勝義菩提心」不離悲願而得智慧的現證。

另外，根據印順導師《學佛三要》的說法：首先對於成佛度眾，要有信心，要有大願。見到世間的惡劣與眾生的苦惱，深信有究竟圓滿的佛果可證。唯有修證成佛，才能夠淨化世間，救度一切眾生。於是發廣大願，盡未來際，上求菩提，下化眾生。由此信願而發心，稱爲「願菩提心」。有了信願之外，還要能夠身體力行。主要是指受持菩薩戒法，然後以此無邊戒行，修行「菩薩道」，包括一切自利利他的大行，是爲「行菩提心」。然而，此「願行」二種菩提心，還是有漏心行，尚沒有出世間，故統名爲「世俗菩提心」。然後，以此爲基礎，證悟般若空慧，悟入無生法忍，證到真如實相。這樣的真實智境，既沒有時空之相，也沒有青黃赤白之相，更沒有心識之相；不生不滅，非有非無，非此非彼，不可說，不可念等，是爲「勝義菩提心」。須知以上三種菩提心乃相輔相成；有願，才有行；有行，才有果。一旦發菩提心，就可以具備（一）「大願心」：廣修善行；（二）「大悲心」：救眾生苦；（三）「大智心」：證無我慧。其中，「願菩提心」強調起信發願，「行菩提心」強調慈悲利他，「勝義菩提心」強調般若證理。也就是說，從凡夫地起信願，經慈悲，入聖智。凡夫初學菩薩行，首先要發菩提心，這是重於「信願」的。發心以後，進入修行階段。實行菩薩道，以利他爲主，這是重於「慈悲」的。然後悲智雙運，等到福德智慧資糧具足，智證平等法性，這是重於「智慧」的。所以說，起先是發心，然後是修行，最終是證果。「發心」就是發「世俗菩提心」，「修行」就是修菩薩道，「證果」就是證「勝義菩提心」。

然而，什麼是菩薩道呢？根據印順導師《學佛三要》的說法：「菩薩道」的歷程分爲般若道與方便道。「般若道」又包括：發菩提願、修慈悲行、證空性智。「方便道」又包括：發淨勝意樂心、行嚴土熟生事、證究竟種智果。換句話說，「般若道」的發心是發「世俗菩提心」，也就是發菩提願與修慈悲行。修集一切福德智慧，證得無我的般若空慧。「方便道」的發心是發「淨勝意樂心」，也就是發「勝義菩提心」。然後莊嚴國土，成熟衆生；最後究竟證得無上菩提，也就是一切種智。前者是積聚無量福德資糧的階段，側重由假入空，得實相法性，絕諸戲論。後者是在證得諸法實相、真如法性之後，側重從空入假，以方便力，修廣大行，成就無上菩提。其中，「般若道」與「方便道」的交集就是「般若空慧」；見「諸法實相」，得「無生法忍」，則爲此二道之分水嶺。

第四節　菩提心修證次第

若依據修證的過程而言，則可以分爲五種菩提。根據龍樹菩薩《大智度論》（卷五三）釋無生品第二十六的說法：有五種菩提：一者名發心菩提。二者名伏心菩提。三者名明心菩提。四者名出到菩提。五者名無上菩提。根據印順導師《般若經講記》的精闢看法，以及個人的研究心得，說明如下：

一、發心菩提：凡夫於無量生死當中，初發上求菩提、下化衆生的大心，亦卽發阿耨多羅三藐三菩提心，所以名爲「發心菩提」。也就是說，發廣大道心，立深遠志願，希求證悟菩提，想要成就佛果，發心普度衆生。主要是指十信位的菩薩，真發菩提心，得「信不退轉」。然而，該用什麼心態來發菩提心呢？根據金剛經（第二品）善現啟請分的說法：真發菩提心的善男信女們，到底應該如何安住其心？如何降伏其心呢？須知「安住」是住於正，「降伏」是離於邪；「安住」是不違法性，「降伏」是不違佛戒。根據金剛經（第三品）大乘正宗分的說法：針對「發心菩提」，菩薩發願度衆生，應該不著一切衆生之相，應該如是安住、降伏其心。希望每一個衆生，都能夠得到徹底的解脫，進入無餘涅槃。雖然如是滅度無量無邊的衆生，但是菩薩心中卻不覺得有滅度任何一個衆生的念頭。所以說，「發心菩提」以發願度生爲主，而且重於「我空」。簡而言之，「發心菩提」卽是上求下化，發世俗菩提心。

二、伏心菩提：凡夫發菩提心之後，就依著本願去修行；透過實踐六波羅蜜，漸漸遠離煩惱，漸漸降伏其心，並與性空相應，所以名爲「伏心菩提」。也就是說，因爲發心用功，時時檢討，刻刻反省，有慚愧心，慢慢地將煩惱降伏，把妄想止息。主要是指十住、十行、十迴向等「三賢位」菩薩，得「住不退轉」，制伏煩惱，降伏其心，進修諸波羅蜜。然而，該用什麼心態來實踐六波羅蜜呢？根據金剛經（第四品）妙行無住分的說法：針對「伏心菩提」，菩薩透過修行六波羅蜜，漸漸折伏煩惱，使不現行，並以布施統攝利他的六波羅蜜。須知布施有三，其一爲財施：以財物賙濟他人，或是以體力甚至犧牲生命救助他人，是爲布施波羅蜜。其二爲無畏施：必須克己恕人，前者以戒自守，後者以忍容他；令衆生遠離怖畏，是爲持戒與忍辱二波羅蜜。其三爲法施：爲了以佛法布施於人，令得解脫，需要精進，才得以克服萬難；需要禪定，才得以洞見時機；需要般若，才得以明達事理；是爲精進、禪定、般若三波羅蜜。菩薩行布施，乃至於其他波羅蜜，於一切法應無所住。也就是說，身雖行六波羅蜜，但內心一點都不會執著。不會住著於色境而行布施，不會住著於聲境乃至法境而行布施。做到三輪體空——無施者、無受者、無所施之物，才能夠遠離自性妄執。所以說，「伏心菩提」以實行利濟爲主，而且重於「法空」。簡而言之，「伏心菩提」卽是六度萬行，折伏煩惱。

三、明心菩提：菩薩折伏粗煩惱之後，進而修習止觀，觀察過去、現在、未來一切諸法，包括宏觀的總相以及微觀的別相，善予分別，籌畫思量，進而證得諸法實相；斷除一切煩惱，遠離一切塵相，澈證離相菩提，所以名爲「明心菩提」。也就是說，「明心」就是明白本心，見證本性，契悟本具不生不滅的心性，發勝義菩提心。主要是指進入初地或初地以上的菩薩，得「證不退轉」，觀照諸法實相之理，畢竟空寂；證悟真如本性之體，畢竟清淨；從此心地明了，自性顯發。然而，該用什麼心態來見證法性呢？

（一）諸相非相：根據金剛經（第五品）如理實見分的說法：針對「明心菩提」，想要見證法性，進而「見佛了生死」，但是千萬不要以爲見到佛的身相就是見佛，因爲身相不過是假名如幻的妄相而已，皆不可得。須知想要見佛，就要先見法；想要見法，就要先見緣起。若能夠澈見法相的緣起無常，才得以現證法性的空寂無生，進而澈見法身如來的清淨無相。亦卽所謂「見緣起卽見法，見法卽見佛」，這才是真正的見佛。然而，雖然從緣起的虛妄取相來看，法相千差萬別；但是從性空的諸法實相來看，法性卻是平等一味的，須知法性卽一切法自性不可得而無所不在。因此，佛陀說：「若見諸相非相，則見如來。」意思是說，若能夠澈見世間的一切法相都是緣起如幻，而不加以妄想、分別、執著，就能夠澈見法性空寂、畢竟清淨的如來法身了。

（二）三相並寂：根據金剛經（第六品）正信希有分的說法：如果衆生能夠做到無「我、人、衆生、壽者」等四相，不再執著有我，那麼就可以證得「我空」！如果衆生能夠做到無法相，不再執著有法，那麼就可以證得「法空」！如果衆生能夠做到無非法相，不再執著有法或無法，那麼就可以證得「空空」！執著有我相是我見，執著有法相是法見（我所見）；執著有我相有法相是有見，執著非法相是無見。般若離我法、有無等一切戲論妄執，三相並寂，就能夠於般若無相中生起一念清淨心。爲什麼這樣說呢？須知我與我所是生死的根源，如果真的能夠做到無我、無我所，遠離一切我見的妄執，那麼必然也就能夠遠離一切法見、空見的妄執。因此，不應該執著法相，也不應該執著非法相；因爲如果執著法相或非法相，就是執著我相；一旦執著我相，就會有「我、人、衆生、壽者」等四相，那肯定無法證得無我的般若空慧而解脫的。因此，佛陀以「筏喻經」提醒我們，既然已經登上彼岸，就不要再把船筏背在身上了。所以說，幫助我們登上彼岸的正法尚應捨離，何況是非法！須知一切法都是空無自性的，包括正法與非法都一樣，那裡可以執著！

（三）無住生心：根據金剛經（第十品）莊嚴淨土分的說法：應無所住，而生其心！意思是說，六根、六塵、六識都如幻如化，沒有真實的自性可得；如果有所執取，就會生起「貪、瞋、癡」等煩惱。因此，佛陀要我們做到一切都無所住；不住著於一切法，不取著任何法相；遠離我相，遠離法相，遠離非法相，進而生起清淨心。一旦生起清淨心，則無處不是淨土。也就是說，先離相、後明心、再見性。因爲凡所有相，皆是虛妄，所以要離一切相。因爲離一切相，不住於一切相，我、法、非法三相並寂，所以生清淨心。因爲生清淨心，所以澈見法相緣起，現證法性空寂，體悟法體清淨。所以說，「明心菩提」以了達實相爲主，而且重於「自覺」。簡而言之，「明心菩提」即是明心見性，發勝義菩提心。

四、出到菩提：在般若波羅蜜的引導下，以善巧方便之力，修習方便之道，成就法身，莊嚴佛土，成熟衆生；但絕不會執著般若波羅蜜，從此斷盡一切煩惱，照見十方三世一切諸佛，證得無生法忍，漸漸出離三界，到達究竟佛果，所以名爲「出到菩提」。也就是說，發勝義菩提心之後，證得無生法忍，從此不再退轉，進而從「般若道」提昇爲「方便道」，莊嚴一切佛國淨土，度化一切有情衆生。主要是指八地或八地以上的菩薩，得「念不退轉」，修諸般若，斷惑證真，於般若波羅蜜中得方便力，心不執著，出離三界，到達彼岸。然而，「出道菩提」會有那些成就呢？

（一）成就法身：根據金剛經（第十七品）究竟無我分的說法：如來說像須彌山王一樣又高、又長、又大的大身，根本就不是真正的大身，都是假的，都是緣起如幻的，沒有大身的真實性。只有通達法性畢竟空，證得法性身，迴心向大而發「勝義菩提心」，才是真正的大身；是爲成就法身。

（二）成熟衆生：根據金剛經（第十七品）究竟無我分的說法：如果菩薩在度衆生的時候，自以爲「我當滅度無量衆生」，那就是執著有能度的菩薩以及所度的衆生，有彼此對待，我相不斷，就不配稱爲菩薩了。爲什麼這樣說呢？因爲在這個世間，根本就沒有菩薩這回事啊！如果覺得有菩薩，就不是真的菩薩了。所以佛陀提醒我們：一切法無我相、無人相、無衆生相、無壽者相。只有破除四相，才是真正的菩薩，也才是真正的在度衆生，但是卻沒有執著一個衆生爲其所度；是爲成熟衆生。

（三）莊嚴佛土：根據金剛經（第十七品）究竟無我分的說法：如來說莊嚴佛土者，卽非莊嚴，是名莊嚴。意思是說，如果菩薩發心莊嚴佛土的時候，以法攝取同行同願者，以共業莊嚴佛國淨土，卻自以爲有我在創造嚴淨的佛土，有我在接引一切衆生，那麼就是執著有能莊嚴的菩薩以及所莊嚴的佛土，如此取著我相、法相，一樣不配稱爲菩薩。其實根本就沒有真實的佛土可莊嚴，也沒有真實的佛法能莊嚴。須知一切法都是無所得，一切法都是緣起假名，一切法都是空無自性，皆無實性，都不可以執著；否則跟貪圖雜染的世間有什麼不同，這樣才是真正的莊嚴佛土；是爲莊嚴佛土。

最後，根據金剛經（第十七品）究竟無我分的說法：如果菩薩能夠通達無我之法，破除四相，如來說這才是真正的菩薩。所以說，「出到菩提」以悲智雙運爲主，而且是重於「覺他」。簡而言之，「出到菩提」卽是以般若空慧之理，行方便度衆之事。

五、無上菩提：或稱爲「究竟菩提」。端坐在菩提道場上，斷盡一切煩惱習氣，完成一切自利利他，圓滿證得究竟的無上正等正覺，所以名爲「無上菩提」。換句話說，斷盡一切「煩惱障」與「所知障」，從此不再妄想、分別、執著，福慧圓滿，無礙解脫，成就佛果。主要是指等覺、妙覺菩薩，斷盡最後一品無明，降諸魔障，證無上道，得阿耨多羅三藐三菩提，卽佛果之覺智。然而，「無上菩提」會有那些圓證法身的功德呢？

（一）知見圓明：根據金剛經（第十八品）一體同觀分的說法：佛具有五眼，所以知見圓明，包括：肉眼、天眼、慧眼、法眼、佛眼。「肉眼」能見凡人所見的境界，與常人無異。「天眼」能見諸天所見的境界，表裡遠近等，都能夠透澈明見。「慧眼」無所見而無所不見，通達無我性空；約自證說，從假入空，證「一切智」。「法眼」了知世俗萬有；約化他說，從空入假，證「道種智」。「佛眼」能見佛所見的不共境，究竟實相；權實無礙，空假不二，證「一切種智」。因此，所有衆生的起心動念，如來悉能知見。爲什麼會這樣呢？因爲如來說各種衆生的心都是緣起如幻、隨緣生滅的，都不是真的心啊！然而，究其本性，都是無性隨緣、畢竟空的，平等不二，無有差別。亦卽心若能夠既不住於世間的「法相」，也不住於出世間的「法性」，那麼方得以稱爲「清淨心」。佛能夠究竟澈證緣起、無自性、空，具足佛眼，不起分別心；有如明鏡，像來影現，所以無不遍知。然而，那一顆「心」要怎樣才得以清淨呢？根據金剛經（第十八品）一體同觀分的說法：過去心已過去，不可得；現在心念念不住，不可得；未來心尚未生，亦不可得。一旦有所得，就會有所失；一旦患得患失，想有想無，心怎麼可能會清淨呢？所以說，不要緬懷過去，也不要憧憬未來，活在當下即是。不過，當下也不可得，隨遇而安，隨緣自在。所謂「三際求心心不有，心不有處妄緣無，妄緣無處卽菩提，生死涅槃本平等」；是爲知見圓明。

（二）福德衆多：根據金剛經（第十九品）法界通化分的說法：如果說真的實有福德可得，那麼就算用三千大千世界的七寶來布施，也不過只有三千大千世界的七寶之福德而已，如來不會稱許他所得福德甚多。就是因爲布施的時候，並沒有計較有多少福德可得，這樣的福德反而不可稱計，如來就會稱許他所得福德甚多。也就是說，布施的時候若能夠與般若相應，不取相而布施一切，反而能夠豎窮三際，橫遍十方，圓成無量清淨的佛果功德；是爲福德衆多。

（三）身相具足：根據金剛經（第二十品）離色離相分的說法：如果想要見佛，不應該只是以圓滿的色身外相爲依據來認定是否見佛。爲什麼這樣說呢？因爲如來說諸相具足的圓滿色身，只是緣起假名施設的身相而已，那裡有圓成實性可得。因此，不應該執著這種表面色相具足的圓滿，應該通達法性空寂無生，證得無量相好的圓滿法身，才是真正的諸相具足；是爲身相具足。

（四）法音遍滿：根據金剛經（第二十一品）非說所說分的說法：如果有人以爲如來有所說法，那麼不但不是讚佛，反而是謗佛！不能了解佛陀苦心開示的佛法。須知諸法實相是離言說相的，根本就不可以言宣，其實是無法可說，所以不可以執著佛有任何的說法。然而，雖然無法可說，卻隨時隨地，隨機隨類，不假尋伺而隨順說法。這樣的說法，才是真正的說法；是爲法音遍滿。

（五）信眾殊勝：根據金剛經（第二十一品）非說所說分的說法：須知那些眾生其實都不是真實存在的眾生，因爲都是緣起幻有的啊！但也不能說是不存在的眾生，因爲都是世俗假有的啊！爲什麼這樣說呢？須知眾生之所以成爲眾生，是因爲眾生乃五蘊因緣和合之法所形成的啊！根本就沒有真實的體性可言。因此，千萬不可以執著眾生爲實有，都是緣起的，都是幻化的，都不是真的，其性本空。因爲其性本空，無性爲性，所以眾生會隨緣幻現，假名假有，然後隨著因緣生滅不定，生死沉淪。然而，沒有眾生，何來菩薩？遑論成佛？所以，我們要以無所得的心，來面對眾生；明知是幻，卻勉力度眾，這樣才是正確地認識眾生；是爲信眾殊勝。

（六）正覺圓成：根據金剛經（第二十二品）無法可得分的說法：我對於無上正等正覺其實是無所得的，甚至於連一點點、少少的法也都是無所得的。因爲一切法都是無所得的，所以不但沒有多法可得，也沒有少法可得；從此沒有妄想、分別、執著，得失都不會放在心上，這樣才可以稱爲「阿耨多羅三藐三菩提」。根據金剛經（第二十三品）淨心行善分的說法：在無上正等正覺當中，一切法都是平等而無有高下的。法相雖然萬千，法性卻是一如。不但在聖不增，而且在凡不減；既不住於空，也不住於有，空有不二，這樣才可以稱爲「阿耨多羅三藐三菩提」。如果懂得以遠離「我、人、眾生、壽者」等四相的態度，來修習一切善法，就能夠證得阿耨多羅三藐三菩提。所以說，「得」而「無得」，「無得」而「得」；「得」是修習一切善法，證得無上正等正覺；「無得」是遠離四相，應無所住。我們要以「無所得」的心，成就「有所得」的事；雖然有所得，其實是無所得；雖然無所得，其實是有所得；無所得而得才是真得。因此，所謂「善法」就是幫助我們生命增上、出離世間、成就菩提的一切正法。不過，如來說連善法也不可以執著，否則善法也會變成惡法，這樣才是真正的善法；是爲正覺圓成。

最後，佛陀再次強調成佛的要旨：離相（相要遠離：遠離四相）、明心（心要無住：去除三心）、見性（性要見證：如如不動）；然後發「勝義菩提心」爲人演說，方便度眾。根據金剛經（第三十二品）應化非真分的說法：怎樣才算是真正地發「勝義菩提心」爲人演說呢？一者不取於相，二者如如不動。「不取於相」是指不要取著於外相，因爲所有的一切外相都是虛妄不實的，不可以執著。所以，佛陀要我們遠離四相，做到無我相、無人相、無眾生相、無壽者相；破除三心，了知過去心、現在心、未來心皆不可得；既不執著於空間的分別，也不執著於時間的變化。應無所住，而生其心；「無住」是無所牽掛，「生心」是生清淨心。「如如不動」是指證入真如本性，不爲外境所動。真如就是自性，本自清淨，本不生滅，本自具足，本無動搖，能生萬法。若能不取於相，當下如如不動。爲什麼這樣說呢？因爲一切生滅變易的有爲法，都有如「夢、幻、泡、影」一般，都是虛妄不實的；也像「朝露、閃電」一般，來得快，去得也快。所以說，法相面：緣起生滅，無常變易；法性面：無有自性、自性本空。從「現象界」來看，因果業報，卽空的假名有，不可說無；從「本體界」來看，自性不可得，卽假的自性空，不可說有。觀緣起如幻而悟入自性本空，離一切相，息一切念，中道實相，卽爲「般若正觀」。佛陀就是要我們作如是正觀，一切都無所住，自然而然就能夠如是降伏其心，如是安住其心，如是得阿耨多羅三藐三菩提。所以說，「無上菩提」是以福慧雙修爲主，而且重於「覺行圓滿」。簡而言之，「無上菩提」卽是圓滿菩提，究竟成佛。

綜合而言，從五菩提心來看，最初是發心菩提，屬「願菩提心」；從伏心菩提到出到菩提是修行的過程，屬「行菩提心」；最後是證得無上菩提，屬「勝義菩提心」。其中，發心菩提是發「世俗菩提心」，明心菩提是發「勝義菩提心」。然而，不管發什麼心，在心願上，除了希求「利他成佛」之外，在行爲上，還要以「六波羅蜜」進行實踐，方可稱爲「行菩提心」。也就是說，「發心菩提」重於願：住菩提心，以般若扶大悲願；「伏心菩提」重於行：修悲濟行，以般若導六度行；「明心菩提」重於證：悟如實義，以般若證法性空。前三種菩提是趣向菩提道中，由凡入聖的過程；雖得聖果，卻還沒有圓滿，必須精進修行。所以說，「發心菩提」之後，透過「伏心菩提」的加行用功得力，從利濟他人下手，對治煩惱，如是降伏、安住其心，才能夠達到「明心菩提」。「明心菩提」之後，還要以「般若智」行「方便道」，斷惑證真，嚴土熟生，自覺覺他，覺行圓滿，才能夠經由「出到菩提」達成「無上菩提」。根據龍樹菩薩《大智度論》（卷五〇）釋發趣品第二十之餘的說法：從初發心到七地是「般若道」：破諸煩惱，自利具足；八地以上是「方便道」：教化衆生，淨佛世界。也就是說，七地是「般若道」之圓滿，初得無生法忍，爲結業生身的最後身。從此以後，進入八地，純爲法性生身之境界，開始「方便道」之修習。由此可知，「發心菩提」到「明心菩提」重在證得實相法性，從假入空，通達性空離相，是爲「般若道」。「出到菩提」重在證得實相法性之後，從空入假，方便入世度衆，是爲「方便道」。其中，「般若」爲道體，「方便」爲巧用。這樣的修行次第，其實是以「明心菩提」爲分界點；「明心菩提」之前，以積集資糧爲主；「明心菩提」之後，以方便度衆爲主。因此，針對之前的「般若道」來說，「明心菩提」是證悟；針對之後的「方便道」來說，「明心菩提」是發心。「般若道」加上「方便道」是爲「菩提道」。一旦悟到一切法本來清淨，本來涅槃，卽稱之爲「勝義菩提心」，也就是「阿耨多羅三藐三菩提心」。不過，從頭到尾，每一種菩提心都必須以「六度萬行」來積集福德智慧資糧，因爲菩提心是智慧與慈悲的平等交融。若離了慈悲心的體證，則是偏真的智證；若離了證真的慈悲心，則是浮泛的情見。須知解脫的關鍵在「智慧」，成佛的要訣在「慈悲」。只要發出離心，智慧成就，當世卽可解脫。只有發菩提心，福慧圓滿，成佛才有希望。因此，「慈悲」與「智慧」不可偏廢，甚至還要加上「方便」，才能夠自覺覺他，覺行圓滿。宗喀巴大師《菩提道次第廣論》（卷十）提到：一切種智者，從大悲根本生，從菩提心因生，以諸方便而至究竟。意思是說，想要證得「一切種智」而究竟佛果，離不開「慈悲」、「智慧」和「方便」三門，三者缺一不可。從初發心乃至究竟圓滿的過程當中，不斷地透過悲智雙運，福慧雙修，以無所得爲方便，漸行、漸深、漸廣，最終才得以真正體現究竟的無上正等菩提。

總而言之，「發心菩提」發世俗菩提心，是願菩提心；乃「十信位」菩薩，能夠真發菩提心，得不退轉。「伏心菩提」廣修六度萬行，是行菩提心；乃十住、十行、十迴向等「三賢位」菩薩，能夠調伏心中煩惱，進修諸波羅蜜。「明心菩提」證般若空慧，發勝義菩提心；乃進入初地或初地以上的菩薩，能夠觀照諸法實相之理，心地明了。「出到菩提」證無生法忍，方便廣度群生；乃八地以上的菩薩，修諸般若，斷惑證真，心不執著，出離三界生死，到達涅槃彼岸。「無上菩提」福慧圓滿，得阿耨多羅三藐三菩提；乃等覺菩薩，斷盡最後一品無明，降諸魔障，證無上道。只要按照此修行次第，循序漸進，不但可以成就「解脫道」，也可以進一步成就「菩提道」。在「解脫道」上，聞四聖諦法，思十二因緣法，行三十七道品，實證無我的般若空慧。在「菩提道」上，透過「般若道」，實踐六度萬行，澈見諸法實相，證得無生法忍；透過「方便道」，實踐悲智雙運，廣修福德資糧，廣行嚴土熟生；最後福德智慧具足，圓滿究竟果德。其中，「無生法忍」是不隨凡夫沉淪生死、不墮二乘疾入涅槃的關鍵，也是「菩提道」中不退不動、趨向佛果的里程碑，更是「般若道」與「方便道」的分水嶺。然而，何謂無生法忍呢？

第五節　無生法忍

何謂無生法忍呢？須知「無生法忍」是證得的一種境界。「忍」者認也，非獨忍受之意；還有認識、認可、接受、擔當的意思。證入了某種境界，親自去經歷、體驗和感受，才叫做「忍」，並且認可這樣的境界。根據大般若經（卷三七八）無雜法義品第六十七之一的說法：佛陀告訴我們，透過這種忍耐力的建立，可以使我們連一點點的惡不善法都不會生起，所以稱之爲「無生法忍」。亦卽可以令我們煩惱畢竟不生，我、我慢等煩惱究竟寂滅，忍受諸法如夢幻泡影，一切都不可得。若能夠證得此智，稱之爲「無生法忍」。另外，根據大般若經（卷三七六）無相無得品第六十六之四的說法：什麼叫做無生法忍呢？其實就是令煩惱畢竟不生，以及諸法畢竟不起。其中，「無生法」就是一切法從本以來不生，不生所以不滅；「忍」就是體認一切法空的微妙智慧，常住而無所間斷；合起來稱爲「無生法忍」。因此，無生法忍的「忍」就是智慧的意思，亦卽能夠體證實相不生不滅的般若波羅蜜。般若能夠了知諸法實相，自然能夠斷盡一切煩惱，斷盡一切煩惱卽是涅槃。故知「無生法忍」有智、有斷。其中，了知諸行空寂，屬「智」；煩惱畢竟不生，屬「斷」。所以說，無生法忍之「斷」、「知」和「無生法」，卽可攝得「涅槃」、「般若」和「實相」於一義中。根據龍樹菩薩《大智度論》（卷四三）釋集散品第九下的說法：所謂「般若波羅蜜多」就是諸法實相，如涅槃相，不可破除，不可毀壞。其中，「般若」是能證智，「實相」是所證理，「涅槃」是所證果。也就是說，從能證智：「無生法忍」是般若波羅蜜；從所證理：「無生法忍」是諸法實相；從煩惱斷盡：「無生法忍」是涅槃。所以說，「無生法忍」卽是以「般若」證知諸法實相，斷盡一切煩惱，成就涅槃聖果。

另外，根據龍樹菩薩《大智度論》（卷七九）釋囑類品第六十六的說法：菩薩努力學習般若波羅蜜的空行，不會執取偏空之相；並且越過二乘的境界，證得無生法忍，從此進入菩薩位。一旦入菩薩位，具足成佛之法，行慈悲利他的菩薩道，當可證得「一切種智」。一旦證得「一切種智」，斷除一切煩惱習氣，即可稱之爲「佛」。其中，「入菩薩位」具有決定性的關鍵地位。然而，如何入菩薩位呢？根據龍樹菩薩《大智度論》（卷八六）釋遍學品第七十四的說法：菩薩透過「道種智」，才能夠入菩薩位；一旦入菩薩位，就可以再透過「一切種智」，斷除一切煩惱習氣，成就佛道。然而，什麼是道種智呢？只要菩薩安住在「無生法忍」的智慧上，就可以證得諸法實相。然後從實相出發，依照世間諸法所呈現的名相語言，不但自己能夠妥善地深解其意，而且能夠爲衆生說法，令衆生得以開悟，了達諸法實相，是爲「道種智」。因此，菩薩應當廣行以「般若」爲基礎的「道種智」來方便度衆。菩薩能夠善加分別，該用小乘法度化就用小乘法，該用大乘法度化就用大乘法。這是因爲菩薩能夠了知埋藏在衆生當下心裡深處的各種心事，也能夠了知過去世的宿世因緣，以及未來世的因緣果報；甚至也能夠了知衆生可被度化的時機和處所。

所以說，「無生法忍」其實就是菩薩的「道種智」；有了「道種智」就可以入「菩薩位」。論其特色，一爲證得諸法實相，斷盡一切煩惱；二爲遍通種種法門，度化一切衆生。由此可知，菩薩與二乘所證得的「無生法忍」，在「解脫道」上是一致的，但在「菩提道」上則有差別。二乘證得「無生法忍」之後，很可能就此打住；其實就是證得「一切智」，達到「什麼都不要」的境界，破見思惑，成般若德，是爲「阿羅漢」。然後就進入涅槃，從此出離三界，不受後有，畢竟這是修行解脫的目的，其實也沒有錯。但是，菩薩證得「無生法忍」之後，並不會就此打住；進而以方便道，勉力度衆，卻無衆生可度，因爲一切都無所得；其實就是證得「道種智」，達到「什麼都無怨無悔」的境界，破塵沙惑，成解脫德，是爲「菩薩」。然後會繼續邁向成佛之道，因爲涅槃只是中途化城而已，究竟成佛才是學佛的終極目標。最後證得「一切種智」，達到「什麼都知道」的境界，破無明惑，成法身德，是爲「正遍知」。因此，「無生法忍」是凡夫與聖人的分界線，也是「解脫道」與「菩提道」的分水嶺。

爲什麼這樣說呢？因爲如果不能忍，很可能就會因此而墮落；或墮凡夫，或墮二乘。不過，更圓滿的說法應該是：發菩提信願、修六度萬行、以大悲爲上首、以無所得爲方便；「福慧雙修」以自利，「悲智雙運」以利他，得入菩薩位。須知由假入空，見實相法性，絕諸戲論，證「一切智」，忍而不隨，就可以擺脫凡夫，是爲「般若道」。見實相後，從空出假，以方便力，修廣大行，證「道種智」，忍而不斷，就可以不墮二乘，是爲「方便道」。其中，見「實相法性」，得「無生法忍」爲此二道之分水嶺，也是從「解脫道」繼續邁向「菩提道」的里程碑，最終證「一切種智」，成就無上正等菩提。菩薩一旦證得「無生法忍」，入菩薩位，就可以令佛讚嘆，蒙佛受記，永不退轉，名「阿鞞跋致」。然而，何謂阿鞞跋致呢？根據龍樹菩薩《大智度論》（卷七三）釋轉不轉品第五十六的說法：「阿鞞跋致菩薩」自從初發心以來，聽聞正法，內心非常堅固，既不爲所動，也不會退轉。面對一切煩惱箭亂射而不能入，名之爲「堅」。面對一切外道魔民騷擾而不能移，名之爲「不動」。一心志求無上正等正覺而不退轉，名之爲「不轉」。菩薩以此三種心，行六波羅蜜，就可以入菩薩位。

總而言之，菩薩得「無生法忍」時，不僅體見諸法實相不生、畢竟空，亦斷盡一切煩惱，唯習氣尚未滅除。其中，證諸法實相、得無生法忍、悟道種智、入菩薩位以及阿鞞跋致，其實都是在說明同一件事；亦即從「解脫道」過渡到「菩提道」的過程；以及從「般若道」邁向「方便道」乃至於究竟「佛道」的歷程。千萬不能只證阿羅漢果或辟支佛果就停止了；也不能只有大悲心而沒有出離心，否則只是人天善果；還要不斷地繼續向前走，一切都是爲了成佛。就像南宋時期，一代聖僧道濟和尚，人稱「濟公活佛」，就是行菩薩道，以妙神通，懲惡除奸，普度衆生，發揮「道種智」的最佳典範。也就是說，菩薩如果只有般若空慧，卻不願入世方便度衆，將有可能墮入二乘，直取涅槃；菩薩如果只有大悲心，卻不知諸法實相，將徒受大悲之名，而非真行大悲之實，累積世間福德而已。須知大悲必與般若相應，般若必以大悲爲本；了知諸法與衆生皆是畢竟空。因爲畢竟空，憐憫衆生無知，所以努力度衆生，卻不覺得有衆生可度！最後，根據龍樹菩薩《大智度論》（卷二七）釋初品大慈大悲義第四十二的說法：證得「無生法忍」時，斷盡一切煩惱；證得「究竟成佛」時，斷盡一切煩惱習氣。前者即是「煩惱障」，後者即是「所知障」。這讓我們領悟到：菩薩證得無生法忍時，其實已經斷了生死，再也不受後有；只是菩薩選擇生生世世留在娑婆世界度衆生，所以不入涅槃，繼續向成佛的目標邁進。根據龍樹菩薩《大智度論》（卷四〇）釋往生品第四之下的說法：菩薩證得「無生法忍」之後，從大悲願力與功德善業所集成而有的法性生身，具足種種神通法力，依「道種智」觀察一切衆生的因緣，然後以種種方便，度脫衆生，令其離苦得樂。甚至以種種德相之變化身，到十方國土普化一切有情，並且莊嚴佛國淨土，攝化一切有緣衆生。須知「無生法忍菩薩」乃般若波羅蜜所護，悲願深澈，爲了度化衆生，必定還入三界。因此，學空不證，不證實際，不取涅槃，不畏生死。其實並非真的不證，而是已證法性，但是還來世間，依法性生身，隨緣度衆，應機施教，無怨無悔，直至成佛。

第六節　菩提心的實踐

最後，我們來看菩提心的實踐方法。根據宗喀巴大師《菩提道次第廣論》（卷八）的說法：修習菩提心必須依照次第來修習，最具代表性的方法包括：「七種因果教授」以及「自他相換教授」。相傳「七種因果教授」是由佛陀傳給彌勒菩薩，再傳給無著菩薩，後傳至金洲大師。而「自他相換教授」則是由佛陀傳給文殊菩薩，再傳給寂天菩薩，一樣後傳至金洲大師。然後，再由阿底峽尊者於金洲大師前求得此二種教授，再傳到西藏，進而流傳開來。分述如下：

七種因果教授

根據宗喀巴大師《菩提道次第廣論》（卷八）的說法：所謂「七因果」就是說無上正等正覺是從菩提心生起，菩提心是從增上意樂生起，增上意樂是從大悲心生起，大悲心是從大慈心生起，大慈心是從報恩心生起，報恩心是從憶念母恩生起，憶念母恩是從知母之恩生起。爲了圓滿菩提心，應當具足「希求利他」之心以及「希求菩提」之心兩種德相。而且，其順序是先修「希求利他」之心，再修「希求菩提」之心。其中，修習「希求利他」之心，內容包括：修知母、修念恩、修報恩等。然後，真正「發起利他」之心，內容包括：修慈、修悲、修增上意樂等；最後，真正發起菩提心。不過，爲了修習利他之心，發心親自荷擔救度一切有情的重擔，還必須先修好兩個基礎：一是「平等想」，二是「悅意相」。在此基礎之上，再修習慈、悲、增上意樂。因此，在說明七種因果教授之前，我們先來了解一下「平等想」與「悅意相」：

一、平等想：所謂「平等想」就是對待一切衆生應該心存平等無差別想；不但怨親平等，而且好壞無別，甚至無人不是父母。其實，「平等想」就是指捨心；亦卽捨去對有情衆生的貪瞋之情，一切平等對待。

須知我們的心始終纏縛於貪瞋之中；親友痛苦便心生不捨，怨敵有苦就幸災樂禍，非親非怨的衆生受苦則置之不理。如果不能去除這種偏執，則會障礙大慈大悲的生起。因此，在沒有灌溉「悅意慈水」、播下「悲心種子」之前，應先整理不平的心地。對待任何衆生，須先修成不貪不瞋的平等心。然而，如何才能修成平等心呢？其一、思惟怨親不定，對治貪瞋。須知怨親那有一定啊！前世爲親，今生爲怨；今生爲怨，來世爲親。昨日爲親，今日爲怨；今日爲怨，明日爲親。也就是說，輪迴中的一切都是無常的。親非恆常之親，怨非恆常之怨，世上沒有固定的親怨。目前的怨敵曾經是最親密的朋友，目前的親人也曾經是最可恨的怨敵。所以應該思惟：親也是怨也是中庸，破除貪執；怨也是親也是中庸，破除瞋恚；中庸也是親也是怨，破除不理。須知怨和親都沒有真實的自性，故應發起「平等心」。其二、思惟貪瞋都是從我執生起。符合我心意的，就叫親友，心生貪執；不合我心意的，都爲怨敵，心生瞋恚。若沒有我執，則看一切衆生都是平等的。所以應該遠離這些分別，安住於「平等心」中，對衆生一視同仁，親不起貪，怨不起瞋。其三、思惟一切衆生都有離苦得樂的願望，都希望得到我們的平等對待。只因三有衆生迷亂顛倒，不論衆生對我們的態度好或不好，都是迷亂，都是顛倒，我們又何須計較！對於同是苦性的衆生，又有什麼理由不平等救護呢？其四、思惟一切衆生都是假相而捨去貪瞋。須知世間的一切都是我們的心幻化出來的，都是假的。一切法皆無自性，都是因緣和合，無常變易，一切都不可得。眼前的親怨，身心是幻相，話語如谷響，行爲如水月，幻生幻滅。若能如是觀想親怨如夢幻泡影，自然捨去貪瞋。

二、悅意相：所謂「悅意相」就是不但對一切衆生作無分別之想，還要對一切衆生起愉悅之相；不但內心充滿歡喜，而且不帶半點染著。亦卽見一切衆生都有如看見自己心愛的兒女一般，產生悅意、可愛之相。透過修習「平等想」來熄滅親之貪、怨之瞋，有如平治田地一樣。一旦心地整平之後，接著以見衆生爲「悅意相」的慈水潤澤心田，然後再播下悲心的種子，大悲心就會迅速發起。所以說，如果看見一切眾生都好像看見自己心愛的兒女那般的悅意可愛，那麼面對一切眾生的時候，自然就能夠引發「悅意相」；看到就滿心歡喜，看到就心滿意足，心裡會想要照顧他一輩子，給他幸福，給他快樂，甚至想要照顧他生生世世，願他永遠離苦得樂，這不就可以引發我們的大慈大悲之心嗎？然而，如何才能夠修成「悅意相」呢？須知想要對一切眾生成立悅意之相，具體修法即知母、念恩、報恩三者。接下來，針對七種因果教授，我們根據宗喀巴大師《菩提道次第廣論》、益西彭措堪布《菩提心之七重因果的修法》以及日常法師《菩提道次第廣論淺釋》的精闢看法，分述如下：

一、知母：修平等想，雖然可以遮止貪瞋的現行，但是為了引發利他之心，還要修知母，作為念恩、報恩之所依。怎麼修呢？首先，要生起一切眾生都是母親的定解。通常我們最關心、最在意的人就是身旁的至親，因此要設法將一切眾生安立為至親，才會生起「悅意相」。其中，跟我們關係最為親密的至親就是茹苦含辛、撫養我們長大成人的母親。如果能夠深信一切眾生都是自己的母親，那麼一切眾生就可以成為我們念恩、報恩所緣的對象，進而生起與樂的大慈、拔苦的大悲、荷擔救度的增上意樂。然而，如何深信一切眾生都是自己的母親呢？關鍵就在於轉生是無始的。須知在還沒有修證解脫之前，生命是無限的循環。事實上，我們已經轉生、輪迴、投胎無數次了。不管是在六道中的那一道，包括上至天道，下至地獄道。每一世都有每一世的母親，因此就有無量世的母親。因此，可以說每一個眾生從無始以來都曾經當過我們的母親。由此可知，我們和一切眾生都是息息相關、血脈相連的，因為一切眾生都曾經是我們的大恩母親。實踐的方法可以從當前身邊的親朋好友開始修起，觀想我們所接觸的人都是我們的大恩母親；既然是母親，焉有不恭敬、不孝順的道理。然後由近而遠，由親而疏，由疏而怨，逐步推廣；進而擴展到整個城市、整個國家、整個地球，乃至於三千大千世界中無量無邊的有情眾生。透過這樣的觀想就可以慢慢地打破我們一向自私自利，不肯關懷眾生的心態。每當想到一切眾生都曾經是我們的母親的時候，爲了報答母恩，「大悲心」就能夠遍緣一切眾生而油然生起。

二、念恩：佛教勉勵人發菩提心，從最明顯的孝道出發，以思念母恩做爲出發點。「念恩」就是憶念一切眾生在當我們母親的時候，爲我們無條件付出的恩惠。首先，憶念今世母親的恩德；包括世間恩德與佛法恩德。「世間恩德」卽憶念母親賜給我們身體、命根、衣食受用，教我們走路、說話、穿衣、做人等。須知自己的生命是母親付出很大的代價換來的。母親爲了生育、養育、教育、保護我們，不知吃了多少苦，流了多少汗。而且永遠把我們當孩子般呵護，寧願代孩子苦、代孩子病、乃至於代孩子死。「佛法恩德」卽憶念我們今天能夠具有健全的眼、耳、鼻、舌、身、意，能夠聞法、思惟、修行，完全是母親深情養育的恩德所致。一旦想起，就忍不住痛哭流涕。其次，當我們對今世母親的念恩之心真實生起以後，進而憶念累世的母親給予的恩德。然後，再依次對於父親等其他親友，甚至陌生人、怨敵以及一切眾生，也都是用這樣的方法去念恩、感恩。一旦修成，自己的母親自然是母親，其餘的親朋好友也是母親，一般的陌生人也是母親，怨家仇敵也是母親，乃至於一切眾生也都是母親。既然視一切眾生爲母親，就要好好侍奉，逆來順受。這個時候，念恩的「質」對了，就可以把「量」擴大，慢慢地推廣開來。其實，仔細體會，原來我們時時刻刻都活在眾生的恩惠當中。試著想想，沒有人種田，那來的米飯吃；沒有人紡織，那來的衣服穿。一切眾生不但過去世都曾經當過我們的母親，對我們有養育之恩，就連現在這一世也都像母親一樣，處處在照顧著我們。我們實在是仰仗一切眾生的恩惠在過生活啊！因此，我們要處處學習念恩、感恩，自然而然就會生起想要報恩的心，乃至於菩提心。

三、報恩：憶念母恩之後，接下來就是要感恩圖報。該怎麼報呢？難道給母親吃好的、穿好的、住好的就叫做報恩嗎？非也！首先要認清輪迴的本質是苦，然後要告訴他們世間唯有苦的真相，進而引導他們走向「緣起還滅」之路，不要再走「緣起流轉」之路。其實，報恩的唯一方法就是把累世母親從生死苦海中救拔出來，令得永恆的出世間涅槃之樂，而不是短暫的世間五欲之樂。須知這些前世的母親正沉溺在生死苦海中無依無靠，若捨棄這些無量的母親不管，只求自己解脫，難道不覺得慚愧嗎？若不知念恩、感恩、報恩，甚至還忘恩負義，實乃第一等大罪人啊！這樣思惟之後，就應該提起心力，一心發願，非得要救拔累世的母親出離生死不可，以報答母親的大恩。所以不能只是給予母親生活上的富足安樂就好，因爲這種安樂並非真實的安樂；這種安樂看似安樂卻實爲苦性，一旦享受窮盡就會轉成痛苦；加上如果不以佛法引導，只是讓母親一直享受生活上的安樂，則母親在享樂的同時又會增添貪愛，由貪愛而取輪迴後有，因而長夜流轉生死，誰又能夠保證下輩子還會有富足安樂的生活可享呢？這種報恩的方式，有如在傷口上灑鹽，只會苦上加苦。因此，正確的做法應該是以慈心饒益母親，將母親安立在解脫與涅槃的真實安樂之中來報答母恩。就「因」上而言，是斷除「貪、瞋、癡」與有漏業，熄滅煩惱；就「果」上而言，是截斷生死相續，解脫自在；圓滿一切功德，寂靜涅槃。由此可知，諸母之苦，根本在於生生死死，不能解脫。無始以來，由惑造業，由業感苦，由苦又起惑，恒轉生死輪。所以說，以慈悲心腸救度母親解脫生死，安住永恆的涅槃，才是真正的報恩。

四、修慈：經過知母、念恩、報恩來修習「希求利他」之心，接著就要來修習「發起利他」之心，內容包括修慈、修悲、修增上意樂等；此處談「修慈」。慈是與樂，也就是以世間、出世間的種種慈善，利益一切衆生，使得一切衆生都能夠離苦得樂。須知修習慈心的功德非常大，比布施供佛的功德還大。而且，一旦慈心成就，還可以遠離各種災難，也可以逢凶化吉。包括：天人護法會隨時慈愛地守護我們；內心會很喜樂，身體會很安康；毒、刀等災禍都不能傷害我們；沒有太多辛苦的勞務要做，卻可以事事成就；往生的時候，當生清淨梵天。你看，多好！修習慈心有這麼多好處！一旦心懷慈悲，樣樣好事都會靠過來！所以說，真正最佳的守護其實就是「慈心」。當你對待任何一個人都能夠像對待母親一樣，每個人都會像慈祥的母親般地照顧你、回饋你，真的是無往而不利。反過來說，如果沒有發起慈心，那就表示內心還有烏雲；如果有烏雲，內心就會黑暗；內心如果黑暗，命運就會跟著黑暗；不但解脫無望，遑論成佛；而且人生的旅程也會很坎坷，必須趕快加以修正。須知內心的烏雲，擋住的不是別人，擋住的正是自己的光明和福報而已。修習慈心的次第是由身邊較爲親近的人開始練習（親修），接著再推廣到關係較爲疏遠、交情比較淡薄的人（中庸），然後再提升到怨家或曾經傷害我們的人（怨修），最後遍及一切有情衆生。因爲如果對自己人不好，反而對外人好，這種慈悲怎麼會是真的呢？當然，最終對一切衆生都要生起慈心，並且打從心裡誠懇地希望他們平安快樂。慢慢地，慈心就會變成一種自然而然的反應，隨緣任運而生。

五、修悲：進入大乘之門要發菩提心，但是發菩提心的根本是大悲。大悲之後，還要生起增上意樂，增上意樂之果才是菩提心；此處談「修悲」。悲是拔苦，也就是解決衆生的痛苦，希望衆生免除一切痛苦。要培養悲心，須先觀察世間之苦，甚至是生死輪迴之苦。對苦的觀察越多，悲心的生起就會越多，因爲沉淪生死苦海的衆生都渴望救助的人趕快來。不過，究竟的拔苦，是令一切衆生同入無餘涅槃而滅度之；亦即不僅自己離苦得樂，也要一切衆生一樣離苦得樂，而且是永恆的涅槃之樂。也就是說，想要生起悲心，一定要先思惟生死輪迴之苦。看到生死輪迴就害怕，一心一意想要跳脫生死輪迴，此時「出離心」就出來了，接著精進修行解脫道。然後進一步推己及人，想要幫助他人也脫離生死輪迴之苦，這樣悲心才算是真正地生起來。

而且，修悲心必須要慎重檢討自己的心念和動機，千萬不可以有名利心；亦即發心要清淨，真正想要令眾生離苦得樂。如果動機不單純，一直希望得到他人的稱讚和肯定，這樣反而會增長自私的我執，博取虛名而已。此外，修悲也要依親、中、怨的次第個別而修；由親而中，由中而怨。有親密關係的，稱為「親」；沒有關係的，稱為「中」；有仇恨關係的，稱為「怨」。修悲也一樣是由最親的人開始，然後推廣到交情平淡的人，再提升到敵對的人，最終對一切眾生都要能夠生起悲心。菩薩為了要救度一切眾生，所以廣緣一切眾生，這樣的悲心才能夠廣大無量無邊。

六、修增上意樂：由於知恩、報恩，而策發慈悲心。因為慈悲心，所以想要給眾生與樂拔苦。一步一步往前走，進而達到增上意樂。然而，何謂增上意樂呢？雖然悲心已經發動，但是還要展開實際的行動，救度眾生出苦輪，方是「增上意樂」。單憑悲心，沒有增上意樂是不夠的。因為悲心只是一種悲天憫人的情懷，還不是一種強而有力的意志。因此，應當依悲心，進一步發起荷負度生重擔的「增上意樂」。所以說，「增上意樂」其實是一股對度眾事業的熱誠，亦即「狂熱的心」。只要有熱誠，便可以不畏艱難，甚至不惜犧牲自己，盡心盡力救度眾生；甚至連闇冥的地獄都敢闖，何況苦難的人間！佛菩薩就是因為具備這樣的熱誠——「增上意樂」，所以成為佛菩薩。大乘佛法的珍貴之處就在於除了自己解脫之外，也要眾生一同獲得解脫。從此以後，內心的快樂不斷增上，衍生的慈悲不斷增長，然後發起一種決定的心，決定幫助眾生離苦得樂，到達彼岸，乃至究竟成佛。一旦發起這種決定心，就會產生一種責任感，想辦法令眾生獲得真正的快樂；包括世間的快樂：需求得到滿足，生活得到依靠，人生得到出路，屬於暫時的快樂；出世間的快樂：生命得到解脫，從此沒有痛苦，最終寂靜涅槃，屬於永恆的快樂；成佛度眾的快樂：希望所有的生命都能夠獲得永恆的快樂，屬於大悲心的、成佛的、利益眾生的快樂。所以絕對不只是發心而已，而是親自跳下去承擔，把衆生的一切生死大事全包了。既然一切全包在自己身上，那麼卽使對方不領情，也仍舊無怨無悔。因爲無始以來，領受一切衆生有如母親般的恩惠，將報恩、慈悲當作是自己的本分，責無旁貸，歡喜去做，一肩扛起究竟圓滿解決衆生痛苦的重責大任。所以說，菩薩不但有慈悲心腸，而且具足「增上意樂」；因此能夠化諸實際行動，同時持續不斷。不但能夠在座中學習，還要能夠於座間等一切威儀之中，時時刻刻不斷地修習憶念此心；包括：上求菩提，下化衆生。這不就是菩提心嗎？

七、菩提心：從「悲心」進入「增上意樂」，然後從「增上意樂」進入「發菩提心」，故知「發菩提心」爲「增上意樂」之果；此處談「菩提心」。雖然發起普度一切有情之心，但是尙未完全具備救度衆生的能力，仍然無法圓滿利益一切有情。因爲自未得度，不能度他；自未寂滅，難令他寂；自未調順，豈能調他。在十方三世一切世間中，唯有「佛」具備這樣的能力，也唯有「佛」才能夠徹底遣除一切衆生所有的危害，並讓衆生獲得一切世間與出世間的功德。因爲利益一切衆生一定要懂得救度衆生的方法，唯有「佛」的「一切種智」才能夠隨機設教，度化有情。因此，除了「慈悲」之外，還需要有圓滿的「智慧」與神妙的「法力」，所以發願成佛。只有究竟成佛，才能夠成辦這一切。因此，在發起荷擔一切衆生離苦得樂重擔的「增上意樂」之後，應當發起「希求成佛」之心，由此便能夠引發爲利益有情誓願成佛的菩提心。否則儘管發了「希求利他」之心，虛願而已。所以說，修習「七種因果教授」的結果就是發菩提心，爲了利他而求取圓滿正覺。此外，菩提心又分爲「願、行」二種。初次生起爲利益一切有情「願成佛」或「應成佛」的善法欲，從此種下成佛的善根種子，只是尙未受持律儀，便名爲「願菩提心」。然後，爲了滿這個願，從此廣行六度四攝，並且受持律儀，一切依照軌則去行；同時修學積集福慧二種資糧，便名爲「行菩提心」。由此可知，唯有發菩提願、修菩薩行、證菩提果，才能夠使衆生從無邊的苦惱中獲得永恆的解脫。須知菩薩以衆生的苦痛爲苦痛，以衆生的安樂爲安樂；以不退菩提心爲根本戒，遠離衆惡，利益衆生，嚴土熟生，最終證得無上菩提。

綜合而言，「七種因果教授」就是教導我們發菩提心的一套系統化方法。菩提心的根本是大悲，所緣爲有情，最後成熟的也是有情。須知輪迴的本質是苦，想要令有情離苦的善心，只要反復思惟有情的痛苦，就一定能夠生起。但是要讓這種心易於生起並且猛利、堅固，就必須將有情觀想爲悅意、可愛之相。然而，這個跟我們看待有情的心態有密切的關係。通常看到親人有痛苦時，內心就會覺得不忍；看到怨敵有痛苦時，心中便會竊喜；看到不親不怨的人有痛苦時，就好像不痛不癢。也就是說，內心執取不同的相，就會引發不同的心態。觀察衆生受苦時，若執取親友相，則生不忍心；若執取怨敵相，則生竊喜心；若執取非親非怨相，便生捨置心。須知內心執取悅意之相有多強，不忍他苦的心就有多強；內心執取不悅意之相有多強，竊喜他受苦的心就有多強。所以，關鍵就在於我們面對衆生的心態，是否爲悅意相或不悅意相。然而，如何面對每一個衆生都能夠形成悅意相呢？須知我們的至親是母親，所以對一切衆生修習知母、念恩、報恩，就可以引生「悅意慈」，並且由此引生「大悲」。也就是說，觀修一切衆生爲母親，目的是爲了讓我們的內心生起悅意之相。「悅意慈」是「知母、念恩、報恩」的結果，由「悅意慈」就能引發「悲心」。故知「悅意慈」是「悲心」之因，也是「與樂慈」以及「拔苦悲」二者的根本。由此可知，知母、念恩、報恩、修慈是引生「悲心」的殊勝方便。然而，僅僅憶念如何給予一切衆生安樂、讓他們遠離痛苦還不夠，必須以至誠之心親自扛起這個重擔才算數，否則一切都是空談。因此，應當依「悲心」進一步發起荷負度生重擔的「增上意樂」，從此一切衆生的生死大事我全包了。可是在發起「增上意樂」之後，卻發現自己的能力還有所不足；就算證得二乘的最高果位也不夠，因爲只有出世解脫的「一切智」，還沒有入世度衆的「道種智」，遑論福慧圓滿的「一切種智」。因此，必須發願成佛才能夠圓滿具足智慧、慈悲和法力。佛的「智慧」是正遍知每一個眾生的因緣果報，佛的「慈悲」是怨親平等又不捨一人，佛的「法力」是神通廣大卻方便度眾。因此決定生起信心，決定成佛度眾，平等包容救度。而且，為了度眾生，就會很精進，不斷累積成佛的功德，從此發起「希求成佛」之心；菩提心因而發起，是為悲心之果。

自他相換教授

其次，我們來談「自他相換教授」。根據宗喀巴大師《菩提道次第廣論》（卷九）的說法：只要想清楚「自他相換」的殊勝利益以及「自他不換」的過患禍害，就會產生推動「自他相換」的力量。須知一切為他人，才會得到真正的好處；一切為自己，反而會產生禍害。可是一般人卻只管自己，不管他人。所以說，要做到「自他相換」，的確會有點困難。然而，只要方法正確，而且照著去做，「自他相換」一定可以成功。因此，首先要去除掉這種心理障礙，然後按照次第慢慢學習，就可以成功地透過「自他相換」生起菩提心。說明如下：

一、思惟自他相換的殊勝利益及自他不換的過患禍害：根據寂天菩薩《入菩薩行論》的說法：如果有人想要快速救度自己，也想要快速救度他人，從此脫離生死輪迴的苦海，那麼就應該修習並受持「自他相換」的方法，因為這是非常勝妙祕密的法門。須知世間所有的快樂，都是從行善利他中生起的；世間所有的痛苦，都是從自私自利中產生的。所以說，懂得「自他相換」的人有福了！固執「自他不換」的人太傻了！而且，如果不能進行「自他相換」，還在一味地追求自我的快樂，依然漠視他人的痛苦，這樣做不僅無法成就佛道，還會不斷地沉淪生死，並且毫無安樂可言。另外，根據宗喀巴大師《菩提道次第廣論》（卷九）的說法：事實的真相告訴我們，自我貪愛的我執行爲，是一切衰敗耗損的源頭；慈悲仁愛的利他行爲，是一切功德圓滿的根本。原來造業的元凶是欲望，欲望的背後是我執。爲了滿足這個我，什麼好事、壞事都幹得出來，所以要「無我」。消極的「無我」是厭離，積極的「無我」則是慈悲。「厭離」是出世的基礎，「慈悲」是入世的根本；先出世而後入世，由解脫道而菩提道。透過「自他相換」可以很容易地幫助我們實現「無我」，既厭離又慈悲，既出世又入世。

二、若能修習彼心定能發生：根據寂天菩薩《入菩薩行論》的說法：就像我們的身體也是他人（父母）的一滴精血聚合發展而成；明明是虛妄的，是因緣所生法，卻誤把身體執以爲實我，才會如此愛執。同理，對於他人，也可以如是觀修；懂得衆生與我本來一體，平等無有差別；了解緣起如幻、其性本空的道理，就可以達成「自他相換」。其次，根據宗喀巴大師《菩提道次第廣論》（卷九）的說法：如果懂得修習「自他相換」，就可以很容易地得到內心的安樂。所以不用擔心，只要肯去做，就一定能夠發起「自他相換」。而且，如果能夠善加思惟「自他相換」的殊勝利益與「自他不換」的過患禍害，就能夠生起至誠之心，喜愛並樂於修習「自他相換」。因爲宇宙的真相是苦相，宇宙的真理是緣起。想要自己好，就要對他人好；對他人越好，自己就會越好；從此進入正向循環，所以要「自他相換」。只顧自己好，換來的反而是不好；自己越不好，就會對他人越不好；他人越不好，自己也會越不好；從此落入惡性循環，所以不要「自他不換」。因此，我們要不斷地修習與強化「自他相換」的思惟模式，「觀自如他」或「觀他如自」的菩提心就可以很容易地生起來了。然後我們就會越來越好；不僅生活的素質變好，人生的旅程變好，生命的型態變好，最終修證的果位也會變好。

三、修習自他相換法次第：根據宗喀巴大師《菩提道次第廣論》（卷九）的說法：所謂「自他相換」就是「以他為自」，或者「以自為他」。然而，「以他為自」並非強迫把他人觀想成自己，或者把他人的東西觀想成自己的東西，這樣反而會變成另外一種偏執。正確的做法應該是調整我們的心態，把愛執自己、棄捨（漠視）他人的心態對調。應當轉換成發心關愛他人、棄捨（漠視）自己。從此把重心放在他人身上，不再專注在個人的感受上。所以我們要改變只求自己快樂，不管他人痛苦的心態。而且，應該如是認知：把愛執自我的心視同怨敵一般，滅除這種貪愛執著、注重自我安樂的心態。然後，把愛執他人的心看成是功德一般，滅除這種棄捨（漠視）他人痛苦的心態。為了幫助眾生消除他們的痛苦，殷切而努力地修習廣大的利他行。總而言之，就是不要只顧著自我的安樂，而是應該為了消除眾生的痛苦而努力不懈。

最後，根據宗喀巴大師《菩提道次第廣論》（卷九）的說法：如果懂得將「自利」的心轉成「利他」的心，說不定早就可以成就「佛果」了。不但圓滿自己，同時也圓滿眾生。可惜因為無知，導致長時間的徒勞無功。現在總算知道第一怨敵就是對於自我的愛執。應該依止於正確的念頭和認知，思惟只知自利的過患，以及懂得利他的好處，堅決勉勵自己盡最大的力氣加以滅除「我執」的產生。如果還沒有生起「我執」，懂得「我執」的過患，應當令其不生；如果已經生起「我執」，懂得以智慧加以觀照，令其不再相續。如果想要不再愛執自己，不再護著自己，就應當多多修習我們的內心；並將自己的身體、財產以及各種善根種子，完全毫無顧慮地惠施給有情眾生。慢慢地將以往對自己的關愛，轉換成對他人的關愛。並且付之行動，做一切利益眾生的事；長養慈悲，強化利他。如果能夠這樣多多思惟「慈悲利他」的殊勝利益，應當就會由至誠心發起勇猛彪悍的行動。如果還沒有生起「棄他」之心，應當令其不生；如果已經生起「棄他」之心，就要令其不再相續。而且，對於他人要令其發起可愛、可樂、可意的相狀，而不是可恨、可痛、可憎的相狀。

綜合而言，「自他相換教授」也是教導我們發菩提心的一套系統化方法。它不只教導我們易地而處、互相包容而已；而且教導我們看清楚自他的本質，無有自性，緣起無常，幻化不定。此外，它還告訴我們一個天大的祕密：世間所有的快樂，都是從慈悲利他獲得的；世間所有的痛苦，都是從貪愛我執產生的。也就是說，「貪愛我執」是導致一切煩惱與痛苦的根源；「慈悲利他」反而是一切福報和快樂的關鍵，甚至也是成佛的根本。所以我們必須學會轉換！轉換什麼呢？轉換我們那一顆「心」。因爲「心」也是緣起的，是無常變易的，但卻是可以被訓練的。把貪愛自己的那一顆「心」轉換成慈愛一切衆生。以後不要再以自己爲中心了，要變成以衆生爲中心。從「先己後人」轉換成「先人後己」。從「追求自樂」轉換成「拔除他苦」，實踐「無我利他」。因爲成也有情，敗也有情。只有以有情爲所緣境，才能真正發起菩提心。不僅「增上生、得安樂」要依靠有情；而且「決定勝、成佛果」也是要依靠有情。透過利他，摧毀我執；捨凡夫心，修菩提心。一旦發了菩提心，不管做什麼，都是爲了解除衆生的痛苦，利益一切衆生。所以說，「自他相換」是一個破我利他的過程，也是解決自我和衆生對立的最佳方法。從此以後，將衆生的快樂作爲自己的快樂，同時也要努力捨棄自我，真正實現以出世的心，做入世的事。說真的！什麼都不要，真的沒煩惱！什麼都利他，真的很快樂！什麼都沒有，其實什麼都有！由此可知，如果能夠做到「自他相換」，發菩提心，就可以破除我執，一心爲衆生，成辦利樂有情，積聚福慧資糧，成就無上佛果。

第七節　結語

道證法師《檢查日常生活是否發菩提心》慈悲開示：「如果聽經學佛已經很多年，但是平常待人處世，說話行動都沒有改進，心地仍然自私，起心動念都先爲自己設想，只顧自己的立場和意見，不考慮別人，這就是還沒有發菩提心，還沒有了解衆生和我們的關係和真相。」是的，沒有錯！修行學佛，光想靠「厭離」做到「無我」，似乎還不夠，好像還缺了點什麼？其實，就是缺了「菩提心」！「厭離心」只想把「我」拿掉而已，然後疾入涅槃；「菩提心」則進一步把「你」放在心上，想要廣度衆生。一旦把「你」放在心上，「我」反而可以逐漸淡化而消失。所以說，發菩提心太重要了。其中，把「我」拿掉，需要智慧；把「你」放在心上，不但需要智慧，還需要慈悲，更需要願力。有智慧、有慈悲、有願力，才是真正地發菩提心。因此，道證法師《檢查日常生活是否發菩提心》說：「菩提這盞大油燈，它的燈油是大慈悲，它的燈芯是大願力，它所點出來的光是大智慧，遍照一切。」由此可知，菩提心就是「慈悲」、「智慧」和「願力」的結合，缺一不可。菩提心就是有智慧的慈悲，又是有慈悲的智慧，再加上堅定的願力，不斷地去實行；此三者的結合，才是菩提心。所以說，發菩提心涵蓋大悲心、菩提願、般若智、方便行；是「解脫道」與「菩提道」的完美結合，最終成就圓滿的「佛道」。

總而言之，菩提心就是覺悟的心，就是想要成佛、與佛相應、甚至想要和佛一模一樣的心。想要成佛，當然就要學習「成佛之道」。「成佛之道」不應該離開「解脫道」，但也不能止於「解脫道」，應該藉由「菩提道」繼續邁向「佛道」。所以說，「菩提道」就是在「解脫道」的基礎之上，涵蓋「般若道」與「方便道」。般若道包括：（一）發心菩提：重在願菩提心；（二）伏心菩提：重在行菩提心；（三）明心菩提：重在勝義菩提心。方便道包括：（一）出到菩提：重在嚴土熟生；（二）究竟菩提：重在圓滿佛果。「般若道」由假入空，證「一切智」；「方便道」從空出假，證「道種智」；「佛道」空假不二，證「一切種智」。其中，「般若道」與「方便道」的分水嶺就是證得「無生法忍」，然後「入菩薩位」，成爲「阿鞞跋致」，永不退轉。不但忍而不隨，擺脫凡夫，不再沉淪生死；而且忍而不斷，不墮二乘，不會疾入涅槃。從此生生世世還入娑婆，廣度衆生，直至成佛。不過，修行不可以離開日常生活，菩提心應該隨時隨地展開。不管是觀想衆生都是累世母親的「七種因果教授」，還是轉換貪愛我執成爲慈悲利他的「自他相換教授」，都是非常實用可行的方法，應該勤加練習。並且於根塵觸境生心的當下，如實觀察自己的無明妄想；將「性、心、境」由混雜不明轉爲歷歷分明；令「貪、瞋、癡」無所遁形，且不爲所動；直到妄念俱滅，內外明澈，明心見性，見性成佛。其中，「性」是空寂性，「心」是能變心，「境」是所變境。原來我們的一生就是「性、心、境」的交互作用，所呈現的高低起伏。全看你那一顆「心」啦！沒有覺悟前，對境生心，心隨境轉，或染或淨；一旦覺悟，回歸本性，心境一如，湛然寂滅。「覺悟」可以讓我們明其妄心，見其魔性；也可以讓我們明其真心，見其佛性。其實真妄不二，佛魔一如。然而，不管有沒有覺悟，自性清淨，本性具足，一切現成，法爾如是。綜合而言，其一、「境」是虛的：須知世間的一切都是假的，都是虛幻的，都是「心」幻化出來的影像而已。一旦對境有所執著，就會陷入痛苦的深淵。因爲「境」是因緣展現，業力所牽；碰到時，要小心面對。所以說，面對虛境，絕對不可以執著；因爲虛境實在是太吸引人了，不管是好境、還是壞境。其二、「心」是妄的：須知世間所有的一切現象，都在「緣起法」的管控之下，沒有一個例外。我們的「心」也是隨緣仗境方生，才生卽滅，妄生妄滅，但是威力無窮。而且，會按照「緣起法」的運行法則運作，此生故彼生，此滅故彼滅。所以說，面對妄心，絕對不可以放任；因爲妄心實在是太可怕了，不管是好緣、還是壞緣。其三、「性」是空的：須知雖然法性是空，但是法相卻是有。此空是真空，能生萬法；此有是假有，幻生幻滅。因爲「性」是自性本有，清淨平等；起用時，無所不能。所以說，面對法性，絕對不可以不知；因爲法性實在是太厲害了，不管是佛、是人、還是魔。由此可知，解脫人生的答案就很清楚了，全看我們這一顆「心」如何操作。「心」若有所執著，就會妄心當道，到處攀緣，造業沉淪，而入法相。「心」若無所執著，就會淨智現前，放下萬緣，解脫自在，而入法性。既然知道「心」是關鍵，就應該好好地將我們這一顆心安住在「菩提心」上。不僅爲了「我」，也爲了「你」，更是爲了「他」。記住：「你若對衆生好，衆生也會對你好。」須知成也有情，敗也有情。若無有情，何來成佛？所以說，發菩提心就對了；因爲「你、我、他」本來就是一體，「心、佛、衆生」三無差別；公正無私的「緣起法」會還給我們一個公道的，不用擔心。俗話說：「人在做，天在看。」因此，只要一心爲衆生，任何事都可以做，不管正道、非道，但是都不可以執著；亦卽以無所得心，行一切善法，並且堅持走下去，一定可以與衆生共成佛道；因爲「菩提心」充滿了信願、慈悲、智慧、方便、法力、福德、清淨、覺性等，成佛的祕密都在裡面了。

第八章 菩薩道

發四弘誓願，
行六波羅蜜，
廣修四攝法，
效法普賢行。

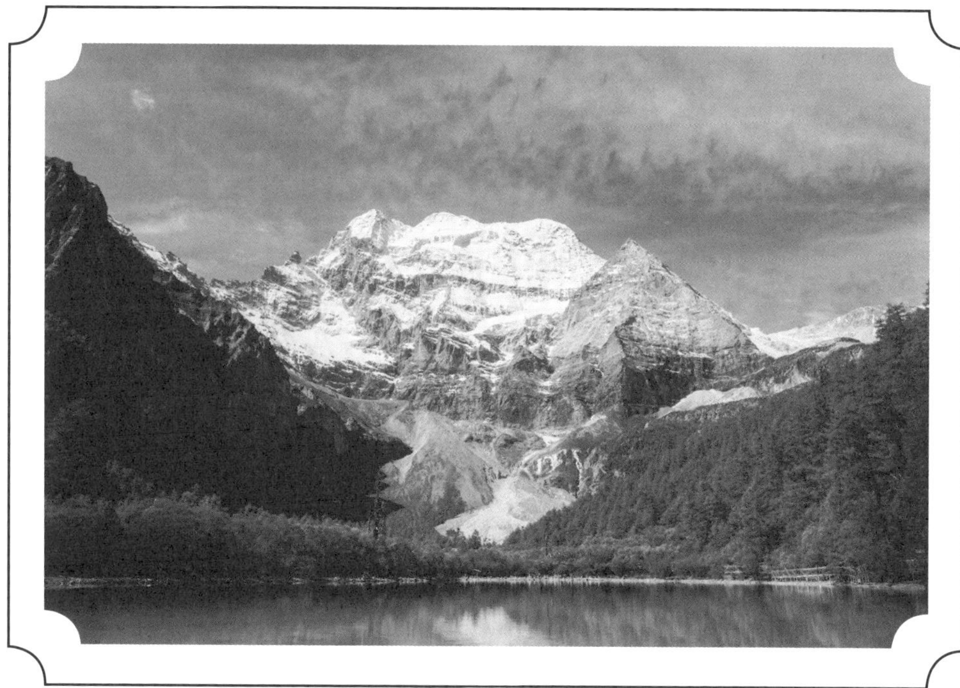

第一節 前言

佛法雖然無量無邊，但是歸納起來不出五乘法，包括人乘、天乘、聲聞乘、緣覺乘、菩薩乘等；其方法、目的和發心各有不同。「人乘」以三皈五戒為乘，目的是出離三塗而生人道。「天乘」以十善、四禪、八定為乘，目的是生天道，或欲界天享福不盡，或色界天清淨無染，或無色界天甚深禪定，可惜都還在三界裡。「聲聞乘」以四聖諦為乘，目的是出離三界而證阿羅漢果，從此不再受生。「緣覺乘」以十二因緣為乘，目的是脫離輪迴而證辟支佛果，一樣不受後有。「菩薩乘」以六度四攝為乘，目的是福慧雙修而證菩提，最終圓滿佛果。其中，人天二乘的發心是重於世間福德的「增上心」；聲聞、緣覺二乘的發心是重於出世解脫的「出離心」；菩薩乘的發心是重於入世度眾的「菩提心」。宗喀巴大師《菩提道次第廣論》稱人天二乘為「下士道」，聲聞、緣覺二乘為「中士道」，菩薩乘為「上士道」。人天二乘是世間的，聲聞、緣覺、菩薩三乘是出世間的。不過，菩薩乘對人天二乘來說是出世的，對聲聞、緣覺二乘來說卻是入世的。菩薩乘崇尚出世間法，卻又重視人間正行；讚揚出世解脫，卻又積極入世度生。所以說，菩薩乘是既出世又入世，既入世又出世，是世間法與出世間法的綜合統一。

由此可知，人天二乘是專修福德的「人天道」，聲聞、緣覺二乘是專修出離的「解脫道」，菩薩乘是專修菩提的「菩薩道」。「人天道」修五戒十善是五乘共法；「解脫道」修四諦、十二因緣、三十七道品是三乘共法；「菩薩道」修六度四攝是大乘不共法。「人天道」是世間法，依舊是生死法，所以又稱為「有漏法」；不過卻是解脫道的前提，也是菩薩道的根基。「解脫道」雖不貪戀人間天上，卻也不否定人天道的價值；而且可以出離生死，所以又稱為「無漏法」。「菩薩道」解脫生死而不離生死，證悟涅槃而不住涅槃，以便隨類度化有緣的衆生，故也算是「無漏法」。須知菩薩道若不修解脫道，便不是菩薩道，只能算是人天道。人天道加上解脫道，才會等於菩薩道。因此，菩薩不應該瞧不起聲聞、緣覺，而應該同樣精進出離生死，只是不忍心看見衆生深陷苦海而發願救拔；所以慈悲的程度，遠超人天二乘；度衆的心願，滿過聲聞緣覺。菩薩絕對不以增上或出離爲滿足，但以成佛爲究竟。因此，「菩薩道」以發大悲爲本的菩提心爲起始，以六度萬行爲實踐方法，以度生成佛爲最終目的。所以說，「菩薩道」的綱領就是大願心、大悲心和大智心。其中，大願心就是「願菩提心」，強調起信發願；大悲心就是「行菩提心」，強調慈悲利他；大智心就是「勝義菩提心」，強調般若證理；是爲「菩薩三心」。依此三心，對照人天道、解脫道和菩薩道，可以看出，在「信願」方面：人天道是增上心，解脫道是出離心，菩薩道是菩提心。在「慈悲」方面：人天道是生緣慈，解脫道是法緣慈，菩薩道是無緣慈。在「智慧」方面：人天道是偏有智慧，解脫道是偏空智慧，菩薩道是中道智慧。總而言之，菩薩道以六波羅蜜爲根本，不但不礙人間正行，也不忘出離生死；不但自度，而且度人；具足福慧資糧，圓滿所修功德，即得無上正等菩提。

然而，何謂菩薩呢？根據龍樹菩薩《大智度論》（卷五十二）釋十無品中第二十五的說法：若能夠觀一切法空，見緣起甚深實相，洞達諸法其性本空，遠離一切執著；然後以般若空慧爲前導，實踐六波羅蜜，做到無緣大慈，同體大悲，並且以無所得爲方便，利濟衆生，廣行畢竟空的般若行，此人名爲「菩薩」。因爲如果沒有證悟般若空慧而行慈悲，將會患得患失，難免遇難退轉。如果能夠在般若空慧的基礎之上去行慈悲，才得以做到行善不欲人知，付出不求回報；不再有得失心，從此無怨無悔。須知衆生若無般若卽無以解脫，菩薩若無般若卽無以悲行；般若是悲智雙運的根本，「菩薩道」其實等同於「般若行」。就像《般若波羅蜜多心經》所說的：觀自在菩薩行深般若波羅蜜多時，照見五蘊皆空，度一切苦厄。其中，「照見五蘊皆空」是菩薩無限的智慧；「度一切苦厄」是菩薩無限的慈悲。另外，菩薩是「菩提薩埵」的簡稱，一般解釋爲「覺有情」；意卽想要自覺覺他的有情。根據龍樹菩薩《大智度論》（卷四）釋初品中菩薩釋論第八的說法：一切佛法，涵蓋「戒、定、慧」三無漏學，不僅能夠利益自己，也能夠利益一切衆生，出離苦海，名爲「菩提」。爲了追求無上菩提智慧，其心不可動搖，而且能夠勘忍成就佛道事業，既不可摧斷，亦不可破壞，有如金剛之山，堅固不已，這種大心，名爲「薩埵」。所以說，「菩薩」就是有一顆無比堅定的大心，想要覺悟無上智慧的有情，並與衆生共成佛道。

然而，何謂菩薩道呢？根據龍樹菩薩《大智度論》（卷一〇〇）釋曇無竭品第八十九的說法：「菩薩道」包含二個步驟：其一是般若道，其二是方便道。「般若道」是從初發心修般若空慧，到進入見道，證得聖位；此階段重在性空離相，由假入空。「方便道」是從澈悟法性無相之後，進入修道，直至佛果；此階段重在方便度生，由空入假。雖然「般若」側重法空的體證，「方便」側重衆生的利濟，但是其實般若與方便乃不一不異。菩薩習行般若，以無比的空慧觀照一切，通達一切法性空，卽能引發無邊的巧用。假設離了般若空慧，方便也就不成其爲方便了。由此可知，菩薩道先是從「悲行」再到「智行」；然後再從「智行」回到「悲行」。起先是「發菩提願」，其次是「修六波羅蜜」，然後是「方便度衆」，最後是「成就佛道」。也就是說，菩薩觀三界如火宅，世間真實苦，以大悲心，發大悲願；不僅自己要解脫生死之苦，也要幫助衆生解脫生死之苦；想要解脫生死之苦，就要有大智慧；有了大智慧之後，才有資格去度化衆生，最終才能夠成就佛果；整個過程就是「菩薩道」。因此，接下來我們要來談談如何實踐「菩薩道」？包括四弘誓願、六度四攝、四無礙智、普賢行願等。詳細說明如下：

第二節　四弘誓願

實踐菩薩道的首要任務，就是發願。因爲發心立願乃是成就一切事業的重要助緣與動力，三世諸佛莫不由發願而成。根據大智度論（卷七）初品中佛土願釋論第十三的說法：如果想要積集福德，卻沒有發願，就無法立下目標。須知發願可以成爲我們未來努力方向的領導與統御，如此方能有所成就。就好像銷金師銷熔金子製作金飾一般，須知金子本身並沒有固定的形狀，然而金飾卻會隨著銷金師的願望而作成。莊嚴佛國淨土也是一樣，實在是一件偉大的事業，如果只靠獨自行動的功德，實在難以成就。因此需要藉助願力，方得以順利達成。就好像牛的力氣雖然很大，可以拉動牛車，但還是需要駕馭牛車的人，才能夠順利到達目的地。淨化世界的願望也是如此，「福德」就像牛，「發願」就像駕馭牛車的人。所以說，發願有助於修德，一旦發願，願能助福。須知福報無量，罪報有量，故當發願。

然而，要發什麼願呢？須知凡是發菩提心的菩薩，必發四弘誓願。何謂四弘誓願呢？綜合菩薩瓔珞本業經（卷上）賢聖學觀品第三、智者大師《釋禪波羅蜜次第法門》（卷一上）以及大乘本生心地觀經（卷七）的說法：一切菩薩發四種願，能夠成熟一切有情，住持「佛、法、僧」三寶，即使經過無量的時間，始終都不會退轉。那四種願呢？因爲衆生多苦，所以發願「衆生無邊誓願度」。因爲苦由業集，所以發願「煩惱無盡誓願斷」。爲令衆生向道，所以發願「法門無量誓願學」。爲使衆生證果，所以發願「佛道無上誓願成」。詳述如下：

一、**衆生無邊誓願度**：這是緣「苦諦」的境界而發心的。菩薩看到自己苦，也看到衆生苦，此苦是生死輪迴之苦，因此發願誓度一切無邊之衆生。不過，六祖惠能卻進一步認爲是「自心衆生無邊誓願度」。什麼意思呢？根據六祖惠能《壇經》懺悔品第六的說法：善知識！大家不是都在說「衆生無邊誓願度」嗎？如果是這樣，那豈不是要我惠能度盡一切衆生？其實是自心妄想所現的衆生無邊啊！因此必須自己發心誓願自度。自己若不先自度，如何奢談度人呢？其中，「心中衆生」就是指所謂的「邪迷心、誑妄心、不善心、嫉妒心、惡毒心」等。這些不好的心，就是衆生的心，各個必須「自性自度」，如此方能稱爲「真度」。然而，什麼叫做「自性自度」呢？亦卽來自心中的各種邪見、煩惱、愚癡、衆生等，都要用正見來度化，令般若智慧打破愚癡、迷妄、衆生等，各個自度。也就是說，邪見來的時候，就用正見度；迷惘來的時候，就用覺悟度；愚癡來的時候，就用智慧度；惡念來的時候，就用善念度。如果能夠用這樣的方式度化者，名爲「真度」。須知衆生的本質是心念，衆生外在的行爲，全是心念在推動。懂得心內求法，心外無法；曉得自見己過，自性自度。衆生活在世間，念念相續，無量無邊，念絕卽死，別處受生。由此可知，如是等心，盡是衆生。因此，想要度衆生，必先度自心衆生；能度自心衆生，方能度世間衆生。

二、煩惱無盡誓願斷：這是緣「集諦」的境界而發心的。菩薩看到自己與衆生都不明白苦因是無明煩惱所造成的，導致長夜流轉生死，因此發願誓斷一切無盡之煩惱。不過，六祖惠能卻進一步認爲是「自心煩惱無邊誓願斷」。什麼意思呢？根據六祖惠能《壇經》懺悔品第六的說法：爲什麼會煩惱無邊呢？其實是自心妄想所現的煩惱無盡啊！因此必須自己發心誓願斷除。自己若不斷，誰又能幫你斷呢？亦卽運用自性本有的般若智慧，去除虛妄分別的妄想心。一旦不再妄想、分別、執著，煩惱自然斷盡。須知煩惱都是自己的心所造成的，不是因爲外在的「人情事物」；所謂「塵境無美醜，好壞起於心」，若能夠把自我心中的執著放下，外在環境的變化就奈何不了你了。也就是說，煩惱來自「貪、瞋、癡」三毒，衆生根塵相觸而生妄識，執著有我而生三毒，是故煩惱無盡而難斷。源頭既然在心，關鍵既然在我，因此必須自性自度；若不斷盡，永在生死。

三、法門無量誓願學：這是緣「道諦」的境界而發心的。菩薩爲了自己解脫生死，也爲了度化眾生，因此發願誓學一切無量之法門。不過，六祖惠能卻進一步認爲是「自性法門無盡誓願學」。什麼意思呢？根據六祖惠能《壇經》懺悔品第六的說法：爲什麼會法門無盡呢？其實是自性所生的法門無盡啊！因此必須自己發心誓願去學。亦卽必須明白本心，見證本性；明白心是妄心，隨緣生起；見證性是真性，本自清淨；然後熄滅妄心，回歸本性；進而從真空中生起妙用，常行度生正法，是名「真學」。須知各種法門都是爲了對治煩惱。對治自己的煩惱是解脫道，可以一門深入，一通百通；對治他人的煩惱是菩提道，可以隨類不同，無量法門。煩惱是因妄心而起，妄心是因仗境而生，妄心妄境全因法性而起。如何走出煩惱呢？其實全靠自己，因爲自性能生萬法，衆生本身就是大能，能從自性流出無量法門。只要自性起用，產生正見，心能轉境，則同如來。

四、佛道無上誓願成：這是緣「滅諦」的境界而發心的。菩薩爲了自己解脫生死，也爲了度化衆生，因此發願誓成無上之佛果。不過，六祖惠能卻進一步認爲是「自性無上佛道誓願成」。什麼意思呢？根據六祖惠能《壇經》懺悔品第六的說法：無上佛道是指什麼呢？其實是指明心見性、見性成佛的無上佛道，因此必須自己發心誓願去達成。亦卽必須常保謙下之心，真正落實在日常生活之中；若只知而不行，戲論而已。遠離迷悟二邊，心中常生般若智慧；斷除執真執妄，卽可見證佛性，就可以說當下成就無上佛道。須知菩提自性本來清淨，但用此心直了成佛。「無上佛道」是自己本來就有的，不假外求；從自性上修，從自身上行，只要正法與自性相應，佛性就可以顯現出來。一旦顯現自己本有的佛性，就可以體認衆生本來平等，從此無有分別。而且，智慧無上，慈悲無量，法力無邊，福德無限，功德圓滿，究竟成佛。

綜合而言，不管是衆生，還是煩惱；不管是法門，還是佛道；其實都是指我們的心性。須知衆生是心幻化出來的，煩惱是心遇緣生起的，法門是自性流出的，佛道是自性本有的。一念不覺而起無明，才會有衆生與煩惱；一念覺悟而顯佛性，衆生與煩惱瞬間寂滅；全是我們那一顆「心」在作怪。根據智者大師《摩訶止觀》（卷五上）的說法：須知心由性起，性由心顯。心生法生，心滅法滅；心外無法，法外無心。法體其實無有生滅，都是妄心在生滅；故知心與性是一不是二。所以說，斷煩惱與度衆生是不二；從本質上看是煩惱，從現象上看是衆生。學法門與成佛道也是不二，從應用上看是法門，從本體上看是佛道。誓願度、誓願斷、誓願學、誓願成，關鍵也都在於我們那一顆「心」。只有自己願意，一切才有可能。而且，惟有點亮自己的心燈，才能夠點亮他人的心燈；惟有知道如何自度了生死，才有資格度人出三界。也就是說，惟有先完成「解脫道」，才有資格談「菩提道」；否則發的願都是虛願，累積福報而已。因此，我們要稱性起修，開悟明心，明心見性，見性成佛。從此回歸清淨自性，然後以自性智慧觀照世間的一切，進而斷除一切妄想、分別、執著。不但迷悟雙離，二邊不立，而且真妄不二，中道不存；心與蓮花隨，心淨自成佛。聖嚴法師《禪的體驗、禪的開示》說：「能度無邊衆生，是大慈悲行；能斷無盡煩惱，是大勇猛行；能學無量法門，是大智慧行；能成就無上佛道，是大菩提行。」總而言之，明知世間一切皆幻，卻還要勉力而行，以無所得爲方便，度無邊之衆生，斷無盡之煩惱，學無量之法門，成無上之佛果，是爲發「四弘誓願」。

第三節 六波羅蜜

實踐「菩薩道」的具體內容，就是六度四攝。先談六度：何謂六度呢？根據增壹阿含經（卷一）序品的說法：人中之尊——佛陀，宣說六度爲登上無極涅槃彼岸的成佛之道，包括布施、持戒、忍辱、精進、禪定和智慧。由此可以看出，六度的思想最早其實可以追溯到原始佛教時代就已經存在了，後來發展成爲大乘菩薩道的精隨所在。其中，六度亦卽所謂的「六波羅蜜」。然而，何謂六波羅蜜呢？根據大般若經（卷四一三）三摩地品第十六之一的說法：「六波羅蜜多」是菩薩摩訶薩的大乘之相，可以幫助衆生渡向涅槃的彼岸。那六種呢？就是所謂的「布施波羅蜜多、持戒波羅蜜多、忍辱波羅蜜多、精進波羅蜜多、禪定波羅蜜多、般若波羅蜜多」。其中，「波羅蜜多」也就是「波羅蜜」。然而，何謂波羅蜜呢？根據龍樹菩薩《大智度論》（卷十二）釋初品中檀波羅蜜的解釋：「波羅」乃「彼岸」的意思，「蜜」乃「到」的意思，合起來看就是「到彼岸」的意思。也就是說，於事成辦，名「到彼岸」。應用在佛法的修行上，若能直進不退，成辦佛道，名「到彼岸」。以布施波羅蜜爲例，亦卽渡布施之河得以到達彼岸之意。其中，「此岸」名慳貪，布施名「河中」，「彼岸」名佛道，因而稱之爲「波羅蜜」。然而，爲什麼是「六」波羅蜜呢？根據龍樹菩薩《大智度論》（卷十五）釋初品中毘梨耶波羅蜜義第二十六的說法，欲成佛道，凡有二門：一者、福德，二者、智慧；亦卽福慧雙修，直至福慧圓滿，方能究竟成佛。其中，布施、持戒、忍辱是爲「福德門」；知一切諸法實相，摩訶般若波羅蜜，是爲「智慧門」。「福德門」是「智慧門」的基礎，「智慧門」是成佛的關鍵，二者缺一不可。而且，爲了生出摩訶般若波羅蜜，一定要透過禪定，由定才能夠生慧。否則，就像風中殘燭，很難發揮照明的作用；所以一定要在密屋裡燃燈，風息燈定，方能發揮照明的作用。不過，想要禪定，則必須要有大精進力。須知散亂的心是不可能澈見諸法實相的。而且禪定、智慧不可以福願求得，也不是靠粗略的觀照就能夠獲得；一定要身心精勤，無有懈怠，不捨精進，方能成辦。因此，「福德門」的布施、持戒、忍辱，加上「智慧門」的精進、禪定、智慧，構成所謂的「六波羅蜜」，幫助我們到達涅槃彼岸。詳述如下：

一、布施波羅蜜：梵語稱爲「檀波羅蜜」，「布施」的意思。根據龍樹菩薩《大智度論》（卷十一）釋初品中檀相義第十九的說法：「檀」是布施的意思，就是一顆與「善思惟」相應的心，而且願意將自己身上、身外之物布施給衆生。不過，除了自己渡向彼岸之外，還要考慮芸芸衆生是否也能夠一起同渡彼岸，方爲完整的「布施波羅蜜」。另外，根據大般若經（卷四一三）三摩地品第十六之一的說法：什麼叫做布施波羅蜜多呢？就是以大願心、大悲心和大智心的「菩薩三心」爲綱領，以成佛度衆爲宗旨；自己心甘情願施捨一切身內和身外所有的一切給有需要的衆生，同時也勸誡他人施捨內外所有。而且不斷地修持此布施善根，與一切有情共同迴向以悲智圓成的無上菩提爲目標，是爲「菩薩摩訶薩布施波羅蜜多」。

其次，布施有幾種呢？根據龍樹菩薩《大智度論》（卷十四）釋初品中尸羅波羅蜜義之餘的說法：菩薩布施除了以財物布施衆生，令衆生物質上得到救濟之外，還能夠以佛法布施衆生，令衆生在修行上得到開導，甚至能夠以無畏布施衆生，令衆生在精神上得到撫慰。因此，布施有三種：其一爲財施，其二爲法施，其三爲無畏施。分述如下：

（一）財施：財施或稱爲物施。根據龍樹菩薩《大智度論》（卷十二）釋初品中檀波羅蜜法施之餘的說法：何謂物施呢？物施就是把自己身內、身外的一切所有財物，包括珍寶、衣服、食物、頭顱、眼睛、骨髓、腦髓等，通通都拿來布施給有需要的衆生，是名「物施」。此外，財物又可以分爲內財和外財。身外之物爲外財，如珍寶衣食；身內之物爲內財，如五蘊身心。根據龍樹菩薩《大智度論》（卷十一）釋初品中檀相義第十九的說法，布施內財或叫做內布施：不惜自身之命，施諸衆生。布施外財或叫做外布施：不惜身外之物，施諸衆生。所以說，能夠無條件地以內財、外財施與衆生，就叫做「財施」。

（二）法施：根據龍樹菩薩《大智度論》（卷十二）釋初品中檀波羅蜜法施之餘的說法：所謂「法施」就是爲了幫助衆生增長道德的原故。須知只要是爲了幫助衆生成就佛道，相關的語言文字、聚會議論，誦經閱讀、講話演說，排除疑難、問答解惑，授人五戒等，都屬於「法施」。另外，根據龍樹菩薩《大智度論》（卷十一）大智度論釋初品中檀波羅蜜法施義第二十的說法：何謂法布施呢？經常以善良的語言，對衆生有所利益，是爲法施。或者說，以三世諸佛所說的妙善佛法，爲人演說，是爲法施。不過，要提醒的是：並非宣說佛法就一定屬於法施，必須內心清淨，而且以善良思惟教導衆生，方得名爲法施。就像財施一樣，存心不良是不會有福德的，法施亦是如此。所以說，能夠以清淨之心，善良思惟，爲人說法，讚歎三寶，打開滅罪植福之門，開示四聖諦之真理，教化衆生，令入佛道，才是真正的清淨法布施。此外，佛法有二種：其一是不惱害衆生，善心慈愍，屬於親近佛道的因緣；其二是觀察照見諸法真空，屬於證悟涅槃的因緣。面對苦難的衆生，興起悲憫哀悼之心，宣說此二種佛法，而且都不是爲了自己的名聞利養，也不是爲了使他人恭敬自己，一切都是爲了清淨佛道法施；像這樣種種的因緣，說法度人，才叫做「法施」。

（三）無畏施：「無畏施」或稱爲「無畏捨」。根據龍樹菩薩《大智度論》（卷十四）釋初品中尸羅波羅蜜義之餘的說法：一切衆生都畏懼死亡，若能夠持戒，甚至忍辱，就不會加害於衆生，這就是「無畏施」。因爲無畏施就是要令衆生離諸怖畏，無有恐怖；而持戒與忍辱就是在幫助我們行「無畏施」。「持戒」就會以戒自守，不會侵犯他人，避免令他人不安；「忍辱」就會以忍容他，不會造成衝突，避免使他人恐怖。衆生與你相處，不但不會覺得不安，也不會覺得恐懼，甚至心靈可以因此而獲得平安、平和、平靜，就叫做「無畏施」。

綜合而言，「布施」的真諦在於安眾生的色身，安眾生的內心，甚至安眾生的慧命。對於自身擁有的財物，包括外財與內財，都能夠毫不吝嗇地布施給有需要的眾生，而且隨著眾生的意思要多少給多少，是名「財施」。勸化眾生受持戒律，修習出世的清淨心。破除顛倒的邪見，開示佛法的真諦，稱讚精進的功德，宣說放逸的罪過，是名「法施」。如果有眾生畏怖暴君、猛獸、天災、盜賊的威脅，菩薩看到了，就要挺身而出，救護眾生，是名「無畏施」。也就是說，布施其實涵蓋：有形物質上的布施，令其不虞匱乏，可以「安身」；無形精神上的布施，令其免於恐怖，可以「安心」；並且在世俗生活有基本的保障之下，令其親近佛法，進而從世間邁向出世間，最終獲得真正永恆的涅槃之樂，可以「解脫」。所以說，不但要懂得「財布施」，還要懂得「無畏布施」，更要懂得「法布施」，兼顧安身立命、安心生活、解脫生死，才是完整的布施。

但是，要怎麼布施才能夠算是布施波羅蜜呢？須知構成布施的要素有所謂的「三輪」，亦即施者、受者和施物。「施者」就是能布施的人，「受者」就是受布施的人，「施物」就是所布施的財物。如果布施的人懷著有所得的心去布施，執著有我在布施，有對方在接受布施，希望受者有所回報，對布施之物念念不忘，就會有得失心。有得失心的布施，便是住著於法相的布施；一旦取著不捨，心便為境所轉；雖然也有功德，卻只是人天福報；可惜無助於解脫，反而增長煩惱；所以不可稱之為布施波羅蜜。那應該用什麼心態來布施呢？根據龍樹菩薩《大智度論》（卷四十五）釋大莊嚴品第十五的說法：菩薩在布施的時候，應該如是思惟：施者、受者、財物等三者都是因緣和合的，所以是無自性的；因為無自性，所以是空的，有如夢幻泡影。空有眾生空、法空之別；因為眾生空，所以無施者與受者；因為法空，所以無所施之財物。另外，根據龍樹菩薩《大智度論》（卷十二）釋初品中檀波羅蜜法施之餘的說法：須知布施的三要素包括財物、施者、受者等三事都是不可得的呀！因爲世間的一切法都是緣起、無自性，所以諸法的不變性不可得，獨存性不可得，實在性不可得。因爲不可得，所以畢竟空。因爲不可得、畢竟空，所以布施時必須遠離自性的妄執，不住法而布施，不著相而布施，才能夠真正利濟衆生，解脫自在。須知獨一的、自主的、常恆的自性見是衆生無始以來的妄見，佛陀爲了幫助衆生破除自性妄見，宣說財物、施者、受者等三事不可得。爲什麼這樣說呢？因爲諸法從本以來就是畢竟空的呀！也就是說，若能夠與無所得的般若空慧相應，就不會執著有能施的施者，也不會執著有受施的受者，更不會執著有所施的施物，達到「三輪體空」的布施。此空是約「離執」而說，並非否定世間的一切空無所有；主要是針對我們那一顆心，空去對自性的妄執。若能夠體悟「施者」無自性空，就可以去除「我執」；若能夠體悟「受者」無自性空，就可以平等布施；若能夠體悟「施物」無自性空，就可以去除「法執」。這種與「空」相應的無相布施，通達能施、所施畢竟空、無自性的布施，才能夠算是「布施波羅蜜」。

因此，菩薩布施，不但以財施與衆生結緣，也要以法施和無畏施令衆生離苦得樂，解脫自在，到達彼岸。懂得處處替衆生著想的布施，才是菩薩的布施。根據大般若經（卷五七九）第十一布施波羅蜜多分之一的說法：各位菩薩摩訶薩都是秉持著悲憫有情衆生的心情來進行布施。因此，應該安住於「慈心」，一切都是爲了給與有情衆生快樂而布施；應該安住於「悲心」，一切都是爲了拔除有情衆生的痛苦而布施；應該安住於「喜心」，一切都是爲了歡慶有情衆生離苦得樂而布施；應該安住於「捨心」，一切都是爲了平等饒益有情衆生而布施。而且，如果能夠安住於「慈悲喜捨」而行布施，則應該進一步發菩提心，我所作的一切善行與累積的福德，普遍迴向給十方三世一切有情衆生，令其永遠脫離三惡道的生死。如果還沒有發無上菩提心的，令其儘速發心。如果已經發無上菩提心的，令其永不退轉。如果於無上正等菩提已經不會退轉的，令其儘速圓滿修證一切種智，最終究竟成佛；完全符合「菩薩三心」的綱領，有大願、有大悲、有大智。所以說，「布施波羅蜜」不僅是來幫助我們累積福德，也是來幫助我們解脫煩惱，更是來幫助眾生到達彼岸。但是，必須以「般若空慧」爲前導，了知諸法緣起、無自性、不可得、畢竟空，如幻如化，布施才能夠達到圓滿自在的境界。就像大般若經（卷五八一）第十一布施波羅蜜多分之三所說的：菩薩雖然施捨一切，但是所捨之物皆如幻如化，所以根本就是無所捨；菩薩雖然獲得一切，但是所得之物皆如幻如化，所以根本就是無所得；內心清淨，寂然不動。於己不住於慳吝，於有情生起大悲心，廣行布施波羅蜜。並且，將布施的功德迴向給一切有情眾生，一則以還債，消除業障；一則以報恩，植福積德；一則以去執，不再自私；一則以平等，無分別心。總而言之，從實踐布施的過程當中，累積布施的功德，了解布施的因果，去除自我的執著，饒益一切眾生，平等無有差別；一切都是爲了解脫，一切都是爲了眾生，一切都是爲了成佛，是爲「布施波羅蜜」。

二、持戒波羅蜜：梵語稱爲「尸羅波羅蜜」，「持戒」的意思。根據龍樹菩薩《大智度論》（卷十三）釋初品中尸羅波羅蜜義第二十一的說法：「尸羅」舊譯性善，就是喜歡走在慈善的道路上，而且不會自我放逸懶散，是名「尸羅」。或者譯爲清涼，亦名爲戒，因爲「戒」能止息「身、口、意」三惡業所造成的熱惱，故名清涼。也就是說，「持戒」能夠幫助我們禁造惡業，遠離熱惱，獲得清涼。不過，除了自己渡向彼岸之外，還要考慮芸芸眾生是否一起同渡彼岸，方爲完整的「持戒波羅蜜」。另外，根據大般若經（卷四一三）三摩地品第十六之一的說法：什麼叫做持戒波羅蜜多呢？就是以大願心、大悲心和大智心的「菩薩三心」爲綱領，以成佛度眾爲宗旨；自己心甘情願受持「十善業」的戒律，同時也勸誡他人受持「十善業」的戒律。而且不斷地修持此持戒善根，與一切有情共同迴向以悲智圓成的無上菩提爲目標，是爲「菩薩摩訶薩持戒波羅蜜多」。

由此可知，持戒就是止惡行善的意思，是一切修行的基礎，其下手處就是「十善業」。根據龍樹菩薩《大智度論》（卷四十六）釋摩訶衍品第十八的說法：十善業總括一切戒律；若談個別的戒律，則有無量無邊的戒律。根據世親菩薩《發菩提心經論》（卷上）尸羅波羅蜜品第五的說法：十善業的戒律爲一切善戒的根本，能夠幫助我們斷除「身、口、意」等三惡業，並且能夠制止一切不善的行爲發生，故稱之爲「戒」。十善業分「身、口、意」三類。「身善業」有三，包括：不殺生、不偷盜、不邪淫；「語善業」有四，包括：不妄語、不兩舌、不惡口、不綺語；「意善業」有三，包括：離欲貪、離瞋恚、離邪見。根據彌勒菩薩《瑜伽師地論》（卷四十）本地分中菩薩地第十五初持瑜伽處戒品第十之一的說法：此「十善業」總攝爲「三聚淨戒」，乃無垢清淨，含攝大乘菩薩精神之戒法。此「三聚淨戒」爲大乘僧、俗之通行戒。包括：律儀戒、攝善法戒、饒益有情戒。分述如下：

（一）律儀戒：就是遵守戒律，注重儀態，行爲正當，無有漏失。藉由「律儀戒」，遠離一切性罪和遮罪。所謂「性罪」是指自性之罪。這種罪本質上就是罪惡的行爲，如殺、盜、淫、妄，不待佛制，不論何時、何處，誰犯了都算獲罪，稱爲「性罪」。所謂「遮罪」是指遮止之罪。這種罪乃是伴隨性罪所引起的各種過失，例如飲酒本質上雖然不是罪，但是酒會亂性，甚至引誘犯罪，因此佛陀制戒禁止不許飲酒，若飲酒就算犯了佛陀制戒的罪，稱爲「遮罪」。針對「性罪」之禁戒，稱爲「性戒」；針對「遮罪」之禁戒，稱爲「遮戒」。即使佛陀未制定性戒，性罪仍屬於罪；而遮罪則是佛陀制定遮戒之後始成爲罪。總而言之，「律儀戒」乃捨斷一切諸惡，含攝各種律儀之「止惡門」。隨著在家、出家、男女、長幼、僧俗的差別，而有所不同。總共分爲七種戒律，分別爲七衆弟子所遵守；包括：優婆塞戒、優婆夷戒、沙彌戒、沙彌尼戒、比丘

戒、比丘尼戒、式叉摩那戒（學法女的戒律）等。須知唯有先避免犯罪，才能夠進一步修習善法。所以說，「律儀戒」是諸善之根本。一切戒行，皆爲「律儀戒」所攝。藉由「律儀戒」，獲得「身、口、意」的清淨果報，如同毘盧遮那如來遍滿法界之身的如如之體，故知此戒爲「法身」之因。由於法身本自清淨，但爲罪惡所覆，所以不得顯發；如今離斷諸惡，則功成德現，因此「律儀戒」屬於「斷德」。

（二）攝善法戒：就是攝持善法，精進勤修，戒其懈怠，迴向菩提。菩薩一旦受持「律儀戒」之後，所有的修行都是爲了圓滿菩提。透過「身、口、意」廣行各種善法，造作各種善業，累積福慧資糧，最終成就菩提。也就是說，菩薩依照戒律的要求，把自己安住於戒律當中；然後按照「聞、思、修」的方法，樂於獨處，精進勤勞，修學止觀，以止修定，以觀修慧。面對長者，合掌禮拜，勤修恭敬；面對病者，悲憫呵護，供給湯藥；面對各種曼妙的佛法，要用至善之心對人宣說；面對有德者，真誠地加以讚美；面對十方一切有情，造作一切福業；以崇高的意念，樂於生起清淨的信心，並且隨喜讚嘆；面對他人加諸我們身上的違犯行爲，思考選擇安忍以對；將一切「身、口、意」已作或未作的善行，迴向無上正等菩提；時時發起正當的心願，用最珍貴的物品供養「佛、法、僧」；持續不斷地勇猛精進，修習一切善法，不放逸「身、口、意」等任何行爲；學習各種善法的時候，都要保持正念、正知、正行；守護我們的六根，節制我們的飲食，調適我們的睡眠，連夜晚、清晨也要經常修習覺悟之道；親近善知識，依止善友人；一旦犯了過錯，就要審慎了知，深刻檢討過失；並且在佛、菩薩面前，至心發露懺悔，誓言永不再犯，方可免除罪障；如果尚未違犯的話，就要專一守護我們的內心；如是等等一切善法，都要加以攝持守護，進而不斷地增長各種善法戒律，這就稱爲「菩薩攝善法戒」。總而言之，「攝善法戒」乃進修一切善法，含攝各種對治煩惱之「智慧門」。所以說，一切善法皆屬「攝善法戒」。藉由「攝善法戒」，獲得色相莊嚴，光明赫奕，爲諸菩薩說法，此即毘盧遮那如來的圓滿報身，故知此戒爲「報身」之因。以其止惡修善，故成報佛之緣，因此「攝善法戒」屬於「智德」。

（三）饒益有情戒：就是發菩提心，利益救濟一切有情，與有情共證菩提。也就是說，只要是對衆生有益的，不管是世間的，還是出世間的，都要盡心盡力去做；若是該做而不去做，就算犯戒。約略來說，有十一種做法。其一、菩薩能夠帶給有情各種好處，並作爲有情經營各種事業的助手和伴侶，包括有情生病的時候，會前往探望與侍候，並且提供協助與相伴。其二、菩薩能夠根據世間與出世間的種種正當利益，爲有情衆生宣說各種法要；並且懂得先以方便之道卻又合乎義理地加以宣說，然後令衆生真正獲得種種正當的利益。其三、菩薩能夠對於有情之恩德，善於守護，不會忘卻；並且知恩圖報，隨其所求，相應現在其前，酬報其恩德。其四、菩薩能夠爲那些陷於各種困境的有情，包括面對猛獸、鬼魅、戰爭、盜賊、水火等災難，及時出手營救保護，令其遠離這些可怖、可畏的境地。其五、菩薩能夠爲那些喪失財產親屬的有情，善於開導理解，令其遠離各種悲傷憂愁。其六、菩薩能夠爲那些缺乏經營生存資具的有情，布施提供各種所需資具，令其存活下去。其七、菩薩能夠隨順衆生的需要，正確地依止合乎的佛法，引導衆生趨向解脫。其八、菩薩能夠隨順世間的潮流，只要能夠遠離一切沒有意義、違背心意的行爲，面對所有的事情，內心都能夠隨順衆生。其九、菩薩能夠若隱若現、似有還無地顯示所有的真實功德，見證奇蹟，令一切有情都能夠心生歡喜，樂於學習。其十、菩薩能夠爲那些犯有過錯的衆生，心懷慈悲，利益衆生，真正負起令其離苦得樂的責任；甚至使用霹靂手段，調伏其心，訶責其行，治罰其罪，不得已時加以驅逐擯棄。爲的是令其反省悔改，從此出離不善之處，進而安置於善處。其十一、菩薩能夠以神通力，方便示現惡趣之相，令有情心生畏懼，進而遠離衆惡；並以各種方便引導有情，令入佛道，奉修佛法，歡喜淨信，樂於實行；不但生起稀有菩提之心，而且勤修正法菩提之行。總而言之，「饒益有情戒」乃廣度一切有情，含攝各種度衆之「方便門」。所以說，發菩提心，行菩薩道，悲智雙運，福慧雙修，皆屬「饒益有情戒」。饒益有情者，其實就是釋迦牟尼如來的化身，故知此戒爲「化身」之因。由於如來愍念一切有情，以種種方便，作種種化身，救度有情，令登彼岸，因此「饒益有情戒」屬於「恩德」。

綜合而言，「持戒」的真諦在於止一切惡，修一切善，饒益一切有情。因此，爲了止息一切惡行，令身心清淨，而持守「律儀戒」；爲了修持一切善法，令智慧增長，而持守「攝善法戒」；爲了利益一切有情，令福慧圓滿，而持守「饒益有情戒」。也就是說，「三聚淨戒」以「十善業」爲基礎，是七衆所通行，令「身、口、意」獲得清淨，內容實際上已經涵蓋止惡防非、行善積德、懺悔除障、精進修行、增長智慧、對治煩惱、發菩提心、饒益有情、方便度衆、同證菩提等。從消極到積極，從世間到出世間，從自利到利他，從出世到入世，從解脫到成佛，境界不斷提昇。根據彌勒菩薩《瑜伽師地論》（卷四十）本地分中菩薩地第十五初持瑜伽處戒品第十之一的說法：不但要懂得守護「律儀戒」，還要懂得修習「攝善法戒」，更要懂得實踐「饒益有情戒」，兼顧斷德、智德、恩德，才算是完整的持戒。

但是，要怎麼持戒才能夠算是持戒波羅蜜呢？難道嫉惡如仇，嚴守戒律，守身如玉還不夠嗎？根據龍樹菩薩《大智度論》（卷十三）釋初品中尸羅波羅蜜義第二十一的說法：持戒幫助我們遠離犯罪，犯戒就會被認定爲犯罪；這本是一件好事，但是如果過於執著「戒不戒、罪不罪」，反而會有罣礙，那就不是持戒波羅蜜了！須知罪性本空，不管有犯罪，還是沒有犯罪，其實都是不可得呀！要用這樣的心態來持戒，才是持戒波羅蜜啊！也就是說，菩薩的無漏淨戒，由於通達諸法寂滅法性，一切都不可得，所以能夠不起分別，不著持犯，一切不住，這才是持戒波羅蜜的的最究竟義。爲什麼是不可得呢？根據龍樹菩薩《大智度論》

（卷十四）釋初品中尸羅波羅蜜義之餘的說法：深入觀察世間諸法的法相，一心行空而入三昧；然後以慧眼觀察，發現罪性本空，都是無常變化的，都是空無所有的，都是心所幻化的，所以犯罪根本就是不可得啊！因爲根本就沒有犯罪這回事啊！不但「犯罪」不可得，而且「沒有犯罪」也是不可得啊！全看你那一顆「心」。而且，衆生乃五蘊因緣和合而有，所以是不可得呀！既然衆生是不可得的，那麼殺害衆生的罪也是不可得呀！既然殺罪是不可得的，那麼戒也是不可得呀！爲什麼這樣說呢？因爲有殺害衆生的罪，所以才會有戒這回事！如果沒有殺害衆生的罪，自然就沒有戒了。不過，這是在教導我們不要執著犯罪與持戒，並非說殺害衆生真的沒有罪；須知因果業報，隨侍在後，殺罪的果報還是要受的。還好，只要一心懺悔，甘心受罰，由於罪性本空，所以犯罪仍然是可以還淨的。因爲「犯戒」而「犯罪」是不可得的；因爲「持戒」而「沒有犯罪」也是不可得的，都是不可得的，所以二邊都不可以執著。其次，如果有人厭惡殺罪，卻貪著無罪，一旦看到有人犯罪，就會心生傲慢，加以輕視；或者看到有人持戒，就會心生敬愛，加以執著。如果用這種心態來持戒，持戒反而會變成一種束縛，甚至是犯罪的源頭。因爲這個原因，所以才會說「罪、不罪」都是不可得的，都不可以執著，以這樣的態度來持戒才是「持戒波羅蜜」。所以說，不要以爲持戒就自命清高，瞧不起那些犯戒的人；也不要因爲犯罪就自甘墮落，把持戒的人捧上了天。須知持戒而無罪，以及犯戒而有罪，都是不可得呀！因此，不是爲了怕犯罪而持戒，而是本來就沒有罪，本來就無戒可持，持戒只是一種方便而已。就好比說當官難，當清官更難。當官當然要當清官，不可以當貪官；當清官是天經地義的事情，不是要不要當的問題！如果爲了當清官而當清官，那只會虛得清官之名，未得清官之實。持戒也是一樣，如果執著持戒，或者執著犯罪，都會有罣礙，那肯定不是持戒波羅蜜了。

所以說，菩薩持戒的宗旨是爲了成就佛道啊！發大誓願，廣度衆生。不求個人今生、後世的快樂享福，也不是爲了虛妄的名聞利養，更不是爲了自己早證涅槃；一切都是爲了沉沒在生死長流、被恩怨愛欲所欺瞞、被愚痴無明煩惱所耽誤的芸芸衆生；我當勉力度化，令登涅槃彼岸。因爲只要一心持戒，就會生到良好的處境，見到良好的善友，生出良好的智慧，懂得實踐六波羅蜜，進而成就佛道，這樣的「持戒」方可稱之爲「持戒波羅蜜」。所以說，菩薩持戒是在「十善業」的基礎之上，先以「律儀戒」止惡防非，再以「攝善法戒」修一切善，後以「饒益有情戒」同證菩提。懂得處處替衆生著想的持戒，才是菩薩的持戒。不過，持戒很好，但不可以執著；一旦執著，持戒也會變成犯戒。此外，如果能夠時時刻刻以自己所持的淨戒波羅蜜多的功德，迴向給無量無邊世界的有情；又能夠時時刻刻攝持守護無量淨戒波羅蜜多，加上無量無數的佛法，便能夠快速證得一切智智的佛智。其實說穿了，就是用大願心、大悲心和大智心的「菩薩三心」來持戒。總而言之，從實踐持戒的過程當中，累積持戒的功德，了解持戒的因果，做到諸惡莫作，衆善奉行，自淨其意；持戒卻不輕慢，犯戒一心懺悔，悔後切莫再犯，其實無所謂「戒不戒、罪不罪」，一切都是無所得，一切都是爲了解脫，一切都是爲了衆生，一切都是爲了成佛，是爲「持戒波羅蜜」。

三、忍辱波羅蜜：梵語稱爲「羼提波羅蜜」，「忍辱」的意思。根據彌勒菩薩《瑜伽師地論》（卷五十七）攝決擇分中五識身相應地意地之七的說法：什麼叫做「忍辱」呢？亦卽受到他人污辱的時候，可以隱忍不發，包括：不會生氣忿怒、不會挾怨報復、不會懷恨在心。爲什麼能夠做到呢？因爲忍辱就是「接受」的意思。接受他人不合理的對待，接受個人艱難的處境，接受成就佛道的事理；所以忍辱有忍受污辱，忍苦耐勞，忍（認）可事理的意思。要達到這個境界，沒有智慧是成辦不了的。不過，除了自己渡向彼岸之外，還要考慮芸芸衆生是否一起同渡彼岸，方爲完整的「忍辱波羅蜜」。另外，根據大般若經（卷四一三）三摩地品第十六之一的說法：什麼叫做忍辱波羅蜜多呢？就是以大願心、大悲心和大智心的「菩薩三心」爲綱領，以成佛度衆爲宗旨；自己心甘情願安忍一切身內和身外所有的一切苦楚，同時也勸誡他人安忍內外所有苦楚。而且不斷地修持此忍辱善根，與一切有情共同迴向以悲智圓成的無上菩提爲目標，是爲「菩薩摩訶薩忍辱波羅蜜多」。

其次，忍辱有幾種呢？根據《解深密經》（卷四）地波羅蜜多品第七以及玄奘法師《成唯識論》（卷九）的說法：忍有三種：耐怨害忍、安受苦忍、諦察法忍。分述如下：

（一）耐怨害忍：這是對怨家以及傷害我們的人修忍辱行。不管對方如何淩虐、笑罵、誹謗、侮辱、傷害我們，甚至於加以害命，菩薩都能夠忍耐這些怨害。不但不會忿怒，而且不會報復，將心安住於平等慈悲當中，稱之爲「耐怨害忍」。須知此忍相當於「忍辱」的忍，是對瞋恨怨懟的逆緣而言。因爲如果不能夠忍辱，就會生起瞋恨心；瞋恨心一起，就會火燒功德林。根據龍樹菩薩《大智度論》（卷十四）釋初品中羼提波羅蜜義第二十四的說法：世間的一切凡夫，受到侵擾的時候就會瞋怒，獲得利益的時候就會喜貪，處於恐怖的地方就會畏懼。我是菩薩，不可以像凡夫一般，雖然還沒有斷盡煩惱，應當自我抑制，修忍辱行。人來惱害，不起瞋怒；人來敬養，不生喜貪；處境艱難，不應畏懼；應當爲苦難的衆生，生起大悲心，自然能夠成就忍辱行。故知「耐怨害忍」是以「無瞋」爲性，亦即不起瞋心，忍耐各種怨害所帶來的各種困苦；此乃菩薩成熟有情之因。

（二）安受苦忍：這是對一切艱難的困境修忍辱行。不管面對什麼困境，包括外界加諸的痛苦，或是來自本身的痛苦，包括疾病、水火、刀杖、修行等衆苦所逼，菩薩都能夠忍受這些困苦，恬然不動，稱之爲「安受苦忍」。須知此忍相當於「忍受」的忍，是對痛苦覺受的逆緣而言。因爲如果不能夠忍受，就會障礙自己的修行。例如：其一、依止處苦：因爲生活所需的「衣、食、住、藥」等四種依止處或缺少、或粗鄙，所導致的苦。其二、世法處苦：因爲生理上的衰老病死，或是心理上的毀謗譏笑，所導致的苦。其三、威儀處苦：因爲要長期維持行住坐臥等四種威儀，久了就會疲勞厭倦，所導致的苦。其四、攝法處苦：因爲攝持諸法，包括供養三寶、聽聞正法、觀察思惟、修習止觀、廣爲他說等，長期的勇猛精進，所導致的苦。其五、乞行處苦：因爲出家求道，毀形剃髮、乞食維生、離非梵行、離諸嬉戲，行爲上諸多限制，所導致的苦。其六、勤劬處苦：因爲長期勤勞地修習善法，不得鬆懈，所導致的苦。其七、利他處苦：因爲要行善利他，饒益有情，廣度衆生，殊不知衆生難度，所導致的苦。其八、所作處苦：因爲不管在家或出家的菩薩，都要爲自己的事業，或度衆、或營生，拼命奮鬥，所導致的苦。然而，長期面對這樣的困苦，要怎麼做才能夠持續忍辱下去呢？根據大智度論（卷十五）釋初品中毘梨耶波羅蜜義第二十六的說法：一切今生後世的道德與利益，都要不斷地精進不懈，方能夠獲得。如果有人想要度化自己，尚須精勤不放逸，何況菩薩發下大誓願，想要度化一切衆生！故知「安受苦忍」是以「精進」爲性，亦卽勤修忍辱，安忍接受自身所處環境的各種困苦；此乃菩薩成佛之因。

（三）諦察法忍：這是對一切甚深難解的佛法修忍辱行。不管是有形的物質，還是無形的心靈，須知世間的一切法都是無常的，都是無我的，都是寂滅的。菩薩善於觀察殊勝覺悟的智慧。一方面諦觀諸法，一方面審察真理；看透法相緣起，澈見法性本空；原來凡所有相，皆是虛妄；雖然幻生幻滅，其實本無生滅；因此都不可以執著。菩薩信解真實，心無妄動，安然忍可，忍此實相，是名「諦察法忍」。須知此忍相當於「忍可」的忍，是對生起無明邪見的逆順諸緣而言。因爲如果不能夠忍可，就無法安心入理，既看不透，也放不下，如此便不能夠解脫生死，更談不上成就佛道了。所以說，忍卽「無生慧」也，忍可無生之法的智慧。一則忍可塵境是無常的，一則忍可本性是無生的，一則忍可人法是無我的，甚至忍可本來就沒有我；一切都是因緣和合的，一切都是心幻化出來的。只要將心安住在「無生法」上，任他生住異滅，不取於相，如如不動，就可以從生滅到不生不滅，最終契入涅槃之智慧。由此可知，「諦察法忍」就是諦觀審察諸法不生不滅之真理：外相緣起生滅，本性不生不滅，內心如如不動，從此安住於無生之理。如果能夠信此難信之理而不惑，決定而不動，就可以證此法忍，從此無取無得，心相永滅。另外，根據馬鳴菩薩造、實叉難陀法師譯《大乘起信論》（卷下）的說法：什麼叫做修忍辱行呢？就是看到人家以惡相待，內心不會加以嫌棄；遭到困苦的磨難，內心不會隨之變動；最重要的是經常喜歡觀察甚深難解的佛法法義。此甚深難解的佛法法義能夠幫助我們斷除輪迴的種子，解脫生死的煩惱，從此不再相續不斷。因爲一切法本來寂靜，一切法本來涅槃，一切法本無生滅，一切法本無自性，一切法皆無所得，其性本空，空寂無生；菩薩聞此甚深法義，不驚不怖，堪忍諸法實相。如果不能夠了知此法，焉能證得無上正等菩提？因此，菩薩應該於如是甚深法義當中，受持、思惟、修習、伺察以及生起勝解。故知「諦察法忍」是以「智慧」爲性，亦卽諦觀諸法，審察真理，忍可接受世間的一切法，包括六根、六塵和六識等十八處，都是緣起、無自性、空、不可得的，乃至於忍可接受萬法唯識，三界唯心，心從性起，法性無性，無性隨緣，隨緣不變，法體清淨，中道實相；甚至於忍可接受一切法本來不生，一切法本來不滅，一切法本無生滅，契入無生之理，悟入自性涅槃，心無妄動，亦不退轉，進而自度度人，成就菩提。此乃前二忍所依止之處，不但上求菩提，而且下化衆生。

綜合而言，「忍辱」的真諦在於認可事理，坦然接受，自然能夠安忍一切。「耐怨害忍」乃能忍有情怨敵之惱害者，簡稱「害忍」；「安受苦忍」乃能忍無情寒熱之苦迫者，簡稱「苦忍」；「諦察法忍」乃能忍空寂無生之實相者，簡稱「法忍」。前二忍屬「耐忍」之忍，偏重意志、耐力方面；龍樹菩薩稱之爲「生忍」；後一忍屬「信忍」之忍，偏重知見、智慧方面；龍樹菩薩稱之爲「法忍」。所以說，不但要懂得「害忍」，還要懂得「苦忍」，更要懂得「法忍」；做到以「害忍」忍受他人的污辱，以「苦忍」忍耐自身的困苦，以「法忍」忍可實相無生的真理。並且平等看待辱罵與供養，接受諸法實相，內心不動不退，才是完整的忍辱。

然而，要怎麼忍辱才能夠算是忍辱波羅蜜呢？難道安忍他人的打罵、忍受修行的困苦、諦審諸法實相還不夠嗎？根據龍樹菩薩《大智度論》（卷十四）釋初品中羼提波羅蜜義第二十四的說法：要做到內心不為塵境所動，甚至內心本來就如如不動，才是忍辱波羅蜜啊！也就是說，如果只是忍氣吞聲，強壓不起，卻始終都不明白事理，有一天一旦壓力超過底線，是會爆炸的；或是不懂得宣洩，最終忍出病來；這種忍辱只能算是表面功夫，不能稱之為忍辱波羅蜜！忍辱波羅蜜是要幫助我們渡向涅槃彼岸的。所以說，忍辱不但要做到「害忍」：忍受污辱；還要做到「苦忍」：忍苦耐勞；甚至要做到「法忍」：忍（認）可事理；最後無漏智慧顯現，內心如如不動，並且慈悲救度一切衆生，自度度人，才是「忍辱波羅蜜」的最究竟義。其中，最重要的就是忍可事理，成就忍辱的智慧，包括「生忍」的智慧以及「法忍」的智慧。針對「生忍」與「法忍」的智慧，我們根據龍樹菩薩《大智度論》（卷十四）釋初品中羼提波羅蜜義第二十四以及（卷十五）釋初品中羼提波羅蜜義第二十五的說法，分別說明如下：

（一）生忍：菩薩一方面對於恭敬供養的衆生不生貪愛，一方面對於橫加諸惡的衆生不生瞋恚，是名「生忍」。首先，針對貪愛而言：恭敬供養雖然不會生起瞋恚，但是卻會令內心生起貪愛染著，是名「軟賊」。因此要特別加以注意，應當自我克制忍耐，既不染著，也不貪愛。要怎麼做呢？就要用「無常觀」來觀察。因為世間的一切都是無常的，所以才會產生煩惱結使。如同佛陀所說的，利益供養就像身上長出肉瘡一般，深入身體，不但由皮至肉，而且由肉至骨，甚至由骨至髓，緊密相連，牢不可破。凡夫貪著利益供養，就像肉瘡一般，破持戒皮，斷禪定肉，破智慧骨，失微妙善心髓。所以說，利養瘡深，破皮至髓，應當想辦法除却貪愛供養之人的貪愛心。其次，如果因爲今世的修行功德而獲得供養，內心應當自我思惟：我以智慧觀察世間的一切，如果能夠證悟諸法實相，進而斷除煩惱，透過這樣的功德，才會受到他人的供養，並非因爲個人的「我」而受到供養，跟個人的「我」實在沒什麼關係。這樣思惟之後，就可以降伏自己的內心，再也不會貢高我慢。如果過於強調個人的「我」，有德也會變無德。因此，面對供養，如果能夠做到內心既不貪愛染著，亦不貢高我慢，是名「生忍」。

其次，針對瞋恚而言：如何面對瞋怒惱害之人卻還能夠忍辱呢？應當自我思惟：一切衆生的身上其實都揹負著各種罪業的因緣，加上互相侵害，更是增添罪業。如今我受此惱害，其實都是本身的行爲所導致；雖然不一定是今生所造作的因緣，卻是我前世所造作惡業的果報。因此就把它當作是來還債吧！應當心甘情願承受，如何可以違逆人家呢？就像負債一樣，一旦債主前來討債，應當歡喜償債，有什麼理由心生怨懟呢？此外，菩薩如果看到衆生前來惱害動亂，應當自我思惟：此乃我親厚之友，也是我敬愛之師，應該加以親近愛護，並以恭敬之心對待他。爲什麼這樣說呢？因爲對方如果沒有加諸各種惱害在我身上，那麼我反而沒有機會修習忍辱。所以說，應該視對方爲我的親厚之友、敬愛之師。不過，還是要有智慧，並非一味無知地的忍辱，而是隨著功力的提昇，逐步接受忍辱的考驗。而且，衆生無始以來，經歷無量的輪迴。過去的時候，不但我曾經是衆生的父母或兄弟，衆生也曾經是我的父母或兄弟；未來也是一樣。如果能夠這樣想，就不應該心懷惡毒，想要瞋恚毒害對方。甚至可以這樣想，這些衆生，其實都是未來佛，如果我對他們瞋怒，那豈不是瞋佛嗎？最後，菩薩知道從久遠以來，都是因緣和合所成，因此假名稱之爲「人」，其實根本就沒有真實存在的「人」可言。所以那有存在「誰」能夠加以瞋恚呢？如果能夠參透這個道理，就不應該生起瞋恚。

如果生起瞋恚，那就是大傻瓜！自找罪受，自找苦吃。因爲這個原故，當修忍辱。

（二）法忍：菩薩雖然尚未證得無漏之道，煩惱結使未斷，卻能夠深信無漏聖法以及三法印，包括：其一、諸行無常印；其二、諸法無我印；其三、涅槃寂靜印。得道聖賢之人，自己證得，自己知道；菩薩雖然尚未得道，但是卻能夠信仰受持，是名「法忍」。加上佛法甚深難解，清淨微妙，佛陀演說暢述的種種無量法門，菩薩都能夠一心信仰受持，既不懷疑、也不後悔，是名「法忍」。阿羅漢、辟支佛畏懼厭惡生死，因此祈求早日證入涅槃；菩薩雖然尚未成佛，卻一心想要證得佛智；可是爲了憐憫衆生，想要了了分別，證知諸法實相，然後廣度衆生，因此能夠安忍而不疾入涅槃，是名「法忍」。如果能夠不墮入有見、無見之爭，證得中道實相，不管過去、現在、未來恆河沙諸佛菩薩，都是這樣認知與宣說的；這是由於信心堅定的原故，因此能夠安忍受持，是名「法忍」。另外，加上「智慧」之力，觀察世間的一切法，發現無有一法可得；面對這些一切都不可得的法，能夠安忍、受持、不疑、不悔，是名「法忍」。而且，菩薩心裡這樣想：凡夫因爲無明之毒的原故，對於一切法作顚倒想，例如非常卻當作有常，痛苦卻當作快樂，無我卻當作有我，空無卻當作實有，非有卻當作是有，是有卻當作非有；對於這些不正當的觀念，我們必須加以轉變，才能夠證得聖人真實的智慧，破除無明之毒，證知諸法實相。一旦澈悟諸法無常、苦、空、無我的智慧，從此捨棄世間的一切，再也不會妄想、分別、執著，因此能夠安忍受持，是名「法忍」。也就是說，要用智慧觀察世間的一切法，其性本空，當下亦空，能夠如此信仰受持，是名「法忍」。如果能夠像這樣循著種種方法進入智慧之門，看透諸法實相，從此心不退轉、亦不後悔；不爲妄念所動，不爲憂愁所擾；不但自利，而且利他，是名「法忍」。

由此可知，修忍辱行的「法忍」其實隱含著三種清淨：一是不見忍辱的法，二是不見忍辱的自身，三是不見辱罵的人，有點像布施波羅蜜「三輪體空」的概念。但絕對不是做表面功夫，戲弄大家而已。如果能夠達到這三種清淨的境界，亦卽不見有能忍的我、所忍的境、忍辱的法，心無所疑，如如不動，就可以稱之爲「清淨法忍」。從這裡也可以知道，只要菩薩安住於般若波羅蜜當中，自然能夠具足忍辱波羅蜜；不但如如不動，而且永不退轉。然而，什麼叫做不動、不退呢？亦卽不會心生瞋恚，不會口說惡言，不會身起惡行，內心無所懷疑。菩薩證知般若波羅蜜，了知諸法實相，雖見諸法而無所見，因爲內心無所執著的原故。一旦懂了這些道理，有了這些智慧，每當碰到人家前來咒罵，或是加諸苦楚、毒害、甚至殺害的時候，面對這一切不合理的對待，自然都能夠安忍。所以說，菩薩只要安住於般若波羅蜜當中，就能夠具足忍辱波羅蜜。

綜合而言，須知菩薩的忍辱是無量的；一切都是爲了利樂無量的有情衆生。身披忍辱的鎧甲，發此誓言：我當度化解脫無量的有情衆生，務必都要令他們遠離痛苦，證涅槃樂，因此菩薩能夠做到無量忍辱。也就是說，爲了度化衆生，令其離苦得樂，再大的羞辱，菩薩都能夠吞忍下去。如果菩薩摩訶薩想要證得無上正等菩提，在面對有情衆生種種的訶罵、毀謗、言說的時候，都應該要能夠忍受，不應該生起忿怒的瞋恨心，反而應該生起報恩的慈悲心。如果能夠這樣，菩薩就會對忍辱波羅蜜產生深度的信心和喜樂。然後，隨著所發起的忍辱之心，迴向忍辱的功德去求得一切智智的佛智，進而成就佛道，這樣的菩薩摩訶薩就必定能夠安住於忍辱波羅蜜當中。其實說穿了，就是用大願心、大悲心和大智心的「菩薩三心」來忍辱。總而言之，從實踐忍辱的過程當中，累積忍辱的功德，了解忍辱的因果；做到人來辱罵——不瞋，人來供養——不貪，修行路上——不苦，忍可實相——不癡，隨遇而安——不動；一切都是無所得，一切都是爲了解脫，一切都是爲了衆生，一切都是爲了成佛，是爲「忍辱波羅蜜」。

四、精進波羅蜜：

梵語稱爲「毘梨耶波羅蜜」，「精進」的意思。根據龍樹菩薩《大智度論》（卷十五）釋初品中毘梨耶波羅蜜義第二十六的說法：爲了修行學佛，自度度人，不但「身行」要非常精進，而且「心行」也要非常精進；亦卽「身」永不懈怠，「心」永不止息；不斷奮勇向前，渡向涅槃彼岸，是爲「精進波羅蜜」。然而，何謂身精進、心精進呢？根據龍樹菩薩《大智度論》（卷十六）釋初品中毘梨耶波羅蜜義第二十七的說法：「身精進」屬於「粗精進」，主要是指勤修身外之事，以便累積福德。例如積集財寶，用來布施；甚至爲了成辦一切佛法，不惜犧牲自身的性命；主要涵蓋「六波羅蜜」中的「布施」與「持戒」。或者說，從菩薩初發心，到證得無生法忍之間，由於「生身」未捨的原故，「生身菩薩」努力修行六波羅蜜的過程，皆可稱之爲「身精進」。其次，「心精進」屬於「細精進」，主要是指專精自己的內心，以便開顯智慧。亦卽爲了成就佛道，內心永不懈怠與疲惓；主要涵蓋「六波羅蜜」中的「忍辱」、「禪定」和「智慧」。或者說，菩薩一旦證得「無生法忍」，並且棄捨肉身，證得法性身之後，乃至於成佛之間，「法身菩薩」努力修行「六波羅蜜」的過程，皆可稱之爲「心精進」。不過，除了自己渡向彼岸之外，還要考慮芸芸衆生是否一起同渡彼岸，方爲完整的「精進波羅蜜」。另外，根據大般若經（卷四一三）三摩地品第十六之一的說法：什麼叫做精進波羅蜜多呢？就是以大願心、大悲心和大智心的「菩薩三心」爲綱領，以成佛度衆爲宗旨；不但自己勤修精進波羅蜜之外的「五波羅蜜」，不捨晝夜，同時也勸誡他人勤修精進波羅蜜之外的「五波羅蜜」。然後秉持此精進善根，與一切有情共同迴向以悲智圓成的無上菩提爲目標，是爲「菩薩摩訶薩精進波羅蜜多」。

然而，精進有幾種呢？根據世親菩薩《發菩提心經論》（卷下）的說法：有二種精進，一種是上求無上佛道，亦卽爲了證悟悲智圓滿的菩提；一種是下化無量衆生，亦卽爲了救拔濟助苦難的衆生；不辭辛勞，精進不懈，直到成就佛果。其實就是發菩提心，然後勇敢向前，恆心向上，永不退轉。另外，根據《瑜伽師地論》（卷四十二）本地分中菩薩地第十五初持瑜伽處精進品第十二的說法：菩薩精進的種類可分爲三種，包括：擐甲精進、攝善法精進、饒益有情精進。分述如下：

（一）擐甲精進：什麼叫做菩薩擐甲精進呢？主要是指諸位菩薩在發動精進之前，不但內心勇敢彪悍，而且身披廣發宏大誓願的戰甲，奮戰不懈。就算只是爲了解脫一個有情衆生的痛苦，即使必須歷經數千大劫的時間，也會當作等同一日一夜的時間那般來對待，不會覺得不耐煩；即使身處地獄惡趣，也會處之泰然，不會覺得苦；甚至直到菩薩在歷經這麼長的時間、這麼苦的處境之後，才能夠證得無上正等菩提，也會一直堅持到底，不會心生退轉。所以說，假使必須經過如此百千萬億倍數的時間大劫，才能夠證得無上正等菩提，那一顆勇敢彪悍的內心，也絕對不會輕易地退縮或屈服。所以說，既然已經決定要努力向上，立志成就佛道，就應該勤奮勇敢，無有懈怠。如果菩薩對於「擐甲精進」，稍微生起一點殊勝的理解，或者稍微生起一點清淨的信心，這樣的菩薩都可以說已經長養無量的勇猛心，也發起勤修精進的大菩提心，更何況是成就「擐甲精進」的菩薩。這樣的菩薩，在追求菩提、饒益有情方面，不但不會難以身體力行，也不會生起怯弱低劣之心；就像披著戰甲的勇士，視死如歸，奮勇前進，是爲「擐甲精進」。

（二）攝善法精進：什麼叫做菩薩攝善法精進呢？主要是指諸位菩薩所有的精進，都是爲了成辦六波羅蜜，加功運行所做的準備工作。須知「攝善法精進」包括七種精進：其一、無動精進：就是面對一切分別或者種種分別、根本煩惱或者隨煩惱、一切外道異論或者一切痛苦接觸，內心都不會隨之傾動。其二、堅固精進：就是攝集一切善法，堅固不動，並且全面殷切而愼重地加功運行。其三、無量精進：就是爲了利樂無量的有情，因此有無量的精進。並且要能夠現量證得一切「明處」；所謂「明處」就是各種領域的學問，例如五因明等。其四、方便相應精進：就是所行方便之道與所證菩提之理相應，這是因爲佛道是隨順自然而行，而且內心平等通達一切的原故。其五、無倒精進：就是精進於修善法、斷惡法，無有顛倒。亦卽發正當的願，行正當的道，得正當的果。其六、恒常精進：就是恆常、無間、相續地加功運行。其七、離慢精進：就是勤加修習精進，遠離貢高我曼。由於以上七種「精進」勤於加功運行的原故，可以令諸位菩薩快速圓滿六波羅蜜，急速證得無上正等菩提，是爲「攝善法精進」。

（三）饒益有情精進：什麼叫做菩薩饒益有情精進呢？主要是針對「持戒波羅蜜」所提到的十一種「饒益有情戒」，勤加修習，努力不懈，而且一切都是爲了衆生的利益著想，務必令一切有情都能夠離苦得樂；包括：其一、對於諸有情，要經常協助與作伴；其二、爲了利益有情，要善於廣說法要；其三、對於有恩的人，要現前酬謝報答；其四、對於有難的人，要經常出手救拔；其五、對於有憂愁的人，要爲其排憂解勞；其六、對於貧乏的人，要布施各種資具；其七、作爲衆生的依止，要如法引導衆生；其八、寬宏大量，謙沖有禮，要隨順衆生的心；其九、顯示真實的德行，令他勤勉修學；其十、對於有罪過的人，要加以調伏治罰；其十一、透過神通法力，方便利導攝受，令入聖人之教，勤修佛陀正行等。也就是說，菩薩爲了饒益有情，教化衆生，生起精進，進而勤修精進。就像尊貴的蓮生聖尊所發誓願：「不捨一個衆生」與「粉身碎骨度衆生」。須知要完成這樣的誓願，沒有「精進」是不可能成辦的。而且，還要以身作則，隨順衆生，恩威並濟，軟硬兼施，神通變化，善巧方便。不但要照顧衆生的世俗生活，令其免於憂患；還要引導衆生出離世間，令其渡向涅槃的彼岸，是爲「饒益有情精進」。

綜合而言，「精進」的真諦在於上求下化，不辭辛勞，永不退轉，自度度人，直至成佛。偏偏煩惱難斷，欲望難離，智慧難開，生死難了，衆生難度，佛道難成，因此我們要下定決心，發下弘願，披上戰甲，踏上征途，不畏任何艱難，不懼任何挑戰，勇往直前，堅持到底，是名「擐甲精進」。成佛度衆，絲毫沒有半點僥倖可言，沒有真功夫，一切都是空談。因此要攝持一切善法，兼顧「聞、思、修」。其中，「聞」要多聞，「思」要深思，「修」要實修。而且，要勤加用功學習五波羅蜜。不移動、不懈怠、不偏頗、不顛倒、不中斷、不退轉、不傲慢，爲成佛度衆作準備，是名「攝善法精進」。須知這些加功運行的前置作業，都是爲了救度衆生，饒益有情，絕對不是爲了自己解脫而已。有了真功夫、真實德、神通力之後，還要實際用在衆生身上；即使衆生難度，也要精進去度；不離不棄，不眠不休；就像父母爲了孩子，再苦也要咬牙硬撐到底。從世間法到出世間法，並且懂得善巧方便，引導衆生，教化衆生，勤修正法，趨向涅槃，共證菩提，是名「饒益有情精進」。所以說，「精進」首先要做到「擐甲精進」，發勇猛心；其次要做到「攝善法精進」，修精進行；然後要做到「饒益有情精進」，度無量衆，才是完整的精進。

然而，要怎麼精進才能夠算是精進波羅蜜呢？難道發大誓願、精進修行、饒益有情還不夠嗎？根據龍樹菩薩《大智度論》（卷十六）釋初品中毘梨耶波羅蜜義第二十七的說法：菩薩精進修行，不眠不休，永不止息，一心希求成就佛道，如此精進的行者，名爲「精進波羅蜜」。此外，菩薩以精進波羅蜜爲首，修行其他五種波羅蜜，這個時候，名爲「菩薩精進波羅蜜」。就像將各種藥材綜合調配起來，便能夠醫治重病，菩薩精進也是一樣。不過，菩薩如果只知道精進，卻沒有修行其他五種波羅蜜，就不能夠稱之爲菩薩精進波羅蜜。而且，菩薩精進修行，絕對不是爲了個人的財富利益、榮華富貴、權力地位，也不是爲了自身死後能夠往生天堂、成爲轉輪聖王、梵天王、帝釋天王、四大天王等，更不是爲了自己求得涅槃；而是爲了成就佛道，利益衆生；如果能夠這樣，名爲「菩薩精進波羅蜜」。

此外，菩薩精進修行，以實相智慧爲首，修行六種波羅蜜，以成佛度衆爲目標；這個時候，即可名爲「菩薩精進波羅蜜」。其次，雖然知道諸法實相，不生不滅；隨緣無性，無性隨緣；皆是無爲、無作之法；

然而，因爲發了菩提本願，想要以大悲心度衆；於無所造作之中，以精進的力量度化解脫一切苦難的衆生。而且，菩薩修行精進波羅蜜，看透世間的一切法，不生不滅，非常非斷，非苦非樂，非空非實，非我非無我，非一非異，非有非無；完全了知世間一切法的真相，都是因緣和合所成，但有假名而已；須知實相無相無不相，皆不可得。菩薩作如是觀照，了知一切有爲法都是虛妄不實的。就在此時，菩薩想到自己的本願乃是爲了憐憫衆生的原故，因此回歸修行菩薩道，積集各種功德。菩薩心裡這樣想：我雖然知道世間的一切法都是虛妄不實的，不會加以執著，可是衆生卻一無所知，因而於五趣中流轉不已，遭受種種痛苦，因此我應當具足並修行六波羅蜜，以便自度度人。菩薩如此精進修行不已，進而獲得神通變化的果報，並且圓滿佛果；具備三十二相、八十種好、一切智慧、大慈大悲、無礙解脫、十力、四無所畏、十八不共法、三達（天眼明、宿命明、漏盡明）等無量佛法。一旦菩薩獲得這些成就的時候，一切衆生也都能夠因此而獲得清淨的信心，也都能夠信受奉行，並且樂於親近佛法。最終如果能夠成辦這些事情，實在都是因爲精進波羅蜜的力量所致啊！因此稱之爲「精進波羅蜜」。

然而，除了如此發心之外，還應該修學什麼呢？根據大般若經（卷五八九）第十四精進波羅蜜多分的說法：除了「初發心」之外，菩薩摩訶薩還要以大願心、大悲心和大智心的「菩薩三心」勤修六波羅蜜，而且心無退轉，是爲菩薩摩訶薩安住精進波羅蜜多。其次，除了「六波羅蜜」之外，同樣也要以「菩薩三心」勤修各種佛法，包括：內空、外空、內外空等；真如、法界、法性、平等性等；四聖諦、十二因緣、三法印；四靜慮、四無量、四無色定；三十七道品、三解脫門；八解脫、八勝處、九次第定、十遍處；一切陀羅尼門、一切三摩地門；十地菩薩；清淨五眼、六勝神通；如來十力、四無所畏、四無礙解、大慈、大悲、大喜、大捨以及十八佛不共法等無邊佛法；而且心無退轉，是爲菩薩摩訶薩安住精進波羅蜜多。另外，還要莊嚴清淨的佛土，以及成熟各類的有情，就算久處生死，也要不斷修習各種功德，而且心不退轉，是爲菩薩摩訶薩安住精進波羅蜜多。甚至不管要花多少時間，不管要度化多少有情，都能夠歡喜攝受，身無動轉，心不退屈；就算要在地獄中受無量苦，就算只是爲了度化一個衆生，也都願意勇於承擔，勇猛精進，不辭辛勞；不會去計算還要修行多久？還要度化多少？衆生要什麼就給什麼！眉頭都不會皺一下！是爲「精進菩薩」！否則卽爲「懈怠菩薩」。

另外，根據大般若經（卷五二九）第三分妙相品第二十八之二的說法：菩薩摩訶薩成就勇猛的精進心，雖然不顧自身性命，不斷饒益有情，但是並沒有想要從有情身上得到什麼，因爲一切都是無所得。雖然能夠圓滿精進波羅蜜多的修行，但是並沒有想要從精進波羅蜜多上得到什麼，因爲一切都是無所得。雖然能夠圓滿一切佛法的修行，但是並沒有想要從佛法上得到什麼，因爲一切都是無所得。雖然能夠莊嚴清淨一切佛土，但是並沒有想要從佛土上得到什麼，因爲一切都是無所得。既然一切都是無所得，所以都沒有得失心。因爲不是爲了有所得而修，也不是修了之後有所得；其實根本什麼都沒有！我是幻，我所也是幻，一切都是幻，何來得失？做就對了，不管得失！不過，到底要做什麼呢？其實就是做「上求下化」的菩提事業。其次，根據龍樹菩薩《大智度論》（卷十六）釋初品中毘梨耶波羅蜜義第二十七的說法：須知菩薩精進是完全沒有得失心的，既不見身精進，也不見心精進；身既無所作爲，心也無所想念；身心合一，平等不二，無所分別。所求的佛道都是爲了度化衆生，所度化的衆生都是爲了成就佛道；更不會以爲衆生是在此岸，而佛道是在彼岸。一切身心的所作所爲，都要放下，都要棄捨，不拘泥，不執著；就好像在做夢一般，夢醒之後，根本就是無所作爲，因此稱之爲寂滅各種精進，名爲「波羅蜜」。爲什麼這樣說呢？那是因爲了知一切精進都是邪僞的原故；精進是理所當然的，不是爲了成佛度衆才精進的；一切有爲的造作之法都是虛妄不實的，有如夢幻泡影一般；須知諸法平等，才是真實的。既然是平等法，就不應該有所企求。所以知道一切精進也都是虛妄的，雖然知道一切精進都是虛妄的，卻還是要經常精進修行成就不退轉，方可稱之爲「菩薩真實精進」。也就是說，菩薩雖然知道一切法皆如夢幻泡影，虛僞不實，卻又能夠以大悲心圓滿一切修行；不但饒益有情，而且嚴土熟生。古德有言：「啟建水月道場，大作空花佛事；降伏鏡裡魔軍，求證夢中佛果。」正是菩薩精進的最佳寫照。總而言之，從實踐精進的過程當中，累積精進的功德，了解精進的因果；做到勇猛精進，修法精進，度眾精進；一切都是無所得，一切都是爲了解脫，一切都是爲了眾生，一切都是爲了成佛，是爲「精進波羅蜜」。

五、禪定波羅蜜：梵語稱爲「禪那波羅蜜」，「靜慮」的意思。根據龍樹菩薩《大智度論》（卷十七）釋初品中禪波羅蜜義第二十八的說法：「禪定」就是攝持我們那一顆雜亂的心；令內心安住於禪定而不亂，卻不會愛染禪定之味，是爲「禪定波羅蜜」。然而，何謂亂？何謂味呢？根據龍樹菩薩《大智度論》（卷十七）釋初品中禪波羅蜜義第二十八的說法：「亂」有微細、粗略之分。微細者有三種：一者愛多，二者慢多，三者見多。何謂愛多？因爲獲得禪定之樂，導致內心樂於染著，喜愛此味。何謂慢多？因爲獲得禪定的時候，自以爲達成困難之事，導致貢高我慢。何謂見多？因爲懷有我見而進入禪定，導致內心加以分別取相。此三種名之爲「微細之亂」。由於此原故，一旦退出禪定，依然會生起「貪、瞋、癡」等三毒，名之爲「粗略之亂」。其次，「味者」是指初得禪定之樂，卻一心貪愛染著，名之爲「味」。所以說，既不爲外境所亂，也不會貪著定境之味，並透過禪定生起實相智慧，進而渡過生死大海，到達彼岸，是爲「禪定波羅蜜」。不過，除了自己渡向彼岸之外，還要考慮芸芸眾生是否一起同渡彼岸，方爲完整的「禪定波羅蜜」。另外，根據大般若經（卷四一三）三摩地品第十六之一的說法：什麼叫做禪定波羅蜜多呢？就是以大願心、大悲心和大智心的「菩薩三心」爲綱領，以成佛度衆爲宗旨；不但自己懂得利用善巧方便進入各種層次的禪定，乃至於四無量定、四無色定等深層次的禪定，卻不會貪著定境，因此終究不會隨著貪著各種定境所產生的業力牽引而受生在三界裡；同時也勸誡他人進入禪定而不亂，也不會因爲貪著定境之味而受生在三界裡。然後秉持此禪定善根，與一切有情共同迴向以悲智圓成的無上菩提爲目標，是爲「菩薩摩訶薩禪定波羅蜜多」。

其次，禪定有幾種呢？根據《摩訶般若波羅蜜經》（卷四）辯才品第十五的說法：菩薩摩訶薩在實踐六波羅蜜的時候，遠離世間五欲以及諸惡不善法，言語止息，離生喜樂，入初禪；覺觀止息，定生喜樂，入二禪；喜心止息，無喜生樂，入三禪；乃至於離苦息樂，苦樂俱捨，入四禪。並且，以「慈悲喜捨」廣大無量無邊的心行，遍滿四維上下，乃至於遍滿一切世間。當菩薩進入禪定的時候，或者出定的時候，透過各種禪定或無量心，與一切衆生共同迴向一切智（薩婆若），是名菩薩摩訶薩禪定波羅蜜發起趣向大乘。根據龍樹菩薩《大智度論》（卷十七）釋初品中禪波羅蜜義第二十八的說法：禪定的種類基本上是以「四禪八定」爲基礎，並且涵蓋四無量心、八解脫、八勝處、十一切處、九次第定、三三昧等。除了「四禪八定」可參考拙作《解脫煩惱的方法——八正道》以及《解脫煩惱的智慧》之外，其他分述如下：

（一）四無量心：根據大智度論（卷二〇）釋初品中四無量義第三十三的說法：所謂「四無量心」就是「慈悲喜捨」。行者如果想要修學「慈無量心」時，應當先發願：願所有衆生受種種樂。然後，緣取衆生享受快樂的相狀，進而攝持一心，進入禪定。等到這樣的相狀漸漸增廣，就會看見所有的衆生都處在享受快樂的狀態。有如鑽木取火一般，先以軟草、乾牛屎助燃，等到火勢轉大之後，就能夠燃燒大塊而潮濕的木頭了。「慈心三昧」也是一樣，剛開始生起慈心的時候，本來只有涵蓋自己的親朋好友而已；等到慈心轉廣，就可以實現怨親平等了，這就是「慈心禪定」增長有所成就的原故。其餘的悲、喜、捨心也是一樣。而且，佛陀說：只要進入「慈心三昧」，在現世就可以獲得五種功德，包括：不會受到火燒，不會受到毒害，不會遭受兵災，不會橫死命終，而且受到善神擁護。這是因爲利益無量衆生的原故，所以能夠獲得無量的福德。也正是因爲這種有漏但無量的「心」緣取衆生的原故，命終之後，可以受生在清淨的色界。例如，透過「慈心禪定」，就容易進入「第三禪」；透過「悲心禪定」，就容易進入「空無邊處」；透過「喜心禪定」，就容易進入「識無邊處」；透過「捨心禪定」，就容易進入「無所有處」。

（二）八解脫：根據大智度論（卷二一）釋初品中八背捨義第三十四的說法：「八解脫」也稱爲「八背捨」，亦卽八種背棄捨除三界煩惱繫縛的禪定方法，成就八種解脫。其中，「背捨」是潔淨五欲，遠離染著之心。分述如下：其一、內有色想觀諸色解脫：內心對色有所執取，透過不淨觀，離開對一切色的執取。其二、內無色觀外色解脫：內心之色想雖已除盡，但因欲界貪欲難斷，故觀身外不淨之相，令生厭惡以求斷除。其三、淨解脫身作證具足住：透過觀想一切清淨，見全身如透明水晶，令煩惱不生而身心清淨。其四、空無邊處解脫：超越各種色想，滅有對想，修空無邊之相而成就之。其五、識無邊處解脫：超越一切空無邊處，棄捨空無邊心，修識無邊之相而成就之。其六、無所有處解脫：超越一切識無邊處，棄捨識無邊心，修無所有之相而成就之。其七、非想非非想處解脫：超越一切無所有處，棄捨無所有心，沒有明白殊勝之想，但也不是無想，住非有想非無想之相而成就之。其八、滅受想身作證具足住解脫：超越一切非想非非想處，棄捨受想，滅除一切心所法，證入「滅盡定」。

（三）八勝處：根據大智度論（卷二一）釋初品中八背捨義第三十四的說法：雖然淫欲、瞋恚等各種煩惱結使會隨著好色、醜色生起，但是只要內心不加以跟隨，卽可名之爲「勝處」。「八勝處」也稱爲「八除處」，亦卽藉由觀想色處去除貪欲的八個階段之禪定方法。分述如下：其一、內有色想觀外色少勝處：內心對色有所執取，爲了去除執取，觀想少量的外色，然後制心一處。其二、內有色想觀外色多勝處：內心對於色仍有所執取，但已經有長足的進步，尤其是對於某些色相已經有相當的定力，此時就可以進而觀想更多的外相，但仍然制心一處，不受干擾。其三、內無色想觀外色少勝處：內心對於色已無所執取，但是爲了鞏固證量，仍須重新觀想少量的外色，以便淬鍊和保任。其四、內無色想觀外色多勝處：內心對於色已經完全沒有執取，而且已經達到鞏固的境界，加上觀想少量的外色也已經通過考驗；此時再進一步觀想更多的外色，不但能夠圓滿內心無色之想，而且能夠完全不爲外色所干擾。其五、內無色想觀外色青勝處：內心已經完全斷除色想，而且也已經達到圓滿鞏固，從此內心的力量更加弘大，也更能夠運用自如；爲了鍛鍊內心能夠出入自在，開始設定青色來觀想，卽「青勝處」，亦卽觀想一切皆爲青色。其六、內無色想觀外色黃勝處：內心已經完全斷除色想，而且也已經達到圓滿鞏固，從此內心的力量更加弘大，也更能夠運用自如，爲了鍛鍊內心能夠出入自在，開始設定黃色來觀想，卽「黃勝處」，亦卽觀想一切皆爲黃色。其七、內無色想觀外色赤勝處：內心已經完全斷除色想，而且也已經達到圓滿鞏固，從此內心的力量更加弘大，也更能夠運用自如，爲了鍛鍊內心能夠出入自在，開始設定赤色來觀想，卽「赤勝處」，亦卽觀想一切皆爲赤色。其八、內無色想觀外白勝處：內心已經完全斷除色想，而且也已經達到圓滿鞏固，從此內心的力量更加弘大，也更能夠運用自如，爲了鍛鍊內心能夠出入自在，開始設定白色來觀想，卽「白勝處」，亦卽觀想一切皆爲白色。

（四）十一切處：根據大智度論（卷二一）釋初品中八背捨義第三十四的說法：「一切處」能夠觀想普及一切色而達成自在；「勝處」只能夠觀想部分的色，卻不能夠觀想普及一切色。「十一切處」也稱爲「十遍處」，亦卽以十種方法來達到內心自主周遍一切的禪定方法，完成止觀雙運。其一、地遍處：觀想「地元素」遍一切處，無量無邊，無有邊際。其二、水遍處：觀想「水元素」遍一切處，無量無邊，無有邊際。其三、火遍處：觀想「火元素」遍一切處，無量無邊，無有邊際。其四、風遍處：觀想「風元素」遍一切處，無量無邊，無有邊際。其五、青遍處：觀想「青色」遍一切處，無量無邊，無有邊際。其六、黃遍處：觀想「黃色」遍一切處，無量無邊，無有邊際。其七、赤遍處：觀想「赤色」遍一切處，無量無邊，無有邊際。其八、白遍處：觀想「白色」遍一切處，無量無邊，無有邊際。其九、空遍處：觀想「空元素」遍一切處，無量無邊，無有邊際。其十、識遍處：觀想「識元素」遍一切處，無量無邊，無有邊際。十遍處不但要有鞏固的定力，才能夠安住一境，更要有強大的自主力和周遍力，才能夠鞏固如實而廣大的觀想，周遍一切。

（五）九次第定：根據大智度論（卷二一）釋初品中八背捨義第三十四的說法：「九次第定」者，從初禪開始，次第入二禪，不令其他心念干擾進入，不管是善良的或是污垢的。然後，依照這樣的方式，次第入定，直到滅受想定。其中，九者，以四禪八定爲基礎，自初禪、二禪，經過非想非非想處定，至滅受想定，凡九種禪定也。次第者，乃指行者進入禪定的時候，智慧深利，能夠從一禪又入一禪，如是次第而入，漸次增上，心心相續，不生異念，無間無染。定者，攝心不亂也。因此也稱爲「無間禪」，亦卽從第一次定到第九次定，循序而上，中間沒有間隔。或稱爲「鍊禪」，亦卽在修九次第定的時候，其心沒有雜染，一心一意專修，猶如煉金之過程。包括：初禪次第定、二禪次第定、三禪次第定、四禪次第定、空無邊處次第定、識無邊處次第定、無所有處次第定、非想非非想處次第定、滅受想次第定。其中，「滅受想定」卽是滅盡定，乃止息一切心識之定。

（六）三三昧：根據大智度論（卷二〇）釋初品中三三昧義第三十二的說法：須知涅槃城有三個解脫門，亦卽「空解脫門」、「無相解脫門」、「無作解脫門」。「四禪」等禪定是用來幫助我們打開涅槃解脫門的方法。其中，觀諸法空為「空」；於「空」中不可以取相，此時「空」轉名為「無相」；「無相」中不應有所作為而在三界受生，此時「無相」轉名為「無作」。然而，應度的眾生有三種：愛多者，見多者，愛見等者。亦即貪愛五欲多的人，執著我見多的人，以及既貪愛五欲且執著我見的人。其一、針對見多者，為說「空解脫門」；亦即見一切諸法從因緣生，無有自性，故空，空故諸見滅。其二、針對愛多者，為說「無作解脫門」；亦即見一切法無常、苦，從因緣生；見已，心厭離愛，即得入道。其三、針對愛、見等者，為說「無相解脫門」；亦即聽聞本來就沒有男女等相，所以斷愛；本來就非一非異，所以斷見。然而，觀空、觀無相、觀無作，原本屬於智慧，為什麼稱之為三昧呢？因為這三種智慧，如果不是安住在禪定之中，就會變成狂慧，反而墮入邪見疑見；如果安住在禪定之中，就可以破除各種煩惱，證得諸法實相。因此，各種禪定之中如果缺乏這三種法門，就不可稱之為「三昧」。為什麼這樣說呢？因為最終還是會退轉墮落到生死輪迴之中。所以說，「三解脫門」佛陀名之為「三昧」。

綜合而言，「禪定」的真諦在於思惟修，不亂不味，生諸功德，顯真實慧。而且，隨著禪定的深淺而有不同的層次。初禪：離生喜樂；二禪：定生喜樂；三禪：無喜生樂；四禪：離苦息樂。空無邊處：厭有色身，思無邊空。識無邊處：厭無邊空，思無邊識。無所有處：厭無邊識，思無所有。非想非非想處：厭無所有，非有想、非無想。其實，從四禪八定可以發現，其禪定層次竟然與三界的結構不謀而合。隨著我們那一顆「心」的雜染或清淨，而與三界的欲界、色界、無色界相呼應。因此，禪定絕對不能夠僅止於禪定而已，更不能夠染著其味，否則儘管禪定的功夫再深，依然會停留在三界裡。從禪定之中生出真實智慧，進而廣度眾生，才是禪定的目的；所以佛陀才宣說這麼多法門。根據大智度論（卷二〇）釋初品中四無量義第三十三的說法：如果想要獲得大福德者，為說「四無量心」；如果厭有色身如在牢獄，為說「四無色定」；如果遮擋了通往解脫之道，不得通達，爲說「八背捨」；如果於觀想諸緣之中不能夠獲得自在，也無法隨意觀想所緣，爲說「八勝處」；如果不能夠普遍觀照一切所緣，也無法隨意獲得自在解脫，爲說「十一切處」；如果內心不夠調柔，也不能夠依照次第進入禪定，爲說「九次第定」。另外，根據大智度論（卷二一）釋初品中八背捨義第三十四的說法：「背捨」是屬於初行者，「勝處」是屬於中行者，「一切處」是屬於久行者。雖然獲得內心喜樂，但是卻背棄捨去五欲，因爲再也不需要透過五欲才會有喜樂，是名「背捨」。然而，由於尚未漏盡解脫的原故，禪定的時候，內心還是會生起煩惱；但是隨著觀想清淨之色，不斷精進，進而斷除對於色的染著，這樣就比較能夠生起「淨觀」。就像幻主觀察自己所幻化之物，知道這是自己所幻化出來的，因此內心就比較不會生起染著，也不會隨著所緣之塵境動搖，這個時候「背捨」的名稱就會變成「勝處」。然而，「淨觀」雖然殊勝，可惜未能推廣擴大，這個時候行者回頭緣取淨相；善用「背捨力」和「勝處力」，緣取清淨的地大之相，漸漸令其遍滿十方虛空；其餘的水大、火大、風大也是一樣。或者緣取青色之相，並且漸漸令其推廣擴大，遍滿十方虛空；其餘的黃色、赤色、白色也是一樣。這個時候「勝處」的名稱就會變成「一切處」。由此可知，「背捨」、「勝處」、「一切處」這三件事其實是同一件事，只是隨著境界的轉變而有三種名稱。目的都是要讓我們那一顆「心」安靜下來，清淨無染，趨向解脫。所以說，「禪定」就是惡行要止，心行要定，欲望要離，悲願要發，空有要捨，智慧要開，眾生要度，佛道要成。以「四禪八定」爲基礎，以「四無量心」爲助緣，以「菩薩三心」爲綱要，以「九次第定」爲方法；做到一心不亂，如如不動，才是完整的禪定。

然而，要怎麼禪定才能夠算是禪定波羅蜜呢？難道一心不亂、不爲所動還不夠嗎？根據龍樹菩薩《大智度論》（卷十七）釋初品中禪波羅蜜義第二十八的說法：要怎麼做，才能夠獲得禪定波羅蜜呢？那就要做到

（一）訶五事：亦即呵五欲；（二）除五法：亦即除五蓋；（三）行五行：亦即行五法。根據龍樹菩薩《大智度論》（卷十七）釋初品中禪波羅蜜義第二十八的說法，分述如下：

（一）**呵五欲**：五欲者，包括色、聲、香、味、觸等；應當呵責五欲。爲什麼呢？因爲可憐的衆生，經常被五欲所惱亂，卻又求之不已！須知五欲一旦獲得了，就會轉爲劇烈。五欲實在是無有益處，就像狗啃骨頭一般。五欲會增加無謂的諍論，就像鳥鴉競相爭搶肉塊一般。五欲會燃燒衆人，就像逆著風向手執火炬一般。五欲真的害人不淺，就像踐踏毒蛇一般。五欲其實無有實在，就像夢中所得一般。五欲通常維持不久，就像短暫借用一般。世人愚癡迷惑，貪愛染著五欲，一直到死都不肯捨棄，導致後世受無量苦。就像一個愚癡之人貪著美好的果實，爬到樹上採而食之，卻遲遲不肯下來；直到有人砍伐樹木，樹木因而傾倒，導致墜落到地上，身首毀壞而死。不過，獲得五欲的時候，的確會有短暫的快樂；可怕的是一旦失去的時候，竟然會帶來巨大的痛苦。就像把蜂蜜塗在刀口上，舐者貪甜，不知不覺就割傷了舌頭。如果貪愛染著五欲不捨，其實就跟愚癡的畜生沒有兩樣；有智慧的人，看懂這個道理，自然能夠遠離。所以說，智者呵欲不可著，想要求得禪定，實在應該棄捨五欲啊！

（二）**除五蓋**：五蓋者，包括貪欲蓋、瞋恚蓋、睡眠蓋、掉悔蓋、疑蓋等；應當去除五蓋。爲什麼呢？須知貪欲蓋者，距離佛道甚遠，也是種種煩惱與動亂的根源。如果內心染著貪欲，那麼根本就沒有機會親近佛道。「瞋恚蓋」者，違失各種善法的根本，是墮落到各種惡道的主因，也是各種快樂的敵對怨家，更是善心的大賊，以及種種惡口的出處。「睡眠蓋」者，能夠破壞今生的三種事情，包括：欲望帶來的快樂、利益帶來的快樂、行善帶來的福德等。也能夠破壞今生乃至於後世究竟涅槃之樂，與死亡根本就沒有什麼兩樣，唯有呼吸而已。「掉、悔蓋」者，前者「掉法」會破壞出家人的禪定之心。就像一般人想要攝受其心，尚且難以安住，何況是掉散之心！須知內心掉舉散亂之人，就像沒有配備掛鉤的醉象一般，也像失去控制的駱駝一樣，根本就無法操控。後者「悔法」有如犯了滔天大罪的人一樣，內心常懷畏懼恐怖，悔箭深入其心，堅固不已，牢不可拔；整天一直在悔恨，根本就提不起信心修法。「疑蓋」者，因爲懷疑之心覆蓋的原故，對於各種佛法都充滿了懷疑，心定不下來。由於缺乏定心，所以對於各種佛法都空無所得。就像一個人進入寶山，如果沒有雙手，結果什麼也拿不走。因此，如果能夠去除五蓋，就像負債還清，重病痊癒，飢餓得食；也像從牢獄之中釋放出來，重獲自由；從惡賊之中脫逃出來，安穩無患。修行人也是一樣，一旦去除五蓋之後，從此內心安穩，清淨快樂。就像日月一般，如果被白煙、烏雲、灰塵、晨霧，或者是羅睺阿修羅手等五事所遮掩障蔽，就無法照明世間。人心也是一樣，如果被五蓋所覆蔽，自然不能夠利益自己，也不能夠利益他人。

（三）**行五法**：五法者，包括欲、精進、念、巧慧、一心。如果能夠呵五欲，除五蓋，行五法，就有機會成就初禪乃至於四禪。爲什麼呢？須知「欲」的意思就是想要從欲界中脫離出來，證得離欲清淨的初禪乃至於四禪。「精進」的意思就是指離開世俗，持守戒律，不僅白天精進，就連晚上的初夜和後夜，都專精修行，不敢懈怠；而且還要節制飲食，最重要的是攝受其心，不要讓那一顆「心」奔馳鬆散。「念」的意思就是指將念頭安住在想念初禪的禪定之樂，清楚的知道欲界真的很不清淨；不但狂亂迷惑，而且令人輕賤，真正體會到初禪的尊崇與可貴。「巧慧」的意思就是指用善巧的智慧觀察、籌畫、思量，到底是欲界比較快樂，還是禪定比較快樂呢？對於二者之間的輕重得失，善用智慧觀察比較。「一心」的意思就是指經常將修行這件事情放在心上，而且專注一心，不令此心分散。如果能夠這樣做，包括：呵五欲，除五蓋，行五法，那麼就有機會證得初禪，乃至於四禪。然而，實際上要怎麼修行呢？其實可以參考佛陀教導我們的二大法門：不淨觀與安般念。其次，還要配合做到持戒清淨，閑居獨處，守護攝持諸根門，甚至初夜和後夜，都要專精思惟；捨棄外在的娛樂，改以內在的禪思自娛。從此遠離世間的五欲以及五蓋等不善法，精進修習禪定，進而證得初禪的境界，乃至於更高境界的二禪、三禪、四禪。

然而，難道證得初禪乃至於四禪，就叫做禪定波羅蜜嗎？須知禪定只是波羅蜜的根本。證得禪定的境界之後，不能只求自了，而是應該憐憫眾生。每個人內在的心中，都存在著種種的禪定妙樂；愚癡無聞的眾生，不但不知道往內去求，反而不斷地往外去求；在不淨與痛苦的外法之中，求取五欲之樂。這樣觀察之後，生起大悲心，立下弘誓願：我當令眾生皆得禪定內在之樂，遠離外在的不淨之樂；然後依此禪定之樂，進一步令得佛道涅槃之樂。這樣的禪定，才得以名之爲「禪定波羅蜜」。其次，雖然證得禪定，但是卻不會執著其味，也不會停留在追求禪定的果報而已，因此也就不會隨著業報的力量受生在長期處於深定的色界或無色界裡。真正是爲了調整我們那一顆「心」而進入禪定，然後在禪定之中生起真實智慧，進而以智慧方便，還生欲界之中，度脫一切眾生。這樣的禪定，才得以名之爲「禪定波羅蜜」。另外，如果有人聽聞而知曉禪定之樂勝於人天之樂，於是便懂得捨棄五欲之樂而追求禪定之樂，其實這樣做只是在追求自我的快樂和利益而已，不足爲奇也！菩薩就不是這樣，菩薩的一切都是爲了眾生，想要讓眾生也懂得慈悲的好處，讓內心得以清淨，因爲這樣才是最快樂的！所以說，菩薩禪定的特色就是在禪定之中發起「大悲心」。深知禪定裡有極其微妙的禪定之樂，可惜眾生卻不知不覺地加以捨棄，卻仍然不斷地向外追求五欲之樂。就好像一個非常富有的盲人，不知不見自己有許多寶藏而去行乞，有智慧的人看到了當然會心生憐憫。可憐的眾生，心中自有種種的禪定之樂，卻不知道要去發掘，反而去追求無常卻又短暫的外在之樂。

另外，由於菩薩知道「諸法實相」的原故，一旦進入禪定，內心安穩，不會染著其味；其他外道，由於尚不知道「諸法實相」的原故，雖然也進入禪定，但是內心卻不見得永保安穩，因爲染著禪定之味。所以說，外道的禪定會有三種過患，其一、染著其味；其二、心懷邪見；其三、貢高我慢。另外，聲聞的禪定，攝心宴坐，五識不起，沒有見色、聞聲等作用，內心明淨，本是好事，卻過於執著必須宴坐方可禪定。菩薩的禪定就不會發生外道的過患，也不會限定在攝心宴坐時才可以禪定。菩薩於一切法、一切事中，皆可進入禪定；不亂不味才是重點，行住坐臥等一切威儀，往來、舉止、語默、動靜，無不可以進入禪定。而且，菩薩修習一切佛法，於種種禪定之中，總是惦記著衆生，甚至包括昆蟲，都會慈悲護念。不像有些自了漢，雖然知道「諸法實相」，但是卻只顧自己，不顧衆生。因此，菩薩的禪定方可名之爲「禪定波羅蜜」；自了漢或外道，頂多只能名之爲「禪定」而已，不能算是「波羅蜜」。菩薩經常進入禪定，攝心不動，不生覺觀，卻能夠爲十方一切衆生以各種不同的無量音聲，說法度衆，令其解脫，是名「禪定波羅蜜」。由此可知，「禪定波羅蜜」的成就相就是色身雖然處在雜染煩惱的世間，但是內心卻能夠恆在禪定；不但遠離世間八法，而且成就利生功德。須知一切法本來清淨，如如不動，體悟本淨而獲得平等，與般若相應。菩薩安住於平等法中，不會認爲諸法有亂相，或者有定相。因爲如果執取「亂相」，就會生起瞋恚等煩惱；如果執取「定相」，就會生起染著等煩惱。菩薩既不取「亂相」，也不取「定相」；其實亂相、定相，不一不異，是名「禪定波羅蜜」。

另外，根據大般若經（卷五九〇）第十五靜慮波羅蜜多分之一的說法：諸位菩薩摩訶薩不可於四禪八定心生染著；一旦有所染著，就會受生在長壽天中。佛陀甚至認爲諸位菩薩摩訶薩應該受生在欲界之中。爲什麼這樣說呢？因爲如果受生在欲界，就能夠迅速圓滿一切智智的佛智；如果受生在色界或無色界的長壽天裡，反而沒什麼作用，因爲根本就無法獲得修行成佛的功德，也無法迅速獲得一切智智。諸位菩薩進入四禪八定之中，可以獲得寂靜安樂；並且爲了引發自在神通，饒益諸位有情；同時也爲了調整粗重的身心，令其擁有堪用的能力以便修行各種成佛的功德。因此，諸位菩薩摩訶薩進入各種殊勝的禪定，獲得寂靜安樂；一方面善巧方便受生在欲界之中，另一方面也不會退失各種殊勝的禪定。也就是說，諸位菩薩摩訶薩既不超脫三界，也不染著三界；善巧方便受生於欲界之中，獲得欲界之身，爲的是饒益有情，親近諸佛，並且能夠迅速證得一切智智。此外，根據大般若經（卷五九一）第十五靜慮波羅蜜多分之二的說法：如果諸位菩薩摩訶薩能夠於各種禪定之中，發起無有染著的無常想等；並且攝持這種相應的善根，迴向趣求一切智智，那麼諸位菩薩摩訶薩就可以安住於靜慮（禪定）波羅蜜多，並且攝受般若波羅蜜多；於各種禪定之中，既不會染著其味，也不會退轉其心。由此可知，如果諸位菩薩摩訶薩能夠安住於靜慮（禪定）波羅蜜多，超越欲界各種雜染之法；並且方便趣入四禪八定，獲得寂靜安樂，然後又加以棄捨；反而發願受生於欲界之中，獲得欲界之身，進而精進修行布施、淨戒、安忍、精進、靜慮（禪定）、般若等六波羅蜜多，以及其他無量無邊的菩提分等佛法；這樣的菩薩摩訶薩就可以安住於靜慮（禪定）波羅蜜多，並且攝受精進波羅蜜多，因此名之爲「不退菩薩」。如果菩薩摩訶薩心無散亂，相續不斷地安住在一切智智之上，就可以說菩薩摩訶薩安住於靜慮（禪定）波羅蜜多。總而言之，從實踐禪定的過程當中，累積禪定的功德，了解禪定的因果；做到一心不亂，如如不動；不著其味，不退其心；供養諸佛，饒益衆生；一切都是無所得，一切都是爲了解脫，一切都是爲了衆生，一切都是爲了成佛，是爲「禪定波羅蜜」。

六、般若波羅蜜：梵語稱爲「般若波羅蜜」，「智慧」的意思。根據龍樹菩薩《大智度論》（卷十八）大智度論釋般若相義第三十說法：「般若」乃智慧之義，「波羅蜜」乃到彼岸之義。亦卽能夠到達智慧大海的彼岸，到達一切智慧的邊緣，窮盡智慧的邊際，從此解脫生死，所以稱之爲「到彼岸」。根據龍樹菩薩

《大智度論》（卷十八）釋初品中般若波羅蜜義第二十九的說法：只要對於世間的一切法，不加以執著，應該就可以具足般若波羅蜜。其次，諸位菩薩從初發心開始，追求「一切種智」；在追求的過程當中，了知「諸法實相」的智慧，就是所謂的「般若波羅蜜」。然而，「一切種智」、「諸法實相」和「般若波羅蜜」到底有什麼關係呢？根據龍樹菩薩《大智度論》（卷十八）釋初品中般若波羅蜜義第二十九的說法：佛所證得的智慧就是真實的「波羅蜜」；因爲是「波羅蜜」的原故，所以菩薩所行的「菩薩道」也名爲「波羅蜜」，這是「因中說果」。不過，這樣的「般若波羅蜜」，在佛的心中已經轉變名稱爲「一切種智」。由於菩薩爲了修行真實智慧，還在追求渡向彼岸的過程，所以名爲「波羅蜜」；佛已經渡到彼岸，所以名爲「一切種智」。也就是說，佛的一切煩惱以及習氣都已經斷除，不但智慧充滿，而且佛眼清淨，已經如實證得「諸法實相」；故不稱爲「波羅蜜」，而稱爲「一切種智」。然而，何謂「諸法實相」呢？根據《大智度論》（卷六十五）釋無作實相品第四十三之餘的說法：不管有佛或無佛在世，諸法的法性都是常住不變的，此乃所謂的「諸法實相」，亦即宇宙人生的真相。其實，「諸法實相」就是「般若波羅蜜」。由此可知，過程是「般若波羅蜜」，真相是「諸法實相」，結果是「一切種智」；三者其實是一樣的。不過，除了自己渡向彼岸之外，還要考慮芸芸眾生是否也一起同渡彼岸，方爲完整的「般若波羅蜜」。另外，根據大般若經（卷四一三）三摩地品第十六之一的說法：什麼叫做般若波羅蜜多呢？就是以大願心、大悲心和大智心的「菩薩三心」爲綱領，以成佛度眾爲宗旨；不但自己懂得利用善巧方便令自己如實觀察一切法的本性，不生不滅，不垢不淨，不增不減，對於一切法性都無所執取，無所染著；同時也勸誡他人如實觀察一切法的本性，對於一切法性都無所執取，無所染著。然後秉持此般若善根，與一切有情共同迴向以悲智圓成的無上菩提爲目標，是爲「菩薩摩訶薩般若波羅蜜多」。

其次，般若有幾種呢？根據慧遠法師《大乘義章》（卷十）的說法，般若又可以分爲三種，包括：文字般若、觀照般若和實相般若。「文字般若」是指依聽聞言教，或者閱讀經典所開啟的智慧；「觀照般若」是指依無我空慧，去觀察覺照，如實修行的功夫；「實相般若」是指澈悟法性無性，親證諸法實相的智慧。分述如下：

（一）**文字般若**：就是透過佛陀所說的經教文字來理解般若智慧。根據龍樹菩薩《大智度論》（卷五十六）釋顧視品第三十的說法：所謂「般若波羅蜜」就是指十方諸佛透過各種語言或文字，所宣說或書寫的經典，用來宣傳詮釋、顯現開示實相的智慧。不過，廣義來講，文字般若不應該只是侷限在經典上的文字而已，凡是一切語言動作、機鋒棒喝，能夠表達實相意義，令人理解而啟發般若智慧者，皆屬「文字般若」。然而，「實相般若」是實證的境界，本不可用語言文字說明；但是如果不透過語言文字，漸次理解般若的甚深法義，實在很難趣證實相智慧。因此，佛陀教化衆生，仍然沒有離開語言文字。由此可知，「文字般若」是修學實相智慧的前方便，也可以說是入手處。觀照沒有它，則不能成立；實相沒有它，則無由顯示。也就是說，如果沒有「文字般若」的方便，實在難以引導衆生遠離妄執而證悟實相。所謂「依俗得真諦，依真得解脫」，亦卽依照世俗的「文字般若」，契證勝義的「實相般若」。只是要小心的是：切勿依文解義，甚至執文害義，陷入詮釋名相的表面功夫而不自知。所以，切莫忘了佛陀的教誨，以「四依」爲指南，包括：依法不依人、依義不依語、依了義不依不了義、依智不依識等，才能夠進一步從「文字般若」提昇至「觀照般若」，最終至「實相般若」。

（二）**觀照般若**：就是透過觀察覺照世間的人情事理來生起般若智慧。須知「觀」是「慧」的異名，梵語稱爲「毘缽舍那」，涵蓋「能觀」與「所觀」。亦卽以「能觀」來觀察「所觀」，二者爲相依相待的緣起。在「文字般若」的基礎上，行者修觀的時候，制心一處，觀照諸法。從現象面，觀察法相無常，皆是虛妄；從本體面，覺照法性無性，當體卽空。然後，由虛妄相而見空相，由空相而見實相；實相無相無不相。「觀」與「慧」的關係，體義本一；修觀是爲了生起去執的無我空慧。修行的過程稱爲「觀」，修行的結果稱爲「慧」；因中稱「觀」，果上稱「慧」。然而，如何修觀呢？參考印順導師《空之探究》的精闢看法，包括：勝解作意與真實作意。「作意」淺說是「注意」，深說是「思惟」；亦卽將心念專注在某個目標上的警覺作用。根據瑜珈師地論（卷十一）本地分中三摩呬多地第六之一的說法：「勝解作意」是指對於所觀之境生起深刻意解，進而達到堅定不移的狀態。包括不淨觀、持息念、四無量、八解脫、八勝處、十遍處等，皆屬「假想觀」，主要是增益禪定；乃透過「心念作意」將所緣增強擴充的一種定學修持方法。須知「勝解作意」成就的時候，卽是「定學」成就的時候，從此進入安止的禪定境界。由於自心所見的不淨觀或清淨色相與眼前事實不符，目的是爲了生起厭離娑婆或者欣羨淨土之心，故又稱爲「顚倒作意」。「真實作意」是指對於諸法真實相狀的觀照，是一切法真實事理的作意。包括自相作意、共相作意、真如作意等，皆屬「如實觀」，主要是顯真實慧；乃透過見證「真實勝義」而得解脫。其中，「勝義」是指殊勝於世俗義的最勝真實義理，不可言說，絕諸表示，息諸諍論，超越一切。「自相」是指每一法獨具而不共他法的特質，如軟硬粗細；「共相」是指諸法共通之相，如無常、苦、空、無我；「真如」乃一切法之最大共相，如不生不滅。以地界爲例，觀察地界的軟硬粗細是「自相作意」；觀察地界的無常、苦、空、無我是「共相作意」；觀察地界的不生不滅是「真如作意」。所以說，「觀照般若」就是如實觀察，如理思惟；觀透假相，照了真相。不過，解脫生死的關鍵不在於定力的高深，而在於智慧的覺照。因此，可以先由「勝解作意」漸入禪定，亦卽依「止」成就假想的勝解；然後再由「真實作意」實證般若，亦卽依「觀」成就真實的勝義。須知「勝解作意」的修學雖然能夠增上定力，並成爲觀察覺照的有力依靠；但是只有轉入「真實作意」，方能成就佛法不共世間的功德；此乃所謂「觀照般若」。

（三）**實相般若**：就是契證法界諸法如實之相的般若智慧。根據龍樹菩薩《大智度論》（卷一）初序品中緣起義釋論第一的說法：一切是真實的法，一切是非真實的法；一切真實的法並非是真實的，一切非真實的法也並非不是真實的，這就名之爲「諸法實相」。也就是說，一切法都是因緣所生法，看起來好像是真的，其實是假的，故說「實而非實」；一切法都是無自性的，其性本空，看起來好像什麼都沒有，但是真空中卻可以生出妙法，故說「非實而實」。其次，根據龍樹菩薩《大智度論》（卷四十三）釋集散品第九下的說法：般若波羅蜜就是一切諸法的實相，就是法界本體，牢不可破，堅不可壞，不管有佛無佛，常住世間，不是任何人可以創造的。而且，根據龍樹菩薩《大智度論》（卷十八）釋初品中般若波羅蜜義第二十九的說法：如果菩薩觀照一切法，既不是常，也不是無常；既不是苦，也不是樂；既不是有我，也不是無我；既不是有，也不是無等；甚至連觀照也沒有，是名「菩薩行般若波羅蜜」。什麼意思呢？如果想要契證「實相般若」，必須捨棄一切的觀察，熄滅一切的語言，遠離一切的心行；因爲從無始根本以來，就是不生不滅，就像涅槃的寂滅相一般。而且世間的一切法都是這樣的，是名「諸法實相」。由此可知，諸法實相乃法爾如是，既不可以用「有無」去描述，也不可以用「大小」去計度；超越「能所」對待，沒有時空，沒有主客，現觀一切；非凡夫的心理所能揣測，也非世俗的語言所能描述；心行處滅，言語道斷；無可表達，無可取著；既不可說，也不可得，是一種不可思議的境界。因此，法華經（卷一）方便品第二云：唯佛與佛乃能究竟諸法實相。不過，雖不可說，但還是可以從三個方面勉力說之：其一、實相無相：實相遠離一切虛妄之相，無有一相可得，故曰「無相」。其二、實相無不相：實相具足恒沙功德之相，無有一法不是，故曰「無不相」。其三、實相無相無不相：實相雖離相而本體不空，雖具足而自性本寂；所謂「真空不礙妙有，妙有不礙真空」；若言其有，妙有非有；若言其空，真空不空；離一切相，即一切法，故曰「無相無不相」；此乃所謂「實相般若」。

綜合而言，「般若」的真諦在於諸法實相，歷經「聞慧、思慧、修慧」的過程，最終契證實相無相無不相。「聞慧」就是文字般若；透過聽聞言教、閱讀經典所開啟的智慧。「思慧」就是觀照般若；依照所了解的道理，實踐力行的功夫。「修慧」就是實相般若；經由觀照功夫的深造，破除無明煩惱，親證諸法實相的智慧。「文字」是理解實相的工具；追求真相，明白真理，啟發智慧。「觀照」是求證實相的工作；止觀雙運，如理思惟，改正習氣。「實相」是體證法界的境界；不可言說，靈明妙覺，平等一如。「文字」是約「多聞」方面而言，「觀照」是約「實修」方面而言，「實相」是約「體證」方面而言。無文字不足以觀照，無觀照不足以體證。從「文字般若」引發「觀照般若」，進而契證「實相般若」。換句話說，由聞法而運思，由運思而修證。其中，三種般若以「文字」為前行，「觀照」為中心，「實相」為後果。如果沒有「觀照」的功夫，「文字」就會變成戲論，即便「實相」也會空有其名。由此可知，以「文字般若」為輔，以「觀照般若」為主，自證「實相般若」為果。在生活上，如理思惟；於緣起中，殊勝理解；深入中道正觀，破除自性偏見，直探本來面目，法界本來一體，平等無有差別。一旦看懂了，原來「相」是妄的，「性」是空的；其實本來什麼都沒有，但是自性功能完全具足。然而，只要有「心」，就會牽動「緣起」，從此沒完沒了；又是妄想、又是分別、又是執著、又是攀緣、又是造業、又是受苦，形成「惑、業、苦」的無限循環。除非生起本有智慧，破除累世無明，方能放下心中妄執，熄滅一切煩惱；一旦放下了，什麼事也沒有。另外，還有一種叫做「方便般若」；是在自證「實相般若」之後，於菩薩位至佛果之間，依據般若通達利生的方便法門。以般若空慧爲導，廣行六度四攝，救度無量衆生。所以說，不但要懂得「多聞」，還要懂得「實修」，更要懂得「體證」，然後還要懂得「方便」，才是完整的「般若」。

然而，什麼樣的般若才能夠算是般若波羅蜜呢？難道多聞實修、體證實相還不夠嗎？根據龍樹菩薩《大智度論》（卷七十二）釋大如品第五十四的說法：般若有二種，一種是不共三乘，但屬菩薩；一種是共三乘，共聲聞說。先談「共三乘」的部分：根據龍樹菩薩《大智度論》（卷三十五）釋習相應品第三之一的說法：諸位聖賢的智慧就是契證「諸法實相」的「般若空慧」，涵蓋「四聖諦」、「三十七道品」等出離三界的智慧，也涵蓋證入「三解脫門」，成就「三乘聖果」的智慧。因爲這個原故，所以說「三乘般若」無有差別。須知這些智慧都是以「無我」爲方便，證入「無生」與「性空」，方能解脫生死，是共三乘的。其中，一切法都歸於寂滅是爲「無生」，一切法皆無自性是爲「性空」。也就是說，一切法皆因緣和合故無自性，無自性故無生，無生故性自空，性空故可隨緣。由此可知，法相緣起無常，般若空慧無我，法性空寂無生。完全符合「三法印」或「四法本末」的基本原則：諸行無常、諸受是苦、諸法無我、五蘊皆空、寂靜涅槃。簡而言之，「般若空慧」就是「緣起」的智慧，就是「無我」的智慧，就是證入「無生」、「性空」的智慧。一旦契入「法性」之中，或者說一旦契入「般若波羅蜜」之中，其實都是同爲一法味，無有差別。爲什麼這樣說呢？因爲般若波羅蜜相畢竟清淨的原故。所以說，「般若空慧」是三乘共法，可以幫助我們渡向涅槃彼岸。另外，根據龍樹菩薩《大智度論》（卷四十一）釋勸學品第八的說法：「諸法實相」就是「無餘涅槃」。三乘行者都是爲了「無餘涅槃」而不斷地精進修行與學習「般若空慧」。由此可知，站在「解脫生死」的立場，「般若」是通於三乘的。因爲三乘行者同斷一樣的煩惱，同悟一樣的法性，同證一樣的實相，同離一樣的生死苦海，同入一樣的無餘涅槃，實在是無有差別。

次談「不共三乘」的部分：證真實以脫生死，是「三乘般若」所共；導萬行以入智海，是「菩薩般若」的不共妙用。根據龍樹菩薩《大智度論》（卷四十三）釋集散品第九下的說法：佛法有二種：一爲世俗諦，二爲第一義諦。站在「世俗諦」的立場，「般若波羅蜜」但屬菩薩。爲什麼這樣說呢？凡夫造作種種罪業，身心很不清淨；「般若波羅蜜」畢竟清淨，當然不屬於凡夫；凡夫就像蒼蠅一般喜歡不淨之物，不喜歡清淨的蓮花。不過，凡夫也會想要遠離欲望，只可惜割捨不了自我，內心依然存在著自我，而且還執著遠離欲望的方法，因此不會樂於親近「般若波羅蜜」，「般若波羅蜜」自然不屬於凡夫。其次，聲聞、辟支佛二乘離欲清淨，雖然樂於親近「般若波羅蜜」，證一切智；只可惜過於厭離世間，一心想要疾入涅槃，因此不能夠具足並獲得「般若波羅蜜」；「般若波羅蜜」自然也不屬於二乘。此外，菩薩站在「一切智」的基礎上，以深度的慈悲心，廣學一切法門，以「道種智」廣度無量衆生；等到菩薩成佛的時候，「般若波羅蜜」就再也不稱爲「般若波羅蜜」，從此轉變名稱爲「一切種智」，因此「般若波羅蜜」也不屬於佛。由此可知，「般若波羅蜜」既不屬於佛，也不屬於二乘，更不屬於凡夫，唯獨屬於菩薩。另外，根據龍樹菩薩《大智度論》（卷二七）釋初品大慈大悲義第四十二的說法：「一切智」是聲聞、辟支佛二乘追求的事業；主要是爲了解脫生死，渡向彼岸。「道種智」是菩薩追求的事業；除了解脫生死，還要廣度衆生。「一切種智」是佛追求的事業；要做到福慧圓滿，成就佛果。也就是說，般若以行爲宗，菩薩有智求佛道、悲化衆生之淨觀與廣行，雖然尚未智證無上菩提，然而以圓證佛果爲己志，故說「般若波羅蜜」但屬菩薩，乃菩薩不再退墮爲二乘的成佛法門。所以說，菩薩的「般若波羅蜜」綜合「智行」與「悲行」，發「菩提願」，以「大悲」爲根本，以「無所得」爲方便，策導「六度萬行」，莊嚴「無上佛果」；與「菩薩三心」相應，乃菩薩不共二乘之處。

綜上所言，爲了解脫生死，證悟諸法實相，契入寂靜涅槃，二乘與菩薩的「般若空慧」是一樣的。然而，等到證悟「一切智」之後，二乘卻就此打住，急急入了涅槃。菩薩就不一樣，因爲發心救護一切衆生，所以繼續學習各種法門的「道種智」，然後以「四攝法」等各種方便度化衆生，悲智雙運；直到證悟「一切種智」，福慧圓滿，究竟成佛。另外，根據龍樹菩薩《大智度論》（卷七十九）釋囑纍品第六十六的說法：菩薩修習「般若波羅蜜」，既不取著「緣起幻相」，也不取著「諸法空相」，越過聲聞、辟支佛二地，證得無生法忍，從此入菩薩位，決定不退轉於凡夫，不墮落於二乘。其中，「菩薩位」是指菩薩「見道位」，玄奘法師譯爲菩薩「正性離生」，亦卽捨異生身，乃得法性身之真實菩薩。而且，根據龍樹菩薩《大智度論》（卷二七）釋初品大慈大悲義第四十二的說法：「入菩薩位」等同於證得「無生法忍」。菩薩一旦證得「無生法忍」，就會深知世間的一切都是空的，內心再也無所執著，從此安住在「諸法實相」之中，不會再貪染世間的一切。由此可知，二乘與菩薩智慧的分水嶺，不共之要因，就在於「無生法忍」。所謂「無生法忍」卽是以「般若」證知諸法實相，斷盡一切煩惱，成就涅槃聖果。然後以此爲基礎，繼續邁向佛道。不過，如果不入「菩薩位」，則不得「無生法忍」。然而，要怎麼做才能夠入菩薩位呢？其實只要肯發心度衆，並且精進修行「六波羅蜜」，進而透過「般若波羅蜜」了知「諸法實相」，得「一切智」；同時生起「大悲心」，愍念衆生由於未能了知「諸法實相」，以至於染著世間虛誑之法，遭受種種身心之苦；然後具足「般若方便力」，以「道種智」度化衆生到達彼岸，離苦得樂。如果能夠這樣做，就可以入菩薩位。只要入菩薩位，就可以越過阿羅漢、辟支佛二地，安住於「阿鞞跋致」地，從此不動、不墮、不退、不散。何謂不動、不墮、不退、不散呢？根據大般涅槃經（卷十一）聖行品第十九之一的說法：「不動」是指不爲「色、聲、香、味、觸、法」等六塵所動，「不墮」是指不墮「地獄、畜生、餓鬼」等三惡道，「不退」是指不退「聲聞、辟支佛」等二地，「不散」是指不為異見邪風所散，而造作邪命。

換句話說，首先具足「般若波羅蜜」的原故，了知諸法皆空；其次生起「大悲心」的原故，悲憫一切衆生；然後善用「方便力」的原故，廣度無量衆生。如果只是發「厭離心」，按照「四聖諦」，依循「厭、離欲、滅盡、解脫」的順序而出離三界是為「解脫道」。在「厭離心」的基礎之上，悲憫衆生不得出離輪迴之苦而發「菩提心」，按照「六波羅蜜」，依循「般若道」、「方便道」的順序而成就佛果是為「菩提道」。在「解脫道」上，實證無我的「般若空慧」。在「般若道」上，實踐六度萬行，澈見諸法實相，證得無生法忍；在「方便道」上，實踐悲智雙運，廣修福慧資糧，廣行嚴土熟生；最後福德智慧具足，圓滿究竟果德。其中，菩薩與二乘最大的差別就在於「大悲心」與「方便力」。雖然了知諸法皆空，由於「大悲心」的原故，所以不捨一個衆生；雖然不捨一個衆生，由於「方便力」的原故，所以不會生起一絲染著。一旦有了「方便力」，「大悲心」不妨礙證得「諸法實相」，證得「諸法實相」也不妨礙「大悲心」的生起。如果能夠這樣，便得以入菩薩位，安住在「阿鞞跋致」地。須知如果只有「大悲心」而沒有「空觀」的智慧，則很容易生起染著，墮入凡夫生死；如果只修「空觀」而沒有「大悲心」，則很容易證入偏空，墮入二乘涅槃。唯有「悲智等持」，才是真正修行「般若波羅蜜」。其中，就是透過「方便力」的調合，悲智相應的菩薩行，才不致於落入空有二邊。菩薩就是以不捨衆生悲，以及深入諸法實相的不可得，悲智交融，而越過涅槃化城的。大悲與般若的空慧相應，緣起有而即空，即空而緣起有，真俗無礙，契入中道。所以說，「般若空」因為「大悲心」與「方便力」而不致耽染衆生和沉空涅槃，順入菩薩位，得無生法忍。「般若空」是二乘與菩薩所共有的，「大悲心」與「方便力」則是菩薩不共二乘的。簡而言之，想要入「菩薩位」，證得「無生法忍」，就必須修「般若波羅蜜」，並且遍學諸道，然後以「道種智」方便度化衆生。其實，度化自己，具足「一切智」就夠了；度化眾生，則還要具足「道種智」；成就佛道，則必須圓滿「一切種智」。根據摩訶般若波羅蜜經（卷一）序品第一的說法：不管是二乘的「一切智」、菩薩的「道種智」，還是佛的「一切種智」，都是從修習「般若波羅蜜」而來的。而且，龍樹菩薩《大智度論》認爲：諸佛及菩薩、聲聞、辟支佛解脫涅槃道，皆從般若得。在在說明：想要成就佛道，當行「般若波羅蜜」。

此外，根據龍樹菩薩《大智度論》（卷八十二）釋大方便品第六十九的說法：如果想要證得無上正等菩提，應當學習「六波羅蜜」，以布施、持戒、忍辱、精進、禪定、智慧等攝取眾生，度化眾生解脫生死。如果能夠這樣做，就可以證得無上正等菩提。其中，「六波羅蜜」當以「般若波羅蜜」爲首。如果沒有「般若空慧」的攝導，其他「五波羅蜜」就不能稱之爲「波羅蜜」了，因爲沒有破除染著心的原故。所謂「五度如盲，般若爲導」。「五波羅蜜」如果不與「般若空慧」相應，便成人天善法，無法趣入解脫彼岸，遑論成佛作祖。而且，須知「般若波羅蜜」不是爲了個人的解脫而已，而是爲了廣度無量眾生而生起，以及爲了利益無量眾生而生起。如果想要莊嚴佛國淨土，成就苦難眾生，坐上道場，轉大法輪，應當學習「般若波羅蜜」。因此，菩薩基於「般若空慧」，以「無所得」爲方便，實踐「六波羅蜜」，做到一切捨而不取施想，持戒不缺而不依戒，住於忍力而不住眾生想，行於精進而離身心，修禪而無所住；不著一切而具足一切，實現「上求佛道，下化眾生」的目標。也就是說，菩薩以「般若空慧」通達法性空，方能攝導「六波羅蜜」，以圓成「自利利他」的一切功德。

由此可知，菩薩是深入世間的。以「出世」的解脫精神，做「入世」的度眾事業；同時從入世法中，攝化眾生趨向出世，做到出世與入世無礙。這樣的情懷，當然與人天的戀世不同，也與二乘的出世不同。可以依於世間而趨向出世解脫；雖然趨向出世解脫，但是卻沒有離開世間；深知生死是無常、苦，卻不急於厭離；明白涅槃是常、樂，卻不急於趨入。因爲菩薩深心追求阿耨多羅三藐三菩提，爲了修善根、求菩提的原故，不捨有爲；爲了度衆生、修大悲的原故，不住無爲。或者說，爲了追求一切佛的真妙之智令解脫以自利，因此不捨生死；爲了廣度無邊之衆生令無餘以利他，因此不住涅槃。在既不遠離世事、也不遠離衆生的情況下，淨化自己，覺悟自己，自利利他，同時完成。而且，更難能可貴的是：「自利行」是從「利他行」之中完成；而且「利他行」其實就是「自利行」；說穿了，都是在爲「成佛」鋪路。透過緣起性空的「般若空慧」，廣觀一切法空，遠離我、我所見；外不拘於物，內不蔽於我，然後以無所得爲方便，實踐六度萬行，嚴淨國土，成熟有情。因爲「般若」不能夠離開「萬行」的養成，「萬行」也不能夠離開「般若」的滋潤，「菩薩道」的實踐才能夠不斷地提昇，完成「上求下化」的目標。否則，般若也只等於二乘的偏真之智而已，便不成其爲「波羅蜜」了。所以說，「般若」是五度的眼目，「萬行」爲「般若」所攝持，這樣才能夠究竟佛果，成爲「波羅蜜」。其中，「悲」是菩薩行的最根本，「空」是菩薩行的大方便。菩薩不捨衆生的本願大悲心，在未成就一切種智、未具足功德之前，絕不入滅，是爲方便。所謂「般若將入畢竟空，絕諸戲論；方便將出畢竟空，嚴土熟生。」從一切法本性空寂的深觀中，看透世間與出世間的不一不異；生死即涅槃，涅槃即生死；色不異空，空不異色；泯除世間與出世間的對立。體悟身心自他依正都是相依相待的存在，從而生起悲心，發菩提願，以入世情懷爲一切衆生廣行菩薩道，卻不急於涅槃，但也不染著生死。「六波羅蜜」的真正精神，就是這種即世間而修行，出淤泥而不染的入世思想的實踐。總而言之，菩薩爲了上求下化，出生入死，終不疲厭。從實踐般若的過程當中，累積般若的功德，了解般若的因果。首先，由假入空，見實相法性，絕諸戲論，證「一切智」，忍而不隨，就可以擺脫凡夫，是爲「解脫道」；如果再加上「大悲心」與「六度萬行」，是爲「般若道」。其次，見實相後，從空出假，以方便力，修「四攝法」與

「廣大行」，證「道種智」，忍而不斷，就可以不墮二乘，是爲「方便道」。最終，入中道第一義諦，嚴土熟生，福慧圓滿，證「一切種智」，是爲「佛道」。一切都是無所得，一切都是爲了解脫，一切都是爲了衆生，一切都是爲了成佛，是爲「般若波羅蜜」。

綜合而言，「六波羅蜜」涵蓋布施、持戒、忍辱、精進、禪定、般若等六個面向。其中，布施度慳貪，持戒度毀犯，忍辱度瞋恚，精進度懈怠，禪定度散亂，般若度愚痴。但是如果要稱爲「波羅蜜」，則必須證「般若空慧」，並且發「菩提心」，結合「大悲心」與「方便力」，不僅自度，而且度他；否則只能算是「對治法」而已。根據龍樹菩薩《大智度論》（卷二十七）釋初品大慈大悲義第四十二的說法：如果有人發菩提心，想要度脫一切有情出離生死苦海，發大誓願，並且兼顧福德與智慧，就要修行「六波羅蜜」，福慧雙修，卽可滿其成就佛道之願。其次，根據龍樹菩薩《大智度論》（卷八十二）釋大方便品第六十九的說法：菩薩摩訶薩如果想要證得無上正等菩提，應當學習並實踐「六波羅蜜」。如果能夠這樣做，就可以具足一切善根福德，最終成就佛道。然後，根據龍樹菩薩《大智度論》（卷二十七）釋初品大慈大悲義第四十二的說法：布施、持戒、忍辱是偏重於利他的「福德道」，精進、禪定、智慧是偏重於自利的「智慧道」。不過，也有人認爲「精進」是通於「福德」與「智慧」二者的。由此可知，菩薩的自利利他行，都包含在「六波羅蜜」之中。將「六波羅蜜」擴大卽爲菩薩的廣大行，但以「般若波羅蜜」貫徹一切行門。如果缺乏「般若波羅蜜」，布施等五波羅蜜就無法進入一切智海，只能算是「人天道」而已。有了「般若波羅蜜」做引導，就可以從「解脫道」進展到「般若道」，次從「般若道」進展到「方便道」，再從「方便道」進展到「佛道」。因此，爲了圓滿福慧二種資糧，應該「六波羅蜜」並重，方能成就佛果。不過，表面上「六波羅蜜」各不相同，實際上「六波羅蜜」息息相關。修習其中任何一個波羅蜜，都隱含著其他五波羅蜜。所以說，菩薩行者應該六度齊修，不可偏廢。否則，持戒而不布施，則不能攝化有情；布施而不持戒，則難以進修定慧；忍辱而不精進，則道業難成；精進而不忍辱，則魔障難消；禪定而無智慧，則固執不通；智慧而無禪定，則凡情易動。因此，應該以「出世」的般若波羅蜜爲前導，實踐「入世」的布施等五波羅蜜；同時，也可以從實踐「入世」的布施等五波羅蜜當中，體悟「出世」的般若波羅蜜之深意。此外，修行「六波羅蜜」還應該遵從「菩薩三心」爲綱要；以「菩提心」爲因，發菩提願；以「大悲」爲上首，成大悲行；布施以攝衆，持戒以和衆，忍辱以安衆，此三者爲「利他」；精進以成行，禪定以攝心，般若以入理，此三者爲「自利」；以「無所得」爲方便，住性空見，行四攝法，悲智雙運，福慧雙修，自度度他，證菩提果，成就佛道。

第四節　四攝法

前文述及，實踐「菩薩道」的具體內容就是六度四攝。「六度」自利兼利他，乃是爲了實證「一切智」；「四攝」純以利他爲主，乃是爲了實踐「道種智」。此處談四攝：何謂四攝呢？「四攝」就是菩薩攝受衆生的四種方法。那四種方法呢？根據雜阿含經（卷二十六）六七九經／六六七經的說法：「四攝法」涵蓋惠施、愛語、行利和同利。「攝」是攝受之意，亦即親近、接近的意思。「四攝法」乃四種引導衆生信受佛法的方法；涵蓋對世間行爲的開導，以及出世間解脫的度化。現在普遍的說法則爲布施、愛語、利行和同事。另外，根據大寶積經（卷五十四）菩薩藏會第十二之二十大自在天授記品第十二的說法：菩薩摩訶薩如果能夠具足如來四攝之法，就可以永遠處在有如漫漫長夜之中的六道輪迴裡，攝受各種眾生，親近佛道。那四種方法呢？就是布施、愛語、利行和同事。也就是說，愚癡凡夫，無明障重，貪愛染著，沉迷欲樂，牽纏生死；如果沒有善巧方便，很難喚醒人心，使之步上菩提大道。因此，菩薩在證悟「般若空慧」之後，爲了究竟利益一切有情，令眾生遠離生死之苦，便以布施、愛語、利行和同事等四種法門，來攝受眾生，令其接受教化，歸向正覺之路，進而度脫眾生，令眾生蒙益。故知「四攝法」是菩薩慈悲心切，度化眾生的四種方法；也是「同理心」的充分展現，先使眾生得到信心，然後以各種方便法門，令眾生得入佛智，最後成就解脫之道。因此，菩薩想要化導眾生，必須以此四法攝受，使眾生愛，令其依附，是菩薩度眾的的方便法門。

分述如下：

一、**布施攝**：「布施」就是用「無所求心」進行財施、法施、無畏施，與眾生結善緣，端看眾生的需求是什麼。根據尊者舍利子說、玄奘法師譯《阿毘達磨集異門足論》（卷九）四法品第五之四的說法：何謂布施攝事呢？首先，所謂「布施」是指施主布施供養沙門及婆羅門等貧窮苦行的修行者，乃至於一切有需要的有情眾生，包括飲食、湯藥、衣服、花鬘、塗香等，甚至房舍、臥具、燈燭等，是名「布施」。不過，佛陀曾經提到：布施當中以「法布施」最爲殊勝；懂得「法布施」，是名「布施」。所以說，透過這樣的「布施」，對於一切有情眾生，能夠做到平等攝受、親近攝受、親近護持、令其親近依附，是名「布施攝事」。另外，根據大寶積經（卷五十四）菩薩藏會第十二之二十大自在天授記品第十二的說法：所謂「布施」包括「財施」與「法施」。前者施捨財物，後者施受真理。對於前來乞求的眾生，皆以清淨心對待之。並且隨順慈悲之心，平等施捨。此外，還特別注重「法施」，並且常行「法施」，因爲「法施」爲各種布施之中最爲殊勝的。同時，願意將所聽聞的佛法廣爲人說。須知「布施」是一切初發心的菩薩必定會做的事。

此外，「布施」還要懂得善巧方便；對於錢財心重的人，就用「財施」；對於求知欲重的人，就用「法施」。儘量幫助眾生解決現前的困苦，從而得到滿足和安樂，令其生起親近之心，樂於接受引導，從而度化對方。就像維摩詰所說經（卷下）佛道品第八所說：「先以欲鉤牽，後令入佛道。」意思是說，首先要想方設法以五欲之樂勾引眾生前來親近佛法；等到眾生因爲佛法嚐到甜頭之後，然後再令其證入佛智，進而解脫生死，甚至成就佛道。星雲法師《佛法真義系列：四攝法》認爲：「布施」就是廣結善緣。而且，「法施」重於「財施」；因爲「法施」是長久的，「財施」是一時的。淨空法師則認爲：「布施」就是多請客，多送禮，但絕不是巴結諂媚，而是表示關心、尊重和敬愛，因爲「四攝法」就是要用佛法來幫助眾生解脫生死的。然而，想要幫助眾生解脫生死，就要令眾生親近佛法；想要令眾生親近佛法，就要跟眾生結善緣；想要跟眾生結善緣，就要懂得布施供養。不過，得用真誠心、清淨心、平等心、慈悲心來做布施。一旦布施就有恩惠了，就跟眾生結了善緣。須知「四攝法」裡面的布施，跟「六度」裡面的布施，意思不太一樣。因爲「四攝法」裡面的布施是要吸引眾生親近佛法，「六度」裡面的布施則是要度化自己放下慳貪。懂得真誠布施，學會吃虧，做到知恩、感恩、報恩，處處以禮待人，時時關懷他人，甚至捨己爲人，必定能夠感動他人。這個時候，人緣就會好，大家就會歡迎你，甚至親近你，進而想要引領他人入佛門就容易多了。簡而言之，「布施」就是爲了度化眾生，先與眾生結緣；所謂「未成佛道，先結人緣。」有了先前的「人緣」，才有後續的「法緣」。一旦結了善緣，一切都好辦了。

二、愛語攝：「愛語」就是用「真誠心」說和藹可親的話語，包括慰喻語、慶悅語、勝益語等（彌勒菩薩 瑜珈師地論 卷四十三 本地分中菩薩地第十五初持瑜伽處攝事品第十五）。「慰喻語」就是面對眾生時，和顏悅色，溫和柔軟；「慶悅語」就是善用讚嘆勸勉，使其知福惜福，令生歡喜；「勝益語」就是宣說佛陀正法，利樂一切有情。根據尊者舍利子說、玄奘法師譯《阿毘達磨集異門足論》（卷九）四法品第五之四的說法：何謂愛語攝事呢？首先，所謂「愛語」是指令人歡喜的言語、令人回味的言語、和顏悅色所說的言語、遠離憂愁不悅的言語、面帶微笑的言語、慶賀安慰的言語、令人喜愛的言語、來的恰到好處的言語。其中，詢問對方對於世間的事物是否可以忍受、是否可以度過、是否可以快樂的安住等？這些種種安慰問訊的言語，皆可稱之爲「善來語」。須知以上種種的說法，總稱爲「愛語」。不過，佛陀曾經提到：最爲殊勝的「愛語」應當是懂得善於勸導善男信女聽聞佛法、時時爲其宣說佛法、時時爲其教導佛法、時時爲其如法抉擇等，是名「愛語」。所以說，透過這樣的「愛語」，對於一切有情衆生，能夠做到平等攝受、親近攝受、親近護持、令其親近依附，是名「愛語攝事」。另外，根據大寶積經（卷五十四）菩薩藏會第十二之二十大自在天授記品第十二的說法：所謂「愛語」就是對於前來乞求的衆生，或者樂於聽法的衆生，都能夠以慈愛之語加以勸慰開導。懂得善巧方便，並且無有間斷，常保歡喜。不但施捨衆生財物，也要不斷地想辦法安頓其處所，並以慈愛之語令其安住於佛法法義。對於一切佛法的功德與智慧，都不會有所吝惜或保留。而且，經常以清淨無染的心，透過微妙的音聲，針對不同的衆生，分別開示正法。須知善用「愛語」，演說佛法，利益衆生，是一切開始行菩薩道的菩薩必定會做的事。

此外，「愛語」基本上又可以分爲「軟語」和「法語」；隨著衆生的根性，善用巧妙的語言，令其感到和藹可親，心生歡喜，而願意與我接近，接受度化，遠離惡法，親近善法。「軟語」乃隨順世人之愛語，亦卽以和悅的容顏，誠懇的態度，與衆生接觸，隨喜讚嘆，關懷諒解，慶賀慰問。「法語」乃隨順正法之愛語，亦卽順應衆生的根基和修行的境界，作出適當的指引和教導，令其發菩提心，並在修行的次第上，能夠有所提昇，步向無上菩提。星雲法師《佛法真義系列：四攝法》認爲：「愛語」就是巧妙的言語。真心善意，讓人如沐春風，使對方勘受，聽完後心開意解，歡喜奉行。而且，「法語」重於「軟語」，因爲「法語」令人受用，「軟語」容易流於表面。淨空法師則認爲：「愛語」就是愛護、關心、照顧、幫助的意思，而非只是說些好聽的甜言蜜語。如果真心愛護一個人，爲了導正他的錯誤行爲，呵罵、斥責、教訓，也可以算是愛語，就像父母管教兒女或師長教導學生一樣。因爲真正愛護他，是愛護他的德行，而不是給他甜頭嚐而已。人與人之間的相處與交流，貴在真誠相待；不要只想到自己，要多爲對方著想；從這角度說出來的話語，才是真正的愛語。對方有過失，要懂得規勸；對方有優點，要懂得讚美；對方不信佛法，要懂得開導。句句話都是在提醒，聲聲說都是在教誨，而非一味地討好對方而已。其中，還要特別注重「因果」的教育，「緣起」的開導；幫助眾生斷惡修善、出離生死、破迷開悟、成就佛道。簡而言之，「愛語」就是善用巧妙的語言，激發一個人學佛的動機。

三、利行攝：「利行」就是用「利他心」慈悲濟世，爲他人謀福利；人飢己飢，人溺己溺，甘於奉獻，無怨無悔。根據尊者舍利子說、玄奘法師譯《阿毘達磨集異門足論》（卷九）四法品第五之四的說法：何謂利行攝事呢？首先，所謂「利行」是指一旦碰到有情眾生遭遇重大疾病，或者遭遇厄難困苦，無人救拔的時候，於是至其住所，心生慈愍，透過身體力行以及言語安慰，善巧方便，供養侍候，救拔濟助，是名「利行」。不過，佛陀曾經提到：最爲殊勝的「利行」應當是懂得善於方便勸導、調伏、安立不信佛法者，令其深信圓滿；善於方便勸導、調伏、安立破除戒律者，令其持戒圓滿；善於方便勸導、調伏、安立慳吝貪圖者，令其布施圓滿；善於方便勸導、調伏、安立邪見惡慧者，令其智慧圓滿；須知以上種種利他的「身、口、意」三行，總稱爲「利行」。所以說，透過這樣的「利行」，對於一切有情眾生，能夠做到平等攝受、親近攝受、親近護持、令其親近依附，是名「利行攝事」。另外，根據大寶積經（卷五十四）菩薩藏會第十二之二十大自在天授記品第十二的說法：所謂「利行」就是能夠滿足自己與他人所有內心的快樂。隨順各種眾生的需要，針對所有的正當利益，都能夠幫助圓滿成熟。深刻用心，無怨無悔。成就大悲心與大悲行，而且內心永遠欣然願意利樂一切有情。既要懂得自利，也要懂得利他；須知眾生好自己也會好，自己好也要眾生好；二者平等攝取。甚至捨棄自利，專門從事利他。並且爲他人教授讀誦經典，進而宣說佛法，永不厭倦。或者利用衣服、飲食、床敷、醫藥以及各種日常隨身物品和器具，對於求法者或者說法者，只要是有所匱乏的人，都能夠給予施捨供養。而且，善於暢懷演說佛法深義，而非只是依據表面的文句解釋。須知「利行」是一切已進入不退轉的菩薩必定會做的事。

此外，「利行」就是利益眾生的行爲；包括起心動念，言語造作。其一，以種種善巧方便的「身行」，以身作則，饒益眾生，使其能夠獲得現在乃至於未來的利益。其二，以慈愛的「口行」攝受一切眾生，並且教授正法。其三，以慈悲心、無愛染心等「意行」，引導眾生如理思惟，隨法而行，幫助眾生成長進步，令其得到真實的解脫利益。所以說，「利行」就是「身、口、意」等諸行皆有利於人，令其生起親愛之心，進而共修佛道。所謂「欲意取之，先要予之」，也是這個道理；亦卽想要別人對你好，那麼你得先對別人好；沒有付出，何來回報？懷著誠懇歡喜，真心爲人服務，利益他人，助其增上。不僅令其得到世間的利益，而且令其得到佛法的利益。事實的真相是：成就別人，反而是成就自己。星雲法師《佛法真義系列：四攝法》認爲：「利行」就是有利於他人的行爲。而且，「法利」重於「俗利」，因爲「法利」是無限的，「俗利」是有限的。淨空法師則認爲：「利行」就是我們所有一切的造作，決定是利益眾生，沒有破壞，真正將眾生安立在善處。須知如果常常只想自利，結果反而是自害，給自己添麻煩；如果懂得利他，結果反而得到真實利益。不過，不要積財，但要積德。甚至爲了方便利益眾生，還要廣學多聞，學習五明，包括內明（哲學、佛學）、聲明（語言、文學）、因明（邏輯學、辯論術）、工巧明（工藝、技術、科學）、醫方明（醫學、藥學）等。所謂「善知方便度眾生，巧把塵勞作佛事。」爲了眾生，豁出去了！就像四十華嚴經（卷四十）入不思議解脫境界普賢行願品提到的：對於各種病苦中的人，菩薩要作爲他們的良醫；對於迷失道路的人，菩薩要爲其指示方向；對於處在漫漫長夜的人，菩薩要爲他們提供光明；對於貧窮缺乏的人，菩薩要使他們得到埋藏起來的寶藏；也是這個道理。簡而言之，「利行」就是心裡想的、口中說的、身上做的，在在都是爲了利益眾生，幫助眾生解脫煩惱。

四、同事攝：「同事」就是用「同理心」與他人共事，同甘共苦，感同身受，和光同塵，契機隨順。根據尊者舍利子說、玄奘法師譯《阿毘達磨集異門足論》（卷九）四法品第五之四的說法：何謂同事攝事呢？首先，所謂「同事」是指對於心生厭離殺生者，應當善於幫助並且作伴，令其離斷殺生；對於心生厭離不與取者，應當善於幫助並且作伴，令其離斷不與取；對於心生厭離淫欲邪行者，應當善於幫助並且作伴，令其離斷淫欲邪行；對於心生厭離虛妄誑語者，應當善於幫助並且作伴，令其離斷虛妄誑語；對於心生厭離飲酒者，應當善於幫助並且作伴，令其離斷飲酒；以上種種說法，是名「同事」。不過，佛陀曾經提到：最爲殊勝的「同事」應當是懂得與阿羅漢、不還、一來、預流果等四果聖人同其共事，是名「同事」。所以說，透過這樣的「同事」，對於一切有情眾生，能夠做到平等攝受、親近攝受、親近護持、令其親近依附，是名「同事攝事」。另外，根據大寶積經（卷五十四）菩薩藏會第十二之二十大自在天授記品第十二的說法：所謂「同事」就是隨著自己所擁有的智慧與功德，爲其演說佛法，攝受一切眾生，令其安住在佛法的智慧當中。對於前來乞求的眾生以平等心成就其正當的利益。最重要的是將所有的功德迴向給大乘，成就無上菩提。同時，修習平等捨心，面對一切眾生，皆無有高下之分別；內心永遠將一切功德迴向給成就佛智。而且，為了利益一切衆生，發起究竟追求「一切智」的菩提心。總攝一切財物，就像將所有財物置於手掌一般，隨緣布施給有緣的衆生，但內心都不會有半點憂愁與哀慼。因爲沒有捨離追求「一切智」的菩提心，所以想要安置一切衆生於佛陀正法的處所。此外，經常生起深刻的真心，無有間斷地爲衆生說法。也爲了想要圓滿一切佛法，經常因應衆生的需要，隨緣契機地加以度化。須知「同事」是繫屬一生的大菩薩必定會做的事。

此外，「同事」要懂得因應衆生不同的根性和習氣，隨其所樂，與其共事；或者做他的修行助伴，使其生起信心，得入正法。甚至深入各階層，與各階層同事，在契機契緣之下度化之。就像法華經（卷七）觀世音菩薩普門品第二十五所提到的：應以何身得度者，觀世音菩薩卽現何身而爲說法的普門示現，隨類化身，同止同作，同學同修，成就菩提。換句話說，不但要因應衆生的根基，同事而行，還要與衆生同享自己所有的福慧，令其圓滿佛道。星雲法師《佛法真義系列：四攝法》認爲：「同事」就是同行其事。真心誠意，設身處地爲他人著想，令其安住於佛法之中。而且，「法同」重於「人同」，因爲「法同」強調同一法味，「人同」只在乎臭味相投。淨空法師則認爲：「同事」廣義來講就是同住在一起，彼此要互相關懷與照顧；狹義來講就是與衆生同做他喜歡的事情，然後再趁機度化之。不過，必須要有真實的智慧與定功才能夠做，否則很容易退失道心，甚至反而被度跑了。而且，要做到平等、公平、大公無私，人家才會服你。簡而言之，「同事」就是親近衆生，同其苦樂，但是本身要具有能力，並以法眼看見衆生根性，隨其所樂，分形示現，令其同霑利益，共入佛道。

綜合而言，「四攝法」就是佛陀教導我們跟一切衆生打交道的方法。這不是爲了自己斷煩惱，或者提升自己的靈性而已，而是爲了與衆生往來，攝受衆生進入佛道。須知人與人之間的相處要靠緣分，如果能夠在日常生活當中做到「誠、敬、謙、和」，亦卽真誠、恭敬、謙虛、和睦；並且時常給人信心，給人歡喜，給人希望，給人方便，衆生自然會對你生起恭敬心，而想要與你結緣。「四攝法」就是教導我們如何用心待人處世，是一套與人結緣的妙法。緣分有了，一切都好辦；緣分到了，一切都可以成就。也就是說，「四攝法」就是要儘量增加衆生接觸佛法和願意領受正法的機會。「攝受」是感化的意思，「感化」是感動教化的意思。用什麼方式感動教化呢？要用恩德，不可以用權術。「四攝法」就是用「恩德」感動衆生，然後教化之，絕對沒有任何「權術」在裡面。「權術」是心機；爲了一己之私，設下圈套，讓對方上當，這是在造業。「恩德」是感恩戴德；爲了利益衆生，建立在「戒、定、慧」以及「菩提心」的基礎之上，這是在造福。「戒、定、慧」是自我要求的「三無漏學」，「菩提心」是真誠、清淨、平等、正覺、慈悲的大集合。

根據華嚴經（卷十四）賢首品第十二之一的說法：如果能夠成就「四攝法」，就可以給予衆生無量無邊的利益。不過，要做到無私無我，才算是圓滿的「四攝法」。而且有多大能力，就得幫多大忙。其中，最殊勝的利益就是幫助衆生覺悟。淨空法師認爲：世間第一等的功德、第一等的善行、第一等的好事，就是幫助別人覺悟。釋迦牟尼佛一生所做的就是「覺悟衆生」的工作。不過，想要幫助衆生覺悟，就要自己先覺悟。覺悟什麼呢？覺悟宇宙人生的真相和真理，亦卽覺悟「諸法實相」的「般若空慧」，從此不再妄想、分別和執著，進而「寂靜涅槃」。以「十地菩薩」來講，第六地是「現前地」，「般若空慧」現前；第七地是「遠行地」，有了「般若空慧」之後就要懂得以「四攝法」攝受一切衆生；第八地是「不動地」，證「無生法忍」，入菩薩位。由此可知，「四攝法」是地上菩薩度衆之法；或應化在「六凡界」，攝受六道凡夫衆生；或應化在「四聖界」，幫助三乘聖人進一步成就。菩薩一方面要以身作則，讓衆生體會種種善法的利益；一方面要智巧方便，讓衆生接受佛陀正法的度化。其中，「方便」就是「慈悲」與「智慧」的圓滿融合。有了智慧之後，懂得將智慧運用在慈悲度衆上，是爲「方便」。「四攝法」就是隨緣契機度化衆生的方便法。首先以「布施」廣結善緣，吸引衆生親近佛法；然後以「愛語」勸慰嘉勉，誘導衆生領受佛法；還要以「利行」利益他人，幫助衆生修證佛法；並且以「同事」同行共事，度化衆生共證菩提。最後，根據大寶積經（卷五十四）菩薩藏會第十二之二十大自在天授記品第十二的說法：所謂「布施」就是爲了堅固衆生成佛的菩提根本；所謂「愛語」就是爲了成就衆生初萌的菩提嫩芽；所謂「利行」就是爲了開發衆生曼妙的菩提花朶；所謂「同事」就是爲了成熟衆生殊勝的菩提果實。如果能夠這樣做，就是菩薩摩訶薩的「四攝法」。菩薩摩訶薩如果想要修行無上菩提，就要以「四攝法」處在有如漫漫長夜之中的六道輪迴裡，攝受各種衆生親近佛道，是名菩薩摩訶薩隨順攝受之法，大轉法輪。須知像這樣的攝受之法其實是無量無邊的，皆可名爲菩提之道。想要成佛度衆嗎？「四攝法」是由「一切智」、歷經「道種智」、最終到「一切種智」的必經過程。透過「四攝法」實踐悲智雙運、福慧雙修，直到福慧圓滿，成就二足尊。

第五節　四無礙智

根據八十華嚴經（卷十六）須彌頂上偈讚品第十四的說法：佛法如果沒有人廣爲宣說，就算生來聰慧也無緣了解；有如眼睛被眼翳遮蔽一般，無法看見淸淨美妙的色相。因此，佛法必須有人廣爲宣說，衆生方能從中受益。然而，如果想要爲衆生宣說佛法，必須具備「四無礙智」，方能說法無礙。此外，菩薩修行，除了斷一切惡、修一切善之外，更要「從假入空」懂得出離生死的智慧；並且發菩提心，廣行六度，「從空入假」以「四攝法」廣度無量衆生。菩薩如果想要達到教化衆生的目的，一樣必須具備「四無礙智」。須知佛陀弘宗演教，大轉法輪，度化衆生，也是具足此無量劫修來之「四無礙智」，方得以口若懸河，滔滔不絕，辯才無礙，法音宣流，顯揚正法，示導衆生具足正見，修行正法，斷除三毒，證悟果位。然而，何謂四無礙智呢？「四無礙智」就是菩薩在證得「般若空慧」之後，四種自由自在而無所滯礙的理解能力（智解）以及言語表達能力（辯才）。包括：法無礙智、義無礙智、辭無礙智、樂說無礙智。根據大智度論（卷二十五）釋初品中四無畏義第四十的說法，分述如下：

一、法無礙智：所謂「法無礙智」是指透過名字（法）來了解其中的涵義（義）。就像堅固的形相，其名爲地，其義爲堅。推而廣之，如果能夠這樣分別世間的一切諸法，無有遲滯，是爲「法無礙智」。爲什麼這樣說呢？因爲一旦離開名字（法），其涵義（義）卽不可得；想要了知其涵義（義），必得經由其名字（法）。所以說，「法無礙智」中的「法」就是指一切佛法涵義（義）的名字（法）；施設名字（法）爲的是令人了知佛法的涵義（義）。而且，菩薩一旦證入「法無礙智」，從此依法不依人，而且是依正法而不是依非法。既然是依正法，就不會有非法的事情發生。爲什麼這樣說呢？因爲菩薩了知一切法的名字（法）和語言（辭）乃自相離相的原故。如果以「法無礙智」來看待「聲聞、緣覺、菩薩」等三乘，雖然透過名字（法）分別三乘，卻不影響三乘各自的法性（義）。爲什麼這樣說呢？因爲「法相」與「法性」是平等一相的，都是所謂的「無相」。菩薩透過這樣的語言（辭）來宣說佛法（法），了知語言（辭）是空，有如無相之聲響一般；以此所宣說的佛法（法）來開示衆生，令衆生相信並且了知「法相」與「法性」乃同一無相。對於所宣說的名字（法）和語言（辭）都能夠通達無礙，是名「法無礙智」。簡而言之，菩薩通達一切諸法名字，分別無滯，是爲「法無礙智」。

二、義無礙智：所謂「義無礙智」是指使用名字（法）或語言（辭）所說的各種事相或法相其背後的涵義（義）。以地是堅相爲例，地乃其名字是「法」；地乃屬堅固之相是「義」；透過言語宣說地是堅相是「辭」；對於這三種智慧，都樂於宣說是「樂說」。對於這四種智慧都能夠通達無礙，是名「四無礙智」。推而廣之，水是濕相，火是熱相，風是動相，心是思相，此乃「別相」；五蘊是無常相，五蘊衆生是無常、苦、空之相，一切法是無我相，此乃「總相」。如是等等諸相，包括「宏觀」的總相與「微觀」的別相，都能夠一一了知，分別其涵義，是名「義無礙智」。所以說，「義無礙智」中的「義」就是指「諸法實相」，根本無法用語言來形容。名字（法）、涵義（義）、語言（辭）三者其實都沒有分別，也沒有差異。也就是說，並非離開名字（法），或者離開語言（辭），另有一個涵義（義）存在，其實三者是等同的，才可以名之爲「義」。另外，對於一切法的「涵義」都能夠徹底了知，並且通達無有遲滯，是名「義無礙智」。簡而言之，菩薩了知一切諸法義理，通達無滯，是爲「義無礙智」。

三、辭無礙智：針對世間一切法的名字（法）與涵義（義），要如何才能夠讓衆生得以了解呢？應當善用對方能夠理解的言辭（辭），淸楚地分別，莊嚴地宣說，並且通達無有遲滯，是名「辭無礙智」。所以說，「辭無礙智」就是指透過語言（辭）宣說名字（法）的涵義（義）。亦卽透過種種莊嚴的語言（辭），隨順衆生的需要，能夠令其得以理解佛法（法）的涵義（義）。透過種種的語言，令衆生各自獲得對佛法的理解。不管是自己的語言，或者是他人的語言，其實都沒有優劣好壞的毀譽之別，重點在於能夠溝通就好了。爲什麼這樣說呢？因爲一切法的真諦不在語言之中，語言並非真實涵義之所在。如果語言是真實涵義之所在，那就無法用善的語言來宣說不善之法。須知一切宣說都是爲了幫助衆生證入涅槃而宣說，令其理解，因此切莫執著語言不放。雖然語言無好壞，不過佛法還是得用語言加以宣說，這樣才能夠令衆生透過語言了解佛法，進而依隨佛法的涵義修行。為什麼這樣說呢？因為語言都是為了幫助眾生證入諸法實相的，是名「辭無礙智」。簡而言之，菩薩通曉各種語言，隨意演說，是為「辭無礙智」。

四、樂說無礙智：宣說佛法精闢入理，開示講演無有窮盡；並隨時保持禪定，自在無礙，無有遲滯，是名「樂說無礙智」。所以說，「樂說無礙智」就是指菩薩能夠於一種文字當中宣說一切文字，能夠於一種語言當中宣說一切語言，能夠於一種佛法當中宣說一切佛法。須知在這當中所宣說的一切佛法都是真實的正法，都是隨順可度化的眾生而宣說，並且有所助益。菩薩隨順一切眾生的根器，樂於為其宣說佛法。如果喜好正信者，為其宣說五根中的「信根」；如果喜好精進者，為其宣說五根中的「精進根」；如果喜好正念者，為其宣說五根中的「念根」；如果喜好攝心者，為其宣說五根中的「定根」；如果喜好智慧者，為其宣說五根中的「慧根」。推而廣之，就像宣說「五根」一樣，一切善根也可以如此隨順宣說。換句話說，針對各種根性的人，或者淫欲心重、或者瞋恚心重、或者愚癡心重、或者兼而有之者，隨順眾生的需要，樂於宣說相應的對治法門之次第先後來對治種種不善根，是名「樂說無礙智」。簡而言之，菩薩樂於為眾生說法，圓融自在，是為「樂說無礙智」。

綜合而言，如果想要行菩薩道，滿菩提願，就必須具備「四無礙智」，以便教化有情眾生，增長其法身慧命，最終令其入無餘涅槃而滅度之，這樣才能夠自利化他，福慧圓滿，早日證得「阿耨多羅三藐三菩提」，成就佛果。「四無礙智」是菩薩說法的智辯，約於「意業」而謂為「解」、謂為「智」，約於「口業」而謂為「辯」，約於「身業」而謂為「行」。其中，「法無礙智」是通達諸法之名相而分別無滯；「義無礙智」是了知諸法之諦理而通達無礙；「辭無礙智」是通曉各種語言而隨意演說；「樂說無礙智」是透過前三種之無礙智隨順眾生根性而樂為眾生演說自在。換句話說，菩薩開智慧、悟般若之後，要能夠宣說佛法，辯說無礙，應機契理，度化衆生。由於契於正理而起無滯之言說，故亦名爲「四無礙辯」。須知無滯之言說卽爲「辯」也。「法無礙辯」謂於一切法相、名字有無礙自在之智解辯才，故能善於辯說。「義無礙辯」謂於一切法相、名字的義理有無礙自在之智解辯才，故能善於辯說。「辭無礙辯」謂可以通曉一切方言而有無礙辯說之智解辯才，故能善於辯說。「樂說無礙辯」謂可以隨順衆生根機而有令衆生樂聞之智解辯才，故能善於辯說。須知一切辯說都是爲了衆生，並非只是凸顯個人能言善道之本事，而是爲了引導衆生「入佛門」，教化衆生「學佛法」，開導種生「悟佛理」，幫助衆生「成佛道」。

另外，根據大智度論（卷二十五）釋初品中四無畏義第四十的說法：一旦菩薩能夠成就「四無礙智」，色身、神力、光明都會勝過清淨的梵天；同時獲致梵天諸神的敬愛與尊重，但內心卻不會有所染著；然後生起無常、苦、空、無我之心，並且以神通妙力，令諸天的天人心生渴望，仰望佛法；進而爲其說法，演說無窮無盡、無能破壞的佛法，斷除衆生心中的一切疑慮與懊悔，令住阿耨多羅三藐三菩提，這就叫做大乘菩薩「四無礙智」的力量；能夠用來廣度無量衆生，是爲「四無礙智」的真正涵義。其次，有了「四無礙智」，就可以莊嚴「四無所畏」，有了「四無所畏」就可以莊嚴「如來十力」。也就是說，有了「四無礙智」之後，就可以「內有力」，而「外無畏」；從此說法無礙，廣度無量衆生。須知「力」、「無所畏」、「無礙」，其實都是智慧。由此可知，行菩薩道，除了自利之外，更應該利他而教化衆生，方能夠悲智雙運而福慧圓滿。如果想要達到此目的，就必須具備「四無礙智」。然而，何等境界的菩薩才能夠真正具有「四無礙智」呢？根據玄奘法師《成唯識論》（卷九）的說法，初地以上的菩薩其實已經獲得部分的「四無礙辯」；到了第九地，亦卽「善慧地」，方能夠成就微妙的「四無礙解」，進而遍行十方法界，善爲衆生說法；不過，真正要等到成佛的時候，才得以圓滿完成「四無礙智」。然而，依舊可以看出：「四無礙智」是在菩薩歷經第六地的「現前地」證悟「般若空慧」、第七地的「遠行地」以「四攝法」攝受一切衆生、第八地的「不動地」現證無生法忍，入菩薩位，進而由「般若道」而「方便道」，爲了廣度衆生而逐漸形成的；最終在第九地的「善慧地」乃至成佛時，圓滿「四無礙智」。

第六節　普賢行

淨空法師《普賢大士行願的啟示》提到：不學「普賢行」不能圓成佛道。如來圓滿的果德，一定要修大行，福德才能夠圓滿。然而，何謂普賢行呢？淨空法師認爲：「普賢行」就是咸共遵修普賢大士之德。所謂「普賢大士」就是普賢菩薩，象徵理德、行德；以智導行，以行證智，解行並進，世稱「十大願王」。具足弘深誓願，無量大行，示現於一切諸佛剎土，護佑衆生。唐代清涼大師認爲：心包太虛，周遍法界曰普；調柔善順，德行圓滿曰賢。意思是說，心量無限廣大，周遍整個法界是爲「普」。調伏身心，柔軟溫和，隨喜恆順，周遍圓滿是爲「賢」。所以說，「普賢」就是普及一切處，身心柔軟清淨，通過行願，達到的純一妙善的圓滿境界。

所以說，「普賢行」就是以清淨心、平等心、真誠心、慈悲心做一切利益衆生的工作；心態上無有分別，空間上無處不遍，時間上無有窮盡，境界上無有罣礙，是菩薩行中最殊勝的行門。在日常生活中，事相上沒有改變，心理上卻有所不同。以前念念有我，現在念念爲衆生。而且，心甘情願爲衆生犧牲奉獻，甚至連犧牲奉獻的念頭都沒有。如果還有犧牲奉獻的念頭，那只能算是凡夫的善行，不能算是普賢行。須知普賢行的果報不在六道，也不在三善道，甚至不在十法界，而是在一真法界。實踐普賢行的人只有一個念頭，那就是利益一切衆生，沒有一絲一毫自私自利。而且身心清淨，心量廣大，平等對待，無有分別。須知如果要修殊勝的普賢行，內心一定要清淨平等。如果還有半點分別執著，絕對做不到清淨平等的境界。就是因爲內心對待衆生平等的原故，才能夠成就圓滿大悲。而且，日常生活當中的每一件事都是「普賢行」的下手處。從早上醒來開始，願衆生都能夠從迷惑中覺醒。接觸每一個衆生時，都把他們當作佛來看待，生起無比的恭敬心。煮飯、洗衣服、打掃家裡，都抱持著感恩的心，願衆生都能夠活得豐富、活得清淨、活得自在。行住坐臥都帶著願力，把心量打開，隨喜讚嘆，回歸自性。願衆生生生世世都走在正法的道路上，而且不捨一個衆生。然後，令惡緣轉善緣，令善緣轉法緣，令法緣轉佛緣。時時、刻刻、處處發出覺悟的念頭，感化自己和身邊的人。而且，心裡想到還不算，嘴巴講的也不算，一切都要做出來才算數，必須「身行、口行、意行」等三妙行合一，才算是普賢行。

八十華嚴經（卷五十一）如來出現品第三十七之二的認爲：世界上沒有一個衆生不具有如來智慧啊！但是卻被顛倒的妄想、分別、執著所蒙蔽而不能證得。所以說，這些如來智慧都是衆生自性本有的啊！學佛修行就是要明心見性，見性成佛。只要回歸自性，自性裡無量無邊的功德，就能夠現前，並得到它的作用；一旦自性起用，就會圓滿自在，幸福快樂。因此，每一種行門都必須與清淨的自性相應，而且一一行門周遍法界；任何一行都廣攝一切行，一切行也都含攝在一行之中，這是「普賢行」的本體。根據四十華嚴經（卷四十）入不思議解脫境界普賢行願品的說法：如果想要證得自性功德，圓成佛道，當修十種廣大行願，自性功德就可以圓滿現前。那十種廣大行願呢？包括：（一）禮敬諸佛，（二）稱讚如來，（三）廣修供養，（四）懺悔業障，（五）隨喜功德，（六）請轉法輪，（七）請佛住世，（八）常隨佛學，（九）恒順衆生，（十）普皆迴向。我們參考淨空法師《普賢大士行願的啟示》的精闢看法，簡述如下：

一、禮敬諸佛：就是以真誠心、清淨心、平等心、恭敬心來看待一切人、物、事。對人：包括父母師長、家親眷屬、朋友同事，甚至一切善人或惡人，都要禮拜恭敬。對物：須知情與無情，同圓種智，依報隨著正報轉；因此不僅對待一切衆生如此，就是對待一切萬物也是如此。對事：任何一件事情，只要承擔了，就要盡心盡力做圓滿，不可敷衍了事，更不可推諉卸責。此外，每天還應該記得親自禮佛；由心恭恭敬敬，運於身口，遍行禮拜。心中憶佛，名爲修慧；身跪口念，名爲修福。原來禮敬諸佛也可以福慧雙修。

二、稱讚如來：就是稱讚如來清淨的功德。不像「禮敬諸佛」是無條件的，在事相上要平等恭敬，沒有半點分別執著。然而「稱讚」卻是有條件的，必須是稱性的，亦即必須是與自性相應的行爲，才可以稱讚。如果與自性不相應，則禮敬而不稱讚。所以說，「稱讚如來」就是稱讚自己真如本性的性德，與平常的讚美是不同的。須知如是稱讚，可以獲得佛威神力加持。此外，每天還應該記得念一首稱讚「法、報、應」三身如來的偈：天上天下無如佛，十方世界亦無比；世間所有我盡見，一切無有如佛者。

三、廣修供養：就是以真誠、清淨、廣大、平等的心來修布施。「普賢行」的布施稱爲「供養」。須知供養就是在修福報，福報就是從布施、供養中得來的。不過，布施的福報小，供養的福報大。供養把對方當佛看，心量比較大；布施把對方當衆生看，心量比較小。諸供養中，以「法供養」爲最；既得聰明智慧，又不會貧窮，也不會生病。此外，每天還應該記得供養佛、菩薩、空行、護法、諸天等。並記得孝敬父母、公婆、師長，乃至於有緣的衆生等。其中，實修佛法，勸人學佛，是爲最佳供養。

四、懺悔業障：就是懺悔自己於過去無始的無量劫當中，由於「貪、瞋、癡」三毒所引發的「身、口、意」三惡行，進而造作各種無量無邊的業障。其中，「懺」者懺其前愆，「悔」者悔其後過。其實就是知過必改、後不再造的意思。須知三業以「意業」爲主，心清淨了，身業、口業自然清淨。只要清淨心起作用，智慧就會顯現；一旦智慧現前，心就不會隨便亂動，自然就不會造作業障。此外，每天還應該記得在佛菩薩面前誠心懺悔，而且至少唸一遍《高王觀世音真經》；因爲此經是消除業障最靈驗的一本經。

五、隨喜功德：就是隨緣歡喜讚嘆幫助衆生圓滿修行的一切示現；不管是好的，還是壞的；不管是凡夫，還是聖人。對於別人的好處、別人的專長、別人的智慧福報，我們都要抱持著隨喜功德的心，向他學習；絕對不可以嫉妒他，還要進一步成全他。對於別人的壞處、別人的短缺、別人的愚癡苦報，我們都要抱持著隨時警惕的心，引以爲戒；絕對不可以鄙視他，還要進一步扶助他。此外，每天還應該記得隨緣歡喜做功德，或者世間有漏功德，行善利他；或者出世間無漏功德，廣行六度；並且隨喜讚嘆行者。

六、請轉法輪：就是恭請法師大德講經說法，弘法利生。爲衆生說法就好比在轉法輪。「法輪」代表佛陀所說的一切法，究竟圓滿。不過，「法輪」一定要轉動，佛法才會產生作用；佛法一定要弘揚，衆生才會獲得利益。須知發心講經說法是大事業、大因緣，但記得要把名聞利養放下，把五欲六塵捨棄。如果能夠至誠發心弘法利生，必定能夠獲得諸佛世尊的加持。此外，每天還應該記得以虔誠的心聽經聞法，有如請佛菩薩說法，請祖師大德開示，請善知識教導；並且虛心受教，甚至找機會宣揚佛法，普度衆生。

七、請佛住世：就是恭請諸佛世尊，乃至於一切善知識，常住世間，不要急著般涅槃。因爲如果能夠如此，佛法就可以常住世間，衆生就可以有佛法可以學習。但要怎麼做才能夠真的請佛住世呢？其實，只有一個方法可以請佛住世，那就是要懂得珍惜。而且要以真誠心、清淨心接受教誨，然後依教奉行，如法修行。須知世間有佛常住，有佛法可聽聞、可修行，是一大幅報啊！此外，每天還應該記得以實修佛法的功德請佛住世，請菩薩住世，請善知識住世，或者助印佛經善書，讓珍貴的佛法可以常住世間。

八、常隨佛學：就是以佛為榜樣，來塑造自己。但要怎麼學呢？首先，要以真誠、恭敬的心來向佛學習。其次，佛的發心要學習，佛的修持要學習，佛的果證要學習，佛的弘法利生要學習，樣樣都要向佛學習。不僅要學習佛的言教，也要學習佛的身教；而且精進不退，迴向菩提。如果能夠如此，凡夫的習氣就可以慢慢地減少了。等到學得跟佛一模一樣，不就成佛了嗎！此外，每天還應該記得實修佛法；佛怎麼教，我們就怎麼做；精勤不放逸，恆行不懈怠。

九、恆順眾生：就是在面對各種不同眾生的時候，統統都要忍辱隨順。如果想要修出清淨心與平等心，絕對不能離開眾生，才是真功夫。所以說，清淨心要在滾滾紅塵裡修，平等心要在極不平等的境界裡修。學習看一切眾生都是佛，敬一切眾生都像父母。好好歷事練心，修到怨親平等。最終你會了解，原來眾生跟自己是一體。此外，每天還應該記得配合眾生的需要，隨機教化，隨緣度眾；先結善緣，再結法緣，後結佛緣；須知法無定法，要懂得善巧方便。反應的方式，端視如何在適當的時機讓對方趨近佛法而定。

十、普皆迴向：就是將實踐「禮敬諸佛」到「恆順眾生」的所有功德，統統迴向給一切眾生。須知「功」是修行功夫，「德」是修行所得。而且，「功德」是公修公得，婆修婆得，不修不得。不過，功德是可以迴向的；心量越大，迴向的功德就越大；甚至不在意有沒有功德，則功德反而更大。此外，每天還應該記得把實修佛法的功德，迴向給有需要的人或眾生，包括生我、育我的父母、引領入佛門的師長、有緣的護法鬼神眾、甚至是冤親債主等。當然也可以迴向給自己想成就的事情，包括世間的，或是出世間的。

綜合而言，想要圓成佛道、成就佛果，普賢十大行願提供了我們一個循序漸進的修行方法。願我盡未來際，學習普賢菩薩的廣大行願；願我「身、語、意」終無疲厭，恆久修習三皈依，始終不離佛法僧，堅定勇敢地完成普賢菩薩的各大行願。而且，虛空若盡，我願乃盡。從恭敬做起，並終於迴向。禮敬諸佛以除傲慢，稱讚如來以顯自性，廣修供養以積福德，懺悔己過以除業障，隨喜讚嘆以除嫉心，請轉法輪以弘正法，請佛住世以度群生，常隨佛學以修精進，恆順衆生以修忍辱，普皆迴向以成佛道。根據四十華嚴經（卷四十）入不思議解脫境界普賢行願品的說法：如果菩薩能夠隨順趣入以上十種大願，認真修學，就能夠成熟一切衆生，隨順無上正等菩提，圓滿成就普賢行願。而且，只要有人聽聞此經，並且深具信心，受持讀誦，乃至書寫其中一段四句偈，就能夠迅速消滅五無間重罪。甚至世間種種身心之病、種種苦惱、無量罪業等，皆得消除。一切魔障，悉皆遠離；或者發心親近守護。因此，如果有人誦此十大普賢行願，行於世間，無有障礙。並且獲得諸佛菩薩的稱讚，一切人天皆應禮敬，一切衆生悉應供養。並且可以破壞一切惡趣，遠離一切惡友，制伏一切外道，解脫一切煩惱。在臨命終時，一切諸根悉皆散壞，一切親屬悉皆捨離，一切威勢悉皆退失，唯此十大願王不相捨離，於一切時，在前面引導其人；一剎那之間，卽得往生極樂世界。到達極樂世界之後，卽可面見阿彌陀佛、文殊師利菩薩、普賢菩薩、觀自在菩薩、彌勒菩薩等，共相圍遶。並且看到自己化生於蓮花之中，蒙佛授記；授記之後，經過無量劫，普於十方不可說不可說世界，以智慧力隨衆生心而爲利益。不久當坐菩提道場，降伏魔軍，成等正覺，轉妙法輪。能令無數佛土的無量衆生發菩提心，隨其根性，教化成熟，甚至直到未來無量劫，廣能利益一切衆生。由此可知，十大願王，導歸極樂。連文殊與普賢等大菩薩都發願求生西方極樂世界；因爲到了西方極樂世界，普賢十願才能夠真正修得圓滿，也才能夠真正不退成佛，圓滿佛果。因此，我們應當努力修習普賢廣大願行，發願求生西方極樂世界，一心念佛，淨念相繼。真正做到淨空法師所提倡的「真誠、清淨、平等、正覺、慈悲、看破、放下、自在、隨緣、念佛」。古德偈言：六欲諸天受五衰，三禪尙自有風災；假饒修到非非想，不及西方歸去來。由此可知，淨土念佛法門是如此殊勝的法門，而且竟然是「菩薩道」的總歸宿。隨著普賢十願，一心禮拜阿彌陀佛、一心稱讚阿彌陀佛、一心供養阿彌陀佛、一心向阿彌陀佛懺悔、一心隨喜淨土功德、一心嚮往西方極樂、一心念佛如佛在、一心發願求生極樂、一心迴向極樂淨土。不僅可以得到阿彌陀佛本願功德的加持，也可以得到普賢菩薩威神力的加持。不僅自己這樣做，也勸化衆生這樣做，這不就是自度度人嗎？這不就是菩薩道嗎？並且以清淨心爲苦難的衆生念佛，消除一切業障，修十善業，皈依三寶，發菩提心，同生極樂。

第七節　結語

總而言之，人生真實苦！人生如果不苦，又怎麼會想要追求解脫呢？想要追求解脫，就要修行「解脫道」。循著「厭、離欲、滅盡、解脫」的順序，精進修行，實修無我空慧，直到解脫煩惱，證果成聖，寂靜涅槃。那爲什麼還需要「菩薩道」呢？這是因爲涅槃化城只是中途驛站，成佛度衆才是最終歸宿。因此，爲了圓成「佛道」，必須在「解脫道」的基礎之上，進一步修行「菩薩道」，精進修行，悲智雙運，直到福慧圓滿，成二足尊。也就是說，因爲苦而生厭離心；因爲厭離心而行「解脫道」。而且，不但看到自己苦，也看到衆生苦；因爲憐憫衆生苦而生慈悲心。但是，只有慈悲心而沒有厭離心，只能算是「人天道」。因爲厭離想要出世加上因爲慈悲想要入世而生菩提心。因爲菩提心而行「菩薩道」；不但上求菩提，而且下化衆生。所以說，「菩薩道」以發「大悲」爲本的「菩提心」爲起始，以「六度萬行」爲實踐方法，以「度生成佛」爲最終目的。「菩薩道」的綱領就是「菩薩三心」，包括：大願心、大悲心和大智心。其中，「大願心」強調起信發願，「大悲心」強調慈悲利他，「大智心」強調般若證理。「菩薩道」以「菩薩三心」爲綱領，勤修「六度四攝」，以「四無礙智」爲眾生說法，並效法「普賢行」，但以「般若波羅蜜」貫徹一切行門。然而，世間「人天道」的人天二乘，不論勝義的智慧；出世「解脫道」的聲聞、緣覺二乘，不搞世俗的慈悲；既出世又入世「菩薩道」的菩薩乘以「六波羅蜜」爲根本，以「四攝法」爲方便，將世出世法綜合起來；出世卽不能不重視智慧，入世卽不能不慈悲度眾。有了「般若波羅蜜」做引導，方可從「解脫道」進展到「般若道」，次從「般若道」進展到「方便道」，再從「方便道」進展到「佛道」。

若能夠領悟「般若波羅蜜」：一則「看懂」世間的一切都是緣起幻相，都是假的！一則「看透」法界本體的法體清淨，無性爲性。一則「看穿」一切法本無生滅，只因爲內心隨緣妄動而有生滅。換句話說，法界乃萬法之所依，涵蓋「法相」與「法性」。法界萬象謂之「法相」，法界本體謂之「法性」。「法相」乃依「法性」而有，「法性」乃依「法相」而顯。須知雜染以「阿賴耶識」爲所依，一切唯識所變，而有現實世界。清淨以「如來藏」爲所依，一切唯心所現，而有理想世界。「法相」是虛妄分別而現起，是生死法；「法性」是真如平等爲無性，是涅槃法。法相是事，法性是理；事從理成，理從事顯。只要「心念」一起，「法性」則依「緣起」而有「法相」。法相隨緣，法性不變，唯是一心。一念妄動則有「六凡界」，一念清淨則有「四聖界」，無住無念則入「一真法界」。「一真法界」是眾生本來心性，也就是本具佛性，常住不變，真實不虛，如如不動，是唯一真實的真如理體；亦卽三世諸佛的平等法身，不生不滅，非空非有，也是如來果地的境界。

然而，凡夫執著「緣起幻相」而永入生死，二乘執著「諸法空相」而疾入涅槃；菩薩既不執著「緣起幻相」，也不執著「諸法空相」，不住二邊，是爲「中道實相」。既然二邊都不執著，表示生死卽是涅槃，涅槃卽是生死；此岸卽爲彼岸，彼岸卽爲此岸。那又何必急著入涅槃呢？當然又何懼於入生死呢？因此，應生起「大悲心」，當發起「菩提願」，以「方便力」廣度衆生。須知菩薩的「悲」，非凡情的情愛執著，而是與「空」相應的「般若波羅蜜行」。龍樹菩薩《大智度論》（卷三十一）釋初品中十八空義第四十八認爲：無所著的般若空慧是「智慧相」，能夠成就度衆事業是「方便相」。菩薩證此「智慧相」的原故，從假入空，越過凡夫地，不入生死；菩薩得此「方便相」的原故，從空出假，越過二乘地，不入涅槃，從此展開不共二乘「嚴土熟生」的菩薩志業。同悟般若空慧，同離無盡輪迴，同登涅槃彼岸，同證無上菩提。因此，菩薩無處不在，和光同塵；無時無刻，隨類拔苦；捨己爲人，隨順衆生；難行能行，難忍能忍；精誠求法，精進修行；悲智雙運，福慧雙修；直到功德圓滿，究竟成佛，是爲「菩薩道」。

第九章 密教生起次第

生起次第，
修身口意，
三密相應，
接引成佛。

第一節　前言

印度佛教經過原始佛教時期、部派佛教時期、大乘佛教時期，最終進入密教金剛乘時期。直到佛教滅亡時，密教金剛乘在印度最後六、七百年間都是主流。前三時期弘揚的佛法稱爲「顯教」，金剛乘時期弘揚的佛法稱爲「密教」。尊貴的蓮生聖尊《智慧的光環》提到：「顯教」是顯明易懂的教法，「密教」是幽邃之內證教法。前者揭露宇宙人生的真相與原理，涵蓋「戒、定、慧」、「三法印」、「六波羅蜜」等法門，是爲「顯教」；尊「釋迦牟尼佛」爲教主。後者有神祕、祕密、隱密、深奧等義，涵蓋「胎藏界」、「金剛界」、「無上瑜伽」等法門，是爲「密教」；尊「大日如來」爲教主。然而，佛教的發展爲什麼最終會走上密教這一條路呢？從「五乘」獨自的特點比較來看：「人天乘」發增上心，行善積德，向上提昇，快樂享福，可惜未能究竟解脫，猶在三界，福德爲主。缺點是過於世俗化，容易耽於逸樂。「聲聞乘」與「緣覺乘」發厭離心，離欲清淨，證果成聖，當世解脫，出離三界，智慧爲主。缺點是過於執著出世空，急著入涅槃；一旦當世沒有解脫成就，就會看到一個只顧自己解脫的自了漢。「菩薩乘」發菩提心，上求菩提，下化衆生，悲智雙運，圓成佛道，慈悲爲主。可惜須時三大阿僧祇劫，歷時過長，曲高和寡，而且有落入「三世冤」的風險，最後大部分只能依賴念佛求生淨土。「密教金剛乘」不但發菩提心，而且融合前三者之長，去除前三者之短，先顯後密，顯密圓通，法力爲主。並且有大效驗，強調實修實證，從理到事，從世間到出世間。既可以圓滿整合，當世解脫；又可以普度衆生，即身成佛。因此，尊貴的蓮生聖尊《黑教黑法》認爲：密教是大乘佛法最終的修持法要，是佛法的究竟之法，是成佛的根本心要。可是，怎麼做到的呢？密教把顯教的繁瑣理論，簡化成通俗儀軌，透過手結印契（身密），口誦真言（口密），心作觀想（意密），只要做到「三密相應」，就可以「卽身成佛」。既符合「二乘」當世解脫的需求，又符合「大乘」發菩提心的願望；涵蓋福德、智慧、慈悲、法力，兼顧世俗、出世、入世，融合「中觀般若空慧」與「瑜伽唯識思想」，簡單、方便、靠普、快速、有效。不僅可以自度，而且可以度人；不僅當世可以解脫，而且卽身可以成佛。

然而，何謂三密相應呢？尊貴的蓮生聖尊《智慧的光環》說：「三密相應卽是行者身口意之三密，與本尊的身口意三密相應，融合而無分別。」只要做到身業清淨、口業清淨、意業清淨等三業清淨，「貪、瞋、癡」三毒自然消失，就可以獲得如來的「三密加持」。然而，何謂三密加持呢？尊貴的蓮生聖尊《黑教黑法》提到：行者手結印契，令身、眼、手、足等皆與佛相同，進而成就如來的「身密」；口唸真言陀羅尼，進而成就如來的「口密」；心觀想本尊法相，進而成就如來的「意密」，是爲「三密加持」。一旦獲得如來的「三密加持」，就可以令衆生在面對「身、口、意」三業時，生起空觀與慈悲；一切都是緣起生滅，一切都是如夢似幻，一切都是無所得，好與不好都無所謂，內心自然平和。而且，對衆生有益的才去想、才去說、才去做，但是跟沒有想、沒有說、沒有做是一樣的，內心沒有分別，一切都沒有放在心上，是爲「三密相應」。然後衆生之三密與佛菩薩之三密就可以融合，進入瑜伽的境界，並產生不可思議的法力和業用，進而成就一切悉地。行者與佛菩薩一旦完全融合爲一體，就可以卽身成佛。所以說，想要三密相應，就要實修密法，然後依靠三密加持，具足「智慧」、「慈悲」與「法力」，就可以卽身成佛。因此，以下我們要來跟各位讀者談談如何實修密法？包括密教三根本、密教修行次第、四加行法、上師相應法、本尊法等。詳細說明如下：

第二節　密教三根本

「顯教」主要是在探討煩惱與痛苦的原因，「密教」卻是利用最終的結果來修行。不過，顯密的結果都一樣，都是在追求淨障斷惑、證悟解脫。尊貴的蓮生聖尊《密教奧義書》說：「一切眾生皆有佛性，你就是佛，我就是佛，在佛性上一切平等義。」另外，尊貴的蓮生聖尊《智慧的光環》也提到：真如即我身，佛法即吾體，三密業用，重重深妙，密密祕奧。若離三密，永無成佛之期！因此，密教修行，依三密而修。身密——手結印契；口密——口誦真言；意密——心觀正念；進而透過「三密」將不清淨的覺受，和一切外緣色法轉化爲清淨，達到「身、口、意」清淨，是爲「三密清淨」。須知密教理趣的最終目的，就是把一切污染轉化爲清淨。然而，如何轉化呢？尊貴的蓮生聖尊《真佛法中法》認爲：透過手印，通達本心，令身清淨；透過咒語，觀種子字，令口清淨；透過觀想，觀空融合，令意清淨；這樣就可以透過清淨的「三密」來轉化雜染的「三業」。其中，「觀想」是三密的主體。因爲「觀想」就是「觀心」。須知「心」的力量無窮，一代教門，皆以觀心爲要。密宗觀想本尊，正是一心觀想本尊的形相，直到三昧成就，就可以看見本尊與自己合一。由此可知，「身、口、意」清淨，可以藉由「觀想」全部達成。因此，「觀想」可以總攝三密，令三密清淨。三密清淨之際，便是無我實現之時。只要「三密清淨」，自然成就諸法。所以說，密教行者的修練，全靠「觀想」變化之力。透過「念力」可以使得現實世界發生變化。你若想佛，你就變成佛；你若想魔，你就變成魔；宇宙其實就是「至上意識」想出來的啊！宇宙本來是空的，什麼都沒有，只有一個意識存在，是不動的境界。然而，宇宙「至上意識」到底是誰呢？其實就是自己。學習原來的至上意識，等同於明心見性。

根據尊貴的蓮生聖尊《智慧的光環》的說法：修習密教的行者，當手結印契，口誦真言，觀想入我我入，然後依三密自淨三業，並且接受如來三密之所加持，乃至於融合而無二無別，不復經歷劫數，一入法界，卽身成佛，這就是大瑜伽加持神變的祕密。然而，想要成就這些「三密合一」的修行，絕對離不開根本上師的教導，也離不開與根本本尊合一的修行，更離不開根本護法的護持。尊貴的蓮生聖尊《智慧的光環》認為：密教的「正見」就是一個根本上師，一個根本本尊，一個根本護法。此「三大根本」缺一不可；若缺其一，則無法成就。所以說，想要卽身成佛，就要獲得如來三密加持；想要獲得如來三密加持，就要三密相應；想要三密相應，就要三密清淨；想要三密清淨，就要依靠密教三根本。然而，何謂密教三根本呢？根據尊貴的蓮生聖尊《真佛法中法》的說法：密教三根本卽是：（一）根本上師——加持根本。（二）根本本尊——成就根本。（三）空行護法——事業根本。分述如下：

一、根本上師：修習密教的第一步，就是找一位跟自己最投緣而且具德的「根本上師」，並且依止其傳授的密法修行，直到圓滿成就。須知德相具足的上師，卽是三寶之總集。尊貴的蓮生聖尊《智慧的光環》說：「上師之身卽表徵佛陀住世，上師之口卽表徵佛陀說法，上師之意卽表徵佛陀自性清淨，這正是金剛上師統攝佛法僧三寶也。」而且，一位具德的上師不但精通顯密一切教法，可以令弟子生起修行覺受，透澈明瞭法性，而且能夠引導弟子當世解脫，乃至於卽身成佛。甚至可以說，根本上師的殊勝功德就是歷代傳承祖師與諸佛菩薩之彙總。三世諸佛皆依深信自己的根本上師而得以成就。故知最殊勝的修行訣竅，莫過於祈請自己的根本上師加持。甚至根本上師的一句話、一個動作、乃至於一個眼神，都是弟子證悟解脫的契機因緣。弟子對上師的信心有多大，成就就有多大。如果視根本上師為佛，等同觀想過去、現在、未來三世諸佛功德，並將獲得加持，今生必能成就。如果視根本上師為凡夫，不懂得恭敬，則得不到任何加持，必然導致法脈中斷。只要我們稱念根本上師心咒，唸至一心不亂，與根本上師心心相應，根本上師就會來加持你，是爲「傳承加持力」。所以說，根本上師是「加持根本」。

二、根本本尊：根據尊貴的蓮生聖尊《智慧的光環》的說法：本尊者，即本來最尊義。行者於諸佛菩薩中，以某尊爲本，於生生世世中，本有宿緣，就是本尊。所以說，「根本本尊」就是你認定或跟定的一尊佛或一尊菩薩，成爲修行密法的主尊，並且選擇該主尊的法作爲永不間斷的修持法門。然而，到底該怎麼選擇呢？其實就是找一尊跟你最投緣的佛菩薩就對了。尊貴的蓮生聖尊《智慧的光環》說：「特別有因緣的，特別最投緣的，特別最歡喜的，特別最敬重的，即是本尊。」換句話說，很可能是過去世曾經修習過的那一尊本尊的法，今生感覺特別投緣；如果繼續修持，就有機會比較快速相應。不過，一旦決定了根本本尊，就不要換來換去。行者每天都要想到自己的根本本尊，甚至觀想本尊時時慈悲住頂。並且利用本尊的觀修法，來達到世間和出世間的成就。因爲將來你會變成本尊，本尊會變成你；你就是本尊，本尊就是你；因此，本尊稱爲「成就根本」。此外，本尊可以有多種不同的化現，有慈祥尊，有忿怒尊，有單身，也有雙運。不過，須知本尊並非實體存在，全是唯識所變，唯心所現，自性本空，性本清淨。如果行者不解，執著本尊爲實有，便會導致迷亂。因爲一執著，就會有得失心，很可能就會被控制，因而不自在。所以必須正確地觀修本尊，清淨一切染污，攝伏自心不渙散。如果能夠觀想自己爲本尊，對於自我的執著，便會漸漸地消失，乃至於完全淨化消除，最終成就本尊的悉地。所以說，根本本尊是「成就根本」。

三、根本護法：根據尊貴的蓮生聖尊《真佛法中法》的說法：密教行者一旦獲得根本上師的「加持根本」以及根本本尊的「成就根本」，所有的空行護法均會前來護持行者。由於空行護法前來護持，幫忙密教行者完成度眾的事業，發揮息災、增益、敬愛、降伏等作用，因此稱爲「事業根本」。所以說，「根本護法」就是在修行過程當中，隨時隨地保護密教行者的伴侶。時時刻刻幫助行者，並且增長行者的善心和信心，使行者的道心堅固，永不退轉。須知護法神聖而祕密，不但擁戴行者，護持行者，而且協助行者展開弘法利生的事業。此外，護法又可以分為「世間」與「出世間」的護法，而且層級有高有低，均是依照行者的習性招感相應的護法，幫助我們消除修習密教過程當中所有可能產生的障礙。不過，須知一切護法均是本尊的化現，一切本尊又均是上師的化現，一樣不可以執著為實有。密教行者只要依事相儀軌修法，就會產生法力，這些「法力」就會幫助行者達成任務。所以說，空行護法是「事業根本」。

由此可知，修習密教只要修到相應，就會產生不可思議的「法力」。其中，只要和「上師」相應了，就會獲得上師的「傳承加持力」；只要和「本尊」相應了，就會獲得本尊的「攝受力」；只要和「護法」相應了，就會獲得護法的「擁戴力」。分述如下：

一、傳承加持力：上師的「傳承加持力」可以清淨行者的業障，獲得傳承。根據尊貴的蓮生聖尊《智慧的光環》的說法：密教的法本，均印有「未經灌頂，請勿翻閱」。密教的咒語也一樣，未皈依受灌頂，未得上師的加持力，唸了等於白唸，等同盜法，還犯了三昧耶戒，因而念咒修持不會產生相應的法力。有皈依，有灌頂，有上師的加持力，才能夠如法修行，也才能夠從迷惑、顛倒、妄想、執著當中，透過上師的加持以及法流的灌頂，本具的佛性才能夠顯現。上師的加持力正是修密成就的鑰匙。當年藏密白教祖師馬爾巴上師為了淨除弟子密勒日巴的罪障，一直遲遲不肯給他傳法，只叫他不斷地蓋房子、拆房子、做苦工，令其受盡折磨。師母可憐他，就以馬爾巴上師的口氣寫了一封信給大弟子俄巴，並且蓋上印章，引介密勒日巴前去求法。又將傳承那洛巴上師的骨珞飾物送給密勒日巴，讓他做為去俄巴處求法的憑證。俄巴見到來信與飾物之後，以為是馬爾巴上師的指示，馬上口授訣竅，密勒日巴也立刻依法精進觀修。然而，由於並未獲得根本上師的許可，所以一直無法生起覺受。由此可見，如果沒有得到根本上師的傳承，修法其實是不會相應的。反之，如果能夠得到根本上師的傳承，修法就會獲得加持，修法才會生起覺受，也才會相應。此外，行者對上師還要有百分之百的信心，甚至視師如佛，做到「敬師、重法、實修」，這樣才能夠獲得上師的傳承加持。

二、攝受力：本尊的「攝受力」可以令行者修法得到相應，成就悉地。「攝受」就是攝取容受的意思。亦即本尊以無私無我的慈悲心，站在眾生平等的基礎上，隨緣智慧攝取眾生、吸收眾生、接受眾生，進而引導眾生、感化眾生、教化眾生，使眾生接受佛法的洗禮，棄惡向善，熄滅煩惱，令眾生得以蒙福受益，智慧增長，進而解脫自在，直到證悟無上正等正覺。不過，還要根據眾生的實際狀況，考量眾生的身心處境，乃至於眾生的三世因果，以及眾生的接受能力等因素，實施不同的方法來攝受眾生。重點是行者要相信這個本尊，喜歡這個本尊，實修該本尊的法，時時憶念本尊，時時觀想本尊住頂，時時與本尊合一，「身、口、意」與本尊相應，就會得到本尊的攝受，將來才能夠成就該本尊的悉地，回歸該本尊的淨土。

三、擁戴力：護法的「擁戴力」可以護持行者，免受魔障。因為在修行密教的過程當中，會有很多魔考；亦即魔會來干擾密教行者，如果沒有護法的擁戴，很容易淪為魔的點心。所以說，護法是佛法的保護者，可以幫助我們去除在修持佛法當中可能出現的各種障礙。主要包括：結界防護、護持行者、成就事業等。特別是成就事業，因為護法是佛行事業的根本。然而，成就那些事業呢？成就「息、增、懷、誅」等事業。其中，息是息災，增是增益，懷是敬愛，誅是降伏。重點是行者對護法要有很強的信心與虔敬心，隨時隨地想念護法，供養護法，甚至彼此相互盟誓，建立三昧耶戒。而且，修法要非常地精進，念頭要非常地正當，護法的力量才會真正地呈現，進而得到真正的護持。

總而言之，「密教三根本」就是指根本上師、根本本尊、根本護法。「根本」之意就是指密教行者必須和「三根本」永遠相依相存的意思。修習密教，一定要依止於「三根本」。「根本上師」引領行者進入密教之門，傳授密法的口訣；「根本本尊」攝受行者，實修密法直至相應，成就悉地；「根本護法」隨時隨地擁戴與護持行者，成辦一切事業。而且，只要和「密教三根本」相應了，就會獲得上師的「傳承加持力」、本尊的「攝受力」以及護法的「擁戴力」。尊貴的蓮生聖尊《度過生死的大海》說：「密教的三根本太重要了，上師是一切法的總持，本尊是行者的自性，護法是人間的守護神，這三者缺一不可。」行者只要隨時憶念根本上師，每日觀修根本本尊，根本護法就會時時隨侍在旁，一切就會吉祥如意。其中，根本上師尤其重要。尊貴的蓮生聖尊《真佛夢中夢》說：「在密教裡，根本上師是第一重要，永遠不可捨棄；接著是根本本尊，一生奉持不輟；最後根本護法，一生守護著行者。此三者若缺一，就喪失了傳承加持力。」所以說，修持密教能否圓滿成就，其關鍵就在「密教三根本」。

第三節 密教修行次第

尊貴的蓮生聖尊《密教奧義書》提到：密教之修行有外法、內法、密法、密密法等四個層次。其中，「外法」之灌頂——瓶罐爲主；包含「四加行法」、「上師相應法」、「本尊法」、「羯摩諸尊」等灌頂。「內法」之灌頂——紅、白花爲主；包含「寶瓶氣」、「無漏法」、「拙火法」、「明點法」、「通中脈」、「開五輪」等灌頂。「密法」之灌頂——髑罐爲主；包含「金剛法」、「無上密」、「大手印」等灌頂。「密密法」之灌頂——不拘形式；其實就是「大圓滿」灌頂。其中，第一種灌頂屬於「生起次第」；後面三種灌頂則屬於「圓滿次第」。所謂「灌頂」就是金剛上師代表諸尊，以清淨的法流加持灌注弟子。灌頂之後，弟子得到傳承，才可以開始修法，也才會相應。尊貴的蓮生聖尊《打開寶庫之門》認爲：密教的灌頂，其要義是一種授權的祕密意義。灌頂表徵師承、授權和允許。成爲密乘弟子，理應接受上師的灌頂，這樣才算如法。由此可知，密教的修法，實際上分爲二大部分：「生起次第」與「圓滿次第」。就修行次第而言，先修「生起次第」的外法，再修「圓滿次第」的內法、密法、密密法。外法是修「身、口、意」，內法是修「氣、脈、明點」，密法是修「無上密」與「大手印」，密密法是修「大圓滿」。一切都要講究次第，依序而修，千萬不要貪快，更不可以越級，一層一層的趨向成佛的大圓滿。如果不一步一步來，很容易產生障礙，反而欲速則不達。

尊貴的蓮生聖尊《流星與紅楓》說：「每修一法，都必須有相應，才可以進一階。」須知密宗最重要的修行原理卽是「相應」。只要同其本心，契其本性，就會相應。行者只要相應了，就可以合爲一體，同於本尊；身是本尊的身，口是本尊的口，意是本尊的意，也就是「合一」。只要與本尊完全合一，本尊的法力，就是行者的法力。尊貴的蓮生聖尊《靜聽心中的絮語》說：「當密宗行者依四加行法修持，身清淨、口清淨、意清淨時，如來的三密，衆生的三業，三密和三業相應，融合而不二的時候，成佛神變加持就產生了，密教的不思議處卽是此也。法身佛和凡人沒有分別，這卽是密密密密。自淨三業卽爲如來成佛神變之所加持，這一加持就廣大圓滿了。」不過，一旦有了相應，千萬不可以生起取捨之心，更不需要欣喜若狂，而是要以平常心面對之，但是仍然要持續努力用功，切勿對他人貢高我慢。而且，通常只要一尊有了相應，那麼其他諸尊要相應也就容易了。這就是一法相應，法法都相應，一切功德悉皆成就。須知密教的特殊奧祕之處就是「相應」；在「生起次第」，跟本尊相應，就可以往生淨土；在「圓滿次第」，跟自性相應，就可以卽身成佛。以下我們先針對密教的「生起次第」，包括「四加行法」、「上師相應法」以及「本尊法」，進行詳細解說。

第四節 四加行法

「四加行法」是密教修行成就的基本大法，相當於一切法的基石。包括大禮拜法、四皈依法、大（曼達）供養法、金剛心菩薩法。這四種法爲什麼稱之爲「加行」呢？根據尊貴的蓮生聖尊《活佛之歌（四）》的說法：四加行是每一個密教行者從一開始就要修的，甚至是每一天都要做的，所以稱之爲「加行」。尊貴的蓮生聖尊《流星與紅楓》認爲：每一位初入門的弟子都要先修四加行法，四加行法未相應，修其他的法也不易相應。反之，只要修四加行法相應，修其他的法也就容易相應。一一相應之後，就可以進入無上的如來佛慧之中。因此，尊貴的蓮生聖尊《坐禪通明法》諄諄告誡弟子們：歷代祖師都要弟子先修四加行法，因爲業障深重的人，未修四加行法，一定會生出種種魔障，很容易誤入歧途，實在是非常危險。修「四加行法」，一者除業障，二者爲一切法之基礎，千萬不可忽視。然而，很多入門弟子卻瞧不起四加行法，以爲四加行法是入門法，只能算是小法，急著要去修金剛大法。須知四加行法一旦有了相應，再來就可以次第相應。因此，不應該貪心從大法修起，應該虛心從四加行法修起，逐級完成。然而，這四種加行法到底有什麼作用呢？根據尊貴的蓮生聖尊《甘露法味》的說法：「大禮拜法」可以幫助我們降伏我慢；「四皈依法」可以幫助我們依止堅固；「大供養法」可以幫助我們積集資糧；「金剛心菩薩法」可以幫助我們懺悔消業。

其實，這四種加行法都是在爲「相應」做準備，亦卽淸淨我們的「身、口、意」乃至於淸淨我們的業障。「身、口、意」不淸淨，業障深重是不可能相應的。接下來，我們參考尊貴的蓮生聖尊《坐禪通明法》、《守護神的祕密》、《眞佛祕中祕》、《眞佛法中法》、《黑教黑法》、《細說密教修法完整儀軌》、《偕汝談心（七）》，針對「四加行法」分述如下：

所謂「大禮拜法」就是以五體投地或全身投地的方式禮拜諸佛、菩薩、護法金剛的方法。可以體現對諸佛、菩薩、護法乃至於諸天的虔敬，而且可以降伏我慢，破除我執，也可以累積福報，淸淨「身、口、意」，甚至還可以健身。手印方面：拜佛要用佛龕手印，拜菩薩要用蓮花手印，拜金剛神要用金剛手印。咒語方面：手印置於天心時，口中誦「嗡」；手印置於喉輪時，口中誦「阿」；手印置於心輪時，口中誦「吽」。觀想方面：先結拜佛手印置於天心，觀想佛天心射出一道白光射我天心，身業淸淨；再將拜佛手印置於喉輪，觀想佛喉輪射出一道紅光射我喉輪，口業淸淨；再將拜佛手印置於心輪，觀想佛心輪射出一道藍光射我心輪，意業淸淨。禮拜方面：可以用全身投地大禮拜，亦卽密教方式的拜佛；或者用五體投地大禮拜，亦卽顯教方式的拜佛；也可以用觀想大禮拜，亦卽「眞佛宗」獨有的拜佛方式。前後總共三拜，一拜根本傳承上師及十方三世一切諸佛，二拜十方三世一切菩薩摩訶薩，三拜十方三世一切護法金剛、護法龍天、護法空行，四平等一稽首。所以說，修習「大禮拜法」是一種對佛菩薩虔誠的恭敬禮拜；等於對十方三世一切諸佛、菩薩、護法、金剛、龍天、空行平等敬禮的一種大禮拜，既可以調伏貢高我慢的心，又可以熄滅「貪、瞋、癡」。觀想佛菩薩諸尊放光照你，既可以消除累世業障，又可以增加福慧。另外，也可以觀想親人跟你一同做大禮拜，使得親人產生佛緣。同時也是一種呼吸吐納的瑜伽運動，不但可以柔軟筋骨，健身練氣；甚至可以說就是在練「氣、脈、明點」的功夫。

所謂「四皈依法」就是皈依金剛上師、皈依佛、皈依法、皈依十方聖賢僧。「皈依」就是皈向、依靠、救度的意思。梵語的「南摩」其實就是「皈依」的意思。須知「皈依」是信解行證之始；先信樂其法，次了解其法，然後依其法而實修，最後得證其果。所以「皈依」的根本是「信」。須知信心爲體，歡喜爲相，有信有樂，才會高高興興的皈依。西藏密宗首重根本金剛上師，因爲金剛上師是三寶諸尊的總持。如果沒有金剛上師傳法，那麼根本就無法可修，更無法明白三寶，所以密教非常重視金剛上師的傳承。在密法的教授裡面，一個觀想、一個咒語、一個手印，都必須經過上師的傳授與灌頂，這樣才會有上師的加持力，修法才容易相應。一旦有了金剛上師的依怙，就得以蒙上師、三寶救度。因此，密宗的四皈依，金剛上師被安排在第一位。手印方面：雙手合掌，虔誠禮拜即可。咒語方面：四皈依咒是「南摩古嚕貝、南摩不達耶、南摩達摩耶、南摩僧伽耶」，亦即「皈依金剛上師、皈依佛、皈依法、皈依僧」的意思。並且以虔誠的心，口唸四皈依咒三遍。觀想方面：首先觀想上師形容，接著觀想上師天心有個「嗡」字，喉輪有個「阿」字，心輪有個「吽」字。然後觀想上師天心射出一道白光射我天心，喉輪射出一道紅光射我喉輪，心輪射出一道藍光射我心輪。熄滅我「貪、瞋、癡」，清淨我「身、口、意」。所以說，修習「四皈依法」可以堅固對上師與三寶的信心，可以同上師與三寶結緣，與佛菩薩結緣。並且可以得到依止力，可以得到上師的傳承，進而得到上師與三寶的加持，消除累世業障，同時也是自己發菩提心的開始。

所謂「大（曼達）供養法」就是供養上師、三寶、本尊、金剛護法，求其加被成就，並賜給你修行資糧，包括「財、侶、法、地」。「財」是修行所需的錢財；「侶」是修行的伴侶、同修、善知識；「法」是得遇名師，傳授佛法、密法；「地」是修行的場所環境、風水寶地。懂得大供養，就會獲得這些修行資糧，所以稱之爲「大（曼達）供養」。供養就是「奉養」的意思。對上含有親近、奉事、尊敬的意思；對下含有同情、憐憫、愛護的意思。供養的方式可以是真實的「廣大供養」，也可以是觀想的「變化供養」。但是，不管是那一種供養，都可以用觀想的力量，加持咒語手印，一一化現供品如雲如海，重重無盡；並觀想無量佛、菩薩、護法諸尊歡喜受供，這樣就可以得到無窮無盡的福報。供品方面：可以是「花、香、燈、茶、果」，也可以是「七珍八寶」，也可以是「飯菜酒水」等。手印方面：手結供養手印。咒語方面：供養咒是：「嗡。沙爾娃。打他架打。衣打木。古魯拉那。面渣拉。堪。尼里也。打也咪。」觀想方面：首先觀想宇宙的中央有須彌山，須彌山的四周圍有東南西北四天；其次觀想須彌山的東西方有日月，接著觀想整個須彌山以及東南西北四天都充滿了供品；並觀想佛、菩薩、金剛護法諸尊個個皆歡喜享用供品。然後唸供養讚：「須彌四洲並日月，化諸珍寶供養佛，種種珍奇諸功德，消業速速證菩提」；並且唸供養咒，最後天心散印。所以說，修習「大（曼達）供養法」，只要做到令佛菩薩歡喜，佛菩薩就會賜福給你，得到無窮無盡的福報和資糧。因爲經由供養佛菩薩，產生布施之心，再轉而布施衆生，進而發出廣大的菩提心。甚至如果能夠平等供養佛菩薩和衆生，是爲第一等供養。

所謂「金剛心菩薩法」就是金剛薩埵懺悔法。一般而言，「懺悔」就是悔過的意思。其中，「懺」是發露過去所做的舊惡，「悔」是知錯以後不會再犯。簡而言之，就是把「因」拿掉，「果」就沒有了。因此，只要不去做那些不好的「因」，就不會產生不好的「果」。不過，金剛薩埵懺悔法是「果地」的懺悔法。不管你「因地」造了什麼樣的罪障，用金剛薩埵「果地」的咒一唸，就可以把一切罪障化爲空，身心就可以獲得清淨。因此，修習金剛心菩薩法可以消除無始以來的一切罪障，也可以使密教行者的行願如金剛般的堅固。說明如下：

一、傳承方面：其實，金剛薩埵、金剛心菩薩、金剛手菩薩三者乃同體異名的關係，是五方佛的融合變化身，是大清淨白光，是密教的祖師爺，分別對應「法、報、應」三身。其次，金剛薩埵的上面是五方佛，五方佛的上面是本初佛：阿達爾瑪佛。阿達爾瑪佛是金剛總持，五方佛是五金剛持，金剛薩埵是第六金剛持，根本上師就是金剛持的化身。須知密教淨土最大的菩薩就是金剛薩埵。你只要與金剛心菩薩相應了，就等於與金剛薩埵相應。一旦與金剛薩埵相應了，金剛薩埵底下的「上師相應法」也很容易相應；然後金剛薩埵之上的五金剛持也很容易相應。因爲跟五方佛相應了，所以跟本初佛的金剛總持，也就是最高的阿達爾瑪佛，也很容易相應。而且，一旦修到與金剛薩埵「相應」，卽是「等覺」的菩薩果位，超越菩薩五十二位階第十法雲地。

二、手印方面：右手握拳朝內，大指壓食指；左手握拳朝外，食指壓大指；置於胸前。

三、咒語方面：金剛心菩薩或金剛薩埵的密咒可以是短咒或長咒。短咒則爲：「嗡。別炸、薩埵、啊吽、呸。」長咒則爲「百字明咒」。須知「百字明咒」有三個意義：第一個意義是「懺悔」。因爲咒語中有「空義」！只要唸了「百字明咒」，一切「身業、口業、意業」皆由「空」承擔，通通化爲空。第二個意義是「加持」。亦卽得到五方佛的加持。因爲金剛心菩薩或金剛薩埵是第六金剛持，是五方佛的化身。只要唸了「百字明咒」，就會產生不可思議的功德。第三個意義是「補闕」。亦卽彌補修法當中所有的漏失。因爲金剛心菩薩或金剛薩埵的金剛心是圓滿菩提的心相，所有的過失、錯誤或遺漏，都被如同大月輪一樣的放光補全，諸佛菩薩不將爲咎。簡而言之，「百字明咒」最主要的意義就是「空」，就是把你的「身業、口業、意業」全部化爲「空」，所以有懺悔業障的作用。

四、觀想方面：「觀想」之前先「觀空」。觀想在「天圓地方」的無雲晴空之下，虛空之中，降下一顆摩尼寶珠——月亮。觀想行者坐在千葉白色蓮花上，冉冉昇起，融入月輪，與月輪合而爲一。觀想月輪放大、放大再放大，放不可思議大，充滿整個虛空。唸「觀空咒」三遍以加持「觀空」：「嗡。司巴瓦。速達。沙爾瓦。打爾嘛。司巴瓦。速朵。杭。」

（一）觀想金剛心菩薩化現：亦即觀想大海面上，晴空萬里，萬里無雲。海的平面上有一個藍色月輪，慢慢從海平面上升起。月輪中有一個白色的「吽」字，觀想「吽」字放光旋轉，化現出金剛心菩薩或金剛薩埵。金剛心菩薩或金剛薩埵是一面二臂身白色的寂靜本尊，頭戴五佛冠，天衣重裙，種種寶物嚴飾其身，坐在八葉蓮花月輪座上。右手忿怒印持金剛杵於心際，左手忿怒印持金剛鈴於左腿際。其中，「鈴」代表智慧，「杵」代表方便。金剛心菩薩或金剛薩埵手持鈴與杵即代表智慧與方便的一味一體。

（二）觀想三光加被：亦即觀想金剛心菩薩或金剛薩埵天心有個「嗡」字，射出一道白光射我天心；喉輪有個「阿」字，射出一道紅光射我喉輪；心輪有個「吽」字，射出一道藍光射我心輪；熄滅我「貪、瞋、癡」，清淨我「身、口、意」。

（三）觀想金剛心菩薩灌頂：亦即觀想金剛心菩薩或金剛薩埵心際八葉蓮花的周圍有「百字明咒輪」圍繞。並觀想此咒輪放白色大光明，進而飛騰空中，形成一道白色弧光，從頂竅灌入行者全身，行者心中放大白光，逼出體內累世業障，從八萬四毛孔噴出黑氣，繼而大放光明。然後持金剛心菩薩或金剛薩埵的心咒。可以持短咒一〇八遍，或者持長咒二十一遍。持完心咒之後，接著入三摩地。

（四）觀想金剛心菩薩入我我入：亦即觀想金剛心菩薩或金剛薩埵慈悲住頂在行者的頂竅上，縮小成一粒米粒那麼大。再觀想行者心中的蓮花打開，蓮花中有一個藍色的月輪，月輪中有一個白色的「吽」字，觀想「吽」字放光，召請金剛心菩薩或金剛薩埵從行者的頂竅灌入，循中脈坐落在心輪的蓮花上，放大、放大再放大，放大到跟行者一樣大。剎那間，行者變成金剛心菩薩或金剛薩埵，金剛心菩薩或金剛薩埵變成行者（入我）。從此金剛心菩薩的「身、口、意」就是行者的「身、口、意」，二者合一，無二無別，三密相應。並觀想行者縮小成一粒米粒那麼大，坐落在心輪的蓮花上，循中脈從頂竅竄出，投入宇宙光明海，接受宇宙意識的灌頂，通體舒暢（我入）。並且和宇宙意識合一！剎那間，真空化無！行者不見了，衆生不見了，世間也不見了，一切化爲無。既然化爲無，則累世業障也無所依存，而消失殆盡。如此進入三摩地之後，然後把自己忘掉，有如「坐忘」，經過一段時間之後，再出定。

所以說，修習「金剛心菩薩法」可以幫助我們真心懺悔，消除業障，堅固道心，增加福分，增長德行，清淨「身、口、意」，破除煩惱，止息妄念，體悟空義，證悟佛性。包括證悟自性清淨、一切清淨、廣大自性清淨、廣大其他清淨。這也是密教大手印的最高理趣：罪從心起將心懺，了達罪性本空之理，自然而然一切清淨。這「金剛心菩薩法」豈不是大法。

綜合而言，「四加行法」包含大禮拜法、四皈依法、大（曼達）供養法、金剛心菩薩法，是密教行者入門必修的一門基礎課。尊貴的蓮生聖尊《流星與紅楓》諄諄告誡弟子們：「修密法，勿求速，勿混亂，勿跳級。踏實的修，一定相應。」另外，在《真佛祕中祕》也提到：「學法從基本法開始，先消業障，增福慧。業障消除了，有了福慧，魔障才不會產生。四加行法乃是懺悔衆罪，消除魔怨，增加福慧的根本密法。我個人以爲，四加行法是第一重要的密法。」甚至要求弟子們大禮拜要十萬遍，四皈依咒要十萬遍，大供養要十萬遍，金剛心菩薩法要修到相應。因爲四加行法一旦相應，修其他的法也就容易相應。其實，只要在密壇前每日實修一壇「金剛心菩薩法」，自然涵蓋完整的四加行法。不過，除了每日入壇實修四加行法之外，其實在日常生活當中，隨時隨地都可以實踐四加行法。例如，看到佛、菩薩、金剛護法諸尊，合掌恭敬禮拜；甚至看見同門、同修，合掌恭敬稽首，就是在做大禮拜，是加行。一日三時憶念三根本（根本上師、根本本尊、根本護法），包括早上起來，中午時分，以及日落時分；甚至隨時隨地觀想上師住頂，本尊常住心中，護法隨侍在後，就是在做四皈依，是加行。每天爲壇城諸尊換水、換水果、換供品，供花、供香、供燈等，就是在做供養。一天三餐，或者是吃任何點心，吃前先觀想供養上師、本尊、護法，也是在做供養，是加行。今天做了什麼？要懂得反省，懂得懺悔，靜坐修心，觀想把自己的業化爲空，就是在做金剛心菩薩懺悔法，也是加行。由此可知，四加行不只是天天在做的，而是隨時隨地都在做的，從來沒有一天可以停止的，才叫做加行。如果能夠抱持這樣的心態，並且秉持「敬師、重法、實修」的精神來修四加行法，那有不相應的道理？相應之後，我們就可以再登上一階，開始修上師相應法。

第五節　上師相應法

尊貴的蓮生聖尊《真佛祕中祕》認爲：修學密乘，「上師相應法」是第二次第，人人均要修習。須知上師相應法是根本傳承上師與弟子之間相互感應最速捷的方法。學習密教修法，一定要修根本上師相應法。只要相應，傳承加持力就不會喪失，這是根本中的根本。而且，既然踏入修行密宗之門，就要皈依具足傳承根本且具德的上師，然後依照具德的根本上師傳授給我們的密法按部就班來修。然而，何謂上師呢？「上師」是德高望重的老師，而且具有無上智慧，無量慈悲，甚至無邊法力，高德聖行；集「佛、法、僧」於一身的一體三寶。須知德相具足的上師，卽是三寶之總集，精通顯密一切教法，並且能夠引導弟子解脫生死，乃至於卽身成佛。由此可知，「根本上師」是指包含傳授密宗的法門、傳授密宗的灌頂、解釋密宗的意義、指點密宗的訣竅等四種恩德的上師。並且能夠令弟子認識法性，解脫成佛。然而，怎樣才能夠被稱爲上師呢？根據尊貴的蓮生聖尊《黑教黑法》的看法：能夠被稱爲上師的條件有二：其一、明心見性，生死自主，入法性海，受諸佛海會灌頂。其二、由根本上師灌頂，認可爲上師。然而，真實的人間卻存在著許多「假上師」，自稱自己已經明心見性，或者號稱自己已經被某某高僧、或聖者、或佛菩薩認證爲上師，然後以此欺騙世人，或騙財，或騙色，誤導衆生。一般人應如何判定該上師到底是「真上師」或「假上師」呢？尊貴的蓮生聖尊《真佛祕中祕》認爲：真上師的特徵包括：一切行爲舉止均合乎佛的戒律，具備多聞、實修、正思等三種智慧。而且，真上師確有得證，有時候無意中也會顯出他的法力。

此外，尊貴的蓮生聖尊《無上密與大手印》說：「上師有歷代的祖師、有人間的上師、更有自心的上師。這歷代祖師、人間上師、自心上師三者是合一的，不可分的。」其中，歷代祖師是珍貴的法脈傳承，人間上師是今生皈依具德且有緣的根本上師，自心上師則是衆生本有的真心本性，與佛無二無別，不假外求。說穿了還是那一顆「心」在主導，一切都是自心。自心迷是衆生，自心悟是佛。所以說，真正的上師其實是自心上師。因爲歷代祖師已經圓寂了，人間上師終究也會圓寂，最終可以依靠的只有自心上師。但是自心上師與歷代祖師、人間上師三者卻又是合一而不可分割的。在自心尚未澈悟、自心光明尚未顯現之前，歷代祖師與人間上師的加持是不可或缺的。因此，要想辦法接通與人間上師的心，乃至於歷代祖師的心。一旦接通，就是相應，歷代祖師與人間上師的法流就會充滿行者的自心，然後循著該人間上師成佛的軌跡卽身成佛。最後，我們發現，上師之心竟然就是法界法爾無邊之境，一切本尊竟然都是上師之心的明性本然無礙的化現。甚至可以說，本尊根本就沒有實體的存在，如果行者不解，執著以爲實有，便會導致迷亂。所以說，本尊是上師之心的化現，而護法則是本尊各種不同的化現。不管本尊或護法，原來都是上師之心的化現。

這下子全明白了！十方三世一切諸佛、本尊、護法，乃至於一切淨土、穢土、三界、五趣、六道，全都是「心」所幻化的。須知本性是清淨的，衆生本來都是佛，無奈一念無明，遇境生心，心動則緣起，緣起則幻化世間的一切。今天我們跟著根本上師學密，想要成就，當然就要順著上師的「心」去修，不然如何相應？如何得到加持？如何得到成就？原來所有的本尊、護法、空行、悉地、淨土等全都是上師之「心」所化現出來的。了解之後，對自己的根本上師不僅要恭敬供養，還要修到相應，但千萬不可以執著，不然會著魔。然而，要怎麼修「上師相應法」呢？基本上，「上師相應法」的修法儀軌跟前文提及的「金剛心菩薩法」類似，只是皈依不同宗派的根本傳承上師，各有各的傳承、各有各的經典、各有各的悉地、各有各的手印、各有各的咒語，各有各的觀想。其中，觀想方面：「觀想」之前先「觀空」；然後唸「觀空咒」三遍。其次，觀想上師化現、觀想三光加被、觀想上師灌頂；並誦「懺悔偈」：「往昔所造諸惡業，皆因無始貪瞋癡，從身語意之所出，我今一切皆懺悔。」然後持唸珠觀想：雙手持唸珠置胸前，唸時用大拇指撥珠，並且恭誦根本傳承上師心咒一〇八遍，然後入三摩地。進而觀想上師入我我入：觀想方式同前文提及的「金剛心菩薩法」所述，只是觀想的對象換成根本傳承上師而已。久久修之，「身、口、意」自然清淨，業障自然消除；只要三業轉三密，三密自然清淨，與上師自然相應，並獲得傳承。

然而，如何知道相應呢？根據尊貴的蓮生聖尊《大手印指歸》的說法：例如確知上師親臨加持，或者在夢中見到上師，有了心領神會，就是修法有了相應。或者上師加持光明，有了大進境，產生特別不同的覺受，均是「上師相應」的大證明。然而，「上師相應」有那些功德呢？根據尊貴的蓮生聖尊《密宗羯摩法》的說法：修上師相應法，其功德大矣！不但可以獲得上師靈光的加持，還可以獲得許多世間的好處。甚至只要與上師相應，一切災難免除，一切衣食具足，一切疾病遠離，一切平安吉祥；而且隨時隨地有善神擁護。

甚至求長壽可以得長壽，求子可以得子，求財可以得財，幾乎世間的一切利益皆可得之也。以筆者為例，筆者的根本傳承上師是尊貴的蓮生聖尊。在每日一修當中，必定觀想上師三光加被，恭誦上師心咒一〇八遍，並且恭誦《真實佛法息災賜福經》一遍，久久行之，已多次於夢中蒙尊貴的蓮生聖尊加持賜福。最神奇的一次則是於新冠肺炎疫情期間，有一天晚上在夢中參加聖尊親自主持的法會，在接受聖尊摩頂加持之後，弟子跪求聖尊告知是否能夠如願轉職（難度甚高），以便與妻兒團聚。聖尊回首微笑點頭告知：可以！弟子聞之，雀躍萬分，跪地叩謝。進而著手申請轉職，後來果然印驗如願，轉職成功，闔家團圓，感恩聖尊。由此可知，想要得到安樂，得到傳承，三密清淨，修法相應，得到加持，往生淨土，開悟證真，甚至想要即身成佛，「上師相應法」是必經的過程。尊貴的蓮生聖尊《密宗羯摩法》說：「修上師相應法的目的，就是要得到上師的加持力。」一旦得到相應，就可以進一步依次第修「本尊法」了。

第六節　本尊法

尊貴的蓮生聖尊《真佛祕中祕》說：「要知道密宗以本尊法為一切法的中心。」為什麼這樣說呢？因為學佛就是為了要成佛；想要成佛，就要像個佛。因此密教教導我們一個方法：找一個跟我們最投緣的佛、菩薩或空行，把祂當成本尊來學習。學習祂的發願，學習祂的法門，學習祂的「身、口、意」，學習祂的一切；只要與祂相應了，你就會變成祂，然後你就成佛啦！尊貴的蓮生聖尊《細說密教修法完整儀軌》說：「只要本尊法你相應了，我保證你成佛。」所以說，修「本尊法」就是要變成「本尊」，進而回到本尊的淨土，然後「成佛」。其實，「本尊」就是我們心中本來具足的尊貴佛性，也是我們修持密教法門的主尊。須知密宗最大的原理是「汝就是佛」，也卽是「汝就是本尊」。一切言行舉止均與本尊一模一樣，學習本尊就成了本尊。甚至「家」——是本尊的莊嚴佛殿；「父母、親人、兄弟姐妹」——是本尊的眷屬；「說話」——是本尊的咒語或法語；「意識」——是本尊的心念；「地水火風空」——是本尊的功德；「任何姿態」——是本尊的手印。因此，密宗行者必須選擇一個主尊，並以該主尊的法作爲一生當中永不間斷的修行法門。甚至行者每天都要想到自己的本尊，想到本尊卽是我，我卽是本尊。另外，根據尊貴的蓮生聖尊《真佛祕中祕》、《密宗羯摩法》的說法：密宗行者在這一世當中，只可始終如一地專修乙尊本尊法。只有一心想要與本尊融合，才能夠變化成爲本尊。因此，尊貴的蓮生聖尊諄諄告誡弟子們：「本尊法，永世不可放棄。」由此可知，「本尊法」是密宗行者一輩子修行永遠不變的法，日日均要修習。其他的法則是有需要的時候才修習，只能算是一種輔助法。所以說，「本尊法」是密宗行者修行的首要。無論加修何種法，「本尊法」絕對不可以停止，而且最好也不要隨便更換本尊，以期成就本尊淨土。

然而，該如何選擇本尊呢？根據尊貴的蓮生聖尊《真佛祕中祕》的說法：行者可以依照自己的心性、誓願、緣分來選擇本尊，不一定要用「拋花」、「上師指派」、「抽籤」、「生辰八字」等方式，這些都只是方便法而已。其實，「本尊」就是自己最投緣的那一尊佛或菩薩，作爲自己一生修法的方向。或者說，感覺最有緣分的，就是你的本尊。例如你很慈悲，當以觀世音菩薩爲本尊。例如你發大願，當以地藏王菩薩爲本尊。例如你想大行，當以普賢王菩薩爲本尊。例如你有大智，當以文殊菩薩爲本尊。例如你想濟疾，當以藥師如來爲本尊。總之，只要合於心性，跟自己最投緣的佛菩薩，就是「本尊」。若實在沒把握，才由上師指派可也。其中，所謂「緣分」或者「投緣」的意思，就是指行者與本尊彼此心靈相契合，行者隨時隨地都會想起祂；喜歡唸祂的咒語，唸再久也不會覺得累；喜歡看祂的法像，看來看去也不會覺得膩；喜歡修祂的法，每次修法都法喜充滿；有好吃的、好玩的、好看的，都會想要供養祂；時時觀想本尊住頂，慈悲護祐加持等；甚至夜夜抱佛眠，朝朝還共起。事實上，密教裡面有許許多多的本尊法，可供行者選擇修學。大家可以根據自己的需要，選擇一尊適合自己的本尊來修行。然而，該怎麼修「本尊法」呢？基本上，「本尊法」的修法儀軌跟前文提及的「金剛心菩薩法」類似，只是選擇的本尊不同，各有各的經典、各有各的悉地、各有各的手印、各有各的咒語、各有各的觀想。其中，觀想方面：「觀想」之前先「觀空」；然後唸「觀空咒」三遍。其次，觀想本尊化現、觀想三光加被、觀想本尊灌頂；並誦「懺悔偈」。然後持唸珠觀想：首先雙手持唸珠置胸前，唸時用大拇指撥珠，並且恭誦本尊心咒一〇八遍，然後入三摩地。進而觀想本尊入我我入：觀想方式同前文提及的「金剛心菩薩法」所述，只是觀想的對象換成本尊而已。進而做到身是本尊的身，口是本尊的口，意是本尊的意，完成三密相應，就可以與本尊合一，無二無別，如同本尊。從此行者化為本尊，本尊常在左右；一切時，一切地，永遠不分離，直至菩提。

最後，尊貴的蓮生聖尊《打開寶庫之門》認為：行者透過與本尊互相融合為一、無二無別的修持方法，可以把修行成佛的時間大大地縮短。大乘顯教菩薩本來需要經過三大阿僧祇劫的漫漫歲月，才能夠修證成佛；大乘密教行者只要一世就可以成佛了，這就是善巧方便。尊貴的蓮生聖尊《細說密教修法完整儀軌》說：「你本尊法相應了，就可以保證本尊來接引你到西方極樂世界，或到本尊的淨土。」也就是說，修「本尊法」一旦與本尊相應，得到本尊的加持，成佛就有了保障。不但「接引成佛」沒有問題，如果禪定功深，轉識成智，還可以「即身成佛」。由此可知，想要修行密法成就，「本尊法」是密教行者終其一生的每日必修功課。至於「本尊法」的詳細口訣，讀者可以進一步參考尊貴的蓮生聖尊《解脫道口訣》一書。

第七節 修法儀軌

所謂「儀軌」就是步驟、程序，甚至是一種宗教儀式。尊貴的蓮生聖尊《密教奧義書》認爲：密教行者修「四加行法」、「上師相應法」、「本尊法」，都有「儀軌」的傳授；須知「儀軌」就是歷代祖師的心要。換句話說，「修法儀軌」就是密教行者修持密法的標準範本，包括：「前行」、「正行」和「後行」。以真佛宗「真佛密法」的「本尊法」爲例，參考尊貴的蓮生聖尊《真佛儀軌經》、《真佛法中法》、《細說密教修法完整儀軌》的說法，以及個人實修「真佛密法」的心得，總結大綱如下：「前行」包括：入壇，修法開始，先祈求根本傳承上師加持修法圓滿，先觀空，再祈求根本傳承上師慈悲住頂，放光加持，恭誦「上師心咒」七遍；四無量心，拍掌彈指，唸「清淨咒」，唸「召請咒」，奉請根本傳承上師、歷代傳承祖師、金剛薩埵、大日如來暨壇城諸尊，觀想大禮拜，大（曼達）供養，包括：結供養印、觀想供養變化無量無邊、唸「供養讚」與「供養咒」，觀想灌頂，觀想行者前後左右的一切有緣眾生，一起修法，並接受灌頂，唸「懺悔偈」、唸「懺悔咒」，唸「四皈依咒」三遍，發「四弘願」，披甲護身法，唸「發菩提心真言」；唸《高王觀世音真經》一遍，唸「往生咒」七遍，唸《真實佛法息災賜福經》一遍，觀想上師三光加被，唸「根本上師心咒」一○八遍。「正行」包括：先觀空、唸「觀空咒」三遍，手結本尊手印，觀想大海面上藍色月輪種子字放光旋轉化現出本尊，觀想本尊三光加被，觀想本尊手持的法器放光加持行者，唸「本尊心咒」一○八遍，入三摩地，包括：九節佛風、金剛誦、入我我入、甚至內火明點。「後行」包括：出定誦讚，加持其他八大本尊心咒，唸佛三遍：南無三十六萬億一十一萬九千五百同名同號阿彌陀佛，迴向：請佛住世、大轉法輪。唸「補闕真言」七遍，唸「百字明咒」三遍，觀想大禮拜，唸「圓滿咒」，拍掌彈指，修法圓滿，吉祥如意，出壇。

第八節 結語

總而言之，「密乘」是最完整而圓滿的教法，既涵蓋「小乘」的「四聖諦」與「八正道」，也融合「大乘」的「中觀」與「唯識」，更開創「密乘」的「生起次第」與「圓滿次第」，循序漸進，邁向解脫，成就佛果。並且兼具「小乘」出離的「智慧」、「大乘」度衆的「慈悲」以及「密乘」相應的「法力」。所以說，「密乘」圓滿涵蓋了「智慧」、「慈悲」和「法力」，來具體實現「成佛度衆」這一偉大事業。不但完整地承接佛陀的教義，而且萃取佛陀教義的精華，甚至貫通自身與靈界、乃至於十方法界的交流，形成一套系統化且不可思議的密教修行法門。藏密黃教宗喀巴大師甚至認爲「密乘」比「佛」更加稀有珍貴，日本空海大師也認爲整個佛教的終極妙理在於「密乘」。由此可知，「密法」是佛法的精華，是解脫成佛的無上法門。不過，修習密教一定要按部就班，不可操之過急。如果亂跳步驟，很容易出現散失。所以說，「生起次第」一定要從「四加行法」開始修起，其次是「上師相應法」，然後才是「本尊法」、「羯摩法」。「圓滿次第」一定要從「內法」開始修起，其次是「無上密法」，然後才是「大圓滿法」，除非是上上根器。不過，雖然密教這麼殊勝，但是由於利用自己的身軀作爲修行的工具，並且經常透過「觀想」與無形的靈界打交道，如果觀念不正確，動機不純正，修行不如法，多少隱藏著些許風險。因此，以下我們提醒讀者幾點注意事項：

一、傳承真的很重要：想要修密法，一定要找一位「投緣」且「具德」的根本上師皈依，才不會盲修瞎練，才會有所依靠，才會得到法本，才會得到傳承，才會得到加持，才會得到相應，修法才會有效果，成佛才會有保障。因爲「投緣」才會生起歡喜心，「具德」才不會受騙。然後，秉持著「敬師、重法、實修」的精神，努力修持密法。須知「顯教」是依法不依人，「密教」則是依法又依人。而且，「密教三根本」的「本尊」及「護法」都是隨著「上師」才歡喜下降的。沒有根本上師就沒有「加持根本」，當然也就沒有本尊的「成就根本」，更遑論護法的「事業根本」。所以說，沒有「傳承」，就沒有「密教三根本」，一切都是白搭！而且，很容易誤入歧途，被魔當點心吃掉！

二、基礎真的很重要：基礎包括「顯教」的基礎以及「四加行法」的基礎。須知沒有「顯教」的基礎是沒有資格修「密教」的。如果連佛陀的原始教誨：「四聖諦」、「八正道」都不了解或不認同，就會缺乏佛法的正知正見，很容易產生偏差。其次，對大乘顯教的「中觀正見」以及「萬法唯識」，也要有充分的認識，否則實修密法的過程當中，就會變成只知其然，而不知其所以然。若是這樣，如何能夠轉識成智、見證空性呢？另外，還要提醒讀者「四加行法」真的很重要，是築基的大法，絕對不是小法，千萬不要輕視它。因爲「四加行法」可以幫助行者懺悔眾罪，消除魔怨，增加福慧；一旦業障消除了，福慧增加了，魔障才不會產生。而且，只要「四加行法」相應了，基礎穩固了，再來修其他密法，都會很容易相應的。

三、實修真的很重要：密教是非常講究實修的！只要肯實修，持之以恆，日久功深，效果一定會出來。例如，高王觀世音真經，唸滿一千遍，重罪皆消滅。大孔雀明王咒，持滿六十萬遍，可往生西方極樂世界摩訶雙蓮池。沒有實修，一切都是空談！也唯有實修，才會產生證量，產生相應的覺受。須知人有誠心，佛有感應；只要心地虔誠，必然滿你所願。不過，千萬不可以貪快，更不可以跳步驟；一切都要按部就班來做，一切都要按照儀軌來修。業障一定要懺悔，供養一定要廣修，福德一定要累積，「身、口、意」一定要清淨，而且，記得「每日一修」。尤其是「本尊法」，更是一輩子都不可以捨棄的。須知一日不修，一日是鬼。

四、觀想真的很重要：在實修的過程當中，「觀想」扮演非常關鍵的角色。須知密教行者的修練，全靠「觀想」變化之力。因爲「觀想」可以總攝三密，令三密清淨。只要「三密清淨」，自然成就諸法。而且，「觀想」其實就是「觀心」。你心裡面在想什麼，就會招感什麼。加上如果「感覺」頻率相通的話，必定可以心想事成。這樣也可以說明：爲什麼密教的「觀想」會這麼有效！加上你的「感覺」能夠跟本尊「相應」，修法就會有成就。反過來說，如果你的心態不太正確，甚至不太正經，招感來的可能就是邪靈惡魔。不但討不到便宜，反而被控制身心，導致走火入魔，不可不慎。

五、淨治轉化真的很重要：密教修行的口訣其實就是「轉化」二字。修行的本義就是「轉化清淨」。只要懂得「淨治轉化」，一切清淨；只要一切清淨，那有不相應的道理！由此可知，所有密法的修持，不離「轉化」。密教行者運用觀想、手印、咒語，把世俗的一切，全部轉化成爲清淨，就可以相應。然而，爲什麼可以轉化呢？因爲世間的一切都是因緣和合的，一切假有；都是唯識所變的，一切虛妄；都是唯心所現的，一切是幻。所以說，種種外在塵境皆是虛妄，用空性來加以破除，就一切解脫了，寬坦而任運。由於諸法是由意念所先導，如果「淨治轉化」了，就變成修行。因此，只要懂得轉化，一切化爲淨土。不僅天堂是淨土，地獄也是淨土，無處不是淨土。

六、相應真的很重要：「相應」是修持密法獲得成就的印證，也就是你跟上師、本尊或護法之間的頻率相通了，彼此感應道交，融合爲一；你就是我，我就是你。修法有了相應，就會增加信心，就會持續地修下去，直到成就。但是，也不要為了相應而渴求相應。須知相應是自自然然來的，不是求來的；如果強求相應，來的搞不好是假的，甚至是魔來騙你的。這時候就要趕快唸上師心咒來驗證或破魔。其實保持平常心就好了，不一定要有什麼神奇的靈界經驗或神遊夢示才叫相應。只要覺得法喜充滿，煩惱越來越少，心情越來越好，智慧越來越增長，運途越來越順利，生活越來越改善，身心越來越清淨，覺受越來越殊勝，就是相應，然後老老實實地修下去就對了。重點是：只要「心」是真誠的，來相應的就會是真的！但是確實也有人修持密法修了大半輩子都沒有相應，持咒也持了上百萬遍，護摩火供也參加了幾十壇，高王經也唸了上千遍，為什麼還是沒有相應呢？唉！仔細檢查一下自己的「身、口、意」吧！一定有什麼地方不如法或不清淨，佛、菩薩、護法、空行才不願意下降跟你相應。事出必有因，趕快懺悔吧！

第十章 密宗羯摩法

以我功德力，
如來加持力，
及以法界力，
普供養而住。

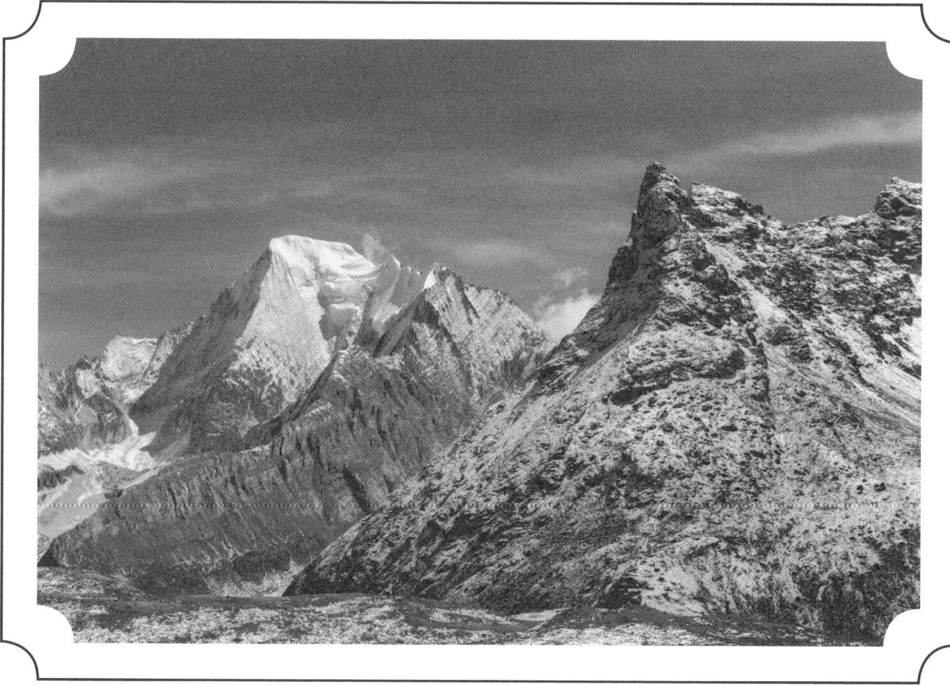

第一節　前言

既然知道衆生本來是佛，一切都是心識所造成，因此密教教導我們直接從佛的果位來修，並遵循密教特定的修法儀軌，用真心誠意觀想我們就是佛。既然學佛，就要像個佛；學佛的「身」，學佛的「口」，學佛的「意」，轉三業爲三密；三密清淨了，就可以獲得佛的三密加持；一旦神變加持，就可以獲得與佛相應的「法力」，進而把我們自性本有的能力也開發出來。其中，不但神變加持是「法力」，而且自性本有的能力也是「法力」。尊貴的蓮生聖尊《真佛祕中祕》認爲：密教行者按照密教的修行次第，逐一完成「四加行法」、「上師相應法」、「本尊法」的修持，只要一一相應，自然而然就會有「法力」。然而，會有什麼法力呢？尊貴的蓮生聖尊《超級大法力》說：「密教真的是修合體法，也就是與本尊合一的方法。只要能完全合一，本尊的法力，就是行者的法力。」換句話說，只要能夠與本尊相應，就可以擁有本尊的法力。然而，有了這些法力，到底有什麼用呢？尊貴的蓮生聖尊《真佛祕中祕》說：「有法力的人，就可以行法救世救人，這作法救人救世，就是密宗羯摩法。」

因此，有了「法力」之後，就可以結合「智慧」與「慈悲」，入世度衆，並且配合修持「羯摩法」，進行息災、增益、敬愛、降伏等利他事業。不僅自度，而且度人。尊貴的蓮生聖尊《真佛祕中祕》認爲：原則上，「四加行法」、「上師相應法」、「本尊法」都是自己解脫自己，自己救度自己的密法，其意義在於修行得度。而「羯摩法」則是濟世人、度衆生，屬於行善修功的密法。這是密教特別殊勝的地方，竟然在修證成佛的過程當中，就可以度衆生了。不過，依然不能夠忘記當世解脫生死的修行宗旨。然而，何謂羯摩法呢？根據尊貴的蓮生聖尊《真佛祕中祕》的說法：「羯摩法」就是「作法」，行者因爲作了法，由於「法力」的緣故，便可以使自己或他人的願望得到成就。一個密宗行者如果有了「法力」，便可以進一步修習「羯摩法」，一者濟世救人，二者累積善功。而且，修持「羯摩法」還可以有很多好處，包括：除疾病、得智慧、求功名、除鬼魅、消業障、求神通、求健康、求菩提、召請鬼神、降伏惡人、鎮煞除穢等，乃至於一切所求，無不如願。此外，也可以透過「羯摩法」與衆生結緣，度衆生入佛門。所以說，「羯摩法」是一種度衆生的方便作法，不可等閒視之。

由此可知，「羯摩法」不但可以幫助自己安穩地走在密教修行「出世間」的道路上；也可以幫助衆生滿足「世間」的世俗需求，進而引領衆生親近佛法。尊貴的蓮生聖尊《真佛祕中祕》提到：一切密法皆可活用。不管是「四加行法」、「上師相應法」，或「本尊法」，其實都可以變成「羯摩法」。一個有智慧的行者，在修法當中，不但能夠令自己離苦得樂，也能夠令他人離苦得樂；不但能夠令自己獲取菩提，也能夠令他人獲取菩提。因此，一切修法均可以爲自修，也均可以爲羯摩。例如，在修觀世音菩薩本尊法的時候，當行者想要順便爲他人祈福治病，可以將病人觀想到行者面前，然後用手中的楊柳枝拂一拂該病人，或者觀想楊柳枝化成一道白色弧光照耀病人，並觀想該病人的疾病逐漸減輕或者完全消除，這樣就可以變成治病的息災法。所以說，只要好好地修持密法，修到相應，修出法力，不但自己可以獲得成就，也可以善用法力，進行濟世度衆的事業。以下我們針對密宗羯摩法、密教曼荼羅、超級大法力、四大護法等，詳細說明如下：

第二節 密宗羯摩法

根據尊貴的蓮生聖尊《密宗羯摩法》的說法，以及個人的研究心得：「羯摩法」是救世濟人的大密法。由於作法，因此可以幫助眾生消除煩惱，成就一切心願。須知人有八萬四千種煩惱；例如，有人病痛纏身、家宅欠安、遭遇橫禍；有人財路短缺、地位卑賤、事業受阻；有人情路不順、婚姻不和、缺乏子息；有人惡鬼纏身、沖犯惡煞、遭人陷害等。人世間實在有訴說不盡的煩惱與痛苦，怎麼辦呢？星雲大師說：「有佛法，就有辦法。」說得一點也沒有錯，須知「佛法」就是來幫忙我們解決人生的問題。而且，「佛法」可以讓我們有所依靠，不會茫然不知所措。然而，「佛法」是什麼呢？這真是大哉問啊！簡而言之，「佛法」就是佛陀說的法，用來解脫眾生的煩惱與痛苦，從生命增上、出離生死、到證悟菩提，涵蓋八萬四千種法門。其中，有些人生的問題用「世間法」根本就解決不了，這時候不妨可以借助法力無邊的「羯摩法」來解解看，說不定會有出乎意料乃至於不可思議的效果喔！當然，也不能過於迷信「法力」，世俗該做的努力還是要去做。例如，生病本來就應該看醫生，不能連醫生也不看，藥也不吃，一味地迷信「法力」的神蹟，那就本末倒置了。正確的認識應該是：在修完「羯摩法」之後，也許可以得到無形的指點幫你找到合適的醫生、藥品或方法，如此身體就因而恢復健康了。須知事出必有因，有因必有果。其中，有世俗環境的因，也有個人生理的因或心理的因，搞不好還有靈界無形的因，甚至牽扯到前世今生；因果錯綜而複雜，任憑誰也無法一眼看穿，除非是佛。這時候，「羯摩法」說不定就可以起到一定的作用，特別是在嘗試各種「世間法」都失敗之後。

一般而言，「密宗羯摩法」包括：息災法、增益法、敬愛法（攝召法）、降伏法。所謂「息災」就是平息一切災難，防止一切意外，消除一切病厄。所謂「增益」就是增加功名利祿，促進事業發展，添福添財添壽。所謂「敬愛」就是增進桃花人緣，攝召婚姻兒女，促進人我和諧。所謂「降伏」就是鎮煞除穢，降伏鬼魅，折伏怨敵，小人退散。由此可知，密教實在是非常地殊勝，針對芸芸衆生的需要，而有各種不同的密法，令衆生得以滿其所願。尊貴的蓮生聖尊《智慧的光環》提到：息災、增益、敬愛、降伏，這四大法在密教來說，是屬於入世的事業。但要注意的是：「羯摩法」的目的不是爲了滿足衆生的貪欲而已，而是爲了吸引衆生親近佛法，令入佛門。就像維摩詰所說經（卷下）佛道品第八所說的：「先以欲鉤牽，後令入佛道。」這才是「羯摩法」的本意。

另外，爲了讓「羯摩法」達到一定的效果，在修「羯摩法」的時候，有一些要點必須特別加以注意，包括「時間安排」和「壇法儀軌」等。根據尊貴的蓮生聖尊《密宗羯摩法》、《真佛祕中祕》的說法，以及個人的研究心得：在「時間安排」的要點方面，修「羯摩法」的時間，一律以「七日」爲圓滿，因爲「七」正是圓滿的數字。其中，修「息災法」，包括除病、治病、息災等，最好安排在初一至初八日。修「增益法」，包括財利、功名、考試、事業等，最好安排在初九至十五日。修「敬愛法」（攝召法），包括婚姻、緣分、和合、人際關係、求子等，最好安排在十六日至二十三日。修「降伏法」，包括鎮煞、除穢、降伏鬼魅、折服敵人等，最好安排在二十四日至月底。另外，在「壇法儀軌」的要點方面，分述如下：

一、息災法：作法的人要面向北方，佛壇則要面向南方。身穿白色法衣，修法的時間最好選在太陽下山的時候，所獻的水果以白色爲宜；觀想本尊是白色，放光也是白色；修法的時候用「慈悲眼」，坐姿修法；唸咒的聲音要不急不緩、清和調勻。「息災法」的白色諸尊代表包括：觀世音菩薩、佛頂尊聖佛母、大白傘蓋佛母、大準提佛母、摩利支天佛母等。舉例說明，例如有親友身上長腫瘤，行者慈悲想要幫忙救治他，這個時候就可以用「息災法」。修法的時候，可以將該親友觀想到行者面前，並觀想觀世音菩薩本尊放出白色的光，照在該親友的腫瘤上。白光每照耀一次，腫瘤就縮小一些，白光照耀多次，腫瘤就化爲沒有，乃至於完全痊癒；持咒時可唸「嗡。嘛。呢。唄。咪。吽。」一〇八遍或更多遍；其他本尊以此類推。

二、增益法：作法的人要面向東方，佛壇則要面向西方。身穿黃色法衣，修法的時間最好選在月亮初昇的吉時，所獻的水果以黃色爲宜；觀想本尊是黃色，放光也是黃色。修法的時候用「金剛眼」，內心充滿歡喜；唸咒的聲音要簡潔有力。「增益法」的黃色諸尊代表包括：財寶天王、黃財神、地牢堅神、龍王等。舉例說明，例如自己或親友開了一家商店，可惜生意卻不是很好，爲了使商店生意變好，這個時候就可以用「增益法」。修法的時候，可以將整座店面觀想在行者面前，並觀想財寶天王本尊就在商店的上空而住，放出黃色的光罩住整個商店，使整個商店變成光輝燦爛的金黃色；甚至觀想商店人進人出，成了車水馬龍之狀。持咒時可唸「嗡。呸。夏哇。那耶。勒令某某某商店大發利市。梭哈。」一〇八遍或更多遍；其他本尊以此類推。

三、敬愛法：作法的人要面向西方，佛壇則要面向東方。身穿黃色法衣或紅色法衣，修法的時間最好選在後夜的吉時，所獻的水果以紅色爲宜；觀想本尊是紅色，放光也是紅色。修法的時候，豎膝，腳相靠，臀不著地；唸咒的聲音要一字一字的簡潔有力。「敬愛法」的紅色諸尊代表包括：愛染明王、咕嚕咕咧佛母等。舉例說明，例如夫妻失和，家庭爭吵，先生或太太外遇，家庭破裂，這個時候就可以用「敬愛法」。修法的時候，可以將男主人與女主人觀想在行者面前，並觀想咕魯嚕列佛母本尊放出紅色的光照著男女主人，男女主人各現出喜悅的容貌。此時再觀想男主人與女主人互相融入，合而爲一，進而消失不見。持咒時可唸

「嗡。咕嚕咕咧。咄唎。勒令某某家庭圓滿。梭哈。」一〇八遍或更多遍；其他本尊以此類推。

四、降伏法：作法的人要面向南方，佛壇則要面向北方。身穿青色法衣或黑色法衣，修法的時間最好選在日正當中或月正當中，所獻的水果以青色或黑色爲宜；觀想本尊是青黑之色，放光也是青黑之色。修法的時候，有兩種身印：一種是右腳正立，左腳略曲立；右腳表示自己，左腳表示對方。另一種是以右腳踏在左腳之背，用蹲式修法，臀不著地，代表踏住對方的意思。並觀想本尊的臉是舉眉斜目，齒咬住上唇，成忿怒之相，與忿怒之心相應；唸咒的聲音要忿怒黜聲。「降伏法」的藍色諸尊代表包括：不動明王、普巴金剛、穢跡金剛、大威德金剛、馬頭明王等。舉例說明，例如修「降伏法」的時候，首先要觀想將自己變身爲金剛神將，接著攝召對方到自己的面前，然後把對方觀想成如「三寸釘」般的大小；並觀想自己右腳踏住左腳，有如自己折服對方。也可以手結「降伏催伏印」，然後用「降伏催伏印」的手掌拍打地上，但勿太兇狠。在真言中，還要加上「吽。吽。吽。發吒。」這樣就可以制伏對方。不過，尊貴的蓮生聖尊諄諄告誡弟子們：「降伏法」是爲了降伏一切惡毒鬼神以及惡龍怪獸等損害一切有情者；也是爲了調伏一切惡人、害國害民、生反道心者，以及滅三寶、毀真言者，或是障礙持咒的人，絕對不是爲了報復個人的恩怨情仇。此外，修「降伏法」時，行者需要具有大慈悲心，完全是爲了救度惡人而修。等這些惡人吃足了苦頭，被收服之後，行者再爲其修「息災法」。行者若沒有自信能夠救度被摧毀者，就不要施爲。

綜合而言，「羯摩法」可以幫助衆生息災、增益、敬愛或降伏，滿衆生之所願，是非常活用的密法。甚至不管修什麼法，只要懂得靈活應用，都可以變成「羯摩法」。密教行者只要與本尊相應，就會有法力；修「羯摩法」，觀想就會變成事實，這就是密法的「羯摩成就」。所以說，「本尊法」已經修到相應的行者，想要濟世救人，就可以設下臨時的七日密壇，奉請諸尊下降，然後按照密法的程序修持，就可以得到「羯摩成就」。此外，尊貴的蓮生聖尊《真佛祕中祕》也透露了一個祕密：只要在修「羯摩法」的時候，密宗行者手持法器作法，觀想欲成辦之事，甚至觀想由密宗行者的法器放光去碰觸那個人或那件事，這樣就能夠心想事成，使一切都能夠圓滿如願。然而，要選擇那一位本尊來進行「羯摩法」呢？尊貴的蓮生聖尊《淨光的撫摸》說：「其實本尊是泛稱，祂可以是諸佛、菩薩、金剛、護法、空行、諸天。也可稱宇宙意識、最高意識、大能、大智、大我、神等等。」端視你要修那一類的「羯摩法」？是息災、增益、敬愛（攝召），還是降伏？然後就奉請相對應的本尊下降卽可。通常佛菩薩等部諸尊都是很慈悲的，均可以消業障，增福慧。而明王部諸尊，以護持佛法居多，均有金剛降伏的大威能。天部諸尊，泰半均是祈求如意吉祥的。而眷屬部諸尊則各有其本誓，只要依其本誓修持，均能得到相應的「羯摩成就」。當然，平時就要供養、禮拜、憶念、修持諸尊的法，甚至相互誓盟，堅守「三昧耶戒」；否則「臨時抱佛腳」是不會見效的。一旦學會了「羯摩法」，就可以運用一切密法，隨緣度衆生。不過，不管是修「四加行法」、「上師相應法」、「本尊法」，還是修「羯摩法」，都只能算是密教的「生起次第」，壇城的設立是有必要的。所謂「壇城」就是修法的地方，也是供奉佛菩薩諸尊的地方。透過壇城的建立，有利於密教行者觀想修法。壇城的梵語是「曼荼羅」，以下我們就針對「密教曼荼羅」進一步說明。

第三節　密教曼荼羅

「曼荼羅」卽法界的縮影，象徵莊嚴、淨土以及一真法界，是本尊的住所；本尊旁圍繞著眷屬諸尊。

根據松長有慶《東方智慧的崛起——密教》與真鍋俊照《曼荼羅的世界》的說法：「曼荼羅」有圓形物體、壇、道場等等的意思。起初，「曼荼羅」是指土塑的「壇」，乃婆羅門教與印度教本有作爲祭祀迎神用途的土壇。西元五世紀前後，開始被佛教融攝。到了西元六世紀時，成爲求取現世利益的「雜密」進行消災祈福之用。到了西元七世紀中葉時，結合大乘佛法的理論——中觀與唯識，密教也漸漸提昇至證悟解脫的「純密」，「曼荼羅」成爲密教行者修行密法、舉辦法事的場所。覺苑法師《大日經義釋演密鈔》卷二云：曼荼羅，聖賢集會之處，萬德交歸之所。意思是說，「曼荼羅」乃是一切聖賢、功德集會之處；也是諸尊聚集的處所。因此，「曼荼羅」不但是宇宙的宏觀象徵圖，也是十方法界的俯瞰平面圖。

另外，根據尊貴的蓮生聖尊《密教奧義書》的說法：「曼荼羅」就是把宇宙意識裡面的佛、菩薩、金剛、護法、空行、諸天，濃縮成圖，並且加以排列組合，顯現密教的修行次第。由於密教有獨特的佛尊與明王，所以密教有各式各樣的「曼荼羅」，包括：「五佛曼荼羅」、「金剛薩埵曼荼羅」、「金剛明王」的「曼荼羅」、「胎藏界」的「曼荼羅」、「金剛界」的「曼荼羅」等。而且，「曼荼羅」蘊藏以下三種含意：（一）除暗遍明；（二）法流常住；（三）象徵法身。這就可以說明：爲什麼密教行者接受灌頂的時候，必須在「曼荼羅」之前。因爲宇宙法流會先灌頂在「曼荼羅」，然後再由「曼荼羅」灌頂密教行者。以下，我們針對最具代表性的「胎藏界曼荼羅」與「金剛界曼荼羅」，進一步說明如下：

其一、胎藏界曼荼羅：根據《大日經》的說法，表現「大日如來」理性方面者，稱爲「胎藏界曼荼羅」，全名則爲「大悲胎藏界曼荼羅」。以「胎藏」能夠生出一切來比喻修行成佛或成佛度生。也就是說，一切以悲憫衆生爲本，進而生出種種事業。須知《大日經》的核心教義就是：菩提心爲因，大悲爲根本，方便爲究竟。如實知自心就是「菩提」，就是一切智智，就是諸法實相，就是佛。所謂「菩提心」就是成就菩提、覺悟成佛之心；所謂「大悲」就是悲憫苦難衆生的胸懷；所謂「方便」就是以實際行動，落實菩提心與大悲，達到究竟的佛果。然而，何謂「胎藏」呢？佛教講自性本自具足，本心能生萬法，就好像千千萬萬不同的人，都是從胎兒開始慢慢茁壯長大的；而世間的一切顯現都是由自心所出，故名爲「胎」。又如同樹木長成什麼樣子，屬於什麼品種，都是由種子所決定的；而且不同的性質都收藏在種子裡，故名爲「藏」。因此，「胎藏界」表攝持、會藏之意；用來比喻理性具足一切功德，有如母胎蘊含嬰兒。也就是說，密教認爲衆生皆有佛性，此佛性隱藏在衆生之身中，完整具備佛的一切功德，只是需要由大悲哺育。猶如胎兒在母胎內，亦如蓮花之種子蘊含在蓮花中，故譬之以「胎藏」。因此，「胎藏界」具有因、理性、本覺、真如、佛性、化他等諸義，是成佛的依據。在形式上，「胎藏界」將大乘佛教的諸佛、菩薩，以及融攝自印度教的忿怒明王、諸天、星宿、鬼神等，彙整成十二個部院（中台八葉院、觀音院、地藏院、金剛手院、除蓋藏院、遍知院、釋迦院、文殊院、持明院、虛空藏院、蘇悉地院、金剛外部院），以及三個系統（佛部、蓮花部、金剛部），提供一個屬於佛教聖俗一體的宇宙觀。

其二、金剛界曼荼羅：根據《金剛頂經》的說法，表現「大日如來」智德方面者，稱爲「金剛界曼荼羅」。以「金剛」爲喻，取其二義；一爲自體堅固，二爲業用銳利。前者比喻大日如來之智，堅固無比，不爲任何東西所破壞。後者比喻如來內證之智德，其用銳利，能摧毀一切煩惱，以證實相之理，其體皆同。所以說，「金剛」具有智果、始覺、自證等諸義。也就是說，這個「智」是修證之果：故爲「智果」；是斷惑所得的覺悟：故爲「始覺」；是自行修證而來：故爲「自證」。此外，「金剛」二字也代表「般若」之義，表示世間的一切顯現都是因緣和合，因此從來就沒有實體，也從來就沒有消失，故說「不生不滅」。應般若而轉煩惱，便是「金剛界」之義。須知佛法能夠降伏一切煩惱，能夠轉化一切煩惱爲清淨；「金剛界」正是

「轉化」的體現。由此可知，「金剛界曼荼羅」乃象徵絕對性智慧的世界。然而，此雖佛智，但卻非衆生所無，乃直到佛果而始生也，固亦爲本有。在形式上，「金剛界」成立九會曼荼羅（成身會、三昧耶會、微細會、供養會、四印會、一印會、理趣會、降三世羯摩會、降三世三昧耶會），並確立五方五佛的體系（中央大日如來：法界體性智；東方阿閦佛：大圓鏡智；南方寶生佛：平等性智；西方阿彌陀佛：妙觀察智；北方不空成就佛：成所作智），以及五個系統（佛部、金剛部、寶部、蓮花部、羯摩部），完成全面的密教化，呈現秩序井然的神聖世界。

另外，日本空海法師將「胎藏界」的「大日如來」稱爲「理法身」，是佛陀證悟所見的對象；將「金剛界」的「大日如來」稱爲「智法身」，是佛陀證悟所得的智慧。由此可知，象徵理念之世界者，是爲「胎藏界曼荼羅」，此乃從「衆生煩惱」之處而起。另一方面，表現自覺之境地者，是爲「金剛界曼荼羅」，此乃從「佛智」之處而起。最後，對於密教行者而言，「曼荼羅」其實就是指修行的「道場」，也是供奉主尊的「壇城」；亦即本尊居住的地方，本尊的眷屬以及其他諸尊井然有序地圍繞在本尊的周圍。可是，爲什麼要設立壇城呢？尊貴的蓮生聖尊《真佛儀軌經》認爲：壇城的建立有利於觀想。壇城的意義包含：安靜、莊嚴、方向、修法、神聖。因此，尊貴的蓮生聖尊建議弟子們，有能力的要建立壇城，沒有能力的要觀想壇城。或者說，有能力的可以隆重些，沒有能力的可以簡單些。至於壇城要如何安置呢？尊貴的蓮生聖尊《真佛儀軌經》提到：壇城牆上可以裝上「曼荼羅」的圖片，第一層供俸主尊與諸尊，再下是八供，再下是香案，再下是修法的法器；主尊、諸尊的左右可以安上常明燈。詳細的安排細節可以參考尊貴的蓮生聖尊《真佛儀軌經》，並且按照自己的需要，如法安置。

第四節 超級大法力

透過「密教曼荼羅」，我們可以藉此一窺佛教的「宇宙觀」，並且用來進行「密教修觀」。首先，針對「宇宙觀」：「曼荼羅」可以透露出宇宙的真相，涵蓋十方法界以及生活在其間的生命體。這些生命體除了有形的生物之外，也包括無形的神靈。須知萬物皆有靈，衆靈聚集之地是爲「靈界」，亦卽靈魂的世界。尊貴的蓮生聖尊《密教的法術》認爲：靈界的層次可分爲地居靈（低靈）、天居靈（高靈）、聖居靈（最高靈）。諸佛、菩薩等，屬於最高靈；天神，高靈也；水神、樹神、門神、苗稼神、地神等，屬於低靈。基督教的上帝，回教的上帝，天主教的上帝，道教的上帝，屬於天神、大梵天王的層次。還有比低靈更低的靈，例如動物靈，人也算在動物靈之中。佛教的三界：欲界——有身心，有欲望；色界——有身心，已離欲望；無色界——有心無身，唯有心識；嚴格來說，皆是「靈」的世界。可見得「無形」的「靈」實際上充滿整個法界虛空之中，而且「有形」的世界深受「無形」的世界所影響。

其次，針對「密教修觀」：「曼荼羅」可以啟發我們認識宇宙的真理，以三密瑜伽，與本尊融合，回歸法界，卽身成佛。用世俗的觀點來說，就是借助「無形」的力量，乃至於「法界」的力量，幫助我們以父母所生之身，透過密教修觀，速登大覺之位，當下卽身成佛。不過，「卽身成佛」所憑藉的力量有三項，正如一首「三力偈」所示：「以我功德力，如來加持力，及以法界力，普供養而住。」意思是說，「卽身成佛」單靠自身的「功德力」是不夠的，必須加上如來的「加持力」，還要加上澈悟並依循宇宙的真理，充分體會「心、佛、衆生」平等不二，亦卽「法界力」，才能夠竟其功。「功德力」是行者自身的修爲，「加持力」是無形神佛的加持，「法界力」是法界運轉法則產生的力量。尊貴的蓮生聖尊《真佛儀軌經》認爲：「法界力」是十方法界的法流周遍的祕密法力。只要自身證悟的程度到那裡，就跟那一個層次的無形神靈相應。其中，證悟的程度包括：對宇宙真相的認識程度以及對宇宙真理的了解程度。程度到那一個層次，就進到那一個層次的「靈界」，當然也就具有那一個層次的「法力」。

然而，要怎麼做才能夠產生這些法力呢？尊貴的蓮生聖尊《超級大法力》認爲：只要做到「合體」與「變身」，就可以產生「法力」！然而，何謂合體與變身呢？其一、先談「合體」：什麼是合體呢？密教透過「入三摩地」來實現「合體」。所謂「入三摩地」就是入某一尊菩薩的三摩地，或稱爲三昧地。也就是說，密教透過修合一「三昧地」，就可以與本尊合一。如果能夠入「三昧地」，自然就能夠達到「一味」；一旦有了「一味」，「法力」自然就會產生。如果能夠與諸佛、菩薩、金剛、護法、空行、諸天全部合體、那就是「超級大法力」了。以密教四大「羯摩成就」爲例：與黃諸尊合體，如四大天王，就可以產生「增益法力」；與白諸尊合體，如觀世音菩薩，就可以產生「息災法力」；與紅諸尊合體，如咕嚕咕咧佛母，就可以產生「敬愛法力」；與黑諸尊合體，如大威德金剛等，就可以產生「降伏法力」。另外，與「觀世音菩薩」合體，就可以擁有「慈悲」的法力；與「文殊菩薩」合體，就可以擁有「智慧」的法力；與「金剛手菩薩」合體，就可以擁有「事業」的法力；與「釋迦牟尼佛」合體，就可以擁有「正覺」的法力。其二、次談「變身」：什麼是變身呢？例如，文殊師利菩薩進到焰摩法王的心中，就變成大威德金剛；阿彌陀佛進到觀世音菩薩的心中，就變成千手千眼觀世音菩薩；觀世音菩薩進入畜牲道的馬身，就變成馬頭明王；這就是所謂的「變身」。須知愈「變身」，法力愈大，境界也愈高，可以達到無可限量的變化自在。所以說，密教修行的方法其實就是「合體」與「變身」。其中，「合體」的力量就是「一」，成爲一尊佛、一尊菩薩；「變身」的力量就是「多」，變成多尊的形象出來。而實現「合體」與「變身」的方法就是「入我我入」。密教認爲：進入我的身體就是「入」，住在我的身體就是「住」，融解掉兩個身體，合成一個身體就是「融」，是爲「入、住、融」。如果能夠「合體」，那麼愈「合體」，法力就會愈大；如果能夠「變身」，那麼愈「變身」，法力就會愈大。所以說，「合體」與「變身」就是密教的祕密。不過，必須達到真正的密合才能夠算是「合體」。亦卽：身是本尊的身，口是本尊的口，意是本尊的意，達到三密相應，與本尊合一，無二無別，才是真正的密合。其中，「意是本尊的意」最爲重要。密教修「合體法」就是修與本尊合一的方法。只要能夠完全合一，本尊的法力，就是行者的法力。

所以說，「超級大法力」的原理就是「合體」與「變身」。不過，「合體」與「變身」的前提是「三密相應」，「三密相應」的前提是「三密清淨」。然而，跟誰相應呢？跟「密教三根本」相應。包括：跟上師相應，方能獲得上師的「加持力」；跟本尊相應，方能獲得本尊的「攝受力」，跟護法相應，方能獲得護法的「擁戴力」；獲得這些「法力」其實都是爲了「卽身成佛」。所以說，修密教之行者，依三密自淨三業，受如來三密之所加持，乃至於融合而無二，不復經歷劫數，一入法界，卽身成佛，這就是大瑜伽加持神變的祕密。這樣才能夠確保密教行者走在密教修行的正軌上，由「生起次第」，借假修真，進而「圓滿次第」，證悟空性，逐步邁向「卽身成佛」的目標。其中，不管「生起次第」或「圓滿次第」都需要「加持力」、「攝受力」以及「擁戴力」，此三力皆屬於「他力」。如果想要「卽身成佛」，則尚須「自力」。因爲「圓滿次第」非「自力」不能竟其功。必須在「他力」的協助之下，進一步和自己本來清淨的「佛性」相應，開發行者自身本有的「佛性」，才能夠圓滿成就。

由此可知，「法力」包括「自力」與「他力」。「自力」是自己的功德力。例如心懷慚愧、懺悔除障、行善積德、精進修行，修出證量，回歸本性等。須知「制心一處，無事不辦」。只要攝心專一，就可以開發自性本有的智慧與神通，是爲「自力」。「他力」是上師、諸佛、菩薩、護法、空行、諸天、貴人、經咒的加持力。不過，一切都要靠自己努力，自己若不努力，全部都是枉然。在「生起次第」，多仰仗「他力」，就像「淨土宗」一樣蒙佛接引，往生淨土，不過是往生本尊的淨土；在「圓滿次第」，則多仰仗「自力」，就像「禪宗」一樣明心見性，見性成佛，不過是卽身成佛。嚴格來講，修行絕對離不開「自力」。一切都要自己願意，如果自己不願意，就算佛菩薩的「他力」想幫忙，也是枉然。

綜合而言，原來「法力」就是法界的力量！這個力量無所不在，而且會因爲不同的層次，而有大小不同的力量。從低級的動物靈、鬼靈，到諸天的神仙、天人，甚至到高級的羅漢、菩薩、佛等，都具有不同層次的「法力」。而且層次越高，「法力」越大，越不可思議。尊貴的蓮生聖尊慈悲開示：「天地山川，花草樹木，皆有神祇，只要我們的心跟那一等級的神靈相應，就會有那一個等級的法力。另外，尊貴的蓮生聖尊《無上密與大手印》也提到：「要明白人之內心是一切真實法力的源頭。」這下子全明白了，原來宇宙的祕密全在於我們那一顆「心」。因爲有不同層次的「心」，所以宇宙有不同的層次。我們的「心」只要完全與那一個層次的境界相應，就會有那個層次的「法力」。有那樣的「心」，就代表牽動那樣的緣起；有那樣的緣起，就代表生起那樣的力量。所以說，「緣起」是整個法界運轉的力量。原來「法力」是來自於「緣起」，「緣起」是來自於「心」，「心」則是來自於「法性」。這也可以解釋爲什麼「密教曼荼羅」會具有不可思議的法力。因爲其中涵蓋行者的「心」，諸佛、菩薩、護法、空行、諸天的「心」，以及法界的「心」。其中，個人的「心」，就是「功德力」，屬於「自力」；諸佛、菩薩、護法、空行、諸天的「心」，就是「加持力」，屬於「他力」；法界的「心」，就是「法界力」，亦卽宇宙的真理：「緣起法」。只要「心、心、心」相合，就會產生「超級大法力」。其中，「法性」大家都一樣，所以眾生都可以成佛；但是「心」的層次不同，所以衆生呈現的方式與展現的力量也就不同。若不懂得修行，淨化我們的「心」，我們的命運就會被這顆「心」帶著到處走，嚐盡一切酸甜苦辣。由此可知，緣起是因爲心動，心動所以緣起；因爲「心動緣起」所產生的力量不就是衆生的「業力」嗎？須知「業力」太可怕了，太巨大了，太長久了；若不修行，凡夫就會被「業力」牽著團團轉，而且貫穿三世。所以說，從世俗的觀點來看，「法力」就是因果的「作用力」與「反作用力」，須知因果分分秒秒都在發生。種下什麼因，就會得到什麼果；發射什麼電波出去，就會反射什麼電波回來。想要什麼，就布施什麼，然後就會得到什麼。有靈有驗，試了便知。這不就是朗達拜恩《祕密》一書所提到的「吸引力法則」嗎？「吸引力法則」告訴我們：「心」是萬物生起之源，萬物隨心而動。今日之所有，在於過去之所想；明日之所有，在於今日之所想。善念招感善果，惡念招感惡果。所以說，意識創造一切，一切自心所現。只要懂得感恩，滿懷喜悅，相信自己，心想就會事成，夢想就會成真。

第五節　壇城結界與披甲護身

修行學佛的過程當中，難免都會遇到一些無形的干擾和障礙。甚至在快要成就的時候，魔考或魔難就會變多。因此，每一位修行人都應該懂得防魔的法術。特別是密教修行，「防護法」更是密教行者的首要。因爲魔真的很厲害，魔有破壞力，甚至也有神通法力，會來搗亂你、干擾你，甚至斷人慧命，所以必須要懂得「結界」和「防護」。尊貴的蓮生聖尊《真佛法中法》說：「在密壇的護持上，我們要修結界；在行者自身，要修披甲護身法。如果沒有壇城結界及自己做護身法，很容易給天魔當點心吃了。」因此，密教修行一定要先學會如何保護自己。接下來，我們就來談一談「防魔」的方法。一是「壇城結界」，二是「披甲護身」，分述如下：

壇城結界

根據尊貴的蓮生聖尊《真佛儀軌經》的說法：「結界」是一種作法，界定壇城的區域；而其作法所限定的地方，就是所謂的「結界地」。結界之後，一切邪魔均不能夠進入，只有神聖才能夠進入。然而，要怎麼結界呢？根據尊貴的蓮生聖尊《真佛法中法》的說法：行者可以用大悲咒水結界。首先如法取得大悲咒水，其次於除日或定日，向佛菩薩諸尊祈禱，然後遍灑內外，而且是由內向外灑。行者可以觀想灑下大悲咒水的時候，便矗立一支白色的金剛杵，立於大地之上，這就是簡易的「大悲咒水結界」。另外，尊貴的蓮生聖尊《智慧的光環》也提到另一種壇城結界的方法：亦即用淨水或香水一盞，供於壇城；然後念誦金剛護法真言一〇八遍或一千〇八十遍；同時觀想金剛護法放光加持淨水或香水，然後取淨水或香水遍灑壇城上下八方，即可完成結界。在灑淨的範圍之內，一切邪魔及惡鬼皆不敢進入。此結界法不僅可以適用於壇城結界或房子結界，甚至土地結界都可以，唯每半個月須作法一回，才得效驗。最後，還有所謂的「四重結界」；包括：「金剛橛」、「金剛網」、「金剛牆」以及「金剛火焰」。結界之後，在結界地修法，行者與壇城都會平安無事，所有的魔都不能進來。其詳細內容，有興趣的讀者可以參考尊貴的蓮生聖尊《密教的法術》一書。

披甲護身

根據尊貴的蓮生聖尊《真佛法中法》、《真佛祕中祕》的說法，以及個人的研究心得：大凡行者將要證悟的時候，魔就會來干擾。對於修法用功的人，魔也特別喜歡干擾。因此，密教行者均要修披甲護身法；以披甲護身法來守護自己，不受魔擾。所以說，披甲護身法就是防魔法。然而，要怎麼做呢？行者每回修法，手結金剛手印，口念金剛手菩薩真言：「嗡。波汝藍者。利。」七遍。然後，用印契印「頭、喉、心、左肩、右肩」五處，即成披甲護身。其中，金剛合掌的手印是種種金剛神的通印。不過，要懂得活用「披甲護身法」。如果行者跟某尊金剛護法神特別有緣，便可以在修披甲護身法的時候奉請守護，整個作法其實都類似，只是手印、咒語、觀想不同而已。密宗行者修了披甲護身法之後，從宇宙意識當中，就會出現一位金剛護法神；時時刻刻守護行者修法乃至於一切事宜，而且隨請隨到。行者若能夠經常奉請該金剛神，該金剛神就會成爲行者的守護神。我們時時有護法守護，魔如果來干擾，便會被反彈回去，把魔摔得灰頭土臉，魔就逃遁了。在密教裡，只要具備一個手印，一個咒語，一個觀想，就可以形成一個密法。其中，「觀想」一定要清晰，但也不宜過於執著細節，以免花費過多的時間。總之，中道就是好。觀想完成之後的「持咒」是加持堅固的意思，令一切得以成就，令一切產生作用。此外，在日常生活當中，我們隨時隨地也都可以做「披甲護身法」。例如，把衣服拿起來唸「嗡。波汝藍者。利。」七遍，再穿上去，衣服就變成披甲。帽子拿起來唸「嗡。波汝藍者。利。」七遍，再戴上去，帽子就變成戰冠，如此便可以獲得保護。所以說，懂得「披甲護身法」，就會有金剛神來守護你，修行就不會有魔障。

第六節 四大護法

尊貴的蓮生聖尊《密教的法術》說：「因爲密宗有羯摩法，羯摩法就是法術的力量，要想改變命運就要修學密宗。」而且，不僅改變命運可以用「羯摩法」，想要濟世度衆也可以用「羯摩法」。根據尊貴的蓮生聖尊《真佛祕中祕》的說法：一個密教行者，如果有了法力，便可以修「羯摩法」。「羯摩法」其實就是作法，行者透過作法，由於「法力」的緣故，便可以使自己與他人的願望得到成就。所以說，「羯摩法」是度衆生的一種方便。有法力的人，就可以行「作法」去救世度人。然而，該如何行「羯摩法」其法術才會靈驗呢？尊貴的蓮生聖尊《密教的法術》認爲：重點在護法！須知密教有三根本：根本上師——加持根本，根本本尊——成就根本，根本護法——事業根本；修行密教，三者缺一不可。其中，「事業」就是作法，就是法術，就是法力。由於佛菩薩的境界太高，多以寂靜爲樂，因此世人比較難以召請得到。真正到娑婆世界來執行法務的，多半是護持佛菩薩的護法，故知護法是事業的根本。一個行者如果能夠請得動護法，法術就會靈驗。所以說，護法一降臨，法術就會靈。密教行者如果能夠如此行「羯摩法」，就會有大效驗。要息災也可以，要增益也可以，要敬愛也可以，要降伏也可以。以下我們介紹跟筆者比較有緣的「四大護法」，與各位結緣。包括：「天王界」最爲富有的財寶天王、「明王界」能轉定業的大孔雀明王、「金剛界」法力無邊的普巴金剛、「佛母界」懷柔第一的咕嚕咕咧佛母等，分述如下：

財寶天王

「財寶天王」就是四大天王中的北方「多聞天王」，為帝釋天的外臣，由於能夠護持世間，所以又稱為「護世者」，梵名「毗沙門」，漢譯為「多聞」，表其福德之名，聞於四方。財寶天王居於須彌山北的水晶宮，為閻浮提北方的守護神，率夜叉諸部，隨從多為藥叉及羅剎之眷屬。根據尊貴的蓮生聖尊的慈悲開示，以及相關經典的記載：在釋迦牟尼佛住世的時候，多聞天王在佛前立下誓願，願護持佛法，並給予眾生財富資糧，令其成就世間法。所以說，財寶天王既是佛教護法，又是施福給眾生的天神。藏密中的財寶天王則名為「南通謝」，乃五方佛之南方寶生佛所化現。周邊圍繞著八駿財神為其部屬，各司八方天庫，協助財寶天王救度眾生，以滿眾生之願。須知整個法界之中，最為富有的就是多聞天王，也就是財寶天王。藏密黃教祖師——宗喀巴，其師父敦珠仁欽仁波切給宗喀巴的第一個灌頂就是「財寶天王」，讓宗喀巴一生當中資糧無缺，可以行佛的事業。而且，多聞天王其實就是黃財神，雖然稱謂不一樣，但卻是同一尊。就像金剛手菩薩，金剛心菩薩，金剛薩埵是同一尊一樣，只是咒語不同。曾經接受「財寶天王法」灌頂的人，如果能夠在財寶天王面前祈求，並精勤持誦其咒語，常行慈悲喜捨，利樂一切有情，藉由財寶天王的大力加持，便可以遠離各種危難，更不受一切魔障，速能滿足各種勝願，增上福德壽命。此外，財寶天王也能夠賜給行者無盡的資糧，令行者修行佛法沒有障礙，世俗事業興盛，財源廣進，事事順遂，圓滿無礙。因此，只要供奉財寶天王的法相，結財寶天王的手印，持財寶天王的咒語，觀想財寶天王的形相；有手印，有咒語，就可以觀想，就可以修財寶天王的法。詳述如下：

一、形象方面：財寶天王一面二臂，身金黃色。頭戴寶冠，右手持寶傘（尊勝寶幢），代表賜福給眾生風調雨順；左手持吐寶鼠「紐列」，此鼠能吐出無量寶藏給予一切衆生。身穿甲冑天衣，寶貝瓔珞遍滿全身。並且以菩薩如意座坐於伏地的白色雪山獅子上，其中一隻腳踩著蓮花，兩肩左月右日，財寶無盡之天庫爲其所有。

二、手印方面：財寶天王的手印有點像「綠度母」的手印。食指分開，中指、無名指合起來，小指內縛，兩隻大拇指相併卽成印，並將手印置於胸前。

三、咒語方面：財寶天王的咒語是「嗡。呸。夏瓦。那耶。梭哈。」其中，「嗡」代表宇宙意識，「呸」代表事業順利，「夏瓦」代表宏圖大展，「那耶」代表求財滿願，「梭哈」代表速能相應。

四、觀想方面：先觀空，然後唸觀空咒：「嗡。司巴瓦。速達。沙爾瓦。打爾嘛。司巴瓦。速朶。杭。」三遍。

（一）觀想虛空中有一個藍色月輪，月輪中有一個黃色的「針」字，放黃光。

（二）觀想「針」字旋轉，化現出一尊坐勢的財寶天王。財寶天王一面二臂，身金黃色，半跏趺坐。頭戴黃金的寶冠，寶冠上鑲滿寶石，臉圓、富泰、略威；右手持寶傘、左手抱著一隻吐寶鼠，身披寶石鍊。以菩薩如意座坐於伏地的白色雪山獅子上，其中一隻腳踩著蓮花。

（三）再觀想財寶天王「天心」射出一道白光，射我「天心」；「喉輪」射出一道紅光，射我「喉輪」；「心輪」射出一道藍光，射我「心輪」。熄滅我「貪、瞋、癡」，清淨我「身、口、意」。並觀想「白、紅、藍」三光融入自己的身心。

（四）再觀想財寶天王的寶傘打開，放大黃光照耀行者，產生大福報，財源廣進。並觀想財寶天王手中的吐寶鼠口吐無量珠寶與財富給行者，充滿整個房間。想要什麼，就有什麼。

（五）持唸珠觀想：雙手持唸珠置胸前，唸時用大拇指撥珠。並且恭誦財寶天王心咒「嗡。呸。夏瓦。那耶。梭哈。」一〇八遍。每唸一句心咒，可觀想財寶天王放光照耀行者。

（六）入我我入觀：觀想財寶天王入我我入。身是財寶天王的身，語是財寶天王的語，意是財寶天王的意，三密相應，與財寶天王合一，無二無別。

五、口訣方面：尊貴的蓮生聖尊《真佛法中法》認爲：修財寶天王法的口訣就是「施福護財因」，亦即要懂得「布施」的道理。因此，行者要有寬宏大量的布施之心，才容易與財寶天王相應。其中，有三類布施非常重要，其一、要學會布施食物，變食供養餓鬼、羅剎。其二、要供養齋食給僧人。其三、要學會供養財寶天王的儀軌，並懂得護持財寶天王的本誓，加上好好地供養財寶天王，自然同財寶天王有緣，這樣就有了「施福護財因」。有了「施福護財因」，自然能夠連接到財寶天王的「施福護財果」。最後，修法出定的誦讚辭爲：北方天王咸富足，一切財寶降無數；現前一切皆圓滿，是爲佛門護法住。

大孔雀明王

筆者與大孔雀明王結緣是因爲在皈依尊貴的蓮生聖尊之後，第一次專程從海外回台灣參加在南投草屯台灣雷藏寺由蓮生聖尊親自主持首傳的大孔雀明王護摩火供大法會開始的。記得當時會場人山人海，擠得水洩不通，根本就不可能有座位。我與內人只好從頭到尾席地而坐，一樣法喜充滿。尤其是第一次親見師尊的身影，內心有說不出的感動，不禁熱淚盈眶，最後並順利完成大孔雀明王的灌頂。當然永遠也不會忘懷當年師尊送給弟子的珍貴禮物——「八千萬」。筆者也將師尊贈送的「八千萬」作爲筆者第一本佛書《解脫煩惱的方法——《八正道》的座右銘。言歸正傳，何謂大孔雀明王呢？「大孔雀明王」是專食毒蛇、害蟲的孔雀神格化的神祇。具有祈雨、攘除一切災厄、帶來安樂的神祇。尊貴的蓮生聖尊慈悲開示：大孔雀明王是大日如來的「等流身」、阿彌陀佛的「變化身」、釋迦牟尼佛的「受用身」。只要相應大孔雀明王，就可以轉定業。須知定業本來是不能轉的，連定業都可以轉，可見得大孔雀明王的法力是多麼的不可思議。

然而，什麼叫等流身呢？所謂「等流身」就是另外一個相等之身。大孔雀明王是大日如來（毘盧遮那佛）的「等流身」。須知大日如來（毘盧遮那佛）是五佛當中最高的佛，法力非常地強大。大孔雀明王跟大日如來一樣，是「等流身」，因此法力當然也非常地強大。其次，什麼叫變化身呢？所謂「變化身」就是隨類變化出來之身。我們知道西方極樂世界是阿彌陀佛變化出來的。其中，包括鸚鵡、孔雀、迦陵頻伽、共命之鳥等，都是阿彌陀佛變化出來的。因爲西方極樂世界有孔雀，所以大孔雀明王也等於是阿彌陀佛變化出來的「變化身」，自然具有阿彌陀佛的力量。一心皈命於大孔雀明王等於皈命於阿彌陀佛，一樣可以帶業往生西方極樂世界，這就是大孔雀明王的法力。另外，什麼叫受用身呢？所謂「受用身」就是恆常受用法樂之身。因爲釋迦牟尼佛有一世曾經轉世爲孔雀王，所以釋迦牟尼佛本身的「受用身」就是孔雀王。因此大孔雀明王也就等於是釋迦牟尼佛的「受用身」，自然也就具有釋迦牟尼佛的力量。透過這三尊佛的融合與變身，包括：大日如來（毘盧遮那佛）的「等流身」、阿彌陀佛的「變化身」、釋迦牟尼佛的「受用身」，就成爲「大孔雀明王」。所以說，與大孔雀明王相應了，就等於跟大日如來（毘盧遮那佛）、阿彌陀佛、釋迦牟尼佛這三尊佛相應，當然也就能夠轉定業。須知一佛不能轉定業，但是多佛就可以轉定業。而且，尊貴的蓮生聖尊慈悲開示：修大孔雀明王法，毒蛇不敢入，一切惡人、惡咒也不能加害。因爲大孔雀明王就是主修息災、除難、除疾、延命。甚至也能夠中陰救度、度亡。詳述如下：

一、形象方面：大孔雀明王一面四臂身白色，現慈悲相，頭戴五佛冠。第一隻右手拿白色蓮花，第二隻右手拿紅色俱緣果。第一隻左手拿黃色吉祥果，第二隻左手拿孔雀羽。並且坐在金色大孔雀王背上的白色蓮花上。手上的法器有不同的顏色，各代表不同的作用。其中，「蓮花」是息災用的，「俱緣果」是敬愛用的，「吉祥果」是增益用的，「孔雀羽」是降伏用的。

二、手印方面：大孔雀明王有兩種手印，內縛或外縛。（一）手結內縛印，然後二尾指相觸，二大拇指相觸，自然成印，形狀就像一隻孔雀。大拇指是孔雀的頭，尾指是孔雀羽，中間是孔雀的身子，手印就代表孔雀，並將手印置於胸前。（二）手結外縛印，然後一樣二尾指相觸，二大拇指相觸，形狀也像一隻孔雀。只是中間外縛的三指象徵祂的翅膀，翅膀舞動就代表祂在飛，因此可以修「飛空法」，是為孔雀飛行印，一樣將手印置於胸前。

三、咒語方面：大孔雀明王的咒語是「嗡。摩玉利。吉拉帝。梭哈。」其中，「嗡」就是宇宙意識，「摩」就是大孔雀明王，「玉利」就是孔雀，「吉拉帝」就是大法力，「梭哈」就是成就。「嗡。摩玉利。吉拉帝。梭哈。」就是宇宙意識大孔雀明王的大法力成就。

四、觀想方面：先觀空，然後唸觀空咒：「嗡。司巴瓦。速達。沙爾瓦。打爾嘛。司巴瓦。速朵。杭。」三遍。

（一）觀想大海面上，晴空萬里，萬里無雲。海平面上的虛空中出現一個圓圈，從圓圈中出現孔雀羽，然後觀想孔雀羽當中有一個白色的種子字「瑜」字。觀想「瑜」字化現出一隻金色大孔雀王。

（二）再觀想孔雀的背上有一個白色的種子字「班」字。觀想「班」字化現出白色蓮花。

（三）再觀想白色蓮花上有一個金色或白色的種子字「摩」字。觀想「摩」字放光旋轉，化現出金色或白色或金白混合色的一面四臂大孔雀明王，頭戴五佛冠，結迦趺坐在白色蓮花上。第一隻右手拿的是白色蓮花，第二隻右手拿的是紅色俱緣果；第一隻左手拿的是黃色吉祥果，第二隻左手拿的是孔雀羽。

（四）再觀想大孔雀明王「天心」射出一道白光，射我「天心」；「喉輪」射出一道紅光，射我「喉輪」；「心輪」射出一道藍光，射我「心輪」。熄滅我「貪、瞋、癡」，清淨我「身、口、意」。並觀想「白、紅、藍」三光融入自己的身心。

（五）持唸珠觀想：雙手持唸珠置胸前，唸時用大拇指撥珠。並且恭誦大孔雀明王咒「嗡。摩玉利。吉拉帝。梭哈。」一〇八遍。每唸一句心咒，可觀想大孔雀明王放光照耀行者。

（六）入我我入觀：觀想大孔雀明王入我我入。身是大孔雀明王的身，語是大孔雀明王的語，意是大孔雀明王的意，三密相應，與大孔雀明王合一，無二無別。

五、口訣方面：修大孔雀明王法一定要發菩提心，心懷「慈悲喜捨」四無量心。不過，修大孔雀明王法的四皈依，有一點不一樣；要改唸：南無古魯貝，南無大孔雀明王佛，南無大孔雀明王經，南無大孔雀明王海會眷屬。此外，尊貴的蓮生聖尊說：「唸滿六十萬遍的大孔雀明王咒，一定往生摩訶雙蓮池。」摩訶雙蓮池就在西方極樂世界；所以往生摩訶雙蓮池，就等於往生西方極樂世界。最後，修法出定的誦讚辭爲：世尊大悲心，法體寂滅性；大力大作用，功德全具足。

普巴金剛

「普巴金剛」本是屍陀林的「大力鬼王」，掌握所有屍陀林的權力。「屍陀林」就是墳場的意思，在印度則是指亂葬崗。由於「大力鬼王」擾害衆生過於嚴重，所以「金剛手菩薩」入「大力鬼王」的身，將祂降伏，並變化爲普巴金剛。因此，普巴金剛主降伏，亦即能夠降伏一切降頭和所有的鬼魅，一切不好的魑魅魍魎均能夠消除。「普巴」二字爲藏語，其義爲「橛」，本指銳利的東西；這裡是指普巴金剛胸前雙手所持的三菱前尖的法器；古有「金剛橛」之稱，今則通稱爲「普巴杵」。其上有三個頭：右頭白色是大威德金剛，左頭紅色是馬頭明王，中間藍色是金剛手菩薩。其中，「大威德金剛」代表「文殊師利菩薩」的忿怒相，象徵「智慧」；「馬頭明王」代表「觀世音菩薩」的忿怒相，象徵「慈悲」；「金剛手菩薩」代表「大勢至菩薩」的忿怒相，象徵「法力」。根據《普巴金剛密續》的說法：普巴金剛具有無比的大威力，可遮止一切鬼神、非人、天魔、惡咒之迫害，是免除危難的特別法門。不僅可以降魔，而且可以息災。須知普巴金剛是「普賢王如來」誓願的化現，爲一切諸佛、菩薩誓願化現的總集。爲什麼說是總集呢？須知密教有所謂的「三怙主」；一爲「文殊師利菩薩」，是最有智慧的菩薩；一爲「觀世音菩薩」，是最爲慈悲的菩薩；一爲「金剛手菩薩」，是最有法力的菩薩。這三個菩薩的忿怒尊結合起來，就變化成普巴金剛。所以說，普巴金剛就是融合「大威德金剛」、「馬頭明王」、「金剛手菩薩」所變身化現的忿怒尊。只要對普巴金剛深具信心，觀修普巴金剛法，在這一世就能夠獲得八勝德，包括：吉祥、長壽、無病、有權、有勢、富有、聞名等。此法源自於藏密紅教祖師——蓮花生大士，因此藏密紅教「寧瑪派」特別重視。只要能夠修到跟普巴金剛相應，就等同於普巴金剛，法力就會無窮，從此就可以幫助衆生降伏所有的惡咒、惡人以及惡事。並且能夠成就光明，超越障礙，具有大勢力，實現度化衆生的誓願。詳述如下：

一、形象方面：普巴金剛身爲黑藍色，具有三頭、三目、六臂，背後有非常銳利的翅膀，可以飛行，表智慧與方便。面塗三色，表三毒清淨；頭戴五骷髏冠，表五方佛的智慧。頭上有大鵬鳥明王作爲頂嚴，髮中還有小蛇作爲裝飾，表降伏龍族、統治一切之威力；頸掛三串骷髏項鍊。三個身分別披著：象皮，表降伏愚痴；人皮，表降伏貪愛；虎皮裙，表降伏瞋恨。右二足踏男魔之背，左二足踏女魔之胸，表降伏四魔。展立姿於蓮台之上，安住於般若火焰之中。右頭爲白色的大威德金剛，爲諸佛「身」的代表。左頭爲紅色的馬頭明王，爲諸佛「語」的代表。中間爲藍色的金剛手菩薩，爲諸佛「意」的代表。具有六隻手，右第一手執天鐵製九股金剛杵，「鐵」表忿怒，「九股」表三界九乘一切衆生。右第二手執金製五股金剛杵，「金」表喜樂，「五股」表轉五毒成五智。左第一手執般若火焰，表燃燒一切煩惱。左第二手執三叉戟，表攝盡三界空行母。原胸前二合掌，捧單面金剛橛，表淨除一切煩惱魔障。懷中所抱佛母，名洛格津母，身淺藍色；右手持優婆羅花或骷髏杖，左手托盈血顱器，腰圍豹皮裙，與佛父現雙運大樂相。

二、手印方面：普巴金剛有兩種手印，內縛或外縛。亦卽雙手外縛或內縛之後，二中指豎立相觸卽成印，然後將手印置於胸前。

三、咒語方面：普巴金剛的咒語：「嗡。別炸。幾里幾拉呀。沙爾瓦。比嘎念。棒。吽呸。」其中，「嗡」表五身及五智。「別炸」表過去、現在、未來三時之無爲本性。「幾里」表策勵本尊及普巴橛。「幾拉呀」表以普巴杵戮刺。「沙爾瓦」表一切怨敵魔礙。「比嘎念」表摧伏諸逆緣勢力。「棒」表懷攝調伏。「吽呸」表度脫諸逆緣勢力。

四、觀想方面：先觀空，然後唸觀空咒：「嗡。司巴瓦。速達。沙爾瓦。打爾嘛。司巴瓦。速朶。杭。」三遍。

（一）觀想大海面上，晴空萬里，萬里無雲。海的平面上有一個藍色月輪慢慢從海平面上升起。月輪中有一個藍色種子字「吽」字，放藍光。

（二）觀想月輪中「吽」字旋轉，化現出普巴金剛。普巴金剛三頭、六臂、四足、雙翅，身黑藍色。其中三頭，正面藍色、右面白色、左面紅色，分別為「金剛手菩薩」、「大威德金剛」、「馬頭明王」。胸前雙手捧持單面「金剛橛」，第一隻右手執「九股金剛杵」，第二隻右手執「五股金剛杵」，第一隻左手持「般若火焰」，第二隻左手持「三叉戟」。背後生雙翼，如劍銳利。右二腳踩二男魔背部，左二腳踩二女魔胸部。並現佛父、佛母雙運大樂相。

（三）再觀想普巴金剛「天心」射出一道白光，射我「天心」；「喉輪」射出一道紅光，射我「喉輪」；「心輪」射出一道藍光，射我「心輪」。熄滅我「貪、瞋、癡」，清淨我「身、口、意」。並觀想「白、紅、藍」三光融入自己的身心。

（四）持唸珠觀想：雙手持唸珠置胸前，唸時用大拇指撥珠。並且恭誦普巴金剛咒：「嗡。別炸。幾里幾拉呀。沙爾瓦。比嘎念。棒。吽呸。」一〇八遍。每唸一句心咒，可觀想普巴金剛放光照耀行者。

（五）入我我入觀：觀想普巴金剛入我我入。身是普巴金剛的身，語是普巴金剛的語，意是普巴金剛的意，三密相應，與普巴金剛合一，無二無別。

五、口訣方面：修普巴金剛法一定要內心清淨，了悟自性，無所畏懼。而且，只要唸滿十萬遍普巴金剛咒，當你需要從任何人身上實現某種願望的時候，你就從背後用普巴金剛的手印指他。然後心裡默念「嗡。別炸。幾里幾拉呀。沙爾瓦。比嘎念。棒。吽呸。敕令某某某給我升官或加薪等」。須知密教的咒語就是律令，於是某某某很快就會給你升官，或是給你加薪，或是把你調到更好的職位去。最後，修法出定的誦讚辭為：威神赫赫般若大智焰，息增懷降除障遍吉祥；一切時中護我離諸苦，普巴金剛足前敬頂禮。

咕嚕咕咧佛母

「咕嚕咕咧佛母」功德攝三界，自在任運，所作皆能成就得名，故又稱爲「三界自在空行母」，爲藏傳佛教中屬於賜予權威與懷柔法的本尊，是藏傳力量女神。因此，咕嚕咕咧佛母等同西藏與印度的「愛神」，就像西方的愛神「邱比特」一樣，是「敬愛法」的第一尊。咕嚕咕咧佛母出自《喜金剛本續》，在漢譯經典中則出現於《佛說大悲空智金剛大教王儀軌經》，乃速疾成就信愛之法。其本地是阿彌陀佛，屬蓮花部的法門，所以是紅色的，是懷攝十方最殊勝的本尊，故又稱爲「作明佛母」或「懷柔佛母」。其中「作明」就是專門用來作法的，而且具有光明的作用，可以增加行者的光明、事業的光明、成就的光明，與「愛染明王」同列爲大敬愛尊。不過，也有人認爲咕嚕咕咧佛母是「二十一度母」中「紅度母」之化現，外在化現爲度母，本體則是一切諸佛之母。尊貴的蓮生聖尊慈悲開示：修持咕嚕咕咧佛母法可得人天福報，具足大權威勢，上蒙垂愛，下得崇敬，人天共敬。並且可以迅速增長福德、智慧和財富，資糧無缺，增長人緣，受部屬親友愛戴，圓滿各種世間及出世間的事業。藏密白教「葛舉派」多以此爲祕密本尊，即身而得證成佛。咕嚕咕咧佛母本身的法力非常高，等同於一尊大菩薩，具有很強的攝召力。咕嚕咕咧佛母有四隻手，分別拿著弓、箭、鈎、索。只要被「優婆羅花」做的「箭」射中了，對方就會產生愛慕之心。也可以用「優婆羅花」做的「鉤子」鉤住對方的脖子，然後拉回來，那個人就會對你很好。另外，只要將「優婆羅花」做的「索」抛出去，把對方綁緊，就會產生敬愛。其中，包括用弓箭射你，用鉤子鉤你，用繩索綁你，讓你心花怒放，然後緊緊地黏在一起，跑都跑不掉。此外，咕嚕咕咧佛母不只是針對男女方面的「小敬愛」，也可以是針對家庭、職場、社交場所等方面的「中敬愛」，甚至也可以是懾服一切衆生的大權威尊者，因此也可以得「大敬愛」。如果在政治界，就可以當領導者，受到人民的愛戴；如果在宗教界，就會荷擔如來事業，成爲一代宗師；如果在演藝界，則會有千千萬萬的粉絲。大至國家社會、小至個人的事業、姻緣、家庭等，都能夠得到敬愛和合的力量！因此，只要修咕嚕咕咧佛母「敬愛法」，而且相應了，跟咕嚕咕咧佛母要什麼、求什麼都會成的，同時也可以廣度衆生。詳述如下：

一、形象方面：咕嚕咕咧佛母一面、三目、四臂，二足，身紅色。橘紅色的頭髮上沖，頭戴五骷髏冠，表五佛智或法身佛。一面表法性一味，三目圓睜表通達三世；四臂表四種成就，包括息災、增益、敬愛、降伏，或四無量心。捲舌露齒，含笑帶怒；「含笑」表攝召衆生，「帶怒」表調伏四魔。第一隻左手張紅優婆羅花弓，第一隻右手執紅優婆羅花箭，並作射箭狀。第二隻左手以忿怒印纏紅優婆羅花之索下放，第二隻右手以忿怒印執紅優婆羅花之鉤上揚。花箭、花鉤和絹索表自然控制一切的力量，以及懾服三界人天的威力。咕嚕咕咧佛母是立相，右足屈曲內捲，左足踏於蓮花日輪上的赤裸外道魔女（或者說是大自在天天母）之心口上；躍躍如跳金剛舞一般。上身著紅色天衣，下身披虎皮裙，胸前有紅寶石嚴飾之，身體放射紅色寶光。全身裝飾著紅色飾品，包括紅色的珍寶與紅花作成的纓絡；以五十鮮血人首爲項鬘，表斷除衆生的無明，遠離生死的分別；額、頸、耳、腕、脛等五處有骨飾纓絡，包括：耳垂、腕鐲、臂環、脛釧、腋絡等骨飾莊嚴。神態有如十六歲妙齡美女，兩乳膨大，非常莊嚴，非常漂亮。以蓮花日輪爲座，安住在般若火焰之中。

二、手印方面：咕嚕咕咧佛母的手印是內勾印，無名指內縛，小指豎立，然後中指食指相觸合，大拇指也相觸合，並將手印置於胸前。其中，「內勾」代表咕嚕咕咧佛母在暗中幫助你，讓你能夠成就小敬愛、中敬愛、大敬愛。

三、咒語方面：咕嚕咕咧佛母的咒語：「嗡。咕嚕咕咧。紇利。梭哈。」此咒主懷愛法，可鉤出衆生本具之懷柔，盡攝法界衆生圓滿成佛。

四、觀想方面：先觀空，然後唸觀空咒：「嗡。司巴瓦。速達。沙爾瓦。打爾嘛。司巴瓦。速朶。杭。」三遍。

（一）觀想須彌山頂上，晴空萬里，萬里無雲；山的頂上，有一個藍色月輪，月輪中有一個紅色的「泮」字，觀想「泮」字放光旋轉，化現出一朵紅色的蓮花。觀想蓮花中有一個藍色月輪，月輪中有一個紅色的「紇利」字，放大光明。

（二）再觀想月輪中的「紇利」字旋轉，化現出咕嚕咕咧佛母。咕嚕咕咧佛母一面、三目、四臂，身紅色。橘紅色頭髮上沖，頭戴五骷髏冠；卷舌露齒，含笑帶怒。第一隻左手執紅色的「優婆羅花」做的弓，第一隻右手執紅色「優婆羅花」做的箭，作射箭狀。第二隻左手作忿怒印拿著紅色的「優婆羅索」，第二隻右手作忿怒印拿著紅色的「優婆羅鉤」。右腳彎曲，左腳屈膝，踩在一位外道魔女的胸口上。上身著紅色天衣，下身披虎皮裙，胸前戴著一顆紅寶石，全身裝飾著紅色的飾品，有如十六歲少女般的神態，非常的莊嚴，非常的漂亮。背後有紅色的熊熊般若火焰，燃燒一切煩惱，淨化一切業障。

（三）再觀想咕嚕咕咧佛母「天心」射出一道白光，射我「天心」；「喉輪」射出一道紅光，射我「喉輪」；「心輪」射出一道藍光，射我「心輪」。熄滅我「貪、瞋、癡」，清淨我「身、口、意」。並觀想「白、紅、藍」三光融入自己的身心。

（四）祈請上方咕嚕咕咧佛母，祈請下方咕嚕咕咧佛母，祈請八方咕嚕咕咧佛母，祈請十方咕嚕咕咧佛母，觀想咕嚕咕咧佛母放大紅光，照耀行者，產生大敬愛，貴人多助。

（五）持唸珠觀想：雙手持唸珠置胸前，唸時用大拇指撥珠。並且恭誦咕嚕咕咧佛母心咒「嗡。咕嚕咕唎。紺利。梭哈。」一〇八遍。每唸一句心咒，可觀想咕嚕咕唎佛母放光照耀行者。

（六）入我我入觀：觀想咕嚕咕唎佛母入我我入。身是咕嚕咕唎佛母的身，語是咕嚕咕唎佛母的語，意是咕嚕咕唎佛母的意，三密相應，與咕嚕咕唎佛母合一，無二無別。

五、口訣方面：可以用五個紅色的蠟燭和五株紅色的花，擺在一起修法。在持咒滿六十萬遍的時候，咕嚕咕唎佛母就會現身，滿你所願。此外，咕嚕咕唎佛母的指示印：拉弓，射箭。把對方觀想在箭的前方，一放弓，箭就射出去，射中他的心。同時觀想在箭尾帶索，然後把他拉回來。做完這個法以後，接著唸「嗡。咕嚕咕唎。咄唎。梭哈。」一〇八遍，堅固你的觀想。最後，修法出定的誦讚辭爲：敬禮咕嚕咕唎佛母尊，今如珊瑚紅光遍十方；行者大衆從今至菩提，祈願修法助伴永不離。

以上我們詳細介紹了四大護法，有以「增益」爲主的「財寶天王」，有以「息災」爲主的「大孔雀明王」，有以「降伏」爲主的「普巴金剛」，有以「敬愛」爲主的「咕嚕咕唎佛母」。但是，密教之中有太多的本尊、護法了，端視你跟那一尊有緣。只要找到跟自己最投緣的護法，好好地供養祂，修祂的法，持祂的咒，觀想祂的形象，憶念祂的功德，跟祂相應了，祂就會來跟隨你、護持你，然後你就可以跟祂結盟。然而，何謂結盟呢？根據尊貴的蓮生聖尊《密教的法術》的說法和慈悲開示：在密教來說，結盟就是誓盟，也就是「三昧耶」。所以說，「密教三昧耶戒」就是指自己與根本上師、根本本尊、根本護法之間的誓約。一旦結盟，根本上師的傳承加持力將永遠不斷；根本本尊與行者將永遠融合爲一；根本護法將如影隨形護持你一切事業成就。尤其是根本護法的護持，會讓你在行「羯摩法」幫助衆生的時候，令法術得以靈驗。因此，法術要靈驗，最至要的口訣就是與「無形結盟」。如何結盟呢？大凡我們跟那一尊護法相應，通常祂就會現身給你看。看到護法的方式有好幾種：可以是在白天親眼看到，或是在禪定中看到，或是在夢中看到，卻如實知這不是夢。看到之後，記得要趕快利用這個機會跟祂結盟。實際上怎麼操作呢？尊貴的蓮生聖尊《密教的法術》教導弟子們可以跟護法說：「我今天看到你，你跟我很要好，以後你都要跟隨我，我會對你很尊敬，而且每次都會供養你，拜託你要幫助我。」尊貴的蓮生聖尊一再強調「結盟」的重要性，因爲有了「結盟」，不管是金剛護法或是低級靈鬼，均要依誓言行事的。這樣子，法術就會靈，「羯摩法」就會有效。

所以說，一旦密教行者修持密法修到與上師、本尊、護法相應，就會具有法力；有了法力之後，就可以行「羯摩法」來度化眾生。因此，除了上述的「四大護法」之外，我們根據尊貴的蓮生聖尊之豐富著作，針對眾生在漫長的人生旅途上經常遭遇的問題，收集了一些實用的密法供讀者參考使用：有求平安的，如《高王觀世音真經》，請參考《密教大守護》。有息災的，如「四大佛母」，包括：佛頂尊勝佛母，請參考《咒的魔力》；大白傘蓋佛母，請參考《伏魔平妖傳》；大準提佛母，請參考《真佛祕中祕》；摩利支天佛母，請參考《密宗羯摩法》。有超度的，如文殊往生法，請參考《密宗羯摩法》。有求增福的，如安土地真言，請參考《密教的法術》、《密教大守護》。有治病的，如退燒咒，請參考《咒的魔力》；釋迦牟尼佛治癌咒，請參考《咒的魔力》。有求智慧與辯才的，如文殊菩薩篋劍觀，請參考《密藏奇中奇》。有求財富的，如金母馬上有錢法，請參考《淨光的撫摸》；雨寶陀羅尼真言，請參考《咒的魔力》。有求生意興隆的，如貨品賣清法，請參考《遇見本尊》。有求姻緣的，如佳人自來法，請參考《密教的法術》。有求子嗣的，如了鳴和尚求子術，請參考《密教的法術》。有防小人的，如大自在天打小人法，請參考《粒粒珍珠》。有求往生的，如彌陀往生法，請參考《密宗羯摩法》、《真佛祕中祕》。讀者可以根據自己的需要，選擇適當的密法，來解決自己的問題，或者實現自己的願望。筆者的經驗是：不要急著求財，應該按部就班。建議先求平安健康，再求其他。家宅平安了，就可以存錢。健康失去了，就失去全部。

第七節　結語

總而言之，「成佛」是修行學佛的基本態度，「發菩提心」是一切成佛之因；包括上求菩提，下化衆生，這是大乘菩薩的基本精神。菩薩如實知自心是菩提、智慧是本有，在追求「出世」解脫的同時，也要懂得「入世」救濟一切衆生；在「入世」慈悲救濟衆生的同時，卽是「出世」解脫成佛之道。不過，在救濟衆生的時候，如果能夠藉助神通、法力等「方便」，則更容易契合機緣。在這個認識基礎之上，就更可以了解到「密宗羯摩法」的真實意義了。在自度之餘，「密宗羯摩法」進一步以「法力」來度衆生，其實就是一種「方便」，也是「先以欲鉤牽，後令入佛道」的最佳寫照。「密宗羯摩法」可以息災，可以增益，可以敬愛，可以降伏，可以滿足衆生所有的願望。在滿足衆生的願望之後，再引領衆生踏入佛門，接受佛法的洗禮。因此，面對欲望，不應該只是加以逃避排斥，而是應該加以善巧運用，並將之導往正確的方向，成爲「自度度人」的動力。「成佛」固然是以出離世間爲出發點，但是「成佛」絕對不能夠離開世間；甚至反而應該回到世間，發揮大乘菩薩的精神，救拔苦難的衆生，方是真正的成佛之道。這樣一來，「欲望」就可以成爲證菩提、成佛果的妙方便了。

例如，每個人都想要發財，但是該如何讓「發財」的欲望轉化爲「成佛」的動力呢？此二者原本是衝突的！行者如果想要發財，除了運用世俗的方法努力賺錢之外，也可以透過修「密宗羯摩法」，祈求財寶天王賜財富給你。然而，財寶天王憑什麼要賜財富給你呢？其中的關鍵就在於行者有沒有發菩提心？有沒有供養三寶？有沒有護持佛法？有沒有行善布施？有沒有變食給餓鬼、羅剎？有沒有按照儀軌如法地修財寶天王的法呢？根據尊貴的蓮生聖尊《智慧的光環》、《真佛法中法》的說法，以及個人的研究心得：首先，要懂得「布施」的道理。因爲修財寶天王法的口訣就是「施福護財因」，所以一定要有行善布施的心願；只要菩提心廣大，福德就會綿綿不絕。一旦發財以後，記得要布施法財給有需要的衆生，這樣就可以將雜染的貪欲轉化爲清淨的慈悲。所以說，發財最重要的精神就是「捨」。須知捨就是得，得就是捨；有捨就有得，想要得就要先捨。捨一分得一分利益，捨十分得十分利益，捨了全部就得了一切；慢慢地就可以體會出「得失」的法味在其中。由此可知，本來是世俗的欲望——發財，卻因爲想要發財而去親近財寶天王，去供養財寶天王，去修財寶天王的法，並且感覺滿心歡喜；然後透過三密修持，進而了解財寶天王的本心和本誓，並與其融合相應，甚至成就悉地。最終發現：原來發財背後的原理是：越懂得布施，就會越富有；越懂得捨，就會得更多。而且，不捨不得，小捨小得，大捨大得！從貪求的心轉化爲布施的心，再從布施的心轉化爲慈悲的心，再從慈悲的心轉化爲清淨的心。從此了解到一切都是因果，一切都是緣起，一切都是因爲我們這一顆「心」。因爲有這樣發財的因，才會有這樣發財的果；有這樣發財的果，是因爲有這樣發財的因。甚至行者的「心」跟財寶天王的「心」相應了，就會具有財寶天王的法力，並以財寶天王的本誓爲本誓，成爲護法的天神兼有施福的神性。慢慢地，從清淨心當中生起緣起的智慧，進而領悟到宇宙人生的真相與真理，從此不再妄想、分別、執著，這不就是修行學佛的終極目的嗎？須知財寶天王是天上最爲富足的天王，只要相應了，焉有不發財的道理？有了這些法財之後，當然就可以方便入世度衆，並進一步引導衆生認識佛法，轉化自心，離苦得樂。甚至還可以昇入四天王天的北方天，成爲天宮之主，成就財寶天王的悉地。其他世俗的欲望，乃至於對應到其他密教的本尊，也是同樣的道理。全看你自己的特質是什麼，興趣在那裡，跟什麼比較投緣？說穿了，就是看你那一顆「心」的頻率跟那一方面的本尊比較接近，就可以選擇那一方面的本尊，然後專注地去修，一定可以修出濃濃的法味。

由此可知，「心」是最重要的！須知心裡面在想什麼，就會招感什麼。不過，只要你心態純正，心與天合，想要什麼，就會有什麼，真正做到心想事成。這也是「吸引力法則」發現的宇宙大祕密。只要願望是正當的，你敢敢的要，認真的想，想像你已經擁有了，加上一顆感恩的心，並百分百相信這是真的，上帝或宇宙意識就會妥善地安排一切，把你想要的東西或夢想送到你的面前，然後你只要滿心歡喜地接受它就可以了。就是這樣！就是這麼簡單！發現了這些祕密，搞懂了這些原理，學會了這些法術，就可以善加運用，好好地管理你的人生了！不僅可以為你的人生加分，也可以為他人的人生加分。所以說，這個世界上真的存在「法術」，可以幫助你息災、增益、敬愛、降伏等。然而，法術要靈驗的關鍵有三大要素：一是行者本身的「功德力」，二是上師、本尊、護法或無形的「加持力」，三是宇宙緣起的「法界力」。這三種要素都非常重要，缺一不可。其中，我們比較能夠掌握的，就是個人的「功德力」。不管過去世我們造了多少罪業，形成今生今世坎坷的命運，最重要的就是把握當下，幡然悔悟，從心做起。尊貴的蓮生聖尊《無上密與大手印》說：「要明白人之內心是一切真實法力的源頭。」所以，最終還是回到我們這一顆「心」！因為心動，所以緣起！一旦緣起，法力生矣！另外，尊貴的蓮生聖尊《真佛祕中祕》說：「一切法力是自性。」須知相由心生，心由性起！自性本空，能生萬法！原來，我們每一個人都天生具有「法力」這樣的本能啊！趕快真心懺悔吧！趕快改過遷善吧！趕快親近佛法吧！趕快止息妄心吧！趕快回歸自性吧！「密宗羯摩法」提供了我們一個方便的法門，幫助我們扭轉坎坷的命運，然後走向修行解脫之路，進而用法術救度眾生，讓眾生離苦得樂，過一個有意義的人生。

第十一章 密教圓滿次第

圓滿次第，
氣脈明點，
自性相應，
即身成佛。

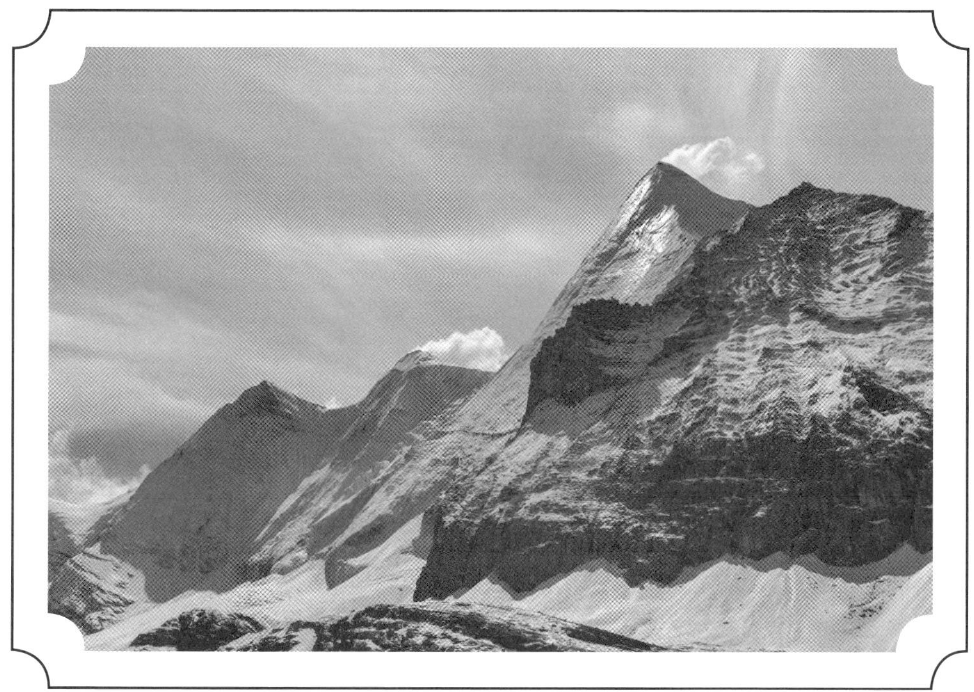

第一節 前言

密教的修行次第包括「生起次第」與「圓滿次第」。「生起次第」是指初灌「外法」。主要就是透過「觀想」，將自己轉化爲諸佛、菩薩等證悟聖衆的形象；重點在於清淨自身的「身、口、意」，以便淨化意識。當行者把自身的「身、口、意」轉化爲本尊的「身、口、意」，並與本尊完全融合爲一的時候，就可以達成「三密相應」。當下行者就是本尊，本尊就是行者；如此便可以保證往生本尊的淨土，實現「接引成佛」。「圓滿次第」是指二灌「內法」、三灌「無上密」以及四灌「大圓滿」。主要就是透過控制行者的「氣、脈、明點」以及能量的變化，驅動「粗重意識」的「氣」進入「細微意識」，最後轉化「細微意識」進入「最細微意識」。當「氣」進入「中脈」之後，就會轉化爲清淨的「智慧氣」，進而引發「細微意識」的顯現，然後將暫時與偶發的「細微意識」轉化爲「根本淨光心」。這樣不但可以體悟「四喜」與「四空」，而且還可以見證「明光」與「空性」；如此樂空不二，明空不二，轉識成智，與自性相應，實現「即身成佛」。針對「生起次第」，我們在前二章已經完成介紹「初灌外法」，涵蓋「四加行法」、「上師相應法」、「本尊法」、乃至於「密宗羯摩法」。接下來，我們針對「圓滿次第」，涵蓋「即身成佛」、「氣、脈、明點」、「二灌內法」、「三灌無上密」、「四灌大圓滿」等，分別加以說明。

第二節 即身成佛

「密教金剛乘」追求最高的開悟境界，或者說最特殊的地方就是「卽身成佛」！亦卽當世以此父母所生之身，活著的時候在世間修證成佛；就像釋迦牟尼佛、蓮花生大士、密勒日巴祖師一樣。其中，「卽身」就是指我們自父母承受此一現實的色身，然後以此色身作爲修行的工具，並透過「密教事行」的實修方法，以三密修行，完成三業轉三密，與本尊融合爲一，達到覺悟正等正覺的目標。所以說，密教的特色就是密教行者將「意識」與「身軀」作爲修行證悟的平台；在充分認識「空性」與「唯識」的基礎之上，依照「生起次第」與「圓滿次第」，淨治轉化自身的意識，令行者「當世」且「卽身」就可以達到證悟「法身」、「報身」和「化身」的覺悟境界。尊貴的蓮生聖尊《智慧的光環》說：「密教何以能卽身成佛？我認爲：（一）佛我合一——應身；（二）神變加持——報身；（三）法界空性——法身。如是修，如是顯現。密教是法身、報身、應身三身齊修齊證，故可以卽身成佛。」須知密教的特殊奧祕之處就是「瑜伽相應」；只要修到「瑜伽相應」，就可以與本尊合一；只要與本尊合一，就可以得到本尊的神變加持；只要神變加持，就有了不可思議的三身；然後進一步跟自性相應，回歸清淨法界，就可以「卽身成佛」。不過，想要「瑜伽相應」，就要實修密法。然而，該如何實修呢？亦卽淨化意識，然後見證佛性，轉識成智，證入空性，這樣就可以「卽身成佛」。所以，接下來的重點就是行者如何利用「色身」淨治轉化個人的「意識」。

須知「意識」有「粗重意識」、「細微意識」、「最細微意識」之別。根據張宏實大德《圖解無上瑜伽》的精闢看法，以及個人的研究心得：「粗重意識」是表層意識，是人們平常的知覺和感受。「細微意識」是潛在意識，可藉由瑜伽訓練生起。「最細微意識」是最深層意識，或稱爲「根本淨光心」，等同「佛性」，活著的時候很難察覺。其中，「細微意識」的修持力較強，而體驗「最細微意識」則是生命的終極目標。當一個人進入「細微意識」的時候，「粗重意識」就會停止。然而，唯有透過瑜伽訓練，人們才有可能在生前控制並且停止「粗重意識」，更重要的是還能夠保持清醒去體驗「細微意識」。對一般人而言，只有在臨終的時候「粗重意識」才會自然而然地停止，然後「細微意識」才會自然而然明顯且活躍地顯現出來，並且在最後臨終階段轉化爲「空性智慧」，也才有機會獲得解脫，但也著實不容易。幸好無上瑜伽行者可以透過「氣、脈、明點」的修行。不用等到臨終，也有機會在生前體驗「細微意識」。亦即以禪定觀想等瑜伽技法溶解並解離「粗重意識」，進而驅動「粗重意識」的「氣」，來體驗「細微意識」，最終證入「最細微意識」，也就是「根本淨光心」。其中，由於牽涉到「氣、脈、明點」的修法，因此接下來先跟大家介紹「氣、脈、明點」。

第三節 氣、脈、明點

「密教金剛乘」的身心系統理論乃源自於印度瑜伽理論，其中包含以「氣、脈、明點」爲基礎的動能網路。「氣」是指在身體內流動的各種氣；「脈」是指「氣」跟「明點」所經行之道，類似脈絡或神經，但又不完全是；「明點」是指身體中各種精華之分泌物。根據索甲仁波切《西藏生死書》的說法：人體就像一座城市，「脈」就是道路，「氣」就是馬，「心」（意識）就是騎士。騎士騎著馬，在城市中的道路上奔跑；等同於「心識」騎著「氣」，在人體的「脈」中流動。換句話說，意識駕馭著氣，就像騎士騎著馬；然後由氣負責提供能量，進而觀察一切萬物和現象。另外，根據尊貴的蓮生聖尊《甘露法味》的說法：氣——呼吸之風，亦即上下行動的風；脈——神經密集之處，亦即明點的所住地；明點——拙火是紅明點，甘露是白明點；亦卽丹田內之生命原素（拙火）以及頭部之腦汁（甘露）。此三者其實是互相連貫、缺一不可的。有如人體內的電梯，電梯的通道就是「脈」，坐在電梯裡面的人，就是「明點」，電梯的電源就是「氣」。所以說，「脈」就是明點的所住地，「氣」就是明點的運動之源，而「明點」又是氣脈之依主。同時，「氣、脈、明點」還具有二方面的作用：其一、在沒有證悟之前或者根本就沒有修練，會由「氣、脈、明點」產生輪迴的現象。其二、在修行成就之後，會由「氣、脈、明點」產生本有的智慧，以及佛國剎土等一切清淨的現象。其間的差別就在於有沒有「修行」。針對「氣、脈、明點」，我們根據張宏實大德《圖解無上瑜伽》、第八世噶千仁波切《藏密氣功》的精闢看法，以及個人的研究心得，分述如下：

一、脈與脈輪：首先談「脈」：《時輪金剛密續》認爲：人體有七萬二千條微細的脈。其中，最主要的脈有三條，分別爲中脈、左脈和右脈。中脈跟脊椎平行，形如中空直管，粗細如無名指；左脈、右脈則在脊椎的兩側。由於左、右脈在若干點上會盤繞中脈，因此形成一系列的脈結。所以沿著中脈分布，會有若干「脈輪」。然後再從各個脈輪分出所有身體的脈，有如雨傘的傘骨。在中脈內部流動的是充滿能量的風（氣）。「中脈」由生殖器穿過身體的中間部位，直到「頂輪」，或稱「梵穴」。然後在「頂輪」處微微向前彎曲，並且在雙眼之間停了下來，是爲「眉間輪」。「中脈」的口向「頂輪」上打開，左、右二脈則是彎曲到左右兩邊鼻孔的位置。「中脈」是白裡透紅或紅裡透白的顏色，左、右二脈則分別是白色與紅色。白色的「左脈」，從左鼻孔處向下延伸到中脈底端之下一個手指頭寬的地方。紅色的「右脈」，與之對稱，從右鼻孔處向下延伸到中脈底端之下一個手指頭寬的地方，並與左脈交會。其中，之所以稱爲「中脈」，除了位於身體正中的意義之外，也包含不墮有無、常斷等任何邊際的意義，故稱爲「中脈」。

其次談「脈輪」：密教的「脈輪說」有《時輪金剛密續》的「五輪說」，以及《密集金剛密續》的「七輪說」。先談「七輪說」：根據《密集金剛密續》的說法，三脈的樞紐位置是脈輪，每個脈輪都有不同的脈瓣。由上而下分別為：大樂輪、眉間輪、受樂輪、正法輪、變化輪、護樂輪以及寶間輪。分述如下：

（一）大樂輪：共有三十二個脈瓣，位於頭的頂端。「大樂輪」像打開的雨傘，脈絡是朝下的。名稱的由來則是因為其中央有大樂基礎的白色明點物質。大樂是至善的喜悅，在頭頂的部分，是至善至美的大樂之處。此處亦為觀想上師安住之處。

（二）眉間輪：共有十六個脈瓣，在眉間的位置。此處為觀修清淨身業之處，象徵「佛身」。

（三）受樂輪：或稱為「受用輪」，共有十六個脈瓣，位於喉間的位置。「受樂輪」也像倒過來的雨傘，脈絡朝上。受樂輪原本具有享受與令人滿意愉快的雙重意義，也譯為「享樂輪」，是體驗味道的地方。此處亦為觀修清淨語業之處，象徵「佛語」。

（四）正法輪：或稱為「現象輪」，共有八個脈瓣，位於心間的位置。「正法輪」是脈絡向下。這裡是細微意識與最細微意識所在的位置，是一切現象的根源。此處亦為觀修清淨意業之處，象徵「佛意」。

（五）變化輪：或稱為「散射輪」，共有六十四個脈瓣，在太陽神經叢的位置。「變化輪」也像倒過來的雨傘，脈絡朝上。位於肋骨下方與肚臍之間，說明此處具有太陽的能量，如同花叢般散射的狀態，是產生能量與散發能量之處。此處亦可以藉由瑜伽修行，點燃拙火，並且促使大樂生起，象徵「佛功德」。

（六）護樂輪：或稱為「海底輪」，共有三十二個脈瓣，在脊椎底的位置。這裡是維持喜悅的脈輪，是維持最深層的喜悅之處。在古印度，被視為能量儲存的重要位置，是生命力肉體能量的維護中心。

（七）寶間輪：共有十六個脈瓣，在性器官頂點的位置，象徵「佛事業」。

須知「脈輪」與整個身體就像一座壇城一樣，再配合「地、水、火、氣（風）、脈、明點」，使得密壇的觀念更加完備。如果我們能夠清晰地觀想出脈絡形象的話，只要一持氣，整個氣就能夠經由中脈充滿全身的脈絡。中脈充滿了，氣就可以遍滿全身的脈絡，全身都會因此受到滋潤生長，就像枯萎的草得到雨水的滋潤一樣而生氣蓬勃。更重要的是，如果我們的「氣」能夠安住在中脈的話，就能夠遏阻心中的煩惱與妄念。同時，「業氣」也會變成「智慧氣」。「無上瑜伽部密續」的關鍵就是透過瑜伽禪定的方法，從修脈、修氣、修拙火、到修明點，按部就班，一步一步來，慢慢地將心念專注於脈輪上，細微意識就有機會呈現。細微意識一旦呈現，就有機會見證佛性。

次談「五輪說」：根據《時輪金剛密續》的說法：（一）頂輪：在頭部頂端，共有十六個脈瓣。（二）喉輪：在喉間，共有三十二個脈瓣。（三）心輪：在心間，共有八個脈瓣。（四）臍輪：在腰臍處，共有六十四個脈瓣。（五）密輪：在生殖器、脊椎底，共有三十二個脈瓣。，其中，「頂輪」相當於「大樂輪」，「喉輪」相當於「受用輪」，但彼此的脈瓣數卻有所不同。另外，根據《時輪金剛密續》的說法：「五輪說」的「臍輪」是拙火瑜伽引發的位置，是產生能量的地方。不過，《密集金剛密續》卻認爲：「七輪說」的「太陽神經叢」才是產生能量的源頭。由此可見，不同的《密續》對脈輪的結構以及隨著脈輪顯現徵候的順序而有不同的說法，因爲各個《密續》對於如何引出「根本淨光心」，各有不同的看法。讀者若對脈輪有興趣，可以進一步參考艾諾蒂．朱迪斯博士著，林熒譯《脈輪全書》一書。

二、氣：意識驅使著「氣」，就像騎士騎著馬，也如同馬承載著騎士。「氣」是支持「意識」的物質體；當人死亡的時候，氣會衰竭；沒有氣的運轉，肉體很快就會腐敗而無法使用。此時，意識就會離開肉身。但是最細微的「根本意識」和最細微的「氣」卻永遠也不會消失，二者如同一個不相異的個體。須知「意識」與「氣」不可分離，彼此會互相影響。如果「氣」不順暢，「意識」就會像無力的騎士，被狂亂的瘋馬載著到處奔竄；導致妄念隨之生起，進而造成情緒上的失控。行者要避免這種情況發生，就要熟悉體內「氣、脈、明點」及其運作方式，竭力淨化體內會引發煩惱妄念的業力能量。在學習自在運用「氣、脈、明點」的過程當中，逐漸達到「心氣不二」的境界。所謂「心氣不二」就是「意識」與「氣」不可分離的意思。尊貴的蓮生聖尊《淨光的撫摸》說：「什麼都是氣。」另外，尊貴的蓮生聖尊《來自佛國的語言》也說：「心動氣就動，氣動心也動。」由此可知，「心」到那裡，「氣」就到那裡；「氣」到那裡，「心」就到那裡。尊貴的蓮生聖尊《大樂中的空性》提到：密教認爲修氣等於修心，心氣根本不分家。氣平則心平，氣動則心動。然而，「氣」到底有那些類別呢？「氣」在人體的脈裡流動，基本上可以分爲「五主氣」和「五支氣」。「五主氣」就是五種不同性質的能量，支持「五大」分別負責人體的某一項功能。「五支氣」的功能則是讓人體的五官能夠正常運作。「五主氣」包括持命氣（命氣）、下行氣、等住氣（平行氣、平住氣、火伴氣）、上行氣、遍行氣。分述如下：

（一）持命氣：具有維持生命的特質；主要位於「心中」的脈，亦即住在「心輪」。除了讓「五支氣」生起，管控感官的運作和注意力之外，並主攝心跳、呼吸、上身動作等；修持方面可修「幻身法」。

（二）下行氣：具有向下的特質，掌控下半身；主要位於「下腹」的脈，亦即住在「密輪」。並主攝糞、尿、精、血等；修持方面可修「無漏法」。

（三）等住氣：具有含藏熱能的特質，是熱能的儲存中心；主要位於「太陽神經叢」的脈，亦即住在「臍輪」。並主攝生起拙火，負責消化、分解食物，提煉營養，供應全身；修持方面可修「拙火法」。

（四）上行氣：具有向上的特質，掌控上半身；主要位於「喉部」的脈，亦即住在「喉輪」。並主攝發音、言語、品嚐、吞嚥、嘔吐等；修持方面可修「辯才法」。

（五）遍行氣：具有蔓延的特質，掌控身體周邊；主要位於「關節」，亦即住在「頂輪」以及十二關節。並主攝跑、跳、立、撐等；修持方面可修「明點法」。

一般人平時的「氣」並不會在中脈運轉，除非到了臨終的時候。尚未進入中脈的「氣」，是為「業氣」，就是指一般人的呼吸。奇妙的是：有了呼吸的氣流，就會產生各種念頭或煩惱，心就無法安靜下來。只要意識活動不停下來，就會覆蓋心的本性。須知所有的念頭與煩惱都和呼吸有著密切的關係。禪定甚深的瑜伽行者可以利用瑜伽技巧，讓「氣」進入中脈。當「氣」在中脈運轉，就會引發「細微意識」的顯現。然而，對於一般人而言，只有在臨終的時候，四大逐漸消融，作為承載驅動意識的「氣」，才會自動進入左脈與右脈，然後開始消融。接著左、右脈的氣也才會進入中脈，然後開始消融。當「氣」進入中脈之後，就會變成清淨的「智慧氣」。當「業氣」減少或者消失以後，雜念也會隨之減少或者消失，取而代之的就是「智慧」。因為「氣」和「意識」消融於中脈，自然而然就會顯現「光明」。禪定甚深的瑜伽行者，不必等到臨終，就可以在平時禪定觀修的時候，利用瑜伽的技巧，讓「氣」進入中脈。當「氣」在中脈運轉的時候，就會引發「細微意識」的顯現，此時瑜伽行者就可以利用「細微意識」作為證悟之用。不過，除了臨終與經過訓練的瑜伽行者之外，如果福慧資糧累積增長到一定的程度，左、右脈的「氣」也有機會進入中脈，從而證悟「空性」，見證「佛性」。另外，如果行者進入深度睡眠的時候，「氣」也有機會進入中脈，從而體驗到「夢光明」。其實，從「醒覺」到「睡眠」再到「作夢」的過程，很像從「臨終」到「昏迷」再到「中陰身」的過程，幾乎是一模一樣的。所以說，關鍵就在於修行與訓練。行者只要通過修行與訓練，就有機會在活著的時候感受並接觸到「光明」，這與顯教歷經三大阿僧祇劫累積無量福慧資糧的最終目的是完全一致的。

三、明點：「氣」是一股流動於「脈」的生命能量。當「氣」聚集在「脈輪」的時候卽稱爲「明點」，並且可以分爲「白明點」和「紅明點」兩種，俗稱「白菩提」和「紅菩提」。「菩提」本指求取正覺或成佛之心。此處「紅白菩提」象徵兩性的內分泌或體液，其實就是指精液和經血。這些體液涉及到生理欲望，同時具備巨大的潛藏能量。「密教金剛乘」認爲情欲並不可怕，反而覺得情欲是一股有用的力量，可以將情欲轉化爲清淨的智慧。「白明點」或「白菩提」主要是在人體頭部的「頂輪」，由「頂輪」所主導；「紅菩提」或「紅明點」則是在「臍輪」附近，由「太陽神經叢」所主導。這些「氣、脈、明點」構成無上瑜伽行者的神經系統。瑜伽行者透過禪定的力量，把「氣」導入中脈而後分解，便有機會直接證悟心性的「明光」或「根本淨光心」。

當一個人臨終的時候，「白明點」和「紅明點」會在「心輪」會合。這個時候，臨終者所經驗到的景象，就像「天」與「地」會合一樣，會感受到一團漆黑，如同籠罩在一片漆黑的天地裡。根據《密集金剛密續》的說法：在臨終過程當中，四大進行溶解時，粗重意識和情緒都會逐一分解。臨終者會自然而然地來到細微意識層面，此時中脈裡的「紅白明點」會開始移動，而這個過程正好是「受孕過程」的倒轉。在「受孕過程」當中，來自父母的精蟲和卵子結合時，意識在業力的推動下，進入受精卵。在胚胎發展的過程當中，來自父親的「白明點」，屬於白色且喜悅的核子，就會駐留在中脈頂端的「頂輪」之中；來自母親的「紅明點」，屬於紅色而溫熱的核子，就會駐留在「臍輪」附近。「死亡過程」和「受孕過程」正好恰恰相反。一是「白明點」下降：當支撐意識的「氣」消失之後，源自父親的「白明點」，就會從「頂輪」沿著中脈下降到「心輪」。其外在的徵象則是一片白色的景象，如同秋季的天空，充滿著白光而且無雲無塵。其內在的徵象則是覺察力會開始變得非常的清晰，這是因爲由三十三種「瞋」所產生的一切意念，在此刻會全部停止運作，此階段稱之爲「白顯相」。二是「紅明點」上升：源自母親的「紅明點」，也在支撐意識的「氣」消失之後，就會從「臍輪」循中脈向上升到「心輪」。其外在的徵象則是一片赤紅的體驗，這時整個天空將會布滿紅色的天光。其內在的徵象則是快樂的強烈經驗，這是因爲由四十種「貪」所產生的一切意念，在此刻也會全部停止運作，此階段稱之爲「紅增相」。三是「紅白明點」相遇：當「白明點」和「紅明點」在「心輪」互相會合的時候，意識會被包圍在它們的中間。這個時候臨終者所經驗到的，就像是天與地的會合。其外在的徵象則是如同黃昏過後黑暗遍布的天空。其內在的徵象則是沒有絲毫意念的心境，這是因爲由「癡」所產生的七種意念，在此刻也會全部停止運作，此階段稱之爲「黑色近成就心」。四是體驗「死亡淨光」：接著，意識會稍微清醒過來，「根本明光」在這個時候會出現，就像清淨的天空，沒有雲霧和煙。這時候的狀態就是「最細微意識」，稱爲「根本淨光心」或「佛性」，是一切意識的真正來源。對於無上瑜伽行者來說，這種心識的狀態，可以延續到成佛。

所以說，「白明點」與「紅明點」涉及臨終時「細微意識」的體悟。每個人在臨終過程當中，「紅白明點」會自動移往「心輪」會合。但是無上瑜伽行者在生前就可以透過不斷地練習，試圖移動「紅白明點」，來停止「粗重意識」的運作。如果沒有經過瑜伽訓練，即使粗重意識停止的時候，仍然可能無法覺知，也無法運用細微意識的力量。因此，想要停止粗重意識，就必須嘗試去移動「紅白明點」。也就是將「紅明點」從「臍輪」上移到心輪，將「白明點」從「頂輪」下移到心輪，兩者於「心輪」相遇而消融。當「紅白明點」在體內相融之後，喜悅的無想狀態就會自然生起。這種喜悅的狀態，就可以發展成空性體驗。也就是說，氣入中脈，打通中脈，紅明點上升，白明點下降，至「心輪」紅白交會，此時將會產生「樂空雙融」的覺受。而且，「心輪」一旦打開，行者就會開悟；甚至會打開全身脈結而開顯本具之「法、報、化」三身，成就佛果，達到「心氣無二」。其中，「氣」會轉成「光明」及「神通」之大用，脈和明點則會轉成「報化身」；全部變成佛菩薩的智慧作用。更進一步說，只要「氣」進入中脈，就可以讓剎那變換、永不消停的胡思亂想、意識雜念、思維活動融入心的本性光明（如來藏）當中。使心的本性光明顯現出來，就可以成為登地菩薩，乃至於圓滿佛果。尊貴的蓮生聖尊《大樂中的空性》也提到：介紹「氣」、「脈」（五輪）、「明點」，主要關係到修習「幻身」、「光明」、「正覺」，至為重要，非說不可。不過，雖然「幻身」、「光明」、「正覺」分開來是三，但是合起來卻是一。因此，接下來我們要來討論如何修「氣、脈、明點」，也就是「二灌內法」，以實現「幻身成就」、「光明成就」、「正覺成就」。

第四節　二灌內法

何謂二灌呢？根據尊貴的蓮生聖尊《佛王新境界》的說法：第一個灌頂是「外法」，第二個灌頂是「內法」，第三個灌頂是「密法」，第四個灌頂是「密密法」。其中，「內法」就是二灌，主要是在「修氣」，二灌成就可以證得報身。另外，尊貴的蓮生聖尊《密教奧義書》認為：在修習「氣、脈、明點」的瑜伽之中，「氣」是大成就者的妙用，並特別強調三種密法：「無漏法」、「拙火法」和「明點法」。須知這三種密法的基礎都是「九節佛風」與「寶瓶氣」。甚至可以說：「寶瓶氣」是一切成就的根本。修「寶瓶氣」最主要的目的就是令「方便氣」進入中脈，變成「智慧氣」。因為唯有「氣」入中脈，才能夠產生靈熱作用，並昇起拙火。所以說，如何讓「氣」入「中脈」是關鍵中的關鍵。此時，修行的姿勢就顯得特別重要。尊貴的蓮生聖尊《背後的明王》說：「毘盧七支坐最主要是幫助氣入中脈。」因此，以下我們要來介紹「毘盧七支坐」。

毘盧七支坐

「毘盧七支坐」就是「大日如來」的坐姿。根據尊貴的蓮生聖尊《打開寶庫之門》、《背後的明王》、《來自佛國的語言》的說法，以及個人的研究心得：爲什麼要用「毘盧七支坐」呢？修靈熱法，腳要雙盤蓮花坐，手結定印，舌頭上抵，收下顎，壓喉結，要提肛，脊骨要直，二肩要平，這樣「氣」才能夠入「中脈」，也才能夠產生靈熱的作用。以下我們針對「毘盧七支坐」的七個基本要求，簡述如下：

一、結跏趺坐：亦卽雙盤提肛，讓「下行氣」容易進入中脈。使得「生法宮」容易生起暖相，其實就是令「地大之氣」易入中脈，消除「嫉妒」之煩惱。

二、脊直肩張：亦卽脊骨直、肩膀平，讓「遍行氣」容易進入中脈。其實就是令「水大之氣」易入中脈，消除「愚癡」之煩惱。

三、曲頸如鉤：亦卽下巴壓喉結，讓「上行氣」容易進入中脈。其實就是令「火大之氣」易入中脈，消除「貪愛」之煩惱。

四、結等持印於臍下：亦卽手結「定印」於丹田，讓「平住氣」容易進入中脈，拙火易燃。其實就是令「風大之氣」易入中脈，消除「瞋恚」之煩惱。

五、舌抵上顎：讓「持命氣」安住中脈。其實就是令「空大之氣」易入中脈，消除「輕慢」之煩惱。

六、語寂：亦卽禁語。方便氣之修法，令口吐濁氣。

七、意寂：亦卽不起念；過去不想、現在不想、未來不想，不起是非分別。令意念不雜，精神集中。

由此可知，「毘盧七支坐」就是爲了讓「五主氣」進入中脈。不過，要先做到身寂、語寂、意寂，這是一種「專注力」的訓練。但是，氣入中脈還不夠，還必須讓「氣」飽滿有力，以便爲修「靈熱法」奠基。然而，如何讓「氣」飽滿有力呢？根據尊貴的蓮生聖尊《背後的明王》的說法：修「靈熱法」之前，要先修好「九節佛風」跟「寶瓶氣」。因此，以下針對九節佛風、金剛誦、寶瓶氣等，分別說明如下：

九節佛風

根據尊貴的蓮生聖尊《眞佛祕中祕》、《解脫道口訣》的說法：行者以「毘盧七支坐」坐定，雙手結「定印」。首先觀想自身通體透明，一切白淨如琉璃般的光亮。而且，身體當中有三脈平行直立；此三脈就是左脈、右脈、中脈，有如管子一般，起自臍輪臍下四指處（丹田）。中脈是上大下小，上端如喇叭狀達腦門，不通外境。左脈、右脈與中脈並行；左脈通左鼻孔，右脈通右鼻孔；此三脈在臍眼下四指處（丹田）交會。接著行者觀想壇城或者本尊放大白光。詳細步驟如下：

一、以左手無名指按鼻子左鼻孔，然後用右鼻孔吸氣。觀想白光從行者的右鼻孔進入，吸氣已足，隨卽以右手無名指按右鼻孔。並觀想光明一入右脈卽化爲紅光，然後順著右脈而下，繞到丹田，再順著左脈向上，從左鼻孔出去，出去的時候觀想變成黑氣。有如將行者身體當中的一切業障化爲黑氣，排出體外。如此做三節，亦卽重覆三次。

二、以右手無名指按鼻子右鼻孔，然後用左鼻孔吸氣。觀想白光從行者的左鼻孔進入，吸氣已足，隨即以左手無名指按左鼻孔。並觀想光明一入左脈就化爲紅光，然後順著左脈而下，繞到丹田，再順著右脈向上，從右鼻孔出去，出去的時候觀想變成黑氣。有如將行者身體當中的一切業障化爲黑氣，排出體外。如此做三節，亦即重覆三次。

三、觀想白光從行者的左、右鼻孔進入，一入左、右脈就化爲紅光。順著左、右脈而下，至臍下成一氣，在丹田進入中脈，向上沖頂，不通；再折回丹田，順著左、右脈向上，從左、右鼻孔出去，出去的時候觀想變成黑氣。有如將行者身體當中的一切業障化爲黑氣，排出體外。如此做三節，亦即重覆三次。

如此一共九節，亦即做九次，是爲「九節佛風法」。主要就是在訓練密教行者的「注意力」和「念力」。其祕密心要包括：（一）九節佛風法是以念止念法：透過九節的變換，將注意力專注在呼吸吐納之上；然後藉由專注之一念，破除雜念。（二）九節佛風法是消業大法：透過觀想吸入白色的淨光，接著變成紅光，這是在清潔體內的不淨之業，然後循環一周，最後把一切黑色的穢氣吐出體外。如此九節的吐納呼吸，正是消除業障密法的祕中祕。（三）九節佛風法是入靜心法：功力夠的密教行者，只要一做九節佛風，心神馬上就可以專致一處，也就能夠聚氣凝神，進入金剛三昧，遠離諸幻，安住三摩地。如此吸白吐黑，久而久之，洗清罪障，神清氣爽，精神統一。筆者的經驗是：其實不一定要等到「二灌內法」才修「九節佛風法」；在「初灌外法」修四加行法、上師相應法或本尊法的時候，就可以在「入三摩地」的同時加入「九節佛風法」的修持。不但有入定的效果，而且還有淨化的能量、消除業障的功用。

金剛誦

修完「九節佛風」之後，可以接著修「金剛誦」，但也可以單獨修「金剛誦」，爲生起「拙火」作準備。尊貴的蓮生聖尊《密教奧義書》認爲：在學習制心一處的實際修行當中，最常用的方法就是「金剛誦」。另外，尊貴的蓮生聖尊《來自佛國的語言》認爲：用梵文「嗡、阿、吽」三字明修氣，以「入、住、出」吐納。其功能可以通中脈，打開諸脈之脈結，也可以打開諸輪。其中，「嗡」代表攝入宇宙（法身佛）；「阿」代表住持本尊（報身佛）；「吽」代表合一成就（應身佛）。共有四種修法：

一、修上行氣：觀想心輪之中有蓮花月輪，月輪中有藍色「吽」字。氣入，由鼻孔入，入時是「嗡」字；進入心輪，變「阿」字而住；氣出，由鼻孔出，出時是「吽」字。

二、修下行氣：觀想心輪有白色「吽」字。氣入，由密杵入，入時是「嗡」字；進入心輪，變「阿」字而住；氣出，由密杵出，出時是「吽」字。

三、修上下行二氣：觀想心輪有白色「吽」字。氣入，上行氣由鼻孔入，下行氣由密杵入，皆「嗡」字；上下行二氣入於心輪，變「阿」字而住；氣出，上行氣由鼻孔出，下行氣由密杵出，皆是「吽」字。

四、修遍行氣：觀想心輪有白色「吽」字。再觀想全身從頭到腳心，一切骨節及毛孔均植於心間中脈，「入、住、出」的觀想方式同上所述。

修「金剛誦」的口訣爲：入是「嗡」，住是「阿」，出是「吽」。其中，住氣要愈長愈好，出入氣則要愈短愈好。修久了，只有住，而無出入。行者透過「金剛誦」，依「住氣」之方便，久久修之，可以令氣入中脈，中脈因而打開，甚至燃起拙火，生出暖相；接著引出俱生大樂，然後再以大樂生出光明，進而觀真空，達到樂空和合。另外，根據第八世噶千仁波切《藏密氣功》的說法，以及個人的經驗：修「金剛誦」之前最好先修「脈」：亦卽先觀想身體三脈及諸輪具足；其次修「氣」：亦卽氣吸進來，令氣進入中脈，達到「頂輪」滿氣，自然一切都滿氣。這樣修一段時間之後，接著令氣入喉輪、心輪、臍輪等，直到諸輪都充滿了氣，然後就可以修「金剛誦」了。修「金剛誦」的時候，先觀想壇城或本尊放大白光；心中默念或者口唸「嗡」字，吸氣（吸白），觀想將白光透過左右二鼻孔吸入左右脈，然後到達臍下四指丹田交會處，進入中脈；接著心中默念或口唸「阿」字，住氣（持紅），觀想將氣融入臍輪小小的火當中；然後心中默念或口唸「吽」字，吐氣（吐黑），觀想將黑氣經由左右脈透過左右二鼻孔吐出。尊貴的蓮生聖尊《密教奧義書》提到：「金剛誦」的要義就是「心氣合一」。密教認爲氣動則心動，氣靜則心靜；調氣就是調心；氣若停滅，就可以清除幻相。只要專心於此法，集中心神於呼吸之氣，排除其他一切雜念，最容易坐忘，並獲得身心大定。須知制心一處，乃諸佛必經之路。調氣卽調心，心氣其實是無二。

寶瓶氣

尊貴的蓮生聖尊《密教奧義書》認爲：「無漏法」、「拙火法」、「明點法」等三法的基礎皆爲「九節佛風」與「寶瓶氣」。其中，「寶瓶氣」更可以說是成就的根本。然而，何謂寶瓶氣呢？根據尊貴的蓮生聖尊《來自佛國的語言》、《密教奧義書》、《解脫道口訣》的說法，以及個人的研究心得：上氣下壓，下氣上提，氣藏其中，如寶瓶狀，故稱爲「寶瓶氣」。然而，該怎麼修呢？首先吐出濁氣，然後吸一口清氣；閉息下壓以及下氣上提。其中，「下壓」是指「壓喉結」，「上提」是指「提肛門」。行者先觀想自身「空明」，身體當中有三脈五輪。並遵照四個重要口訣：吸、滿、消、射。分述如下：

一、吸：觀想虛空之中，光明如虹。然後一口氣將虛空精華之氣，用「細、慢、長」的方式全部吸入，進入下丹田，一次盈滿丹田。隨後用提法，收提肛門；如此上壓下提，使上下氣合於臍下四指處，而且要令氣藏得愈久愈好；此曰「吸」。

二、滿：觀想左右脈的氣進入中脈。並將口中的津液嚥下，同時觀想津液進入臍下。然後壓住氣，氣在寶瓶，異常充滿，持之久住，但不可太過。當如此住氣的時候，左右脈的氣就會直入中脈。先住氣三十秒，然後漸持漸久；甚至可達一分鐘、二分鐘，此曰「滿」。

三、消：閉氣至不能忍的時候，應予消散。其中，「消」又包括「內消」和「外消」二種。所謂「內消」就是觀想氣從左右脈進入中脈，至心間而消；所謂「外消」就是觀想氣滿中脈，次滿五輪，復遍全身，甚至達到每一個毛細孔；此曰「消」。

四、射：有「沖頂射法」與「自然射法」二種。「沖頂射法」是當氣已經存不住時，觀想藍色的氣，沖頂穴而出。此法類似「破瓦法」，唯沖頂一天只可做一回，不可多做，多做恐生過患（早夭）。「自然射法」是觀想氣由兩鼻孔射出，有如香煙繚繞，於鼻前漸漸消散，但仍不宜過急；此曰「射」。

為什麼「氣」要藏得愈久愈好呢？尊貴的蓮生聖尊《隱士的神力》認為：當行者吸一口氣進來的時候，身上的脈就會打開，氣就會進到全身的脈裡；吐一口氣出去，身上的脈就會收，門就會關起來。所以說，「持氣」就是為了把身上所有的脈都打開。因此，在鼓氣、持氣當中，把脈打開，氣就很容易進到脈裡面。持氣愈久，脈就可以一直開著；然後把氣鼓在下丹田，持氣二分鐘，讓氣充滿全身。其中，一個最重要的口訣就是「鼓氣」。鼓氣鼓到實在憋不住氣了，再猛吸一口氣進來，再壓下去，就可以將所有鼓起來的氣逼入中脈。須知在中脈外面的氣，屬於「業障氣」；在中脈裡面的氣，就會變成「智慧氣」。因此，只要能夠讓氣進入中脈，就能夠通中脈、息妄念、生拙火、開五輪、顯大樂、得光明、現空性、證佛慧；這些都是修「寶瓶氣」所獲得的功德。所以說，最重要的口訣就是在最後這一口氣；把所有的氣完全擠進中脈，就可以貫通中脈；然後把氣集中在「心輪」，就可以打開「心輪」。甚至可以達到皮膚表面所有的毛細孔。不過，修「寶瓶氣」一定要「細、慢、長」入，「細、慢、長」出；一切保持平穩，不要著急，比較自然。而且，吐氣的時候，也不宜完全吐盡，可以保留少少的氣於臍下。這保留的氣便是所謂的「中住氣」，能夠有助於禪定。蓮花生大士說：「一切功德來自於寶瓶氣。」其實就是指這個「中住氣」。

最後，根據尊貴的蓮生聖尊《智慧的光環》的說法，修氣的要訣包括：（一）脊椎直豎——中脈才會直；（二）壓喉結——上氣才會下壓；（三）提肛——下氣才會上提；（四）舌抵上顎——中脈才會上達頂竅；（五）上壓下提——氣才會入中脈。密教修「寶瓶氣」的目的，就是要使氣入中脈。只要氣入中脈，就可以產生作用。我們稱入中脈的氣為「智慧氣」。「寶瓶氣」修持久久，全身經脈通暢，氣的循環順遂，氣就會飽滿充足。然後由氣的作用，修出拙火光明，修出明點澄淨，修出無漏明點，達到「大樂」、「光明」、「空性」。由此可知，「氣入中脈」是關鍵中的關鍵。

氣入中脈

根據尊貴的蓮生聖尊《大樂中的空性》的說法：只有氣入中脈才能夠證悟「無漏法」、「拙火法」、「明點法」；只有氣入中脈才能夠修「幻身」、「光明」、「正覺」。所以說，「氣入中脈」是一切密法成就的基礎。須知密教的三大成就分別是「幻身成就」、「光明成就」、「正覺成就」。「幻身成就」能夠將心氣運出竅，遍遊十方佛國淨土及十法界。「光明成就」必須由拙火生起，直接切入光明禪定。「正覺成就」必須透過明點的「降、提、持、散」，生「四喜」；又逆提而上，證「四空」，證悟於一切輪迴涅槃空樂之中。由此可知，行者可以由「心氣」得「幻身」，由「拙火」得「光明」，由「自性明點」得「正等正覺」。其中，「心」是「不壞明點」，「氣」是心之足；一旦達到「心氣合一」，就可以成就「幻身」。然而，何謂「幻身」呢？「幻身」是行者肉身之外的「心氣之身」，既空且明。而且，可以循中脈從頂竅竄出，脫離肉身，飛行至十方佛國淨土，聽聞諸佛講經說法，乃至於飛行至一切處，用百種語言向百種化現的眾生說法，成就一切事業。甚至可以身外化身，能夠以一變多，又由多變一。因此，只要能夠修出「幻身」，而且能夠「上」至四聖界，「中」至二十八天，「下」至六道眾生等，是爲「幻身成就」。「幻身」一旦成就，成佛可期。

另外，根據尊貴的蓮生聖尊《大圓滿九次第法》的慈悲開示：密教修行的次第是先納氣，次嚥液，後守精。修「九節佛風」、「金剛誦」、「寶瓶氣」，就是在教我們納氣。行者可以用完全呼吸，將清新的氣吸到丹田，令氣充滿，接著將氣閉住。只要能夠閉住氣，氣從上面出不去，氣從下面也出不去，氣只好進入中脈。這時候，氣就會變成「先天氣」，也就是「智慧氣」，並且會在身體裡面上上下下來回的走。然後用氣吹動拙火，使拙火上昇，融化菩提心月液的水，當水火凝聚於心輪，就可以打開心輪；然後心輪中的佛性就可以顯現，佛光就會四射。因此，二灌內法裡面有兩個要素很重要，一個是水，一個是火；前者是指「明點下降」，後者是指「拙火上升」。其中，火可以透過「拙火法」產生，容後詳述。可是，水要從那裡來呢？密教教導我們「神水法」。只要學會「神水法」，而且每天勤加修練，就可以有源源不絕的水。然而，何謂神水法呢？須知「嚥液」就是「神水法」，亦卽嚥下自己的口水，此乃先天之水。然而，實際上怎麼操作呢？行者用舌頭抵住上顎，接著吸一口氣存起來，或者在牙齦上面轉幾圈，就會從舌頭自動流出津液，也就是自己本身的唾液，用舌頭漱一下，然後再嚥下去，就是最好的賀爾蒙；須知這是唯一天生的水，或稱爲「天庭水」。懂得把這「先天水」嚥到身體裡面，就可以滋養我們的五臟六腑，不但不會枯萎，而且生機蓬勃，身體就會健康有光澤，是爲「神水法」。再來就是「守精」，亦卽守住精和血；男的守住精，女的守住血，無有漏失，「精、氣、神」就會旺盛，等同於「無漏法」，容後詳述。

最後，尊貴的蓮生聖尊《來自佛國的語言》諄諄告誡弟子們「納氣」的禁忌：何時可修，何時不可修？何處可修，何處不可修？列之如下：有內傷，有肺病、心臟病、氣管炎、腸胃病，或種種五臟六腑之疾，納氣易生過患，須停修。有孕之婦女，可能導致早產或難產，需停修。衰老的老者，連呼吸都有困難，請勿修。精神錯亂者，若妄修，氣脈會更亂，無法修補。疲憊者，氣會錯亂；岔了氣，不好收拾。雙運時，修氣是禁戒的；因爲功力不夠，會誤入歧途；但在修「無漏法」時，提氣是可以的。在極度不安時，氣脈會極度紊亂，此時修納氣，無益而有害。太飽或太餓時，氣脈皆不平，修之有害。空氣淨度不好的地方，不要修納氣。行者修納氣，宜在通風之處；而且，納入之氣宜清新可人。因此，在醫院病房、殯儀館、沼氣重、濕氣重、寒氣重的地方等，均不宜修納氣法。筆者「修氣」的真實體驗是：次第、環境、身體、心情都很重要。一切都要慢慢來，絕對不可以操之過急，否則很容易導致氣脈紊亂，頭昏腦脹，失眠不安，甚至精神錯亂，走火入魔。最好「生起次第」已經修至相應，有「上師、本尊、護法」的加持當靠山，加上「九節佛風」、「金剛誦」有一定的基礎，再來修「寶瓶氣」會比較安全。愼之！愼之！

無漏法

《時輪金剛本續》說：「有漏皆墮。」」若能夠修證「無漏」，則有助於「幻身」、「光明」、「正覺」的成就。然而，該如何修證無漏呢？根據尊貴的蓮生聖尊《大樂中的空性》、《如來的哲思》的說法，以及個人的研究心得：此法的基礎在於「寶瓶氣」，而且一定要修到「氣足」才可以。此外，還要能夠運氣入中脈，然後由中脈沖頂，這樣才能夠修證「無漏法」。然而，實際上該怎麼修呢？其一、坐姿採毘盧七支坐：身體要正，腰桿要直，同時稍微壓一下喉結；不僅頭頂著天，雙肩頂著天，雙手結印朝著天，雙腳雙盤也是朝著天，其實就是「蓮花座」。其二、手印為握固印：大拇指在內，餘四指壓住，雙手握緊。其三、咒語為長「吽」。其四、觀想：先修「寶瓶氣」數次，然後右手結「金剛指」；並將「金剛指」倒過來，然後以「中指」指在頭頂中脈的頂穴。並觀想整個身體成為「空明」，只剩下一層皮，以及一個「中脈」在身體裡面，從頂竅到密輪。接著觀想「臍輪」中有一個紅色的「吽」字；「吽」字的尾巴勾住「寶珠頭」前面的白蓮花（男）或紅蓮花（女）。同時，行者雙手結「握固印」，先下垂。然後修「寶瓶氣」一口，收縮腹部，運氣，將「寶瓶氣」運上去；同時大喝一聲長「吽」，接著雙手「握固印」向上提起，此時用氣沖頂。並觀想「吽」字拉著「蓮花」順著「中脈」很有力的往上推，並且觀想「密輪」（男根）也跟著倒捲而進入中脈，一直推到頂竅之上。此時，觀想最上面為紅色的「吽」字，其次為「白蓮花」或「紅蓮花」，然後是「肉髻」。會有「肉髻」是因為男行者的「陽具」（生殖器），也就是「男根」倒捲入中脈，至頂穴而形成；女行者則無「肉髻」。其中，「白蓮花」即精液，「紅蓮花」即經血。此法的重點在於一口「寶瓶氣」。在氣沖頂的同時，連帶把「精血」提起到頂，在密教稱為「提明點飛須彌山」。須知只要能夠「提明點」，就可以證「無漏」。行者只要有恆心，於每日清晨修持，半年即可有效驗，最遲三年。只要修行此法成就，「明點」一點一滴都不會漏失，而且精神飽滿。然後以此爲基礎，進而修其他密法，就可以事半功倍。須知「無漏法」成就，才有資格修「雙身法」。不過，做到「無漏」還不夠，尚須明白「空性」，以作爲「雙身法」的基礎。

然而，在修「無漏法」的過程當中，明點（精）快要漏出來的時候，該怎麼辦呢？根據尊貴的蓮生聖尊《來自佛國的語言》、《大樂中的空性》、《密教奧義書》、《解脫道口訣》的說法，以及個人的研究心得：一般人在修「無漏法」，產生初樂（敏感）的時候，需馬上驚覺，然後修意念轉移，亦即轉移、轉移再轉移，如此可以將時間拉長。轉移的方法包括：（一）猛吸中指：亦即迅速猛吸中指，將注意力轉移到中指；（二）猛拍身子：亦即用手掌拍痛身體，將注意力轉移到痛處；（三）握固手印：亦即用力握固印，壓痛大拇指，將注意力轉移到大拇指。或者說，在快要漏出來的時候，立即採用「薩迦六勢變」來提明點，進而止住不漏，其技法包括：（一）日月朝天——快要漏出來的時候，雙眼向上看。一則轉移，一則提氣。（二）舌抵上顎——俗稱「搭天橋」，通氣，令氣上沖，提住明點。（三）上行氣出——當上行氣由鼻口呼出去的時候，下行氣就上升，提住明點。（四）頸壓喉結——當上行氣呼出後，壓住喉結，有如用手按住麥管的上方出口，明點就不會流出。（五）腹緊貼背——收小腹，成弓形，提住明點。（六）肛門上提——提肛收肛口，令下行氣上升，提住明點，鎖住明點。其實，對有經驗的人來說，「薩迦六勢變」可以在一剎那之間自然完成，純粹是自然反應。如此，便可以提住明點。所以說，重點在「提」，而不在「忍」。另外，也可以用手摩「臍輪」，右十四下，左十四下，如此繞圈亦可固精。

須知「無漏法」可以令「明點」下降而增樂，因增樂而攝持；攝持多次，其樂長而持久。所以說，只要

「寶瓶氣」修得自在自如，「中住氣」一提，「明點」（精）立刻就可以止住。接著向上一提，大樂生矣。換句話說，當「大樂」產生，「明點」開始下降，這時候就要用「寶瓶氣」將「明點」提起來，變成「四喜四空」。重點就在於是否能夠自我控制「明點」，才可以「無漏」。只要「氣」凝住了，「明點」就會提起來。如此「明點」可以降、可以提，一直在樂受當中，就可以進入禪定。而且，當「明點」上上下下，心中的「蓮花」就會打開，然後就可以看到「明點光」，看到「佛性」。因此，「無漏法」的功德，可以令行者「精、氣、神」充足，膚色發光，鬼神不侵，肌骨有力；並且可以令中脈通，五輪通，脈脈皆通。五臟六腑，生機活現，全身有光，自在任運，成就道果。然後，進一步由「無漏法」證「大樂」、「光明」、「空性」。由此可知，「無漏法」是「拙火法」、「明點法」的基石，「光明風脈」自此產生。須知「無漏成就」，「氣」才會充足，「拙火」才會燃起，「明點」才會增長。「拙火」如果要穩定、要增長、要光熱，絕對要有足夠的「氣」；加上「明點」不走漏，精神才會旺盛。由此可知，「大樂」、「光明」、「正覺」的證得，都是以「無漏成就」爲基礎。

拙火法

「拙火明點法」本是不可分割的，是一體成形的。但是爲了讓讀者了解，並且可以分段操作，我們還是分開加以說明。先談「拙火法」：根據尊貴的蓮生聖尊《真佛祕中祕》、《密教大守護》、《背後的明王》、《佛王新境界》、《隱士的神力》、《解脫道口訣》的說法，以及個人的研究心得：「拙火法」即是「靈熱法」。爲什麼要修靈熱法呢？須知密教的修行方法，不但修心，而且修身。以「心」來講，宇宙的

「心」是「地、水、火、風」所組成。修「靈熱法」就是以行者自身的中脈——「地」，菩提心月液——「水」，丹田——「火」，呼吸——「風」來印證宇宙的「空性」。也就是用自己的身心來合天地之心，這就是修「靈熱法」的理論所在。然而，如何讓「拙火」生起呢？

首先，用「毘盧七支坐」坐定，調勻好呼吸，並觀想出自己的三脈：左、右、中脈。須知「拙火」的生起點就在臍下四指，也就是三脈會合的地方，或稱爲「丹田」，有一個三角形的「生法宮」，具本有火種。接著觀想在「生法宮」裡面有一個細如毫毛的梵文𑖀「阿」字，像「ㄎ」字的那半邊，顏色棕紅。若梵字觀想不來，也可以觀想成一個小紅點，像一粒米大小。起初，這個細如毫毛的𑖀「阿」字，紅紅一點，很小，甚至有點顫抖之狀。接著，行者用「完全呼吸」來吹動這一個𑖀「阿」字的「拙火點」。所謂「完全呼吸」就是「細、慢、長」的呼吸法；一吸是六拍，一呼也是六拍，一直達到「丹田」的呼吸。甚至一呼一吸都可以用意念來引導，進而達到密輪、腳跟，乃至於腳趾頭。行者用「完全呼吸」吸氣的方式，利用「寶瓶氣」修練的力量，從左、右鼻孔吸氣進去，進入左右脈，並用「意」使氣達到三脈會合處。然後用吸進去的「氣」去吹動這個紅色小點或𑖀「阿」字，以便增加它的紅和熱。這如同煽火的道理一樣，亦即鼓風爐吹燃燒物的原理，令其生光、明亮、暖熱。也就是說，觀想紅色的火引燃「ㄎ」字。紅色的「ㄎ」字，要直、要紅、要熱，還要抖，象徵有如細絲的火在顫抖一般。並且在每一個「完全呼吸」之後，觀想風吹紅點，而紅點愈來愈紅，愈來愈粗，愈來愈光，也愈來愈熱；而呼出氣時，還要觀想黑氣吐出。這些都是用意念去持，令「想念」的力量與「氣」的力量相互結合在一起。所以說，在「完全呼吸」的吹動下，「拙火點」會越來越光明、越來越熾熱。

須知一呼一吸就叫做「一息」。觀想「拙火」在藍色如麥管般的「中脈」裡，從「丹田」開始，每一息上升半指，每十息上升一輪。觀想「拙火」先往上走，如此十息，火焰到了「臍輪」。經十息，令「臍輪」周圍全是溫溫熱熱的。然後又往下走，走到「海底輪」，經十息，令下盤各部位全部都是溫溫熱熱的。然後再往上走，觀想火焰順著中脈達到「心輪」之處，經十息，令「心輪」附近溫溫熱熱的。然後再往上走，觀想火焰順著中脈達到「喉輪」之處，經十息，令「喉輪」附近溫溫熱熱的。然後再往上走，便達到「眉心輪」，經十息，令「眉心輪」附近溫溫熱熱的。然後再往上走，觀想火焰順著中脈達到「頂輪」，經十息，令「頂輪」附近溫溫熱熱的，總共加起來是七十息。由此可知，「拙火」生起，「丹田」先熱，再來是「臍輪」熱，再來是「下盤」熱，再來是「心輪」熱，再來是「喉輪」熱，再來是「眉心輪」熱，最後是「頂輪」熱。然後以「拙火」燃燒全身，有如電光遍滿全身，並自覺全身毛孔有火光向外放射。甚至燃燒到虛空之中，乃至於整個大地、三惡道、一切有情等。甚至觀想整個有情世界都在拙火之中，全部充滿熾盛的光明。而且，拙火所到之處，一切不淨的垢障全部燒盡，恢復清淨的自性。不但令自己本身清淨，也令接觸到此拙火的，通通都變得清淨。這種火中之定就是「火光三昧大定」。

此外，如果想要讓「拙火」早點生起來，還可以採用「六灶印」。所謂「六灶印」就是行者利用坐姿，兩隻腳交叉緊壓腹部，兩隻手交叉緊抱雙腳。其次，還可以用布條或禪帶把雙腳和身體一起綁起來，並且用雙手交叉壓緊，以便壓緊丹田。然後以此坐姿，加上完全呼吸，就比較容易修證「拙火法」。甚至針對「臍輪」，行者還可以壓它、揉它、擦它、扭它，加上用熱袋溫熱它，務必令靈熱生起來。同時，還要懂得交叉運用「文火」和「武火」。其中，「文火」是「細、慢、長」的呼吸，「武火」是「粗、快、短」的呼吸，二者之間要調和得剛剛好。平常修法的時候，用的是溫和的「文火」，一直調到氣足了，等火快要生起來的時候，再用強烈的「武火」去吹這個「拙火」，這樣就能夠迅速地讓「拙火」生起來了。另外，還可以練

「拙火六日體功法」的金剛拳，方便溫熱產生。「拙火六日體功法」共有六種姿勢，主要都是在震動臍輪，包括：仰臥雙腳輪流收縮並用雙手抱緊單腳後一起踢出並坐起、雙腳盤坐左右扭且雙手伸展並輪流點地、身體坐正雙手抱膝後仰且回正、雙腳跪地左右扭且雙手伸展並輪流點地、立姿雙腳向前左右交叉旋轉且雙手伸展左右轉、立姿雙掌順時針撫摸肚子三十六下。其中，還必須觀想手掌中有兩個紅熱的太陽，並透過摩擦生熱，擦出很燙的火出來，然後放在臍下四指之處，加上觀想太陽的火進入臍輪，再順時針撫摸肚子，這樣「內火」就比較容易產生。開始修「靈熱法」的時候，一天要打坐六回，使靈熱產生。靈熱一旦產生，便可以改爲每日修三回或二回卽可。所以說，調勻呼吸，用氣修練靈熱，化爲火，就是「內火」。然後，利用此「內火」來蒸發「明點」，使「菩提心月夜」下降。當「明點」下降，「拙火」上升，在「心輪」結合，就可以打開「心輪」，產生一種水火交融、圓滿的光明。

明點法

根據尊貴的蓮生聖尊《細說密教修法完整儀軌》的說法：「寶瓶氣」是「內火」的基礎，「氣」充足了，「內火」就比較容易生起。因此，「寶瓶氣」修足之後，就可以修「內火」；「內火」一旦點起來，就可以通「中脈」。其中，「內火」就像電梯，「氣」就像電源，「中脈」就像電梯上升的軌道，從「海底輪」一直通到「頂輪」。如果「氣」修得夠足的話，就可以當電源，電梯就會動，然後利用電梯來運送「明點」。何謂「明點」呢？「明點」就是身上「精、氣、神」的結晶，可以透過電梯往上或往下運送。另外，根據尊貴的蓮生聖尊《來自佛國的語言》、《大樂中的空性》、《背後的明王》、《密教奧義書》、《細說密教修法完整儀軌》、《解脫道口訣》的說法，以及個人的研究心得：修「明點法」一樣需要「寶瓶氣」，而且用「六灶印」最好；因爲「六灶印」最有力，並且用「金剛拳」做輔助。首先，以「寶瓶氣」吹「拙火」，令細小如針的「拙火」慢慢變大、變熱、變紅。其次令「拙火」上升；先至「臍輪」，再下轉至下盤以及足趾尖端，接著又上升至「心輪」，然後至「喉輪」、「眉心輪」，最後到達「頂輪」。在「頂輪」或「眉心輪」的地方，有「菩提心月液」的「涵」字明點。「菩提心月夜」白如秋月，明如燈盞，點如水晶球，降下如水銀。當「拙火」上升，遍滿全身，並且一直燃燒到頂輪或眉心輪的時候，就會燃燒到「菩提心月液」，「明點」就會融化。「明點」像油一樣，一經融化，就會往下滴。此時「明點水」向下流，經「喉輪」到「心輪」，「拙火」與「明點」互融於「心輪」，就可以將「心輪」打開，產生「大樂」與「光明」。並逐步下降至各輪，進而打開「五輪」。

在「拙火」上升以及「菩提心月液」下降的時候，會產生「四喜」與「四空」等「喜樂」與「光明」的現象。在「明點」下降的過程當中，由「頂輪」或「眉心輪」下降至「喉輪」會產生「初喜」，由「喉輪」下降至「心輪」會產生「勝喜」，由「心輪」下降至「臍輪」會產生「超喜」，由「臍輪」下降至「密輪」會產生「俱生喜」。這些「喜」就是樂受的意思，密教稱之爲「大樂」。根據《喜金剛本續》的說法：「初喜」生起少許之樂（樂少），「勝喜」之樂更勝於前（樂多），「超喜」樂不可支（樂無分別），「俱生喜」乃究竟之樂（樂空雙泯）。此外，「明點」下降之後，還可以逆提向上。在逆提倒轉的過程當中，由「密輪」到「臍輪」會產生「初喜」，由「臍輪」到「心輪」會產生「勝喜」，由「心輪」到「喉輪」會產生「超喜」，由「喉輪」到「頂輪」或「眉心輪」會產生「俱生喜」。不過，由於「樂空不二」的關係，可以轉「四喜」爲「四空」，故又稱爲「空」、「大空」、「勝空」、「超空」或「最勝空」。而且，當明點逆提而上，持於「臍輪」而得「樂空定」（小）；再逆提而上，持於「心輪」而得「大樂定」（中）；再逆提而上，持於「喉輪」而得「諸法皆空」（大）；再逆提而上，持於「頂輪」而得一切輪迴涅槃的「大空樂定」（巨）。其中，當「涵」字明點下降至「密輪」的「寶珠頭」時，以提法提住，就可以證得「俱生喜」。「俱生喜」其實就是「俱生智」以及「樂空雙泯」，可以幫助行者「明心」。不過，「四喜」與「四空」都必須以「無漏成就」爲基礎，否則根本就無法達成。並且還需要借助「氣」跟「明點」的「降、提、持、散」之口訣，說明如下：

一、降法：我們平時不會流口水，但是一看到愛吃的東西，就會口水直流。「頂輪」的明點下降，跟這個道理完全一樣。真正「降法」的口訣要有皈依，受過灌頂，並觀察行者的表現如何才可以傳；必須親自口授，並且還有動作指導。

二、提法：「明點」假如一直往下滴到「密輪」，行者結「握固拳」置於胸前，猛吸一口氣，觀想「密輪」有個藍色的「吽」字；加上兩個眼球向上看，腹部跟背部相貼，口唸長聲「吽」字，慢慢吐氣，整個神往上提；同時觀想「密輪」的「吽」字慢慢往上升，提到「眉心輪」，並馬上觀想「十字金剛杵」安於頂上，封住頂穴，不要讓「明點」從中脈頂端出去。否則把「明點」提出去就往生了。

三、持法：把「氣」保留在身體裡面就是「持氣」，類似「寶瓶氣」把氣持住。「持法」的口訣在於「上壓」與「下提」。「上壓」就是舌抵上顎，下壓喉結，把氣壓下來；「下提」就是收小腹、貼背部、提肛。「上壓下提」就可以把氣持住，並且持得越久越好，持了以後再散。

四、散法：散有「外散」與「內散」之分。吸進來的氣到最後從鼻孔出去，就叫做「外散」。這是持氣持到最後沒辦法了，只好從鼻孔散氣。如果把持的這一股氣分散到毛細孔，然後由毛細孔出去；或者用意念觀想氣從中脈上升，直到頂穴射出，就叫做「內散」。其中，觀想氣是從中脈沖頂，就叫作「射氣」，可以沖開頂門。因爲很容易受傷，所以一天只准做一次。

透過「明點」的「降、提、持、散」可以產生「大樂」。因爲「氣」在全身遊走的時候非常敏銳，當它摩擦諸脈的時候，會產生如同男女交合亢奮的快樂反應。而且，不但「氣」在遊走時會生起「大樂」；「拙火」在遊走時也會生起「暖熱」；甚至「明點」下降時更會生起一種迴轉的「大樂」，四處漫遊，忽左忽右，不斷更替，無以名之；只好用「大樂」來形容。由此可知，「大樂」產生的方式有三種：（一）修「氣」進入中脈，在中脈內移動會產生「大樂」。（二）「拙火」生起，在中脈內移動會產生「大樂」。（三）頂輪「明點」下降，由喉輪到心輪，由心輪到臍輪，由臍輪到生殖輪，會產生「四喜」，最後達到「最勝喜」。此時「明點」提住，不洩漏，就是「大樂定功」。而且，「大樂」生起時，卽是「明點」下滴時；進而逆提「明點」向上，還會逆生「四喜大樂」，進而證得「明空」：「初喜」——「空」，「勝喜」——「大空」，「超喜」——「勝空」，「俱生喜」——「最勝空」，達到「樂空雙泯」、「樂空一如」的境界。而且，這種「大樂」維持的時間甚長。有時候可以長達二十四小時，甚至無有止盡。此樂或被稱爲輕安、法味，密教就稱之爲「大樂」。

由於密教「明點通脈」之「大樂」，大勝凡夫「世俗交合」之「小樂」，因此可以消除世俗的一切貪染。透過這樣的修法，就能夠以貪止貪，以貪成佛。也就是用「大樂」去融合「空性」而成佛；正如由污泥中長出清淨的蓮花。須知當「氣」進入中脈，會產生原始覺性；當「拙火」生起在中脈中行走，會產生原始覺性；當「明點」降滴在中脈中，會產生原始覺性。其中，所謂「原始覺性」就是指「大樂」。不過，「大樂」雖樂，行者萬萬不可貪著此「大樂」而令自心迷亂。而是應該透過「大樂」轉化爲「空性」，亦卽「四喜」轉「四空」，將「原始覺性」進一步昇華，轉化爲微妙的境界，達到「空有雙運」、「樂空雙運」。當「大樂」與「空性」合一，就是「原始覺性」的昇華。尊貴的蓮生聖尊《大樂中的空性》認爲：當「㴔」字明點下降或逆提向上，一旦與拙火「阿」字相逢的時候，就會產生「大樂」與「空性」的雙重覺受。當「大樂」與「空性」互融之時，就可以進入禪定，並從中獲得「等覺」與「妙覺」的覺受。

不過，尊貴的蓮生聖尊《密教奧義書》提醒弟子們：行者如果修出「大樂」，卻貪著「大樂」，反而是一種偏差。當然，「大樂境界」是不錯的境界，但境界不高，只能算是「欲界天」的境界而已。須知密教最高的境界是「化光成佛」，卽身成就佛果。因此，行者必須在「大樂境界」中持續精進，不斷地修「拙火昇」、「明點降」，透過「燃滴作用」，打開「心輪」乃至於「五輪」的脈結。從中看見自己的「內光」，然後再修「外光」，接著內外結合，達到「淨光境界」；就可以超越「欲界天」，進入「色界天」；然後繼續向「無色界天」乃至於「佛果」邁進。因此，接下來我們介紹如何開五輪？

開五輪

根據尊貴的蓮生聖尊《來自佛國的語言》、《密教奧義書》的說法，以及個人的研究心得：爲了進入不可思議的「淨光境界」，乃至於「空性境界」，行者必須打開「五輪」。爲了打開「五輪」，行者必須依「燃滴作用」，並配合「金剛拳」來達成。然而，何謂燃滴作用呢？所謂「燃滴作用」就是拙火燃、明點滴。行者透過「氣、脈、明點」的瑜伽修習，一方面修出「拙火」，一方面修出「明點」。須知「拙火」是「光、熱、紅」的綜合，是爲「拙火光」；「明點」是「銀、透、晶、亮」的綜合，是爲「明點光」；「拙火」與「明點」互融，是爲「中脈光」。也就是說，拙火紅光，明點白光，中脈水晶光，最終成就虹光。由此可知，想要通中脈、開五輪，首先要把「氣」修足，其次生起「拙火」，然後融化「明點」，加上「金剛拳」，就可以成就。在「大樂境界」中，拙火昇，明點降，融化於中脈、五輪，此時中脈、五輪就會充滿「五智之氣」。當「中脈」打開，「五輪」之脈結也因拙火、明點互融而開解，則心光自顯。一旦心光發露，行者就可以看見「五色智光」，包括：藍色光——法界體性智；白色光——大圓鏡智；黃色光——平等性智；紅色光——妙觀察智；綠色光——成所作智。而且，此光一旦顯現，不僅遍滿全身，而且慧光外放，甚至遍滿整個虛空法界。行者的周圍還會出現「五光境界」，或是燈、火、煙、雲、星、月、明點、晴空等景相，是爲「淨光境界」。須知這樣的境界早已超越「欲界天」，甚至已經進入「色界天」了。其中，「色界天」就是光明燦爛的「四禪天」；包括：初禪——勝樂妙喜光；二禪——歡喜淨光；三禪——不動的極淨光；四禪——平等的無量淨光。不過，爲了進入「四禪天」，除了依靠「燃滴作用」之外，尚須依靠十方佛菩薩的加持，才得以證入「四禪天」。尊貴的蓮生聖尊告訴弟子們一個方便法：亦卽透過唸《高王觀世音真經》來實現。因爲此經裡面正是十方佛菩薩之聖號，行者誠心唸誦，不僅可以看見內在自身的光明，也可以看見外在世界的光明，乃至於看見十方法界的光明。

此外，密教把淨光分爲「根本淨光」、「道淨光」和「果淨光」。其中，「根本淨光」就是「母淨光」，「道淨光」就是「子淨光」，「果淨光」就是「合淨光」；亦卽「母淨光」與「子淨光」融合爲一的淨光。須知密教所要修證的就是「子淨光」、「母淨光」以及「子母淨光」會合而成的「果淨光」。換句話說，自身光明是爲「子光明」，宇宙光明海是爲「母光明」；二者互融，光光相會，成爲「毘盧遮那大光明海」，是爲「果光明」。針對「子淨光」：行者透過實修，減一分妄念，就增一分光明。當行者修到一切法

「無生」，證悟「空性」，就會產生究竟的光明，是爲「道光明」。然而，實際上怎麼操作呢？行者可以透過藏密白教帝洛巴祖師開示的「六不法」來實現，也就是「不想像，不思慮，不分別，不禪定，不回憶，不動念」。在如此深定之中，自然就會心光發露，所產生的光就是「子淨光」。不過，想要心間放光，還必須先打開「心輪」。尊貴的蓮生聖尊《隱士的神力》說：「只要心輪打開了，淨光就出來了。」並且可以從中看見自己的「內光」。另外，根據尊貴的蓮生聖尊《大樂中的空性》、《打開寶庫之門》的說法，以及個人的研究心得：在「拙火」、「明點」互融於「心輪」的時候，「心輪」就會打開，並且現出一朵八瓣蓮花。蓮花上有日輪，日輪之上出現一腕尺藍色的光柱，是爲「佛性」。而且，當「氣」漸漸打開「心輪」，所有愚昧就會一掃而空，所有暗冥就會消失，進而現出光明。

另外，針對「母淨光」：根據尊貴的蓮生聖尊《來自佛國的語言》、《密教奧義書》的說法，以及個人的研究心得：行者可以透過「看光法」來實現「母淨光」。然而，何謂看光法呢？在「燃滴作用」中，當拙火燃燒到「眉心輪」的時候，從開口處向外一照，就會照亮整個法界。使得整個法界裡的有情都會被「拙火光」照到而變得清淨。此時，「母淨光」就會出現。然而，實際上怎麼操作呢？行者在練習「看光」的時候，可以在自己的面前點上燭火，並專一心志地注視著燭火。然後觀想此火漸漸放大，放大成爲一片火海的時候，寂然入定。此時，在禪定中，點點明星就會呈現眼前。而且，我心不動，點點明星不動；我心若動，點點明星就會跟著動，是爲「明點光」。只要把心定住了，「明點光」就不會亂動。不過，「明點光」有時候也會像光圈一樣，或者一圈、二圈、三圈或多圈，內有五彩線紋，是法界的光彩。剛開始的時候，「明點光」只是光點而已；進一步將這些光點集合起來就變成「金剛鍊」；進一步將「金剛鍊」集合起來就變成「金剛鏡」或「金剛幕」；呈現一片白光如「月輪」，像個「大圓鏡」，光茫茫，此乃「空性」所呈現的光明，密教稱之爲「母光」。須知此「母光」不只可以在行者之外，也可以進入行者自身之中，與自身的「子光」會合，成爲「果淨光」。

總而言之，「點」——明點光；「線」——金剛鍊光；「面」——金剛幕光。一旦修成「慧眼」，便可以見證「明點光」、「金剛鍊光」、「金剛幕光」。也就是說，由「明點光」演變成「金剛鍊」，再演變成「金剛幕」。不但從中可以看見半身佛或全身佛，也可以看見「雙身佛」，甚至可以看見五方五佛的佛國刹土。由此可知，「淨光境界」可以分成四等：（一）明點光——法性顯現；（二）金剛鍊——覺受增長；（三）佛菩薩——明體境界；（四）佛國刹土——窮盡法界。所以說，在修法的過程當中，行者會先看到「明點光」，再打開「心光」，在覺受增長之下，顯現了「金剛鍊」，再增長爲「金剛幕」，甚至出現整個佛國刹土，遍滿整個虛空。行者一一收攝自心，外光與內光，二者合一，無二無別，內外一體，身化虹光，就可以卽身成佛。由此可知，「子淨光」由「甚深禪定」產生，「母淨光」由「拙火照明」產生。而且，先修「內光」，次修「外光」，內外結合，成就「子母光明會」就是「淨光境界」。

不過，證入「色界天」的「淨光境界」尙不究竟。根據尊貴的蓮生聖尊《隱士的神力》、《密教奧義書》的說法：一般來講，修行先修到「欲界天」——「大樂」的境界；再修到「色界天」——「光明」的境界；再修到「無色界天」——「大空」的境界，最後如來「佛性」的境界就會顯現出來。就像當年釋迦牟尼佛一樣，也是經歷了「欲界天」、「色界天」、「無色界天」的修行，最後才究竟成佛的。須知「瑜伽密教」主要的覺受就是「大樂」、「淨光」和「無念」。行者在修證「欲界天」的「大樂」以及「色界天」的「淨光」之後，接著就是修證「無色界天」的「大空」。換句話說，只要中脈通了，「氣、脈、明點」能夠上上下下通行，就可以修證「欲界天」的「大樂境界」。其次，只要藉著「燃滴作用」，不斷地修持，一旦

「心輪」打開，心光自然發露，便可以修證「色界天」的「淨光境界」。最後，當停止「大樂」的覺受，又停止「淨光」的覺受，靜止一切法，捨離一切法，完全無有作爲；然後進入「無念」、「無想」、「非非想」，就可以進入「無色界天」的「大空境界」。原來證入「無色界天」的口訣，就是「一切法皆空」再加上「無念」。在實修的過程當中，則可以透過「遍空法」來實現。其中，最重要的口訣就是「眼觀空」、「心觀空」。例如，凡是眼睛所看到的各種事物皆視爲空；一切想念皆歸於空。只要自心與空融合，那麼妄念就會消除。只要做到身、心與空三無分別，就可以證入「無色界天」。

因此，根據尊貴的蓮生聖尊《密教奧義書》的說法：地——「脈」的修習；水——「明點」的修習；火——「拙火」的修習；風——「氣」的修習；空——「佛性」的修習。從「三灌」以上的修習當中，可以證得「大樂」的「原始覺性」；打開脈輪，可以證得「心光發露」的「淨光境界」；並且依照自身的「地、水、火、風」去修證「空性」。一旦證入空性，並且融入空性，就可以具足如來的五大智慧。然而，何謂空性呢？尊貴的蓮生聖尊《密教奧義書》認爲：「空性」是一切法的根基；法爾本然，無有造作。不過，「空性」並非一切皆無。在「空性」之中，可以顯現出生死涅槃的現象。須知「空性」有如虛空，在虛空之中有雲化雨、雨化水、水化氣、水化冰等現象。天堂地獄的現象，亦復如是。而且，「大樂」的原始覺性與「空性」是互相融合的。「淨光境界」是放光的清淨情器世界，其實都是「空性本體」的顯化。由此可知，不管是「明點光」、「金剛鍊」、「本尊」，或是「佛國剎土」，全都是「空性本體」的化現。所以說，「法界本體」卽淨光之覺性，如同虛空一般，於虛空之中顯現出諸佛的功德以及淨光剎土。因此，「空性」之中非「真空」，而是有「大樂」的覺性以及「淨光」的覺性在其中。看見雙身佛卽「大樂覺性」，看見放光卽「淨光覺性」。所以說，任運「空性」，「大樂」、「淨光」、「菩提」於其中，生起而不被牽引就是「開悟」。一執著就是六道輪迴，一執著就是三界沉淪，任運一切就是開悟得證。

由此可知，「空性」就是「勝義諦」加「世俗諦」；而且要懂得「空有雙運」，遠離兩邊，才是「中道」。其中，「空性」可以當「形容詞」：形容「世間」無常、苦、無我、無我所、空，指出「法相」的緣起如幻：法相是空。「空性」也可以當「名詞」：就是本性、真如、覺性、明空、法身，就是常極光土、一真法界、宇宙意識、法界本體，說明「法性」的空寂無生：法性是空。「空性」也可以當「動詞」：厭、離欲、滅盡、解脫，看破放下，破妄證真，任運自在，沒有妄想、分別、執著，強調「心識」要懂得放空：心識是空。此外，法界的運轉原理「緣起」也是空，中道不二，性相是一，全看那一顆「心」動還是不動而已。須知妄識遇境生心而流轉，真心如如不動而還滅。心動則緣起，緣起乃性空。無明業風興起，妄識習性當道，輪迴去也；本有淨智現前，真心本性做主，回歸法界；這就是所謂的「空性智慧」。

綜合而言，密教行者透過內在修「氣、脈、明點」，外在修「金剛拳」，然後去印證如來的智慧。關鍵是讓「氣」進入中脈，再令「靈熱」與「菩提心月液」二者交融，然後把「心輪」打開，乃至於把「五輪」打開，甚至把全身上下所有的脈輪全部打開。此時，身體不但會有「大樂」，而且會有「淨光」，進而證得如來的「五大智慧」。尊貴的蓮生聖尊《解脫道口訣》認爲：當三脈七輪與周身脈絡全部暢通時，就會產生「大神變」，包括：親證十方淨土，親聞本尊說法，親見三世諸佛，具足六大神通，能知曉勝義諦，一切法是法界自性等。如此按部就班，由色相修，修色入空，空性增長，而色相漸漸化盡，最終成就虹光化身。然而，何謂「金剛拳」呢？根據尊貴的蓮生聖尊《無上密與大手印》的說法：所謂「金剛拳」就是用來幫助行者身體的氣血，變得非常的流暢，從此沒有障礙。不過，嚴格來講「金剛拳」並不是拳，而是一種密教技法，但通稱爲「拳」。屬於外在的功法，可以把身體裡面的三脈、七輪、氣血、拙火、明點全部打通。

然而，有那些技法呢？根據尊貴的蓮生聖尊《大樂中的空性》的說法：其一、脖子扭轉及俯仰，以活動「喉輪」；此種運動可以使「頂輪」及「喉輪」開解。其二、常做伏地挺身，以活動「心輪」；此種運動可以使「心輪」開解。其三、兩拳安膝上，兩足跏趺坐，扭轉身體，由右至左，由左至右，各三下；此種運動可以使「臍輪」開解。其四、以臀部坐穩，將兩腿足，互相踢向空中，用力踢出而抖動；此種運動可以使「密輪」開解。其五、跏趺坐，雙手用力上提，全身用力向上提舉身體，再跏趺而坐；此種運動可以使「全身脈道」皆得開解。其六、大哈抖身。站立，雙足彈跳，口誦「哈」字，全身手足自然抖動，稱為「大哈抖身」；此種運動可以使「全身脈輪」開解。

最後要提醒的是：在禪定中「大樂」特甚，容易流轉於「欲界天」；「淨光」特甚，容易流轉於「色界天」；「無念大空」特甚，容易流轉於「無色界天」。因此，一般密教祖師均認為「大樂」、「淨光」、「大空」等三種境界雖好，但絕對不可以貪著。其中，如果貪著「無念」，很容易和「愚癡」相應；甚至過於執著「空」，反而變成「無明」。因此，「無色界天」幾乎是「大愚癡」的無明境界，而且可以說是「無始無明」。其中，「無始」是「大空」，「無明」是「大癡」，「無始無明」就是「原始的大癡」。密教行者必須破除「無始無明」，才能夠「見證佛性」。因此，所謂「開悟」絕對不僅僅是證悟「空」而已。因為「空」不完全等於「佛性」！假如「空」等於「佛性」，那麼「無色界天」的境界就應該「見證佛性」才對。所以說，重點不在於證悟「空」，而在於如何運用「空」。亦即在證入「空」之後，還要能夠走出「空」。做到空不離悲，悲不離空，悲空雙融，方為「見性」。由此可知，明心見性，開悟成佛，離不開「戒、定、慧」與「六度萬行」。其中，持戒——離苦；修福——得樂；禪定——淨光；證慧——空性；不但要出離三界，證入「常樂我淨」的涅槃境界，還要入世度眾，福慧雙修，悲智雙運，才得以圓證佛果。不但了知一切如幻，世間本空，而且依大悲心行於世間，隨緣說法，應機度衆。把「大樂」、「淨光」、「空性」調和得非常均勻，成了一杯綜合果汁，就是「般若」。把「般若」拿去教導衆生，就是「大悲度生」。這一杯綜合果汁就是「大樂」、「淨光」、「空性」三者的任運。懂得把「大樂」、「淨光」、「空性」寬坦而任運，就是「開悟」。懂得「開悟」的道理，便可以「明心見性」。

總而言之，在密教裡，透過實修，證悟空性，其中，「氣、脈、明點」扮演非常重要的角色。只要氣入中脈，智慧就會開，心光自明；只要心輪打開，光明就會出，佛性自見，是爲「明心見性」。尊貴的蓮生聖尊《大樂中的空性》認爲：密教行者依「氣、脈、明點」修行，包括「無漏法」、「拙火法」、「明點法」、「四喜四空」等，按照這些順序消融「紅菩提」、「白菩提」。最後經驗了「俱生喜」，體會了「空性」和「法身」融爲一體，就可以算是「明心」了。另外，尊貴的蓮生聖尊《背後的明王》也提到：「拙火」上升、「菩提心月液」下降，二者在「心輪」融合，「心輪」的蓮花開放，「佛性」便能夠顯現出來。也就是說，「心輪」打開，見到「心輪」中的藍光，稱爲見到「佛性光」，就可以算是「見證佛性」了。明心已得，見性已證，此「明心見性」也。所以說，「明心」要證「俱生智」，「見性」要打開「心輪」。只要領悟到自心之「明」與本性之「空」，就可以圓證佛果。而且，「明」的一面修至圓滿究竟，即是「報身佛」、「化身佛」；「空」的一面修至圓滿究竟，即是「法身佛」。

何謂三灌呢？根據尊貴的蓮生聖尊《佛王新境界》的說法：第三個灌頂是「密法」，主要是在「修欲」，三灌成就可以證得法身。另外，根據尊貴的蓮生聖尊《真佛祕中祕》的說法：密教修行一定要先從「四加行法」相應開始，再來是「上師相應法」相應，接著是「本尊法」相應，再來是「金剛法」相應，最後才可以修「無上密部」成佛法。由此可知，在邁向密教最高成就的過程當中，必須遵守一定的順序。其中，進入「三灌」密法，「金剛法」與「無上密」是兩大重點。以下，我們先談「金剛法」。

金剛法

何謂金剛呢？「金剛」是佛教的護法神。尊貴的蓮生聖尊《智慧的光環》認為：「金剛神」即手拿金剛法器，守護佛法的神祇。忿怒的金剛神其實是諸佛菩薩的化身。佛菩薩為了降伏度化天魔、惡神、邪鬼、夜叉，以及一些毫不講理的惡人，必須外顯忿怒相，進而使其歸順我佛，但是內心卻是慈悲的。在密教裡，「金剛」有時候也稱為「明王」。何謂明王呢？「明王」其實是佛菩薩的「忿怒尊」。尊貴的蓮生聖尊《背後的明王》認為：「明王」是佛陀為了濟度「瞋、怒、淫、癡」的剛強眾生，所變現的忿怒身。從外表上來看，相非常地恐怖，但卻是佛陀大悲心的流露。亦即象徵以光明智慧，去制伏一切惡魔和障礙的深意。須知密教的「三輪身」正是（一）自性輪身——佛：以本地自性的佛體教化利益眾生；（二）正法輪身——菩薩：以正法教化利益眾生；（三）教令輪身——金剛或明王：現忿怒相降伏態度剛強的眾生。所謂「輪身」乃摧破眾生煩惱之力。其中，「金剛神」與「明王」皆屬於「教令輪身」，表示教令堅固，能夠摧破一切怨敵。因此，有時候就合稱「金剛明王」了。尊貴的蓮生聖尊《真佛祕中祕》認為：「金剛明王」是為了擁護三寶才現忿怒身的。不僅可以降伏天下四大魔，也可以使惡鬼妖魔等見而生畏，並且降伏一切頑強之人。修習「金剛法」可以獲得「金剛明王」的擁護。然而，在密教裡有那些「金剛法」呢？根據張宏實大德《圖解無上瑜伽》的精闢看法，以及個人的研究心得：「無上瑜伽部密續」主要有五部「金剛法」的典籍，形成的時間約在西元八到十一世紀之間，分爲「父續」、「母續」以及「不二續」等三類。一般而言，「父續」著重「幻身瑜伽」，主要包括「密集金剛」與「大威德金剛」。「母續」著重「明光瑜伽」，主要包括「勝樂金剛」與「吉祥喜金剛」。「不二續」既著重「幻身瑜伽」，也著重「明光瑜伽」，主要包括「時輪金剛」；合起來通稱爲「五大金剛」。其次，根據尊貴的蓮生聖尊《真佛祕中祕》的說法：西藏密宗的五大金剛法，包括：喜金剛、上樂金剛、穢跡金剛、時輪金剛、大威德金剛。其中，上樂金剛就是勝樂金剛，並以穢跡金剛取代密集金剛。須知「五大金剛」的造型有兩個共同點：其一、都是多面、多臂、多足，並持有不同的法器，象徵擁有不同的法教；其二、都呈現佛父擁抱佛母的雙修像，表達以「愛欲」來引導修行。「密教金剛乘」認爲只要透過適當的運用與轉化，「愛欲」也可以成爲證悟的工具。當然，除了這些金剛法之外，還有許多其他的金剛法，例如普巴金剛、大輪金剛等。

不過，也有東密或台密「五大明王」的說法。尊貴的蓮生聖尊《真佛祕中祕》提到：日本東密的五大金剛法，包括：中央爲大聖不動明王，東方爲降三世明王，南方爲軍荼利夜叉明王，西方爲大威德明王，北方爲金剛夜叉明王。漢地台密所傳的五大金剛法，與日本東密唯一不同的是北方的金剛夜叉明王換成烏芻沙摩明王，亦卽穢跡金剛。佛菩薩在教化眾生的時候，爲了調伏冥頑不靈且不聽管教的眾生，於是變化成忿怒猙獰的天神武將，這些佛菩薩的變化身就是「明王」。其中，「明王」就是爲了令人的內心培養出堅強的意志，並且負責防衛的任務，隨時出擊，殲滅邪魔。這「五大明王」乃是「五佛」爲了降伏內外魔障所變現的

「教令輪身」。

另外，還有所謂的「八大明王」。根據《大妙金剛大甘露軍拏利焰鬘熾盛佛頂經》的記載，由「八大菩薩」衍生出「八大明王」，包括：金剛手菩薩——降三世明王；虛空藏菩薩——軍荼利明王；彌勒菩薩——大輪明王；觀世音菩薩——馬頭明王；地藏王菩薩——無能勝明王；除蓋藏菩薩——不動明王；普賢菩薩——步擲明王。此外，還有代表「愛」的明王——愛染明王，以及代表「美」的明王——大孔雀明王。不過，並非所有的金剛法均需要修習。不管是「五大金剛法」、「五大明王法」，還是「八大明王法」，甚至是其他金剛法，只要學會其中一種金剛法，修至相應，一樣可以成佛。

最後，尊貴的蓮生聖尊《真佛祕中祕》認爲：「五大金剛法」算是比較高深的大法。修「金剛明王法」也等於是在修「佛」，因爲「金剛明王」就是佛的化身；只是在形象上看起來比較威武、恐怖而已。如果能夠日日修習「金剛法」一遍，「金剛明王」就會顯現金身，誓言擁護行者，不離行者左右，保護行者的一切處所。甚至行者的一切所思所念，「金剛明王」完全知曉，並且能夠按照行者的意思去行事，冥冥之中便可以達到大成就，這正是「金剛明王」的大功力。也就是說，只要修持「五大金剛法」相應，就會具有「大法力」，並且可以摧伏一切惡魔邪人，周身現光，一切吉祥如意；然後以此偉大的德行與威力，成辦一切法事。一旦行者自身能夠進入「金剛心」，就可以變身爲「金剛明王」。須知這「五大金剛」、「八大明王」的變現，就是「五佛」、「八菩薩」的另一種化身；修持相應，成佛無疑。

無上密

尊貴的蓮生聖尊《無上密與大手印》說：「無上密是什麼？沒有比這個更大的祕密就是無上密。」然而，這個無上的祕密到底是什麼呢？根據尊貴的蓮生聖尊《密教智慧劍（九）》的說法：三灌——無上密其實就是指「雙運」。「雙運」就是借用「明妃」，產生「四喜」。「四喜」中最後的「俱生喜」會產生「光明」。所以說，三灌無上密雙運裡面，就是由「俱生喜」產生「俱生智」，並獲得「光明」，這是三灌最主要的意義。其中，產生「四喜」，進而產生「俱生喜」是最大的關鍵。另外，根據尊貴的蓮生聖尊《隱士的神力》的說法：一般來講，修行要先到「欲界天」——「大樂」的境界；再到「色界」——「光明」的境界；再到「無色界」——「空性」的境界。然而，爲什麼不能直接從「空性」去修呢？尊貴的蓮生聖尊《密教智慧劍（九）》認爲：修行不能直接從「空性」去修的！如果直接從「空性」去修的話，會缺少喜，產生不了喜。因此，爲了產生喜，在密教裡面是以「肉體」來修的。由有形修到無形，由樂修到空，由喜修到空。綜合而言，初灌「清淨」，二灌「氣、脈、明點」，三灌「俱生喜光明」，四灌「勝義光明空性」。也就是說，修行的時候，是由「世俗諦」修到「勝義諦」；也就是由「俗諦」修到「聖諦」。其中，「俗諦」就是方便，方便就是種種佛法。「聖諦」就是把世俗的方便法給捨掉，成爲究竟成佛的空性。「雙運」其實就是一種方便。因此，尊貴的蓮生聖尊《密教奧義書》提到：行者爲了明心見性，爲了成就金剛不壞之身，只要是自身明點不漏失之勘能者，當可進入無上密部之修行。透過雙運，殊勝微妙，成就迅速，很快就可以得到金剛不壞之身，進入無念、無色界，見證佛性。

然而，「雙運」該如何修呢？其實「雙運」有單身的修法，謂之「單修」或「單身雙運」；也有雙身的修法，謂之「雙修」或「雙身雙運」。針對「雙修」的「雙身雙運」：「無上瑜伽部密續」利用親密的「性結合」來引導行者入道。其中，「雙修」的真正意義是：「佛母」象徵超凡智慧，指導行者認識像佛陀般的體會和思想；「佛父」象徵對衆生的慈悲，是追求智慧的過程當中自然的體驗。「佛父佛母」親密的「性結合」象徵「悲智合一」，是覺悟的完美境界。不過，尊貴的蓮生聖尊《智慧的光環》認爲：此法乃蓮花生大士所說的：「毒蛇的口中取珠。」若不依宗旨修，又缺乏技法，錯誤修習，很容易墮落金剛地獄，可不愼哉，是最危險的修持法門，還是不修的好。因此，建議改用「單修」的「單身雙運」也是可以的。讀者若有興趣，「雙身雙運」的修持法可以進一步參考尊貴的蓮生聖尊《大樂中的空性》一書。

針對「單修」的「單身雙運」，尊貴的蓮生聖尊《密教智慧劍（九）》認爲：其實，不一定每一個密教行者都需要修三灌。因爲可以透過「幻身」，所以有單身的修法，也有雙身的修法。三灌雖然有「雙修」的助緣，但是「單修」照樣可以引生「四喜」，進而獲得成就。因此，有所謂「智印」與「明印」之別。「智印」就是「單修」的，採用所謂的「智慧明妃」。也就是行者用觀想出來的「幻身明妃」去修，屬於「單修」。「明印」就是「雙修」的，採用所謂的「真實明妃」。也就是行者用「真實明妃」去修，屬於「雙修」。「雙修」必須接受第三灌頂，「單修」就不須接受第三灌頂。爲什麼呢？因爲「四喜」不一定要等到第三灌頂的時候才會產生。其實，「四喜」在「初灌」的時候就可以產生了。甚至在「二灌」的時候更有機會產生。因此，從「初灌」到「四灌」當中，其實都可以產生「四喜」；並非只有在「三灌」的時候才會產生「四喜」。所以說，只要入三摩地，就有機會產生「四喜」。其中，由「眉心輪」到「喉輪」會產生「初喜」，由「喉輪」到「心輪」會產生「二喜」，由「心輪」到「臍輪」會產生「三喜」，由「臍輪」到「密輪」會產生「四喜」；而「四喜」就是所謂的「俱生喜」。然而，何謂俱生喜呢？如果是單修者，當明點融化，進而下降，一直下降到「摩尼」，也就是「金剛杵」，但是卻沒有排出去，此時就會產生「大樂」。當明點無漏，在「摩尼」當中產生了一種「大樂」的覺受，就是「俱生喜」。不過，在「二灌」的時候，其實就已經可以產生「俱生喜」了，因此根本就不需要「第三灌頂」。所以說，「單修」一樣可以修到「俱生喜」，一樣可以修到「空性」。換句話說，「二灌」裡面所謂「明點融化」所產生的歡喜，就是指明點在融化下降的時候，經過脈輪所產生的歡喜。當經過「摩尼」而無漏的那一種歡喜，就叫做「俱生喜」。須知「無漏之喜」才叫做「大樂」，「有漏之喜」只能夠叫做「小樂」。修行修到了「無漏之喜」就是一種「大樂之喜」。而且，修出「無漏之喜」，證到「空性」，是為「樂空大定」。

所以說，「明妃」只是一個助伴，幫助行者修行的一個道侶。在第三灌頂時，所產生的「四喜」，就是明點在「摩尼」當中，借用「明妃」使行者本身的氣轉為「智慧氣」。因為借用「明妃」，可以更容易地使菩提心月液下降，並且令氣相互溝通，使中脈打開，五輪開暢，並產生光明，這是第三灌頂的「四喜」。到了第四灌頂的時候，「四喜」就會融入「空性」，並轉為「四空」。因此，當「大樂」產生的時候，就要轉為「空性」；當「空性」產生的時候，就要轉為「大樂」。「樂」跟「空」互相調御得非常好的時候，就叫做「樂空大定」。並且會從中產生無形的智慧，這種智慧就是一種道，由身體的「樂」，跟宇宙的「空」，互相融合的一種禪定，是為「樂空大定」。不過，行者不取「樂」，也不取「空」；在「空」中得到「樂」，在「樂」中得到「空」，如此交互運轉，就會產生「俱生智」。這種智慧的產生，能夠使「心」安住在「三摩地」當中，得到開悟，這就是密教所謂「大樂光明」的果位。所以說，密教是從有形修到無形，透過修有形的「身」，去安無形的「心」。須知「安心之法」是在「空性」之中產生的。

然而，單修的「單身雙運」實際上怎麼操作呢？根據尊貴的蓮生聖尊《密教奧義書》的說法：可以採用「仙人坐」，並想像一個美女與之相抱。然後用五根手指代表蓮花，握住杵，杵入蓮花，令生大樂。身出熱，杵生津液，但絕對不可以洩漏。並觀想紅色的「阿」字塞住杵口。慢慢手淫。如果大樂生起，忍不住想洩的時候，馬上用提法，例如收縮四肢、目視空明、舌抵上顎、上行氣出、頸壓喉結、腹緊貼背、肛門上提、手握固印等。並且，「長吽、短吽」出氣，行「提法」金剛拳，如此「樂空雙運」。另外，也可以用二指按大小便之間；同時心住頂上「涵」字，令其勿洩。使用這種單修手淫法，精進而行，有樂而無洩，可以增長堅固。不但可以得大樂，也可以成為具力瑜伽士。讀者若有興趣，「單身雙運」的修持法可以進一步參考尊貴的蓮生聖尊《密教奧義書》一書。

最後，尊貴的蓮生聖尊《密教奧義書》認為：不管是雙修或單修，有三大要件是共通的：（一）明點不能洩漏，這是最重要的關鍵。所以在進行中，如臨深淵，如履薄冰，戰戰兢兢，一刻也不得放鬆。等於是次次要臨崖勒馬，硬要駛馬回頭。（二）在進行中，各依儀軌，各觀本尊，免得不如法。一個不慎，就犯了「密宗戒」。（三）不得著於貪樂，一貪樂就等於世俗男女。所以必須懂得將一切「樂受」與「空性」互相結合，把「欲樂」定於「空性」。須知「樂」與「空」的調御至為重要，直到「樂空無二」、「樂空一如」，才得以進入禪定。而這一切的努力，全部都是為了生起「四喜」，然後將「四喜」轉為「四空」，達到「樂空雙融」；從而斷除煩惱，生起智慧，進而轉識成智。然而，何謂轉識成智呢？根據松長有慶《東方智慧的崛起——密教》的說法：「轉識成智」就是衆生心識淨化、轉化的結果。包括：（一）轉化一切心識作用所依的精神主體——第八識為「大圓鏡智」：可以產生佛的一切智慧妙用，有如一面大圓明鏡，映現萬象。（二）轉化執著以自我為中心，產生自他對立的心理作用——第七識為「平等性智」：可以洞澈一切平等的智慧。（三）轉化認識分別的心理作用——第六識為「妙觀察智」：可以洞澈一切現象個別不同的特性，認清每一個眾生的資質與理解力等，進而隨機說法的智慧。（四）轉化接受外境與付諸行動的感官知覺作用——前五識爲「成所作智」：可以成就種種如來事業，應機化現的智慧。此外，在上述四智之外，密教又另外成立「法界體性智」，這是因爲由眾生的精神主體轉化的「大圓鏡智」尚無法呈現眾生本性真覺開顯的意義。所以說，「法界體性智」是眾生本性真覺、自性清淨心開顯的智慧。

大手印

尊貴的蓮生聖尊《無上密與大手印》認爲：「大手印法」是成佛法。但必須先具備五大條件，包括：皈依、發心、懺悔、供養、相應；並且依序修四加行法、上師相應法、本尊法、金剛大法、無上密，次第得證之後，始可修持「大手印法」。然而，何謂大手印呢？根據洪啟嵩大德《密勒日巴大手印》、張宏實大德《圖解無上瑜伽》、張澄基大德譯著的《密勒日巴道歌集》、尊貴的蓮生聖尊《無上密與大手印》、《大手印指歸》、《密教奧義書》的精闢看法，以及個人的研究心得：「印」者法印或印契也。加入「手」字乃代表佛手，亦即無上珍寶之意。因此，「大手印」就是代表佛的無上心印，乃佛所親許的究竟法門。須知「大手印」是以如來果位的境界，或是證悟本來清淨的境界，來印證而修持的。也就是說，「大手印」乃開顯本具法身心地光明之修法，令行者領悟「自心之明」與「本性之空」。行者只要不忘當下「明空」之一念，「大樂淨光」在其中；只要心不散亂，可得大覺大悟之菩提。須知一切法由法性生，亦消融於法性之中。所以說，「心」的內容無非「明」與「空」而已。思想乃心之「明分」的流轉變化，由此而有生死流轉的現象。只要妄念消融於「明」之極處，則「空性」自然顯現，進而達到「明空不二」的境界。由此可知，「大手印」乃開顯法爾心性之法門；亦卽由澈悟自心而圓證「法、報、化」三身的法門。

根據尊貴的蓮生聖尊《智慧的光環》、《虹光大成就（三）》的說法：大手印在「藏密白教」其實就是指「四瑜伽」，包括：「專一瑜伽」、「離戲瑜伽」、「一味瑜伽」以及「無修瑜伽」。其順序開始的時候是修「專一瑜珈」，再來是修「離戲瑜伽」，然後是修「一味瑜珈」，最後是修「無修瑜伽」。不過，「四瑜伽」彼此之間也可以互相包容。例如，在修「專一瑜伽」的同時，其實也包含了離戲、一味、無修在裡面；在修「無修瑜伽」的同時，其實也包含了專一、離戲、一味在裡面，其他亦復如是。簡而言之，專一是「閉關」，離戲是「住山」，一味是「入世」，無修是「住虛空」。分述如下：

一、專一瑜伽：其特性就是「堅固」。只要修行的道心不退，就叫做「堅固」。一般人剛開始修行的時候，都會有所謂的「初發心」；只要持續地以「初發心」修行，就可以得到「堅固地」，因此也就不會退道心。此外，修持「專一瑜伽」通常會經過三個階段：其一、剛開始修行打坐的時候，念頭會像瀑布的水一樣，狂洩不斷。其二、經過一段「止」的功夫之後，念頭會像河流的水一樣，緩緩地流。其三、再經過長時間「止」的功夫之後，念頭會像湖面的水一樣，平靜無波。一旦念頭像湖水一般的平靜，而且非常的清澈，就可以看見明體。另外，「專一瑜伽」也有所謂的「頓住印」，類似禪宗的「棒喝」。所謂「棒」就是用禪棒往頭上一敲，把你嚇住；所謂「喝」就是發出大聲的吆喝，把你喝住。突然之間，一棒敲打下去，或一聲吆喝下去；剎那之間，變成無念，這個時候就有機會看見佛性——明體。只要把明體逼出來，就是開悟。「頓住印」也是一樣，就是教你瞬間停住一切，達到無念的境界；然後再逼一下，佛性——明體就會顯現出來。所以說，「專一瑜伽」就是「頓住」，亦卽繫心一境以修止，定力慢慢由淺入深。然後，令此心專一安住於自心明空之體，無有散亂。須知明空體性，本來圓成。漸漸地，由「無明」而變「明」，由「執」而變敏銳性。

等於沒有念頭。不執不惑，全是空性，這就是專一。」所以說，進入此階段，以此來凝聚心神，增長知覺的「無執」。尊貴的蓮生聖尊《打開寶庫之門》說：「沒有任何念頭，就算有念頭，自會出生，自會消融，也

二、離戲瑜伽：其特性就是「清淨」。所謂「離戲」就是離開一切糾纏。修「離戲」的時候，最好是住到深山裡面去修行；遠離世俗，會比較清淨。「離戲瑜伽」有四種修持，（一）無善惡：須知心安能止就是「善」，違背良心就是「惡」，不過，「善惡」都不可以執著，這樣心才能夠安止。禪宗大德有言：「不思善、不思惡」，就是要避開善惡的糾纏。要了知世間的一切都是幻；做善發光，無功德想，才是真正的佛光。（二）無取捨：須知喜歡就是「取」，不喜歡就是「捨」，有「取捨」就會有「得失」。好的境界，不取；壞的境界，不捨，就是無取捨。（三）無是非：「離戲瑜伽」鼓勵行者住到深山裡面去，就是為了遠離「是非」。須知「有聊」就有「是非」，「無聊」就沒有「是非」。天底下最糾纏人的就是是非的糾纏。避開是非的糾纏，才能夠一心入定，才能夠無事無心。（四）無得失：須知有得就有失，有失就有得；所謂「塞翁失馬，焉知非福！」所以說，什麼事都是好事，什麼事也都沒有事。得也好，失也好，一切都是很好！一切都是隨緣，一切皆能任運。因此，在「離戲瑜伽」裡面，假如你沒有善惡之心、沒有取捨之心、沒有是非之心、沒有得失之心，就可以保有一顆「平常心」，這樣就可以「離戲」——離開世間的糾纏。尊貴的蓮生聖尊《打開寶庫之門》說：「念頭無攀無執，也無所住，完完全全的任運，自然而開放，這就是離戲。」所以說，進入此階段，分析動與不動的本性，以妙觀察智為基礎，以不偏於空有的中道觀想，來達到「明心見性」的目的。

三、一味瑜伽：其特性就是「解脫」。到了一味的境界，已經無我了，證入空性，佛性就可以顯現出

來，就代表已經解脫，從此沒有煩惱。就像濟公活佛所說的「東壁打到西壁」，意卽「東」、「西」不分，等同於「無我」。當自己化爲沒有的時候，就形成了一味。行者行住坐臥，待人接物，一切時中，一切事上，皆能夠保持所證見的心體不迷不亂。觀心境、真妄、體相不二，卽是「一味」。色空相同，同一法味；有如心之與夢，水之與冰，水之與波，體性是一。例如，（一）睡夢喻：通過深沉禪定，充分了解意識的各個層次，涵蓋清醒、夢境、深睡和起覺。（二）水冰喻：幻相卽本體，水與冰本性相同，幻相與本體爲一元。（三）水波喻：波由水興，水由波顯；化一切爲整體，不可分割，一切均由心顯，心之本性爲真空。根據尊貴的蓮生聖尊《來自佛國的語言》的說法：要修行到「一味」，須萬緣放下，一念不生，是非莫問，人我兩忘，百惡俱息，從善隨喜，境風不動，無喜無憂。行者至此境界，親見一切法的平等性；於空與有、生死與涅槃、佛與眾生皆爲「一味」。而且，因卽是果，事卽是理，於一切法得大自在。前面二種瑜伽，行者著重在斷執，以及「攝有入空」；至此則是「會空入有」，起大功用、大神變。不但於空性得自在，於色法及根、塵亦皆得自在，行者已經漸漸趨入「理事無礙」以及「事事無礙」的境界了。尊貴的蓮生聖尊《打開寶庫之門》說：「沒有你的、我的、他的，平等而毫無差別，也沒有所謂的成就或不成就，這就是一味。」所以說，進入此階段，化心物爲一元。於法身究竟的境界中，真俗二諦融成一味，二諦消融；法身、輪涅、佛與眾生皆爲不二。

四、無修瑜伽：其特性就是「圓滿」，亦卽圓滿成就的意思。在此之前，修行是爲了培養行者所欠缺的，或者消除行者所必須消除的。到了「無修」之境，既沒有什麼要培養的，也沒有什麼要消除的。不過，還是可以分爲三個階段：（一）無修和無修者毫無分別，並且已經淨除五毒。（二）行者淨除煩惱障與所知障，並且已經淨除習氣。（三）該消除的都已經消除了，不但降伏無明，而且大澈大悟，大圓滿成就，成就

「阿耨多羅三藐三菩提」。另外，根據尊貴的蓮生聖尊《密教奧義書》的說法：「無修瑜伽」是俱生無染的無上菩提，已經化一切為法身，無始無明已破，一切清淨。此時修法已經停止，功德圓滿，達到瑜伽的最高境界。已無一法可修，也無進一步之果位可求。不但無能修，而且無所修。本來圓成，三身具足；一切現成，自然任運；進入究竟菩提之圓滿境界。尊貴的蓮生聖尊《打開寶庫之門》說：「沒有什麼要追求的了，就算修也等於是無修，無修也等於修，佛性與修不修毫無干涉，明了佛性，這就是無修。」須知「無修」自然了佛性，「無行」自然至佛地，「無作」所欲自然成。所以說，進入此階段，就可以將所修的密法運用自如，進入大解脫、大智慧的無礙境界，證得俱生大手印，獲得「即身成佛」的果位。

另外，除了「四瑜伽」之外，大手印還有所謂的「那洛巴六成就法」，包括：「拙火成就法」、「夢觀成就法」、「幻觀成就法」、「淨光成就法」、「中陰成就法」、「破瓦成就法」，簡稱「那洛六法」。其中，前面四個成就法屬於密教的「正行」。亦即正規的修行方法，一旦佛性顯現，就可以遠離顛倒夢想，完成真正的開悟。後面兩個成就法則被稱為「旁枝」。亦即在臨終時給予特別的指示，希望把握最後的機會，在中陰聞教得度；或者當淨光沒有辦法顯現，修不成了，只好開頂讓神識出去。須知密教行者以「正行」為主，以「旁枝」為輔。接下來，我們根據尊貴的蓮生聖尊《無上密與大手印》、《大手印指歸》、《虹光大成就（一）》的說法，以及個人的研究心得，除了「拙火成就法」（拙火法或靈熱法）在前文已經說明過之外，其他成就法進一步分述如下，並順便介紹一下密勒日巴祖師的「見、修、行、果」：

一、夢觀成就法：也稱為「睡夢大手印」。須知夢境是身心的實際活動之一，因為外境的刺激，便會產生喜、怒、哀、樂等夢境。所以說，夢境是一種招感，一種業因，一種緣起，因此是虛幻的。正由於潛在業力發揮作用，一旦因緣巧合，便會產生種種千奇百怪的夢境。其中，夢又可以分為大夢和小夢。像我們活在人間就屬於「大夢」，大夢一百年；夜晚睡覺作夢就屬於小夢，小夢數小時；甚至說，人生本來就是一場夢。根據西藏密宗的說法，夢是八識的作用，乃依照自己的念想而來。可惜我們卻經常身在夢中而不知是夢，進而淫亂造業而無法自制。夢境的顚倒失控，對生命與修持會有很大的影響。因此，行者不僅要在白日修，在夜夢中也要修；不但要能夠自制，而且要能夠觀想、持咒、變化本尊成就，甚至還要能夠行法事，這就是夢中的修行。也就是說，行者進到八識田中的夢裡，要能夠繼續修持。使得作夢的時候，夢境非常清晰，而且不會顚倒，完全能夠控制；時時警醒自己不要在夢中造業；並且可以從惡夢轉爲好夢，進而無夢，有如涅槃；甚至在夢中化爲一片光明，微塵不染，成爲一位清淨的行者；而且一切都能夠明明白白，乃至於轉識成智，轉智成佛。其對治方法有三：（一）祈求上師加持法——學習大手印者，一定要有上師的傳授，在入夜就寢之前，先唸「嗡。波汝籃者。利。」七遍，然後用「彈指法」從虛空彈向臥鋪的四角，以爲「結界」，令外魔不敢進入。另外，爲了使夢境清楚明晰，還要能夠控制且淨化夢境，在睡覺以前，先祈求上師與本尊的加持，並虔誠祈禱十一次。觀想上師及歷代傳承祖師，加持自己的願力，爲了修持成佛，令自己夜夢能夠自制，不會散失迷亂。（二）睡夢技法——睡覺的時候，右側體眠，心臟在上方，身子彎曲如蝦，睡姿如同「吉祥獅子臥」一般。此外，由於喉部的神經叢是控制夢境反射之所在，因此，我們用右手食指與大拇指輕輕按住喉嚨的地方，以守護喉部的神經叢；然後用左手輕輕地接近鼻息，以暗示睡夢中不忘調息，然後做十息「完全呼吸」。並記得把嘴巴閉起來，以免口水外流。（三）睡前觀想法——在睡覺的時候，用「吉祥獅子臥」，觀想自己變成臥姿的本尊，再金剛唸本尊咒語七遍或四十九遍，然後觀想自己喉輪的部位，有一個梵文「阿」字，放射出強烈的「紅光」，照向整個宇宙上下十方，令一切幻境全部破除無餘。同時觀想強烈的「紅光」照向自己，像一個傘蓋一樣，令紅光守護自己而入眠。觀想完畢之後，默唸上師心咒或本尊心咒，直到睡著爲止。如果行者能夠常常修「睡前觀想法」，久久純熟，自然不會被夢境所迷，也不會夜夢顛倒。由此可知，有三種力量可以用來控制我們的夢境：其一是上師、本尊的加持力，其二是呼吸跟氣息的控制力，其三是睡前的觀想力，這三種加起來就是「睡夢大手印」。另外，尊貴的蓮生聖尊《揭開大輪迴》、《紅光大成就（一）》也提到：假如在夢中還不知道是夢，一樣會神魂顛倒。那麼就要修「寶瓶氣」七遍、十四遍或二十一遍，然後觀想白色的明點在眉心，血液循環好的人可以觀想紅色的明點在眉心，神經質的人可以觀想綠色的明點在眉心；再不行，可以觀想黑色的明點在密輪的頂端，這樣自然就能夠警醒，知道這是夢境，甚至在夢境裡面還能夠保持清淨、等持。只要做到「等持」就能夠在夢中知夢，破解一切幻境以及魔幻所顯現的障礙。否則一看到魔，就害怕了，心就顛倒了。此外，爲了破除魔障，行者還可以做護摩火供，好好供養護法，護法就會來守護你，就可以把惡夢變成吉祥夢，進而無夢。另外，也可以在每天晚上睡覺以前，向護法祈禱，甚至觀想自身化爲金剛神將，遇魔則用腳猛力踩之，這樣就可以消除惡夢。所以說，密教的修行就是要能夠知夢、知幻；知道這是夢境，才不會畏懼，心也才不會顛倒。只要在夢中能守戒、能修行、能自主、能行佛事，一定可以往生。因此，只要於夢中自在，甚至轉夢自在的話，臨終就會無礙。

二、幻觀成就法：也稱爲「鑄鏡法」。根據尊貴的蓮生聖尊《天邊的孤星》的說法：首先，在一面牆上設置一鏡，可以照現行者全身。其次，在鏡子的上方，貼上「本尊」的法相，法相大小最好同行者差不多。當然也可以用密教唐卡法相。接著，行者面對鏡子坐定，而「本尊」就如同坐在行者的頭頂。其中，行者可以裝扮成「本尊」的形相，或是著裝類似「本尊」，以利觀想。然後，行者以「毘盧七支坐」坐定，雙眼半開半闔，靜觀鏡中的自己。加上手結本尊的「手印」，口唸本尊的「心咒」，眼看鏡中的自己。也就是說，行者上看「本尊」的形相，下看「自己」的形相，從眉、眼、鼻、耳、口、臉及全身，漸漸地把鏡中的「自己」看成「本尊」。漸習漸熟，彷彿彷彿，杳杳渺渺，「本尊」、「鏡中行者」、「鏡外行者」，三者打成一片。進而入於「三昧」禪定，寂滅現前。最後超越世間、出世間，十方圓明。此時，甚至可以觀想自己飛起來進到鏡子裡面，來到十方佛國遊歷。簡而言之，「幻觀法」的修行方法就是每天對著鏡子看自己。壇城裡面只有一尊本尊，行者面前有一面大鏡子，鏡子的上面就是本尊，底下就是自己，本尊就像坐在自己的上面。隨著心情的變化，可以看到自己每天的面孔都在不斷地變化，慢慢地就會感悟到鏡子外面的我是「幻」，鏡子裡面的我也是「幻」，甚至整個世界都是「幻」。然後，行者每天對著鏡子，持本尊的咒，並仔細觀察自己的臉，是否莊嚴？那邊有缺點就改正那邊。進而觀想自己的眉毛變成本尊的眉毛，觀想自己的眼睛變成本尊的眼睛，觀想自己的耳朵變成本尊的耳朵，甚至觀想自己的身體變成本尊的身體。本尊喜歡靜默，就學習本尊靜默；甚至學習祂的表情、祂的神態、祂的誓願等，想辦法把自己變得跟本尊一模一樣。如此修行、持咒、觀看、觀想，與本尊合一，鏡子裡面的行者，鏡子外面的行者，跟鏡子上面的本尊，三者合成一個，是爲「幻觀成就」。須知幻觀法（鑄鏡法）一旦修成，從眼、耳、鼻、舌、身、意、末那、阿賴耶，直探八識。一下下，便親證或親見本尊如來，光沱沱，圓滾滾，永恆存在，不即不離，不生不滅，不垢不淨，不增不減，無生無死，本自清淨。

三、淨光成就法：也叫做「光明大手印」。須知淨光包括「母淨光」、「子淨光」和「果淨光」等三種淨光。「母淨光」是「根本淨光」，本來就充滿在宇宙裡面，等於宇宙意識或宇宙法流。「子淨光」是本人自身本有的，乃是從宇宙法流當中生出來的。當「母淨光」和「子淨光」互相融合的時候就叫做「果淨光」。一般而言，「淨光成就」必須附帶在「拙火成就法」、「夢觀成就法」、「幻觀成就法」等成就裡面，只要當中出現光明就是「淨光成就」。然而，光明到底是從那裡產生的呢？尊貴的蓮生聖尊告訴我們一個大祕密：光明其實是從「前念已滅」、「後念未至」的中間產生出來的。也就是說，前面的念頭已經死了，後面的念頭則還沒有出生，這一段沒有念頭的期間就是「無念」。處於「無念」的時候，宇宙法流或宇宙意識的淨光就會進到你的身體裡面，促使你原來的「子淨光」也產生出來，然後互相融入，就變成「果淨光」，是爲「淨光成就」。所以說，就是在「念」與「念」之間，出現光明。行者可以透過藏密白教帝洛巴祖師的「六不法」來實現，也就是：不想像，不思慮，不分別，不禪定，不回憶，不動念。透過「六不法」，不思善、不思惡，沒有分別，一切平等，達到「空住」。正當行者「空住」的時候，在此之間，淨光就會顯現出來。由此可知，當「定」到極致時候，光明就會產生出來；此乃「定慧雙運」，交相產生了光明。當光明愈來愈亮，便可以照破無明；一旦照破無明，就沒有滯礙了。直到光明洞然明澈的時候，又能夠保持而不失去，就可以同十方法身如來的佛光互相交融，如同兩面鏡子，光明互相照映。此時行者的心光和佛光，互相融入而相應。如此雙光互攝，無上淨妙，此等安住，是爲「光明大手印」。尊貴的蓮生聖尊《坐禪通明法》提到：（一）凝神，入天心；（二）心空，見真性；（三）常寂，出光明；其實就是指「光明大手印」。另外，雪漠大德《光明大手印：實修心髓》也提到：大風吹白月，清光滿虛空，掃除物與悟，便是大手印。意思是說，首先以智慧之風吹去有如烏雲般的煩惱，就可以見證空性，是爲見道，進而明心見性。此時空性的光明就會充滿整個虛空法界，是爲修道，進而融入空性，等同子母光明會，打成一片。最後不但要掃除所執之境，更要破除所悟之心，是爲證道，或稱爲無修（學）道；達到修而無修、無修而修的境界，做到了無牽掛，證得究竟果位，是爲大手印成就。

四、中陰成就法：也叫做「離舍大手印」，所謂「中陰」就是指靈魂。其中，「離」是離去，「舍」

是肉體，「離舍」就是指人的靈魂離開肉體。須知有二種人需要修「中陰成就法」：第一種是不善不惡的人。例如一般既沒有大善也沒有大惡的人，因爲必須經過靈魂轉化的階段，所以要修中陰。第二種是乘願再來的人。例如密宗活佛，因爲要轉世爲人，爲了選擇較好的因緣或父母，所以要修中陰。基本上，「中陰成就法」可以分成三個階段：（一）首先會看到一些光，這些光出現之後，又會消失，是爲「世間的光」。（二）「世間的光」消失之後，接著出現「流雲的光」，是爲「染光」。此時，會看到很多的火在飛升，很多的幻境會出現。並且會停留一段長久的時間，叫做「持」的境界。（三）在中陰變化的過程當中，其順序是：土先退散、水次退散、火再退散、最後是氣退散。也就是說，首先，所有的神識會從身體的細胞裡面漸漸地退出來。其次，地大歸於水大：細胞裡面的神識會集中到血液裡面；接著，水大歸於火大：血液循環當中的神識會進入到溫度裡面；然後，火大歸於風大：跟著溫度跑的那些神識會跑到呼吸去；最後，風大歸於空大：在呼吸當中轉化爲空，空在密教行者來講，就是進入淨光。在這個過程當中，如果看到父母或祖先前來接引，千萬不要跟著去！否則就會墮入陰間。須知前來接引的，除了仙佛以外，其他都不可以跟著去。肉體一旦死亡，如果是沒有修持的人，便會隨著善惡業去受報，並轉生到「六凡」的境界去。如果是有修持的人，雖然肉體已經死亡，氣息也已經停止，但是會看見「煙霧狀」產生，並且會在這煙霧之中產生「光境」。不過，如果要「煙霧」產生「光境」，一定要先排除「貪、瞋、癡」等三毒妄念。這種修持平時就要有，而且在臨終的時候，更要將這三毒完全清除，一點都不可以剩。包括：「三十二瞋恚」、「貪之四十性妄」、「無明之七性妄」。其中，最重要的就是任何世間的情緣都要斷盡，任何世間的想念都要排除，然後將心安住於光明境界之中，此時自己清淨的法性身——「子光」才會出現。由於「子光」一念靈明，才能夠感召宇宙至上的意識身——「母光」接近，而「母光」就像「大日光明」一般。接著，「子光」就會旋轉從中脈上昇，然後從頂穴出去，銜接外面的「大日光明」，達成「子光」與「母光」合一。此二淨光一旦融入，便是匯歸毘盧性海，從此涅槃得證。不過，一般沒有修持的人，臨終死亡的時候，會出現許多幻境，這是「四大退散」所產生的現象，莫不有恐懼之心。除了感覺到自己的身子如山倒下，再也爬不起來了；並且會感覺到天搖地動，一切都在震盪，到處都是追殺自己的人聲人影，欲逃無路；又是風蕭蕭，又是雷電霹靂，根本無處藏身。隨便看到一個洞就想要鑽進去躲避，結果很可能就轉世投胎去了，變成濕生、卵生、胎生、化生。當他在狂逃之中，入淡白光，就入天道；入淡綠光，就入阿修羅道；入淡黃光，就入人道；入淡藍光，就入畜生道；入淡紅光，就入餓鬼道；入煙霧光，就入地獄道；這就是六道輪迴。那應該怎麼做呢？須知在「中陰成就法」有二大重點：一個是面對「幻境」的心態，一個是本身的「願力」。前者就是心中要有定見：了知這些鬼王、陰差全部都是幻象，都是假的。由於都是「幻境」，因此可以用「幻觀」來破除。所以說，不管碰到什麼，只要認定這是幻象，內心不要執著，也不要害怕，它就會消失不見。後者就是要保持「願力」：只要度過死亡的痛苦與恐懼，直到光明出現，並且維持心中的本願，然後進到淨光裡面，就可以隨著願力往生到想要的境界去，是爲「中陰成就」。

五、破瓦成就法：也叫做「開頂大手印」，是轉識成就的大密法，所以也叫做「轉識成就法」。一般而言，在臨終往生的時候，升天堂的都是從頭頂出去，下地獄的都是從底下出去，卵生、胎生、濕生、化生則是從眼睛、鼻孔、耳朵、嘴巴出去。從臍眼出去的，則是轉生爲人。其中，能夠從頭頂出去的，幾乎可以說已經「得道」，甚至往生本尊淨土。因此，行者可以藉由「開頂法」來確保往生天界或淨土。首先以「毘盧七支座」坐好，然後修「寶瓶氣」二十一回。再頌祈請文：

敬禮金剛大總持，成就破瓦來護持。敬禮帝洛那洛巴，令人榮光法淨勝。
敬禮馬爾巴密勒，大手印法來放光。敬禮傳法諸上師，於我頂上蓮月座。
以我堅信大雄力，一一融為大淨光。尊居無上之法界，早得妙法證菩提。
為修破瓦成空性，安住真實佛境地。

此時觀想自己的頭頂，最上者爲「金剛持尊者」，身藍色，著無上妙寶莊嚴報身佛裝，兩手「右外左內」交叉在胸前。其中，右手持金剛杵，左手持金剛鈴。歷代傳承祖師則成一直線逆序而上，最下面的祖師則爲人間上師。接著觀想一一上師身化虹光，全部融入自己的身體之中，變成「金剛大持」的體性。並觀想自己變成「空身」之體，或者變成透明的紅色「金剛亥母」。接著觀想在身體的中央有一條中脈，上面大，下面小；下端的口封住了，上端則開孔如喇叭狀。在喇叭口的上方，一一坐著歷代傳承祖師；而自己的中脈則同大持金剛根本上師的中脈連成一直線，並且相通。接著觀想自身的心輪有一朵蓮花，蓮花上面有個藍色的「吽」字，「金剛持」的心輪也有一朵蓮花，蓮花上面也有個藍色的「吽」字。觀想完畢之後，還要懇切地祈禱根本上師慈悲加持往生佛國淨土。然後呼出一息，同時大喊一聲「醯」字，震動心輪中的「吽」字；並觀想自心的「吽」字提飛而上，一直飛到中脈的喇叭頂。一段時間之後，再呼出一息，同時大喊一聲「嘎」字，並觀想自心的「吽」字自中脈頂一步一步的下降，最終回到自心原處。不過，最好在每一次做升上去的時候，都要先做「寶瓶氣」廿一遍。吸滿了氣，然後用這一股氣振動「醯」字，上升衝頂。如此連續喊「醯」字與「嘎」字，共二十一遍。喊到最後，頭頂這邊的肉會變軟，頂陽骨會分開，形成一個孔洞，甚至還有一點血絲，然後插上吉祥草，如果不會倒下來，就是「開頂的證明」。須知「開頂法」需要每天修持一回。一旦修到應驗，氣衝頂門的梵穴處，皮肉在梵穴處就會凸起來，有如佛像的肉髻一般。不過，開了頂以後要立刻停修，但是每個月還要再修一次，以保持那個孔洞不會重新密合。修持「開頂法」的行者，只要開了頂，想要往生，一定成就。也就是說，在臨終的時候，只要將自心的「吽」字，從中脈頂運力飛出，投入「金剛持尊者」藍色的「吽」字之中，兩個「吽」字合成一個，即是密宗行者同歷代祖師的心合一，也就是自心的淨光與祖師的淨光融合在一起，這就是「開頂法」真正的大成就。不過，由於開了頂，隨時可以往生，這一往生，反而折壽了。所以在開頂之後，還要兼修「長壽佛法」。因此，建議太年輕的不要修。

六、密勒日巴祖師「見、修、行、果」：密勒日巴祖師是十一世紀「藏密白教」的祖師爺，乃舉世聞名的瑜伽大成就者之一，也是筆者最為崇拜的密教聖者，是西藏「實踐佛法」的代表。密勒日巴祖師就是修持了「無上密與大手印」而得神通變化，最終卽身成佛的。其最大的特色就是密勒日巴祖師對上師竭力承事，對輪迴極生厭離，對衆生普起大悲，對道友道伴做清淨想，對修行清淨不懈，最終成就證德，具足無礙神通。更難能可貴的是：密勒日巴祖師流傳了一本精彩絕倫的《密勒日巴道歌集》，由張澄基大德譯著。綜觀整本《密勒日巴道歌集》的內容，除了講述密勒日巴祖師雪山苦行、實修證道的過程之外，也提供了許多修持「大手印」的心法。每一篇精彩的開示與悠美的歌頌，都深深地打動衆生的心；令人無形中油然生起敬佩之意與嚮往之心，想要向密勒日巴祖師學習，真正做到當世解脫，卽身成佛；然後遊化人間，隨緣度衆。總結整本《密勒日巴道歌集》最重要的核心思想與開示精華就是「見、修、行、果」。整本「道歌集」處處都可以看到「見、修、行、果」的闡釋。然而，何謂「見、修、行、果」呢？根據《密勒日巴道歌集》的精彩開示，並參考洪啟嵩大德《密勒日巴大手印》的精闢看法，以及個人的研究心得，針對「見、修、行、果」，綜合整理如下：

（一）見：見就是「正見」；亦卽澈悟宇宙人生的真相與真理。須知相由心生，心由性起；性是無性，起是緣起；無性隨緣，隨緣心動；心動緣起，緣起幻生；幻生幻滅，生滅無常；無常是苦，苦是無我；無我則無我所，無我、無我所則是空；不僅法相是空，心識是空，法性是空，緣起也是空；諸法皆空，世間本空，心性本空，寂靜涅槃。因此，我們要放空！如何放空？就是要「滅心」和「滅境」！「滅心」就可以一心不亂，「滅境」就可以如如不動。密勒日巴祖師慈悲開示：業力變現出虛幻的世間，幻見外在塵境種種的幻相。故知人生的一切都好像夢幻一樣，世間的一切都有如泡影一般；對於如此夢幻泡影且虛無飄渺的人生與世間，如果執著以爲實有，那就真的實在有夠可憐了。如果再深入觀察則會發現：一切諸法都是「自心」所變現。如果不懂得「萬法唯心」之義，無窮無盡的妄念就會不斷地滋擾你。如果不懂得「心性本空」之理，又豈能降伏各種魔鬼的干擾呢？須知一切障礙都是我們「自心」所變現的，「自心」所變現的幻境本來都是虛幻而空寂的。所以說，一切外境所顯現的，其實都是我們這一顆迷亂之心所生起的呀！須知此心善於顯現世間的一切，甚至可以說是無所不顯，乃至於有億萬種以上的化現。

因此，所謂「正見」就是自己內觀「自心」的意思。雖說迷惑的根本都是源自於我們自己的內心，但是如果能夠洞見「自心」與「本性」不一不異，體悟法體清淨，就可以看見「自心」的光明，不過這些光明其實也是無來無去的。也就是說，輪迴六道之中的種種有情衆生，以及涅槃出世的勝妙智慧，二者之間其實根本就沒有差別，體性根本就是一樣，二者雙融之「正見」，亦復如是。須知三界浮沉、六道輪迴之法，竟然都是從「空性」之中顯現出來的，實在是太奇妙了。當我洞悉「空性」正見時，外在顯現的諸相自然而然就可以解脫。自他對立的二分法，從此不復存在；見地從此不會有所依賴，也不會有所執著。外顯的塵境與內隱的空性如果沒有差別，那麼「見地」就得以自在了。如果進一步深入觀察就會發現：「能見」與「所見」的二元對立，實乃迷亂之根本。如果能夠究竟開悟，遠離各種妄見，世間萬法畢竟都不離開我們那一顆「心」。然而，那一顆「心」卻如同虛空一般，根本就不可得；窮盡法性的真相，其理亦復如是。然而，如果只是依照文字語言來詮釋「正見」，雖然表面上稱之爲「正見」，其實純粹只是空談而已。必須要能夠遠離「能所」二元對立所導致的散亂，以及一心專注並證悟沒有對立分別的境界。只要心契空寂無生的境界，就可以成就無死的境界；生死之相在法性之中就可以自然而然地解脫，這樣的「正見」，才能夠讓我們的內心感到真正地和樂融融。

（二）修：修就是「觀修」；亦即以止修定，以觀修慧，止觀雙修，定慧圓滿。在密教就是先修「生起次第」，再修「圓滿次第」。「生起次第」最主要的就是修「本尊觀」；「圓滿次第」最主要的就是修「氣、脈、明點」。密勒日巴祖師慈悲開示：在觀修「生起次第」的本尊觀時，觀修此身顯現空明，有如彩虹一般。由於此色身已經沒有形質的緣故，一切貪愛自然而然就會消滅。在觀修本尊瑜伽相應法的時候，親證語言有如谷響一般，瞬間消失；由於已經超越善惡境界的緣故，一切取捨盡皆消滅。由於凡夫實質的「身、口、意」都已經轉化爲本來金剛體的體性，「身、口、意」都已經超越凡夫的境界，我們的內心就會感到飄飄然，快樂不已。由於所行的一切都與「法」相應的緣故，我們的內心就會感到欣欣然，快樂不已。由於所行的一切法與「道」相應的緣故，我們的內心就會感到怡怡然，快樂不已。

另外，在觀修「圓滿次第」的「氣、脈、明點」時，透過觀修，練習四輪、三主脈。由於對於身體的貪愛已經滅盡的緣故，色身就像非物質一般，體性是空，趨入法性，就可以自然而然地消融。透過觀修「地、水、火、風、空」等宇宙五大種，一旦明明朗朗地現起，就可以正見本來面目。當身心放空的時候，「氣」入中脈，而且集中在中脈的時候，「氣」就會衝擊諸脈輪的明點，進而打開諸脈輪。而且，位於頂輪的「白菩提」就會下降，位於臍輪的「紅菩提」就會上升，二者在心輪會合，就會產生種種殊勝的境界。此時，大樂、光明、空性（無念）就會自然而然地成就，智慧就會顯現。心中種種的懷疑、結使等煩惱都會自然而然地解脫。諸法實相與內心明空互相融合，並且遠離各種言說。個人始覺的「子光明」與法界本覺的「母光明」就會融成一味，從此再也沒有執著，再也沒有分別，再也沒有妄想，對立全部消除。「貪、瞋、癡」等有漏煩惱，以及五蘊、十八界等個人和宇宙萬象，在無形之中完全泯滅，當下現空。只要能夠了悟外顯與空性不二，融攝一味，內心就會充滿快樂。而且，雖然證悟了空性，卻不會墮入純粹「知解」的境地，因爲空性並非由「知解」而來。須知「空性」是現成的、現前的、本然的、不可分別的。「心悟空」就是「現見空」；「現見空」具足了，就是「般若智慧」。所以說，只要能夠現見「空」，就會產生「智慧」。證入「空」的「智慧」越深，執著就會越少，分別心也會越少，妄想也會越少；但是切記莫入「頑空」，變得「槁木死灰」。雖然是「空」，但是依「大悲」而展現，並生起作用。須知真正的「悲心」，背後一定具足「智慧」。或者說，「空」的應用，其實就是「大悲」；雖然了知世間本空，但是依然充滿熱情和活力；做就對了，不管得失。證悟「空」的智慧，就是「大智」；把「空」的智慧運用出來自度度人，就是「大悲」；普及於一切眾生，覺行圓滿，就是「大行」。而且，只要當下見證「空性」，內心就會充滿快樂。一切無明與迷亂，從此消失殆盡，並且融入法性之中。這樣的境界，實在是太快樂了。

至於在修「大手印觀」時，必須將內心安住在本然之處，遠離各種虛假的造作。在無有散亂的境界之中，輕輕鬆鬆地安住；在空性的境界之中，明明朗朗地安住；在喜樂的境界之中，明體本然地安住；在沒有妄念的境界之中，惺惺清醒地安住；在各種因緣的境界之中，平等無別地安住。當此心能夠如此安住之後，從此就不會生滅起伏，種種堅決的信念就會生起。自心明朗，任運而行，就可以成就各種度生事業。對於任何的果報，再也沒有任何的願求。而且，自從內心遠離各種願求之後，內心就會感到無比的快樂。由於希求、畏懼等二種執著全部都消除的緣故，這樣的覺受實在是太快樂了。從此一切迷惑與妄念，全部都轉成了智慧；世間的一切都可以看得清清楚楚、明明白白，再也不會執著了，真是令人感到無比快樂。而且，不是死後才得安樂，是現世就得安樂！

此外，就算在深山險地無人之處，獨居茅篷之中修行，只能算是「外修」。不再眷戀自己的色身，視之有如廢棄之物，從此了無牽掛，方才算是「內修」。唯有真正證入諸法實相之底蘊內涵，深度觀修並加以決斷，才能算是「最勝修」。所以說，如果能夠深觀外顯的體性，就可以證悟「現空不二」之理。修行本來就是一種妄念，不修行則是更大的妄念，須知「修」與「不修」本來就是不二。因此，如果能夠通達外顯之境都是幻化的，就可以解脫「我執」如此之重病，斬斷「能所」二元對立所造成的生死繫縛，這樣就可以獲得不退轉的「法身」果位。也就是說，種種外顯的物質（陰陽物）和法界體性智（佛性），根本就沒有什麼差別，都是來自同一「法身」。因此，我們可以透過觀修，將之雙雙融合爲一，就可以達到這樣的境界。同時，如果能夠保持觀修自己本有的體性時，善惡所引起的各種表相，從此都可以解脫；所產生的苦樂等覺受，也都可以一起滅除。由此可知，透過觀修，可以幫助我們遠離各種覺受。而且，不管是在睡覺的時候，還是在清醒的時候，如果完全無有差別，就可以說已經透過觀修而獲得內心之自在。而且，在觀修的過程當中，真正的修行人根本就不會想要去除「昏沉」與「掉舉」。如果修行人在修行的時候，一直把「昏沉」與「掉舉」當作是過患，修行就會像白天點燈燭一般，白費力氣了。對於那些無法增益我們心境的觀行，雖然名之爲「觀行」，其實都只能算是「止」的功夫而已。必須要能夠融合止觀成一味，這樣的觀行，才能夠觀察入微，澈悟本性。最後，一個真正的行者，就算無所修時，內心也絲毫不會散亂。如果能夠這樣，禪定與散亂之間的差別，自然而然地就可以消除，進而解脫。這樣的觀修，才能夠讓我們的內心感到真正地和樂融融。

（三）行：行就是「行持」；亦卽遠離十惡，力行十善；不再取捨，無有得失；不再貪染，無有希懼。不但遇境心不亂，而且八風吹不動。活在當下，心常寬鬆；念念清淨，無間覺受。須知行如蓮花出污泥，生活卽是道場；既出世間，又入世間；心在淨土，身在娑婆。密勒日巴祖師慈悲開示：行者應該依照自己的內心，勤加觀察。超越遠離分別的正見，然後將心安住於沒有整治也不會散亂的境界之中；行住坐臥一切時，內心坦坦蕩蕩，既沒有執著，也沒有滯礙。一切生活皆隨行「大手印」，一切當下現空，一切自心是佛，一切法爾清淨。法爾心性離一切「能所」，「心」與「心所」率皆泯滅。行者堅決做到既沒有取也沒有捨，就可以隨遇而安，任運而行。行者如果既有取又有捨，就會變成自己繫縛自己；有如蜜蜂飛入蜘蛛網之中，難以逃脫。而且，還要懂得樂空不二，融合爲一，不一不異，無有差別，就可以在行持方面獲得自在。就像水中的月影一般，遍滿各處；不但像彩虹的倩影一般，不可捉摸；也像燈火的光明一般，極爲顯耀；行持之雙融亦復如是，如幻似真，重點在於行而不執著。同時，將明空體性與本有智慧作爲修道的伴侶，幫助行者一心奉行十善業，依循並保持正見來修行，洞察澈悟自心明空之體性。如果能夠保持運行自心本來之體性時，世間的一切「親疏愛怨」就會自然而然地解脫。而且，「貪、瞋、癡」在法性之中也會自然而然地寂滅，正確的行持就可以遠離各種貪愛染著。須知逃避世間一切法的行持，雖然名之爲行持，反而是向下沉淪的行爲。堪能粉碎「世間八法」的話，方是於法究竟開悟者，最終得以證果成聖。只要能夠任運而行，就可以瞬間趨入不生不滅的境界。表面造作的現象，就會自然而然地解脫。這樣的行持，才能夠讓我們的內心感到真正地和樂融融。

（四）果：果就是「果證」；亦卽遠離語言文字的表面功夫，直接趨入法性；從此再也沒有任何的希求和疑懼，從此再也沒有任何的妄想、分別和執著。真正實現：什麼都不要（羅漢離欲的境界），什麼都無怨無悔（菩薩慈悲的境界），什麼都知道（佛正遍知的境界）；一切都無所求，一切都無所謂，一切都無所住，一切都無所得。樂空雙運，明空不二，淨智現前，三身具足，身化虹光，卽身成佛，如來如去。密勒日巴祖師慈悲開示：果證的本然自相解脫的時候，輪迴的幻化諸相也就自然而然地解脫了。攀緣取捨的得失心，都已經寂滅消失了。證得果位之後，再也沒有希求，也沒有疑懼了。如果能夠了悟「自心」與「佛」本來沒有差別的話，就可以證得果位而任運自在。須知果證是否透徹空明，全由「自心」來做決定啊！如果除了心內無礙境界的果證之外，卻另外尋求心外別種的果證，就好像烏龜連跳躍都跳躍不起來，卻還想要飛上青天啊！轉化五蘊之身成爲化虹之身，證悟無明煩惱其實就是佛之淨智。一旦通達本來無生的境界，就能夠證得本來無死的境界。透過無分別的平等性，就可以顯現法身；透過大樂中的空性，就可以顯現報身；透過明暗中的幻化性，就可以顯現化身；透過本來的清淨佛性，就可以顯現體性身。「世間八法」都已經棄捨如灰塵，「世間四魔」都已經膽寒而降伏。不過，如果內心一直存著想要成佛的欲望，極度渴求證得果位，表面上名爲「證果」，實際上卻是在做夢啊！應該直接趨入究竟法性的境界，並且真實地證入大道的境界，才是真正的證得果位。須知佛不是求來的，我們本來就是佛啊！不求果證的境界而證果，才得以無所畏懼。一切希求和疑懼的現象，才得以自然而然地解脫。這樣的果證，才能夠讓我們的內心感到真正地和樂融融。

最後總結一下「見、修、行、果」的口訣。根據《密勒日巴道歌集》第七篇（修行人的快樂）的說法：

外顯諸境皆是心，心即明顯之體性，明體無相無可執，此三見訣應受持。

妄念解脫於法身，明空任運自安樂，無整寬坦舒鬆定，此三修訣應受持。
十善法性立中增，十惡法爾自性盡，明空無需諸對治，此三行訣應受持。
無有輪迴之可斷，無有涅槃之可證，自心本來原是佛，此三果訣應受持。

意思是說，「見」有三個口訣：其一、外在顯現的塵境都是自心所化現的；其二、自心就是明顯外境的法體本性；其三、明體就是心的本性，明朗而空寂，須知該明空體性是無形無相的，因此也就沒有什麼可以執著的。「修」有三個口訣：其一、只要證得法身，妄念就得以自然解脫；其二、只要證得自心之明、本性之空，就得以任運自在、安詳快樂；其三、無須整治，自然寬坦，就得以舒服且輕鬆地入定。「行」有三個口訣：其一、十種善業在法性當中自然而然地成立增長；其二、十種惡法在法性當中自然而然地消失殆盡；其三、自心之明與本性之空根本就不需要各種對治的方法。「果」有三個口訣：其一、根本就沒有輪迴可斷；其二、根本也沒有涅槃可證；其三、自心本來就是佛。

第六節　四灌大圓滿

何謂四灌呢？根據尊貴的蓮生聖尊《密教智慧劍（九）》的說法：「四灌頂」先是「外法灌頂」，再來是「內法灌頂」，接著是「無上密灌頂」，最後是「大圓滿灌頂」。其中，「大圓滿灌頂」就是四灌，主要是在「修空」，四灌成就可以證得法性身。因爲「空」包容一切，所以稱爲「大圓滿」。另外，尊貴的蓮生聖尊《佛王新境界》認為：由「內法」進入「無上密」，再由「無上密」進入「大圓滿」，就可以到達「佛」的果位。須知在三灌「無上密」會產生「四喜」，接著由「俱生喜」產生「俱生智」，進而產生「勝義光明」。行者一直修到完全沒有障礙的時候，融入「空性」，「四喜」就會轉為「四空」，是為第四灌頂。尊貴的蓮生聖尊《智慧的光環》認為：大圓滿成就，證入空性，即身成佛，虹光大成就。

然而，為什麼叫大圓滿呢？根據張宏實大德《圖解無上瑜伽》、萬果大德《藏族傳統宗教卷十》、尊貴的蓮生聖尊《大圓滿九次第法》的精闢看法，以及個人的研究心得：因為生死涅槃所包含的一切諸法，悉在此靈明空寂之智內，圓滿無缺，故名「圓滿」；而且，再無較此更勝的解脫生死之方便，故名「大」。須知「大圓滿」乃源自於「阿底瑜伽」的傳統，本為藏密紅教「寧瑪九乘」之冠。所謂「寧瑪九乘」就是指「大圓滿九次第法」；乃西元八世紀時，由西藏赤松德真王邀請蓮華生大士入藏所宣揚的佛法。「大圓滿九次第法」包括：顯宗三乘：聲聞（強調四聖諦）、緣覺（強調十二因緣）、菩薩（強調六波羅蜜）；外密三乘：事部（主要是指注重外在行為與壇城儀軌的初期密教；強調供養法）、行部（主要是指依《大日經》的胎藏界，兼顧外在行為與內在瑜伽；強調加持法）、瑜珈部（主要是指依《金剛頂經》的金剛界，致力於內在瑜伽；強調相應法）；內密三乘：摩訶瑜伽（大瑜伽：主要是指生起次第；強調融合法）、阿努瑜伽（隨類瑜伽：主要是指圓滿次第；強調樂、明、空）、阿底瑜伽（最極瑜伽：主要是指大圓滿法；強調明心見性）。其中，「阿底瑜伽」就是「大圓滿法」，認為一切眾生都具有本來清淨和光明的心性，也稱為「自性清淨心」，或稱為「自然智慧」。不僅是眾生先天具有成佛的潛在性，也是世間一切現象的根源。須知「自性清淨心」無生無為，本來空寂，很難用邏輯推理的方法獲得。而且，既非絕對的空，也非絕對的有，而是體空性有；是光明的覺性，可以顯現一切染淨的世界；故知這些外境的自性是空。所以說，「阿底瑜伽」是一種甚深的瑜伽修行，學習將無始以來存在於每個人自身之中的「淨覺」，赤裸無遮地顯現出來。當「淨覺」被直接引導出來之後，藉助「淨覺」的體驗，再進一步繼續深層次的修行。不同於「無上瑜伽部密續」的「漸進」方式，「大圓滿」是立刻達到的「立斷」方式。也就是說，「大圓滿」在一開始卽透過個人的原始覺知，直接獲取「明光」或「淨覺」。因此，在理論上，先確定衆生本具成佛的先天條件，進而推廣到宇宙的一切萬有，並認爲外境皆是由心性所顯現，故知生死涅槃所攝的一切諸法，皆包含於此「自然智慧」之中。然而，由於衆生被無明妄想所迷惑，不了解實相，將性空之境執以爲實，由此起惑造業，進而流轉生死。如果能夠真正體悟自身本有的「清淨心性」或自心本具的「自然智慧」，了知「現空無別」，就能夠了知煩惱與菩提無別，從而徹底覺悟，解脫生死，達到光明圓滿的境界，成就佛果。由此可知，成佛的途徑便是世間有情衆生對於自身原本具有的「自然智慧」，通過「佛性」的體證，使之顯露出來，這樣就可以修證成佛。以下我們根據尊貴的蓮生聖尊《大圓滿九次第法》的慈悲開示，以及個人的研究心得：針對「大圓滿法」中的「心部」、「界部」、「口訣部」等三個法門，說明如下：

一、心部：透過直觀心性的明空本淨，現起自然智慧，從而解脫，成就法身。我們從「體、相、用」三個方面來加以闡釋：（一）體：須知有情衆生皆本具「佛性」，是爲「本初」，卽是「真心」。不過，佛性並非是修出來的。佛性是業障全部清除乾淨之後自然顯現的。當你回到「本初」，你本身就是佛。所以說，「真心」之體從本以來就是清淨空寂而無垢無染，沒有生滅變化；而「妄心」則是由於無明所致，遇境生起。須知無明起妄心，起妄入輪迴。因此，心體本淨，湛然空寂。「大圓滿法」之「心部」卽是要證悟此本空之心體，亦卽將抽象的絕對本體佛性轉變爲衆生形象的自心。（二）相：「心」原來就是「佛性」；它產生的「相」就是祕密淨光，亦卽光明；它產生的「作用」就是神通妙用，亦卽法力。因此，所謂「見到佛性」就是在打開心輪之後，看見心輪中的月輪上有藍色的光，此乃象徵佛性；這就是佛性本身所產生的「相」。所以說，心體本空之「空」並非一無所有，而是體雖空，性卻有，是空而有明。故心性光明猶如明鏡，可以顯現各種形象；猶如鏡中所顯皆空，但明鏡的作用卻是存在的。存在卽是不空，不空卽是有，這就是心的「明分」。「明分」不空，所以能現。故知「心」卽統攝生死涅槃所包含的一切法，成爲萬有之本體。也就是說，「心性」顯現「自然智慧」，「自然智慧」顯現生死涅槃所攝一切諸法。由此可知，心性不僅「空寂」，而且本具「光明」。其中，「空分」成就佛之「法身」，「明分」成就佛之「報化」二身。明空雙運，自心兼具佛之「法、報、化」三身，從而具備成佛的條件。（三）用：須知「心用」卽是「自然智慧」的妙用。「主觀」的心性之所以能夠顯現「客觀」的事物，此乃光明之心的妙用；妙用與光明雙融就能夠顯現世間萬有。故知生死涅槃所攝一切諸法皆以「心」爲本源。如果執著所現形象爲實有者，則變現爲生死輪迴；如果了悟所現形象爲空寂者，則示現爲清淨涅槃。但就心體而言，根本就是永恆不變的。須知佛與衆生之輪迴涅槃，其體非有不同；只是受到無明業風的鼓動，在未悟本性而起作用時，將自心本性誤以爲我（能），心體之用誤以爲它（所），使「能所」對立，進而出現輪迴。不過，雖出現輪迴，但心體本無動搖。由此可知，生死涅槃的關鍵在於衆生之迷悟；迷則爲凡，悟則爲佛。

二、界部：「界」就是自在的意思，主要是指「光明自在」。「界部」認爲一切法性不出「普賢境界」。所謂「普賢境界」就是法性境界、佛境界；都是光明自顯、都是本有心性的顯露。在此境界中，所顯現的一切事物和現象，均是幻化的情景，並非真有其物。因此，我們必須遠離所緣。既不分別是非有無，也不區分善惡美醜，讓自心安住於「真空妙有」的法性境界之中，任運而行。若能夠如此，則各種無明妄想就會自行消失，從而悟得空性妙智，證得虹體金剛身。所以說，「界部」的善巧方便就是發掘自心本具的智慧。只是這些智慧被無明煩惱所遮掩，故無法認識自心本具的光明德相。只要自身的煩惱業氣清淨，就可以見到本性光明。這也是爲什麼我們要透過修「氣、脈、明點」來淨化身心，達到大樂、淨光、空性的境界。因此，我們要先修無漏法，次修拙火法，再修明點法，久久修之，身體的中脈就會發光、發亮，乃至於全身所有的脈以及所有的毛細孔都會發光、發亮。且看那些佛菩薩的聖相，不但身體有光，背也有光，而且頭頂上還有圓光；這些都是由於本身清淨了才發出來的光。其中，身體的光是因爲中脈和所有的毛細孔所放出來的光；腳底的蓮花則是因爲放光才變成蓮花的形狀。所以說，當自身清淨的時候，身體就會放光。包括：中脈通了會放光，氣在走動會放光，拙火生起會放光，明點下降會放光，是爲明點光。然後，將身上所有的光全部集合起來，就變成佛光，甚至化成一道彩虹，虹光化身，卽身成佛。這種方法就叫作「界部」法。另外，也可以用「借光」的方法。例如，你看黃昏的太陽，借著太陽的光來照你的身體，而發出光；你看月亮，借著月亮的光來照你，而發出光；你看天上的星星，借著星星的光來照你，而發出光；借著夜間點亮的燈光來照你，而發出光。或者在晚上的時候，於黑暗的房間裡，點一根香，兩個眼睛注視香上面的紅色光點。然後，觀想將紅色的光點移到眉心輪、心輪、臍輪等。並專注觀想光點變得又紅又熱又光亮。當你將許多光都引到身體裡面，拙火就會產生，全身就會放出拙火的光；你淨空了中脈，就有了中脈的光；你將明點匯聚起來，就有了明點的光；最終你的身體全身上下都能夠放光。

三、口訣部：講「空性」比較多的叫作「心部」，講「光明」比較多的叫作「界部」。把兩個綜合起來，再加上重要的口訣，就叫作「口訣部」。換句話說，大圓滿法的「心部」是以「悟空」爲要，直觀自性本空，面求明空本淨之實相法門。「界部」是以「光明」爲主，但也不離開悟心本空的基礎。因爲若只講「空」，則只能證得佛之「法身」；若只講「明」，則只能證得佛之「報化」二身。其中，「法身」是「自然智慧」，是精神性的；「報化」二身是智慧的載體，是物質性的；三身若缺一身就不能真正地成佛。因此，「口訣部」是明空雙融，主張超越修持次第的「頓悟」，運用生死涅槃無二的靈明智性——「無分別智」，把生死涅槃一切諸法都匯歸於不空不執的法性境界之中。直接超越修習次第，專注要點，直認自心心體本淨，從而獲得解脫，成就佛果。其中，「口訣部」還包含兩大要門：一是澈切，一是脫噶，二者均爲成佛之道。「心性」的「空分」爲本淨妙覺，遠離戲論，使此「空分」歸於法性窮盡之地，卽爲「本淨澈切」。「心性」的「明分」爲自顯光明，淨化一切窒礙，使此「明分」達於法性清淨之地，卽爲「元成脫噶」。換句話說，「澈切」法爾，本自真空的法性，屬心，如母。「脫噶」元成，本來清淨之法界所顯妙有，屬境，如子。由此可知，「澈切」修法重在求悟心的清淨實相，也就是心的「空分」；「脫噶」修法重在求悟心相元成光明，也就是心的「明分」。「口訣部」將此二者視爲母與子的關係，強調不可偏離任何一面；亦卽要求將「真空」與「妙有」結合，成爲「明空雙運」，以求得「法、報、化」三身，而成就佛果。因爲既然衆生之「自心」包含生死涅槃所攝一切諸法，則「自心」就是一切具足，無所不包。故知只要「明心」，就可以解脫；只要「見性」，就可以成佛。

接下來我們針對「大圓滿澈切」、「大圓滿脫噶」、「大圓滿五塵灌頂」以及「大圓滿攝帶」，根據尊貴的蓮生聖尊《大圓滿九次第法》、《密教大圓滿》的說法，分述如下：

大圓滿澈切

藏語的「澈卻」就是「立斷」或「本淨」的意思；亦卽本來就是清淨的。一個真正的「覺者」根本就是一塵不染的，無來無去，完全清淨。這是因爲法身本來清淨，是爲「本淨」。獲得「本淨」者，卽是「大圓滿」，本來清淨的面目就可以完全顯現出來。從此了知自性，十方佛國刹土全部呈現在面前。須知一切染淨諸法，全是自心所出，彼此之間都沒有障礙。因此，我們可以將它觀想在面前，然後用「空」把它空掉，就可以變成不可思議的大用。有了大用，便可以頓入「佛果」。例如，我們可以在山頂上最高峰的地方看無雲晴空，透過觀想，觀想外空，將外面空掉。接著在無雲晴空裡面，透過觀想，觀想內空，將自身空掉。然後將自己的佛性也空掉，什麼都沒有了；因爲「空」，所以心輪上的佛性也會空掉。如此由外空變成內空，由內空變成佛性。從此立斷一切煩惱，立斷一切妄念，就叫做「澈卻」。然而，何謂立斷呢？尊貴的蓮生聖尊《粒粒珍珠》認爲：所謂「立斷」就是停止一切「心」的活動。當你斷除了所有的雜念與妄念，包括好的念頭、壞的念頭，一概統統都沒有的時候，就可以回到「先天」，就能夠入定。須知唯有「止」才能夠看見本來的清淨，唯有「止」才能夠顯現本來的面目。或者說，如果能夠止住念頭的話，就等於清淨了自我。如果不能止，可以採用如下之方法，包括：身止——跏趺坐；語止——靜默；意止——過去的不想，未來的不想，現在的不去分別。只要做到「意」無緣其他，平等住，亦卽沒有上下好壞的分別，如此持續下去，可達止境。所以說，「澈卻法」成就之時，卽是「言亡慮絕」。並且可以安住在「四種瑜伽」，包括：安住須彌，如山不動；安住如海，如海一味；安住所顯，顯現神通；安住光明，顯現光明。如果還不能夠安住在「四種瑜伽」裡，就代表還沒達到解脫的地步。在「立斷」修持方面，須知菩提般若之智，世人本自有之；人人皆有佛性，衆生本來是佛，當然智慧也是從自心所出。一個人在「立斷」之時，卽可顯現自心之光明；光明一出現，就能夠涵蓋整個大千世界，卽時進入無量光明的世界。整個乾坤以及個人的小我完全融入「無我」之中，甚至互相融入而成爲一體。簡而言之，「澈卻」就是「心性」的「空分」，乃本自真空的法性。

藏語的「脫噶」就是「任運」的意思。密宗行者證得了金剛「佛性」，顯現了「光明」，漸漸地就可以「身融法界」了。所謂「身融法界」其實就是「任運」，有點像道家的「身外化身」，基本上是從「澈卻」來的，等到「身融法界」之後，就會變成「頓超任運」。然而，何謂頓超任運呢？根據尊貴的蓮生聖尊《來自佛國的語言》、《粒粒珍珠》的說法：所謂「頓超」就是現見法性；所謂「任運」就是完全自在的神通變化。所以說，「身外化身」的任運法門，可以做到一身分多身；就像《西遊記》裡的孫悟空一樣，抓一把猴毛，吹一口氣，就可以變出許多一模一樣的孫悟空出來，並且可以獨立行事，任意而行。然而，實際上該怎麼修呢？其實，只要是利用方法讓身體產生光明，就是「脫噶」。首先，內心要很安靜，光明才會產生；如果內心亂糟糟，光明就無法產生。因此，我們要修行；不但不造惡業，而且不可以有惡念，令「身、口、意」清淨。此時，中脈自然就會通；中脈一通，智慧氣就會產生。然後，透過智慧氣，升拙火，降明點，以及燃滴作用，開啟光明之門。此門一開，就會產生「明點光」、「金剛鍊光」、「金剛幕光」等光明。另外，也可以借用外面的光，例如日光、月光、星光來照你。然後，將這些光在身體裡面聚合起來，存想這些光明。當你聚合了許多光，最終就可以產生光明，是爲「借光」。所以說，有從外面攝召進來的光，也有自身裡面本有的光，母光與子光相會，肉身就可以產生光明。然後，利用身上的光，將肉身轉化，甚至將身體全部化成灰，變成沒有，甚至變成多色光彩，再利用光彩化成虹光，成就虹身，進而「虹光化身」。簡而言之，「脫噶」就是「心性」的「明分」，乃本來清淨法界所顯之妙有。

大圓滿五塵灌頂

「五塵」就是指「色、聲、香、味、觸」。這五種塵境會污染人心，甚至還會演變成「五欲」。其中，「色」指美麗的色相，「聲」指婉轉的聲音，「香」指芬芳的香氣，「味」指可口的美味，「觸」指適意的觸樂；這五種塵境會使人心生貪染。行者如果能夠不受「五塵」污染，內心就比較不會起波瀾，正見就比較容易生起。因此，行者要想辦法令自身的「五覺」包括：視覺、聽覺、嗅覺、味覺、觸覺等保持清淨。而唯一清淨的方法，就是把它關閉。如果不加以關閉，是無法入三摩地的。所謂「大圓滿五塵灌頂」就是五塵清淨的灌頂，可以令行者不爲「五塵」所動。當眼睛不看、耳朵不聽、鼻子不嗅、舌頭無味、身體不接觸，做到「關閉五覺」，有如住山閉關；或者雖看、雖聽、雖聞、雖嚐、雖觸而不迷，做到「在塵出塵」，有如出水蓮花；就可以把念頭放空，變成無念，方得以入三摩地。此時，身體就會由「後天」轉爲「先天」，宇宙的法流、先天的能量，就可以進入身體，氣就會周流迴轉，本有智慧就可以開啟。說明如下：

一、色灌頂：上師可以用內含五色光的水晶，令弟子雙目注視水晶，觀想五色光化爲虹光，再將虹光化爲大光明藏。另外，也可以用美女做試驗，例如令美女在行者眼前舞蹈，渾身動作惹火；行者眼雖見而心不見。把美女色相看成虛無，內心完全不爲所動；甚至與美女相抱，均可無動於衷，成了「眼根清淨」，是爲「色灌頂」。

二、聲灌頂：上師可以先播放美妙的聲音給弟子聽，接著再播放流水的聲音給弟子聽，如此卽象徵用清淨的流水把靡靡之音洗滌乾淨，成了「耳根清淨」，是爲「聲灌頂」。

三、香灌頂：上師準備香臭二物，一物是芳香異常的，一物是惡臭異常的。然後輪流讓弟子用鼻子聞，一直聞到香的不香了，臭的不臭了，達到香臭兩失的境界，從此再也不會執著香臭，成了「鼻根清淨」，是爲「香灌頂」。

四、味灌頂：上師拿一個很辣的東西（例如辣椒），先將弟子的舌頭麻木了。然後令弟子遍嚐百味，結果完全沒有感覺，成了「舌根清淨」，是爲「味灌頂」。

五、觸灌頂：上師手持粗細兩物，碰觸弟子周身穴道，並口唸梵文，成了「身根清淨」，是爲「觸灌頂」。例如「雙身法」，其實就是「觸灌頂」的一種修練。

須知「五塵灌頂」是每一位修持「大圓滿法」的密宗行者都必須要接受的清淨灌頂，以便令「眼、耳、鼻、舌、身」等五根得到真正的清淨。從此以後，不管好看或不好看？好聽或不好聽？好聞或不好聞？好吃或不好吃？好摸或不好摸？一切都平等對待，內心都如如不動；好的不會貪染，不好的不會厭惡；既不會被好的五塵所誘惑，也不會排斥不好的五塵；一切都是很好。行者只要淨妙了五塵，就是得證。

大圓滿攝帶

「大圓滿攝帶」就是教你經常去看虛空，特別是山頂上藍色的無雲晴空。透過看虛空，將自己帶入虛空。然而，虛空裡面有什麼呢？行者可以透過觀想，想像虛空裡面有本尊壇城，本尊壇城裡面有智慧本尊。也就是說，可以運用心力將整個虛空看成是智慧本尊的壇城，並且將智慧本尊看出來。然後，觀想本尊從虛空中放光照你。同時在心裡面默唸本尊的心咒，或者默唸讚揚本尊的咒語；或者用唱的也可以。你可以對著虛空唱，唱祂的名，唱祂的歌，不過記得一定要用歡喜心去歌頌祂，久而久之，你就會被攝帶入虛空中的壇城裡面，然後與無雲晴空合一。這個時候，光明就會進到你的心裡，並與光明合一；本尊就會進到你的心裡，並與本尊合一，然後你就會跟本尊相應。其中，你的心就是無雲晴空，無雲晴空就是佛性。因此，一旦歸於虛空，我們的佛性就會跟智慧本尊合一，就可以有所成就。所以說，你的心就是本尊的壇城，你的心就是佛性。只要跟虛空相應，十方佛國都可以去。須知虛空卽是虛空，虛空卽是一，虛空卽是一切。也就是說：（一）「虛空卽是虛空」等於「零」；（二）虛空雖然無窮無盡，但是對整個虛空而言，還是一個虛空而已，也就是等於「一」；（三）觀想虛空本是無窮無盡，而且虛空包含一切，所以虛空等於一切。然而，實際上該怎麼修呢？例如，看見一尊「佛」，透過觀想把「佛」攝入心中；看見一尊「菩薩」，透過觀想把「菩薩」攝入心中；看見一尊「羅漢」，透過觀想把「羅漢」攝入心中。此時心中有「佛、菩薩、羅漢」；接著又透過觀想把「羅漢」帶入「菩薩」之中；然後又透過觀想把「羅漢、菩薩」帶入「佛」之中，是爲「大圓滿法」的「攝帶法」。另外也可以這樣修：看見山，便把山「攝帶」入虛空之中；看見海，便把海「攝帶」入虛空之中；看見一切美好的事物，便把一切美好的事物「攝帶」入虛空之中。亦卽觀一切塵境，然後把一切塵境「攝帶」入虛空之中；最後把自己也「攝帶」入虛空之中，如此便可以成就。其實，「大圓滿攝帶法」就是把「一切」攝帶入「一」，再把「一」攝帶入「虛空」，而「虛空」卽等於「虛空」（零）。透過修持「攝帶法」，了知人身假相，色體是空，寂照真理。只要修法成就，就能夠舉體是空，體用無礙，空有相融。

綜合而言，根據尊貴的蓮生聖尊《密教大圓滿》的說法：「澈切」就是「清淨空」，「脫噶」就是「任運顯」。如果能夠懂得「清淨空」與「任運顯」，就是「大圓滿」。真正的「清淨空」，「空」裡面有「顯」；真正的「任運顯」，「顯」裡面有「空」；這就是「大圓滿」最重要的口訣。須知「一真法界」本來就是清淨的，根本就沒有魔，根本就沒有眾生，這是「清淨空」的「光明藏世界」，無有正邪。但是，由於「心」的妄動，就有了因果；有了因果，就有了善惡；因而產生陰陽變化，一切變得生滅不已，進而顯現種種世間萬象。所以說，「空」是清淨本源，「顯」是悠悠隱隱。成佛成聖卽是返妄歸真，轉識成智，空顯無礙。須知成就菩提分爲三等：第一等是「剋期取證」，第二等是「命終登位」，第三等是「中陰轉成」。而「大圓滿法」就是屬於第一等的「剋期取證」，是最上上法。換句話說，「澈卻」就是定，卽「空性」；「脫噶」就是慧，卽「智慧」。「空性」是本，乃大日；「智慧」是用，乃大日之光。此「大圓滿法」是一切佛法的綜合，完全符合「定慧雙運」的道理；既不是「報身」出三界，也不是「中陰」之成就，而是「現世」就可以成佛。

第七節　結語

總而言之，學佛就是要成佛！成佛就是要了生死，出三界；證菩提，度眾生；而且要當世解脫，卽身成佛。這就非常不容易了！尊貴的蓮生聖尊《粒粒珍珠》認爲：佛教要實現「卽身成佛」，唯有從「密教」著手。並認爲：「密教技法」就是在實現「空」，而實現「空」必須用「識」來修行，最後達成「卽身成佛」。須知「空」乃「佛性」之本質，「識」乃「佛性」之作用；前者屬「中觀」，後者屬「唯識」。所以「卽身成佛」的關鍵就在於「佛性」、「空」、「意識」這三個重點上；並且以自己的「色身」作爲修行的工具，透過「外法」、「內法」、「密法」、「密密法」來實現。而且，必須按照「三界」的次第來修行：首先到「欲界天」——「大樂」的境界；再到「色界天」——「光明」的境界；然後到「無色界天」——「空」的境界；最高是覺悟成佛——如來「佛性」的境界。其中，「佛性」：清淨無染卻又衆生本有；「空」：緣起幻化卻又真空妙有；「意識」：雜染有我卻又能生萬有。須知無明遮障，則有執有染，妄識當道；智慧現前，則無執無染，真心做主。只要見證佛性，回歸本性，就可以止息妄識，顯現真心。從此明心見性，自主生死，破除無明，淨智現前，解脫煩惱，任運自在。

也就是說，想要即身成佛，就要轉識成智；想要轉識成智，就要見證佛性；想要見證佛性，就要開悟明心；想要開悟明心，密教行者就要在以「三密相應」爲主的「生起次第」之基礎上，實修以「氣、脈、明點」爲主的「圓滿次第」。「圓滿次第」包括：「內法」、「無上密」與「大手印」、「大圓滿」。其中，最重要的口訣在於納氣、嚥液、守精、無念、禪定；最重要的關鍵在於讓「氣」進入中脈，打通中脈，令雜染的「業氣」變成清淨的「智慧氣」，亦即從「後天氣」變成「先天氣」；再利用「拙火升」、「明點降」，令「紅菩提」與「白菩提」在「心輪」交會融合，進而產生樂空雙融的覺受。同時把「五輪」全部打開，然後再令所有的各輪各脈全部通暢。不但可以體悟「四喜」與「四空」，而且還可以見證「明光」與「空性」。如此「樂空不二」、「明空不二」，進而證得如來的「五大智慧」，轉識成智，與自性相應，實現「即身成佛」，最終成就「虹光化身」。其中，轉識成智包括：轉「前五識」爲「成所作智」，轉「第六識」爲「妙觀察智」，轉「第七識」爲「平等性智」，轉「第八識」爲「大圓鏡智」，加上中央大日如來的「法界體性智」（似乎就是指佛性），是爲「如來五智」。

而這所有一切的努力，都是爲了「見證佛性」。須知佛性裡面有「大樂」、有「淨光」、有「空性」、有「大悲」，甚至有「貪、瞋、癡」。一執著就是六道輪迴，任運一切就是開悟得證。然而，何謂明心見性呢？須知「心」是對境生起的念頭與思想；六塵緣影，集起曰心。「性」是生起心的根本，是心的本源；對境生心，全是性的作用。故知性是體，心是用。亦即「性」是真空妙體，「心」是有形相用；「真空」故能隨緣，「妙有」故能起用。明心本無，見性本有。明心虛妄不可得，息下狂心見真性。由此可知，清淨的心就是「明心」，寂靜的心就是「見性」。明心無心，無心即明；見性無性，無性即見。明心是斷能，見性是亡所，能所俱泯就是「明心見性」。一個密教行者只要證得了「佛性」，顯現了「光明」，融入了「空性」，漸漸地就可以「身融法界」了，並且可以具足「如來五智」。也就是說，只要經驗了「俱生喜」，體會了「空性」和「法身」融爲一體，就可以算是「明心」了。只要「心輪」打開，見到「心輪」中的藍光（佛性光），就可以算是「見性」了。更特殊的是，只要氣入中脈，智慧就會開，心光自會明；只要心輪打開，光明就會出，佛性自會見；明心已得，見性已證，此「明心見性」也。所以說，「明心」要證「俱生智」，「見性」要打開「心輪」，這是密教非常特殊的修法。

由此可知，密教「圓滿次第」的修行方法就是利用修「氣、脈、明點」將心輪乃至於五輪打開；當你得到空寂、悟入空性的時候，光明就會顯現，佛性就會見證，智慧就會現前。密教的「祕密」其實就在於終究了解並見證自己本有的清淨佛性。「佛性」一旦顯現，從此就不會再有顚倒夢想與癡心妄想。懂得把「大樂」、「淨光」、「空性」調和得非常均勻，就是「般若」。然後把「般若」拿去教導衆生，就是「大悲度生」。最後，總結一下「圓滿次第」的口訣，包括：身要正、心要定、氣要足、液要嘸、脈要通、要無漏、火要升、水要降、輪要開、樂要生、光要現、空要證、心要明、性要見、識要轉、智要顯、身化虹、佛要成。只要「心輪」打開，行者就會「開悟」；甚至打開全身脈結而開顯本具之「法、報、應」三身，最終成就佛果。尊貴的蓮生聖尊《細說密教修法完整儀軌》提到：「心輪」一打開，「報身佛」就形成；「喉輪」

一打開，「應身佛」就形成；「眉心輪」一打開，「法身佛」就形成。簡而言之，空性證「法身佛」，光明莊嚴證「報身佛」，光明覺性證「應身佛」。只要領悟到自心之「明」與本性之「空」，就可以圓證「佛果」。而且，「明」的一面修至圓滿究竟，即是「報身佛」、「應身佛」；「空」的一面修至圓滿究竟，即是「法身佛」。所以說，密教行者「即身成佛」就是要在「當世」利用此「色身」修出佛的「法、報、應」三身，最後身化虹光，回歸清淨法界。

第十二章 結語

花若盛開，
蝴蝶自來；
蝴蝶不來，
花照樣開。

佛教經過原始佛教時期、部派佛教時期、大乘佛教時期，最終進入大乘密教時期。其中，「原始佛教」的聲聞乘與緣覺乘，發厭離心，離欲清淨，行解脫道，證果成聖，當世解脫，可惜被人詬病爲自了漢。「大乘佛教」的顯教菩薩乘，發菩提心，上求下化，行菩薩道，悲智雙運，圓成佛道，可惜需時三大阿僧祇劫。「大乘佛教」的密教金剛乘，不但發菩提心，而且融合前三者之長，先顯後密，顯密圓通，實修密法，三密相應，既可以當世解脫，又可以即身成佛。由此可知，佛教的修行，從追求個人的當世解脫，演化到普度眾生的菩薩行持，最終進展到神變加持的即身成佛。其中，出世解脫要靠「智慧」，入世度眾要靠「慈悲」，悲智雙運要靠「法力」。解脫煩惱的祕密正是「智慧、慈悲、法力」三者的完美結合。須知有「智慧」就沒有煩惱，有「慈悲」就沒有敵人，有「法力」就沒有畏懼；三者缺一不可。本書努力嚐試揭開解脫煩惱的三大祕密：「智慧」、「慈悲」與「法力」，幫助苦難的眾生，了解並運用此三大祕密，讓生命得以提昇，生活得以清淨，人生得以圓滿，進而解脫煩惱與痛苦。總結如下：

一、智慧的祕密：人爲什麼會有煩惱與痛苦呢？就是因爲看不透宇宙人生的真相，搞不懂宇宙人生的真理，所以被業力牽著團團轉，嚐盡人生的酸甜苦辣，苦不堪言。殊不知世間的一切都是假的，都是虛幻的，都只是一場夢而已，千萬不可以執著！然而，要怎樣才能夠看透與搞懂宇宙人生的真相與真理呢？說穿了，就是「智慧」二字而已。這個「智慧」就是契證「諸法實相」的「般若空慧」。其中，「諸法實相」就是佛陀告訴我們宇宙萬物的本來真相。須知世間的一切法都是因緣合和所成，但有假名而已。從現象面，觀察法相無常，皆是虛妄；從本體面，覺照法性無性，當體卽空。然後，由虛妄相而見空相，由空相而見實相；實相無相無不相。無相者，諸法性空；無不相者，諸法幻有；無相無不相者，諸法卽空卽有，非空非有。所謂「真空不礙妙有，妙有不礙真空」；若言其有，妙有非有；若言其空，真空不空；離一切相，卽一切法。

遠離空有二邊，契乎中道，方是「諸法實相」。其次，「般若空慧」的「空」不但形容「法相」的「無常性」，也體現「法性」的「無生性」；更強調「內心」的「無我性」。須知一切法識變心現，一切法緣起幻有，一切法自性本空；生非實生，滅非實滅；緣起就是性空，性空就是緣起，依此「二諦」而顯中道。從此了解到法相緣起如幻，法性空寂無生；意識創造一切，一切唯心所現。其實，真俗不二，心性不二，性相一如。所以說，「般若空慧」就是「緣起」的智慧，就是「無常」的智慧，就是「無我」的智慧，就是「無生」的智慧，就是「性空」的智慧，也就是所謂的「一切智」。如果只是爲了個人的解脫，就要勤修「戒、定、慧」，成就「一切智」，是爲「解脫道」。如果還要顧及衆生的解脫，就要發菩提心，六度萬行，是爲「般若道」；亦卽成就「根本無分別智」，證入一切法畢竟空。如果想要度化衆生，就要悲智雙運，由空入假，慈悲入世，成就「道種智」，是爲「方便道」；亦卽成就「後得無分別智」，通達一切有如幻化。須知「般若道」加上「方便道」就等於「菩提道」。如果想要究竟成佛，就要福慧雙修，非空非假，中道非入出世，圓滿「一切種智」，是爲「佛道」；亦卽成就「佛智」，通達無盡一切法空有不二。其中，「一切智」就是指能夠了知世間的一切法最終歸於寂滅一相，其性本空，以便出離世間，圓滿「斷煩惱」的智慧。「道種智」就是指能夠通達無量解脫之法門，並且了知無量衆生之種性，以便入世度衆，圓滿「度衆生」的智慧。「一切種智」就是指能夠通達「一切智」和「道種智」，既知法性之真空，也知法相之妙有，空有雙照，以便契入中道，圓滿「成佛道」的智慧。總而言之，若能夠通達一切法緣起如幻，無有自性，法性空寂，平等無二，自然而然破除一切煩惱，從此離苦得樂，進而廣度衆生，與衆生共成佛道。不過，一切都是無所得，一切都是爲了解脫，一切都是爲了衆生，一切都是爲了成佛，才是真正的「智慧」；這就是「智慧」的祕密。

二、慈悲的祕密：

「慈悲」是破除我見、斷除身見、泯除自私、實現「無我」的最佳良藥。而「無我」的深意，就是「緣起」。若能夠洞察緣起，必然能夠慈悲。你用慈悲待人處世，他人回報給你的也一定是慈悲。須知無量法門皆以「慈悲」爲本，佛陀盛讚「慈悲」最爲第一。廣度上，涵蓋與樂、拔苦、歡喜、平等的「慈悲喜捨」。深度上，涵蓋悲憫衆生苦海浮沉的「衆生緣慈」、悲憫衆生執迷不悟的「法緣慈」、澈見中道實相而自然流露的「無緣慈」。一般人對慈悲的認識，以爲行善利他就是佛教倡導的慈悲。其實如果缺乏智慧，修福而已。二乘聖人雖然教導衆生出離生死，但也僅止於出世解脫。佛菩薩則是發自內心自然本有的大慈大悲，念念爲衆生，一心想要引領衆生走向成佛之道。然而，要怎麼做呢？其實就是以出世的「大智」：觀衆生如幻；以及入世的「大悲」：爲衆生說法爲基礎；然後以出世的心，行入世的「悲智雙運」：懂得善巧方便，行於非常之道；廣度無量衆生，實無衆生可度。因此，真正的「慈悲」是爲衆生說法，幫助衆生離苦得樂。其中最大的特色就是「清淨」二字，而「清淨」的背後就是「無我」的「般若空慧」。須知「慈悲」必須跟「智慧」結合，才能夠產生「清淨」的慈悲，然後運用在度化衆生上。所以說，慈悲既通於福德增上的「人天道」以及無漏解脫的「解脫道」，也通於成佛度衆的「菩提道」。不過，如果要無漏解脫，就要走「正道」：指正當的清淨解脫之道，例如八正道，一心求解脫，厭、離欲、滅盡；如果要成佛度衆，就要走「非道」：指非常的善巧方便之道，例如淫怒癡，一心爲衆生，連地獄都敢闖。菩薩爲了度衆生，不會執著於正道或非道，只要能夠通達佛道都可以。因此，該用棒棒糖的時候，就用棒棒糖；該用斧頭砍的時候，就用斧頭砍。幫助或不幫助都是慈悲；甚至救護與誅殺都是慈悲。須知慈悲爲本，方便爲門，但內心都是清淨的。這樣看起來，慈悲其實已經等同於智慧，智慧其實已經等同於慈悲；悲智其實是不二。此外，實踐「慈悲」的方法，一爲發菩提心，二爲行菩薩道。「菩提心」卽是成佛度衆之心，並實踐無我利他。其中，做到無我，需要智慧；做到利他，不但需要智慧，還需要慈悲，更需要願力。有智慧、有慈悲、有願力，才是真正地發菩提心。「行菩薩道」以發「大悲」爲本的「菩提心」爲起始，以「六度萬行」爲實踐方法，以「度生成佛」爲最終目的。亦即以「一切智智」相應作意、「大悲」爲上首、「無所得」爲方便，廣度衆生，成就佛果。由此可知，看透世間無常的真相，明白萬法緣起的真理，實證苦、空、無我的智慧，發菩提心爲衆生說成佛之法，行菩薩道廣行六度四攝，悲智雙運，救人慧命，出離三界，永絕諸苦，成就佛果，才是真正的「慈悲」；這就是「慈悲」的祕密。

三、法力的祕密：「法力」就是因果的「作用力」與「反作用力」。甚至可以說：「法力」就是法界的力量。法界的力量來自於法界的運轉法則——「緣起法」；等同於宇宙的「吸引力法則」。須知「緣起法」的背後其實就是我們那一顆「心」。因爲心動，所以緣起！一旦緣起，法力生矣！「吸引力法則」告訴我們：「思想」決定你想要的是什麼，「感覺」決定是否把你想要的東西送到你眼前。其中的「思想」與「感覺」都是「心動」的結果。而且，一旦「心動」就會產生力量，於凡夫曰「業力」，於菩薩曰「願力」，其實都屬於「吸引力」，也就是「法力」。故知「穢土」是法力所成，「淨土」也是法力所成。由此可知，整個法界運轉的力量是來自於「緣起」，「緣起」是來自於「心」，「心」則是來自於「法性」。只要起心動念，一定是緣起的；只要是緣起的，一定會產生力量。「法性」大家都一樣，所以衆生都可以成佛；但是「心」的層次不同，所以衆生呈現的方式與展現的力量也就不同。因爲有不同層次的「心」，所以宇宙有不同的層次。我們的「心」只要完全與那一個層次的「心」的境界相應，就會有那個層次的「法力」。有那樣的「心」，就代表牽動那樣的緣起；有那樣的緣起，就代表生起那樣的力量。然而，什麼時候這些力量會促成願望實現或果報現前呢？就是因緣具足的時候。因緣具足的前提之一就是頻率相通。從密教的觀點來看，頻率相通不就是「相應」嗎？感覺良好，事情就會成；感覺不好，事情就不會成。或者進一步說，感覺與地獄的頻率相通，就得到地獄的果報；感覺與天堂的頻率相通，就得到天堂的果報。須知大乘密教修行的特色就是「法力」，最重要的修行原理卽是「相應」。只要和「上師」相應了，就會獲得上師的「傳承加持力」；只要和「本尊」相應了，就會獲得本尊的「攝受力」；只要和「護法」相應了，就會獲得護法的「擁戴力」。行者只要修到與上師、本尊、護法「相應」，就會產生不可思議的「法力」。然而，要如何相應呢？以「本尊法」爲例：其實只要「三密清淨」了，就可以獲得本尊的「三密加持」，進而與本尊的「三密相應」。只要「三密相應」了，就可以與本尊合爲一體；從此身是本尊的身，口是本尊的口，意是本尊的意。只要與本尊完全合一，本尊的法力就是行者的法力。有了「法力」，就可以搭配「慈悲」與「智慧」，入世度衆，神通濟世；並且透過修持「密宗羯摩法」，進行息災、增益、敬愛、降伏等利他的事業；不僅自度，而且度人。所以說，密教的特殊奧祕之處就是「相應」；在「生起次第」，跟本尊相應（他力），就可以實現接引成佛，往生本尊淨土；在「圓滿次第」，跟自性相應（自力），就可以實現卽身成佛，回歸清淨法界。有了「自力」與「他力」，加上緣起「法界力」，只要日久功深，契合機緣，就可以清淨解脫以自度，圓滿成佛以度衆，才是真正的「法力」；這就是「法力」的祕密。

綜合而言，真正的「智慧」是出離的智慧，真正的「慈悲」是令衆生出離，真正的「法力」是令衆生覺悟要出離。由此可知，不管是「智慧」、「慈悲」或「法力」，其實都是爲了度衆生出苦輪啊！尊貴的蓮生聖尊《虹光大成就（七）》認爲：若能夠圓滿具足無上智慧、無上慈悲和無窮法力，便能夠真正自利利他。所以說，具足「智慧」就可以煩惱解脫；具足「慈悲」就可以心懷衆生；具足「法力」就可以方便度衆。學佛就是爲了要成佛，成佛就是爲了度衆生。「智慧」、「慈悲」與「法力」三者缺一不可。

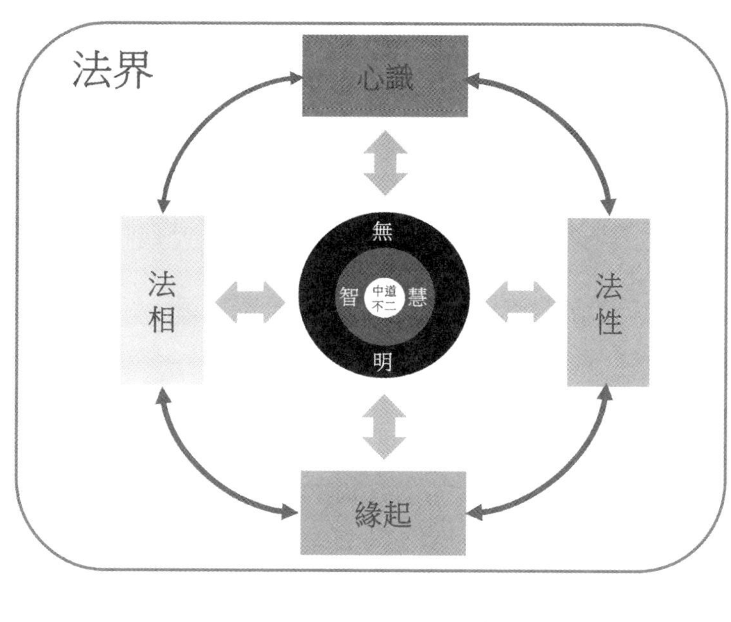

接下來，我們進一步幫大家整理出宇宙人生的真相與真理，如上圖所示。「法界」涵蓋四個面向，包括：「現象界」的「法相」，「本體界」的「法性」，「眾生界」的「心識」，以及「法界」運轉的法則——「緣起法」；核心的部分則是被「無明」所覆蔽的「智慧」——中道不二。其中，「法相」緣起如幻，涵蓋有情世間與器世間，包括：四大、五蘊、六根、六塵、六識、三界、五趣、六道等；「法性」空寂無生，涵蓋真如、本性、佛性、法身、法界本體、宇宙意識等。「心識」真妄不二，涵蓋真心與妄識。「緣起」緣生緣滅，涵蓋流轉與還滅。無明是外來的，涵蓋無始無明與一念無明。智慧是本有的，涵蓋中道不二的般若空慧。分述如下：

一、法相的祕密：「法相」是事法界，屬俗諦，乃生死法。因為一切都是緣起的，所以一切都是無常、苦、無我、空的；因為一切都是妄識所變現的，所以一切都是虛妄的；因為一切都是自心所幻現的，所以一切都是虛幻的。由此可知，世間的一切，不只是「因緣和合」的「緣起幻相」，也不只是「唯識所變」的「唯識幻境」，更不只是「唯心所現」的「唯心幻現」，而是根本就沒有的「空花水月」。由此可知，一切幻境，不離自心；只要起心動念，一定是緣起的；只要是緣起的，一定是虛幻的；包括業緣牽引的、妄識變現的以及真心起用的；並且涵蓋「業力」所形成的穢土以及「願力」所實現的淨土。所以說，世間的一切都是幻，甚至連淨土也是幻。

二、法性的祕密：「法性」是理法界，屬真諦，乃涅槃法。於無情曰「法性」，於有情曰「佛性」。前者「法性」以無性爲性，無性就是無有自性。因爲無有自性，所以自性本空；因爲自性本空，所以隨緣幻現，緣生假有，一切都只是暫時的存在，本性其實是空寂無生，不生不滅，法界平等，平等一如。法性之性，其性本有，性屬無性；非隨緣而有所增減，但能顯現自在之妙用。後者「佛性」就是佛的體性，也就是覺性，是靈明妙覺的菩提自性。本自清淨，本不生滅，本自具足，本無動搖，能生萬法。亦卽真如本性，不與一切雜染相應，無有生滅，本來寂靜，自性涅槃。須知一切衆生皆有佛性，皆有如來之身，常住不變。凡夫因爲煩惱覆蔽而無法顯現；只要斷了煩惱，轉識成智，佛性卽可顯現。從此顯露真心、證悟空慧、回歸本性。由此可知，「佛性」不但有寂滅之心，也有覺悟之智，還有清淨之性。

三、心識的祕密：心生則種種法生，心滅則種種法滅。由此可知，意識創造一切，三界唯心所造。不但有形的物質世界是自心所現，無形的精神世界是自心所現；甚至法界本體的運轉法則——「緣起法」也是自心所現。所以說，世間的一切法都是唯識所變，唯心所現。而且，一心開二門，心妄成識，通向現實世界，流浪生死；心淨成智，通向理想世界，終歸涅槃。其中，妄識所成的妄心就是「阿賴耶識」；淨智所成的真心就是「如來藏自性清淨心」。透過「阿賴耶識」可以交代生死根源，成爲三界輪迴主體；透過「如來藏」可以交代成佛依據，隱喻衆生皆有佛性。

四、緣起的祕密：一切都是緣起，一切都是因緣，一切都是因果，一切都是業緣；一切都會過去的，一切都會沒有的，最終歸於寂滅。其中，「緣起法」就是指「十二因緣」，包括「緣起流轉」與「緣起還滅」。細分則涵蓋：業感緣起、賴耶緣起、如來藏緣起、法界緣起。「業感緣起」強調三世因果都是由「業力」所形成；「賴耶緣起」強調宇宙萬有都是由「阿賴耶識」所變現；「如來藏緣起」強調染淨諸法都是從「一心」所流出；「法界緣起」強調諸法之間彼此平等互攝、圓融無礙的關係，並提出「性起」的概念。因爲性空，所以性起，性起是體；因爲心動，所以緣起，緣起是用。從「流轉面」來看：因無明而有妄識，因妄識而緣起流轉成法相。從「還滅面」來看：因淨智而顯真心，因真心而緣起還滅入法性。

五、無明的祕密：「無明」是外來的；就是不知不見宇宙人生的真相以及背後運轉的原理，更不知道主宰整個世界的竟然是我們那一顆「心」，而這顆「心」的背後其實就是本來清淨且衆生本具的「佛性」。偏偏我們的「真心」或「佛性」被「無明」給遮掩了，因而生起雜染有我的「妄心」，結果搞得天翻地覆。此外，「無明」包括累世習性的「無始無明」以及遇境生心的「一念無明」。因爲「無始無明」，妄想、分別世間萬法，執著爲實法，不能了達一切事物，隨緣變化，而有「無明惑」、「塵沙惑」，形成「所知障」。因爲「一念無明」，執著五蘊爲實我，處處以我爲中心，而有「見思惑」，形成「煩惱障」。須知「習性」是起心動念之根本，「心念」是個人習性之呈現。只要習性未除，妄心當道，妄心就會妄爲。

六、中道不二的祕密：一切法緣起幻有，一切法自性本空；緣起與性空交融無礙，依此「二諦」而顯中道：不生不滅、不常不斷、不一不異、不來不去。所以說，「法相」乃依「法性」而有，「法性」乃依「法相」而顯。事從理成，理從事顯。法相紛然，不礙法性空寂；法性空寂，不礙法相紛然；離於二邊，契乎中道，方是「諸法實相」。中道實相，如如之境，生死卽是涅槃，煩惱卽是菩提，穢土卽是淨土，衆生本來是佛；故知「法相」與「法性」是一不是二，微妙不可思議。由此可知，「現象界」呈現出來的「法相」就是二；「本體界」隱而不顯的「法性」就是不二。先透過二，進入不二；進而消融二，從此不二而二；然後再回到二，從此二而不二。亦卽離開「現象界」，證入「本體界」，然後再回到「現象界」，就再也不會被「現象界」所迷惑。

然而，法性本無所有，法相何以森然？或者說，如何從無常的「法相」回歸到無生的「法性」？須知相由心生，心由性起；性是無性，起是緣起。無性隨緣，隨緣心動；心動緣起，緣起幻生；幻生幻滅，生滅變易。變易無常，無常是苦；苦則無我，無我則無我所，無我、無我所則是空。不僅「法相」是空，「法性」是空，「心識」是空，「緣起」也是空。甚至可以說，五蘊皆空，諸法皆空，世間本空，心性本空。然而，只要「心識」一動，就會立刻牽動「緣起」而橋接「法性」與「法相」。也就是說，只要一念有我，「妄識」做主，「法性」則依「緣起」而有「法相」；只要一念無我，「真心」做主，「法相」則依「緣起」而入「法性」。法相隨緣，法性不變，唯是一心。其實「法相」、「法性」、「心識」、「緣起」四者不一不異。法界本是一體，法體本自清淨；真俗不二，心性不二，性相一如。簡而言之，相是幻的，心是妄的，性是空的，緣起爲用，關鍵則在於我們那一顆「心」。一念妄動則有「六凡界」，一念清淨則有「四聖界」，無住無念則入「一真法界」。因爲有不同層次的「心」，所以宇宙有不同的層次。因此，「心」造就了「五蘊」，形成了「三界」，牽動了「輪迴」，甚至連「緣起法」也是「心」的產物。而且，只要一念妄想，就會落入「緣起法」的制裁範圍，原來「心」是萬法之源。

所以說，因爲心動所以緣起，因爲緣起所以幻生。全看你那一顆「心」動了沒有？故知萬法唯識，唯識所變；三界唯心，唯心所現。一切都是虛幻的，一切都是假的。都是我們那一顆妄心隨緣妄動，進而牽動

「緣起法」而造就世間的一切。雜染的六道是因為「心」，清淨的佛土也是因為「心」。一切都是「心識」所化現的，一切都是「本性」所生起的。這個「本性」就是真如本性，真常不變，如如不動，清淨無為，空寂無生，寂靜涅槃；亦即「如來藏自性清淨心」，等同於圓滿究竟的「佛性」，眾生本有，原本具足，不假外求。最後終於明白，原來眾生皆有佛性，法界本來一體；不但清淨平等，而且能生萬法。其中，「緣起法」包括「緣起流轉」與「緣起還滅」。從「流轉面」來看，因為累世無明煩惱，所以心動，妄識當道，捲入輪迴；從「還滅面」來看，因為本有無漏智慧，所以不動，真心做主，終歸寂滅。完全符合「一心開二門」的說法，涵蓋「妄識」與「真心」。前者向下沉淪，由淨入染；由本覺、無明妄動而不覺。後者向上提昇，由染返淨；由不覺、始覺而本覺。

也就是說，法性一如，空寂無生；唯心所現，唯識所變；心動緣起，緣起幻生；法相如幻，萬有假名。須知「法性」本來不動，卻因為「一心開二門」，隨「真心」而還滅，隨「妄識」而流轉；因「還滅」而回歸「本性」，因「流轉」而幻化「法相」。其實都是我們那一顆「心」隨緣妄動變現出來的，但是究其本性卻都是畢竟空的。故知本性清淨，無性隨緣；隨妄入染，隨真返淨，全看智慧開了沒？智慧如果開了，心就不會亂動：無住生心，生出「無我」的清淨心。智慧如果沒開，心就會亂動：遇境生心，生出「有我」的雜染心。這個智慧就是中道不二的「般若空慧」：一切法，無所有，畢竟空，不可得。既是「性空緣起」：不變隨緣；又是「緣起性空」：隨緣不變。因為性空，所以「性起」；因為心動，所以「緣起」。其中，「緣起」是依緣而起，「性起」是依性而起；「緣起」講法相，「性起」講法性。須知對境生起的心念，全是自性的功能。一旦起心動念，都是妄心妄念。所以說，迷之乃現「緣起」，悟之則見「性起」。「緣起」是用，「性起」是體；「性起」使「緣起」可能，「緣起」令「性起」發揮。因此，只要淨智現前，真心顯露，境無美醜；只要分別心起，妄識當道，境現好壞。其中，「性」是空寂性，「心」是能變心，「境」是所變境。原來我們的一生就是「性、心、境」的交互作用，所呈現的高低起伏。全看你那一顆「心」啦！因此我們要外離幻相，內寂其心，修正習性，正觀緣起。覺悟之前，對境生心，心隨境轉，或染或淨；覺悟之後，回歸本性，心境一如，湛然寂滅。

由此可知，不管是法相的緣起幻相、法性的性空緣起、心識的心動緣起，還是緣起的流轉還滅，其實都是在告訴我們：世間的一切都是「緣起」。而且，「智慧」、「慈悲」、「法力」的祕密也都是「緣起」，原來解脫煩惱的祕密就是「緣起」。須知宇宙人生的真理就是「緣起法」，這是宇宙客觀而且不變的規律。我們修行學佛的宗旨，就是了解與掌握這不變的規律——緣起法，然後來面對與處理那變化的人生——世間法，並且令自己與衆生都可以離苦得樂。演培法師《佛教的緣起觀》說：「緣起可說是佛法的核心，是佛法不共其他思想的唯一特質。」是的，沒有錯！「緣起」就是佛法的根本原理，是佛陀證道成佛之時，所領悟出來的不共世間外道之法門。其實整個佛教思想的演進，無非就是緣起理論與實踐方法的不同解說，各宗各派也均是在緣起的原理之下，發展出各自獨特的思想系統。涵蓋：業感緣起、賴耶緣起、如來藏緣起、法界緣起等。佛教的發展，從觀察世間俗諦的「無常、苦、空」，到領悟出世間真諦的「緣起性空」，到引發六道輪迴的「唯識所變」，到回歸清淨法界的「唯心所現」，到體認衆生皆有「佛性」，到肯定「法界」本來一體，逐漸圓滿地呈現出佛法的整體脈絡；而這些理論都與緣起思想的演進息息相關。

須知「法相」是來自於「業緣」，「業緣」是來自於「緣起」，「緣起」是來自於「心識」，「心識」是來自於「法性」。衆生本有的「智慧」如果被外來的「無明」所覆蔽，就會妄識作主，心動緣起，而幻現紛然的「法相」。只要破除無始無明，顯露中道不二的智慧，就會真心作主，如如不動，而回歸清淨的「法性」。並且將這些道理應用在：（一）下士道追求生命的增上：從「緣起」開展善惡有報、業力法則、因果業報、六道輪迴、凡聖差別等智慧，就知道該怎麼改變命運，令生命增上。（二）中士道追求生死的出離：從「緣起」開展四聖諦、十二因緣、三法印、四法本末、無常、苦、無我、空、涅槃等智慧，就知道該怎麼解脫煩惱，令出離生死。（三）上士道追求菩提的佛果：從「緣起」開展萬法緣起、緣起性空、性空唯名、虛妄唯識、真常唯心、佛性本有、法界一體等智慧，就知道該怎麼證悟菩提，令究竟成佛。

不過，領悟宇宙客觀的「緣起法」之後，在面對虛妄不實、變幻莫測的塵境時，還當淨化我們主觀的「心識」，才不會心隨境轉，越轉越煩，越轉越亂，進而離苦得樂。如何淨化呢？就是要「滅心」和「滅境」！尊貴的蓮生聖尊慈悲教導弟子們「滅心」和「滅境」的方法：所謂「滅心」就是指滅妄動之心，令心如止水，一心不亂。不看、不聽、不說、不想，不起妄念，就可以「無心」。「無心」就是沒有造作的心念，本來就沒有，無一法可得。做到「無心」就可以明心見性。所謂「滅境」就是指滅虛妄之境，不為外境所動，離境而不著境。雖看、雖聽，但不說、不想，如如不動，就可以「無事」。「無事」就是認真做事，不要執著，做就對了，不管得失。做到「無事」就可以煩惱解脫。綜合起來就等於「平常心」。這樣的說法其實和《金剛經》所談到的「離念」與「離相」，以及六祖惠能所提及的「一行三昧」與「一相三昧」是相通的。「離念」就是離一切念，亦即離三心：過去心不可得、現在心不可得、未來心不可得；不為煩惱所亂，做到「無心」，有如「滅心」。「離相」就是離一切相，亦即去四相：無我相、無人相、無眾生相、無壽者相；不為外境所動，做到「無事」，有如「滅境」。另外，「一行三昧」就是指面對一切行住坐臥、眠寤語默、起心動念，單純地用這一顆正直的清淨心，成就「離念」。令不動的真心做主，自然直心就是道場，淨土就在眼前。須知只要心淨，無處不是淨土，有如「滅心」。「一相三昧」就是指面對塵境諸幻相，要能夠做到不執著，成就「離相」。對於諸幻相不生愛恨之心，無取無捨，也不把利害成敗當一回事，自然就可以淡泊寧靜，安然自在，有如「滅境」。所以說，透過「一行三昧」，離念滅心，做到「無心」，就可以一心不亂；透過「一相三昧」，離相滅境，做到「無事」，就可以如如不動。

然而，心境雖滅，但無爲而爲，無造作之心；無相而相，無取捨之相。是心無起滅，但身起萬行；慈悲濟世，利益眾生；無事無心，業行清淨；煩惱解脫，痛苦止息。尊貴的蓮生聖尊《隨風的腳步走》說：「一切無事，一切無心，永寂如空，畢竟清淨，自然解脫。」因此，如果能夠洞察現象面的「法相」、本體面的「法性」、主觀面的「心識」以及客觀面的「緣起」等四者「體、相、用」的相互關係。領悟虛幻之相、寂滅之心、覺悟之智、清淨之性；從此遠離塵相，明白本心，見證本性，去除無明，顯露智慧，實現無我，證悟般若，就可以看破紅塵，不再貪戀，一切都無所求！放下得失，不再計較，一切都無所謂！止息妄心，顯露真心，一切都無所住！修正習性，回歸本性，一切都無所得！熄滅「貪、瞋、癡」而寂靜涅槃，不再「妄想、分別、執著」而成就佛道。該怎麼做呢？佛陀教導我們：了知「凡所有相，皆是虛妄」，明白「佛性本有，自性本淨」，領悟「無明妄想，心動緣起」，搞懂「妄識流轉，真心還滅」，做到「不取於相，如如不動」，進而「應無所住，而生其心」，自然「明心見性，轉識成智」，最終「轉智成佛，回歸真如」。所以說，最重要的就是開智慧！只要智慧開了，就知道什麼該做，什麼不該做！

在了解宇宙人生的真相與真理之後，接下來最重要的關鍵則在於眾生是否能夠在覺醒之後於日常生活當中應用？須知佛陀是已經覺醒的眾生，眾生是尚未覺醒的佛陀。我們跟佛陀都一樣，差別只在於覺醒與否。覺醒之前，面對生老病死、愛恨情仇、有無得失，痛苦得不得了。覺醒之後，就會發現原來世間的一切都是假的，都只是一場遊戲而已。一旦知道真相之後，學習抽身事外，從旁觀察，當個看戲的人，就可以笑看人生，還會執著痛苦嗎？如果無法抽離，就把它當作一種自我修練的人生體驗吧！然而，在還沒有解脫之前，甚至尚未成佛之前，我們還是活在這個殘酷的世間裡。面對醜陋的人性，一旦不懂得控制自己的內心，不曉得會闖下多大的災禍？所以說，修行實在是太重要了。人生本來就是一場修行，生活就是我們修行的平台。就像日本「經營之聖」稻盛和夫《活法》所提到的：人生的意義在於提高心地，修練靈魂。須知人生唯一能夠帶走的只有靈魂，其他的都帶不走。因此，希望走的時候能夠帶著比初到人世時有更高層次的靈魂離開這個世間。由此可知，佛法絕對不是消極的避世，佛法反而是積極的入世。須知有佛法，就有辦法。我們要善用佛法來管理好我們的人生，也要善用佛法來過好我們的生活，更要善用佛法來提昇我們的生命（靈魂）層次。要不然就白白來走這一遭了。

所以說，我們要好好修行，好好學佛，實踐所謂的「生活佛教」。其中，「修行」就是修正行爲；「學佛」就是學習佛陀的教誡。修正什麼行爲？修正我們「身、口、意」的行爲。學習什麼教誡？學習「諸惡莫做，眾善奉行，自淨其意」的教誡。因此，從「原始佛教」的角度來看，我們要依「八正道」，具足「正見」，走在佛陀的正法上；依「正志」、「正語」、「正業」管理好我們的「身、口、意」；並且依「正命」行中道生活；然後在「身、口、意」清淨的基礎上，依「正方便」、「正念」、「正定」，生起「正慧」，進而解脫自在，寂靜涅槃。其次，從「中觀空」的角度來看：依緣起而知無自性，因無自性而知一切法、無所有、畢竟空、不可得；但有假名，無有實在。透過「緣起、無自性、空」的體悟，破除眾生因爲「自性見」所產生的「自性妄執」。須知執著世間的「有相」（我相與法相），就會落入世俗無盡的追求；執著出世間的「空相」（非法相），就會落入厭世無救的空病。因此，以「無我相」破除「人我見」，證「我空」；以「無法相」破除「法我見」，證「法空」；以「無非法相」破除「我法二見」，證「空空」；

契入中道實相。體悟一切法「現象界」雖然有生有滅，一切法「本體界」實則不生不滅；遠離生滅二邊，方爲中道之理。接著，從「唯識有」的角度來看：在漸修的過程當中，必先制伏其「現行」，其次斷除其「種子」，然後捨除其「習氣」。其中，「現行」有如我們的外顯行爲，須以「戒」除之，如三皈、五戒、十善等善戒；「種子」近似我們的起心動念，須以「定」息之，如安般、念佛、慈心等法門；「習氣」有如我們的無明習性，須以「慧」薰之，如聞慧、思慧、修慧等薰習。亦卽身行要戒，心行要定，智慧要開，進而轉識成智，轉智成佛。然後，從「如來禪」的角度來看：直接把握修行的源頭，從「心」下手。其一、先觀心：自心現量；看懂世間的一切都是自心所現。其二、後觀境：緣起無性；看透外境的本質都是緣起、無自性、空。其三、心境一如：無生法忍；澈知一切心境平等無有差別，能所俱泯。其四、自覺聖智：見證佛性；證得自心本淨，佛性本有，真如無別，法身清淨。亦卽只要經過禪修，體證自心本來清淨，自顯佛性，就可以頓悟成佛。最後，從「大手印」的角度來看，完整的修行體系涵蓋：「見、修、行、果」。其一、「見」就是「正見」；亦卽一切外境都是我們「自心」所化現的；「自心」所化現的幻境都是虛幻而空寂的。其二、「修」就是「觀修」；亦卽以止修定，以觀修慧，止觀雙修，定慧圓滿。在密教就是先修「生起次第」，再修「圓滿次第」。其三、「行」就是「行持」；亦卽遠離十惡，力行十善；不再取捨，無有得失；不再貪染，無有希懼。遇境心不亂，八風吹不動；活在當下，念念清淨。其四、「果」就是「果證」；亦卽遠離語言文字的表面功夫，直接趨入法性；從此再也沒有任何的妄想、分別和執著。其中，最關鍵的地方就是我們那一顆「心」。由此可知，日常用功之處，就在於我們的一念之間。須知一個念頭可以涵蓋三千大千世界，也可以涵蓋三界四聖六凡，更可以瞬間出入天堂地獄。因此，我們要常保內心寂靜，時時觀照內心，不要遠離當下之一念，務必保持念念分明。然後以清淨覺悟的心，隨順本有的覺性，遠離能所的分別，就可以自在自如。所以說，修行就是修心，一修念頭，二修習性。修念頭包括：護念、轉念、正念、無念。修習性包括：去除累世的無明，顯現本有的智慧，淨化雜染的習性，回歸本來的自性。

尊貴的蓮生聖尊《解脫道口訣》說：「佛理要能應用才是。」因此，我們要學會如何將佛法正確地應用在我們的日常生活當中。把自己照顧好，把家人照顧好，把眾生照顧好。好好活著，好好修行。一代聖哲曾國藩說：「物來順應，未來不迎，當時不雜，既過不戀。」就是在提醒我們要勇於面對，無有希懼，專注當下，無有追悔。八風來吹的時候，要做到寵辱不驚；業障來磨的時候，就當作砥礪心志；逆境來襲的時候，一定要忍辱戒怒；小人來害的時候，藉機會反省修練。世間所有的一切事情，都是中性的；好也等於不好，不好也等於好，一切都是很好，其實無所謂好不好，全看你的心態如何因應？其實，轉個念頭，就沒事了。說話做事，但憑良心；舉頭三尺，決有神明；每個人的心中，自有一把尺。而且，人在做，天在看，凡事天必知。此外，還要懂得愛惜生命，尊重生命，保護生命，安養生命。管理好自己的人生，不要活得亂七八糟。把家庭安頓好，把環境打理好，把生活安排好，把人生應對好，多親近善知識，多聽聞善法正法，只要有一份穩定的薪水，不論多寡，夠用就好。然後，盡量把時間花在修行上，少欲望，去得失，改脾氣，學忍辱，養慈悲，積福德，長智慧，清淨心。因此，就算歷經各種波折，也要樂觀進取；懂得熱愛生活，就可以活出自我。只要找到自己的使命，勇於追求夢想，發揮上天給予的天賦，萬物皆爲我所用，就可以擁有一個精彩的人生。就像周星馳在笑中有淚的電影「少林足球」中所說的：「你沒做，怎麼知道沒搞頭？我心中的一團火是不會熄的！要有自信啊！你是最好的！」同時堅守三個基本準則：其一、勤奮不懈：不管做什麼事，都要專心致志，認真當責，努力奮鬥；其二、敬畏因果：不要傷害任何一個眾生，別人的東西不要拿，違背良心的事不要做；其三、感恩利他：須知珍惜才能擁有，感恩才能長久。面對他人的請求，能幫盡量幫，甚至主動出手相助，但是動機良善。只要合乎天道，老天爺都會來幫你，什麼都順，必然成功；只要背道而馳，所有人都會來跟你作對，什麼都不順，必敗無疑。一旦覺醒，就會發現：你將無所不能！找到適合自己的軌道，順勢而爲；跟著喜悅的感覺走，就會發現：你將無所不有！

從此活得瀟灑自如，活得自由自在，活得光采萬分，活得光明磊落。尊貴的蓮生聖尊說：「活著一天，快樂一天；活著一天，修行一天；活著一天，感恩一天。」明知人生是一場戲，卻依然真情演出；明知世間是假的，卻懂得借假修真。而且，記得要每日一修，不但日日精進，而且時時觀想：上師住頂，本尊住心，護法隨身。並時常默念上師心咒、本尊心咒或護法心咒。每天至少唸一遍《高王觀世音真經》；遇到重大事故的時候，更可以集中火力，唸滿一千遍，重罪皆消滅，且滿你所願。如果是真佛宗弟子，每日還可以加唸《真實佛法息災賜福經》一遍，祈求上師加持。另外，視個人緣分，也可以加唸「咕嚕咕咧佛母心咒」一〇八遍，祈求貴人多助；加唸「摩利支天經」一遍，勒令小人退散。門口擺放「大白傘蓋佛母咒輪」，壇城擺放「普巴金剛杵」，以爲結界守護。出門在外，隨身佩帶上師、本尊或護法的佛牌；吃東西前，莫忘誠心供養上師、本尊、護法；回家之後，記得第一時間向壇城諸尊暨祖先稟報：我回來了。並時常修法迴向功德給有緣的護法鬼神眾，乃至於住家或辦公室的地基主、大伯公、土地公，祝祂們果位提昇。也可以日日善用「吸引力法則」想像自己已經成就某個心願；例如，我是健康的、我是富有的、我是快樂的、我是幸福的、我是成功的。甚至可以加修「密宗羯摩法」救度有緣的苦難眾生；例如，觀想觀世音菩薩的淨瓶射出一道白色弧光，照耀行者及一切有緣眾生，病業消除。最後記得把每日修法的功德迴向給根本傳承上師，請佛住世，大轉法輪，以及生我、育我的父母暨歷代祖先，乃至於你想守護的人或眾生。如果能夠每天都這樣做，並且持之以恆，必將迎來幸福美滿的人生，而且一切都會順、順、順、順、順、順、順。然後，在這個基礎之上，繼續邁向解脫之路，乃至於成佛之路。不僅自己離苦得樂，也幫助眾生離苦得樂；不僅自己解脫生死，也幫助眾生解脫生死；不僅自己究竟成佛，也幫助眾生究竟成佛。

這也才是筆者撰寫本書的初衷。大家一起來做法布施吧！讓苦難的眾生早日覺醒：須知你的潛力無窮，因爲眾生皆有佛性，眾生本來是佛，而且皆當成佛。來到這個殘酷的世間其實是來修練自我、提昇自我的。趕快覺醒吧！不要白白錯過生而爲人，可以修行學佛的寶貴機會。因此，不管你是販夫走卒，還是達官顯要；不管你是企業菁英，還是凡夫俗子；不管你是家財萬貫，還是一貧如洗；不管你是上流社會，還是下層勞工；甚至是要飯的乞丐，賣淫的妓女，還是監獄的囚犯等，在佛法面前，人人平等。甚至只要能夠掌握解脫煩惱的祕密：「智慧」、「慈悲」與「法力」，每個人都有權利追求更好的生活，創造美好的人生，改變命運，解脫煩惱，出離生死，乃至於究竟成佛。就像在第一章提到的諸多解脫聖者的故事一樣，有愚笨至極的、有邪淫亂倫的、有殺人如麻的、有高傲自負的、有貧窮卑賤的、有不認識字的、有罪業深重的、有瘋癲癡狂的。這些解脫的聖者，解脫煩惱之前，爲坎坷的命運所折磨；所幸遇到明師，誠心懺悔業障，精進修行學佛，終於大澈大悟；解脫煩惱之後，從此內心清淨，回歸本性，任運自在，隨緣度眾，成爲世人學習的典範。他們的條件這麼差，都可以解脫成聖，我們爲什麼不可以呢？因此，誰說佛教是消極避世的呢？佛教反而是積極入世的！除了追求個人的解脫自在，也追求最終的成佛度眾。須知佛法不離世間，更離不開生活。如何在世俗的生活當中，融入佛法、善用佛法，具足「智慧」、「慈悲」與「法力」，讓自己與眾生都受益；甚至如何令自己或眾生不管在生或往生，無論穢土或淨土，都能夠離苦得樂，這才是學佛的本質！因爲佛法而壯大自己；因爲壯大自己，才能夠壯大別人；因爲佛法而豐盛自己；因爲豐盛自己，才能夠豐盛別人；自己與眾生也才能夠感受到佛法帶來的好處而親近佛法，進而發揚佛法。

當然，人生在世，難免還是會遇到一些不投緣的「人情事物」，就不要太在乎吧！不需要低聲下氣，也不需要高調對抗，更不要讓他來傷害到你，或是影響到你的生活。既然不投緣，就表示有三世因果在裡面，非人力所能抗衡。能遠離就遠離，不能遠離就保持距離，不能保持距離就審時度勢，與之周旋。千萬不要撕破臉，保持低調就沒事了，然後找機會壯大自己，豐盛自己，提昇自己，因爲人必自重，而後人重之。當自己的「身、心、靈」透過修行學佛由「弱者」轉爲「強者」之後，有緣的話，再回過頭來度化對方，不也可以嗎？你看那些佛、菩薩、金剛護法那一尊不是智慧高超，內心強大，慈悲無限，神通廣大，法力無邊呢？須知花若盛開，蝴蝶自來；蝴蝶不來，花照樣開。因此，我們所要做的就是：只問耕耘，不問收穫；認真去做，努力拚搏，結果如何就無所謂了！得之淡然，失之泰然；不以物喜，不以己悲。好好地善用佛法，把天賦發揮出來，努力成爲自己故事當中的英雄，做你自己就對了。其實，原來成功就是做自己！然而，卽使沒人重視也無所謂，就像乏人聞問的寒山、拾得二位大士一樣；等緣分到了，照樣可以度衆生，卽便是在千百年之後。然後，以出世的心，做入世的事。雖然世間冷酷無情，但是內心卻依然熱血沸騰，懷抱夢想，並且堅持到底，真正做到付出不求回報的境界。好像在度衆生，又好像沒有在度衆生，而且一點都不覺得自己在度衆生，甚至根本就沒有衆生被你所度，這樣才是真正的度衆生。一切都隨緣吧！隨遇而安，隨順自然，隨緣自在，歡喜自在，清涼自在，任運自在，生死自在。當下卽是天堂，此刻卽是極樂；在生卽得涅槃，無須等到往生；當世卽可解脫，此身卽可成佛；解脫卽是自度，成佛卽是度衆；這才是修行學佛的本懷。想要提昇生命嗎？想要清淨生活嗎？想要圓滿人生嗎？想要心無罣礙嗎？想要究竟涅槃嗎？想要解脫自在嗎？想要成佛度衆嗎？這本書也許可以提供各位讀者些許參考。

覺醒之歌

相由心生，境由識變，心由性起，性由心顯，性是無性，起是緣起。無性隨緣，隨緣心動。

心動緣起，緣起幻生，幻生幻滅，生滅變易，變易無常，無常是苦，苦則無我，無我則空。

法相是空，心識是空，法性是空，緣起是空，五蘊皆空，諸法皆空，世間本空，心性本空。

法相緣起，緣起無常，無常苦空，空無所有，法性空寂，空寂無生，無生唯空，空性本體。

般若空慧，空慧無我，無我放空，放空自我，緣起生滅，真空妙有，生非實生，滅非實滅。

萬法唯識，唯識所變，離識無境，離境無識，三界唯心，唯心所現，心生法生，心滅法滅。

一心二門，如來藏心，心生滅門，心真如門，一念不覺，心妄成識，一念覺醒，心淨成智。

無明有我，妄識心動，緣起流轉，而有法相，淨智無我，真心不動，緣起還滅，而入法性。

萬法緣起，緣起中道，十二因緣，流轉還滅，此有彼有，此生彼生，此無彼無，此滅彼滅。

業感緣起，業力所成，賴耶緣起，妄識所變，真如緣起，一心所出，法界緣起，圓融無礙。

緣起幻相，世間假有，唯識幻境，虛妄不實，唯心幻現，空花水月，五蘊是幻，一切是幻。

緣起性空，性空唯名，虛妄唯識，真常唯心，真妄不二，唯是一心，一真法界，法界本體。
法性無性，本自清淨，本不生滅，本自具足，本無動搖，能生萬法，法界平等，平等一如。
真如常住，佛性本有，法體清淨，即心是佛，心佛眾生，三無差別，無明覆藏，枉入輪迴。
無始無明，薰染習性，一念無明，遇境生心，生雜染心，雜染有為，妄想分別，執著有我。
有我我所，引發煩惱，生貪瞋癡，起見思惑，起塵沙惑，起無明惑，生起二障，障礙自性。
依四聖諦，修八正道，悟緣起法，證三法印，三無漏學，身行要戒，心行要定，智慧要開。
內證無我，外證無相，內外無住，念本無念，性本空寂，真空化無，證入無生，寂靜涅槃。
看破紅塵，而無所求，放下得失，而無所謂，顯露真心，而無所住，回歸本性，而無所得。
相是幻的，心是妄的，性是空的，緣起為用，外離幻相，內寂其心，修正習性，正觀緣起。
離相滅境，如如不動，一切無事，煩惱解脫，離念滅心，一心不亂，一切無心，明心見性。
修行修心，一修念頭，護念轉念，正念無念，二修習性，習性淨化，無明覺醒，回歸真如。
覺醒之前，對境生心，心隨境轉，則入六道，覺醒之後，真心作主，心能轉境，則同如來。
迷現緣起，悟見性起，依緣而起，是為緣起，依性而起，是為性起，無性是理，隨緣成事。

萬法隨緣，隨緣無性，無性即空，空即無性，不生不滅，不常不斷，不一不異、不來不去。
因為緣起，故無自性，因無自性，所以是空，緣起無性，無性為性，法無自性，自性本空。
我空法空，空也是空，內空外空，內外皆空，一切諸法，皆無所有，且畢竟空，了不可得。
其相是有，本性是空，有是假有，空是真空，非空非有，即空即有，空有不二，契入中道。
中道實相，實相無相，亦無不相，二諦圓融，性相不二，心性不二，不二而二，二而不二。
行人天道，積德修福，行解脫道，證無我慧，行菩薩道，發菩提心，大願大悲，大智大行。
行般若道，六度萬行，行方便道，悲智雙運，修普賢行，嚴土熟生，福慧圓滿，圓成佛道。
虛幻之相，寂滅之心，覺悟之智，清淨之性，遠離四相，去除三心，明白本心，見證本性。
破除無明，轉識成智，回歸真心，佛性自顯，破煩惱障，成就涅槃，破所知障，成就菩提。
轉識之前，識是染識，轉識之後，識成淨智，大圓鏡智，平等性智，妙觀察智，成所作智。
空觀出世，證一切智，假觀入世，證道種智，中觀正見，諸法實相，非入出世，一切種智。
不再執著，證根本智，出離世間，是為羅漢，不再分別，證後得智，入世度眾，是為菩薩。
入菩薩位，無生法忍，智證實相，斷盡煩惱，不再妄想，證中道智，斷煩惱習，究竟成佛。

國家圖書館出版品預行編目資料

解脫煩惱的祕密／真蓮行者著. --初版.--臺中市：白象文化事業有限公司，2023.12
面； 公分
ISBN 978-626-364-093-1（平裝）
1.CST: 佛教修持
225.7　　112011456

解脫煩惱的祕密

作　　者　真蓮行者
校　　對　真蓮行者
發 行 人　張輝潭
出版發行　白象文化事業有限公司
412台中市大里區科技路1號8樓之2（台中軟體園區）
出版專線：（04）2496-5995　傳真：（04）2496-9901
401台中市東區和平街228巷44號（經銷部）
購書專線：（04）2220-8589　傳真：（04）2220-8505
專案主編　林榮威
出版編印　林榮威、陳逸儒、黃麗穎、水邊、陳媁婷、李婕、林金郎
設計創意　張禮南、何佳諠
經紀企劃　張輝潭、徐錦淳、林尉儒、張馨方
經銷推廣　李莉吟、莊博亞、劉育姍、林政泓
行銷宣傳　黃姿虹、沈若瑜
營運管理　曾千熏、羅禎琳
印　　刷　基盛印刷工場
初版一刷　2023年12月
定　　價　450元